JN075191

365日で知る
現代
オタクの教養

365 DAYS
LESSON FOR THE
ENLIGHTENED
OTAKU

HISTORY MYTHOLOGY FOLKLORE LITERATURE
SCIENCE MATHEMATICS PHILOSOPHY PSYCHOLOGY
IDEOLOGY OCCULT MYSTERY RELIGION

KANZEN

神話・科学・数学・オカルト不

伝承・文学・宗教・カルト・不思議

哲学・心理・思想・歴史・教

まえがき

　ゲーム、アニメ、漫画、特撮、フィギュア、ラノベ、音楽、同人誌——。日本が世界に誇るオタク文化は、メディアもジャンルも多岐にわたる。数が多いことは素晴らしいが、その分逆に、見れば面白いはずなのに、機会がなく触れないままでいる作品も増えてしまっているのが現状だ。諸兄がオタクであるという前提なら、作品にハマれば、単語の意味だったり、ストーリーや設定の元ネタなどを知ろうとしたりするだろうが、たまたまめぐりあえなかった作品にはその機会がない。つまり、自分の知る知識以上に、オタクなら知っておきたい知識、教養というものは、物理的に、そして潜在的にかなり多いのである。それは、ハッキリいってもったいない。考察、妄想、創作、表現などなど、オタク活動をするうえで、知っていて損なことなどひとつもないのだ。

　そこで本書は、そんなオタクなら知っておきたい、やや偏った方向の知識や教養、パワーワードなどに焦点を絞って紹介している。そして、毎日1ページずつの読み物を1年分収め、7つの分野を曜日ごとに振り分けて、毎日毎日多様な情報に触れられるようにしている。毎日放送されているアニメのオンエアチェックをするかのように、アプリゲームでログインボーナスを受け取るかのように、1日1ページずつ読み進めることで、オタク的・中二病的好奇心と妄想力が高まるはず。あなたが本書によって、豊かなオタクライフを過ごすことができれば幸いである。

月曜日【歴史】
日本、中国、欧米の歴史を中心に、人物・事件・組織などを紹介。

火曜日【神話・伝承】
日本、西洋、アジアの神話・伝承を中心に、キャラ、話、事件などを紹介。

水曜日【文学】
日本、欧米、中国を中心に、文学作品、文豪などを紹介。

木曜日【科学・数学】
物理、数学、生物を中心に、用語や理論などを紹介。

金曜日【哲学・心理・思想】
哲学、心理学、思想、芸術を中心に、用語や人物などを紹介。

土曜日【オカルト・不思議】
オカルトや不思議、世界の謎を中心に、アイテムや事件、場所などを紹介。

日曜日【宗教】
日本、西洋、アジアの宗教を中心に、用語や人物、キャラなどを紹介。

ページの見方

第1週 第1日目 月曜日 　　　　　古代 | 人物 ❶

1 卑弥呼（ひみこ）❷

邪馬台国の女王・卑弥呼は紛争の続く国内をまとめ、隣国との外交も始めた名君である。統治者としては優れた実績を残しているが、実体はかなりの変わり者だったようだ。

名君度　　　　　4
ミステリアス度　4　❸
引きこもり度　　5

民衆を導く女王は引きこもりのおばあちゃん！

　2世紀から3世紀頃の日本に存在したという、伝説の古代国家・邪馬台国。この国の女王・卑弥呼は、前王の時代から続く内乱を鎮め、239年に中国の魏に貢物を送った。そして見返りに魏の皇帝・曹叡から「親魏倭王」の爵位と金印を与えられ、倭国（日本）の王というお墨付きを得るという、優れた政治手腕を発揮した。

　『魏志倭人伝』には、卑弥呼は鬼道で人を惑わすという記述がある。諸説あるが、これは占いによって人々を導き従わせたという解釈が主流だ。卑弥呼はいつも宮殿の奥に姿を隠していて他人と会うことはほとんどなく、身の回りの世話や占いの結果を伝えるのは弟の役目だったという。一国の王としては、かなり怪しげな人物である。だが、当時はさまざまな自然の原因が解明されていなかった時代。民衆たちは、占いで皆を導いてくれる卑弥呼を信じ、頼りにしたのだろう。このような史実から、現代の漫画や映像作品などに登場する卑弥呼は、神秘的な巫女（たいていは抜群の美女）のイメージで描かれることが多い。だが、残念なことに『魏志倭人伝』には、卑弥呼はすでに高齢だったという記述がある。女王として権勢をふるっていた卑弥呼は、引きこもりの老女だったのだ。❹

　ちなみに、『古事記』や『日本書紀』の登場人物のうち、卑弥呼は誰にあたるのか？　昔から続いているこの論争で、有力とされるのは卑弥呼＝天照大神説だ。両者には女王という地位や弟がいるなどの共通点もある。また、天文学上の計算によると卑弥呼が亡くなった年代の前後に皆既日食が起きたという結果も出ており、天照大神が天岩戸に隠れた逸話と重なるといわれている。

関連用語

【邪馬台国】
かつて日本に存在した古代国家のひとつ。所在地については九州説や近畿地方説など諸説あり、現在も論争が続いている。

【『魏志倭人伝』】
『三国志』の中の1つで、倭国（≒日本）の地理や住人について記述されている。

【鬼道】
卑弥呼が国を治めるために使っていた手法。鬼道がどんなものであったかについては、呪術や神道、道教など、さまざまな説がある。❺

COLUMN

伝説の美女の本当の魅力とは？

卑弥呼のように一般的なイメージと実体が違っている可能性が高いのが、クレオパトラだ。カエサルやアントニウスらをその❻で魅了したといわれるが、歴史家のプルタルコスは「彼女の美貌は比類なきもの、ではない」と評している。彼女は聡明で語学に通じた女性だったらしく、男たちは外見ではなく知性に惹かれたようだ。

❶項目に関連するカテゴリー
❷項目名
❸独自に設定した項目のパラメータ
❹項目に対する解説
❺項目に関連する用語解説
❻項目に関連する小ネタや豆知識

卑弥呼

1 卑弥呼（ひみこ）

邪馬台国の女王・卑弥呼は紛争の続く国内をまとめ、隣国との外交も始めた名君である。統治者としては優れた実績を残しているが、実体はかなりの変わり者だったようだ。

名君度	▶▶▶	4
ミステリアス度	▶▶▶	4
引きこもり度	▶▶▶	5

民衆を導く女王は引きこもりのおばあちゃん！

　2世紀から3世紀頃の日本に存在したという、伝説の古代国家・邪馬台国。この国の女王・卑弥呼は、前王の時代から続く内乱を鎮め、239年に中国の魏に貢物を送った。そして見返りに魏の皇帝・曹叡から「親魏倭王」の爵位と金印を与えられ、倭国（日本）の王といういうお墨付きを得るという、優れた政治手腕を発揮してる。

　『魏志倭人伝』には、卑弥呼は鬼道で人を惑わすという記述がある。諸説あるが、これは占いによって人々を導き従わせたという解釈が主流だ。卑弥呼はいつも宮殿の奥に姿を隠していて他人と会うことはほとんどなく、身の回りの世話や占いの結果を伝えるのは弟の役目だったという。一国の王としては、かなり怪しげな人物である。だが、当時はさまざまな自然現象の原因が解明されていなかった時代。民衆たちは、占いで皆を導いてくれる卑弥呼を信じ、頼りにしたのだろう。このような史実から、現代の漫画や映像作品などに登場する卑弥呼は、神秘的な巫女（たいていは抜群の美女）のイメージで描かれることが多い。だが、残念なことに『魏志倭人伝』には、卑弥呼はすでに高齢だったという記述がある。女王として権勢をふるっていた卑弥呼は、引きこもりの老女だったのだ。

　ちなみに、『古事記』や『日本書紀』の登場人物のうち、卑弥呼は誰にあたるのか？　昔から続いているこの論争で、有力とされるのは卑弥呼＝天照大神説だ。両者には女王という地位や弟がいるなどの共通点がある。また、天文学上の計算によると卑弥呼が亡くなった年代の前後に皆既日食が起きたという結果も出ており、天照大神が天岩戸に隠れた逸話と重なるといわれている。

関連用語

【邪馬台国】
かつて日本に存在した古代国家のひとつ。所在地については九州説や近畿地方説など諸説あり、現在も論争が続いている。

【『魏志倭人伝』】
『三国志』の列伝の1つで、倭国（当時の日本）の地理や住人たちについて記述されている。

【鬼道】
卑弥呼が国を治めるために使っていた手法。鬼道がどんなものであったのかについては、呪術や神道、道教など、さまざまな説がある。

伝説の美女の本当の魅力とは？

COLUMN

卑弥呼のように一般的なイメージと実情が違っている可能性が高いのが、クレオパトラだ。カエサルやアントニウスらをその美貌で魅了したといわれるが、歴史家のプルタルコスは「彼女の美貌は比類なきものではない」と評している。彼女は聡明で語学に通じた女性だったらしく、男たちは外見ではなく知性に惹かれたようだ。

2 黄泉比良坂
よもつひらさか

日本神話の伊邪那岐命と伊邪那美命のエピソードで知られる坂。現生と黄泉の国の境界でかつては行き来できたが、岩で塞がれてから自由な往来はできなくなったとされる。

畏怖度	▶▶▶	5
異界度	▶▶▶	5
帰れねえ度	▶▶▶	5

神話・伝承

黄泉比良坂

あの世とこの世の境にある境界

　伊邪那岐命と伊邪那美命は兄妹で夫婦となった神。二柱のあいだにはさまざまな神が生まれたが、伊邪那美命は火の神・迦具土を産んだ際に女陰が焼けて死んでしまい、伊邪那岐命は妻恋しさに黄泉の国へと出かけた。ところが、伊邪那美命が「黄泉の国の神に相談するので覗かないで下さい」と注意したにも関わらず、伊邪那岐命は待ちきれなくなって櫛の歯に火を灯し、蛆が湧いて八柱の雷神が絡みついた伊邪那美命の姿を見てしまった。その姿に妻への想いも吹き飛び、伊邪那岐命は黄泉の国から逃亡。「恥をかかされた」と怒った伊邪那美命が追ってきたので、千引の岩で黄泉比良坂の道を塞いだというわけだ。

　ところで黄泉の国はどこにあったのかだが、一般的には地下と考えられている。世界的にも昔は土葬が普通だったし、そもそも「黄泉」は中国で地下を指す言葉。外国の神話でも異界は地下にある。ただ、黄泉比良坂とされる場所は島根県松江市東出雲町揖屋の峠に実在し、現地には注連縄を張った石柱が建てられている。注連縄には悪霊を遠ざけるほか、神霊が住む「他界」との境界という意味があり、そこから先は黄泉の国というわけだ。古代においては死者を山に葬っていたし、山を異界とする考えは古くからある。小説などで「不気味な山道を歩いているうちに、いつの間にか異界に迷い込む」という設定をたまに見かけるが、これにもちゃんとした根拠があるわけだ。ちなみに、この峠には「心霊写真が撮れる」という噂もある。黄泉の国への入り口とまではいかずとも、なんらかの力が働いている超常的な場所ではあるようだ。

◆◆ 関 連 用 語 ◆◆

【黄泉の国】
日本神話における死者の国。ヘビ、ムカデ、ネズミといった害虫や害獣が住むとされた。伊邪那岐命が現れたとき、伊邪那美命は黄泉の国の食べ物を口にして甦れなくなっていたため、黄泉の国の神に相談することにして伊邪那岐命を待たせていたのだ。

【千引きの岩】
動かすために千人の力が必要となるような巨石のこと。侵入者を防ぐ道祖神に見たてられ、『古事記』には「道反之大神と号され、黄泉津大神と謂う」とある。

【八柱の雷神】
伊邪那美命の体から湧いた雷神たち。頭から大雷、胸から火雷、腹から黒雷、右手から土雷、左手から若雷、性器から折雷、右足から伏雷、左足から鳴雷が生じており、これらは雷の諸現象を表しているいう説がある。

COLUMN

奇妙に符合するオルペウスの冥府下り

ギリシャ神話にも黄泉比良坂の神話とよく似たものがある。吟遊詩人のオルペウスが「冥府から出るまで振り返らない」という条件で妻を冥府から連れ戻そうとするが、あと少しで冥府を出るところで振り返って失敗する。夫が死んだ妻を死者の国へ迎えに行く、「見てはいけない」という禁を破って失敗する点などが共通している。

3 古今和歌集 (こきんわかしゅう)

勅撰和歌集『古今和歌集』は延喜5年（905）に成立した（命じた年とも）。天皇という国の最高権力者の命によって作られた、「日本文化の粋」ともいえる1冊だ。

文化的価値	▶▶▶	5
豪華度	▶▶▶	5
政治的要素	▶▶▶	0

日本最初の公式（国公認）アンソロジー

　5・7・5・7・7のリズムで詠む「短歌」という形式は、7世紀の半ば頃に完成されていた。古くは旋頭歌や片歌、長歌などの形式もあったという。そんな和歌の中でも、短歌のみを集めた日本初の勅撰和歌集である『古今和歌集』は、第60代天皇・醍醐天皇の命によって作られた。撰者として選ばれたのは紀友則、紀貫之、凡河内躬恒、壬生忠岑の4人で、彼らは三十六歌仙に名を連ねる歌人たちだ。まさに国力を投じたドリームチームといえるだろう。

　全20巻、計1111首の和歌が収録されており、紀貫之が仮名で書いた「仮名序」、紀淑望が漢文で書いた「真名序」から始まる。和歌はそれぞれ春（上下）、夏、秋（上下）、冬の「四季歌」、賀、離別、羇旅、物名、恋（一〜五）、哀傷、雑（上下）、雑躰、大歌所御歌、神遊びの歌、東歌と章立てされている。さらに四季なら立春から歳末へ、恋歌なら見初めから逢瀬、別れといったふうに、ひとつの物語のように歌が配列されていることから、撰者の工夫が垣間見える。

　『古今和歌集』の「今」は撰者ら当代の歌人たちの歌で、「古」は小野小町など六歌仙時代のものだ。さぞ有名な歌人が並んでいると思いきや、全体の約4割は作者不明の「詠み人知らず」だったりする。国の威信をかけた勅撰集ではあるが、「文化」を形成する者に貴賤はないとする姿勢は、のちの勅撰集にも受け継がれている。

〈紀貫之〉

◆ 関連用語 ◆

【和歌】
詩歌形態の1つ。漢詩に対して日本で詠まれた歌のこと。大和歌、国歌とも。元々は感情を歌う歌謡から発展したものだといわれている（「和」を唱和の「和」とする説もある）。古には朗吟など音楽的要素も強かった。

【勅撰和歌集】
天皇や上皇、法皇の命によって編まれた歌集のこと。文化的な価値だけでなく、時の政権の力を表す物でもあった。室町時代の『新続古今集』（1439）まで21の歌集が編まれた。鎌倉時代の『新古今集』までを「八代集」、全勅撰集を総称して「二十一代集」という。

【三十六歌仙】
藤原公任の秀撰『三十六人撰』に選ばれた36人の歌人。奈良時代から平安時代中期、約300年の歴史の中から選ばれている。

【歌仙】
優れた歌人のこと。『古今和歌集』の序文で、紀貫之が柿本人麻呂と山部赤人を「和歌の仙」と呼んだことがはじまりといわれる。

COLUMN

競技かるた以外にもいろいろある百人一首

　1人1首、和歌の粋ともいえる計100首を厳選したのが"百人一首"だ。漫画の題材にもなった競技かるたで使用される『小倉百人一首』がなじみ深いが、これは百人一首の1種でしかなく、『武家百人一首』や『新百人一首』など数多く存在している。ちなみに"歌かるた"も、流行した江戸時代当時は多数のバージョンがあった。

物理　西洋　概念

4 ラプラスの悪魔

近世・近代に、古典物理のニュートン力学が構築されたことは大きな功績であった。と同時に、科学の世界にはある悪魔の影が忍び寄ることになる。その悪魔とは？

決定論度	▶▶▶	4
悪魔というか神度	▶▶▶	4
因果の支配者度	▶▶▶	5

過去も未来もわかる、物理学の完璧悪魔爆誕

　運動の3法則で知られる、アイザック・ニュートン（1642 〜 1727年）は、ニュートン力学を確立して革命を起こした。というのも、それまでの科学は「なぜ引力はあるのか」といった目的を探る、哲学的な考えだったが、彼は純粋に「引力がどのような法則で機能するか」だけ説明しようとした。この今や当たり前に思える方法論が、じつは当時の科学者らにとっては革命的だったのである。

　しかし、そのことで別の問題も発生する。法則がわかっているのなら、原因によって結果は一義的に導かれる、もっといえばあらゆるできごとは、原因となる昔のできごとのみによって決定づけられていると考える科学者も現れるようになった。そんなひとり、ピエール＝シモン・ラプラスは、こう主張した。

　「もしもある瞬間におけるすべての物質の力学的状態と力を知ることができ、かつもしもそれらのデータを解析できるだけの能力の知性が存在するとすれば、この知性にとっては、不確実なことは何もなくなり、その目には未来も（過去同様に）すべて見えているであろう」（『確率の解析理論』1812年）

　この知性が、ラプラスの悪魔である。原因と結果と法則性を完璧に把握し、未来も過去も見えている。この、悪魔というより神様的なものはもちろん実在しないのだが、当時はセンセーショナルに引き合いに出されたらしい。今は原理的に未来が特定できない量子力学があるため、ラプラスの悪魔は根本的に否定された。しかし、フィクションでは、この悪魔にインスパイアされた、因果を統べる超越的な存在が時折登場する。さすが悪魔、しぶといものだ。

◆ 関連用語 ▶

【ニュートン力学】
運動の3法則、万有引力の法則を基礎とする、ニュートンが構築した物体の運動を調べる動力学。相対性理論や量子力学といった新たなジャンルが誕生したことから古典物理学と呼ばれるが、時代遅れということではなく、絶対時間・絶対空間を前提とした状態においては、今も有効な体系である。

【ピエール＝シモン・ラプラス】
1749 〜 1827年。フランスの数学者・物理学者。剛体・流体の運動を微分で解く方法論や、ラプラス変換の基盤を作ったりと、数学上の業績が華々しい。ラプラスの星雲説やラプラス方程式など、彼の名前にちなんだ用語も多い。

【量子力学】
分子や原子、電子といった量子レベルの物理現象を研究する力学。重ね合わせという状態と、事象が確率的にのみ記述されるのが大きな特徴。

あのニュートンは、"最後の魔術師"だった !?

COLUMN

1936年に膨大な未発表の文書が世に出たことで、今ではニュートンが錬金術研究にハマっていたことが判明している。化学がまだオカルト寄りだった当時、彼は賢者の石やエリクシルの発見に没頭していたという。彼の遺髪からは水銀が検出されているほどなので、"最後の魔術師"と称されるのもうなずける。

科学・数学

ラプラスの悪魔

5 四大元素
（よんだいげんそ）

万物は火・風・水・土の4つの元素でできている、と古代ギリシアでは考えられていた。この四大元素の思想は、現在ではファンタジーの世界で欠かせない要素となっている。

古代の神秘度	▶▶▶ 5
ファンタジー度	▶▶▶ 5
聞いたことがある度	▶▶▶ 5

神秘的な四大元素の思想

　古代ギリシアの哲学者エンペドクレスは、万物を構成する要素として火・風・水・土の4つの元素を提唱した。4つの元素が結合したり離散したりすることで万物は生成され、この世界はずっと続いていくのだという。その後、この四大元素はプラトンやアリストテレスへと受け継がれ、世界に広く普及していった。

　さて、巡り巡って現在、「火・風・水・土」といったら、ファンタジーの世界ではもはやお馴染みの要素である。代表的なところでは魔法の属性、あるいは武器の属性やモンスターの属性など、おもに"属性"という概念で使われる。この属性は、「火のモンスターに対しては水の魔法が効く」とか「風属性は土属性に対して強い」といった具合に、相性のルールとして使われることが多い。

　じつは4つの元素の相関関係も、古くから考えられてきたことだ。「火は固まって風になり、風は液化して水になり、水は固まって土になり、土は昇華して火になる」と当時は考えられていた。そのほか、「火属性は攻撃的」、「水属性はクール」など、キャラクターの性格と絡めて使われる例もしばしば見られる。

　このようにさまざまな場所で活用されているのは、それだけ四大元素が神秘的だという証だろう。なお、作品によっては火・風・水・土の4つだけでなく、雷や光、闇などを加えてアレンジしているものもある。どの作品でも共通の仕組みというわけではないので、その作品ごとのルールをよく把握しておくべきである。

関連用語

【エンペドクレス】

紀元前490～紀元前430年頃。古代ギリシアで活動していたとされる哲学者、医者、宗教家。みずからが神であることを証明するために、シチリア島のエトナ火山に飛び込んで死んだ、といい伝えられている。

【古代ギリシア】

はるか昔、地中海の東部全域に広がっていたとされる都市群。紀元前2世紀頃、ローマ帝国の進出により古代ギリシアは姿を消す。その後はオスマン帝国の支配などを経て、第二次世界大戦後に現在のギリシアが生まれた。

【属性】

物事を性質によって分けた際の、その性質や特徴。色、形、能力などさまざまな要素が分類分けに用いられる。ファンタジーの世界では四大元素によって分けるのが一般的である。

西洋では医学や占星術にも

COLUMN

西洋では近代医学が誕生するまえ、四大元素の考え方が医学にも用いられていた。4元素のバランスが保たれているとき、人は健康でいられる、という考え方だ。また、四大元素の考え方は占星術や錬金術にも用いられ、火なら「行動力がある」、風なら「合理的」といったように、元素によって大まかな傾向分けがされている。

哲学・心理・思想

四大元素

6 フー・ファイター

第二次世界大戦中、パイロットたちによってたびたび目撃
された発光する飛行体の呼称。米軍により名づけられた。
その正体は未だ不明のままである。

ミステリー度	▶▶▶	4
信憑度	▶▶▶	4
危険度	▶▶▶	1

戦闘機を追尾する謎の発光体の正体は!?

アニメ『カードファイト!!ヴァンガード』に"フー・ファイター"
という組織が登場するが、その名前の由来となったのが、第二次世
界大戦中にパイロットたちのあいだで目撃された謎の球体である。

米軍のパイロットたちによって「フー・ファイター（foo
fighter）」と名付けられたこの飛行体は、1945年に『タイム』誌
で記事になったことで広く知られるようになる。同誌の記事では、
フランスに基地を置く米軍の戦闘機パイロットたちが、ドイツ上空
を飛行中に戦闘機を追尾する正体不明の"火の玉"と遭遇したこと
を紹介。目撃者たちによると、この謎の飛行体は白や赤、オレンジ
などに光り輝く球状の物体で、忽然と姿を現すと、戦闘機を監視す
るかのように追跡したり、ときには急接近したりすることもあった
という。また、群れを成して現れるのも特徴で、1942年には南太
平洋・ソロモン諸島上空において、150体もの大群が一斉に出現
したという報告もある。

当初、パイロットたちはこの正体不明の飛行体は敵国の新兵器で
はないかと考えた。しかし、この飛行体が戦闘機に危害を加えたと
の報告はなされていない。また、日本軍やドイツ軍のパイロットの
間でも同様の目撃談があり、その出没地域は世界各地に渡る。

この飛行体の正体については、放電現象であるとする説、ドイツ
軍が戦闘機の夜間戦闘を支援するために使用していた色付きの砲弾
の誤認であるとする説、宇宙人が人類を監視するために送り込んだ
小型無人機であるとする説などさまざまに論じられているが、真相
はいまも謎に包まれたままである。

関連用語

【UFO】

フー・ファイターは現在
の UFO（unidentified
flying object ／未確認飛
行物体）に当たる。UFO
と呼ばれ出したのは第二
次世界大戦後の1952年
からで、大戦中はこうし
た呼称はなかった。また、
UFO＝宇宙人の乗り物と
いう考え方も当時は一般
的ではなく、"不可思議
な飛行体"という認識に
過ぎなかった。

【ロバートソン委員会】

戦後にCIAが未確認飛行
物体の調査のために発足
させた委員会。フー・ファ
イターについても調査さ
れ、人類に危害を加える
ような振る舞いをしてい
ないこと、その多くは金
属的で円盤の形をしてい
るように描かれることな
どが報告されている。

【タイム】

1923年に創刊したアメ
リカのニュース雑誌。世
界初のニュース雑誌とし
ても知られ、政治、経済、
科学、エンターテイメン
トなどさまざまな分野の
情報を扱う。

ロサンゼルス上空にフー・ファイターが出現!?

COLUMN

1942年2月25日、ロサンゼルスに赤く光る複数の飛行体が飛来。米軍は対空砲火
で迎撃したが、1発も命中せず、やがて飛行体は姿を消した。当時、米軍はこれを日
本軍による空襲と考えたが、日本軍がこのような作戦を行った記録はなく、正体はい
まも不明のまま。赤く光る飛行体、それはフー・ファイターだったのかもしれない。

7 釈迦（しゃか）

ブッダやお釈迦様などの呼び名で知られる仏教の開祖。シャーキヤ族の王子だったが、出家して厳しい修業に身を投じ、悟りを開く。尊格としての名は釈迦如来。

知名度	▶▶▶	5
もとは人間だった度	▶▶▶	4
名言度	▶▶▶	5

シャーキヤ族の王子にして仏教の開祖

　阿弥陀如来や薬師如来など、仏教にはたくさんの尊格が存在するが、最もポピュラーなのは釈迦如来だろう。なぜなら彼は、仏教の開祖であり、その教えを広めた人物だからだ。名前の釈迦は、インドのシャーキヤ族あるいはその領地であるシャーキヤを指しており、個人としての名はガウタマ・シッダールタという。

　シッダールタは紀元前556年頃、シャーキヤ族の王子として生まれた。彼の母親マーヤーは、ある夜、6本の牙をもつ白い像が体に入り込む夢を見て妊娠。その後、王宮の庭園で散歩中、美しい沙羅双樹の花に心動かされ、それを取ろうとした瞬間に右脇腹から釈迦が誕生したという。成長したシッダールタは人並み外れた文武の才能を有し、王族として何1つ不自由ない生活をおくっていたが、世の無常を深く憂い、王位も妻子も捨てて出家した。それから数年にわたり、彼は断食などの苦行を行うが、こうした修行は悟りをもたらすものではないと気づき断念。その後、川で身を清め、菩提樹の下で瞑想し、ついに悟りを開いて仏になったのである。

　釈迦といえば、なかでも生まれてすぐに天地を指差し、「天上天下唯我独尊」と口にした話は有名だ。しかし、じつはこれは釈迦の言葉ではなく、過去七仏の毘婆尸仏の言葉だという。生まれたばかりの釈迦を見て、周囲の人たちが天上天下唯我独尊と称えただけで、釈迦はなにもいっていないのだが、いつからか釈迦自らが発したと考えられるようになったそうだ。

〈釈迦が白象になって
　母の胎内に入る場面〉

◀ 関連用語 ▶

【尊格】
他宗教における神様のことで、仏や菩薩を指す。

【天上天下唯我独尊】
「この世で自分より優れたものはいない」という意味で使われることが多いが、「人は平等であり、それぞれが唯一無二の存在である」という解釈もある。真の意味はこの言葉を口にした釈迦あるいは毘婆尸仏にしかわからない。

【過去七仏】
釈迦より先んじて仏になったものたちのこと。釈迦も含まれる。仏となった順でいうと、毘婆尸仏、尸棄仏、毘舎浮仏、倶留孫仏、倶那含牟尼仏、迦葉仏、最後に釈迦（釈迦如来）となる。

COLUMN　仏の世界のヒエラルキー

天使と同じように尊格にもヒエラルキーが存在する。頂点に君臨するのは悟りを開いた如来部で、その下に如来になる資格をもつ菩薩部、仏教の世界の守護者である明王部、他宗教の神が仏教に取り入れられて如来や菩薩の補佐役となった天部と続く。また、それとはべつに日本で信仰されていた神を仏にした垂迹部などがいる。

8 坂上田村麻呂
（さかのうえのたむらまろ）

平安初期の武官、坂上田村麻呂（758〜811年）は、蝦夷征伐や薬子の変で武勲を挙げた人物だ。偉人には違いないが、なぜか後世では伝説が大きくなりすぎてしまう。

英雄度	▶▶▶	4
鬼退治度	▶▶▶	4
伝説盛りすぎ度	▶▶▶	5

征夷大将軍が、各地で鬼神退治するヒーローに!?

　蝦夷の阿弖流為や、藤原薬子といった逆賊を次々と討ち取った田村麻呂は、その功績から、後年、国家の守護者、軍神として祀りたてられる存在となった。その結果、いろいろ伝承が語られるうちに、彼をモデルにしつつ、後年の武人・藤原利仁と混同された、坂上田村丸利仁という伝説上のヒーローが誕生。後年になるほど、史実とはかけ離れた超人的な存在へとなっていった。

　おそらく田村麻呂伝説でもっとも有名なのが、東北の悪路王退治だろう。悪路王は蝦夷の首長、または陸奥国に巣食う鬼神で、伝説によれば、毘沙門天から授かった剣で退治されたという。これが伝説の原点なのだが、それが後年、駿河まで攻めてきた高丸という鬼神を田村丸が退治した、というふうに、話が盛られ始める。

　田村麻呂伝説で次に有名なのが、鈴鹿峠にいたとされる天女もしくは鬼女の、鈴鹿御前（別名・立烏帽子）との馴れ初め。伝説では、鬼神・大嶽丸の妻である鈴鹿御前が、田村丸との戦闘後、和解して計略し、悪黒王を討たせ、ふたりは結ばれると語られている。

　こうした各地の田村麻呂伝説は、民間で英雄譚として親しまれつつ、各伝説が融合しだし、能や御伽草紙、奥浄瑠璃といった創作作品にまで発展。とくに奥浄瑠璃の『田村三代記』では、各鬼退治の話が、田村麻呂三代の話として構成され、スケールアップしている。

《『前賢故実』坂上田村麻呂》

伝承地やたら多し……行ったことないけど

COLUMN

　田村麻呂伝説の影響は、今では考えられないほど大きかったようで、彼が建立した寺院、残党の鬼や毒龍を退治した場所、腰掛けて休んだ石だといった史跡が、全国各地に山のように存在する。なかには、そもそも史実上行ったとは考えられない土地にまで由来が語られているとか。さすが英雄である。

神話／日本／神

9 天照大御神
（あまてらすおおみかみ）

八百万の神のなかでもトップに位置する女神で、名が示す通り太陽神と考えられている。皇室の祖神でもあり、豊穣神であると同時に武神的な一面も備えている。

知名度	▶▶▶	5
男勝り度	▶▶▶	4
引きこもり度	▶▶▶	4

古くから大人気の豊穣神

『古事記』によれば、黄泉の国から戻った伊邪那岐命が穢れを清めた際に左眼から生まれ、右眼と鼻からは弟の月読命、須左之男命が生まれている。この三柱は「三貴子」と呼ばれ、天照大御神は伊邪那岐命の指示で高天原の統治者になった。

天照大御神の逸話としては、"岩戸隠れ"がよく知られている。その発端は、高天原に来た須左之男命が、田んぼを壊したり神殿に糞をしたりと悪さをしたこと。当初、天照大御神は「考えがあるのでしょう」と弟を庇っていたが、さらなる悪さで機織りの女神が死亡。弟を甘やかした反省から天照大御神は天岩戸にこもるが、大騒ぎをして気を引こうという神々の計略に引っかかり、自ら岩戸を開けたところを外へ連れ出された。

この逸話からは、弟を庇う優しさ、自ら反省する生真面目さ、簡単な計略に引っかかる素朴さなどがうかがえる。強力な神なのに驕りもなく、むしろ親しみすら感じさせる天照大御神は、豊穣神ということもあって昔から大人気だった。とくに江戸時代には祀られた伊勢神宮への参詣が盛んで、農民の移動を禁じた幕府も参詣は認めており、むしろ参詣に行くのを止めることを禁じていたという。

なじみ深い神だけにゲームや漫画などに登場することもあり、大らかな性格の強力な善神として描かれることが多い。ただ、近年では「天岩戸」をもとに、「引きこもり気質のちょっと残念な面がある女神」とした作品などもある。

〈『岩戸神楽ノ起顕』天照大神〉

関連用語

【古事記】
現存する日本最古の書物。序文と上・中・下の3巻で構成され、神話の時代から第33代・推古天皇までの事績が綴られている。天武天皇の命で制作が始まり、約30年後の712年に完成したとされている。

【伊邪那岐命】
伊邪那美命の兄で夫。亡くなった伊邪那美命に会うため黄泉の国へ行くが、変わり果てた妻の姿を見て逃げ戻った。このとき、死の穢れを祓うために禊をしたところ、天照大御神らが生まれた。

【高天原】
神々が生まれ、暮らしている天上界。その下に人間が住む葦原中国があり、その地中に黄泉の国と同一視される根の国があると考えられていた。

【伊勢神宮】
三重県伊勢市にある神社。天照大御神を祀る皇大神宮（内宮）と豊受大御神を祀る豊受大神宮（外宮）がある。

COLUMN

天岩戸に関するスポットは各地に存在する

「岩戸隠れ」は神話の出来事だが、天岩戸とする場所、もしくは扉となった巨石を祀る神社が、関東地方から西の各地に20か所ほど存在する。東端は「岩戸のかけら」とする岩を納めた千葉県袖ヶ浦市の坂戸神社。南端は天岩戸とされている沖縄県のクマヤ洞窟で、ここは県の天然記念物にも指定されている観光スポットだ。

神話・伝承｜天照大御神

10 源氏物語

平安時代中期につくられた日本最古の長編小説。筆者は歌人としても知られる紫式部だ。貴族社会の栄華と苦悩を描いた本作は、当時から多くの人々を魅了している。

世界的知名度	▶▶▶ 4
理想詰め込み感	▶▶▶ 5
諸行無常感	▶▶▶ 5

光源氏の終焉まで描ききる大ベストセラー

教科書でもおなじみの本作は、"光源氏計画"という言葉を生み、そのためか"光源氏＝女たらしの物語"のイメージが根強い。

物語は3部構成になっている。第1部は、主人公である光源氏が生まれ、さまざまな女性と関係を持ちながら天皇まで上り詰める栄華の物語（桐壺～藤裏葉までの33巻）。迫害を受け若くして亡くなった母・桐壺更衣、桐壺によく似た初恋の相手・藤壺、藤壺の姪・紫の上などが登場する。ここまでを前半とする場合もある。

栄華を描いた前半に対し、後半は苦悩が続いている。第1部で犯した罪の報いともいえる物語で、早々に紫の上が病に倒れ、娶ったばかりの女三宮を若造に寝取られてしまう（若菜下）。「幻」で閉じるあたりお察しなところがあるだろう。第2部は光源氏がその美しさだけを残し、すべてを失う物語だ（若菜上～幻までの8巻、幻の巻「雲隠」があるとも）。第3部は光源氏が死に、その息子である薫が主人公となっている。13巻から成り、「竹河三帖」「宇治十帖」と分けて呼ばれている。「宇治十帖」は彼の恋模様を描いているが、これは悲恋で終わっている。

〈『源氏物語画帖』若紫〉

ハーレム物の印象が強いが、きっちりと報いを受けているところが女流作家らしさというか、紫式部の性格がうかがえるようだ。どちらかというと、稀代の美男子に翻弄されてみたいという、女性の夢が詰まった物語なのかもしれない。

関連用語

【紫式部】
藤原為時の娘。1000年頃の人物とされる。中古三十六歌仙の1人。紫式部の名は死後につけられたもので、生前は藤式部といった。一条天皇の中宮・彰子に仕えたのは『源氏物語』執筆中である。

【光源氏計画】
年下の人物（特に幼い少女）を自分好みの人間に育て上げること、またその計画。女性が少年を育てる場合は「逆光源氏計画」と言うことも。北条司の漫画『シティーハンター』などで登場し、話題となった。

【光源氏】
『源氏物語』の主人公。天皇の実子でありながら、争いを避けるために「源」の名を与えられ臣に下された。女たらしばかり注目されるが、見返りなしに貧しい姫に援助をするシーンなどもある。

【雲隠】
第2部を締めくくるとされている巻だが、存在は確認されていない。巻名からして光源氏の死について描かれていると推測される。

COLUMN　なにかと比べられていた？　紫式部のライバル

作者・紫式部といえば忘れてはならないのが清少納言の存在だ。同時代、才女・歌人として名を馳せた2人だが、紫式部は『紫式部日記』の中で明らかに清少納言を敵視している。清少納言は彰子の前の中宮・定子に仕えていた女房で、紫式部より先に宮中に入っていた。もしかすると、なにかにつけ比較されていたのかもしれない。

第2週　第4日目　木曜日

 物理 / 古典 / 理論

11 相対性理論 （そうたいせいりろん）

当時無名だったアインシュタインの知名度を、一気に高めた相対性理論。この理論は、ニュートン以来のブレイクスルーにして、古典物理最後の大物といわれている。

光速の世界度	▶▶▶ 4
浦島太郎度	▶▶▶ 4
難しく思われ度	▶▶▶ 5

光は不変ととらえたら、4次元になった!?

　ニュートン力学は絶対時間・絶対空間の前提でなら物体の動きを説明できるものなのだが、物体が超高速で運動すると妙な作用が現れる。このことを説明したのが、アルベルト・アインシュタインの提唱した特殊相対性理論である（後年、一般相対性理論も登場）。アインシュタインは光の不変性に取り組み、光の速さが変わらないなら、ほかの何かが変わると思った。そのために彼は、3次元＋時間の4次元の世界で想像し、異なる速度で進んでいる観測者に対し、運動の法則がどう変わるかを考えた。速度は距離を時間で割って求めるが、その値が絶対である光速を超えないようにするには、距離を縮め、時間を遅くしないといけない。このように考えて理論を確立した結果、次のような現象が説明されたのである。

①光の速度より速く動けるものはない（特殊）

②光の速度に近い速さで動くものは、縮んで見える（特殊）

③光の速度に近い速さで動くものは、時間が遅く流れる（特殊）

④重さとエネルギーは同じ（特殊）

⑤重いものの周りでは、時間は遅く流れる（一般）

⑥重いものの周りでは、空間が歪む（一般）

　この4次元的発想は、電車に乗っている人と、それを外で見ている人の動きの違いを用いて解説されることが多い。また実用面でいえば、GPS衛星が挙げられる。衛星内の時計は遅く進む影響と早く進む影響の両方を受け、全体として時計は早く進むため、衛星はこの誤差を補正して運用されている。GPSなしの生活がもはや考えられない現代では、アインシュタインさまさまというわけだ。

 ◀ 関連用語 ▶

［アルベルト・アインシュタイン］
1879〜1955年。ドイツの理論物理学者。もともと特許局の職員だったが、1905年に特殊相対性理論を発表し、博士となる。1907年には有名な式E=mc²と等価原理のアイディアを発表。1921年ノーベル物理学賞を受賞。

【一般相対性理論】
1905年の特殊相対性理論に続き、1915〜1916年に発表した理論。慣性と重力を結びつける等価原理のアイディアに基づいている。この理論から、ブラックホールの存在やビッグバン宇宙などが、予測された。

日本人限定でわかるネーミング、ウラシマ効果

COLUMN

この相対性理論から発想されたものが、ウラシマ効果である。これは、光速に近いスピードで宇宙旅行をし、帰ってきた宇宙飛行士の経験した年数よりも、地球での年月の方が長く経過していたというもの。民話の『浦島太郎』の経験に似ているため、日本のSF作家などがそう呼称した。当然、日本でしかこの名前は使われない。

12 五行思想
（ご）（ぎょう）（し）（そう）

西洋で生まれた四大元素の思想に対し、中国で古代から提唱されているのが「木・火・土・金・水」の五行思想である。この両者は類似するものとしてよく対比される。

古代の神秘度	▶▶▶	5
ファンタジー度	▶▶▶	5
やや難しい度	▶▶▶	4

東洋では5つの元素が万物の源

　古代中国では「万物は木・火・土・金・水の5つの元素でできている」と考えられていた。これが五行思想の始まりである。西洋の四大元素（火・風・水・土）と似ているが、そのルーツや内容はまったく別物だ。元素が5つというのは、中国では当時、太陽系の惑星が5つ観測されていたことに由来している。

　この五行は四季の変化や方角、色など、人間生活のさまざまなものを説明する理論として用いられた。

●木：春、東、青色（または緑色）

●火：夏、南、赤色

●土：季節の変わり目、中央、黄色

●金：秋、西、白色

●水：冬、北、黒色

　五行も四大元素と同じく、ファンタジーの世界でよく用いられている。ただ、属性としてではなく、「春・夏・秋・冬」や「東・南・西・北」の概念で扱われることが多い。代表的なところでは、中国の神話に出てくる「東の青龍」、「南の朱雀」、「西の白虎」、「北の玄武」の四神だ。これに「中央の麒麟」を加えて5霊獣の形を採ったりもする。また、この四神に季節を合わせ、「青春・朱夏・白秋・玄冬」という言葉が生まれたのはよく知られるところである。

　ちなみに五行は、陰陽説と合わさって「陰陽五行説」とも呼ばれる。日本では昔、この陰陽五行説をもとに占いを行なう陰陽師という専門家がいた。現在ではほぼ絶滅しているが、ファンタジーの世界では定番の職業としてさまざまな作品に登場している。

◀ 関 連 用 語 ▶

【惑星が5つ】
太陽から近い水星、金星、火星、木星、土星の5つ。肉眼でも見えるため、古代からその存在が確認されていた。各惑星には五行の名前が与えられている。

【四神】
中国の神話に出てくる4体の霊獣。青龍、朱雀、白虎、玄武の4体がいる。それぞれ東、南、西、北の方角を司っている。

【陰陽説】
五行思想より古くから中国にあった考え方。「すべてのものは相反するふたつの性質を持つ」というもので、光と闇、天と地などの関係性をいう。陽と陰のどちらがいい・悪いということではなく、両者のバランスによってすべてのものは変化する、とされる。

COLUMN 「土用の丑の日」も五行思想が元

五行のうち土の「季節の変わり目」は、立春・立夏・立秋・立冬のそれぞれ直前18日間を指し、この期間は「土用」と呼ばれる。「土用の丑の日」はここに由来するものだ。立秋（現在の8月8日）直前の夏の土用18日間のうち、十二支が丑の日が「土用の丑の日」となる。この日にうなぎを食べるという食習慣は有名である。

13 ロズウェル事件（じけん）

アメリカ合衆国ロズウェル付近に UFO が墜落。その残骸
と宇宙人の遺体が米軍によって極秘裏に回収されたとする
事件。その真偽を巡って、さまざまな検証が行われた。

論争度	▶▶▶ 5
陰謀度	▶▶▶ 5
後世への影響度	▶▶▶ 5

UFO を巡る陰謀論の原点といえる事件

UFO にまつわるミステリーのなかでもっとも有名であり、"アメリカ政府による宇宙人の存在の隠蔽" といった、UFO を巡るさまざまな陰謀論のはしりともいえるのが、このロズウェル事件だ。

簡単に概要を説明すると、1947 年 7 月、ニューメキシコ州ロズウェルに謎の飛行物体が墜落。通報を受けたロズウェル陸軍航空基地の軍関係者が出動し、飛行物体の残骸を回収した。その後、軍は「ロズウェル付近の牧場から空飛ぶ円盤を回収した」とするプレスリリースを発表するも、直後に「回収したものは空飛ぶ円盤ではなく、気象観測用気球であった」と情報を訂正。この事件は単なる "勘違い" としていったんは幕を閉じた。

ところが、それから 31 年が経った 1978 年、ロズウェル事件は再び注目を集める。UFO 研究家のスタントン・T・フリードマンが、1947 年に残骸の回収に関わったジェシー・マーセル少佐にインタビューを行い、「軍は異星人の乗り物を回収していた」と発表したのだ。さらに 1987 年には、大統領直属の秘密機関 MJ12 の存在と、「政府が秘密裏にロズウェルで UFO と異星人の遺体を回収していた」ことを示す機密文書が納められた、通称 "MJ12 文書" が公開される。これらにより、ロズウェル事件は一気に政府による隠蔽が行われた疑惑の出来事となったのだ。

これを受けて政府は、1995 年と 1997 年の 2 度に渡って "ロズウェル・リポート" と題された報告書を発表。「回収された物体はモーグル計画と呼ばれる政府が極秘で行っていた軍事気球用の残骸である可能性が高く、異星人の死体については UFO マニアによる捏造」と疑惑を完全否定している。また、証拠とされた "MJ12 文書" も検証の結果、捏造の可能性が極めて高いことが判明。現在では「結局、なんでもなかった」というのが定説となっている。とはいえ、人々の UFO への関心を高めたという点において非常に大きな出来事であったことは間違いないだろう。

【関連用語】

【MJ12】

UFO 問題への対処のために設立された大統領直属の秘密機関。政府、軍、情報機関の高官 12 名で構成されている。この機関がロズウェルで起きた事実（墜落した UFO と宇宙人の遺体の回収）を隠蔽したとされている。

【MJ12 文書】

『MJ12 に関する概要説明書』と、MJ12 設立を命じた機密文書が写された 1 本のフィルムからなる。MJ12 文書は政府が UFO 問題を隠蔽している証拠とされてきたが、トルーマン大統領のサインが他文書のものをコピーして貼り付けた偽物であること、使用されているタイプライターの年代が合わないことなどが発覚。現在ではこの文書は捏造されたものと考えられている。

仏教　東洋　仏

14 弥勒菩薩

仏教における天界の1つ、兜率天で修行している菩薩。釈迦が亡くなってから56億7000万年後に、兜率天から現世に降りてきて、理想の世界を創るとされている。

親しみを感じる度	▶▶▶ 4
仏教界の主人公度	▶▶▶ 4
未来の救世主度	▶▶▶ 5

弥勒菩薩

約束された未来の救世主

　弥勒菩薩は仏教の尊格で、菩薩の一尊。地蔵菩薩ほどではないが、日本でも知名度が高く、その名前を聞いたことがある人も多いはず。弥勒という名は、サンスクリット語の"マイトレーヤ"という音を漢字にしたもので、"慈悲から生まれたもの"を意味するそうだ。

　日本で弥勒菩薩が有名なのは、平安時代以降、弥勒信仰が盛んだったことに由来する。菩薩はほかにもたくさんいるのに、なぜ弥勒菩薩だったのかというと、彼は釈迦のつぎに仏になることが決まっている未来仏だからだ。釈迦は弥勒菩薩に対して「お前は私なきあと、56億7000万年後にこの世界に現れ、悟りを開いて仏となり、世界を救うだろう」と予言している。弥勒菩薩は遠い未来とはいえ、必ず如来になり、世界を救うというヒロイックなバックボーンをもっている。そのせいか弥勒信仰は長いこと続き、江戸時代には弥勒の出現を願って自らが弥勒を体現しようとする"身禄"という行者まで現れた。漫画などのフィクション作品で、弥勒菩薩を主人公にするのも彼が救世主になることが約束されているからにほかならない。

　ちなみに、弥勒菩薩半跏思惟像のような"無表情だけど口元だけ微笑みをたたえている表情"のことを、アルカイックスマイルという。

◆◆◆ 関 連 用 語 ◆◆◆

【釈迦】
仏教の開祖。長い修業を経て悟りを開き仏となった。

【未来仏】
将来、如来になることが決まっているもの。弥勒菩薩に関しては菩薩、如来それぞれの仏像が作られている。

〈弥勒菩薩半跏思惟像〉

COLUMN

尊格の外見は釈迦が基準になっている

仏教といえば、尊格を表した仏像を作って飾ることでおなじみだが、じつは仏像の外見はすべて釈迦がベースになっている。たとえば如来は悟りを開いたあとの釈迦がモデルなので、基本的に装飾品は身につけておらず、衣装もシンプル。一方で菩薩は修行中の釈迦を表しているため、冠や首飾りなどを身につけた派手なものが多いのだ。

15 空海<ruby>空海<rt>くうかい</rt></ruby>

空海

弘法大師の名前で知られる空海（774 ～ 835 年）は、日本仏教の一派である真言宗の開祖である。仏教界では伝説的な存在であり、神がかったエピソードを多く残す人物だ。

名僧度	▶▶▶	5
天才度	▶▶▶	4
井戸掘り名人度	▶▶▶	5

さまざまな伝説を残す仏教界のスーパーマン

　中国の唐に渡航して高僧・恵果に弟子入りした空海は、密教を学んで帰国。高野山に金剛峰寺を開き、真言宗を広めた。仏教界では知らぬ人のいない偉人中の偉人である。こうした偉人には、真贋はともかく伝説的なエピソードがついてまわるものだ。空海にちなんだ伝説は、日本全国に 5000 以上あるといわれている。

　有名なのが、温泉発見にまつわる伝説だ。空海は水源を見つける霊力を備えていたといわれており、空海が発見したと伝えられる温泉は全国に 15 か所もある。さらに、空海が杖をついた場所から水が湧き出し、井戸や池となったといういわゆる「弘法水」に関する伝説にいたっては、全国で 1000 か所を超えるという。

　また、空海はさまざまな文化や物品の伝承者・発案者としても名を残している。たとえばお灸やうどん（讃岐うどん）は空海が唐から持ち帰って広めたものだといわれているし、平仮名やいろは歌を発案したのも空海といういい伝えがある。変わり種としては、空海はダウジングの達人だったという説まであるのだ。

　こうした伝説がすべて事実だとは限らないし、実際に多くの反論も存在する。だが、当時随一の宗教家であるだけでなく、漢詩集『経国集』に 8 つの詩を残すなど文人としても一流の実績を残し、治水工事のような土木技術にも通じていたマルチな才能の持ち主であった空海なら、荒唐無稽なエピソードに一定の説得力が生まれてしまうのもうなずける。

〈空海（真如様大師）〉

関連用語

【恵果】
唐の密教僧。空海をはじめ、さまざまな地域から集まった弟子に教えを説いた。また、代宗、徳宗、順宗という３代の皇帝からも師と仰がれた。

【金剛峰寺】
和歌山県の高野山にある、真言宗の総本山。嵯峨天皇から土地を賜った空海が、弟子たちに命じて建立したのが始まり。

【ダウジング】
棒や振り子などを使って、地下水脈や鉱脈を探し当てる技術、または占い。

COLUMN

空海とケンカ別れした仏教界の大物、最澄

空海と同時期に唐で学び、帰国後に天台宗を広めた最澄も、空海に勝るとも劣らない仏教界のビッグネームだ。実はこの最澄、空海に学んでいた時期があるのだが、最澄の弟子を巡るトラブルが発端で仲違いをして決別。最澄が独自に天台宗を起こすことにつながった。ふたりとも聖人のようなイメージがあるが、意外と人間くさいのだ。

16 須左之男命
（すさのおのみこと）

天照大御神の弟で、八俣遠呂智を退治したことでよく知られる英雄神。力強い印象があるが逸話をよく見るとそうでもなく、盛られたイメージがひとり歩きしている感はある。

人気度	▶▶▶	4
粗暴度	▶▶▶	5
更生した度	▶▶▶	4

八俣遠呂智退治で見せた須左之男命の義侠心

　須左之男命が誕生したとき、伊邪那岐命から海原の統治を指示された。ところが、須左之男命は伊邪那美命がいる根の国へ行きたいと泣きわめき、その激しさに山の緑は枯れ、川や海は干上がり、悪神たちが活気づいたため、怒った伊邪那岐命に国を追い出された恥ずかしい話がある。その後、須左之男命は姉に挨拶をして旅立とうと高天原を訪れたが、悪さをし過ぎて"岩戸隠れ"を招く。この結果、神々に高天原から追放され、降り立った出雲で八俣遠呂智を退治することになるのだ。

　この功績で須左之男命は英雄神になるのだが、外国の神話などに見られる英雄のような真っ向勝負ではなく、酒を飲ませて眠ったところを切り刻むという騙し討ちだった。一般的な「怪物退治をした勇壮な神」という印象とは違うのだが、とはいえ足名椎命・手名椎命夫婦や娘の櫛名田比売が救われたのは事実。騙し討ちも真っ向勝負では勝てないと判断したからで、そこには「困っている者を助けるために力を尽くす」という義侠心が感じられる。

　この「義侠心からの人助け」というのは、昔から日本人の大好物。須左之男命が神楽や浄瑠璃の題材にされているのも、人々がこの義侠心に共感するからだろう。舞台設定の違いはあるが、現代のライトノベルなどでも主人公の人助けはお約束。力の有無があるにしろ、読者は主人公の心意気や力を尽くす姿勢に惹かれるわけで、いうなれば彼らは現代の須左之男命なのだ。

〈『本朝英雄傳』
牛頭天皇 稲田姫〉

◀ 関連用語 ▶

【八俣遠呂智】

大蛇のような八頭八尾の怪物。酒を飲んで眠る過程にいつかのバージョンがあり、鎌倉時代以降は酒に映った人形、または櫛名田比売本人をひと呑みにしようとして、結果的に酒を飲むという展開の話が増えていった。

【足名椎命・手名椎命】

稲田に関わる神で、櫛名田比売の両親。娘を須左之男命の嫁にするかわりに八俣遠呂智の退治を頼んだ。

【櫛名田比売】

実り豊かな稲田の守護神で、足名椎命・手名椎命の8番目の子。八俣遠呂智に喰われてしまうところだったが、須左之男命と結婚して八島士奴美神を生んだ。

COLUMN　八俣遠呂智退治にまつわる島根県の観光スポット

須左之男命は、現在の島根県仁多郡奥出雲町の鳥上に降り立ったといわれる。また、八俣遠呂智が枕にしたという草枕山をはじめ、須左之男命が矢を射たという八口神社、尾から天叢雲剣を得た尾留大明神、須左之男命と櫛名田比売が暮らしたと伝わる須我神社など、島根県雲南市付近には八俣遠呂智退治に関するスポットが多い。

文学

17 とりかへばや物語

平安時代後期に成立した、瓜ふたつの美しい異母兄妹が
立場を「取り換えて」宮仕えをするという物語。性の転換
という、現代でも人気の題材の走りともいえる作品。

オタク的浪漫度　▶▶▶　4
生々しい度　　　▶▶▶　4
時代先取り感　　▶▶▶　5

日本最古のトランスジェンダー物語!?

とりかへばや物語

　女装をして女の園に紛れ込む、男装をして男子校に入学する……
荒唐無稽だがロマンあふれる設定は今も人気の一大ジャンルだが、
そんな物語が平安時代にすでにあったというから驚きだ。

　この『とりかへばや物語』は、11世紀後半に原型といえる古『とりかへばや物語』が生まれ、その後改作を重ねながら現在伝わる形の『とりかへばや物語』になった。しかし大筋は変わっておらず、権大中納言の下に美しい兄妹が生まれたことから物語は始まる。

　帝に仕える権大中納言には、よく似た美しい異母兄妹がいた。若君は内気で酷く人見知りする優しい男の子で、いつも御簾の中で貝合わせなどの遊びをしていた。一方姫君は快活で社交的な性格で、男の子たちと庭で駆け回り、雅楽や学問に通じて客人の覚えもよかった。男女を間違えて生まれてきたような2人に、父は「いっそ取り換えてしまいたい」と思うようになり、実際に性別を偽って育てるようになる。そのまま兄妹は元服と裳着を行い、姫は男装をして官吏となり、若君は女装して新帝の妹・東宮の尚侍として宮仕えを始める。そう、男装の麗人と男の娘というわけだ。

　帝に気に入られた姫君は権中納言にまで出世し、性別を隠したまま右大臣の四の君を娶り、実のない夫婦生活を余儀なくされる。若君は若君で東宮に正体を明かし、密かに身体の関係を持っていたりするのでしっかりしている。うまくいっていた2人の「とりかへばや」生活だが、姫君が親友であり好色家の宮の中納言に正体を暴かれ、妊娠したことで一変する。出産のため身を隠した妹を思い、若君は十二単を脱ぎ捨て男装で妹を探す旅に出た。無事再会、出産を終えたあと、ふたりは立場を入れ替えて——本来の性の姿で京に帰還した。姫君は帝に見初められて中宮に、若君は東宮にすべてを話し、そのまま妻に迎えたという。

　兄妹の性質が本来の性と異なっていたのは天狗の仕業ということになっているが、性への違和感という、現代にも通じる物語だ。

関連用語

【元服・裳着】
11歳から17歳くらいで行われる成人の儀。男は冠を（加冠）、女は裳（着物の一部）を初めてつける儀式。それに伴い、その日から髪型や服装も大人と同じようにする。

【東宮】
春宮とも。皇太子が住まう宮のことで、転じて皇太子（第一皇位継承者）を指す。

【尚侍】
天皇のそばに侍り、後宮の礼式などを司る高位の役職。本作においては東宮の侍女のような役割を果たす。

【中宮】
太皇太后（天皇の祖母）、皇太后（天皇の母）、皇后（妻）が住まう3つの宮のことだが、平安時代以降では単に皇后や後宮を指す。

数学 / 論法 / 逆説

18 ヘンペルのカラス

論理的には正しい。正しいはずなのに、なんかその証明方法がおかしい。そんな証明問題が学問には存在する。では、科学哲学者ヘンペルからの挑戦状をみてみよう。

屁理屈度	▶▶▶ 4
現実的でない度	▶▶▶ 5
論理としては正解度	▶▶▶ 5

超面倒な回り道の証明をさせられるカラス

　物事を証明する手段はいろいろだが、それに対する屁理屈のような問題がある。1949年代にカール・ヘンペルが指摘した、カラスの命題がそれだ。まず「全てのカラスは黒い」という命題を立てて、それを対偶論法で立証するとしよう。「AならばBである」の真偽は、その対偶「BでないものはAではない」の真偽と同義なので、「全ての黒くないものはカラスではない」を証明すればいい。そして黒くないものを片っ端から調べて、カラスじゃないことがわかれば、命題を証明したことになる、というわけだ。

　ただ、この流れは誰もが直感的におかしいと気づくだろう。まず黒くないものの範疇があまりに膨大だし、どこまでが黒くないと判断すべきか、その基準も不確実である。要はこの調査が、無限地獄過ぎて現実味がないから、おかしくないか、となるわけだ。

　さらに、カラスを一羽も見ることなくカラスが黒いと証明するとなると、乱暴な証明も許してしまいかねない。例えば、部屋の中にある黒くないものだけを調べて、カラスは黒いと証明したら、どうだろう。存在を保証しなくてもいいのなら、黒くないものを全部調べて、「異星人は黒い」と証明したらどうだろう。もうここまでくると、もはや誤謬、屁理屈レベルになることは理解できるだろう。

　こういった問題はあるものの、対偶論法は本来、常識的な範囲内であるとか、対偶側の方が少数の場合などは有効な証明である。あくまで取り扱い注意、というわけだ。

　ちなみに、白いカラスは実在するので、「全てのカラスは黒い」の命題は反証されている。

関連用語

【カール・ヘンペル】

1905～1997年。ドイツの科学哲学者。このカラスのパラドックスと、演繹的法則的説明で知られている。

【対偶】

ある命題の、過程と結論の両方を否定した命題も成立するという関係性のこと。通常の数学では、「AならばB」とその待遇「BでないならAでない」は必ず一致する。

【演繹と帰納】

演繹は、一般的・普遍的な前提から、より個別的・特殊的な結論を得る推論。帰納はその逆で、個別的・特殊的な事例から、一般的・普遍的な法則を見出そうとする推論のこと。前者は前提が真なら結論も真だが、後者はそうではない。

COLUMN

悪魔がいないことを証明するには……いや無理です

証明に関するワードには、悪魔の証明というものもある。これはもともと、土地や物の所有者を過去に遡って証明することの困難さを比喩したものだ。現代では、「ないことを証明すること」は不可能だという用法でよく使われる。カラスで例えるなら、「赤いカラスはいない」が悪魔の証明で、全カラスの調査は困難すぎる。

科学・数学

ヘンペルのカラス

第3週　第5日目　金曜日

19 アキレスと亀

「アキレスがどれだけ速く走っても、前を行く亀に追いつけない」。古代ギリシアの哲学者ゼノンの唱えたパラドックスの1つである。

本当に追いつけなさそう度	▶▶▶	5
頭を使う度	▶▶▶	5
みんな知っている度	▶▶▶	5

なぜアキレスは亀に追いつけない？

　話の詳細はこうだ。あるとき、足の速いアキレスと足の遅い亀が徒競走をすることになった。ハンデとして亀はアキレスより前からスタートする。アキレスが亀を追い越せたらアキレスの勝ち、追い越せなければ亀の勝ち、というシンプルなルールである。

　ところがこの勝負、アキレスは亀に追いつけないという。アキレスが亀のいた位置まで着くと、亀はその間に少し前へ進む。つぎにアキレスがその位置まで進むと、亀はもう少しだけ前へ進んでいる。アキレスはいつまで経っても亀に追いつけない、というわけだ。

　実際には、アキレスのほうが速い以上、必ず亀に追いつき追い越す。なぜこの理論だといつまでも追いつけないのか？　これは昔からさんざん検証され、どこが間違っているのかいろいろな答えが導き出された。簡単にいってしまえば、「ある一定距離まではアキレスは亀に追いつけない」ということを無限に試行しているだけである。アキレスと亀のあいだの距離を無限に分割すれば、いくらでも試行回数を増やせる。試行は永遠に続けられる。しかし、アキレスと亀との距離自体は無限ではなく、アキレスが亀に追いつく距離が確実に存在する。その矛盾を突いたパラドックスなのである。

　このパラドックスは、哲学者ゼノンがある学派の主張を否定するために唱えたものだといわれている。「その主張が正しいのならこのパラドックスも正しいことになる」と矛盾を突き付けたわけだ。学問の世界ではよく用いられる手法である。

関連用語

【ゼノン】

紀元前490～紀元前430年頃。古代ギリシアの哲学者。小都市エレアの出身。『アキレスと亀』など多数のパラドックスを提唱した。彼の他にもゼノンという哲学者がいて、区別するため「エレア派のゼノン」とも呼ばれる。

【パラドックス】

「一見正しいのがじつは間違っている理論」または「一見間違っているがじつは正しい理論」のこと。ある理論や主張に対してそれを否定するために、反対の理論として使う。日本語では逆説と呼ばれる。

【アキレス】

ギリシア神話に登場する英雄。足が速く、たった1人で敵をことごとく討ち取る凄腕の持ち主だった。ただ、戦争が終わる直前に踵を射られて死んでしまう。"アキレス腱"と呼ばれる腱は、このことに由来した名前である。

COLUMN

「飛んでいる矢は止まっている」

「アキレスと亀」と並んで、ゼノンのパラドックスで有名なのが「飛んでいる矢は止まっている」だ。矢が飛んでいる時間を瞬間ごとに分けると、どの瞬間も矢は止まっている、だから結局矢は止まっている、という話である。これは時間を無限に分割することで矛盾が生まれるパラドックスである。

20 ケネス・アーノルド事件

1947年6月24日にアメリカ合衆国ワシントン州で発生したUFO遭遇事件。この事件により「空飛ぶ円盤」の名称が広く使われるようになった。

勘違いで広まった度	▶▶▶ 5
ミステリー度	▶▶▶ 4
後世への影響度	▶▶▶ 5

"空飛ぶ円盤"のイメージは勘違いから誕生した!?

　1947年6月24日、自家用機でアメリカ合衆国ワシントン州にあるレーニア山付近の高度2900m上空を飛行していたケネス・アーノルドは、そこで編隊を組んで高速飛行する謎の9つの物体を目撃。その物体は一般的なジェット機とは異なる平たい形状で、翼はあるが尾翼はなく、ジェットエンジンの音なども聞こえなかったという。

　このアーノルドの証言を聞きつけたマスコミは、彼が目撃した物体を「空飛ぶ円盤」と名づけて大々的に報道。その後、同じような物体を目撃したという報告が相次ぐようになり、FBI長官のジョン・エドガー・フーヴァーがUFOの目撃例を調査するプロジェクトを発足させるほどの騒ぎとなった。

　この事件は"UFO＝空飛ぶ円盤"のイメージを広く世間に定着させるきっかけとなり、これ以降いわゆる円盤型のUFOの目撃例が急増することになるのだが、じつはアーノルド自身は当初この飛行物体が「円盤型だった」とはひと言もいっていない。記者から物体の飛び方を聞かれた際、アーノルドは「水面をはねるコーヒー皿のような飛び方をしていた」と発言したのだが、これが記者によって「物体は皿（ソーサー）のような形だった」と誤って伝えられたことで、"空飛ぶ円盤"の呼び名が誕生したのだ。

　要は"間違って作られた呼び名"なのだが、それでもマスコミによってUFO＝円盤型のイメージが作られると、実際に円盤型UFOの目撃例が増加したというのは非常に興味深い点だ。ちなみに、当のアーノルド自身も"空飛ぶ円盤"の呼称が浸透すると、「自分が見たのもそういえば円形だったかも」などといい出しており、もはや彼が目撃した物体の正体うんぬんよりも、「我々が実際に体験したと思っている記憶も、じつは誰かによって刷り込まれたイメージを投影させているだけなのでは？」といった部分のほうで注目される事件となっている。

関連用語

【FBI】
アメリカ連邦捜査局の略称。ワシントンD.C.に本部を持つアメリカ合衆国の警察機関のひとつで、州をまたぐ広域事件のほか、テロやスパイ、政治汚職などの捜査を担当する。

[ジョン・エドガー・フーヴァー]
1895〜1972年。FBIの初代長官。1924年にFBIの前身である司法省内の捜査局（BOI）の第6代長官に任命され、組織がFBIに改称された後の1972年に死去するまで長官職を務めた。FBIに法医学研究所といった科学的な捜査手法を導入した人物として称賛される一方で、FBI長官という立場を使い、政治的な対立者たちの情報を不正に収集。大統領を脅かすほどの権力を集めたことでも知られる。

21 大日如来
<ruby>大日如来<rt>だいにちにょらい</rt></ruby>

宇宙の法則を体現した仏であり、すべての仏は大日如来の化身に過ぎないとされる。仏法を説いた釈迦ですらも、密教においては大日如来の一部ということになるのだ。

じつは釈迦より偉い度 ▶▶▶	5
最強の仏度 ▶▶▶	5
仏像の豪華度 ▶▶▶	5

大日如来

密教の教主である宇宙最高の仏

　大日如来は、仏教の流派の1つである密教において本尊とされる尊格。密教では宇宙の真理が体現したものであり、命あるすべてのものは大日如来から生まれたとされ、釈迦如来も含めてほかの尊格は大日如来の化身と考えられてる。

　大日如来は悟りを得るために必要な智慧を象徴する金剛界大日如来と、無限の慈悲の広がりを象徴する胎蔵界大日如来という2つの姿をもつ。金剛はダイヤモンドのことを指し、その智慧がとても堅く、絶対に傷つかないことを示している。一方で胎蔵とは母胎のように森羅万象が大日如来のなかに包み込まれていることを示す。この2つが揃うことで大日如来を本仏とする密教独自の世界観が構築され、それを表したのが金剛界曼荼羅と胎蔵界曼荼羅、そしてその両方を合わせた両界曼荼羅なのである。

　本来、如来の仏像は悟りを開いた釈迦がベースになっているため、装身具などは身につけず、質素な外見をしたものが多いが、大日如来は冠や腕輪などをいくつも身につけている。これは大日如来が万物を内包した宇宙そのものであることを示しているそうだ。また、金剛界の大日如来像は智拳印、胎蔵界の大日如来像は法界定印を結んでいる。前者は仏の智恵の深さ、後者は悟りの境地を表す。忍者が忍術を使う際、智拳印に似た印を結ぶのは、仏の智慧を借りる必要があるからなのかもしれない。

〈大日如来像〉

関連用語

【密教】
仏教と同じく、悟りを開いて解脱することが目的である。ただし、大衆に向かって世界観を語り、明瞭な言葉で教えを説く仏教（顕教）に対し、密教では非公開の教団内で師から弟子に教えを伝えていく。日本ではおもに天台宗と真言宗という2つの宗派が存在する。

【本尊】
最も崇拝される尊格のこと。多神教における最高神で、神道なら天照大御神がこれにあたる。

【智拳印】
胸の前で左手の人差し指を立て、その人差し指を右手で包み込んだもの。

【法界定印】
腹の前で左の手のひらを右の手のひらの上にのせ、親指同士を軽くつけて楕円を作ったもの。座禅を組むときに用いられる。

COLUMN　よく見る術と印は密教由来のもの

人を呪い殺したり、動きを封じるなど、密教は呪術的な要素も多分に含んでおり、修行の過程でさまざまな術とそれを使うために必要となる印を学ぶ。たとえば臨兵闘者……と唱えながら刀印で縦横を斬ったり、いくつかの印を組み合わせることで邪を払う九字護身法は有名で、ゲームやアニメなどで見たことがある人も多いはずだ。

22 菅原道真（すがわらのみちざね）

平安時代中期の公卿、菅原道真（845～903年）は、藤原氏の陰謀により左遷され不幸な死を迎えた。だが、彼の死後にさまざまな凶事が訪れ、怨霊と恐れられるようになる。

学者度	▶▶▶	5
忠臣度	▶▶▶	5
怨念度	▶▶▶	4

大怨霊から転じて学問の神様に

　菅原道真といえば「学問の神様」として有名だが、「日本三大怨霊」の1人という伝承もある。神と怨霊ではまるで正反対のように思えるが、どのような経緯でそうなったのだろうか？

　菅原道真は学識高く、宇多天皇に信頼されて右大臣までのぼりつめた人物である。この人事は、道真の家柄を考慮すると異例の重用であった。大抜擢の目的には、当時の宮中を席捲し、宇多天皇を脅かすほど強い権力をもっていた藤原氏に対する牽制という意味もあったようだ。しかし、やがて宇多天皇が出家してしまうと、後ろ盾がなくなった道真は宮中での発言力を失い、藤原氏との政争に敗れて九州の太宰府に左遷されてしまう。道真はそのまま二度と京へ帰ることができず、九州で亡くなり安楽寺に葬られた。

　だが、道真にまつわる伝説は、むしろ彼の死後から始まったといっても過言ではない。彼の死からまもなく、政敵であった藤原氏のひとりである藤原時平が39歳という若さで病死したほか、時平に近しい人物が次々に急死。また、宮中に雷が落ちて藤原清貫をはじめ複数の朝臣や兵士が死亡し、事件を目撃した醍醐天皇も体調を崩して間もなく崩御してしまうなど、短期間の間に立て続けに不幸な出来事が続発したのである。

　藤原氏をはじめとする宮中の人々は、よほど道真に対して後ろめたい気持ちがあったのだろうか。これらの凶事を道真の祟りによるものと恐れた彼らは、祟りを鎮めるために北野天満宮を建てて道真を神として祀った。また、左大臣や太政大臣といった生前を超える官位も贈られ、道真の名誉も回復された。

　こうした措置によって、道真の宮中に祟りをなす怨霊という側面はしだいに忘れられていった。それに代わって学問の神様として信仰を集めるようになった。

関連用語

【日本三大怨霊】
非業の死を遂げたことによって、怨霊となったといわれる歴史上の人物。菅原道真、平将門、崇徳天皇の3人が、これにあたる。

【太宰府】
7世紀頃、筑前国（現在の福岡県西部）に設置された行政機関。

【安楽寺】
かつて大宰府にあった寺院。道真が葬られた地で、死後に道真を祀っていた。明治維新の際に行われた神仏分離によって廃寺となり、道真を祀る役割は太宰府天満宮に引き継がれている。

【北野天満宮】
京都市上京区にある神社。道真を祀った代表的な神社で、御利益を求める受験生たちの拠り所となっている。

〈菅原道真像〉

神話・伝承

大国主命

23 大国主命
（おおくにぬしのみこと）

葦原中国の主宰神。少名毘古那神とともに諸国を巡って国造りを行ない、御諸山上坐神の魂を祀って葦原中国を完成させたが、のちに天照大御神に求められて国を譲った。

偉大な神度	▶▶▶	4
イケメン度	▶▶▶	5
爆発しろ！度	▶▶▶	5

　　## 日本神話におけるハーレム主人公　　

　出雲神話の主役で、国津神の元締めのような存在。国土の修理や保護をしたほか、農業技術の指導、害獣や害虫を退けるの禁厭制定、病気の治療法と医薬の普及、温泉開発など、さまざまな業績を残した国造りの神だ。『古事記』では、大穴牟遅神、葦原色許男神、八千矛神、宇都志国玉神の4つ、『日本書紀』では大物主神、大己貴神、葦原醜男、八千戈神、大国玉神、顕国玉神と6つの別名があり、大国主命は全国の大地神を習合した神だと考えられている。

　大国主命の逸話としては、和邇に皮を剥がれていたウサギを助ける“因幡の白兎”が有名だ。この話は八十神という大国主命の兄たちが、八上比売に求婚しに出かけた際の出来事。ウサギに嘘の治療法を教えた兄たちとは違い、大国主命は真の治療法を教える心優しい神として描かれる。結局、八上比売も八十神の求婚を拒否。心根が優しく美男でもあった大国主命を選ぶ。ところが、大国主命は妬んだ八十神に2度殺され、兄たちから逃れて根の国へ行った際に、須左之男命の娘・須勢理毘売命と互いにひと目惚れして結婚。駆け落ちのような形で葦原中国へ戻る途中、追いかけてきた須左之男命にも結婚を認められ、八十神を追い払って国造りをするのだ。

　大国主命には、このほかにも沼河比売や多紀理比売命、神屋楯比売命、鳥耳神と4柱の妻がいて、6柱の妻とのあいだに180もの子どもが誕生した。こうした事情もあり、大国主命が祀られた出雲大社は、とくに縁結びのご利益で知られている。大国主命のモテモテぶりはライトノベルの主人公のようでもあるが、大国主命のほうから積極的に口説いている点が、いわゆる鈍感主人公とは違う。どちらかといえば、人気者のさわやかイケメンといった立ち位置になる。

　ちなみに現代の日本では、妻が6人という状態は違法。「女の敵」ともいわれそうだが、一方で大国主命が人間だったとしても江戸時代までなら合法だ。そこは女神たちも承知のうえというわけで、意外と神様の世界も「結局は見た目」なのかもしれない。

◀ **関連用語** ▶

【出雲神話】
『出雲風土記』に記された出雲の神話。朝廷の命で作られた『古事記』や『日本書紀』との違いなどから、当時の地方を知る手掛かりになっている。

【国津神】
地上界である葦原中国出身の神々のこと。天照大御神のような、天界とされる高天原出身の神々は天津神と呼ぶ。ちなみに須左之男命は高天原の出身ではあるが、追放されて葦原中国に降りてきたので国津神に分類されている。

【和邇】
ワニのこと。以前はサメとする説が有力だったが、「因幡の白兎」に似た民話が外国のさまざまな地域にあり、またワニが日本にいないからといって昔の人が知らなかったとは限らないことなどから、現在ではワニとする説が有力だ。

24 道成寺 (どうじょうじ)

実在する寺の名だが、多くの場合この寺に伝わる伝説を指している。道成寺もの、安珍清姫ものの名で能や浄瑠璃、歌舞伎の題材としても有名な"悲恋"物語だ。

はた迷惑度	▶▶▶ 5
過激度	▶▶▶ 5
メンヘラ度	▶▶▶ 5

男の嘘と女の怨念、悲恋といっていいものか？

道成寺というのは和歌山県日高川町に現存する天台宗の寺だ。日高寺、鐘巻寺とも呼ばれている。大宝元年（701）に建立された古刹だが、延長6年（929）、この寺で大事件が起きた。

紀州牟婁群・真砂の庄司の家に、あるとき安珍という男が宿を求めた。安珍は奥州の修行僧で、熊野詣の道中だという。庄司の娘・清姫は安珍に一目惚れし、情熱的にアプローチ。断り切れなかった安珍は「熊野詣の帰りに必ず寄る」といい残して出立した。

しかし、待てども待てども安珍は現れない。裏切られたことを悟った清姫は、人目もはばからず安珍を追いかけた。ようやく探し当てた安珍に「人違いだ」といわれ、清姫は逆上。鬼の形相で追いかける清姫と必死に逃げる安珍。日高川までたどり着いた安珍は船に乗り岸を離れたが、清姫はその姿を毒蛇へと変えて追いかける。安珍は道成寺に駆け込み、僧の手によって鐘の中へかくまわれたものの、清姫の目を欺くことはできなかった。清姫は鐘に巻きつき、火を吐きつけてそのまま安珍を焼き殺してしまったのだ。

能『道成寺』ではこの後日譚が語られている。道成寺で釣鐘を再興した日、1人の白拍子が現れる。この白拍子は、かつてこの寺の鐘を焼いた蛇だという。よほどこの寺の鐘が憎らしかったのだろう。

〈『和漢百物語』清姫〉

関連用語

【安珍・清姫伝説】
道成寺、日高川伝説などさまざまな呼び名がある。また、日高川入相花王など多くの作品を生んだ。

【古刹】
由緒のある古い寺、古寺のこと。

【紀州牟婁群】
現在の和歌山県東側〜三重県北側あたり。

【庄司】
荘司、荘官とも。領主の命を受けて荘園において年貢の徴収や治安維持などの任務についていた者のこと。中央から派遣されたり、現地の豪族が任命されることもあった。

【熊野詣】
熊野信仰に基づき、和歌山県熊野地方にある熊野三山（本宮・新宮・那智）を詣でること。室町時代の伊勢参り流行以前は盛んにおこなわれていた。

COLUMN 鬼女を表す、恐ろしい般若面

"般若"は般若心経などで知られる"智慧"を意味する仏教用語だが、能では鬼女の面を指す言葉だ。これは般若坊という職人の名からついたらしい。2本の角、眉間にしわを寄せ、大きく裂けた口から牙を剥き出した表情は、嫉妬や怒りに狂い、鬼と化した女を表している。この面は主に『道明寺』、そして『葵上』の演目で使われた。

物理 / 熱力学 / 思考実験

25 マクスウェルの悪魔

熱いものと冷たいものが接触すれば、両者は同じ温度になる。我々が常識的と思っているそんな現象に、イタズラを仕掛ける悪魔が存在する。はたしてその悪魔とは？

厄介な仮想敵度	▶▶▶	4
科学の勝利度	▶▶▶	4
宇宙の終わり度	▶▶▶	5

熱力学の悪魔を倒したら、絶望の未来が待っている

マクスウェルが提唱した思考実験の内容はこうだ。

①均一な温度の気体で満たされた容器を用意。ただし、個々の分子の速度は均一ではない

②この容器を小さな穴の空いた仕切りでA、Bの部分に分離。個々の分子を見て、穴を開閉できる"存在"がいるとする

③この存在は、素早い分子のみをAからBへ、遅い分子のみをBからAへ通り抜けさせるように、この穴を開閉する

④この過程を繰り返せば、いずれこの存在が仕事をすることなく、Aの温度を下げ、Bの温度を上げることができる。しかし、これは熱力学保存第2の法則と矛盾する

この超越的な存在が、マクスウェルの悪魔である。要は物理学の仮想敵な訳だが、とはいえ、これを認めると永久機関という不可能な機械が成立してしまうため、学者たちはこの悪魔を葬る証明に躍起になったのである。解決までの道のりは省略するが、この悪魔は窓の開閉時に情報の記憶・消去をするといった仕事の必要があり、そこで全体としてエントロピーが減ることにはならないと結論され、悪魔は葬られることになった。

と思ったら、別角度からの恐怖も登場。エントロピー増大の法則は、宇宙全体からすれば、宇宙は必ずエントロピーを増やし続けていることになる。つまりいずれ宇宙は、生物も無機質も空気も境い目がなく、同じ熱、同じ物質の密度になった平衡の海になる、という恐ろしい終焉が仮説された。これを"宇宙の熱的死"というが、アニメや漫画などでもたびたび登場するSFネタとなっている。

◀◀◀ 関 連 用 語 ▶▶▶

【ジェームズ・クラーク・マクスウェル】

1831～1879年。イギリスの理論物理学者。1864年に電磁力に関する法則を整理したマクスウェルの方程式を発表。ちなみに1861年には史上初のカラー写真の撮影に成功。

【エントロピー】

熱力学における、方向性のある現象の度合いを表すもの。乱雑さとも。よくある例えとして、コーヒーにミルクを垂らし、まだ混ざっていない状態をエントロピーが小さいといい、完全に混合された状態をエントロピーが大きいという。

【熱力学保存第2の法則】

熱は必ず高いほうから低い方へ移動し、その逆は起こらないという法則。そして、他との熱の出入りを遮断された"断熱系"において、不可逆変化（元の状態に戻らない）が生じた場合、エントロピーは必ず増大するというもの。

速い分子と遅い分子を分ける悪魔の機械

COLUMN

マクスウェルの悪魔よろしく、実際に速い分子と遅い分子を分離させる機械としては、エジンバラの物理学者、デビッド・リーが作ったナノスケール・マシンがある。しかし、これは外部の動力源が必要なため、第2の法則を破るものというわけではない。結局どんな悪魔もエネルギー法則には逆らえないようだ。

26 無知の知

古代ギリシアの哲学者ソクラテスの哲学の根底を表わした言葉が "無知の知"。彼は「私は自分が何も知らないということを知っている」といった。

知名度	▶▶▶	5
賢者度	▶▶▶	5
ネチネチ度	▶▶▶	5

現代にも伝わるソクラテスの哲学

　"無知の知" という言葉が生まれたきっかけはこうだ。ある日、デルフォイの神託所において、ソクラテスの弟子が「アテネでいちばん知恵のある者は誰か？」と訊ねたところ、「それはソクラテスである」と告げられた。それをソクラテスに伝えると、ソクラテスは「そんなわけはない」と信じず、賢者と呼ばれる人たちのもとへ確認しにいった。ところが、その賢者たちと会って話をしてみたところ、ソクラテスはある事実に気づく。「彼らは知らないことを知っていると思い込んでいる」と。そのことから、ソクラテスは「自分も知らない。だが、自分は知らないということをわかっている。その分だけ、自分のほうが知恵がある」と悟った。

　つまり、知らないということを自覚することで、それを知ろうとする向上心が生まれる、という話である。この「無知の知」は弟子のプラトンらによって広められ、現在でもビジネス現場などで格言として使われている。後世に与えた影響は非常に大きいだろう。

　こう聞くと「ソクラテスとは偉大な人だ」という感じがするが、その一方、賢者たちを打ち負かした会話は非常にいやらしく、ネチネチと相手を自滅させていく論法だったという。

　まず「私は何も知らない。だから教えてくれ」といって、相手のいい分を引き出す。そのいい分に対して否定や批判はせず、「ここがよくわからない。こういうことか？」とさらに詳細を問う。すると相手は「そうだ」と答え、それに対してソクラテスがさらに質問する。やがて相手は最初のいい分と辻褄が合わなくなっていき、ソクラテスは「あなたのいうことは矛盾している」と指摘する。

　なんとも揚げ足取りに近い問答である。こんな質問攻めにされたら、誰でもイライラして話を放り出すだろう。ソクラテスはじつはただの議論オタクだったのかも？

◆関連用語◆

【ソクラテス】

紀元前470年頃～紀元前399年。古代ギリシアの哲学者。"無知の知" は彼のエピソードのなかでもとくに有名な1つ。彼自身は著書をまったく残しておらず、弟子のプラトンらの著作が彼を知る唯一の手掛かりとなっている。

【デルフォイの神託所】

神の預言が巫女を通じて伝えられる場所。ギリシアで最古の神託所とされ、ギリシア神話にも登場する。ここでのお告げは "デルフォイの神託" と呼ばれる。

【賢者】

読んで字のごとく賢い人。また知識に長けて良識のある人。現代では一般に使うことは少なく、『ドラクエ』などでの職業の1つとして知られている面のほうが大きい。

〈ソクラテスの胸像〉

UFO / 西洋 / 用語

27 アダムスキー型UFO

1952年に作家でUFO研究家のジョージ・アダムスキーによって撮影されたUFOのこと。非常に有名な写真で、その後のUFOのパブリックイメージの1つとなった。

有名度	▶▶▶ 5
信じるか信じないかは度	▶▶▶ 5
変人度	▶▶▶ 5

世界初のコンタクティーが撮影したUFO

　ジョージ・アダムスキーは、世界で初めて"宇宙人と接触した"とされる人物だ。いわゆるコンタクティーの元祖であり、1965年に74歳で亡くなるまでの間、じつに25回も宇宙人とのコンタクトに成功したという。しかも、単に宇宙人と会話したというだけでなく、ときには宇宙人と一緒にUFOに乗り、宇宙旅行もしたというから、なかなかにぶっ飛んでいる。

　ただ、当時はちょうど世界的にUFOへの関心が高まっていた時期で、彼の宇宙人との遭遇体験を書いた著書『空飛ぶ円盤実見記』（1953年）はベストセラーになり、続編の『空飛ぶ円盤同乗記』（1955年）もヒット。各地でUFOと宇宙人に関する講演も行うなど、世界でもっとも有名なコンタクティーとなった。

　そんなアダムスキーが1952年の12月13日に撮影したのが、のちに「アダムスキー型」として知られるようになるUFO写真である。アダムスキーによると、このUFOは地上30mまで降下したところを撮影したものだそうで、当時から捏造との批判がありながらも、そのSFチックなデザインの良さも相まってか今日においても「UFOといえばアダムスキー型が最初に思い浮かぶ」ほど広く世間に浸透した。実際、アダムスキーの話は荒唐無稽で、当時からUFO研究家たちの多くは相手にしていなかった。それでも彼は持ち前の話術で人々を魅了し、ある種のカルト的な人気を博した。アダムスキーは「宇宙人たちは核戦争の危機を人類に伝えるために地球に来ている」と唱えたが、どれだけ批判されようと活動を続けたのは、彼なりの平和に対する強い想いがあったからなのかもしれない。

関連用語

【コンタクティー】

宇宙人となんらかの接触を行ったと主張する人のこと。アダムスキーが金星人とテレパシーで会話したことを記した『空飛ぶ円盤実見記』を出版するや、自分も同様の体験をしたというコンタクティーが続出した。

【アダムスキー哲学】

アダムスキーには哲学者としての一面もあり、彼の信奉者たちはその考えをアダムスキー哲学（または宇宙哲学）と呼び、独自に研究している。

『デュエル・マスターズ』でのアダムスキー

COLUMN

漫画『デュエル・マスターズ』には宇宙人のチューやんというキャラクターが登場するが、彼の切り札となるカードが「S級宇宙（スペース）アダムスキー」というもの。宇宙人という設定も考えると、これはアダムスキーが由来になっていると考えるのが自然だろう。

仏教　東洋　用語

宗教

28 カルマ（業^{ごう}）

アジア圏の宗教などで見られる思想の1つ。とくに仏教と
関わりが深く、仏教ではカルマをもたらすものは身口意の
三業のいずれかに分類されるといわれる。

仏教度	▶▶▶ 4
負のイメージが強い度	▶▶▶ 5
考えるのもダメ!?度	▶▶▶ 4

カルマ（業）

自身の行為とそれがもたらす結果

　カルマは仏教やヒンドゥー教など、インド発祥の宗教に見られる
思想。その言葉にネガティブな印象を受ける人も多いが、カルマの
性質は因果応報の法則に基づいて決まるため、必ずしも悪いものと
は限らない。あくまで自らの行為に対する結果であり、善行を積め
ば良いカルマが、悪行を重ねれば悪いカルマがもたらされるわけだ。

　仏教では、身業、口業（語業）、意業（思業）の三業は必ずなん
らかのカルマをもたらし、業がある限り輪廻からの解脱は不可能と
考えられている。それぞれを解説すると、まず身業は身体にまつわ
るもので、人を傷つける行為など。つぎに口業は言葉にまつわるも
ので、嘘をついたり、暴言を吐くなどが該当する。最後に意業だが、
これは思考にまつわるもので、たとえば「この上司ムカつくからぶ
ん殴ってやりたい」などだ。仏教では"やったかどうか"や"いっ
たかどうか"よりも"思ったかどうか"が重要で、最も恐ろしいこ
ととされる。そもそも身体や口が動くのは心が命じたからだし、意
業が重視されるのも当然といえば当然か。

　ちなみに、悪心によって起こる業は悪業といい、①殺生＝生き物
を殺す、②偸盗＝盗む、③邪淫＝淫らな心を起こす、④妄語＝嘘を
つく、⑤両舌＝二枚舌を使う、⑥悪口＝悪口をいう、⑦綺語＝無益
なおしゃべり、⑧貪欲＝貪り、⑨瞋恚＝怒り、⑩愚痴＝愚かさ、と
いう"十悪業"なるものが設定されている。

◀関連用語▶

【因果応報】
善行はよい結果を、悪行
は悪い結果をもたらすと
いう考え。前世の行為は
現世に、現世の行為は来
世にも影響するとされる。

COLUMN

自身の業で自身が得る結果

　カルマは悪い結果だけに限らないと上に記したが、これは"自業自得"にもいえるこ
とだ。自業自得という言葉は一般的には悪い結果に対して使われるが、本来は"自ら
の行為によって自らが得た結果"のことなので、いいことも悪いこともすべて含めて
自業自得なのである。ちなみに因果応報と同じく、これも仏教由来の言葉だ。

29 平将門
たいらのまさかど

平安中期の武士、平将門（？～940年）は、朝廷に反乱を起こして関東地方を支配した梟雄である。だが、真に彼の名を知らしめたのは、死後に広まった怨霊伝説であった。

暴れん坊度	▶▶▶ 4
祟り神度	▶▶▶ 5
守り神度	▶▶▶ 4

平将門

 祟り神からサラリーマンの守護神に？

　平将門は自分を頼って逃げてきた藤原玄明をめぐって近隣国の領主と争いを起こし、この戦いをきっかけに周辺国に出兵して関東の支配者となった。そして「新皇」と名乗って独立した地方政権を作り、朝廷に反旗を翻す。だが、将門は朝廷から派遣された討伐軍との戦いで討ち死にしてしまい、新政権は瓦解。首は京に運ばれ、晒し首にされてしまった。

　ところが、これで一件落着とならなかったのが将門伝説のすごいところ。首に関してはいくつかの伝承が残っているが、その1つによると将門の首は何か月も経っても腐ることはなく、目を見開いたままで、まるで生きているかのようだったという。また、別の伝承では夜な夜な自分の胴体を求めて叫び続け、京の人々を恐怖に陥れたと伝えられる。そして最終的に首がどうなったのかについても諸説あり、有名なものとしては関東を目指して飛び去っていったというエピソードが知られている。

　さて、京から飛び去った将門の首はどこへ行ったのか？　飛来した将門の首を祀ったとされる首塚は全国に複数存在するが、最も有名なものは東京都の中心部、大手町にある首塚だろう。この首塚は過去に何度か区画整理のために取り壊されそうになったことがあるのだが、そのたびに関係者が急死したり不審な事故が起きたため、工事が中止になったといわれているいわくつきの場所だ。

　こうした話を聞くと将門はいまだに祟り神のようだが、実は現在では守り神としての信仰も集めている。首塚の境内にはたくさんのカエルの置物が奉納されているのだが、これは将門の首が関東に帰ってきたことにちなんで、「カエル」と「帰る」をかけた願掛けなのだ。地方や海外に転勤になっても必ず帰ってくることができるようにと、サラリーマンたちが願いをこめてお参りしているのだという。また、首塚なのでこれ以上クビを切られない、ということで、リストラを恐れるサラリーマンにも密かな人気があるようだ。

関連用語

【藤原玄明】

平安中期の関東地方にいた土豪。常陸国（現在の茨城県）で問題を起こして逃亡し、将門を頼った。常陸国の行政官であった藤原維幾は玄明の引き渡しを要求したが、将門はこれを拒否して争いになり、将門が乱を起こすきっかけとなった。

【首塚】

合戦で討ち取られたり、斬首刑に処されたりした者の首を供養されるために建てられた塚。耳を祀った耳塚、胴を祀った胴塚とよばれるものもあり、将門の胴塚といわれる塚は全国に複数存在している。

神話 / 日本 / 神

30 日本武尊
やまとたけるのみこと

第12代・景行天皇の皇子で、第13代・仲哀天皇の父。
九州の熊曾建征伐や、草薙剣の逸話などで火古代の英雄
で、地方伝承が集約された朝廷の武力の象徴とされる。

英雄度	▶▶▶ 5
乱暴者度	▶▶▶ 5
悲劇の主人公度	▶▶▶ 5

神話・伝承

日本武尊

日本武尊の物語は典型的な貴種流離譚

『古事記』では「倭建命」、『日本書紀』では「日本武尊」と表記される。名前は日本武尊が一般的だが、逸話は『古事記』のほうが有名だ。ある日、朝夕の神事に出ない兄を諭すよう父に命じられたところ、日本武尊は怪力で兄の手足をもぎ、簀巻きにして捨てたという。日本武尊は、この過激な対応で父に疎まれ、単身で熊曾建の征伐を命じられる。無事に任務を果たして都に戻ると、今度はすぐに東征を命じられ、「私に死ねというのか」と嘆きながら出発。妻の入水といった悲劇を乗り越えて任務を果たすも、帰る途中で伊吹山の神に祟られて亡くなり、故郷を目前に魂が白鳥になって飛んでいくという悲劇の英雄として語られる。『日本書紀』でも大筋は同じだが、天皇との関係は良好で、朝廷の期待を背負った英雄として描かれ、最期は同じながらも漂う悲劇性はかなり薄い。

この「貴い身分の者が何らかの事情で異郷を旅する」というパターンは、「貴種流離譚」という物語ジャンルの1つ。『古事記』の内容のほうが有名なのも、悲劇性が高い分よりドラマチックだからだろう。ライトノベルでは主人公を「平凡な〜」と規定した作品が多いが、話が進むと「コイツ平凡じゃないよね?」となっていくことがほとんど。やはり真に平凡では、ドラマチックな展開にはなりにくいのだろう。その点、貴種流離譚なら貴人が流浪している時点ですでにドラマ性があり、小説や漫画、アニメなどでしばしばヒット作も登場している。

《『月百姿』小碓皇子》

関連用語

【熊曾建】
朝廷に従わなかった九州の土豪。『古事記』では、女装して首領の兄建と弟建の兄弟を討ち取った際に弟建から「倭建」の名を献じられ、以後「倭建命」を名乗ったとされている。

【東征】
日本武尊による東方諸勢力の平定。このとき日本武尊は野原で火攻めにされたことがあり、剣で周囲の草を刈ったのち、迎え火をして難を逃れた。この剣は八俣遠呂智の尾から見つかったもので、草を薙いだので「草薙剣」と名付けられたという説の根拠になっている。また浦賀水道で海が荒れた際、弟橘媛が入水して海を鎮めた話も有名で、千葉県付近に数多くの神社がある。

 COLUMN
日本武尊に由来する3か所の白鳥陵
『古事記』『日本書紀』ともに、日本武尊は死後に白鳥になって飛んだという。亡くなった能褒野墓(三重県亀山市)のほかに、『日本書紀』で白鳥が留まったとする大和琴弾原(奈良県御所市)、河内古市(大阪府羽曳野市)の2か所にも「白鳥陵」と呼ばれる陵があり、これら3つが日本武尊にまつわる陵と認定されている。

義経記

31 義経記（ぎけいき）

平安時代の武将・源義経の生涯を描いた、室町時代初期頃に完成した軍記物語の１つ。歴史よりも悲劇の英雄譚の色合いが強く、「準軍記物語」とされる場合もある。

知名度	▶▶▶	3
悲劇度	▶▶▶	5
創作の原点度	▶▶▶	5

日本最古（？）悲劇の貴公子の一生

　物語の題材とされる実在の人物は多いが、なかでもトップクラスの人気・頻度を誇る１人が源義経だろう。源九郎義経、牛若丸、遮那王と数々の名で呼ばれる彼の物語は、『安宅』（能）、『義経千本桜』（人形浄瑠璃）、『勧進帳』（歌舞伎）など枚挙にいとまがない。

　これらの大本となっているのが、彼の生涯を描いた軍記物語『義経記』だ。『判官物語』、『義経物語』とも呼ばれる本作は、室町時代の前半に成立したといわれているが作者は定かではない。というのも、当時軍記物語というのは琵琶法師や物語僧による口伝がほとんどだった。『義経記』は、これら口伝の伝承や、各地に残る義経の逸話を集約したものと考えられている。さらにいえば、『義経記』は他の軍記物語に比べると物語色が強く、義経を"悲劇の英雄"として描いているのが特徴として挙げられる。現在に至っても薄幸の貴公子として扱われるのは、この本のせいなのかもしれない。

　物語は平治の乱（1160年）の終わりから始まる。前半は寺の稚児でありながら平家打倒を志す幼少期、そして武蔵坊弁慶と出会い、奥州にて兄・源頼朝の挙兵を知るまでの青年期を描いている。後半は壇ノ浦の戦い（1185年）ののち、頼朝と不仲になり、逃避行の末、奥州・平泉の地で自害するまでの悲劇を描いている。"戦の天才"と謳われた義経の生涯を描きながら、意外にも肝心の平家追討の戦功については数行に留まっている。

〈『義経記五条橋之図』〉

◀ 関連用語 ▶

【源義経】
1159～1189年。平安後期から鎌倉初期の武将。幼名・牛若（牛若丸とも）。平治の乱後、鞍馬寺の稚児となる。平家打倒のため隠れて武芸に励み、それを咎められて別の坊へと移され「遮那王」と改名する。藤原秀衡を頼って奥州に下り、元服し九郎義経と名乗る。異母兄である頼朝の挙兵を聞き馳せ参じ、平家滅亡に尽力するが、姦計に遭い逃亡生活を送る。奥州平泉にて藤原泰衡の裏切りに遭い、衣川の館で自害した。

【琵琶法師・物語僧】
日本中世に多く見られた、物語を朗誦する芸能者・僧侶。盲目の者であることが多い。

COLUMN

この時期なぜか多い、"○○御前"

義経を語るに外せない人物といえば武蔵坊弁慶、そして義経の妾・静御前だ。"御前"というのは女性の名につける敬称で、日本史上で有名な"御前"といえば"常盤御前""巴御前""静御前"が有名だが、みな同時期の人物だ。常盤が義経の母、その義経の妾が静、女武者として知られる巴は義経の従兄弟・源義仲の妾である。

32 絶対零度
ぜったいれいど

誰もがこのパワーワードを、一度は聞いたことがあるのではないだろうか。絶対零度。いったいこれは何がどう絶対なのだろうか？

低音度	▶▶▶	5
理想度	▶▶▶	4
不可侵領域度	▶▶▶	5

絶対零度

我は、理論上侵されざる絶対領域たる低温なり

　温度の単位にはいくつかあるが、我々が普段使っているセルシウス温度（セ氏・単位は℃）は、1気圧の状態で水の氷点を0℃、沸点を100℃とし、その間を100等分したものを1℃としている。

　しかし、この方法はじつは不正確で、熱膨張率は温度によって異なる。そこでケルビン卿は、"物質の種類に左右されない温度"を定めるため、理想気体（Ar（アルゴン）やHe（ヘリウム））の熱膨張を計算。原子や分子は絶えず運動をしていて、高温になるほど運動は激しく、低音になるほど鈍くなり、そして理論上、完全に停止状態となる。その物質が停止する温度が絶対零度＝0K（ケルビン）で、この絶対零度を基準とする温度が絶対温度である。絶対零度は、摂氏では -273.15℃、華氏では -459.67℉となる。

　分子や原子が停止するので、絶対零度より低い温度は存在しない（高温は上限なし）。では、そもそも絶対零度は計算で出した温度なのだが、実際観測されたことはあるのだろうか。地球の観測史上最低の自然の気温は1993年7月21日、南極ソビエト、ボストーク基地の -89.2℃。地表面温度だと南極で2010年8月10日に -93.2℃を観測している。じゃあ宇宙ならどうか。今まで見つかったなかで一番冷たい環境は、ブーメラン星雲のなかの黒いガス雲がわずか1Kとわかった。その周辺は2.7Kと生温い温度になっているが、これは宇宙全体にビッグバンの名残の熱といわれる宇宙マイクロ波放射（電磁波）が充満しているためで、その暖かさが遮断されないとこれ以上の低音にはならない、と考えられている。

　実験室で人工的に作った場合はどうか。レーザーを用いてセシウム原子を冷やす方法で、1994年アメリカ国立標準技術研究所が10億分の700Kまで、2003年マサチューセッツ工科大学が10億分の0.5Kまで達している。近づいてはいるが、やはり到達はできていない。さすが、"絶対"という侵されざる領域の冠は伊達ではない。

◀ 関 連 用 語 ▶

【セルシウス温度】
スウェーデンの天文学者、アンデルス・セルシウスが提唱した実用的温度計を基にした、温度の国際単位。絶対温度も温度の量の単位としては同じなので、絶対温度から273.15引けばセ氏温度になる。

【ケルビン卿】
1824～1907年。本名はウィリアム・トムソン。イギリスの物理学者。絶対温度の導入や、トムソンの原理、ジュール＝トムソン効果の発見などの業績がある。電磁誘導や磁気力を表すため、ベクトルを使用し始めた人物でもあるという。

【ブーメラン星雲】
ケンタウルス座の方向に、地球から5000光年離れた位置にある原子惑星状星雲。1995年にESOがチリにあるサブミリ望遠鏡によって観測し、1Kの温度が推定された。発見時はブーメラン型のように見えたが、その後の精密な観測で蝶ネクタイのような形だとわかった。

33 エウテュプローンのジレンマ

プラトン（紀元前427〜紀元前347年）が書き残した、
師ソクラテスとエウテュプローンとの対話の物語。敬虔を
巡るふたりの問答から、世の中のジレンマが垣間見える。

ソクラテス最強度	▶▶▶ 5
信仰深すぎ度	▶▶▶ 4
結局何が解決したの？	▶▶▶ 5

「敬虔とはなにか？」を巡る問答

　その物語は、ある役所付近で哲学者ソクラテスと信仰深い青年エウテュプローンが出会ったことから始まる。なんでも、エウテュプローンは使用人を殺してしまった父親を告訴するために役所にやって来たとのこと。エウテュプローンは「彼らは敬虔（＝神に対する忠誠心や信心）というものを知らない」といい、自分はその敬虔を理解しているからこそ父親を告訴するのだ、と話す。

　そこから、ソクラテスとエウテュプローンの「敬虔とは何か？」という問答が始まった。エウテュプローンが「神々に愛されるものが敬虔であり、愛されないものが不敬虔だ」と答えれば、ソクラテスは「神々のあいだでも対立や意見の違いがある。ある神に愛されても別の神に愛されないものもあるのではないか？」とその矛盾を突く。エウテュプローンが「ならばすべての神々が愛するものが敬虔だ」といえば、ソクラテスは「神々に愛されるから敬虔なのか、それとも敬虔だから神々に愛されるのか？」と問い返す。

　こうした問答の末、やがてエウテュプローンは堂々巡りに陥ってしまう。そして答えが出ないまま、エウテュプローンは「用があるから」とその場を立ち去り、対話は終了となる。結局、エウテュプローンは敬虔というものを理解していなかった、という話だ。

　これは"無知の知"と並んで有名なソクラテス式問答の1つである。相手の答えを1つ1つ丁寧に問いただすことで、やがて相手はいっていることの辻褄が合わなくなっていく。つまり、そのことをじつは理解できていなかった、ということが証明されるのである。

　このソクラテス式問答法は、現在ではテーマへの理解を深めるための効果的な議論法として知られている。問答を繰り返すことでテーマを少しずつかみ砕き、問題点や矛盾点を明らかにしていくことができる方法だ。ただし、ネチネチと問い詰めていくことで、一歩間違えれば相手を不機嫌にさせて反感を買いやすい。使いどころをしっかり考えて、お互いに納得のうえで使うべきである。

関連用語

【エウテュプローン】
プラトンがソクラテスを主人公にして書いた対話篇の1つ。この対話篇でソクラテスと問答をする青年の名前でもある。ソクラテス自身は何も書き残していないため、プラトンの著作がソクラテスの人物像を知る唯一の手掛かりとなっている。

【敬虔】
親や神に対する忠誠心や信心。古代ギリシアで徳目の1つとされた。

【エウテュプローンの告訴】
彼は植民地で農場を経営していて、そこで自分たちの奴隷が使用人に殺された。それに憤慨したエウテュプローンの父が、その使用人を縛って溝に放置したところ、その使用人は死んでしまった。こうしてエウテュプローンは父を殺人罪で訴えることになった。

34 フラットウッズ・モンスター

1952年にアメリカ合衆国ウェストヴァージニア州のブラクストン郡フラットウッズでUFOとともに目撃された未確認生物。その正体は宇宙人であると考えられている。

衝撃度	▶▶▶ 4
アニメインスパイア度	▶▶▶ 4
町おこし度	▶▶▶ 5

その正体は宇宙人かフクロウの誤認か？

　1952年、アメリカ合衆国の田舎町フラットウッズに住むメイ兄弟とその友人の少年が学校でフットボールをしていたところ、上空から明るく光る物体が丘の上に落下するのを目撃する。

　少年たちはすぐに家へ戻ると、メイ兄弟の母親にUFOが丘に墜落したと報告。母親と少年たちが懐中電灯を手に物体が着陸したと思われる丘に行くと、そこには巨大な火の玉のような物体が輝いていた。その直後、近くにあった樫の木の下から光る眼を持った10ft（3.05m）はあろうかという不気味な生物が出現。その生物はシューッという音を立てると、浮上しながら少年たちに接近してきたという。

　驚いた一行はパニックになりながら家へと逃走。すぐに保安官と地元紙の記者に電話した。通報を受けた保安官と記者たちは付近を捜査したが、火の玉のような物体も不気味な生物も発見することはできなかった。

　これがフラットウッズ・モンスターが目撃された経緯である。この生物の正体については「UFOに乗って地球にやってきた宇宙人」というものから「落下したのは隕石で、一行は単にフクロウを見間違えただけ」というものまでさまざまに論じられたが、真相は未だ不明のまま。なお、この事件が報じられるとフラット・ウッズは全米中の大きな注目を集め、町には大勢の観光客が詰めかけるようになった。また、2002年には、謎の生物との遭遇から50年を迎えたフェスティバルも開催されている。その正体がなんであれフラットウッズの町おこしに一役買ったことだけは間違いなさそうだ。

【関連用語】

【メンフクロウ】

フクロウ目メンフクロウ科に分類される鳥類。典型的な全長は33〜39cmほど。世界各地に生息しており、フラットウッズにも生息している。目撃者が述べたモンスターの特徴は、木の枝にとまるメンフクロウの姿や飛び方、驚いた時の鳴き声と似ていることから、メンフクロウを誤認したものという説がある。

【ロボット説】

フラットウッズ・モンスターの正体については、ほかに「ロボット説」がある。これを唱えたのはジャーナリストのフランクフェチーノという人物で、彼は現地で目撃者にインタビューを行うなど、徹底的に事件の洗い直しを行い、怪物の身長が3.6mはあったこと、胴体が金属質であったことを突き止める。その上で、正体はロボットもしくは宇宙人が宇宙服をまとった姿だったのではないかとしている。

COLUMN

インスパイアされたキャラクターたち

『新世紀エヴァンゲリオン』の使徒・シャムシエル、『ケロロ軍曹』の宇宙タレント、『宇宙戦隊キュウレンジャー』の戦闘員ツヨインダベーなどは、フラット・ウッズモンスターにインスパイアされてデザインされたキャラクターとされている。見た目のインパクトの強さもあるのだろうが、日本のクリエイターたちにも影響を与えていたのだ。

35 須弥山（しゅみせん）

インド由来の宗教などでたびたび語られる神々の住まう山のこと。インド神話のスメール山を漢字音訳したもので、仏教では須弥山と呼ばれている。

独自の世界観度　▶▶▶　4
スケールでかすぎ度　▶▶▶　4
構造が複雑過ぎ度　▶▶▶　4

世界の中心にそびえ立つ巨大な山

古代インドでは、人間の世界の中心には須弥山と呼ばれる巨大な山が存在すると考えられていた。この世界観は仏教やヒンドゥー教などのインド由来の仏教に取り込まれている。

『阿毘達磨倶舎論』によれば、この世界は金輪、水輪、風輪と呼ばれる3枚の円盤と、複数の山や海で構成される。円盤は太陽系ほどの大きさで、それが3枚重なっており、人間が住む世界は1番上の円盤、金輪の南に位置するという。また、金輪の中心には高さ約132万kmともいわれる巨大な山・須弥山がそびえ立ち、それを囲むように8つの山脈と海が広がっている。これらをまとめて九山八海と呼ぶそうだ。須弥山の頂上には帝釈天をはじめとするさまざまな神様が住んでいるほか、その中腹には東西南北を司る4柱の神様、持国天（東）、広目天（西）、増長天（南）、多聞天（北）がいる。特定のジャンルで優れている4人を指して"四天王"と称えることがあるが、それは彼らに由来している。

なお、チベット仏教では、チベット高原西部にあるカイラス山（標高6566m）がこの須弥山と同一視されている。ほかの仏教、ヒンドゥー教などでも、理由はそれぞれだが、この山を聖地とみなしている。このため登頂許可が下りないので、周囲にある巡礼路をまわれるのみである。

関連用語

【『阿毘達磨倶舎論』】
4～5世紀頃に成立した仏教論書。『倶舎論』とも呼ばれる。

〈須弥山を描いた絵画〉

実在する神々が住まう山

COLUMN

世界の中心に巨大な山があり、そこに神々が住んでいるという世界観はほかの神話や宗教などでも見られる。日本ではギリシア神話が有名で、最高神ゼウスをはじめとする神々はオリュンポス山の山頂に住んでいるとされる。この山はギリシアのテッサリア地方に実在し、電子機器メーカー・オリンパスの社名にも用いられている。

36 源頼光
みなもとのよりみつ

源頼光（948～1021年）は、藤原氏に仕えて宮中を守護した人物である。武人というより貴族に近い実績を残しているが、後世では伝説が盛られて妖怪退治の名人とされた。

名門度	▶▶▶	5
英雄度	▶▶▶	3
妖怪ハンター度	▶▶▶	5

賊討伐の実績が妖怪退治の逸話に変化

　源頼光は清和天皇の血を引く名門、清和源氏の3代目という超エリートで、当時摂関政治を行って絶大な権力を誇っていた藤原氏の側近を務めていた。史料によると、宮中に変事が起きた際には天皇や内裏の警護を担当するなど武人らしい働きもしているが、普段は朝廷の儀式や行事に参加したり、他の有力貴族との交流を深めるなど、政治的な活動をすることが多かったようだ。また、勅撰和歌集に3首の和歌が選ばれているなど、文化人としての一面もある。

　だが、現在よく知られている頼光像は、頼光四天王とよばれる優秀な配下を従え、酒呑童子などの妖怪を退治した伝説の武人というイメージだろう。よく知られている酒呑童子討伐のエピソードは、以下のようなものになる。

　丹波国の大江山（現在の京都府福知山市）には、酒呑童子という鬼の頭目が住んでいて、配下の鬼たちとともに都で暴れたり姫をさらうなどして人々を困らせていた。彼らの討伐を命じられた頼光と頼光四天王は、山伏に変装して酒呑童子の城を訪れる。そして鬼が飲むと毒になるという毒酒をふるまって鬼たちを酔い潰し、酒呑童子と配下の鬼たちを討ち取ったという。

　酒呑童子討伐のエピソードは昔話によくある鬼退治の物語のようだが、完全に後世の創作というわけでもない。京都にある成相寺には、1018年に大江山夷賊追討を命じられたことを記した、頼光直筆の祈願書が残っているのだ。恐らく、当時の大江山には山賊のように近隣に害をなす者たちがいて、それを討伐した頼光一行を民衆たちが称える際に、いろいろと尾ひれがついていったのだろう。

　なお、頼光四天王にも茨木童子撃退や大蛇討伐などいくつかの妖怪退治のエピソードがあるのだが、これらも各地の悪人や独立勢力との戦いから話がふくらまされた可能性が高い。

関連用語

【清和源氏】
第56代清和天皇の皇子を祖とする源氏氏族。鎌倉幕府を起こした源頼朝は河内源氏の一族だが、これも清和源氏の一系統である。

【勅撰和歌集】
天皇や上皇の命によって編纂された歌集のこと。最初の勅撰和歌集である『古今和歌集』から最後の『新続古今和歌集』まで、全部で21存在する。

【頼光四天王】
源頼光に仕えたとされる優れた武人たちのことで、渡辺綱、坂田金時、卜部季武、碓井貞光の4人をさす。

〈『前賢故実』源頼光〉

――神話・伝承――
三種の神器

37 三種の神器（さんしゅのじんぎ）

草薙剣、八咫鏡、八尺瓊勾玉の総称。天孫降臨の際に天照大御神が瓊瓊杵尊に授けたもので、古代から皇室に代々伝えられているが、皇族ですら見ることは禁止されている。

貴重度	▶▶▶ 5
神秘度	▶▶▶ 5
見たことない度	▶▶▶ 5

皇位継承の正統性の証となる神器

　八咫鏡と八尺瓊勾玉は、天照大御神の「岩戸隠れ」の際につくられた。勾玉は当時の人々が紐を通して身につけた御守りで、翡翠、水晶、瑪瑙、琥珀など材質はさまざま。瓊が赤い玉を表すため、八尺瓊勾玉は赤瑪瑙と考えられている。一方の鏡は天照大御神を岩屋から引き出すきっかけとなったアイテム。当時は青銅製が多かったが、『古事記』には天の金山の鉄を採ってつくったとあるので、材質は違う可能性もある。残る草薙剣は、須左之男命が退治した八俣遠呂智の尾から見つけたもの。当初の名は『古事記』では都牟刈大刀、『日本書紀』では天叢雲剣とされ、のちに日本武尊が東征の際に草を薙いで草薙剣と呼び名が変わった。これらは統治者に任命された瓊瓊杵尊が葦原中国に降る際、天照大御神から授けられた。諸説あるものの、草薙剣は熱田神宮、八咫鏡は伊勢神宮、八尺瓊勾玉は皇居にオリジナルが現存するとされている。

　日本は2019年から令和になり、「即位礼正殿の儀」に際して三種の神器も話題になった。BBCなどの記事では "The mysterious Imperial Treasures" や "Imperial Treasures or Regalia" などと表記され、ネット界隈では「響きが格好いい！」という意見も多かった。この "Regalia" というのは、正統性の証となる王権などを象徴した物品のこと。三種の神器のようなレガリアは外国にもあるが、神代からのものとなるとそうはない。やはり神秘的な印象が強いのか、三種の神器になぞらえたアイテムはしばしば創作作品にも登場し、それ自体が強大な力を発揮したり、3つ揃うと何かが起きたりと、強力な武器やキーアイテムとして扱われる場合が多い。

◆関連用語◆

【即位礼正殿の儀】
新たな天皇が即位を公に宣明する儀式。2019年10月22日に行われた。

【熱田神宮】
愛知県名古屋市熱田区にある神社。日本武尊の妻、宮簀媛が夫の指示で預けられた草薙剣を祀った。

【伊勢神宮】
八咫鏡を御神体とする神社。祭神は鏡を形代とする天照大御神だ。

【BBC】
イギリスのテレビとラジオを一括で運営している公共放送局、英国放送協会 "British Broadcasting Corporation" の略。24時間放送の国際ニュースチャンネルもある。

COLUMN
家電三種の神器

一般社会で三種の神器といえば、白黒テレビ、電気洗濯機、電気冷蔵庫の3つを指した1950年代の家電三種の神器が有名で、1960年代の高度成長期には、カラーテレビ、クーラー、自家用車が新たな三種の神器とされた。何かの中心となる定番の三要素を三種の神器ということもあり、言葉自体はかなり一般的になっている。

38 八百屋お七

燃え盛る江戸の町で懸命に半鐘を鳴らす16歳の娘・お七。
恋しい人に会いたい一心で町に火を放った彼女の姿は、
「八百屋お七物」としてさまざまな作品に描かれた。

純愛度	▶▶▶	4
恋は盲目度	▶▶▶	5
はた迷惑度	▶▶▶	5

江戸と自身を恋の炎で燃やした少女の運命

　火事と喧嘩は江戸の華というが、実際江戸は火事の多い町だった。天和2年（1683）の年の瀬、江戸は本郷のあたりで火の手が上がった。八百屋八兵衛の娘・お七は、燃え盛る実家をあとにし、母とともに駒込にある大円寺に身を寄せ、そこで出会った寺小姓の吉三郎（佐兵衛とも）と恋に落ちる。2人は密かに恋文を交わし、情を深めたが、なかなか会う時間を作ることができなかった。お七が実家に戻ったあとは顔を見ることも叶わない。吉三郎を恋しく思う気持ちは日増しに大きくなり、あるときお七は名案を思いつく。吉三郎と出会ったきっかけを思い出したのだ。そう、また火事が起きれば大円寺に避難することになる。つまり——吉三郎に会える、と。

　お七が自宅に火をつけたのは3月。風が強く、お七が考えていたよりも火の回りは激しかった。正気に戻ったお七は火事を知らせるため半鐘をかき鳴らしたという。当時放火は大罪、捕まったお七はその若い命を処刑場に散らした。

　実際、駒込の大円寺にはお七ゆかりのものが残っているが、史料では処刑の記録にあるのみ。16歳の娘は、市中を引き回され、火刑に処されたのだという。お七を有名にしたのは井原西鶴による『好色五代女』巻四『恋草からげし八百屋物語』がきっかけだ。これをもとに『八百屋お七歌祭文』、『八百屋お七恋緋桜』など、いわゆる「八百屋お七物」と呼ばれる浄瑠璃や歌舞伎が生まれたのだ。

〈八百屋お七〉

明暦の大火「振袖火事」

COLUMN

江戸の火事と恋の事件といえば、「振袖火事」も忘れてはいけない。明暦3年（1657）、江戸城を焼いた江戸最大の大火は、とある寺で供養のために燃やされた振袖が火元だといわれている。その振袖は若衆に恋い焦がれるあまり病で命を落とした16歳の娘の物で、娘の死後、袖を通した16歳の娘が相次いで亡くなった曰く付きの代物だった。

39 ドップラー効果（こうか）

救急車のサイレンが、近づくほど音が高く聞こえ、遠ざかるほど低くなる。これが有名なドップラー効果だが、じつはこれ、意外と活用範囲が広いようである。

身近な現象	▶▶▶	4
活用範囲の広さ	▶▶▶	4
まさかの宇宙	▶▶▶	5

サイレンの謎を解いたら、ビッグバン見つかった!?

ドップラー効果とは、波（音波や電磁波、光など）の発生源が観測者に近づくと、波の波動が詰まって周波数が高くなり、逆に遠ざかると振動が伸びて低くなるという現象を指す。先述した音の事例は古くから知られていたが、ドップラーが1842年に速度と周波数の関係式を導き、1845年に証明したものである。

このドップラー効果は光にも同じ現象が観測されており、光源が遠ざかるほど赤っぽく見え（赤方偏向＝レッド・シフト）、近づくほど青っぽく見える（青方偏向＝ブルー・シフト）。これが光のドップラー効果だ。この現象は天文学においてよく活用されている。ただし、宇宙では特殊相対性理論に従い、波源上での時間の進み方が遅れて観測されるので、その分光の振動数が小さく観測される現象が付加する。そうしたズレなども加味しつつ、惑星の輝きに刻まれるパターンを見つけることで、1990年代から太陽系外にある数百個の惑星が発見されている。ただ、赤方偏向は惑星の動きだけで起こるわけではなく、宇宙そのものの膨張によっても起こるため、銀河の光は全体的に低い周波数に偏移している。

ドップラー自身もこの光のドップラー効果が天文学に役立つと考えていた。恒星から届く光の色でこの効果が認められたと主張するも、当時は激しい反論にあったという。ところが1912年、アメリカのヴェスト・スライファーが、波長が赤にずれているスペクトル線を発見。ここからビッグバン・モデル発展の基礎を築く時代に突入することになる。救急車のサイレンから、まさかのビッグバン発見につながっていくのだから、物理はつくづく面白い。

◀◀◀ 関連用語 ▶▶▶

【クリスチャン・ドップラー】

1803〜1853年。オーストリアの物理学者、数学者。相対運動による振動数の変化を調べ、ドップラー効果の関係式をつくった。

【ヴェスト・スライファー】

1875〜1969年。アメリカの天文学者。銀河の赤方偏移を発見したほか、ローウェル天文台所長として、クライド・トンボーの冥王星発見を指導した。

【ビッグバン】

宇宙は非常に高温高密度状態から始まり、それが大きく膨張して、低音低密度になったとする宇宙論。

COLUMN

身近な世界でもドップラー効果大活躍

物の動きがあればドップラー効果はあるので、応用範囲は広い。物自体に計測器がなくとも、電波なり超音波なりを照射させ、その反射を測定すれば、その速度がわかる。スピード・ガンはこの現象を利用しているものだ。レーザー光や超音波を照射し、毛細血管内の赤血球との反射から測定する血流計なんてものもある。

40 イデア論

プラトン（紀元前 427 ～ 347 年）の哲学の根底ともいえる「イデア論」。我々の目に見えるものはすべて不完全なもので、真実の存在「イデア」は別の世界にあるという。

なるほど度	▶▶▶ 5
思考ぶっ飛び度	▶▶▶ 5
真偽度	▶▶▶ 3

プラトンが求めた真実の存在とは

たとえば紙の上に三角形を描いたとしよう。その三角形は線が微妙に歪んでいる場合もあるし、拡大してみるとただの点の集まりに過ぎないかもしれない。しかし、我々はそれを三角形だと認識できる。それは、三角形とはどんなものなのか、その本質を知っているからだ。この三角形の本質こそが「イデア」である。

あるいは「善」について考えてみた場合、ある国では「被害を受けたら報復するのが善」とされているが、別の国では「被害を受けても黙っているのが善」ということもある。同じ善でも、国によってその内容は異なるわけだ。しかし、善というものがあること自体は変わらない。つまり、それが善のイデアなのである。

これがプラトンの提唱するイデア論だ。この世にあるすべての物についてイデアが存在し、それはイデア界にあると彼はいう。イデア界という真実の世界が、森羅万象を生み出しているわけである。

当然そのイデア界には、あなたのイデアもあればあなたの友人のイデアもある。まだ生まれていないあなたの子孫のイデアも、イデア界には存在している。また、ここ数十年は技術の進歩が目覚ましいが、PC やスマホなどは技術の革新によって生まれたのではなく、最初からイデアが存在していてそれを形にしたに過ぎない。

そう考えると、イデア界というのはこの世の将来も運命もすべて知っている万能のデータベースといえる。しかし、この世からイデア界にはアクセスできず、理性によってのみイデアに到達できると彼はいう。結局のところ、イデアに到達できるよう「良く生きて理性を磨きなさい」というのが話の肝といえるだろう。

関連用語

【イデア】
すべての物事の本質がイデアであり、我々の目に見えるものはすべてそのコピーである。我々は生まれるまえはイデア界にいてイデアに触れていたが、生まれ落ちたときにそれをすべて忘れてしまう。その忘れたイデアを思い出すのが"学ぶ"ことだ、とプラトンは説いている。

【理性】
物事を正しく判断する力のこと。人間が持つ思考能力の1つで、感情や情動と対比される。

COLUMN イデア界はあの世にある？

プラトンは「イデア界は霊界にある」としている。つまり死後の世界……あの世である。あの世というのは、古今東西、神秘的な世界として捉えられてきた。キリスト教では天国や地獄が説かれるし、仏教では有名なところで極楽浄土という考え方がある。あの世はどんな世界なのか、それは人間が永遠に追い求めるテーマかもしれない。

41 ヒル夫妻事件

1961年、ドライブ中だったヒル夫妻がUFOに連れ去れ、生体検査されたとされる事件。アメリカ史上初のエイリアン・アブダクション事件といわれている。

ミステリー度	▶▶▶	5
衝撃度	▶▶▶	5
有名度	▶▶▶	4

アメリカ史上初のエイリアン・アブダクション事件

　1961年9月19日の夕方、ニューヨーク州とケベック州で休暇を過ごしたバーニーとベティのヒル夫妻は、自宅のあるポーツマスへ車を走らせていた。その途中、彼らはUFOと遭遇。当初は遠くを飛行していたUFOだが、次第に夫妻の車に接近。恐ろしくなった夫妻は慌てて車を走らせるが、UFOは執拗に彼らを追いかけてきたという。

　これだけなら単なるUFOとの遭遇体験なのだが、話はこれで終わりではない。というのも、この出来事以降、夫人のベティは毎日奇妙な夢を見るようになる。それは夫妻が身長150cmほどの"小さな男たち"に促されて、金属製の円盤に乗り、そこで生体検査を受けたというものだった。この夢の内容からベティは「記憶にはないが、実は自分たちは宇宙人によってUFOにさらわれたのではないか」と考えるようになる。実際、休暇先から自宅までは4時間もあればたどり着く距離だが、UFOに遭遇した夜は7時間もかかっている。つまり、記憶にはない空白の3時間が存在しているのだ。

　そこで夫妻は、「実際になにがあったのか」を確かめるため催眠療法を行う。その結果は驚くべきものだった。なんと、夫妻はいずれも「宇宙人によってUFOに連れ込まれ、生体検査を受けた」ということを話し始めたのだ。ただ、夫妻の催眠療法を行った医師は懐疑的で「夫の話は妻から聞いた夢の話に影響を受けて創り出されたもの」と述べている。

　とはいえ、このヒル夫妻のショッキングな体験は世間の大きな注目を集め、1966年には作家のジョン・G・フラーによって『宇宙誘拐 ヒル夫妻の中断された旅』という書籍が発行されたほか、テレビドラマの題材にもなった。結局のところ、ヒル夫妻が本当に宇宙人によってUFOに連れ込まれたのかは謎のままだが、UFO史に残る事件として人々の記憶に刻まれたことは確かである。

関連用語

【エイリアン・アブダクション】
UFOの目撃者が本人の意思に反して、宇宙人によって連れ去られること。"第4種接近遭遇"とも呼ばれる。また、アブダクションに遭った人のことを"アブダクティ"と呼ぶ。

【小さな男たち】
ヒル夫妻によると、宇宙人は身長150cm程度、体形は人間とほぼ同じだが、肌は灰色で目が吊り上がっており、鼻と口はほぼ穴だけで、唇はなかったという。

【生体検査】
ベティの証言によると、宇宙人たちは彼女の髪や爪、皮膚の一部を採取したほか、神経系を調べるといって脳波計のような装置を当てられたり、全裸にさせられたりした上で針状の器具を使った妊娠検査も行われたという。

仏教 / 東洋 / 用語

42 輪廻転生
（りんねてんせい）

輪廻転生とは、死んだ人間がただ生き返るのではなく、べつの生物として転生すること。一部の宗教では、このループから抜け出すことが救いとなっている。

言葉のカッコよさ度	▶▶▶ 5
自分の前世が気になる度	▶▶▶ 5
まさかの誕生経緯度	▶▶▶ 4

終わることのない転生の旅

"輪廻"と"転生"は、それぞれが独立した意味をもつ言葉だが、意味合いが似ているため、四字熟語として用いられることも多い。その場合は"輪廻転生"あるいは"転生輪廻"とし、「命あるものは死んで終わるのではなく、異なる存在として生まれ変わる」という意味になる。

　こういった再生思想は世界各地に存在し、とくに仏教やヒンドゥー教では重要視されている。たとえば仏教では、死んだ人間は六道と呼ばれる6つの世界のいずれかに転生し、何かしらの苦しみを味わうとされている。仏教ではこの六道輪廻から脱出、すなわち解脱して極楽浄土にいくことが目的なのだ。ちなみに、人間の魂には生前の記憶を記録する力があり、生まれ変わった人間は前世の記憶を保持したままだという。明確な証言が少なく、オカルトの域を出ないが、本人が知りえない情報や信憑性の高い証言をする人も存在するため、否定できないのも事実だ。

　死んだ人間が転生できるかどうかはさておき、人が生まれ変わるという現象は、宗教団体が信者を獲得するために生み出したものだといわれている。というのも、どんな宗教の指導者も、年をとっていつかは死んでしまう。力ある指導者が消えれば、貴重な信者も失うことになる。ならば指導者は不死身、あるいは死んでも時が経てば戻ってくるということにすればいい。現代でいうところの「おれが考えた最強の○○」で、信者の減少を食い止めようとしたのだ。

 【関連用語】

【六道】
仏教において、衆生が転生する6つの世界。天道、人道、畜生道、餓鬼道、地獄道、阿修羅道があり、それぞれで苦しみを味わうことになる。

【極楽浄土】
仏や菩薩が住む世界。悟りを開き、六道輪廻から解脱したものだけが入れる。

前世の記憶をもつものたち

COLUMN

前世の記憶をもつ人は、世界中で確認されている。なかでも南アフリカに住んでいた女性ジョーイ・フェルバイは、10人分の前世の記憶をもっていた。最も古い記憶は石器時代に洞穴で生活していた人間のもので、彼女の証言をもとに先史時代の遺跡も発見されている。こういった事例がある以上、転生が不可能とはいえないだろう。

43 崇徳天皇（すとくてんのう）

崇徳天皇（1119〜1164年）は、宮中の権力争いに敗れて流刑となり、非業の死を遂げた。だが、死後に立て続けに変事が起きたことから、祟り神と恐れられるようになる。

悲劇の人生度	▶▶▶	5
自滅度	▶▶▶	3
祟り神度	▶▶▶	4

崇徳天皇

生前も死後も徹底的に不幸な崇徳天皇

崇徳天皇は父親である鳥羽上皇に疎まれており、鳥羽上皇の命で弟の近衛天皇に禅譲を迫られたり（以後は崇徳上皇となる）、近衛天皇の崩御後に崇徳上皇の皇子を差し置いて後白河天皇を即位させられるなど、あからさまに冷たい仕打ちを受けていた。あげくの果てには鳥羽上皇が重病にかかっても崇徳上皇は面会を許されず、死に目に会うこともできなかった。このような度重なる冷遇についに不満を爆発させた崇徳上皇は、藤原頼長と手を結んで保元の乱を起こす。だが、ここでも運のなさを発揮してしまい、夜襲によって一夜にして敗北。讃岐国（現在の香川県）への流罪となった。

歴史物語『今鏡』によると、崇徳上皇は自分の不幸を嘆くものの誰かを恨むようなことはなく、配流先で静かに生涯を終えたとされる。だが、崇徳上皇の死から10年あまり経つと、後白河天皇に近しい人物が次々と亡くなったり、京でさまざまな災害や事件が多発するようになる。人々はこれが非業の死を遂げた崇徳上皇の怨霊によるしわざだと噂して恐れ、当時の様子を描いた軍記物語『保元物語』には、崇徳上皇が写経を行って朝廷に差し出したところ、呪いが込められていると疑われて受け取りを拒否されてしまい、絶望のあまり舌をかみ切って天狗になったという記述がある。このような経緯によって崇徳上皇の怨霊説はすっかり定着してしまい、『雨月物語』や『椿説弓張月』、『新・平家物語』など近現代の創作物においても怨霊の代表格となってしまった。

〈『天子摂関御影』崇徳院〉

関連用語

【鳥羽上皇】

1103〜1156年。第74代天皇。祖父の白河法皇の死後、院政を敷いて政治の実権を握り続けた。崇徳天皇は鳥羽上皇の実子ではなく、白河法皇と皇后の間に生まれた不義の子という噂があった。

【藤原頼長】

1120〜1156年。平安末期の公卿で、鳥羽上皇に疎まれて失脚した。その後、近衛天皇を呪ったと疑われたことによって追いつめられ、崇徳上皇とともに保元の乱を起こした。

【『今鏡』】

平安時代末期に成立した歴史物語。1025年から1180年頃までの歴史が記述されている。

COLUMN

政敵を呪い殺した？　大怨霊、後鳥羽天皇

高貴な生まれながら不遇の生涯を送った人物は、死後怨霊になったと噂されることが多い。鎌倉幕府と戦って流刑になった後鳥羽天皇もそのひとりだ。後鳥羽天皇は「妄念によって魔物となることがあれば災いを起こすだろう」と書き残しており、死後まもなく幕府方の要人が相次いで亡くなったこともあって、非常に恐れられたという。

神話・伝承

44 だいだらぼっち

日本各地に伝承がある巨人、もしくは大きな鬼。山や湖ができた由来に関する伝承が多く、大多良坊、デイランボー、デーラボッチャなど、地域によって呼び名はやや異なる。

巨体度	▶▶▶	5
地名度	▶▶▶	4
山盛り度	▶▶▶	5

だいだらぼっち

山をつくり、足跡が湖沼になった日本の大巨人

だいだらぼっちの伝承は、おもに東北地方から中部地方にかけて存在する。なかでも富士山をつくった話は有名で、盛り土を掘った場所が甲府盆地や琵琶湖になったという。ほかにも群馬県の榛名富士をつくって榛名湖ができた話、富士山と筑波山の重さ比べをした際、筑波山を落として峰が二つになった話などがある。このほか、かつて沼があった東京都世田谷区代田をはじめ、長野県の仁科三湖や大座法師池、愛知県東海市の陀々法師など、名前にちなんだ地名は各地にあり、池や沼などの由来として語られている。

これを元に、だいだらぼっちは国造りの神、大国主命の神話から誕生したという説がある。一方で、だいだらぼっちは妖怪として扱われ、鬼や大入道などの大男から生まれたという説もあり、現在のところ「これだ！」という定説はないようだ。

また、秋田県や長野県、茨城県などには、干拓を手伝ったり山をどけたりして人間を助けた話がある。これらを反映しているのか、とくに子ども向けの絵本では、並外れた大きさながらも寂しがり屋だったり、心優しい巨人として描かれる傾向がある。絵本を除けば創作作品での登場はそれほど多くないが、特撮作品に敵役として登場したことがある。漫画やゲームの設定としては、「寂しがり屋だが大きすぎて友達が少ない」「貝が大好物」といった絵本や貝塚伝承に則したもののほか、「体の大きさを変えられる」「合体すると巨神になる」といったものもある。

〈『怪談百鬼図会』大入道〉

◆ 関連用語 ◆

【甲府盆地】
山梨県の中央部にある盆地。県庁所在地の甲府市をはじめ、甲斐市や笛吹市、山梨市など8つほどの市がある。

【干拓】
水深が浅い湖沼の水を抜いたり、遠浅の海などで海水を干上がらせたりして陸地にすること。秋田県の横手盆地は「鳥の海」という湖の水を日本海へ流してできたという伝説があり、だいだらぼっちがこれを手伝ったと伝えられている。

【貝塚伝承】
奈良時代の『常陸国風土記』には、「だいだらぼっちが食べたハマグリの貝殻が積もって丘になった」という話があり、茨城県水戸市塩崎町にある大串貝塚だと考えられている。

COLUMN　世界中の神話に登場する巨人

旧約聖書にある堕天使と人間の子ネフィリムやギリシア神話のギガース族、北欧神話のヨトゥンなど、外国にも巨人の神話がある。一般的に実在しないとされているが、一部地域には岩に刻まれた足跡があったり、新聞で巨人の骨の発見が報じられたこともある。だいだらぼっちも、こうした巨人の仲間なのかもしれない。

45 里見八犬伝
（さとみはっけんでん）

『南総里見八犬伝』は江戸後期に書かれた曲亭馬琴（滝沢馬琴とも）による読本。8つの玉に導かれた犬士による勧善懲悪の物語で、現在も注目される長編小説だ。

ファンタジー度	▶▶▶	4
RPG度	▶▶▶	5
特撮ヒーロー度	▶▶▶	5

弱きを助け強きを挫く　ヒーロー物の元祖!?

『南総里見八犬伝』は、名字に「犬」が付き、身体に牡丹の痣、宝珠を持った8人の男が活躍する物語だ。『水滸伝』に構想を得、『里見九代記』『北条五代記』を参考に描かれた長編伝奇小説の代表作だ。

　長禄元年（1457）、安房の里見義実は館山城主・安西景連に攻められ、絶体絶命の状況にあった。身体に8つの牡丹模様を持つ娘の愛犬・八房に、冗談で「景連を殺したら娘をやろう」といったところ、本当に景連の首を咥えて帰ってきた。娘・伏姫は八房に従って富山に籠り、その直後月経が止まってしまう。それを知った姫の婿候補の金椀大輔が八房を銃殺、その流れ弾が伏姫に直撃した。瀕死の状態になりながらも、伏姫が八房との不義を否定するため自らの腹を切り裂くと、伏姫の数珠が天へと昇り、仁・義・礼・智・忠・信・孝・悌と文字の刻まれた8つの玉が方々へと飛び散っていった。これを見た大輔は出家して「ゝ大」と名乗り、8つの玉を探す旅に出るのだ。これが9輯98巻に及ぶ物語の、第2輯前半までの物語だ。以降、「孝」の玉を持つ犬塚信乃を始め、8人の犬士とゝ大が出会い、里見家に加勢し一城の主になるまでが描かれる。彼らは同じ玉と痣を持つ仲間を探す道中、盗賊を倒したり、冤罪で捕まった者を助けたり、徳の刻まれた宝玉を持つ者にふさわしい行動で活躍する。その勧善懲悪のストーリーは、当時の人々にとって、さながら現代の特撮ヒーローものような存在だったのかもしれない。

〈『美勇水滸傳』里見二郎太郎義成〉

関連用語

【読本】
江戸時代の小説の一種。絵が中心である「草双紙」に対して「文字を読む」ことから「読本」と呼ばれる。はじめは中国小説の翻訳が主だったが、のちにオリジナルの伝奇小説が流行する。

【里見義実】
1412～1488年。室町時代の武将。結城合戦にて上杉憲実に敗れ、安房に逃れる。安房里見氏の祖と言われるが、実在は定かではない。

【八犬士】
八犬士の名は以下のとおり（登場順）。犬塚信乃（孝）、犬川荘助（義）、犬山道節（忠）、犬飼現八（信）、犬田小文吾（悌）、犬江親兵衛（仁）、犬坂毛野（智）、犬村大角（礼）。玉は人間や犬の体内から出てきたり、痣も元からあったり突如浮かび上がったりと様子はさまざまである。

宝玉に刻まれた文字の意味とは？

COLUMN

宝玉に刻まれた「仁・義・礼・智・信・忠・孝・悌」の文字だが、これは儒教における「徳」を表している。仁（思いやり）義（正義）礼（礼節）智（道理を知る）信（誠実さ）の五徳に、主君に対する忠、親や年長者を敬う孝・悌が足されている。全体的に儒教的・武士道的な物語である本作の根幹を成す要素といえるだろう。

46 ガイガー＝マースデンの実験

すべての原子には原子核がある。この教科書で習う常識は、今から112年前、ラザフォードの指導のもと、ガイガーとマースデンが行った実験でわかったものだ。

想定外度	▶▶▶ 5
ミクロの世界度	▶▶▶ 4
ピンチはチャンス度	▶▶▶ 5

予想外な実験結果から導かれた、ミクロ惑星

当時の原子構造の一般的な理論は、ジョセフ・ジョン・トムソンが1904年に提案したプラム・プディングモデルというものだった。このモデルでは原子は正電荷（＋）の球体で、負電荷（−）の電子はその全体に、スポンジケーキのなかに埋まったプラムのように分散していると考えられていた。

しかし、ラザフォードは自分の実験に驚愕することになる。もともと彼は、ガイガーカウンターの開発をしていたが、精度があてにならなかった。その原因を探る過程で、薄い金箔をめがけて重いα粒子を放射する実験を指示したところ、ほとんどの粒子が通り抜ける薄い金箔なのに、わずかな割合で粒子が跳ね返ってくるという記録が出てしまったのである。この実験こそがガイガー＝マースデンの実験である（名前は実験をした人の名を合わせたもの）。後年のラザフォードは、「15cm砲弾をティッシュペーパーに撃ち込んだら、跳ね返ってきて自分に当たったのです」と述懐しているほどなので、よほど予想外だったのだろう。

プラム・プディングモデルだと、α粒子をはね返すだけの電気力はどこにもない。そこで彼は金の原子の内部に、なにかα粒子より質量が大きく硬い物があるのでは、そして密度が高く電荷が集中している中心部があるのでは、と考えたのだ。そして1911年、原子核を中心に電子が浮遊する、惑星型の原子モデルを発表したのである。予想外や失敗に起因する大発見・大発明は数多いが、ガイガー＝マースデンの実験もその一例。ありえないなどといって終わらず考えたからこそ、この大発見はあったのだ。

関連用語

【アーネスト・ラザフォード】
1871～1937年。イギリス・ニュージーランド出身の物理学者。ウランから2種類の放射線（α線とβ線）が出ていることを発見したほか、原子核の発見、半減期の概念の提唱などの功績を残した。

【ジョセフ・ジョン・トムソン】
1856～1940年。イギリスの物理学者。1897年、原子に電子という粒子が含まれていることを発見したほか、同位体（原子番号は同じだが、中性子の数が異なる同一原子）の発見などの功績で知られる。

【α粒子】
高い運動エネルギーを持つ、ヘリウム4の原子核。放射線の一種。α線は、このα粒子の流れを指す。

ガイガー＝マースデンの実験

原子物理学の父は慈愛あふれる英国紳士

COLUMN

ラザフォードは原子物理学の父と呼ばれているが、これはα線・β線や原子核の発見といった功績だけでそう呼ばれているわけではない。慈愛に満ちた人物だったようで、研究所の若い研究員たちを、親しみをこめてボーイズと呼んでいた。また、夏のビーチでもジャケットを脱がない英国紳士でもあったという。

49

47 プラトン

ソクラテスの弟子であり、アリストテレスの師であるプラトン（紀元前427〜347年）。彼ら3人は哲学界の始祖として伝説的な存在であり、その名を知らない者はいない。

伝説的度	▶▶▶ 5
偉大な哲学者度	▶▶▶ 5
エロス度	▶▶▶ 5

プラトンはエロスの始祖

「西洋哲学の歴史はプラトンへの膨大な注釈からなる」という言葉が、プラトンの偉大さをよく物語っているだろう。注釈とは解釈や説明のこと。プラトンが唱えた思想のいいところや悪いところをさんざん検討しながら、西洋哲学は歩んできたのである。

　プラトンはもともと政治家を目指していたが、当時の政治への失望と師ソクラテスを死刑にされたことで、哲学の道を志す。ソクラテスの「善の追及」の考え方をベースにして、「永遠の真理」、「永遠の善」、「永遠の美」を探求した。その末にたどり着いたのが、「絶対的な真実は別世界にある」というイデア論である。

　プラトンの書き残したものとしては、徳のある哲人が国を治めるべきと説いた『国家』や、ソクラテスとエウテュプローンの対話を描いた『ソクラテスの弁明』などが有名だ。これらは、ソクラテスを主人公にして対話形式で書かれているのが大きな特徴である。ソクラテスは著作を1つも残していないため、これらの書物に書かれたソクラテス像が、ソクラテスを知る唯一の手掛かりとなっている。

　また、プラトンはエロスを提唱した始祖でもある。当時あふれていた肉欲的なエロスを否定し、「美のイデア」へ上昇するのが正しいエロスだと説いた。個々の美しいもの自体ではなく、真実の美を追いかけるべきだ、と。このプラトン的な愛は「プラトニック・ラブ」という言葉で、今も広く知られている。こうしてみると、プラトンはわりと身近な存在に思えてこないだろうか？

〈『アテナイの学堂』プラトン〉

【関連用語】

【国家】
プラトンの主著の1つ。プラトンの中期の作品で、全10巻で構成される。イデア論もこのなかで語られている。

【エロス】
元々はギリシア神話に登場する愛の神エロース。それが転じて「性的な愛」や「性本能」という意味で使われるようになった。

「アカデミー」の語源はプラトンの学園

COLUMN

教育機関などを意味するアカデミーという言葉は、プラトンがアテナイ（当時のアテネ）の郊外に作った学園アカデメイアが元となっている。彼の弟子であるアリストテレスもここで学んでいる。このアカデメイアはヨーロッパでは有名な学校となり、やがて研究機関や教育機関がこれにちなんで「アカデミー」と呼ばれるようになった。

48 ウンモ事件

1965年頃から、スペインの不特定多数の人々にUMMO（ウンモ）星人ユミットを自称する人物からの手紙が送られた事件。その総数は6000通以上とされる。

トンデモ度	▶▶▶	5
情念度	▶▶▶	5
ロマン度	▶▶▶	5

勝手に手紙を送りつけてくる宇宙人

　自宅に「宇宙人」を名乗る人物から手紙が届いたら、あなたはどう思うだろうか？　きっとタチの悪いイタズラか、あるいは新手の詐欺の一種かと思うに違いない。どちらにせよ「バカバカしい」と考えるだろうが、そんなバカバカしい話が実際にあったのである。

　それが、スペインで発生した"ウンモ事件"だ。これは1962年頃から数十年に渡って、マドリッドを中心とした不特定多数の市民宛に、自称・宇宙人からの手紙が送りつけられてきたというもので、その総数は6000通以上に及ぶとされている。

　手紙によると、送り主は惑星UMMO（ウンモ）に住むユミットという宇宙人で、調査のために地球にやってきたという。彼らの容姿は地球人にそっくりで、普段は地球人に紛れて生活しており、この手紙も調査の一環なのだそうだ。手紙にはウンモ星の環境や歴史、宇宙のしくみ、さらには哲学や心理学について、ときにイラストも交えながら記されており、手紙には彼らのシンボルなのか必ず「王」に似た謎のマークが押されていた。

　当初、この手紙は一部の好事家たちの間だけで話題となっていたが、1967年に匿名の人物が撮影したというUFO写真が新聞に掲載されたことで、一気に世間の注目を集める。マドリッド郊外で撮影されたというそのUFO写真には、ウンモ星人のシンボルである「王」に似たマークがはっきりとプリントされていたのだ。

　以降もウンモ星人はスペインの有識者や著名人を中心にせっせと手紙を送り続け、ついにはウンモ星人の信奉団体が設立されるほどの盛り上がりを見せる。また、物理学者のジャン・ピエール・プチが彼らの手紙を研究した書籍を出版。この本は日本でも出版されているので、興味のある人は読んでみるよいだろう。

　結局、ウンモ星人の正体は謎のままだが、数十年に渡って手紙を出し続ける情念はかなりもので、その意味でも非常にユニークな事件だったといえるだろう。

【ジャン・ピエール・プチ】

1937年生まれ。理学博士。パリ国立高等航空宇宙学校で航空工学を専攻。フランス国立科学研究庁（CNRS）で研究員として従事した。ウンモ星人研究の第一人者とされ、著作は30冊を超える。日本でも『宇宙人ユミットからの手紙』『アメリカが盗んだ宇宙人ユミットのプラズマ科学』などといくつかの著作が出版されている。

【ウンモ星人の正体】

ウンモ星人の正体については、ウンモ研究家のホセ・ルイス・ヨルダン・ペナによるイタズラという説が有力。彼は最初にウンモ星人から手紙を受け取ったとされる人物なのだが、彼の描く絵がウンモ星人の手紙に描かれていた絵とそっくりだったことなどから、すべて彼が仕組んだものとされている。

オカルト・不思議

ウンモ事件

49 鬼子母神
きしもじん

鬼子母神

その名前から悪い神様を想像する人も多いが、釈迦に諭されたことで子どもや出産を司る善神となり、日本でも寺や神社などで祀られている。

母性に溢れる度	▶▶▶	4
我が子を大事にする度	▶▶▶	5
改心してよかった度	▶▶▶	5

釈迦に諭されて鬼女から守護神に

　鬼子母神は仏教やヒンドゥー教における安産などを司る夜叉（ヤクシニー）の一尊。別名は訶梨帝母。"きしぼじん"とも呼ばれるが、仏教的には"きしもじん"が正しいとされる。鬼子母神は毘沙門天の部下である八大夜叉大将の1人、般闍迦の妻であり、500人の子どもをもつ母親であった。しかし、自身の子どもを育てるために人間の子をさらって食べていたため、釈迦に子どもの1人を隠されてしまう。彼女は世界中を駆け回って我が子を探すが、7日経っても見つからず、やがて釈迦に助けを請うことに。そこで我が子を失う悲しさと命の大切さを説かれて改心した鬼子母神は、子どもを返してもらい、釈迦の教えとすべての子どもたちを守ると約束。子育てや安産を司る善神となったそうだ。家族を助けてもらったことで悪役が改心して味方になるという展開はフィクション作品でもよく見られるが、やはり神様にとっても家族は大事なのだろう。

　仏像にしろ絵画にしろ、鬼子母神はその手に子どもやザクロをもった姿で描かれることが多い。これはザクロが1つの実に複数の種をもち、子孫繁栄を表す縁起のいい果物だと考えられているからだ。また、ザクロは人肉の味がするため、人間を食べたくなったら代わりにザクロを食べるように釈迦に諭されたという説もあるが、こちらは作り話だという。

〈訶梨帝母（鬼子母神）像〉

関連用語

【夜叉】
インド神話に登場する鬼神あるいは神霊。男性はヤクシャ、女性はヤクシニーと呼ばれる。仏教では仏法や仏教徒を守る護法善神とされる。

【毘沙門天】
仏教では天部に属する仏神として知られる。持国天、増長天、広目天とあわせて四天王とされる。

【八大夜叉大将】
毘沙門天に仕える悪鬼たち。毘沙門天も含め、もとは全員悪神だったが、仏教に取り込まれたことで善神となり、そのほかの神と同様に祀られるようになった。

【釈迦】
仏教の開祖で、悟りを開いて釈迦如来となった。

COLUMN ザクロは神話・伝承でおなじみの果物

神秘的な力を抱く人が多いのか、神話や伝承ではザクロがよく登場する。たとえばエジプト神話では、太陽神ラーがザクロから作られた薬を使い、破壊神セクメトの暴挙を止めている。また、ギリシア神話では、冥府神ハデスにさらわれた女神ペルセポネが冥界で6つのザクロを食べしまい、冥界に捕らわれる羽目になった。

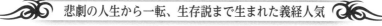

一歴史

50 源義経
みなもとのよしつね

源義経

平家を打倒した英雄、源義経（1159 ～ 1189 年）は、兄の源頼朝に疎まれて非業の死を遂げた。だが、民衆に人気があったため、逸話が盛られて伝説の存在になった。

悲劇の英雄度	▶▶▶	5
仲良し兄弟度	▶▶▶	1
民衆人気度	▶▶▶	5

悲劇の人生から一転、生存説まで生まれた義経人気

　平安末期の武将、源義経は、平家打倒の兵を挙げた兄の源頼朝に仕えて、頼朝と対立した木曽義仲や平家を相手に連戦連勝。壇ノ浦の戦いでついに平家を滅ぼした。だが、戦時中に頼朝の許可を得ずに官位を受けたり、独断専行が多く他の武将の恨みを買ったことなどが原因で、平家討伐後は頼朝と対立。少年時代に縁のあった奥州藤原氏の元へ逃げ込むが、頼朝の脅威に怯えた藤原泰衡に裏切られて討伐軍を派遣され、31 歳という若さで自害した。

　悲劇の英雄、義経は後世の人々の同情を集め、時代を経るにつれて英雄視されていく。その過程でさまざまな伝説が作られ、史実の義経とはかけ離れた存在になっていった。

　代表的な義経伝説としては、幼少時に京都の鞍馬寺に預けられていた時期に、鞍馬山の大天狗（陰陽師の鬼一法眼という説もある）から剣術や兵法を学んだというものがある。また、義経の第一の家来として有名な武蔵坊弁慶と五条の大橋で戦ったというエピソードや、その後の弁慶の活躍も、室町時代に書かれた軍記物語『義経紀』にある記述がもとになったものだ。

　さらに義経の死を惜しんだ人々は、義経は奥州で死んだのではなく、密かに蝦夷地（現在の北海道）に逃れて、さまざまな冒険をするという伝説を生みだした。そして江戸時代にはここからさらに飛躍して、義経が大陸に渡ってチンギス・カンになったという説まで飛び出したのだから驚くほかない。

〈義経像〉

関連用語

【源頼朝】
1147 ～ 1199 年。河内源氏の棟梁で、義経の異母兄。平氏を滅ぼして、日本史上初の武家政権である鎌倉幕府を開いた。

【木曽義仲】
1154 ～ 1184 年。河内源氏の一族で、義経の従兄弟にあたる。頼朝・義経兄弟に先駆けて平氏を敗って京に入るが、後白河法皇と対立して追討令を出され、義経の軍勢に討たれた。

【奥州藤原氏】
11 世紀後半から 12 世紀後半にかけて、現在の岩手県平泉町を中心に、東北地方一帯に勢力を誇った豪族。義経は青年期に鞍馬寺を出奔して、奥州藤原氏に身を寄せていた。

COLUMN

高すぎる軍事的才能が危険視された？　中国の名将、韓信

義経のように名将として活躍しながら悲劇的な死を迎えた人物が、古代中国の武将、韓信だ。韓信は漢王朝をたてた劉邦を天下統一に導いた最大の功労者だが、戦後は劉邦に謀反を疑われ、最後は本当に反乱を企てて自滅した。戦時中は頼りにされても平和になれば危険視される。義経が殺されたのも、同じ理由だったのかもしれない。

伝承　日本　妖怪

51 酒呑童子
（しゅてんどうじ）

酒呑童子

平安時代に都を騒がせたという鬼の頭目。源頼光と藤原保昌、頼光四天王（渡辺綱、坂田公時、碓井貞光、卜部末武）らの討伐隊に倒された伝説でよく知られている。

悪役度	▶▶▶ 5
酒好き度	▶▶▶ 5
現代での改変度	▶▶▶ 4

恐らく日本でもっとも有名な鬼

日本では古くからお馴染みの鬼。なかでも酒呑童子は腹心の茨城童子とともに有名で、都から若者をさらっては召使いにしたり食べたりした。その拠点については丹波国の大江山という説と、近江国の伊吹山という説があり、また京都府や奈良県、滋賀県、そして酒呑童子の出身地といわれる新潟県には、酒呑童子の出自にまつわる異なった伝承がある。"お国自慢"という言葉もあるように、昔から「ウチの地元は○○で有名なんだぜ！」と語りたがる人は多く、有名人や神様にまつわる伝承や物品が、あまり関係なさそうな場所にあったりもする。酒呑童子の異伝が複数の地域にある背景には、こうしたお国自慢的な要素があったのかもしれない。

ちなみに酒呑童子の絵巻物は現存している。最古と考えられているのは大阪府池田市の逸翁美術館が所蔵する『大江山絵詞』で、大江山系の伝承をもとに鎌倉時代に作られたと考えられている。ほかにも博物館や美術館で観られる絵巻物は多く、なかにはネット上で閲覧できるものもある。絵巻物といえば、2019年に国際日本文化研究センターによる企画で、絵巻物を元にした漫画化作品が発表された。創作作品での酒呑童子はやはり悪役が多いが、「茨城童子が酒呑童子の恋人だった」という説をもとに、「現代の人間に転生した酒呑童子、茨城童子の夫妻が、アヤカシたちのために奔走する」といった作品などもあり、悪役以外の登場も増えている。

《『今昔画図続百鬼』
酒顛童子》

関連用語

【大江山】
京都府の福知山市や宮津市にまたがる連山。丹後天橋立大江山国定公園の名で国定公園に指定されていて、雲海の名所、花の百名山として知られている。

【伊吹山】
滋賀県米原市や岐阜県揖斐郡付近にまたがる山。滋賀県の山としてはもっとも標高が高く、琵琶湖国定公園に指定されている。古くから神が宿る山として信仰の対象になっており、かつては修験者の修行場でもあった。『古事記』で日本武尊を祟った伊吹大明神や、伝説的な行者、役小角とも関係がある。

酒呑童子にまつわる変わった説の数々

COLUMN

酒好きの酒呑童子は頼光が差し出した毒酒を飲んで討たれており、この共通性からか八俣遠呂智の子という説がある。また、昔から「鬼の正体は外国人」ともいわれ、酒呑童子には「シュテイン・ドッチというドイツ人」という説がある。酒天童子や朱点童子など別表記があるのも当て字なら納得だが、皆さんはどう考えるだろうか？

52 東海道四谷怪談
とうかいどうよつやかいだん

『四谷怪談』の名で知られる、鶴屋南北作の歌舞伎。
1825年初演。夫に裏切られて憤死したお岩の祟りを描
いた怪談物で、歌舞伎世話物の傑作といわれている。

国内知名度	▶▶▶	5
祟り	▶▶▶	5
因果応報	▶▶▶	5

夫を恨んだ女の怨念が、妖怪を生み出す

「怪談」といえば、『皿屋敷』と並んで有名なのが『東海道四谷怪談』
だ。このタイトルでピンと来なくとも、「お岩さん」といえばわか
るだろうか。この物語は実際に江戸であったとある女の死を元に、
『仮名手本忠臣蔵』の世界を取り込んで描かれた。歌舞伎狂言の「世
話物」のなかでも特に有名で、怪談劇の代表作である。

　舞台は江戸四谷、伊右衛門とお岩という夫婦がいた。産後の肥立
ちが悪く寝込んでいたお岩に、とある薬が届けられる。お岩がこれ
を飲んだとたん、彼女の顔は醜く崩れ始めてしまった。実は伊右衛
門に懸想する孫娘のためにと、お岩が離縁されるように渡された毒
薬だったのだ。しかも夫・伊右衛門もそれに乗り気だったと知り、
お岩は怒りのまま死亡する。伊右衛門はさらに下男を殺してお岩と
ともに遺体を神田川に流し、2人が心中を図ったように見せかけた。
望みどおり祝言を上げた伊右衛門だったが、2人の怨霊に祟られて
破滅する。実際はここにお岩の父の仇討なども加わり、それなりに
複雑な人間模様が描かれているが、詳しくは原典をあたってほしい。

　「お岩」といえば人面の提灯を思い出す人もいるだろう。あれは葛
飾北斎の連作『百物語』で描かれた姿だ。弔い
提灯が燃え上がり、そこからお岩の幽霊が姿を
現す「提灯抜け」の場面をもとに描かれている。
さらに水木しげるによって「提灯お岩」という
妖怪が定義された。嫉妬で死んだ女が怪談とな
り、幽霊譚として語られるうちに妖怪へと転じ
る。「怪奇」が生まれるお手本のような存在だ。

《『百物語』
提灯お化けのお岩さん》

関連用語

【皿屋敷】
下女が主家の秘蔵の皿を
割ってしまい、自害した
（または惨殺された）こと
で怨霊となり、夜な夜な
皿の枚数を数えるという
伝説的な怪談。

【仮名手本忠臣蔵】
人形浄瑠璃・歌舞伎の時
代物。「忠臣蔵」の通称
で知られる。赤穂浪士の
討ち入りを脚色した作
品。

【世話物】
浄瑠璃や歌舞伎におい
て、武家や貴族の物語で
ある「時代物」に対し、
民衆を主題にした社会劇
のこと。歌舞伎では時代
物を一番目、一番目に関
連のある世話物を二番目
に演じたことから「二番
目物」とも呼ばれる。

COLUMN

怪談話の定番、百物語のルーツって？

「怪談」といえば、オカルトの導入として今も廃れることのない「百物語」が浮かぶ。
ろうそくを百本用意し、奇談や怪談を1つ話すたびに火を消していく。百話り終えると
何かが起こる、というものだ。危険な娯楽として知られるが、戦国時代に武士が鍛錬
の一環として行っていたという説がある。まさに「肝試し」に使っていたわけだ。

53 放射能
ほうしゃのう

古い怪獣映画の時代から、なんとなく危険なものとして認識されている放射能。原発事故で再びフィーチャーされたが、実際どういうことを指すのだろうか。

ミクロの世界度	▶▶▶	5
わかりにくい度	▶▶▶	4
数字に踊らされ度	▶▶▶	4

放射能

たとえるならそれは、蛍が光を出す能力

原子は原子核と電子からなるが、核種（原子核の種類）によってはバランスが不釣り合いで、放射線を放出する放射性崩壊を起こし、別の核種に変化することがある。この崩壊を起こす性質のことを、"放射能"と呼ぶ。一般的には、元素の同位体で放射能を持つ"放射性同位体"を含む物質＝"放射性物質"が単位時間あたりに放射性崩壊する原子の"個数"が放射能の単位となり、これがよく耳にするベクレル（Bq）である。

似たような言葉に"放射線"があるが、放射性崩壊のときに電磁波として放出されるものが放射線である。人が放射線に晒されることを"被曝"というが、その生物学的影響の大きさを表す単位がシーベルト（Sv）になる。蛍にたとえるならば、蛍が放射性物質、放射線は蛍の光、放射能は光を出す能力ということになる。

放射線は量が多いほど人体に有害なのだが、そもそも自然界には中性子や宇宙線、ラドン、炭素14など、天然に存在する放射性核種があり、自然放射線の被曝量は世界平均2.4mSvと推定されている。つまり我々は、ただ地球上にいるだけで被曝しているわけだ（もちろんこれだけで死ぬわけではない）。

原発事故を境に、放射能関連の報道が増えたが、一方で数字に踊らされる人がわりと多い印象を受ける。単位の規模・量によって数字は変わるので、1kg単位のベクレルなのか、1年単位のシーベルトなのか、はたまたミリなのかマイクロなのかで、全然危険度が変わる。1000mg配合なんて栄養ドリンクの謳い文句があるが、あれも要は1gなわけで、数字だけ見ると印象が異なるのと同じだ。

関連用語

【同位体】

同一原子番号で、中性子数が異なる核種のもの。放射能を持つ放射性同位体と、そうでない安定同位体がある。ウランの同位体、ウラン235は核燃料などに使われ、ウラン238から転換されるウラン239も核燃料となる。

【ベクレル】

放射性物質が1秒間に崩壊する原子の個数を表す単位。ウランの放射能を発見したフランスの物理学者、アンリ・ベクレルに因む。古くは1gラジウムの放射能を表す、キュリー（Ci）という単位が用いられていた。

【シーベルト】

生体の被曝による生物学的影響の大きさを表す単位。放射線防護の研究をした物理学者、ロルフ・マキシミリアン・シーベルトに因む。同じく線量当量を表す単位としてはレム（rem）があり、1Sv＝100remである。

バナナでわかりやすくするはずだった単位

COLUMN

被曝量の単位として、バナナ等価線量がある。動植物必須元素・カリウムには放射能があるカリウム40も含まれており、食品も例外ではない。バナナもそのひとつなので、一般人に伝えやすくするためにこの単位が生まれた。バナナ1本食べた時の線量は0.1μSvだが、実際はバナナの被曝程度で人体に影響はない。

54 アリストテレス

ソクラテスから弟子のプラトンへ、そしてその弟子のアリストテレス（紀元前384～322年頃）へと哲学は受け継がれた。それが今日に伝わる哲学の基礎となっている。

学問の神様度	▶▶▶	5
師弟対決度	▶▶▶	5
哲学者としての有名度	▶▶▶	5

師プラトンとは一線を画す哲学を探求

　今から2000年以上も昔に哲学の世界を切り開いたソクラテス、プラトン、アリストテレスの3人。ソクラテスの思想を元に哲学のベースを作ったのがプラトンなら、アリストテレスはそれを学問として体系立てた人である。現在ある数々の学問は、そのほとんどがアリストテレスによって創始されたものだ。そのことから、アリストテレスは「諸学の父」とも呼ばれている。

　アリストテレスは、プラトンのイデア論のような観念論ではなく、現実の自然科学を突き詰めたことで知られている。たとえば三角形を例にすると、プラトンが「三角形のイデアという絶対の真実があり、それを知っているから我々は三角形を三角形だとわかる」というのに対し、アリストテレスは「まず三角形の物があり、それを表わすために三角形という分類を我々が作った」というスタンスだ。じつに現実に即した見方をする人物だったのである。

　こうしてアリストテレスは、物理学や数学、政治学、動物学などさまざまな学問を体系立てていった。今から見ると、天動説や「重い物は速く落下する」など間違った理論もいろいろとあるが、2000年以上も昔に唱えられたことを考えれば無理もないだろう。

　彼の教えはキリスト教に取り入れられたこともあり、長らく神聖なものとしてそのまま後世に伝えられた。それはコペルニクスやガリレオ・ガリレイによって間違いが指摘されるルネサンスの時代まで、1000年以上ものあいだ不可侵だったのである。

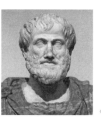

〈アリストテレスの胸像〉

関連用語

【アリストテレスの著書】

アリストテレスは500冊以上もの著書を残したとされている。しかしそれは一度行方不明となり、紀元前1世紀頃に発見されて再編集され、現在に伝えられたという。そのため、内容がアリストテレスの意に沿ったものなのかどうかは疑問の余地がある。

【アレクサンダー大王】

紀元前356～紀元前323年。アレクサンドロス3世ともいう。16歳まででアリストテレスの教えを受けた後に王に即位し、ギリシアからインド方面までを従える大帝国を作り上げた。その戦いは連戦連勝で、無敗を誇ったという。

COLUMN アレクサンダー大王の家庭教師だった

アリストテレスは、後にマケドニアの王となって名を馳せたアレクサンダー大王の家庭教師だったことでも知られている。アレクサンダー大王は、東方へ遠征して諸国を制覇した武勇伝が伝えられる英雄である。彼はアリストテレスの教えをたいそう重宝し、とくに自然科学や医学の話に興味を示したといわれている。

哲学・心理・思想

アリストテレス

宇宙人 / 西洋 / キャラ

55 グレイ・エイリアン

"グレイタイプ" とも呼ばれる、もっとも有名な宇宙人。研究家によると、グレイ・エイリアンは "ラージノーズ・グレイ" と "リトル・グレイ" に分類できるとされている。

有名度	▶▶▶	5
不気味度	▶▶▶	4
影響度	▶▶▶	5

宇宙人の定番の姿となったグレイ

　私たちが宇宙人の姿をイメージするときに、最初に思い浮かぶのがこのグレイ・エイリアンだろう。実際、スマートフォンで「宇宙人」と入力するとグレイ・エイリアンの絵文字が登場するし、UFO関連本の表紙に描かれている宇宙人もだいたいグレイ・エイリアンである。それほど、広く人々に認識されている宇宙人なのだ。

　その大まかな特徴は、身長は小柄な人間ほどで、肌は灰色。アーモンド形の頭部と大きな黒い目を持ち、鼻と口はほぼ穴だけというもの。なお、"グレイ" の名称は、肌の色が灰色であることに由来したものだ。

　このグレイ・エイリアンによる事件とされているものの中で、とくに有名なのが "ヒル夫妻事件" だろう。アメリカ史上初のエイリアン・アブダクションと言われるこの事件で、ヒル夫妻が遭遇したと主張する宇宙人の特徴は、グレイ・エイリアンのそれとほぼ同じである。また、"ロズウェル事件" で米軍が回収したと噂されてる宇宙人も、グレイタイプだったといわれている。

　もちろん、「グレイなどいるわけない」という懐疑論者もおり、そうした人々は今日のグレイの姿は、映画『2001年宇宙の旅』に登場するスターチャイルドや、テレビドラマ『アウター・リミッツ』に登場する宇宙人が原型となってつくりだされたものだとしている。また、グレイは宇宙人ではなく、未確認動物（UMA）であるという説や、未来からやってきた人間であるといった説も存在。もっとも有名な宇宙人であるグレイ・エイリアンだが、その正体はいまも多くの謎に包まれたままなのである。

◀ 関 連 用 語 ▶

【グレイのタイプ】
アメリカ元海軍将校のミルトン・ウイリアム・クーパーによると、グレイには大きな鼻を持つラージノーズ・グレイとその遺伝子操作から作られたリトル・グレイの2タイプが存在するという。一般的によく知られているグレイは後者のリトル・グレイである。

【エイリアン・アブダクション】
UFOの目撃者が本人の意思に反して、宇宙人によって連れ去られること。アブダクションに遭った人のことを "アブダクティ" と呼ぶ。

【2001年宇宙の旅】
1968年に公開されたスタンリー・キューブリック監督によるSF映画。SF映画の金字塔として世界的に高い評価を受けている。

【アウター・リミッツ】
1963〜1965年にアメリカで放送されたSFテレビドラマシリーズ。一話完結型のドラマで、UFOや宇宙人、モンスター、超能力、怪奇現象などを題材としている。

COLUMN

日本の特撮作品にも登場！

グレイ・エイリアンはあまりにも有名なため、さまざまなフィクション作品にも登場している。とくに知られているのがスティーブン・スピルバーグ監督の映画『未知との遭遇』に登場する宇宙人だが、日本の作品でも『ウルトラマンティガ』の第35話「眠りの乙女」に登場したデシモ星系人がグレイタイプの宇宙人として描かれている。

オカルト・不思議─

グレイ・エイリアン

民間信仰　日本　キャラ

 宗教

56 閻魔大王
えんまだいおう

閻魔大王はいわずと知れた地獄の王で、死者の生前の罪を裁くとされている。しかし、もともとは人間で、死者を裁くという役目もあとからつけ足されたものだ。

地獄の王様度	▶▶▶	4
じつは人間だった度	▶▶▶	5
国外での知名度	▶▶▶	3

地獄を統べる最初の死者

　閻魔大王は仏教やヒンドゥー教における地獄の王だが、もとはヤマという人間だった。『リグ・ヴェーダ』によれば、ヤマとその妹のヤミーは兄弟婚で夫婦となり、人類を生んだ。やがてヤマは人間で最初の死者となり、死者の国の王になったという。古代インドでは、生前に善行を積んだものは天界にあたるヤマの国に行けると考えられていた。この国は死者の楽園であり、祖先の霊と一体化できるそうだ。しかし時代が下ると死者の魂を冥界に縛りつけ、死者の生前の罪を裁く存在として扱われるようになる。

　これが仏教に取り込まれ、地獄を統べる焔摩天が誕生した。その後、焔摩天は中国に伝わり、道教に取り込まれて閻魔王と呼ばれるようになった。唐代末期には十王信仰が生まれ、閻魔王も第5審の裁判官として名を連ねている。閻魔王を含むこの信仰が日本にも伝わり、いつからか閻魔大王は地獄の裁判官であり支配者でもあると考えられるようになったのだ。閻魔大王がどういった神なのか、現代ではゲームやアニメの影響もあり、一般にも広く知られている。ちなみに、日本に限っては、閻魔大王は地蔵菩薩の化身ともいわれている。

◆ 関 連 用 語 ◆

【『リグ・ヴェーダ』】
ヴェーダと呼ばれる古代インドの聖典の1つ。ヴェーダのなかでも最も古いとされる。

【ヤマ／ヤミー】
太陽神ヴィヴァスヴァットの子ども。夫婦となって人類を生み出したことから人類の祖とされる。

【焔摩天】
ヤマが仏教に取り入れられたもの。死や冥界を司る。

【十王信仰】
地獄で死者を裁く10柱の神。秦広王、初江王、宋帝王、五官王、閻魔王、変成王、泰山王、平等王、都市王、五道転輪王。

〈地獄の法廷を描いた
中国の仏画〉

COLUMN
神話・伝承に登場する地獄の支配者たち

地獄や冥界の支配者あるいは死者の魂を裁く神は世界各地の神話・伝承に登場する。たとえばギリシア神話のハデス、エジプト神話のアヌビス、メソポタミア神話のエレシュキガルなどだ。また、地獄のイメージも千差万別で、メソポタミア神話では地獄は必ずしも裁きを受ける場所ではなく、死者の魂がいきつく領域に過ぎないとされる。

57 壇ノ浦の戦い

壇ノ浦の戦い（1185年）で敗れた平家は、主要な人物を
失ってほぼ滅亡状態となった。だが、亡くなった平家一門
は怨念を残したといわれ、後世に数々の怨霊伝説を生んだ。

悲劇度	▶▶▶	5
怨霊度	▶▶▶	4
怪談度	▶▶▶	4

無念の死を遂げた平家一門が世に祟りをなす

　平安末期、平家一門は栄華を極めていたが、やがて源頼朝をはじ
めとする源氏勢力による一斉反抗が始まった。各地で敗北を重ねた
平家は、京の都を追われて西国へと撤退。ついに長門国壇ノ浦（現
在の山口県下関市）まで追いつめられ、源氏との決戦に及んだ。

　壇ノ浦の戦いは開戦直後こそ平家軍が優勢だったが、途中で潮の
流れが変わって戦況が逆転し、源氏軍が勝利する。敗れた平家軍で
は、要人たちが次々に入水して死を選んだ。女性や幼少の者も例外
ではなく、平家と行動をともにしていた安徳天皇も数え8歳とい
う若さで崩御している。

　敗戦により主だった人材をすべて失った平家は、歴史の表舞台か
ら姿を消し、世は源氏の棟梁、源頼朝が開いた鎌倉幕府の統治によっ
て平和になるかと思われた。だが、それからわずか4か月後、大地
震が発生し、京を中心に近畿地方のあちこちで建造物が倒壊する大
被害をもたらした。人々はこの地震が、無念のうちに亡くなった平
家一門の祟りによるものではないかと恐れた。さらに、源頼朝が53
歳という若さで死亡したことも、平家の怨霊伝説の流布に拍車をか
けた。頼朝の死因には諸説あるのだが、歴史書『保暦間記』には安
徳天皇や源義経の亡霊を見て、
病に倒れたという記述がある。

　また、このようにして定着し
た平家怨霊説は、近代まで語
り継がれて『耳なし芳一』と
いう怪談話も生み出している。

《安徳天皇縁起絵図》

COLUMN　平家の怨霊が乗り移った？　ヘイケガニ

平氏家の怨霊伝説にまつわる話をもうひとつ。日本近海に生息するヘイケガニという
小型のカニは、甲羅の模様が怒った人の顔のように見えることで知られている。この
カニは九州沿岸や瀬戸内海でよく見られるため、入水した平家一門の怒りが乗り移っ
てこのような模様になったのだと、昔の人々に信じられてきた。

| 伝承 | 日本 | 妖怪 |

58 安達ヶ原の鬼婆
（あだちがはら）（おにばば）

福島県二本松市に伝わる人食い鬼婆の伝説。古くからよく
知られていたようで、平安時代の和歌で詠まれたり、歌舞
伎や能といった伝統芸能の演目でもとりあげられている。

孤独度	▶▶▶	5
人でなし度	▶▶▶	5
旅人ホイホイ度	▶▶▶	5

似て異なる複数の話がある鬼婆伝説

　人里離れた場所で暮らす老婆が、旅人を泊めては殺して食ったり、
金品を奪っていたという話は各地にある。このうち恐らく一番有名
なのが「安達ヶ原の鬼婆」だ。旅する祐慶という僧侶が安達ヶ原で
老婆の家に泊めてもらうが、一室に無数の人骨があって老婆が人食
い鬼婆だと判明。逃げ出した祐慶は追われて殺されそうになるが、
最終的には助かるという話だ。助かる理由としては、所持する菩薩
像に祈ったところ、菩薩像が矢を放ったり落雷を起こして鬼婆を討
ち取る、菩薩に説得されて鬼婆が仏に帰依する、菩薩は登場せず祐
慶が逃げ切るといった話がある。逆に、祐慶が最初から鬼婆討伐の
ために安達ヶ原を訪れるバージョンもあり、見事に退治してお堂を
建てた話、手傷を負わせるも逃げられてしまう話などがある。

　福島県二本松市には、討たれた鬼婆の墓とされる黒塚がある。近
くには祐慶が菩薩像を祀るために建てたとされる観世寺があり、老
女が鬼婆になった理由が伝わっている。ただ、埼玉県にも足立ヶ原
という場所があり、同じ話が伝わっていることから、過去にはどち
らが本当の場所なのかで揉めたこともあったという。

　ちなみに有名な漫画家の手塚治虫が「安達ヶ原の鬼婆」をベース
としたSF仕立ての『安達が原』を描いている。
2000年代の伝奇SF小説にも、「安達ヶ原の
鬼婆」を下敷きにした作品がある。吸血鬼と
なった源義経が主人公と、かなり改変された
内容だが、こちらは漫画化されたほか、2008
年にはアニメ化もされている。

〈『画図百鬼夜行』黒塚〉

関連用語

【鬼婆】
老女の姿をした鬼。昔話
では山に住んでいる鬼
婆、山姥がしばしば登場
しており、呼び名として
はこちらのほうが一般的
かもしれない。山姥には
山姫、山女、山女郎など
さまざまな呼び名があり
鬼婆もその1つとされる。

【安達ヶ原】
現在の福島県二本松市に
ある地名。阿武隈川の東
側にあり、東の東北新幹
線と、西の東北本線に挟
まれている。

【祐慶】
安達ヶ原の黒塚伝説では
紀伊国（和歌山県と三重
県南部）の僧とされてい
る。この地の修験者（山
伏）は諸国を回るときに
東光坊祐慶を名乗ってい
たという話があるので、
伝説の祐慶も修験者だっ
たのかもしれない。

人肉食習慣があった地域で起きた進化

COLUMN

　死者の肉を口にする習慣があった海外のある地域では、クールー病という病気での死
者が多かった。有名なクロイツフェルト・ヤコブ病と同じくプリオンが原因だが、生き
延びた人々の遺伝子配列には通常と異なる点があり、耐性を得ていたことが判明した。
安達ヶ原の鬼婆も、じつはこうした"進化した人類"だったのかもしれない。

第9週　第3日目　水曜日

59 牡丹灯籠
ぼたんどうろう

『怪談牡丹灯籠』は 1861 年頃に三遊亭円朝が創作した落語・怪談噺。江戸初期の仮名草子を元に、浪人の仇討と死してなお恋い焦がれる女の恋慕を描いた。

知名度	▶▶▶ 3
怪談度	▶▶▶ 4
バリエーション	▶▶▶ 4

愛する男を道ずれに……世にも美しい冥婚譚

　江戸の夜は暗い。真っ暗な道、愛しい男の家まで続く道を、牡丹が描かれた灯籠が照らす。カラカラと下駄の音をさせ、夜な夜な現れるその娘は——もうこの世のものではなかった。

　怪談で知られる『牡丹灯籠』の大筋は、いたってシンプルだ。とある男が、仕事先で出会った女と惹かれ合うも、再び会うことなく彼女が亡くなったことを知る。男は悲しみ、女の菩提を熱心に弔った。ある夜、その男の家に訪ね人があった。それは亡くなったはずの女で、それから毎夜男のもとを訪れた。不審に思った隣人が部屋を覗いてみると、部屋にいたのは骨と皮ばかりの化け物。翌朝、隣人は男にそのことを告げるが、最終的に男は取り殺されてしまう。

　この物語を世に広めたのは、落語家・三遊亭円朝の怪談噺『怪談牡丹灯籠』だ。当時江戸で起こった旗本の騒動を取り込み、仇討を絡めた人情噺に仕立て上げた。明治に入ってからは歌舞伎にも取り上げられ、女が牡丹灯籠を手に現れるシーンは特に印象的である。

　怪異が女の姿で人間のもとに通ったり、嫁いだりする異類婚姻譚（この場合は冥婚譚）は古来より親しまれている。かぐや姫や鶴の恩返し、きつね女房などは有名だ。陰陽師・安倍晴明などは母が狐であったという逸話が残っている。大抵の場合「めでたしめでたし」で終わるお約束をどんでん返し、弔いをしてくれた好いた男を取り殺すという凄惨な本作は、そのなかでは異質といえよう。いや、ある意味「メリバ」というやつなのかもしれないが。

〈『新形三十六怪撰』
ほたむとうろう〉

◀ 関 連 用 語 ▶

【牡丹灯籠】

元は江戸初期に書かれた伝奇・怪談集『御伽婢子』（浅井了意作）に収録されていた短編小説で、中国の怪異小説集『剪燈新話』に掲載されていたものを日本風に翻案している。

【三遊亭円朝軍】

1839 ～ 1900 年。幕末・明治期の落語の名人。初代円朝。怪談噺や人情噺を得意とし、多くを自作自演した。代表作は『怪談牡丹灯籠』他、『真景累ヶ淵』など。

【メリバ】

「メリーバッドエンド」の略称。物語上はバッドエンドだが、当事者（登場人物）にとっては幸福を感じる結末である場合などに使われる。本項においては、男は取り殺された（バッドエンド）が、あの世で結ばれたと見れば 2 人にとってはハッピーエンド。

怪異の多くは、意外と中国産？

COLUMN

いわゆる「怪談」が日本で流行り出したのは江戸の初期。それまでは明確にジャンル分けされていなかったという。当時は中国の伝奇小説を、舞台を日本に置き換えて翻訳する“翻案”が流行していた。妖怪なども中国の『山海経』などから“輸入”したものが多い。創作などでよく目にする物語や妖怪は、意外にも中国産だったりするのだ。

物理 / 原子力 / 現象

科学・数学

60 メルトダウン（炉心溶融）

チェルノブイリ、および福島第一原発の事故で有名になったメルトダウン。超危険なことはわかるものの、実際はどんな現象なのか。今いちどおさらいしよう。

危険度	▶▶▶ 5
鉄をも溶かす度	▶▶▶ 5
宿命のリスク度	▶▶▶ 4

メ ル ト ダ ウ ン（炉 心 溶 融）

超高温の核燃料が容器から漏れる大ピンチ

　原子力発電は、核燃料を臨界状態（原子核の分裂状態を一定に保っている状態）にして、核分裂で発生する熱で発電する。そしてメンテナンスなどで運転を停止する際、燃料から出た核分裂生成物は、核分裂停止後もしばらく放射性崩壊をして放射熱を出し続ける。このため、炉心もしばらく冷却し続けなければならない。

　しかし、なんらかの要因でこの冷却が行われないと、炉心の温度が上昇。高温になった燃料棒が水と反応すると、燃料集合体（原発で使われる燃料の最小単位）を破壊してしまう。これがメルトダウンである。このときの核燃料は鉄をも溶かす高温のため、大量の放射性物質を含む核燃料が容器外、最悪発電所の外にまで漏れ出てしまう可能性があるわけだ。安全評価では、燃料棒の温度が1200℃に達するとメルトダウンが起きるといわれている。

　この事故が起きる原因は基本的に2パターンで、炉心を冷却する術が失われる冷却剤喪失事故か、臨界状態を制御する反応度の調整にミスがある反応度事故。前者の事例は福島第一原発事故、後者の事例はチェルノブイリ原発事故が有名である。

　こんな事故が起きるなら原発は危険だと思えるだろうが、そもそも原発に限らず発電所の事故は被害が大きい。水力発電の場合、集中豪雨などでダムが決壊すれば、下流の街は大打撃を受ける。火力発電所の場合、パイプラインや燃料タンクに引火すれば、大火災となる。人類は原発以前、電気という文明の利器を手に入れた瞬間から、もともとこうしたリスクを背負ってきた。漫画『鋼の錬金術師』じゃないが、何かを得るには相応の代償はつきものだ。

関連用語

【核分裂生成物】

核燃料となるウラン235やプルトニウム239が核分裂することによってできた核種のこと。核分裂生成物がどの核種になるのかは確率で決まる。ただ総じて陽子と中性子の数のバランスをを欠いており、放射能を持つ。

【炉心】

核分裂炉のなかにある、核燃料が核分裂連鎖反応を起こす領域。原子炉の構造としては、燃料、減速材、冷却剤、制御棒、緊急炉心冷却装置などで構成されている。

【反応度】

核分裂を継続的に起こさせるためには、中性子の数を調整する必要があり、中性子を吸収する制御棒はこのためにある。反応度とは、こうした調整をし、原子炉が臨界状態からずれている程度を示すもので、反応度が変わると出力も変わる。

COLUMN

場所が場所だけに勘違いされやすいあの爆発

福島第一原発事故の建物が吹き飛ぶ映像があるが、あれは水素爆発と呼ばれる現象である。燃料被覆管に使われる合金・ジルカロイが高温の水蒸気と反応し、水素を発生、ついでその水素が酸素と反応してガス爆発する。この反応は900℃で顕著になるという。場所が場所だけに核爆発と勘違いされやすいが、完全に別物。

61 砂山のパラドックス

砂山から砂を1粒取り除いても砂山のままである。そうして2粒、3粒と取り除いていき……「最終的に残り1粒になってもそれは砂山なのか?」を問うパラドックスである。

混沌度	▶▶▶ 5
社会の歪み度	▶▶▶ 5
モヤモヤ度	▶▶▶ 5

人間社会の歪みを暗に示したパラドックス

この砂山の話はどこかに矛盾がある。

ある人は「砂山から砂を1粒でも取り除いたら、それはもう砂山ではないのでは?」と疑問を呈するかもしれない。またある人は「ある程度までは砂を取り除いても砂山だが、それ以下になったらもう砂山ではない」と考えるかもしれない。「いやいや、残り1粒でもあればそれは砂山だ」と言い張る人もいるだろう。

じつはこの3者は同じことを言っていて、「何粒以上が砂山か?」という境界線が違うだけである。もちろん、砂山の境界線など存在しない。つまり本当の問題は、境界線のないものを「砂山か、そうでないか」という2つに分けようとしていることなのである。

じつはこれは人間社会の歪みを表わしたパラドックスでもある。境界線のないものを2つに分ける、というと、試験の点数による合格・不合格や、「何歳以上が高齢者か」などが挙げられる。たとえば試験で「80点以上が合格」だったとしよう。80点と79点はほぼ同じ出来なのに、合格か不合格かという決定的な差が発生してしまう。また「65歳以上が高齢者」と決められているとしたら、64歳の人と65歳の人でそんなに違うのか、という問題が出てくる。

あるいは、明らかに"オタク"と呼べる人がいたとして、その人からオタクの知識を1つずつ減らしていったとする。どこまで減らしたらその人はオタクではなくなってしまうのか?　まあそういうパラドックスなので、この問題に答えはないのである。

関連用語

【砂山】

山のように砂が盛られた状態。「山のように」というからには1粒や2粒では砂山とは呼べないだろうが、何粒以上あれば砂山となるかは依然不明である。

【高齢者】

社会の中で相対的に年齢の高い人のこと。WHO(世界保健機構)の定義では65歳以上が高齢者とされている。日本では65〜74歳を前期高齢者、75歳以上を後期高齢者と呼ぶ。

【エウブリデス】

古代ギリシアの哲学者。さまざまなパラドックスを考え出したことで知られている。

COLUMN　元々はハゲ頭の話

この話は、古代ギリシャの哲学者エウブリデスが作った『ハゲ頭のパラドックス』が元だったとされる。「髪の毛がフサフサの人から髪の毛を1本抜いてもハゲではない。2本、3本と抜いて……やがて残り1本になってもハゲではない?」という話だ。ともすると"ハゲ"は差別用語になりかねないので、砂山の話になったとされる。

62 ミステリー・サークル

田畑の穀物が円形に倒される現象。英語ではクロップ・サークルという呼称が一般的。1980年代に世界各地で同様の現象が発生し、大きな話題となった。

お騒がせ度	▶▶▶ 5
職人の技度	▶▶▶ 5
プラズマ度	▶▶▶ 1

UFO関与説も取りざたされた謎のサークル

1980年代から90年代初頭にかけ、専門家も交えて大論争となったのがミステリー・サークルである。田畑の穀物が一夜にして円形に倒れるというこの怪奇現象は、世界中で確認され、日本でも1990年に福岡県篠栗町で直径20mと5mのサークルが出現。これはマスコミも大々的に報じる大騒ぎとなった。

その発生メカニズムについては、当初は"プラズマ説"が有力視された。日本でこの説を声高に主張したのが、物理学者の大槻義彦教授である。彼は現地調査を行った上で、サークルは"プラズマ弾性体"によってできたものと断定。怪奇現象ではなく、自然現象によるものと結論付けた。一方、オカルト研究家たちの間で話題となったのが"UFO関与説"である。というのも、当初はシンプルな円形だったサークルの図柄パターンは、話題になるにつれどんどん複雑化。とても自然現象で出来るレベルではなくなっていたのである。彼らによると、サークルは「人間以外の生命体からのメッセージが込められた暗号」であるという。

ところが、1991年にそんな論争を吹き飛ばす事態が起きる。なんと、イギリスに住む2人組の老人が「自分たちがサークルをつくった」と名乗り出ると、実際に簡単な道具と人力により、短時間でサークルをつくってみせたのだ。さらに、日本に出現したサークルも高校生グループによるイタズラであったことが判明。これより、ミステリー・サークルは怪奇現象でもなんでもなく、単に人がつくったものとされた。だが、オカルト研究家たちの中にはそれでも「ミステリー・サークルは宇宙人によるメッセージ」と考える者もいる。この説の支持者は、サークルの中には本物もあり、そうしたサークルは土壌の成分が他と比べて明らかに変化していたり、麦の細胞壁が異常に膨張していたりするのだという。一般的にはイタズラで結論の出たミステリー・サークルだが、オカルト研究家たちの情熱はまだまだ冷めていないのだ。

◀ 関 連 用 語 ▶

【篠栗町】
福岡市内から東に12kmのところに位置する町。人口は30866人（2019年）。日本で初めてミステリー・サークルが出現した場所であり、町ではミステリー・サークルのテレホンカードを売り出すなど、町おこしに活用した。

【大槻義彦】
1936年生まれ。日本の物理学者で早稲田大学名誉教授。オカルト否定論者であり、テレビコメンテーターとしても活躍した。プラズマの物理学的研究の第一人者であり、ミステリー・サークルを始め、ポルターガイストや人体自然発火現象などもプラズマが原因であると主張した。

【プラズマ】
電気を帯びた粒子を含む高温気体のこと。固体、液体、気体に次ぐ第4の物質状態であり、自然界では雷やオーロラ、人工物では蛍光灯やネオンランプなどがプラズマである。また、太陽も巨大なプラズマの塊であり、宇宙の99.9%以上はプラズマでできている。

オカルト・不思議

ミステリー・サークル

第9週　第7日目　日曜日

63 七福神 <small>しちふくじん</small>

7つの災難を除き、7つの幸福をもたらすという7柱の神。
日本では古くから信仰されてきたが、当初は大黒天と恵比
寿だけで、7柱がそろったのは江戸時代頃だという。

知名度	▶▶▶ 5
国籍バラバラ度	▶▶▶ 4
縁起がいい度	▶▶▶ 5

異なる土地や宗教から集った7柱の神様

　七福神は日本で信仰されている7柱の神のこと。一般的には大黒
天、毘沙門天、恵比寿天、弁財天、寿老人、福禄寿、布袋尊の7柱。
最澄が比叡山ではじめた大黒天信仰が民間に広がり、やがて日本の
土着神である恵比寿とあわせて信仰されるようになった。その後、
平安時代には毘沙門天、室町時代には布袋尊や福禄寿、寿老人など
が加わえられ、江戸時代には今の形になったという。ちなみにそれ
ぞれの神の起源やご利益はつぎのとおりだ。

関連用語

【最澄】
仏教の宗派の1つである
天台宗の開祖。

【神仏習合】
日本の土着神と仏教の仏
が融合すること。たとえ
ば天照大御神は大日如来
の仮の姿であり、これら
は同一とされた。

●大黒天：インド・ヒンドゥー教の神シヴァの化身であるマハーカー
　　ラが起源。食物や財宝の神様として知られる

●毘沙門天：起源はインド・ヒンドゥー教の神クベーラ。一般的に
　　は戦いの神だが、七福神としては融通招福の神として信仰される

●恵比寿天：伊邪那岐命と伊邪那美命の息子である蛭子神、あるい
　　は大国主神の息子である事代主神を祀った神道由来の神。漁業の
　　神だが、商売繁昌や五穀豊穣などのご利益もある

●弁財天：インド・ヒンドゥー教の女神サラスヴァティーが仏教に
　　取り込まれ、芸術や財福などの徳がある天女となったもの

●寿老人：元は中国・道教の神で、南極星の化身。長寿延命、富貴
　　長寿などの神として信仰されている

●福禄寿：中国・道教の神で、寿老人と同一視されることもある。
　　こちらも長寿などのご利益があるという

●布袋尊：仏教の禅僧を神格化したもの。手にした袋には宝物が入っ
　　ており、彼を信仰するものには富をもたらす

　以上のように、七福神の神たちは生まれや宗教がそれぞれ異なる。
そういった神たちが1つに括られ
て信仰されるのはかなり珍しく、
世界的にも類を見ない。これは神
仏習合という独自の宗教観をもっ
た日本ならではといえよう。

〈浮世絵の七福神〉

64 楠木正成
くすのきまさしげ

楠木正成（1294？〜1336年）は、後醍醐天皇を助けて鎌倉幕府打倒に貢献した武将である。強大な幕府軍に対して少数精鋭で渡りあった正成は、ゲリラ戦法の達人だった。

名将度	▶▶▶	5
正々堂々度	▶▶▶	2
神出鬼没度	▶▶▶	5

楠木正成

変幻自在の戦いで敵を翻弄した名将、楠木正成

鎌倉時代末期、幕府の支配力が衰えてくると、日本各地に「悪党」とよばれる幕府に反抗する勢力が現れ始めた。楠木正成もこうした悪党の1人といわれており、後醍醐天皇が倒幕運動を始めるとこれに協力して幕府軍と戦った。

正成は少数の兵力で大軍と戦うことを得意とした武将だった。正成が活躍した戦いのなかで有名なのは、1331年に行われた赤坂城の戦いだ。この戦いでは、正成はわずか500人ほどの兵力で赤坂城に立てこもり、幕府の大軍を迎え撃った。歴史文学『太平記』によると幕府軍は約30万人とされるが、これはいささか誇張が過ぎた数字で、実際には1万人ほどであったと考えられている。それでも両軍の間には約20倍の兵力差があった。だが、正成はあらかじめ山中に隠した兵と城兵で敵を挟み撃ちにしたり、攻め寄せる敵に大木や岩石、熱湯などを浴びせるなど、さまざまな手段で粘り強く抵抗。兵糧が尽きて撤退を決断した際にも、戦死した兵の遺体を使って偽装工作を行ってから城を焼き払い、幕府軍に自分たちが死んだものと思わせて油断を誘っている。

また、1333年に行われた千早城の戦いでも、正成はわずか1000人ほどの兵を率いて、約25000人の幕府軍を迎え撃った。ここでも正成の軍略は冴えわたり、わら人形の兵士で敵をかく乱したり、敵兵に油をかけて火を放つなど、数々の奇策で幕府軍を翻弄する。そして正成が大軍を引きつけているうちに、足利尊氏や新田義貞が幕府の重要拠点を陥落させ、鎌倉幕府を滅亡に追いやったのである。

正成の強さの秘密は、当時の常識的な戦い方にとらわれず、奇襲をかけたり罠をはるなど、勝つためにあらゆる手段を用いたことにあった。現代でいうところのゲリラ戦に長けていたのである。

関連用語

【後醍醐天皇】

1288〜1339年。第96代天皇。楠木正成や足利尊氏、新田義貞らの協力を得て鎌倉幕府を打倒し、建武の新政を行った。だが、後に足利尊氏と対立し、勢力争いに敗れて南朝政権を設立した。

『太平記』

鎌倉時代末期から南北朝時代の初期までを舞台とした、軍記物語。

【足利尊氏】

1305〜1358年。河内源氏の一族で、鎌倉幕府の御家人。後醍醐天皇の倒幕運動に賛同し、鎌倉幕府に反乱して京の幕府拠点である六波羅探題を滅ぼした。後に後醍醐天皇と対立して、室町幕府を開いた。

【新田義貞】

1301〜1338年。河内源氏の一族で、鎌倉幕府の御家人だったが、幕府に反逆。鎌倉を攻めて、幕府を滅亡に追いこんだ。後醍醐天皇の新政権樹立後に足利尊氏と対立して戦い、敗死した。

〈楠木正成像〉

65 八大天狗
（はちだいてんぐ）

天狗のなかでも、とくに力があるとされた8体の天狗たちのこと。霊山とされる山にはそれぞれ山の神として天狗の長がおり、名のある天狗は八大天狗以外にも存在する。

大妖怪度	▶▶▶ 4
人間に対する中立度	▶▶▶ 5
妖怪ものへの出演頻度	▶▶▶ 4

もともとは流星だった日本を代表する大妖怪

　天狗は妖怪のなかでも代表的存在で、『日本書紀』にも記されているほど歴史は古い。ただ、中国から伝わった当初は、凶事を知らせる流星を具象化したものだった。流星は大気との摩擦で大きな音を発し、空中で爆発したりもする。これを吠えながら天を駆ける狗に見たてたのが天狗で、『山海経』には山猫のような姿で描かれている。日本でも最初期は流星を指しおり、「てんぐ」ではなく「あまつきつね」と呼ばれていたが、あまり定着はしなかった。

　日本で山岳信仰が盛んになると、山を異界と見なした庶民の考えもあって、山中で起きる不思議な物音などの原因を山の神、天狗に求めるようになる。これは流星を指した天狗の音の部分が、山の音にスライドしたとも考えられる。一方、仏教を元に「驕慢な修験者や僧が、六道から外れた天狗道に墜ちる」という考えがあり、両者が結びついて修験者のような姿の天狗が生まれたようだ。ちなみに天狗道は魔界と見なされている。天狗が空を飛んだりさまざまな神通力を駆使できるのは、魔界の住人だからというわけだ。

　天狗にも種類があり、赤ら顔で長い鼻の天狗は鼻高天狗、口が鳥のくちばしのような天狗はカラス天狗、鼻先が尖ったものは木の葉天狗と呼ばれる。とくに有力な天狗は名前もある「大天狗」で、京都府愛宕山の太郎坊、同じく京都府鞍馬山の僧正坊、滋賀県比良山の次郎坊、長野県飯綱山の三郎、神奈川県大山の伯耆坊、福岡県英彦山の豊前坊、奈良・和歌山県大峰の前鬼坊、香川県高松市にある白峯の相模坊が「八大天狗」とされている。なかでも太郎坊は天狗の筆頭とされており、妖怪を扱った作品にもしばしば登場している。名前が違うこともあるが、天狗の長のモチーフはほとんどが太郎坊と考えていいだろう。大抵は強大な力を備えたプライドが高い存在として登場し、最初は主人公に難題をふっかけたりする。しかし、一度認めてもらえれば以後は何かと助けてくれるのが王道のパターンで、善にも悪にもなる山の神という本来の姿にも通じている。

関連用語

【山海経】
中国最古の地理書とされる書物。各地の名物や妖怪のような存在についても記されている。中国には、儒家の創始者として有名な孔子の姿勢を指した「怪力乱神を語らず」という言葉がある。神話や妖怪伝承のような、理性で説明できない話のほとんどが早い時代に淘汰されてしまったため、その意味で非常に貴重な書物となっている。

【六道】
仏教における天道、人間道、修羅道、畜生道、餓鬼道、地獄道のこと。悟りを開き、これら六道で繰り返す転生から解脱するのが仏教の目的。ここから外れた天狗道は、救済の道がないため魔界とされた。

66 樋口一葉

『たけくらべ』で知られる日本の女流作家の第一人者。当時の辛口な文人たちから絶賛を受け、華々しい功績を残しながらも、その人生はあまりに刹那的なものだった。

波乱万丈度	▶▶▶	5
七転び八起き度	▶▶▶	5
人生の疾走感	▶▶▶	5

14カ月で偉勲を残した峻烈の女性文豪

　5千円札の肖像として随分と見慣れた顔だが、樋口一葉は日本の女流作家の第一人者といわれる文豪だ。元は裕福な家庭に育つも、10代で兄、父を亡くし、家長として家族を養うために小説を書き始めた。いきなり小説で生計を立てようとは無謀な、と考えてしまうけれど、一葉は母の意向で学校を中退しており、代わりに中島歌子の萩の舎にて和歌や古典を学んでいた。女の身で戸主を務めるには、文筆で稿料を得るのが彼女にとって一番現実味があったのかもしれない。実際のところ、文筆のかたわら雑貨屋を経営するが1年も経たず廃業している。しかし、この経験が生かされた『たけくらべ』で一躍有名作家となるのだ。『たけくらべ』の舞台は吉原に近い下谷龍泉寺町、彼女が商いを行った町である。

　明治27年（1894）5月に店をたたんで本郷丸山へ居を移し、一葉はその後怒涛の勢いで作品を発表する。同年12月に『大つごもり』、翌年1月に『たけくらべ』、4月に『軒もる月』、12月に『十三夜』、翌年1月に『わかれ道』を発表するまで14カ月で7つの小説と4つの随筆を発表。彼女の代表作のほとんどがこの期間で執筆され、「奇跡の14カ月」と呼ばれるようになる。しかしその後、彼女の筆の動きは急速に鈍くなる。結核に侵されたのだ。

　彼女の本名は"なつ"（奈津、夏子とも）といい、一葉はペンネームだ。これは達磨大師が芦の葉に揺られて揚子江を下った故事から取ったものだという。激流の中もがき続けた一枚の葉は、ようやく日の目を見たと思ったら川底へと沈んでしまった。一葉が亡くなったのは明治29年、わずか24年の短い生涯だった。

関連用語

【中島歌子】
1845～1903年。明治時代の歌人。天狗党の乱にて夫を失い、東京小石川に歌塾・萩の舎を開く。全盛期には1000人を超える門弟がいたという。

【随筆】
自身の経験や考え、見聞をまとめた散文。エッセイ。日本最古の随筆は『枕草子』だといわれている。

【結核】
結核菌による慢性感染症。世界的に見ても日本は特に罹患率が高い病気で、現在もそれは変わらない。明治時代から昭和20年（1945）ごろまでは特に若者を中心に罹患・死亡率が高く、国民病や亡国病と呼ばれ恐れられていた。

【達磨大師】
483～540年。禅宗の始祖で、達磨人形のモデル。6世紀初頭にインドから中国に渡ったといわれる。一葉は生前「達磨さんも自分もおあし（銭）がない」といっていたそうだが、達磨大師にないのは腕である（座禅をし過ぎて足が一体化したという説も）。

COLUMN

タイトルに見る韻や掛詞の活用

　和歌のように韻律・形式がある文章を「韻文」といい、韻を踏む、同音異語の掛詞を用いるといった技法がある。歌詞やラップなどといえばわかりやすいだろうか。日本ではこれらを駆使して作品タイトルがつけられることも多い。たとえば「あくまで」と「悪魔で」をかけて、「あくまで○○」に二重の意味を持たせるといった具合だ。

67 トンネル効果（こうか）

量子の世界では、我々からすると非常識なことがまかり通る現象がかなり多い。このトンネル効果もそのひとつで、まさかの壁抜けをやってのけてしまうのだ。

すり抜け度	▶▶▶	4
非常識が常識度	▶▶▶	5
ほぼ幽霊度	▶▶▶	5

確率的に壁抜けの術を使う、微細サイズの妖怪

　科学が進歩し、研究範囲が微細分子や電子といった量子（＝素粒子）に及ぶと、急激に今までの常識が通用しなくなる。量子は粒子と波動の二重性を持ち（小さな物体であり、波でもある）、量子の位置と運動量を確定することができないのだ。

　たとえば、ボールを壁にぶつけたとすると、普通は跳ね返るだけだが、しかし粒子の場合、まさかのすり抜けがある。ポテンシャル障壁（いわばエネルギーの壁）を、それより低いエネルギーを持った粒子でも、ある確率で通り抜けてしまう現象が起きるのだ。これがまるでトンネルを抜けたかのよう、ということでトンネル効果と呼ばれている。イメージでいうと、雲や煙が壁にあたって、何割かは壁に跳ね返って戻るが、何割かは反対側にすり抜ける感じだ。

　放射性崩壊のひとつ、α崩壊もこの現象の一例。原子核内には、結合しようとする強い核力が働くが、放射性崩壊の際、α粒子はそれを振り切って放出されてしまう。そして一度外に出てしまった粒子は、今度は斥力（遠ざかる力）が働き、そのまま原子の外へ高速で飛び出る、という崩壊プロセスになる。

　このトンネル効果に関する理論は、放射能や原子物理学の研究によって発展。粒子の半減期や放出されるエネルギーの関係式が、トンネル効果の発生確率と関係していることがわかった。加えて、トンネル効果が普遍的な現象であることも判明し、半導体研究などの過程で、電子でもトンネル効果があるとわかった。要は我々の目に見えないところで、量子はあちこちで壁抜けをしているので、生物のサイズで置き換えると、ほぼ妖怪か幽霊の類である。

関連用語

【ポテンシャル障壁】

ポテンシャルは、直訳すると潜在力で、物理的な場が物体に潜在的に与える働きのこと。ポテンシャル障壁とはそのエネルギーの壁で、近距離では引力、遠距離では斥力が働くが、それを図示すると壁のような形になる。

【α崩壊】

原子核がヘリウム原子核を放出する、放射性崩壊。放出されるヘリウム原子核のことをα線と呼ぶ。このヘリウム原子核は陽子2個、中性子2個で構成されている。

【半減期】

放射性同位体が放射性崩壊した際、そのうちの半分が別の核種に変化するまでにかかる時間。半減期は核種の安定度を示しており、長いほど安定、短いほど不安定といえる。また、半減期には放射能も半減する。

トンネルでつかんだノーベル賞日本人受賞者の偉業

COLUMN

　ノーベル物理学賞を受賞した江崎玲於奈は、半導体の実験中に、電圧を上げているのに電流が減る現象を観測。これは固体でのトンネル効果によるもので、この研究から開発されたのがエサキダイオードである。当時はその高速動作で、CPUの処理スピードの高速化に応用できると期待されていた（現在は別の方法が主流）。

科学・数学

トンネル効果

68 テセウスの船

英雄テセウスの船は記念に保存されていたが、年月とともに劣化が進み、木材が新しいものに順次置き換えられていった。果たしてそれでも彼の船といえるのだろうか？

議論を呼ぶ度　▶▶▶　5
創作のテーマ性　▶▶▶　5
ホットな話題度　▶▶▶　5

 アイデンティティを問うパラドックス

　この話は、ギリシア神話の英雄テセウスを元に、1世紀頃に哲学者プルタルコスが書いたものとされている。英雄テセウスは怪物ミノタウロスを倒し、船でアテナイ（現在のアテネ）に帰還した。その船は記念として長らくアテナイに保存されていたが、だんだんと朽ちていき、少しずつ新しい木材に置き換えられていった。やがてすべての木材が新しいものになったとき、「これはテセウスの船といえるのか？」という疑問を呈したものである。

　「どれだけ木材が新しくなろうと、テセウスの船として保存されているのだからテセウスの船である」ともいえるだろうし、「テセウスの船とはもう別物である」ともいえるだろう。要は「何をもってテセウスの船というのか？」によって答えが変わってくるわけだ。

　ちなみに、「中身が変わってもその物自体は変わらない」という例は身の回りにたくさんある。たとえば会社は社員が入れ替わってもその会社であり続けるし、プロ野球チームは選手が世代交代してもチーム自体は変わらない。会社にしてもプロ野球チームにしても、そのアイデンティティが保たれているからだ。最近ではメンバーが入れ替わりながら続いていくアイドルグループもある。

　一方、創作に見られる「死んでしまった人間をサイボーグとして復活させた」とか「意識を別の体に転送した」といった設定は、本人といえるかどうか、アイデンティティが微妙なところだ。逆にそこを突くことで物語を面白くしているともいえる。

◀▶ 関 連 用 語 ▶◀

【テセウス】
ギリシア神話に登場する伝説的な英雄で、アテナイを建国した人物。ミノタウロスを退治するなど怪力自慢で知られている。その彼の船が本パラドックスの主題として扱われた。

【プルタルコス】
46～127年頃。ローマ帝国で活躍したギリシア人作家。当時の著名な人物の伝記『英雄伝』をはじめ、たくさんの著書を残した。

【アイデンティティ】
それがそれである理由や拠り所。たとえば会社なら、その会社たらしめる製品や社風、ブランド力などが挙げられる。

 COLUMN

『テセウスの船』といえば……

　『テセウスの船』というと、いまや同名のテレビドラマのほうが有名だろう。TBSの日曜劇場で2020年1月から放映されている『テセウスの船』だ。原作は2017～2019年にかけて雑誌『モーニング』で連載された漫画で、「過去へ行って歴史を変えてしまっても、その人はその人であるのか？」をテーマに描かれている。

69 エリア51

アメリカ合衆国ネバダ州南部にあるアメリカ空軍の基地。
「墜落したUFOを運び込み、極秘に研究をしている」と
いう噂がある場所として知られる。

極秘度	▶▶▶	5
警備が厳重度	▶▶▶	5
有名度	▶▶▶	5

宇宙人とUFOの共同研究を行っている!?

　UFO関連の話題で必ず登場するのが、アメリカ合衆国ネバダ州にあるエリア51だ。正式にはグルーム・レイク空軍基地と呼ばれるこの地は、長年に渡って、アメリカ政府と宇宙人の関係を結びつける最重要地域とされてきた。いわく、「墜落したUFOは軍によってエリア51へと運び込まれ、極秘でその研究が行われている」「実はアメリカはすでに宇宙人とコンタクトをとっており、彼らと共同でUFOの研究・開発を行っている」といったものである。

　こうしたアメリカ政府とUFOにまつわる陰謀説の原点となったのは、「ロズウェル事件」だが、そのロズウェル事件で回収したUFOや宇宙人の遺体もこのエリア51に保管されている、といった噂もある。

　では、なぜエリア51にそういった噂が流れたのか。もともとここは、アメリカ軍機密の新型航空機のテストを行っていた場所とされ、基地周辺では謎の飛行物体がたびたび目撃されていた。さらに、基地は非常に厳重に警備されており、敷地周辺の立ち入りや撮影はもちろん、周辺空域の飛行も禁止となっている。

　加えてアメリカ政府と軍は、長らくエリア51の存在をはっきりとは認めてこなかった。実際、2013年に公式にその存在を認めるまで、アメリカ政府の作成する地図にもエリア51は一切記載されていなかったのである。つまり、政府がその存在を公にしたくないほどの機密事項がエリア51では行われており、そのひとつにUFO研究があってもおかしくないというふうに結びつけられたと考えることができるのだ。さらに、1989年にはエリア51の元職員であるボブ・ラザーが「UFOの開発に携わっていた」と暴露。彼は宇宙人の遺体写真も見たと証言し、エリア51を巡る疑惑はさらに深まることとなった。一方、アメリカ政府は、こうした疑惑についてノーコメントを貫いたまま。エリア51では本当にUFOの研究が行われているのか？　その答えはいまも謎に包まれているのである。

関連用語

【新型航空機のテスト】

エリア51では、1981年に開発されたF-117といったステルス機の試験飛行を行っていたのではないかと考えられている。

【ボブ・ラザー】

エリア51の元職員。1989年にメディアの取材に応じ、「エリア51でUFOの推進原理を研究していた」と暴露したことで、大きな注目を集める。証言によると、エリア51には9機の空飛ぶ円盤があり、彼はその推進装置の仕組みを解明する研究に従事。また、UFOの搭乗員であった宇宙人に関する書類や遺体の写真も見せられたという。なお、この暴露により、彼は現在も政府の監視下に置かれていると主張。ラザーについてはのちに学歴詐称疑惑も報じられたが、彼によるとそれもすべて政府の陰謀なのだそうだ。

オカルト・不思議

エリア51

UFO　西洋　場所

70 真言立川流
しんごんたちかわりゅう

真言立川流は真言宗から派生した密教の宗派の１つ。茶枳尼天を祀り、髑髏を本尊とする怪しげな集団と同一視されたことを機に衰退し、江戸時代頃に消滅した。

怪しげな宗教度	▶▶▶ 5
じつは怪しくない度	▶▶▶ 5
誤解が解けてよかった度	▶▶▶ 5

真言立川流

権力者に陥れられた不遇の宗派

　真言立川流は、平安時代末期に成立した、真言宗をベースとする密教の流派の１つ。真言宗の根本道場である東寺の高僧・仁寛は、鳥羽天皇の暗殺を図ったことで伊豆に流刑となり、そこで出会った武蔵国立川出身の陰陽師・見蓮に密教の秘術を伝授した。このことから真言宗立川流と呼ばれるようになったそうだ。

　立川流は戒律で禁止されている性行為や肉食を推奨し、精液と愛液の混合したものを塗った髑髏を本尊に、反魂の術を行う奇怪な宗教として扱われてきたが、その実態は大きく異なる。確かに男女交合による悟りを説いたのは事実だが、根本的な部分は当時の真言宗や天台宗と変わらず、超人的な修行を通して得た呪力を使い、人々を救うというものであった。彼らがこのような誤解を受けたのは、有力者たちの権力争いに巻き込まれたからだという。

　真言立川流が誕生したのち、「彼の法」集団と呼ばれる謎の密教集団が現れる。彼らは茶枳尼天を祀り、髑髏を本尊として性的儀式を信奉する、いわゆる邪教であり、立川流の僧・心定も「彼の法」集団を批難しているのだが、北朝の学僧だった宥快をはじめとするほかの僧は、立川流こそが髑髏を本尊とする邪教であると流布したのだ。これが原因で立川流と「彼の法」集団は混同され、いつからか立川流が邪教扱いされるようになってしまう。一説によれば、南朝の実力者である文観とその一派を陥れるために、宥快がこのようなデマを流したのだという。真言密教界における南北朝内乱に勝利するために、宥快は文観派＝立川流＝邪教集団（「彼の法」集団）という図式を作り、文観派の排除を図ったというわけだ。真偽のほどはさておき、そういった誤解を受けた立川流は激しい弾圧を受け、江戸時代には完全に消滅してしまう。ただ、後世ではその誤解も解け、文観とその一派、真言立川流、「彼の法」集団はそれぞれ異なる組織として考えられている。

関連用語

【真言宗】
空海を開祖とする密教の宗派の１つ。

【仁寛】
？～1114年。真言宗における僧の最高位・阿闍梨にまで登りつめた人物。のちに改名して蓮念と名乗る。

【「彼の法」集団】
茶枳尼天を祀り、髑髏を本尊とする密教集団。13～14世紀頃に誕生したという。正式な名称がわからないため、後世ではこのように呼ばれている。

【茶枳尼天】
ヒンドゥー教の人を食らう夜叉ダーキニーを起源とする仏教の神。白いキツネにまたがる天女の姿で描かれる。

【宥快】
1345～1416年。立川流を批判した書『宝鏡鈔』を著した北朝の学僧。南朝の文観を敵視していた。

【文観】
1278年～1357年。後醍醐天皇に重用された南朝の僧。立川流の開祖とされることもあるが、両者に関係性はないといわれる。

第11週　第1日目　月曜日

71 松永久秀
（まつながひさひで）

松永久秀（1508～1577年）は、三好家や織田家に仕え
た戦国武将。将軍殺しや東大寺の焼き討ち、主君への反逆
など悪人のイメージが強いが、近年は再評価が進んでいる。

名将度	▶▶▶ 4
梟雄度	▶▶▶ 3
濡れ衣度	▶▶▶ 5

（縦書き）松永久秀

松永久秀の悪行の多くは濡れ衣だった？

　松永久秀は政務、軍略ともに優れた武将で、三好長慶に仕えて重臣として重用されていた。だが、長慶が亡くなると同僚の三好三人衆と結託して、室町幕府の第13代将軍、足利義輝を弑逆。やがて三好三人衆と対立するようになると、織田信長に臣従して、かつての主君であった三好家と戦うようになる。しかし、信長に対する忠誠心もなく、畿内（京に近い近畿地方一帯）の政情が不安定になると2度も反逆。1度は許されたが、2度目は許されず自害した。

　簡単に経歴を確認するだけでも、将軍の殺害やかつての主家に対する裏切り、さらには新しい主君にも牙を剥くなど、久秀のイメージはかなり悪い。さらに、久秀には三好家に仕えていた際に長慶の弟たちや息子を暗殺した疑いがかけられていたり、東大寺の大仏殿を焼き払うといった悪行も確認されている。このため、昔から久秀は梟雄（残忍で強く荒々しい人物）とよばれてきた。

　だが、近年になってさまざまな史料から久秀に関する研究が進んだ結果、こうしたイメージの多くは事実無根である可能性が高くなってきている。たとえば、足利義輝の殺害に関しては、襲撃時に久秀が大和国（現在の奈良県）にいたことがわかっており、少なくとも実行犯ではない。また、東大寺の大仏殿を焼き払った際は三好三人衆との戦闘中で、三好三人衆が東大寺に陣を敷いていたため戦場になって発生した不幸な事故という見方もできる。長慶の家族を暗殺したというのも俗説に過ぎず、信頼度が高いとされる歴史書には記述がない。それどころか、三好三人衆によって三好家の跡継ぎに擁立された三好義継（長慶の甥）が、三好三人衆に愛想をつかし、久秀を頼って逃亡し保護されたという。久秀は寺社勢力と対立していたため、当時の僧が悪しざまに誇張した可能性はある。

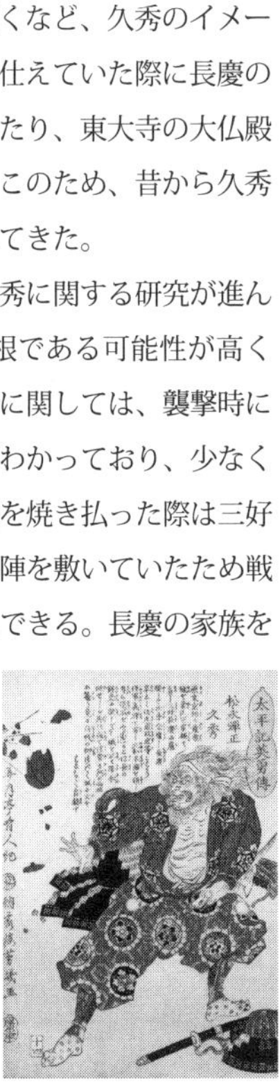

関連用語

【三好長慶】

1522～1564年。畿内と阿波国（現在の徳島県）に勢力を誇った、戦国大名。最盛期は日本屈指の経済力と軍事力を有する大勢力で、「日本の副王」という異名をもつ。

【足利義輝】

1536～1565年。室町幕府将軍。剣術を熱心に学び、「剣豪将軍」とよばれた。弱体化していた幕府を再興させようと活動したが、三好家と対立して京を追放されるなど、満足な成果をあげることはできなかった。

【三好三人衆】

三好長慶の死後、三好家で台頭した3人の重臣。三好長逸、三好宗渭（政康）、岩成友通がこれにあたる。長慶の甥である三好義継の後見人として、三好家を牛耳った。

〈『太平記英勇伝十四』
松永弾正久秀〉

伝承　日本　妖怪

72 九尾の狐
きゅうびのきつね

中国から伝わった9本の尾がある狐の妖怪。中国では悪女として有名な妲己、日本では鳥羽上皇に寵愛された玉藻前に化けていた話でよく知られている。

大妖怪度	▶▶▶ 5
知名度	▶▶▶ 5
美形度	▶▶▶ 5

九尾の狐

もともとは2尾のキツネだった玉藻前伝説

　九尾の狐はかなり強力な妖怪で、とくに玉藻前の話で有名だ。平安時代、藻女という美女が鳥羽上皇に寵愛され、玉藻前と呼ばれた。やがて上皇が謎の病に冒され、陰陽師の安倍泰成によって玉藻前が放つ妖気が原因と判明。玉藻前は泰成の真言で変身解除され、九尾の狐の姿で逃亡したが、のちに討伐隊に討たれて殺生石になった。

　この話は室町時代の読本『玉藻の草紙』ですでに登場し、とくに江戸時代には読本のほか、浄瑠璃や歌舞伎の演目でも人気だった。ただ、当初は尾が2本ある7尺（約2m）の狐で、殺生石の話もなかったという。これが九尾の狐となったのは江戸時代からで、"妲己に化けて殷の紂王をたぶらかした九尾の狐"の話が、玉藻前の話に取り込まれたと考えられている。ちなみに岩手県遠野地方の伝承を紹介した『遠野物語』には、石を降らせる尾が2つに分かれた古狐の話がある。玉藻前の話から生まれた可能性はあるが、こちらがより古いのなら、先の2尾の狐と関係あるかもしれない。

　古くから親しまれてきただけに、玉藻前の話をベースとした小説は数多く、妖怪を扱った漫画やゲームにもよく登場する。強力な敵の場合が多いが、漫画では主人公のよきライバルとなって共闘するようなケースもある。人間に化身したり転生する設定の場合は美男美女が多く、比較的重要なポジションのキャラクターにされる傾向が強い。

《三国妖狐伝 第一斑
足王ごてんのだん》

関連用語

【鳥羽上皇】

1103〜1156年。第74代天皇。崇徳天皇（第一皇子）、近衛天皇（第九皇子）、後白河天皇（第四皇子）の父で、崇徳天皇に譲位して院政を敷く。藤原得子を寵愛し、誕生した第九皇子の体仁親王を天皇にすべく崇徳天皇に譲位させたが、近衛天皇は13年ほどで崩御。得子の意を汲んで新たに後白河天皇を即位させたことが、自身が崩御したのち保元の乱が起きる原因となる。玉藻前のモデルはこの藤原得子といわれる。

【殺生石】

噴き出す毒で近づく生物を殺すとされた石のこと。この毒は火山性のガスではないかと考えられている。

各地にある殺生石の関連スポット

COLUMN

　九尾の狐が討たれたのは栃木県那須町で、現地には殺生石が祀られている。殺生石はのちに玄翁和尚が鎮めて毒を出さなくなったが、このとき割られて全国へ飛んだといわれ、福島県会津美里町の殺生石稲荷神社や白河市の常在院、京都府京都市の真正極楽寺などに、殺生石の欠片とされる石や殺生石からつくられたという地蔵がある。

73 遠野物語
（とおのものがたり）

岩手県の中央部に位置する盆地・遠野に伝わる民間伝承をとりまとめた本。山の神、里の神、家の神、河童、幽霊などを記した短い話が109話収められている。

知名度	▶▶▶	2
影響力	▶▶▶	5
史料的価値	▶▶▶	5

遠野物語

座敷童を全国に広めた、民俗学のスターター

　柳田国男という文豪をご存じだろうか。田山花袋や島崎藤村らと交友があり、抒情派詩人として知られた。だが、彼は30代の半ばに文壇から離れ、あることに打ち込んでいる。そう、民俗学だ。柳田は日本民俗学の立役者と言われる存在なのだ。

　そんな彼の代表作が『遠野物語』である。文語体で書かれてはいるが民間伝承の記録書という色合いが強く、題名どおり岩手県遠野郷に口伝された逸話・民間信仰・年中行事・伝承をとりまとめたものだ。語り部は遠野出身の佐々木喜善。彼も短編小説や詩歌を執筆していたが、柳田に師事し東北地方の民話研究・民俗学者として大成した。本書は明治43年（1910年）に発行され、日本民俗学の古典として知られている。発行当初、世間の反応は小さかったものの、多くの文豪の目に留まることとなる。特に有名なのは三島由紀夫で、彼は『遠野物語』に関するエッセイまで綴っている。

　『遠野物語』の知名度は正直なところあまり高いものではないが、その影響力は計り知れない。今現在日本で「怪異」として親しまれている多くの存在は、この本によって広まったといっても過言ではないからだ。たとえば山の神、天狗、山男、河童、動物にまつわる伝承、そして何より"座敷童"を全国区にした。

　日本には土地ごとに伝わる独自の神や因習、奇祭が数多く存在する。本書の冒頭には「之を語りて平地人を戦慄せしめよ」とあるが、これは閉ざされた土地の"闇"に光を当てた第一の書なのだ。

関連用語

【柳田国男】
1875〜1962年。岩手県生まれ。農商務省の官僚として勤めたあと、朝日新聞社客員となる。日本全国を旅し、民俗・伝承を調査し、日本の民俗学の確立に尽力。民間伝承の会、民俗学研究所を設立した。

【民俗学】
民間伝承の調査を通じ、庶民の生活や文化の発展を研究する学問。フォークロアとも。

【佐々木喜善】
1886〜1933年。岩手生まれの民話研究家。元々は小説家を志して上京。柳田国男へ郷里の民話を語り聞かせ、それが『遠野物語』としてまとめられる。帰郷してからは東北の民間伝承の採取を行う。

海外から見た「日本のここがおもしろい！」

口伝民話をまとめた本というと、小泉八雲の『怪談』を思い出した人もいるだろう。彼の生まれはギリシア、日本の伝承に強い関心を持っていたそうだ。ほかにもイザベラ・バードの『日本奥地紀行』やドナルド・キーンの『日本文学史』など、海外へ日本を紹介する本は名著が多い。柳田の民俗学とはまた違った視点が得られるかもしれない。

COLUMN

物理 / 量子力学 / 思考実験

74 シュレーディンガーの猫

特異すぎる量子力学の世界を理解するため、ある動物が名乗りを上げた。その名もシュレーディンガーの猫。この猫は、自らの身を以て量子を解説するのだった！

猫かわいい度	▶▶▶ 3
生と死の狭間度	▶▶▶ 5
並行世界度	▶▶▶ 5

シュレーディンガーの猫

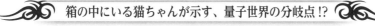

箱の中にいる猫ちゃんが示す、量子世界の分岐点 !?

　位置もエネルギー量も一定しない量子力学で避けて通れない問題が、重ね合わせである。量子はＡの状態になることもあれば、Ｂの状態になることもあり（もしくはそれ以上）、観測することでどちらかに決まる。この観測をする前の、まだ定まっていない状態を、ＡとＢの重ね合わせという。この特殊性を身近なものに当てはめたのが、シュレーディンガーの猫という思考実験である。

　これは、名前の通り、シュレーディンガーという物理学者が1935年に発表したもので、元々は量子力学のパラドックスを指摘するためのものだった。その概要はこうである。

① 　放射線を感知すると青酸ガスを発生させる装置、ガイガーカウンター、ラジウムなどの放射性物質、1匹の猫を、蓋がついた密閉状態の箱の中に入れる

② 　この放射性物質は、1時間内に原子崩壊する可能性が50%ある。もし崩壊すれば、猫は毒ガスで死ぬことになる。崩壊しなければ、猫は死なずにすむ

③ 　1時間後、箱の中の猫は生きているのか、死んでいるのか。
　　この実験の結果自体に意味はなく、まだ蓋を開けていない状態の箱の中の猫をどう解釈するか、が問題なのである

　量子力学では、この問題にさまざまな解釈を提示。量子力学は確率的にしか説明できないので、箱の中の猫は、"生きている猫と死んでいる猫が重ね合って存在している"ということになる。これが現在主流の、コペンハーゲン解釈である。

　一方、エヴェレットの多世界解釈というものもあり、これは観測によって"生きている猫を観測した観測者"と"死んでいる猫を観測した観測者"の重ね合わせ状態に分岐するとしている。どちらの解釈にしても、観測結果を矛盾なく説明できるので、理論上間違いとはいえない。とはいえ、急に並行世界じみた話になってくるので、フィクション好きにはたまらない展開といえる。

◆◀ 関 連 用 語 ▶◆

【エルヴィン・シュレーディンガー】
1887～1961年。オーストリア出身の理論物理学者。量子力学の基本方程式、シュレーディンガーの方程式を提案。1933年位はノーベル物理学賞を受賞。

【コペンハーゲン】
デンマークにある首都。このコペンハーゲンにあるボーア研究所が、コペンハーゲン解釈を発信した。

【ヒュー・エヴェレット3世】
1930～1982年。アメリカの物理学者。プリンストン大学の大学院生時代に多世界解釈を提唱した。

哲学　／　西洋　／　人物

75 ルネ・デカルト

「我思う、ゆえに我あり」という有名な言葉を残した哲学者ルネ・デカルト（1596～1650年）。彼はそこから真理を追求し、「近代哲学の父」と呼ばれるまでになった。

名ゼリフ度	▶▶▶	5
哲学をひっくり返した度	▶▶▶	5
すごい人度	▶▶▶	5

すべてを疑い新しい学問を打ち立てた哲学者

デカルトといえば「我思う、ゆえに我あり」というフレーズがあまりに有名だ。これは彼が真理を求めるなかでたどり着いた結論だ。

それまでの時代は、キリスト教の教えが絶大な力をもっていた。たとえばはるか昔にアリストテレスが提唱した天動説はキリスト教の正しい理論とされ、それを否定することは神への冒涜とされたほどである。しかし「それは正しくない」と声を挙げるコペルニクスやガリレオのような者が現れ始め、デカルトも既存の学問に疑念をもつようになった。そして、彼はこれまであったすべての前提を疑い、確実な根拠を求めていった。数々の理論も学問も、そして今目に見えているこの世界すら「本当は存在していないのではないか？」と。しかしそんななか、「こうして疑っている自分がいる、ということだけは間違いない」と気づく。それこそが紛れのない根拠であり、それを表した言葉が「我思う、ゆえに我あり」である。

ちなみに、すべてのものを疑うデカルトの手法は"方法的懐疑"と呼ばれる。物事について「それはなぜ？」と根拠を突き詰めていく方法だ。たとえば「なぜ値段が上がったのか？」「原料費が上がったから」「なぜ原料費が上がったのか？」「原料がなかなか手に入らなくなったから」「なぜ手に入らなくなったのか？」……と、確かな根拠にたどり着くまで「なぜ？」と問い詰めていく。一般的な議論でも有効なロジカルシンキングであるが、あまりやり過ぎると議論相手が不愉快になるので注意が必要である。

〈デカルトの肖像〉

COLUMN

数学でおなじみの座標や変数記号の発案者

じつは我々の身近に、デカルトが考案したものがいくつかある。1つはx軸とy軸で表わす座標という概念。いまやグラフで当たり前のこの表現方法はデカルトが最初に考案したもので、"デカルト座標"とも呼ばれている。もう1つは、数式でよく使われる定数a、b、cや変数x、yなどの表記。これもデカルトが考えたものである。

オカルト・不思議

ジャージー・デビル

76 ジャージー・デビル

18世紀初頭からアメリカで語り継がれる伝説の魔物。
"リーズ家の悪魔"とも呼ばれる。1909年には延べ
1000人以上の人に目撃されるという大騒動があった。

狂暴度	▶▶▶	4
伝説度	▶▶▶	5
有名度	▶▶▶	4

その正体は、人々の恐怖心が生み出した幻想だった!?

　ジャージー・デビルは、アメリカ合衆国ニュージャージー州で古くから語り継がれる伝説の怪物である。体長は1〜1.8mほど。馬のような頭部に、真っ赤な目と鋭い牙を持つ。背中にはコウモリのような翼が生えており、自在に空を飛ぶことができる。また、細長い尾がある。性格は獰猛で、家畜のほか、人間に襲い掛かることもあるという。

　ジャージー・デビルは、18世紀頃にはすでに目撃されていたようだが、頻繁に姿を現すようになったのは20世紀になってからだ。とくに有名なのが1909年の事件で、このときはアメリカからカナダに渡る30以上の地域にジャージー・デビルが出現。その目撃者は1000人以上にのぼったという。ただし、この騒動については、ノーマン・ジェフリーズという男性のイタズラによって引き起こされた集団ヒステリーだったとされている。実はこの騒動が起きる前に、ジェフリーズは「ジャージー・デビルが出現した」という嘘の目撃を新聞社に持ち込み、記事にさせていた。この記事はさまざまなメディアに転載され、ジャージー・デビルの名はアメリカ中に知れ渡ることになる。その、結果、あちこちでこの怪物の噂が流れるようになり、ついには大勢の目撃者が現れる騒動へと発展したというわけだ。

　一方で、2000年代になってもなお、ジャージー・デビルと思われる怪物の目撃報告は続いており、単なる伝説とはいい切れない可能性もある。ジャージー・デビルは本当に実在するのか、それとも人々の恐怖心が生んだ幻想か。その正体はいまも謎のままだ。

関連用語

【ジャージー・デビルの伝説】
ジャージー・デビルの誕生にはさまざまな説がある。あるいい伝えによると、1735年にニュージャージー州南部のパインバレンズに住んでいたリーズ家の夫人が出産の際、大変な難産であったため「こんなに苦しませるなら悪魔が生まれてくればいい」といったところ、本当に馬のような顔と翼を持った悪魔のような子、すなわちジャージー・デビルが生まれたのだという。

【近年の目撃報告】
1993年にはニュージャージー州の自然公園管理者が森でのパトロール中に、2006年にはニュージャージー州最大のワットン森林地帯を走るハイウェーで、2015年にはペンシルバニア州でそれぞれジャージー・デビルと思われる奇怪な生物を目撃したとの報告がある。

『Xファイル』でも題材として扱われる

COLUMN　ジャージー・デビルは数々の映画やドラマの題材にもなっている。有名なところではテレビドラマ『Xファイル』でもシーズン1第5話でそのまま『ジャージー・デビル』というタイトルの物語を放送した。ちなみに、この回の評判は散々で、ある批評家からは「陳腐なエピソード」と切り捨てられるなど、トホホな出来となっている。

77 八百万の神

森羅万象に神が宿ると考えていた日本人は、あらゆるものから神を生み出した。正確な数は不明だが、あまりに膨大なため、今では八百万の神と称されている。

神様多すぎ度	▶▶▶	∞
想像力豊かすぎ度	▶▶▶	5
ありがたみ薄れる度	▶▶▶	2

なんでもかんでも神格化！

　日本では古来より、万物に神が宿ると考えられ、あらゆるものを神格化してきた。これは多神教ではよく見られる思想だが、日本のそれはとくにぶっ飛んでいる。大地を神格化した国之常立神や、海・山を神格化した大山津見神などはまだしも、台所に置かれているかまどから奥津日子神・奥津比売命、掃除で使う箒から矢乃波波木神と、日用品にまで神を見出したのである。さらに、歴史上の偉人を神格化することもあり、たとえば徳川家康は死後、東照大権現として日光東照宮に祀られた。また、妖怪を神格化したり、逆に神を妖怪に変えるケースも存在し、日本各地で見られる河童信仰などがこれにあたる。そうして生まれた神は数知れず、いつしか日本の神々を八百万（"数多く"などの意）の神と呼ぶようになった。これらの神は各地で信仰を集め、やがて神道という日本独自の宗教が誕生したのである。ただ、日本に仏教が浸透すると神仏習合思想が広まり、八百万の神は仏の化身にされてしまう。明治時代に新政府が神仏分離令を出したため、現在は別物として扱われるが、天照大御神は大日如来など、仏と同一視されていた時代もあったのだ。

　八百万の神のほとんどは日本神話に登場する。物語の主要人物である一部の神は、なんらかの形で現代のフィクション作品にも登場するので慣れ親しんだものも多いだろう。とくに天照大御神や須佐之男命などは人気が高く、キャラクターとして登場するほか、兵器や技にその名前が用いられることも少なくない。

〈天岩戸神話の天照大御神〉

関連用語

【奥津日子神・奥津比売命】
『古事記』に登場するかまどや炉の守護神。名前の"おき"は熾火の"熾"を指す。

【矢乃波波木神】
民間で広く信仰されたほうきの神。けがれを伴う行為と考えられた出産を見守る産神でもある。

【東照大権現】
死後、家康に贈られた神号。日本大権現など、いくつかの候補から選ばれた。東照大権現となった家康は、栃木県日光市にある日光東照宮に祀られている。

【神仏習合】
神道と仏教を融合し、新たな宗教観を作り出すこと。仏教側は日本の神は仏や菩薩の仮の姿であるという本地垂迹説を唱え、神道側はその逆である反本地垂迹説を唱えた。

【日本神話】
『古事記』や『日本書紀』の伝承からなる日本の神話。天地開闢や日本の成り立ちなどが描かれる。

万物から生まれるのは神だけにあらず

COLUMN

昔は作られてから100年が経過した道具には精霊が宿り、付喪神になると考えられていた。神といっても基本的には人間に悪さを働く存在なので、現代では妖怪に分類されている。長い年月を経ることで神や精霊に昇華されるという設定に魅力を感じる人が多いのか、フィクション作品に取り入れられることも多い。

78 三日月宗近
（みかづきむねちか）

天下五剣の１つである三日月宗近は、国宝に指定された名刀である。だが、有名な刀であるわりに、徳川将軍家の手にわたるまでのいきさつははっきりしていない。

名刀度	▶▶▶	5
知名度	▶▶▶	5
来歴不明度	▶▶▶	4

来歴不明の名刀？　三日月宗近の謎

　三日月宗近は平安時代の刀工、三条宗近の作とされる刀である。刀の名前の由来は、刀身に三日月型の打除け（刀身に見ることができる模様、刃文の一種）が見られることからといわれ、天下五剣とよばれる名刀のなかでも最も美しいと評価されている。室町時代の刀剣書『長享銘盡』に「三条宗近作の三日月」という記述があるので、古くから名刀として知られていたようだ。

　この刀は江戸時代に豊臣秀吉の正室、高台院の遺品として徳川家に贈られて以来、昭和初期まで徳川家が所有していた。だが、高台院の手にわたる前の所有者については、諸説ありはっきりしていない。昔から有名な刀であったのに、いささか不思議ではある。

　よく知られているのは、足利将軍家が所有していたという説だ。それが第13代将軍、足利義輝が三好三人衆に襲撃されて殺害された際に、三人衆のひとりである三好宗渭（政康）の手にわたり、後に豊臣秀吉に献上されたという。足利義輝は「剣豪将軍」とよばれ、襲撃事件の際も自ら刀をとって奮戦したと伝えられる豪傑だった。足利将軍家所有説が本当なら、義輝最後の戦いで振るわれた刀の中に、もしかしたら三日月宗近があったかもしれない。

　他に有力とされるのが、日野内光という公卿が所有しており、合戦で討ち死にしたあとに高野山に奉納されたという説。また、中国地方の猛将、山中鹿之助が所有していたという説や、高台院に仕えていた武士で同姓同名の山中鹿之助という人物が所有していたという説もある。いったい誰の持ち物だったのか、名刀にまつわる物語を想像してみるのも、歴史の楽しみ方の１つではないだろうか。

◆◀ 関連用語 ▶◆

【三条宗近】
平安時代の刀工。一条天皇に献上されたという宝刀、小狐丸も宗近の作。謡曲『小鍛冶』は、この小狐丸製作に関するエピソードを取り上げたもの。

【天下五剣】
日本刀のなかでも特に名刀と評価が高い5振のこと。大典太光世、鬼丸国綱、数珠丸恒次、三日月宗近、童子切安綱がこれにあたる。天下五剣という呼び名は室町時代や江戸時代には存在せず、定着したのは明治時代以降といわれている。

天下五剣に勝るとも劣らない槍の名品、天下三名槍

COLUMN

名刀の代表格といえば天下五剣だが、じつは槍にも天下五剣に匹敵する、天下三名槍という名品が存在する。これは御手杵、日本号、蜻蛉切の３槍を指す。御手杵は結城秀康、日本号は福島正則や母里友信、蜻蛉切は本多忠勝という豪傑たちの所蔵品であった。残念ながら御手杵は空襲で焼失してしまったが、残りの２槍は現存している。

物理 ｜ 日本 ｜ 妖怪

79 河童（かっぱ）

頭に皿、背に甲羅がある水辺の妖怪。大好物はキュウリや尻子玉（肛門付近にあるとされた架空の器官）で、子どもや馬などを川に引き込むといったいたずらをする。

イタズラ好き度	▶▶▶ 5
混同されてる度	▶▶▶ 3
マスコット的扱い度	▶▶▶ 4

本当は一般的な印象よりも怖い河童

　河童の伝承は北海道と沖縄を除く全国にあり、尾などにしがみついて民家まで来てしまうといったように、馬にいたずらをする話が多い。人間に捕まって見逃してもらったり、斬られた腕を返してもらう代わりに何かお礼をする話もしばしば見られ、一般的に"いたずらはするものの、それほど害はない妖怪"という印象が強い。

　一方、クモが足に糸をかけたのでそれを木に絡めたところ、その木が水の中に引き込まれたというちょっと怖い話もある。この伝承では河童がクモに化けていたわけだ。一般的な認知度は高くないが、"河童が化ける"という伝承は各地にある。溺死者が多い川の近くでは、河童を水神とみなしてお供え物をする地域もあり、またキツネ憑きや犬神憑きのように、"人に憑く"とする地域も意外と多い。ただ、有名なだけに別の妖怪の話が河童とされているケースがあるようで、「枕返しをする」、「小豆を研ぐ音がする」などのほか、「座敷童と同じものだ」という地域もある。

　河童が登場する作品としては、河童に似た少年・三平と河童との交流を描いた水木しげるの『河童の三平』が有名。1955年頃の紙芝居から始まり、貸本を経て週刊漫画誌などに掲載。1993年になってアニメ化もされている。ほかにも河童は妖怪を扱った作品によく登場する。可愛らしいキャラクターの場合が多いが、近年では美青年の販売員に化けた河童を主人公に、現代日本に生きるアヤカシ事情を語った作品などもある。

関連用語

【何かお礼】

川魚を持って来たり、薬の作り方を伝授したりといった伝承がある。

【狐憑き】

狐に憑依されたとされる錯乱状態で、修験者による加持祈祷で治ると信じられた。現代的には精神障害のほか、抗NMDA受容体抗体脳炎などが原因という見方もある。

【犬神憑き】

犬の霊による憑物、もしくは犬の怨霊を用いた呪詛による憑依現象。西日本、とくに四国地方や九州地方に根強い信仰があった。

【別の妖怪】

枕を返す妖怪は"枕返し"、小豆を研ぐ音は"小豆とぎ"と、それぞれ別の妖怪がおり、その特性が河童のものとされている。

《図画百鬼夜行》河童

COLUMN

全国にある河童の名所

河童にちなんだ名所は全国にあり、なかでも岩手県遠野市のカッパ淵は有名。茨城県の牛久沼も古くから河童の伝承が多い場所だ。また福岡県北九州市の皇産霊神社には、数種類のご利益がある招福河童の石像がある。北海道の定山渓温泉も河童で知られるが、これは本土から伝わった河童が土着のミントゥチカムイと習合されたものらしい。

80 谷崎潤一郎
（たにざきじゅんいちろう）

1886～1965年。明治～昭和期の文豪で、『刺青』『細雪』
などの小説だけでなく、随筆『陰翳礼讃』や『源氏物語』
の現代語訳などでも知られる。

耽美度	▶▶▶	5
多作度	▶▶▶	5
美の追求度	▶▶▶	5

谷崎潤一郎

"美"の神髄を探し続けた文豪

「谷崎潤一郎の代表作は何か？」と問われると、なかなか返答に苦しむところである。それだけ彼は多くの小説を世に残し、随筆を残し、古典の現代語訳も残した。そのうえで臨終の言葉が「これから小説を書かなければならない」だったというから驚きだ。

谷崎は明治19年（1886）、東京は日本橋にて生を受けた。学生時代からその文才を発揮し、飛び級をするほど頭の出来も良かった。しかし、東京帝国大学国文科に進むも家業が傾き学費滞納で退学。ちょうどこの頃、第二次「新思潮」にて『刺青』（1910）を発表して文壇の仲間入りを果たしていた。官能的で独特の美意識を持った作風は、当時の自然主義派に大きな衝撃を与えたという。

谷崎といえば、『刺青』や『痴人の愛』（1924）の影響もあってマゾヒズム漂うエロティックな作風、という印象がある。人間の暗黒面を描いたことから悪魔主義といわれることも多い。ただ、どれかといえば彼は"美"を追求した作家だ。その1つの到達点が『春琴抄』（1933）といえるだろう。日本の古典的な"美"を表現した本作は、ある挑戦的な特徴がある。句読点が異様に少ないのだ。

谷崎は享年79と、当時の文豪にしては長生きをしたほうだ。耽美主義の前期、古典主義の中期、そして試みを続けた豊饒の後期とさまざまな作風が存在する。妻の妹と不倫をしたり、妻を友人に譲ったりと破天荒なエピソードも多いものの、彼は美の探求者であり、根っからの"文字書き"だったのだろう。

関連用語

【第二次「新思潮」】
第一次を主宰した小山内薫が中心となり、東京大学の学生らで作られた同人誌。自然主義に対立する耽美的な作品が多かった。

【耽美主義】
美に最上の価値を求める主義のこと。唯美主義とも。19世紀後半にイギリスやフランスで起こり、ボードレールなどが主導した。日本では永井荷風や谷崎に代表される。

COLUMN

文豪の三角関係・小田原事件

文豪といえば珍事件の1つや2つを起こしている印象があるが、谷崎はまた一風変わった逸話がある。友人の佐藤春夫に妻を寝取られたのだ。谷崎は2人の不倫を知ると激怒し佐藤と絶交する。しかし、結果的に谷崎が離婚、佐藤に妻を譲る形となった。しかも谷崎はこれを題材に小説を書いているのだから、文豪という生き物は業が深い。

81 反物質 _{（はんぶっしつ）}

登校中、曲がり角で女子とぶつかれば、恋が始まるかもしれない。でも物質と反物質だったら、お互いの存在は完全に消えてしまう。そんな恐ろしい反物質とは？

予言から発見度	▶▶▶	4
裏の性質度	▶▶▶	5
存在消滅度	▶▶▶	5

出会えば互いに消滅!?　真逆の性質を持つ裏の存在

漫画やアニメなどでは、あらゆる攻撃を無効にしたり、一瞬で付近を蒸発させたりするような、強力な攻撃や武器が登場する。理屈は設定上それぞれだが、その設定のひとつに反物質がある。

反物質とは、ある物質と比べて質量とスピンが同じなのに、構成する素粒子の電荷などがまったく逆の性質を持つ物質のこと。反物質の原子は反陽子、陽電子（反電子）、反中性子という反粒子で構成されており、たとえば電子は－の電荷を持つが、陽電子は＋の電荷を持つといった具合だ。物質と反物質は衝突すると対消滅し、質量がエネルギーとなって放出され、もともとあった物質と反物質は完全になくなってしまう。

この恐ろしいものは当初、理論上予言されていただけのものだったが、1932年に陽電子が、1955年に粒子加速器を使って反陽子、反中性子も発見されたことで、その存在が証明されてしまった。しかし反物質は自然界にはほとんど存在せず、現状は人工的に作り出すしかなく、実際に1995年には反水素が、2011年には反ヘリウム原子核が生成されている。

なぜ反物質がほとんどないのかについては、近年の研究でこう説明されている。初期の宇宙、超高温のカオス状態のなかで、陽子や中性子が生まれ、それぞれの反粒子と衝突して電磁波やガンマ線に変換される。しかし反物質は物質よりわずかに寿命が短く、物質だけが取り残されるケースがあり、無限に生成と消滅を繰り返すうちに、物質で構成される宇宙になっていったというものだ。ただこれは仮説なので、真実が完全にわかるのは今後の研究次第になる。

関連用語

【対消滅】
粒子と反粒子が衝突し、エネルギーが光子などに変換される現象。対消滅の場合、質量がほぼ100%運動エネルギーに変換される。1円玉サイズのアルミニウムと反アルミニウムが対消滅しただけで、広島に投下された原爆の2.9倍ものエネルギーを持っている。

【粒子加速器】
電磁波などで粒子を加速し、エネルギーを高める装置。粒子を最大で光速近くまで加速させ、粒子を固定標的に当てたり、向かい合わせに加速させて正面衝突させたりするなどの実験を行う。

【反水素】
1995年、欧州原子核研究機構（CERN）が生成に成功した、水素の反物質。陽電子と反陽子各1個から成る。ちなみに反水素の同位体も合成されている。

大損してでも反物質エネルギーがほしいわけ

反物質を作るエネルギーは、反物質を燃料として得るエネルギーより大きく、作るだけ損な状態だ。それでも研究が進められているのは、エネルギー密度だけ考えれば非常に高密度なので、軽量な燃料として利用できれば、宇宙開発など特殊な用途で役立つと考えられているからだ。はたしてそんな未来はくるのか？

82 パスカルの賭け

「神は存在するか、しないか。あなたはどちらに賭けるか？」
と聞かれたら、あなたはどう答えるだろうか。哲学者パス
カル（1623～1662年）の答えは一択である。

幸福の期待度	▶▶▶ ∞
まさかの数学度	▶▶▶ 5
ゲーム理論度	▶▶▶ 4

神の存在に賭ける話は、まさかの確率論

パスカルは、自著『パンセ』で自身の見解をこう説明した。

まず前提として、神の本質は限りなく不可知で、神がいるかどう
かなんて、人間の理性では説明できない。それを人間の理性が答え
られなくても、人間は憶測なり盲信なりで、神がいるかいないかと
いう宗教信仰の選択を行なっている。その上で、神の実在・非実在
と、信じる・信じないの意思決定と結果を整理してみる。

① 神が実在する場合、神の実在を信じると、天国へ行けるので、
　無限の幸福を得られることができる

② 神が実在する場合、神の実在を信じないと、永遠の断罪に苦し
　む地獄となる（正確には、パスカル自身は言及していない）

③ 神が実在しない場合、神の実在を信じても、別に失うものはな
　い。その人自体は幸せなのだから

④ 神が実在しない場合、神の実在を信じなくても、同じく失うも
　のはないが、得られるものもない

つまり、損失と利益だけで考えた場合、無限の幸福を得られる期
待値が大きい＝得られるものが大きく、失うものが少ないのだから、
神が存在するほうに賭けるのが賢いということになる。なんともリ
アリストな考え方だが、パスカル的には神の実在を証明したいわけ
ではなく、不確かなことへの期待値だけの話をしている。

このパスカルの賭けは、間違った神を信じてしまいかねないなど、
いろいろな批判をされてきた。アニメやゲームでも、信じていた絶
対神が、じつは悪魔でした、邪神でし
た、なんてオチが待つパターンは多々
ある。それでもこの考察が今なお語り
継がれるのは、とくに数学において画
期的で、不確かなことへの期待値、つ
まり“確率論”の基礎となったからで
ある。

関連用語

【ブレーズ・パスカル】
フランスの哲学者、数学者。早熟の天才で、「人間は考える葦である」などの名言を残したほか、パスカルの定理やパスカルの三角形の発見、乗合馬車や機械式計算機の発明など、多岐に活躍した。

【期待値】
1回の試行で得られる値の平均値のこと。得られる可能性があるすべての値と、それが起こりうる確率の積を足し合わせたもの。サイコロでいえば、1回投げたときに出る目の期待値は、3.5である。

【確率論】
確率について扱う数学のジャンル。現実には存在しないかもしれない未来や過去について、数学的に扱いやすい形にモデル化し、起こりやすさを数値化して、世の中の現象を解き明かす。

〈パスカルの肖像〉

哲学・心理・思想

パスカルの賭け

83 ビッグフット

北米大陸の山岳地帯に生息するとされる巨大な獣人。1800年代初頭からその存在が噂されており、1967年にはその姿を収めた映像も撮影された。

人気度	▶▶▶ 5
捏造疑惑度	▶▶▶ 4
有名度	▶▶▶ 5

「パターソン・フィルム」で世界的に有名になる

　北米大陸に伝わる謎の獣人・ビッグフット。その体長は2〜3mで、推定体重は200〜300kg。全身は褐色または灰色の毛に覆われており、人間のように二足歩行する。見た目は大柄だが性格は温厚で、人を襲うようなことはないとされる。また、親子連れの姿を目撃したという報告もあることから、単体ではなく、複数いると考えられている。

　ビッグフットは1800年代初頭からその存在が噂されていたが、世界的に有名になったのは、俗に「パターソン・フィルム」と呼ばれる映像の存在が大きい。1967年にロジャー・パターソンとボブ・ギムリンという2人組の男性によって撮影されたこの映像には、山道を二本足で歩く、毛むくじゃらの獣人の姿がはっきりと映し出されていた。ふたりは、16mmのムービー・カメラとともに、かねてからビッグフット出現の噂のあったカリフォルニア州ブラフ・クリークの森に潜入。以前、巨大な足跡が見つかった場所で待ち伏せしていたところ、ビッグフットに遭遇したのだという。この映像は大きな反響を呼ぶが、当然ながら捏造疑惑も持たれ、2005年には「パターソンに依頼されて、着ぐるみをつけてカメラの前を横切った」と告白する男性も登場。しかし、この告白自体が捏造だと主張する者もおり、その真贋については水掛け論の様相を呈している。

　結局、ビッグフットが本当に実在しているのかは謎のままだが、ヒマラヤのイエティやオーストラリアのヨーウィー、中国の野人など、ビッグフット同様の獣人伝説は世界各地に残されている。なんらかの未知の獣人が存在している可能性もゼロではないのだ。

関連用語

【ヨーウィー】

オーストラリアに生息するとされる未知の獣人。体長は1.5〜3mと幅広く、全身が茶色に近い体毛で覆われている。最古の目撃報告は1795年とされており、その後、1970年にブルーマウンテンの一角にあるソリタリー山の森で、1976年にはリズモンド地区の民家にそれぞれ出現したとの報告がある。

【野人】

中国で目撃されている未知の獣人。湖北省神農架地区で多く目撃されており、過去には中国最大の科学研究機関である中国科学院が調査を行ったが、いまも発見には至っていない。

COLUMN　B級映画の題材として大人気

ビッグフットは映画の題材としてもよく使われている。その多くはビッグフットを狂暴な怪物として描いた低予算のB級ホラー作品だが、中にはビッグフットが人間と協力してゾンビと戦う『ビッグフットvsゾンビ』（2016年）のようなぶっとんだ設定のものもある。興味があるなら観てみるのもいいだろう。

神道 / 日本 / 場所

84 出雲大社（いずもたいしゃ）

縁結びのご利益で知られる大国主神を祀る神社。10月になると全国の神々が出雲大社に集まり会議を開くため、この地域では神在月、ほかの地域では神無月と呼ぶそうだ。

神聖度	▶▶▶ 5
建国にまつわる度	▶▶▶ 4
良縁をもたらす度	▶▶▶ 5

建国の神に由来する歴史ある神社

出雲大社は島根県出雲市にある日本最大級の神社。日本神話のなかで建立の経緯が描かれるなど、非常に長い歴史を誇り、国宝に指定されている本殿をはじめ、多数の重要文化財を有する。『出雲国風土記』によれば、"国譲り"の際、葦原中津国（日本）の支配権を譲ってくれた大国主神へのお礼として、天照大御神がこの神社を建立し、大国主神を祀るように取り計らったという。

上記の伝承からもわかるように、出雲大社の主祭神は大国主神だ。この神様は"因幡の白兎"で怪我を負ったウサギに治療法を授けたり、少名毘古那神とともに全国をまわって医療の普及に勤しんだ。さらに、須勢理毘売命や多紀理毘売命など、その生涯で6人の妻を娶ったことから、出雲大社には病気平癒や縁結びのご利益があるとされている。また、大国主神は神仏習合で大黒天と結びつけられたため、商売繁昌のご利益も期待できるそうだ。ちなみに縁結びは男女の縁に限定されておらず、家族や友人、取引相手など、さまざまな良縁をもたらすという。これは大国主神が多くの神に助けられながら国づくりという大事業を完遂させたことに由来するのだろう。

〈『出雲大社絵図』〉

◆ 関 連 用 語 ◆

【『出雲国風土記』】
『古事記』などとは異なる伝承が記された風土記。

【大国主神】
天之冬衣神と刺国若比売の息子。"因幡の白兎"や"国譲り"など、日本神話のいくつかのエピソードに登場する。少名毘古那神らと協力して国づくりを進め、葦原中津国の統治者になるが、天照大御神から国の支配権を譲ってほしいと迫られ、最後は承諾した。

【因幡の白兎】
大国主神が傷ついた白ウサギを癒やすという伝承。病気平癒のご利益はこれに由来する。

【大黒天】
ヒンドゥー教の神シヴァが仏教に取り込まれたもので、日本では七福神の一柱として知られる。名前の"だいこく"は"大国"に通じることから神仏習合で大国主神と同一神とされた。また、大黒天が袋をもっているのは、因幡の白兎の伝承において、大国主神が八十神の荷物を入れた袋をもっていたことに由来するという。

COLUMN 本殿のサイズは現在の倍以上だった!?

現在の出雲大社の本殿は高さ24mだが、建て替えられる前は48mあるいは100mもあったといわれている。この説を裏づけるように、2000年頃に行われた発掘調査では、出雲大社の地下から鎌倉時代のものと思われる直径3mほどの巨大な柱が見つかったほか、のちの検証で高さ48mの本殿なら当時の技術でも作れることが判明している。

85 千子村正
せんじむらまさ

千子村正

村正は刀剣に興味があるなら知らない人はいないほど、知名度の高い刀だ。優れた刀という評判の一方、持ち主に不幸をもたらす妖刀という評価もあるが、真相は？

名刀度	▶▶▶ 5
知名度	▶▶▶ 5
妖刀度	▶▶▶ 4

徳川将軍家を祟った？　妖刀、村正

　村正とは、室町時代から江戸時代にかけて伊勢国（現在の三重県）や三河国（現在の愛知県東部）で活動していた刀工の一派と、彼らが作った刀のことである。千子村正はこの一派の創始者で、村正派（千子派）の刀鍛冶としての技法を確立した人物だ。

　刀剣としての村正は、斬れ味がいい実戦的な刀という評価を得ており、戦国時代には徳川家康や配下の武将、関白・豊臣秀次など名だたる武士に愛用された。その一方で、伊藤博文のように芸術品として村正をコレクションしていた人物もいる。こうした事実からも、村正は実用性、芸術性ともに超一流の刀剣といっていいだろう。

　だが、こうした評価は日本刀に対してある程度の知識をもっている層からのものに過ぎない。一般的には、村正は「妖刀」のイメージが強いのではないだろうか？　村正妖刀伝説が生まれた理由は、この刀が松平家（徳川家の前身）にたびたび不幸をもたらしたからといわれている。まず、最初の犠牲者は、徳川家康の祖父である松平清康だ。清康は阿部正豊という家臣が乱心したことによって殺害されたのだが、このとき正豊が使った刀が村正だった。また、清康の後を継いだ松平広忠も、岩松八弥という人物に村正で刺殺されたといわれる（広忠の死因には諸説ある）。さらに、家康の長男の松平信康は、敵との内通嫌疑をかけられて切腹させられたのだが、このとき介錯に使われた刀も村正だったという。こうしたことが原因で、徳川家康は家中に存在する村正をすべて処分させたという。

　だが、この種の妖刀伝説の多くは、後世の人々による創作の可能性が高い。というのも、家康の遺品のなかには2振の村正があり、生前大切にしていたのは確実であるからだ。そもそも村正は徳川家の地元で生産されていた刀であり、流通量を考えればさまざまな事変に登場するのは当然という見方もできるのだ。

関連用語

【豊臣秀次】
1568～1595年。豊臣秀吉の甥で、後に養子となって関白の座についた人物。古書や刀を収集する文化人としての一面もあり、村正作の一胴七度という名刀を所有していた。秀吉の後継者となるはずだったが、秀吉に嫡子が誕生したため疎まれるようになり、謀反の嫌疑をかけられて切腹を命じられた。

【伊藤博文】
1841～1909年。長州藩士。明治維新後に、初代内閣総理大臣を務める。晩年に刀剣愛好家になり、特に村正を好んで集めたといわれる。

86 刑部姫
（おさかべひめ）

姫路城天守閣にいた妖怪で長壁姫とも呼ばれる。城主の
池田輝政が祀った地主神（その土地や屋敷などの守護神）
だが、江戸時代に妖怪として伝承が広まったといわれる。

真の城主度	▶▶▶ 5
怒るとすぐ祟る度	▶▶▶ 5
伝承の発展度	▶▶▶ 5

妖怪になった姫路城の地主神

　姫路城が建てられた姫山には、刑部大神の神社があったという。関ヶ原の戦いののち、城主となった池田輝政が大規模な改修工事をした。すると怪異が起き始めて輝政も病に倒れ、城下に祟りだと噂が流れたため、池田家が天守閣に刑部大神を祀ったという。

　江戸時代後期の『甲子夜話』には、天守閣に住む刑部大神は人嫌いで、年に1度だけ城主と会談したとある。また『老媼茶話』には、肝試しで天守閣へ登った森田図書という小姓が、勇気を称えた刑部姫に"しころ"（首を守る防具）を授かった話があり、刑部姫を福島県の猪苗代城に棲みつく化け物と同じものとしている。これをもとにした明治時代の作家、泉鏡花の『天守物語』では、刑部姫が異界の妖婦として描かれた。さらに刑部姫は江戸時代の講談の題材でも取り上げられ、足軽として仕えていた修行時代の宮本武蔵が怪異を恐れずに天守閣へ登ったところ、彼のおかげで「棲みついていた古狐を追い払えた」と、刑部大神から名刀を授かる話がある。

　刑部姫を妖怪として紹介したものには、江戸時代中期に鳥山石燕が描いた妖怪画集『今昔画図続百鬼』、やや後年の北尾政美による『夭怪着到牒』などがある。これらを踏まえて現代では刑部姫を妖怪として扱うことが多いようだ。刑部姫が伝承をもとにした作品以外に登場するケースはほとんどないが、英霊が宝具で戦う某人気ゲームには引きこもりの眼鏡美少女として登場しており、一部のファンに人気がある。

〈『夭怪着到牒』刑部姫〉

◆関連用語◆

【刑部大神】
光仁天皇（第49代）の子・刑部親王と、その娘・富姫の2神。古くから姫山の地主神として祀られ、姫路市には3つの神社がある。

【『甲子夜話』】
肥前国平戸藩の第9代藩主、松浦清が、1821年12月から20年に渡ってつづった随筆。幅広い分野の事物が記され、当時の風俗を知るうえでも重視されている。

【『老媼茶話』】
1742年に編まれた奇談集。著者は三坂大弥太という会津の浪人で、会津地方の話を中心に収録されている。

COLUMN 前橋東照宮に祀られている刑部姫

18世紀半ばに姫路藩主の松平朝矩が前橋藩に転封すると、刑部姫を祀った長壁神社も前橋城に移された。しかし、のちに前橋城は水害で大きな損害を受け、朝矩は川越へ移転。このとき朝矩は連れて行くようにという刑部姫の頼みを断っており、翌年に急逝すると祟りだと噂になったという。現在、刑部姫は前橋東照宮に合祀されている。

87 江戸川乱歩
_{えどがわらんぽ}

江戸川乱歩

大正・昭和期の文豪。日本の推理小説を確立させた人物で、探偵・明智五郎や少年探偵団などがなじみ深い。幻想怪奇小説も評価が高く、幅広い活躍を見せた。

知名度	▶▶▶	5
多種多様	▶▶▶	5
影響度	▶▶▶	5

捉えどころのないその様はまるで二十面相

「江戸川乱歩」という人物ほど、語るべき面が多い男もそうそういないだろう。"文豪"という一面では、日本の推理小説、幻想怪奇小説の先駆け、通俗長編や児童向け文学でも人気を博した。文化人という点では江戸近世資料の収集家、国内外の推理小説の紹介、日本推理作家協会の前身「探偵作家クラブ」を立ち上げ、今も推理小説家の登竜門として知られる江戸川乱歩賞を創設。後進の育成にも熱心だった。さまざまな職業を転々とし、たびたび居も変えていた。大変几帳面な性格でメモ魔、戦中は町会の副会長を担い配給や町内行事を細かく記録していたという。作品も高名だが、その人柄や逸話の多さから、彼自身がもはや"キャラクター"として親しまれている印象が強く、多くの創作に彼を模した人物が登場している。

彼は明治27年（1894）10月、三重県に生まれた。本名は平井太郎。江戸川乱歩は筆名で、推理小説の始祖エドガー・アラン・ポーの名をもじってつけたという話は有名だ。早稲田大学の経済学部を卒業後、大阪の貿易会社に就職するも、古本屋や新聞記者などたびたび職を変え、大正12年（1923）に『二銭銅貨』で作家デビューした。

通好みのエログロから児童文学まで幅広い作品を描き、その数は130を超えるという。この幅広さは過ごしてきた人生経験から生まれたものなのか、それとも収集した資料からヒントを得たのか。その脳内の「幻影城」から生み出された作品は、死後半世紀以上たった今も我々を魅了している。

◀ 関連用語 ▶

【二十面相】

児童向け推理小説『怪人二十面相』に登場する、探偵・明智五郎と少年探偵団が追う怪盗。変装を得意とする。

【エドガー・アラン・ポー】

1809 ～ 1849年。アメリカの詩人、評論家、小説家。世界初の推理小説『モルグ街の殺人』を執筆した人物。

【二銭銅貨】

「新青年」に掲載された、江戸川乱歩のデビュー作。暗号解読物の短編推理小説。

【幻影城】

1951年に発行された推理小説評論集。評論というよりは推理小説に関する研究書・論文のような立ち位置にある。

今なお残る"リアル幻影城"

文豪の蔵書がそのまま保管されている場合は多いが、乱歩は建物ごと史料として保管されている珍しいケースだ。東京池袋にある立教大学の敷地内に「大衆文化研究センター」として残されている土蔵は、正真正銘乱歩の終の棲家。史料やメモ類が所狭しと並べられたそこは、乱歩の脳内の一部といえるだろう。ちなみに一般公開されている。

物理 / 量子 / 用語

88 ヒッグス粒子

科学・数学

ヒッグス粒子

科学の進歩で素粒子の世界の解明も進んでいるが、そんななか、物理学者たちが発見できていない素粒子がある。それが質量を与えるというヒッグス粒子だ。

未発見度	▶▶▶ 5
質量の謎度	▶▶▶ 4
ミッシングリンク度	▶▶▶ 5

質量を発生させる、微粒子界のミッシングリンク

　質量がどんなメカニズムで発生するのかについて、物理学者たちは長年悩み続けていた。1964年ヒッグスはこの問題に対し、"粒子はヒッグス場という場の中を泳ぐときに遅くなり、より大きな質量をもつ"という仮説、ヒッグス機構を提唱した。イメージ的には、水などが入ったコップにビーズを落とすと、空っぽのときより、ビーズが底に着くまで長い時間がかかる。その様子は、ビーズの質量が増しているかのようだ。ヒッグス場もこれと同じように、粘りのある液体のような働きをし、力を運ぶほかの粒子の動きを遅くして、それらに質量をもたらす、と予測されている。

　基本的な素粒子は、さらに小さい粒子、クォーク、レプトン、ボース粒子（ボソン）でできており、研究の過程で"標準モデル"と呼ばれるいわば"素粒子の家系図"が生まれた。そのボース粒子こそがヒッグス粒子なのだが、先ほど予測といったのは、家系図のなかでこれだけが未発見のミッシングリンクだからだ。

　ヒッグス粒子が非常に重いことはわかっているが、なぜか膨大なエネルギーがあるときのみ、ごく短時間出現できる。そんなヒッグス粒子を見つけるための装置が、スイスにあるヨーロッパ合同原子核研究機関（CERN）の大型ハドロン衝突型加速器、LHCである。ここでは逆向きの陽子ビームを作って、最大加速になったら互いを正面衝突。その崩壊によって生成される粒子を記録し、ヒッグス粒子の存在の兆候を探っている。2012年そのLHCから新たな粒子が発見されたと発表され、ヒッグス粒子では、と報道されたことがあるが、まだ確定ではないらしく、今後の実験に期待がかかる。

◆ 関連用語 ◆

【ピーター・ヒッグス】

1929年〜。イギリスの理論物理学者。1964年、素粒子の質量の起源を説明する、対称性の破れの理論を発表し、その仮説を裏付けるためにヒッグス粒子を考えた。

【クォーク】

素粒子のグループのひとつ。クォークどうしが結合して、ハドロンと呼ばれる複合粒子になる。最も安定したハドロンが、陽子や中性子になる。相当な高エネルギー状態でなければ、単独では観測されない。

【レプトン】

素粒子のグループのひとつ。電荷を持つ荷電レプトンと、中性のニュートリノに分類され、電子、ミュー粒子、タウ粒子、電子ニュートリノ、ミューニュートリノ、タウニュートリノの6種類がある。最もよく知られているレプトンは電子。

COLUMN

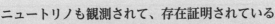

ニュートリノも観測されて、存在証明されている

　ニュートリノも元々は仮説の粒子だった。放射性崩壊のβ崩壊で、一部のエネルギーが消えたように見えたため、その穴埋めとして中性の粒子があるという仮説が立てられた。それがニュートリノだ。この粒子は他との相互作用がなく、質量も非常に小さいのだが、実験を重ねようやくその存在が証明されている。

89 ヒュームのギロチン

英国の哲学者ヒュームが提唱したその理論は、『ヒュームのギロチン』あるいは『ヒュームの法則』の名前で世に知られている。はたして何を切り落とすというのか？

ギロチンって何？	▶▶▶	5
なるほど度	▶▶▶	4
かなりの極論度	▶▶▶	5

事実から推奨論にはつながらない

その理論はヒュームの著書『人間本性論』のなかで語られている。「～である」という事実から「～するべきである」という推奨論は導けない、という内容だ。たとえば「早食いをすると消化に悪い」という事実があったとして、それと「だから食事はゆっくりするべきである」という推奨論はつながらない、ということである。

考えてみるともっともだ。この場合「早食いをすると消化に悪い」というのは疑いようのない事実だが、「だから食事はゆっくりするべきである」というのは誰かの主観に過ぎない。「いや、時間がないのだから仕方がない」という人もいれば、「消化にいいものを食べればいい」と考える人もいるだろう。人によってそれぞれ価値観や考え方は違う。だから「事実と推奨論のあいだにはヒュームの置いたギロチンがあり、両者はつながらない」というわけである。

つまり、「推奨論には絶対的な正しさはない」ということだ。たとえみんなが正しいと思っていることでも、根拠を辿れば宗教的、倫理的、社会常識的など、結局は誰かの主観が元になっている。人や社会が違えば、その正しさの判断も変わってくるだろう。

我々は他人と「こうするべきである」「いや、こうしたほうがいい」と、日々意見をぶつけ合っている。しかし、どの意見が正しい、という絶対的な基準はなく、意見が食い違ったまま平行線の場合も多々ある。誰かが妥協したり折れたりしないと話はまとまらない。そんな世の中の宿命を指摘した言葉といえるかもしれない。

〈ヒュームの肖像〉

関連用語

【デイヴィッド・ヒューム】
1711 ～ 1776年。イギリス出身の哲学者。人間の知や経験論について追及をした。主著は『人間本性論』。

【ギロチン】
罪人の首を切り落とすための装置。首を一瞬で切り落とし、罪人の苦痛を和らげる目的で作られた。それだけ確実に切る、というたとえで『ヒュームのギロチン』に言葉として用いられている。

【『人間本性論』】
ヒュームの主著。ヒュームが28歳の1739年に出版された。人間の知覚や観念、知識などを研究したもので、そのなかに『ヒュームのギロチン』が載っている。

達成されるべき推奨論もあるのでは？

COLUMN

「代金を受け取ったら商品を渡すべき」とか「約束したら実行するべき」など、果たさなければならない推奨論も世の中にはあるだろう。ヒュームによれば、これらも「心理的・慣習的に因果関係が発生しているだけで、そこに必然性はない」という。いやはや、なかなか恐ろしいことをさらっという人である。

90 ネッシー

イギリス・スコットランドのネス湖で目撃された恐竜のような姿の未確認動物。世界中で話題となり、数多くの現地調査も行われたが、現在もその存在は確認されていない。

人気度	▶▶▶	5
世間を騒がせた度	▶▶▶	5
調査隊の本気度	▶▶▶	3

大規模調査も行われたネス湖の怪獣

世界でもっとも有名な UMA といえば、ネス湖のネッシーだろう。これまで数多くの写真や動画が撮影され、世界中でその正体について議論された UMA の代表選手といえる存在である。

ネッシーを撮影した写真の中でもとくによく知られているのが、1934 年にデイリー・メール紙に掲載された、通称「外科医の写真」である。これはロンドンの医師ロバート・ケネス・ウィルソンによって撮られた写真で、湖面を泳ぐ首長竜のような生物の姿が写し出されていた。また、1960 年にはネッシー研究家のティム・ディンスデールによって撮影された、泳ぐネッシーを捉えたとされるフィルムが公開され大きな話題となっている。

このようにネッシーには実在の証拠とされる、さまざまな写真や映像があるのだが、残念ながら今日においては、それらは単に群れをなした水鳥や流木などの誤認、あるいは捏造であることが確認されている。また、これまでネス湖にはさまざまな調査隊がやってきており、1987 年には最新型のソナーを備えた 20 隻ものクルーザーを投入してネス湖一帯をくまなく調査したにも関わらず、これといった成果はなし。2009 年にも最新鋭の水中ロボットを使った湖底調査が行われたが、こちらも空振りに終わっている。

しかし、いまもなおネッシーの正体を突き止めようと調査を続けている人々もいる。果たして、この湖になんらかの新生物は実在するのか。人々のロマンがある限り、その可能性が消えてなくなることはないのだ。

関連用語

【外科医の写真】

ネッシーの姿を捉えたとされる代表的な写真のひとつ。のちに、おもちゃの潜水艦とヘビを使って撮影された捏造と判明している。

【ネッシーの正体】

ネッシーの正体については、これまで古代生物の生き残り説が唱えられ、プレシオサウルスなどの首長竜がその候補とされてきた。しかし、2018 年にニュージーランド・オタゴ大学の遺伝子学の研究チームが、ネス湖の環境 DNA を調査したところ首長竜の DNA は発見されず、こうした生物がネス湖に生息していた可能性はゼロになった。一方で、うなぎの DNA が発見されたことから、現在ネッシーの正体については "巨大化したうなぎ" という説が唱えられている。

COLUMN　国民的アニメ・漫画作品でも題材になったネッシー

ネッシーは『ドラえもん』や『ルパン三世』、アニメ版『妖怪ウオッチ』など、数多くの有名作品で題材として登場している。とくに『ドラえもん』でのエピソードである「ネッシーがくる」の原作版は、実際に撮影されたネッシーの写真やそれらが捏造であったことなども紹介するなど、UMA ファンも読み応え十分な内容となっている。

91 伊勢神宮
（いせじんぐう）

伊勢神宮は三重県伊勢市にある神社群の総称。天照大御神を祀る神社の総本社であり、内宮には三種の神器の1つである八咫鏡が安置されている。

知名度	▶▶▶ 5
神社の数が多すぎ度	▶▶▶ 5
参拝するの大変度	▶▶▶ 4

お伊勢さんで知られる歴史深い神社

　伊勢神宮は天照大御神を祀る皇大神宮（内宮）と、豊宇気毘売神を祀る豊受大神宮（外宮）を正宮として、14の別宮、109の摂社、末社、所管社、合計125社で成り立つ大規模な神社。歴史が古く、平清盛や織田信長といった偉人たちも参拝している。現代では"お伊勢さん"や"大神宮さん"の愛称で親しまれているが、じつは"神宮"が正式名称で、ほかの神宮と混同しないように"伊勢神宮"と呼ぶようになったという。なぜ伊勢に作られたのかというと、今から2000年前、奈良の都に祀られていた天照大御神は、倭姫命を御杖代として、自身により相応しい場所を探すべく旅に出た。このとき訪れた伊勢を天照大御神が気に入り、この地に鎮座したことがはじまりだそうだ。

　外宮に祀られた豊宇気毘売神は天照大御神の食事を司る神であり、"外宮先祭"と呼ばれる祭りでは、内宮に先立って外宮に神饌を供える。伊勢神宮を参拝する際は、この祭りに習い、外宮から内宮の順にお参りするのが一般的とされている。外宮は三重県伊勢市豊川町、内宮は同県同市宇治館町にあるため、移動にはやや時間を要する。参拝するときは余裕をもって行動したい。

《『伊勢参宮名所図会』》

【関連用語】

【別宮／摂社／末社／所管社】

大きな神社の境内には、本社（正宮、正殿、本殿）のほかに小さな社が複数存在することがある。これは別宮や摂社などと呼ばれ、いずれも本社にゆかりのある神が祀られている。伊勢神宮は125社の総称であり、そのすべてを巡る"125社まいり"という行事も存在する。

【倭姫命】

第11代垂仁天皇の娘。諸国を巡っていた際、信託を受けて天照大御神を伊勢の地に祀った。

【御杖代】

神や天皇に杖として仕えるもの。

【神饌】

神に供える食べ物や酒のこと。

COLUMN

お札やお守りの変わった数え方

神社で取り扱っているお札やお守りは"1枚"や"1つ"ではなく、"1体"と数える。これは一般的な数え方ではなく、神様を敬ったものであり、神様を"柱"や"座"と数えるのと同じことだ。ちなみに、伊勢神宮で扱っているお守りは内宮が天照大御神、外宮が豊宇気毘売神のもので、そろえてもっておくことを推奨されている。

中世 / 日本 / 組織

92 村上水軍
むらかみすいぐん

村上水軍は、戦国時代に大内家や織田家と戦って勇名を轟かせた海賊衆だ。彼らの強さの秘密は、巧みな航海技術と焙烙火矢という強力な武器だった。

知名度	▶▶▶	5
海戦巧者度	▶▶▶	5
秘密兵器度	▶▶▶	4

村上水軍

火薬を武器に暴れまわった海賊集団、村上水軍

　日本では、古来から沿岸部に住む人々が集団となり、周辺の海域を支配する海賊衆として活動していた。一般的に海賊というと、主に大航海時代に活動していた商船や沿岸部の集落を襲う盗賊団をイメージしがちだが、海賊衆の実態はこれとは異なる。もちろん、略奪行為をしなかったわけではないが、基本的には船舶と交渉して通行料を得るだけであり、船舶の警護を行ったり、物資の運搬を請け負うこともあった。そして、要請があればいずれかの勢力に協力して、戦争に参加することもあった。賊といっても無法者の集まりではなく、むしろ海上の治安維持にも貢献していた組織だったのだ。

　村上水軍も、こうした海賊衆のひとつで、勢力範囲は瀬戸内海の芸予諸島を中心とした海域だった。南北朝時代から活動の記録が見られるが、華々しく活躍したのはやはり戦国時代だろう。戦国時代の村上水軍は中国地方の戦国大名である毛利家と友好関係にあり、毛利家が合戦を行う際には水軍の主力として参戦した。有名な合戦では厳島の戦いをはじめ、豊前簑島合戦、伊予出兵、そして織田信長の水軍を蹴散らした第一次木津川口の戦いなどがあげられる。

　彼らの強さを支えていたのが、焙烙火矢という武器だ。これは素焼きの陶器に火薬を詰めたもので、導火線に火をつけて敵に投げつけて爆発させるという、手投げ爆弾のような兵器だった。村上水軍の軍船は敵船に近づくとこの焙烙火矢を投げつけ、爆発で飛び散る陶器の破片で敵兵を傷つけ、船にも損傷を与えたという。

　だが、織田信長との再戦となった第二次木津川口の戦いでは、ついに村上水軍の快進撃が止められることになった。この戦いには、織田軍が船体を鉄板で覆った鉄甲船とよばれる軍船を投入。村上水軍の焙烙火矢はこの船の装甲に弾き返され、逆に鉄砲や大砲を浴びせられて大損害を受け、敗北したのであった。

関連用語

【芸予諸島】
瀬戸内海西部に位置する諸島。各島は広島県と愛媛県に属している。芸予諸島のひとつである能島には、村上水軍の拠点の1つであった能島城跡の遺跡が残されている。

【鉄甲船】
第一次木津川口の戦いの敗戦をうけ、織田信長が建造を命じた軍船。詳細については不明点が多いが、船体に鉄の装甲板をはり、大筒や大鉄砲を装備した大型船と伝えられる。織田軍はこの船を6隻建造し、第二次木津川口の戦いで村上水軍（毛利水軍）に勝利した。

伝承／日本／妖怪

神話・伝承

鍋島騒動

93 鍋島騒動（なべしまそうどう）

佐賀藩の創生期に起きたお家騒動。幕府の承認を得て実質的な支配権を握る鍋島直茂、勝茂父子に対し、不満を抱く龍造寺高房が妻を殺して自害を計った。

本人の必死度　▶▶▶ 5
庶民の面白がり度　▶▶▶ 5
盛られた話の発展度　▶▶▶ 4

佐賀藩のお家騒動から化け猫伝説へ

　龍造寺高房は、一代でのし上がった肥前国（佐賀・長崎県）の戦国大名、龍造寺隆信の孫。事の発端は、隆信が島津氏との戦いに敗れて戦死したことにある。家督を継いだ隆信の子、政家は病弱だったため、龍造寺家の重臣で隆信の義弟でもあった鍋島直茂を養子に迎えて政務を任せ、直茂の養子とした息子の高房に家督を譲り隠居した。当時の高房はまだ5、6歳の子どもに過ぎず、龍造寺家は優秀だった直茂の手腕で戦国の世を生き延びる。

　その後、天下を獲った徳川家康が幕府を開くと、高房は佐賀藩での龍造寺家の復権を訴えた。高房が直茂の養子になったのも、将来的に支配権を龍造寺家に戻すためだ。ところが、幕府は龍造寺家からの禅譲として鍋島家の支配を認めており、隆信の弟たちも鍋島家を支持。この結果、直茂の息子、勝茂が正式に佐賀藩主となってしまい、絶望した高房は2度の自殺を図って死去。その心痛からか政家も同じ年に亡くなって、大名としての龍造寺家は断絶する。

　鍋島家への委譲は幕府公認だったが、その後に佐賀城下で高房の亡霊が出るとうわさになり、これが発展して「鍋島の化け猫騒動」の伝承が誕生する。2代佐賀藩主・鍋島光茂に龍造寺又七郎が惨殺され、その母が自害した際の血を舐めた飼い猫が復讐のため光茂を苦しめるが、藩の忠臣に討たれるという筋書きだ。歌舞伎の演目となったほか、のちには講談のネタとしても人気があった。講談では、佐賀藩のお家騒動よりも化け猫のほうがクローズアップされた話があり、また1953年の『怪談佐賀屋敷』や1968年の『怪猫 呪いの沼』など、映画作品も登場している。

関連用語

【家督】
家の跡目。ここでは龍造寺家当主としての権限になる。隆信は戦死する以前に家督を政家へ譲っていたが、実権は握り続けていた。

【龍造寺家は断絶】
大名家としては断絶したが、高房には出家していた息子の季明がいた。父の死後、季明もまた一族の数人とともに龍造寺家の復権を訴えたが、佐賀藩が安定していたこともあって認められず、会津藩預かりとされて会津藩士となった。

【幕府公認】
大名家の相続には幕府、つまり将軍からの承認が必要だった。仮に龍造寺家の全員が高房を当主にと望んでいても、幕府が認めなければ変更はできなかった。

化け猫を祀った秀林寺の猫大明神

COLUMN

講談に登場する化け猫は千布本右衛門という武士に討たれた。ところが、千布本家では男児が生まれなくなり、化け猫の祟りではと考えて菩提寺の秀林寺に猫塚を建てたという話がある。講談なのでフィクションなのだが、佐賀県杵島郡白石町の秀林寺には化け猫の姿が刻まれた猫塚があり、「猫大明神」として祀られている。

近代 / 日本 / 人物

文学

94 宮沢賢治

大正・昭和期の詩人、童話作家。生前は農業研究科、農業指導者としての活動が認められた。宗教と自然を元にした独自の世界観を持ち、数多くの童話・詩を残した。

知名度	▶▶▶ 5
社会貢献度	▶▶▶ 5
ピュア度	▶▶▶ 5

理想を追い求め続けた"ピュア"な文豪

　義務教育を受けていて、「宮沢賢治の作品に触れたことがない」という人はなかなかいないだろう。童話集『注文の多い料理店』（1924）、童話『銀河鉄道の夜』（1927頃）、詩『雨ニモマケズ』（1931）、童話『風の又三郎』（1934）あたりは特に有名だ。生地である東北の自然と生活を多く描いていた。

　明治9年（1896）に岩手県花巻に生まれ、日蓮宗に深い信仰を寄せた。その信仰ぶりは逸話に残るほど熱心だったという。農学校の教諭を務めるかたわら、詩集『春と修羅』（1913）や『注文の多い料理店』を自費出版。一部文豪からは称賛されるも、彼の生きている間、宮沢賢治という文豪は一般層にまで届かなかった。彼が評価されるのは、38歳の若さで亡くなったあとのことだ。

　彼に関する言葉で、「イーハトーブ」というものがある。『注文の多い料理店』の広告で使用された造語で、"理想郷"を表しているそうだ。彼の故郷・岩手をエスペラント風に発音したという説が濃厚で、そのため岩手県には彼にちなんで「イーハトーブ」と名の付く場所がいくつも存在している。

　そんな宮沢賢治だが、やたらといじられるネタがある。そう、「童貞」だ。賢治は生涯童貞だったといわれており、これに関する逸話も多い（ただし春画収集家という一面もある）。理想を追い続けた賢治の美しい世界観は、生々しい"現実"に触れていなかったせい……なのだろうか。

◀ 関 連 用 語 ▶

【エスペラント】

1887年にザメンホフによって考案された人工国際言語。エスペラントは「希望を持つ者」という意味。人工国際語の中では一大勢力。1908年に創立した「国際エスペラント教会」によって普及されている。

宮沢賢治

"童貞"といわれた童話作家たち

意外にも生涯童貞といわれる偉人は少なくなく、万有引力で知られるアイザック・ニュートンに至っては、生涯一度も精を漏らしたことがないという逸話まである。少し面白い"偶然"として、ヤーコブ・グリムやハンス・クリスチャン・アンデルセンも童貞だったという。そう、宮沢賢治も含め、みな童話で知られる作家だ。

95 特異点

ブラックホールの中心にあるとされる特異点。しかし特異点は、宇宙だけにある存在とは限らない。物理の世界では割と顔を出す"点"なのだ。

理論破壊度	▶▶▶	5
数式の値度	▶▶▶	∞
イレギュラー度	▶▶▶	5

無限大を有し、因果律を崩壊させるイレギュラー

　並行世界ものや時間旅行もののフィクションでは、"特異点"という言葉が出てくる。この場合、歴史の改変や、世界の改変などの影響を受けない特殊な存在のことを指すことが多い。数学や工学などでも使われる単語だが、物理でもよく登場する。

　もっとも有名な"重力の特異点"は、重力場が無限大となるような場所を指し、具体的にはブラックホールの中心を指す。ブラックホールの特異点は、光さえも飲み込まれる空間に囲まれているので、特異点を直接観測することはできない。ブラックホールの境目側を"事象の地平面（光などが到達する限界領域）"というが、計算上はこの事象の地平面に囲まれていない特異点＝"裸の特異点"もありうるのだとか。ただ、特異点をブラックホール外部に認めてしまうと、じつは相対性理論が破綻してしまうのだが、それが実在するのかどうかはわかっていない。

　このほかの特異点としては"プラントル・グロワートの特異点"がある。これは、物体が気体中に高速移動し、音速を超えると、今まで圧力と温度が上昇していたのに、急に温度が低下するというもの。また"ファン・ホーベ特異点"は、結晶の状態密度が発散＝無限大となる、要は滑らかでない点のことを指す。

　こうして見てみると特異点はだいたい、"理論式において無限大や異常を叩き出してしまう特定の場所や値"ということになる。なぜそんなものがあるのかという解明は専門家の奮闘に任せるが、"理論の因果律を崩壊させるイレギュラーな存在"という意味では、フィクションの特異点とカブっている。

◆関連用語◆

【事象の地平面】

相対性理論において、情報が伝達される光や電磁波などで伝達できなくなる距離にある、領域の境界。ここから先の情報は、人類は知ることができない。

【ルートヴィヒ・プラントル】

1875 ～ 1953 年。ドイツの物理学者。熱伝導に関する無次元の物性値、プラントル数を命名した。グロワートは、一緒に特異点を見出したハーマン・グロワートのこと。

【レオン・ファン・ホーベ】

1924～1990年。ベルギーの物理学者、元 CERN の事務局長。振動を量子化したフォノンの状態密度について、最初に吊り扱う。

COLUMN

人工知能が文明を支配する特異点は、2045 年 !?

"技術的特異点"というものもあり、これは人工知能が自己フィードバックで高度化した技術、知能を手に入れ、人類に代わって文明の主役になる時点を指す。もちろんそんな未来はまだ来ていないが、2045 年頃に到達するのでは、というのが有力な説だ。これは 2045 年問題とも呼ばれている。果たして、未来やいかに？

96 イマヌエル・カント

それまでの哲学を根本から見直し、新たな考え方で近代哲学の基礎を作ったイマヌエル・カント（1724～1804年）。彼の哲学のキーワードは"批判"である。

哲学者としての有名度　▶▶▶　5
哲学の難解度　▶▶▶　5
堅そうな人物度　▶▶▶　5

哲学・心理・思想

イマヌエル・カント

存在という概念を変えた哲学者

カントといえば、三批判書と呼ばれる『純粋理性批判』、『実践理性批判』、『判断力批判』を書いたことで有名だ。彼の哲学はとても難解なことでも有名だが、この3冊についてはこれまで多くの人が解釈をし、内容が比較的広く知られている。

おもだったところをピックアップすると、それまで「物がそこにあるから我々はその物を認識できる」と普通に考えられていたが、カントは「我々が認識してはじめて物がそこに存在することになる」と説いた。つまり、我々が認識や経験できるものが存在であり、そうでないものは存在してないのと同じ、ということ。この考え方はそれまで信じられてきた哲学を180度覆すもので、地動説を唱えたコペルニクスに因んで"コペルニクス的転回"と呼ばれている。

もうひとつ、カントは道徳についても独自の理論を述べている。道徳は誰もが尊ぶべきルールだが、なぜそれに従うのかというと「神の教えだから」というのがそれまでの哲学だった。しかしカントは、「本来誰もがもっている、人としてそうあるべき、という自律性」を挙げた。下心や打算などではなく、本来は何の見返りがなくても「いい行いをしよう」という気持ちがある、というのだ。

こうしたカントの思想は"超越論哲学"と呼ばれ、以後ドイツの哲学者たちに脈々と受け継がれていった。こう書くとカントは偉大なお堅い哲学者のように見えるが、実生活では社交的で熱意ある教授で、周囲から愛されていた人物だったそうである。

〈イマヌエル・カントの肖像〉

> **関連用語**
>
> **【三批判書】**
>
> カントの主著。57歳になる1781年に初版を刊行した。この有名な著書から、カントの哲学は批判哲学とも呼ばれる。
>
> **【カントの道徳】**
>
> カントは道徳について、キリスト教などの信仰によるものではなく、誰もが必ずもつ普遍的なものであると説いている。

COLUMN

戦争のない世界に言及した『永遠平和のために』

カントの著作のなかで『永遠平和のために』もよく知られた1冊だ。「人間は利己的であり、戦争は不可避であるが、戦争を通じてこそ永遠平和を生み出せる」という内容の本である。この本は現在の国際連合や日本国憲法第9条などのあり方を考えさせられる1冊で、議論好きな人たちの興味を大いに集めている。

97 イエティ

ヒマラヤ山脈で目撃された謎の獣人。その全身は深い毛に覆われており、直立歩行するとされる。新種の類人猿ではないかと話題になった。

人気度	▶▶▶	5
ヒグマだった説度	▶▶▶	4
ヒマラヤの神秘度	▶▶▶	5

「ヒマラヤの雪男」の愛称でも知られる有名UMA

イエティは、ヒマラヤ山脈のあるネパールに住むシェルパ族の間で、古くから伝承されてきた謎の獣人である。この獣人の名が世界的に広く知られるようになったのは、1951年にイギリスの登山家エリック・シプトンにより、イエティのものと思われる巨大な足跡が撮影されてからだ。この写真は大きな反響を呼び、以降、本格的なイエティ調査が開始されることとなる。ちなみに日本からも1959年に東京大学医学部の小川鼎三教授を代表とする"日本雪男研究グループ"が結成され、6名の学術探検隊がエベレスト山麓に派遣されている。だが、これまでのところ、その実在を示す明確な証拠は見つかっていない。

たとえば、イエティについてはこれまでその体毛や頭部とされるものが現地で伝わっていたが、鑑定の結果、これらはクマやカモシカといった既知の動物のものであったことが判明している。また、1986年にイギリスのアンソニー・B・ウールドリッジによって、雪原に立つ毛むくじゃらの獣人が撮影され話題になったこともあったが、のちにこの写真は積もった雪がはげて岩肌があらわになった部分が、"たまたまイエティのように見えていただけ"であったことが発覚。単なる勘違いで終わった。さらに、イエティブームの火付け役となったシプトンの巨大足跡写真についても、「シプトンはホラ吹きの常習犯だった」との指摘がなされるなど、捏造疑惑が浮上。次第に「イエティなんていないのでは？」と、その実在が疑問視されるようになる。おまけに、現地のシェルパたちにヒグマを見せたところ、彼らがこれをイエティと認識したことも判明。以上のことから、現在では"イエティの正体はヒグマ"とする説が有力視されている。その一方で、イエティはこれまで多くの登山家たちによって目撃されていることから、経験豊富な彼らが揃いも揃ってヒグマと見間違うはずがないという反論もあり、その正体についてはいまも議論の余地を残したままである。

関連用語

【ヒマラヤ山脈】
中国、ブータン、ネパール、インド、パキスタンにまたがる山脈。世界最高峰のエベレストがあることで知られる。

【登山家たちによる目撃】
西洋人によるイエティの目撃例は1925年にインドとネパールの国境にある高峰カンチェンジュンガにおいて、ギリシャの写真家で博物学者のN・A・トムバジによって目撃されたのが最初とされている。近年では1998年にアメリカの登山家がベースキャンプからの下山途中に2体のイエティを目撃したと証言。また、2002年には日本の登山家である小西浩文がヒマラヤ東部の標高1000mにあるチベット寺院に滞在中、イエティらしき生物と遭遇したと証言している。

98 伏見稲荷大社

伏見稲荷大社は、京都府京都市伏見区の稲荷山の麓にある大きな神社だ。稲荷神社の総本社とされ、本殿には宇迦之御魂神などが祀られている。

京都といえばここ度 ▶▶▶	4
千本鳥居でおなじみ度 ▶▶▶	4
キツネを連想する度 ▶▶▶	4

お稲荷さんを信仰する神社の総本社

　全国に約30000社も存在するという稲荷神を信仰する神社。その総本社が伏見稲荷大社だ。稲荷神社で祀られる稲荷神とは、穀物や農業を司る神であり、宇迦之御魂神や豊宇気毘売神など、食物神と呼ばれる神様と同一視されている。宇迦之御魂神、佐田彦大神、大宮能売大神、田中大神、四大神など、伏見稲荷大社の本殿に4柱の神が祀られているのもそのためだ。また、稲荷はキツネのことでもあるので、稲荷神社のなかには玉藻前を祀るところもあるという。

　伏見稲荷大社は神社なので、当然境内には鳥居が存在する。ただし、その数はほかの神社より圧倒的に多く、全部で1万基ともいわれている。これらの鳥居は信者から奉納されたものであり、境内に所狭しと置かれている。なかでも朱色の鳥居が幾重にも重なって美しいトンネルを形成している"千本鳥居"と呼ばれる道は非常に有名。これ以上ないほど幻想的かつ美しいその光景は、日本を舞台にしたファンタジー作品でもたびたび用いられている。

関連用語

【稲荷神】
稲を神格化したもので、元は五穀豊穣を司る神であったが、現代では商売繁盛や交通安全などのご利益もあるという。

【稲荷神社】
稲荷神と同一視される宇迦之御魂神などを祀るところも多い。

【宇迦之御魂神／佐田彦大神／大宮能売大神／田中大神／四大神】
稲荷神と同一視される、あるいは関係が深いとされる神。

【玉藻前】
鳥羽上皇に寵愛された美しい女性。しかしその正体は9つの尻尾をもつキツネの妖怪・九尾の狐。陰陽師・安倍泰成に正体を暴かれて逃走し、やがて泰成らに討伐された。

〈伏見稲荷大社〉

COLUMN　稲荷神社でキツネが神使とされる理由

神社といえば狛犬だが、伏見稲荷大社などの稲荷神社では神の使いとしてキツネの像を置いている。キツネである理由については諸説あり、宇迦之御魂神の別名が御饌津神で、三狐神と呼ばれていたから。あるいはキツネが穀物を食い荒らすネズミを捕食する動物で、体の色や尻尾の形が稲穂に似ているからなどといわれている。

99 織田信長
（おだのぶなが）

織田信長

戦国時代の武将、織田信長（1534～1582年）は、一代で天下統一直前までたどり着いた、戦国時代最大の英雄だ。苛烈なイメージのある人物だが意外な一面も伝わっている。

英雄度	▶▶▶	5
名将度	▶▶▶	5
人情度	▶▶▶	4

信長の苛烈なイメージは過去のもの？

　戦国時代の三英傑といわれる織田信長は、尾張国（現在の愛知県北部）の小領主から始まり、今川家や斎藤家、三好家らを破って近畿地方まで勢力を拡大。室町幕府を滅ぼして独立政権を樹立して、天下統一まであと一歩というところまで迫った人物である。

　残念ながら配下の明智光秀に背かれて天下統一には至らなかったが、たった一代でこれだけのことを成し遂げた信長は、どのような人物だったのだろうか？　一般的には短気な性格で苛烈、部下にも厳しい人物というイメージが広まっている。確かに、信長は比叡山や長島一向一揆を焼き討ちして非戦闘民もろとも皆殺しにしたり、譜代の重臣だった佐久間信盛の失策を許さず追放するなど、残虐・冷徹なエピソードを残しており、魔王とよばれることすらある。だが、こうした行為の一方で、信長という人物には、他人への気配りや優しさが伝わるエピソードも数多く残っている。

　たとえば、あるとき信長が領内を通った際、道端で農民が寝ころんでいたことがあった。家臣はこの農民を咎めて切り捨てようとしたが、信長は「農民は土を耕すのが仕事で、土の上で眠っているのは良いことだ」と笑って許したという。また、部下の羽柴秀吉（豊臣秀吉）が妻のねねと不仲になっていることを知ると、ねねを励ますような手紙を送って秀吉にも反省を促した、といったこともあった。失敗した部下にもういちど挽回のチャンスを与えることも多く、実弟の織田信行や松永久秀など自分に反逆した人物もいちどは許すなど、度量が大きく短気とは言い難い一面が見られるのだ。

　厳しい面ももちろんあっただろうが、それだけでは部下はついてこない。本当の信長の姿は、必要とあれば厳しい手段をとることも厭わなかったが、本質的には人情にあふれた人間味のある魅力的な人物だったのではないだろうか。

〈織田信長像〉

100 ガイア

ギリシア神話において原初の混沌から最初に生まれた女神。ゲーとも呼ばれる。ギリシア神話では多くの神々がガイアの血筋とされていて、人間もガイアの末裔とされる。

大いなる母度	▶▶▶	5
性格の過激度	▶▶▶	4
鬼嫁度	▶▶▶	5

混沌から誕生した神々の太母

原初の混沌から生まれたガイアは、単独で天空神ウーラノス、暗黒神エレボス、海神ポントス、夜の神ニュクスを生む。続いてウーラノスとのあいだに、オーケアノス、コイオス、ヒュペリーオーン、クレイオス、イーアペトス、クロノスら男神と、テーテュース、レアー、テミス、ムネーモシュネー、ポイベー、ディオーネー、テイアーらの女神が誕生。ほとんどの神はこれらティーターンの系譜で、神々の太母たるガイアは大地母神とされている。

ちなみに地球を1つの生命体に見立てた有名なガイア理論は、このガイアから命名された。ゲームやアニメに登場する"星の意志"もガイア理論の影響で、大地や地球をガイアと呼ぶのも同じ理由だ。ゲームといえば、ガイアの名は鎧や盾など防具の名称でしばしば見かける。攻撃的な設定が多い火、風に対し、土や地属性が防御的に設定されがちなのも、母なるガイアのイメージからかもしれない。

さて、ガイアは一つ目巨人キュクロープス、100の腕があるヘカトンケイルといった怪物をも生んだが、ウーラノスは醜い彼らをタルタロスへ閉じ込めた。これが許せないガイアは報復を考え、アダマス製の大鎌を授かったクロノスがウーラノスを去勢して、神々の新たな王となる。しかし、クロノスが横暴だったため、ゼウスらがクロノスに挑んだティーターノマキアーでは、ゼウスたちを助けて勝利させた。ところが、ゼウスもティーターンをタルタロスに封じたので、巨人ギガースたちをゼウスらに挑ませたりテューポーンを生んだりして、しばし戦いが続くのだ。

母たるガイアが「みな平等に仲良く」と思うのは当然の願いだが、何かと衝突しがちな人間と同じで、神々の世界でも"完全平和"は難しかったようだ。

《『ガイア』》

関連用語

【タルタロス】

後世で地獄と見なされた冥界の最下層にある奈落のこと。常に霧が立ち込めるよどんだ空間で、青銅の壁で囲われているため神々ですら脱出できない。これが擬人化され、原初の神の1柱とされている。

【ティーターノマキアー】

クロノスらティーターンと、クロノスの子であるゼウスたちによる大戦。戦いは10年に及んだが、ガイアがタルタロスに閉じ込められていた怪物たちの存在をゼウスに教え、彼らの力を借りたゼウス側が勝利した。

【ギガース】

ウーラノスが去勢された際、ガイアが流れた血に触れて生まれた巨人族。ガイアがゼウスに対抗するため産んだとする説もある。

神話・伝承

ガイア

101 無頼派
（ぶらいは）

終戦直後に活躍した坂口安吾ら文豪の一派。新戯作派とも。
戦後日本の混迷の中で、反俗無頼の心情を描き、実践した。
反俗、反秩序的な作風は当時絶大な衝撃を与えたという。

知名度	▶▶▶	4
ハチャメチャ度	▶▶▶	5
世相反映度	▶▶▶	4

｜文学｜

無頼派

中心人物は落伍者・ヤク中・自殺マニア!?

"文豪"という存在において、非常識・酒浸り・色恋騒動・ヤク中・偏屈といった偏ったイメージはつきものだ。後世に名を遺すような偉人はどこかしら"一般人"とは異なる尖ったものを持っているのだろう。言葉を選ばずいえば「文豪クズエピソード」というのは、本が1冊できてしまうほど枚挙に暇がない。そのなかでも特出して堕落的な人物像・逸話が語られる人々が「無頼派」だ。——というのは半分冗談として、戦後の虚脱感、既成の価値観への反逆といった「無法の行い」を模索したのが無頼派文豪の特徴だ。

「私はリベルタンです。無頼派です。束縛に反抗します。時を得顔のものを嘲笑します」——これは太宰治が『パンドラの匣』（1945）にて記した言葉だ。これが実質上、"無頼派"の旗揚げであり、世間に対しての宣誓だったのだろう。戦中の抑圧、そして戦後の虚脱。そこから生まれる堕落や無常観を探り、実行し、描いた。特にその中心人物である坂口安吾、織田作之助、太宰治は「無頼派三羽烏」と呼ばれ、よく酒を交わしながら文学論を語りあっていたという。坂口安吾は『堕落論』や『白痴』、織田作之助は『夫婦善哉』、『斜光』『人間失格』で知られている。

　無頼派は「新戯作派」と呼ばれることもある。「戯作」というのは江戸時代、学者が手慰みに書いた俗文学のことで、曲亭馬琴の『南総里見八犬伝』などを指す。新たな戯作の形を探る、という意味でこの名がつけられた。どうしても文豪本人のとんでもエピソードに目がいってしまうが、戦後日本の荒廃と混沌を巧みに描いた彼らの作品は、まさしく世情を写した昭和の戯作といえるのだろう。

◆関連用語◆

【無頼派】
主要3人のほかに、檀一雄や石川淳も名を連ねる。この2名は既存のリアリズムの否定と新たな表現の模索に重心を置いていた。

【太宰治】
1909～1948年。青森県生まれ。井伏鱒二に師事し、芥川龍之介の熱狂的ファンとしても知られる。自虐的で思い込みが強く、自殺未遂や心中を繰り返す。1948年、玉川上水にて入水自殺。

【坂口安吾】
1906～1955年。新潟県生まれ。少年時代から破天荒で知られ、ほとんど学校に通っていなかったという。睡眠薬と覚せい剤の使用によってたびたび錯乱。1955年に脳出血で急逝した。

【織田作之助】
1913～1947年。大阪生まれ。「オダサク」の通称で知られる。B級グルメが好きで、特にカレーを好んだという。1947年、結核による大量喀血を起こし死亡。

文豪にとっては自身の性癖さえ飯のタネ

COLUMN

日本の文豪というのはやたらと性癖や逸話が残っている。その原因の1つが「私小説」だろう。読んで字のごとく、作者自身の経験や心理をそのまま小説に起こしたもののことだ。そう、彼らは自ら性癖を暴露していたのである。また随筆などでも他人の逸話を語りあっていたものだから、大量に情報が残っていて当然なのだ。

物理 / 架空 / エネルギー

102 永久機関
えいきゅうきかん

無限にエネルギーを生み出したい。産業革命以来人類は、そんな夢をずっと見てきた。そんな夢の機械がこの永久機関なのだが、現実はそう甘くはなかった。

架空技術度	▶▶▶	5
実現不可度	▶▶▶	5
でも夢見たい度	▶▶▶	3

永久機関

永久機関やっぱ無理、と知った歴史が物理の歴史

　中世の頃から科学者たちは、外部からエネルギーを受け取ることなく、永久に仕事をし続ける機械＝永久機関を夢見ていた。そんなものがあれば、無限にエネルギーを生み出せるので、エネルギー問題などあっさり解決できてしまう。その夢に向かって科学者たちは精力的に研究したが、研究すればするほど、物理法則が解明できてしまい、実現できないことがわかってしまう。

　永久機関には 2 種類あり、まず "第一種永久機関" というものは、外部からエネルギーを受け取らず、仕事を外部に取り出せる。しかし "エネルギー保存の法則" によって、機関のエネルギーの総量は変化しない。つまり、何もエネルギー源がない状態で、仕事することはできないのであった。

　そこで "第二種永久機関" では、エネルギー保存の法則を破らずに実現しようとする。これは、仕事を行う部分を装置に組み込み、熱源から熱エネルギーを取り出し、仕事に変換し、その仕事で発生した熱をまた熱源として回収するというもの。しかし今度は "エントロピー増大の原理" が立ちはだかる。熱は温度の高いほうから低いほうに流れるため、熱効率が 100% 以上になることがない。仕事で発生した全部の熱を回収することは不可能なのだ。

　永久機関は結局、19 世紀には実現不可能と判断されている。ただ振り返れば、むしろ模索したからこそ重要な法則が発見されたといえる。努力が無駄になることなどないのだ。

関連用語

【エネルギー保存の法則】

エネルギーがある形態から別の形態へ変わる前後で、エネルギーの総量は常に不変という法則。例えば、鉄球が自由落下で地面に落ちる際、落下するにつれ運動エネルギーは増えて、位置エネルギーは減っていくが、力学的エネルギーとしては一定である。これはこの法則があるからだ。

【エントロピー増大の原理】

エントロピーの総和は、可逆変化が生じても不変に保たれるが、不可逆変化が生じた場合には増大し、どちらにせよ減ることはないという原理。例えば、電気は質の高いエネルギーだが、熱は質が低い。電熱線を使い、電気を使って熱に変換することはできても、熱から電気に戻すことはできない。この原理はこういうことを指す。

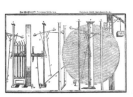

〈オルフィレウスの自動輪〉

COLUMN

謎のまま葬られたオルフィレウスの永久機関

18 世紀のドイツで、オルフィレウスという男が永久機関を開発・展示したのだが、これが完全に眉唾もので、一切内部構造が公開されなかった。当然疑いの目が向けられ、皇族が法外な金額で買い取ってまで調査しようとしたのだが、買取直前にオルフィレウス自身が機械を破壊してしまう。結局真相は闇のなかだ。

哲学 / ドイツ / 人物

103 ゲオルク・ヴィルヘルム・フリードリヒ・ヘーゲル

イマヌエル・カントの哲学をベースにドイツ観念論の集大成を作り上げ、近代ドイツで最大の哲学者とされる人物。とくに有名な著書に『精神現象学』がある。

神を信じる度	▶▶▶	5
神が万能すぎ度	▶▶▶	5
哲学が難しい度	▶▶▶	5

哲学・心理・思想

ゲオルク・ヴィルヘルム・フリードリヒ・ヘーゲル

神は自然の摂理そのものである

　ヘーゲル（1770～1831年）の哲学で中心となるのは、「すべての事象の根底には神がある」という理論だ。たとえば太陽が東から上ったり物が下に向かって落下したりすること……我々が自然現象として当たり前としていることは、すべて神の仕業である、と。そして我々人間が生まれ、考えたり物を作ったりといった活動をしているのも、神が行なわせていることなのだ、という。

　なるほど、自然があるのも、人間が生まれたのも、我々が何かを考えたり誰かを好きになったりするのも、根拠を科学的に説明しようがない。しかしそれらは確実に存在している以上、何らかの存在理由がある。だから「神という存在が根底にあり、すべては神が行なわせている」という話になったわけである。

　つまりヘーゲルのいう神とは、自然の摂理そのものなのである。神というと仙人のような姿を思い浮かべるかもしれないが、そうではなく、得体のしれない神秘的な力のことを神と呼んでいるのだ。

　もっとも、「人間の根底に神がいる」という考え方は、他にも例がある。仏教では「心の中に仏がある」と説くし、キリスト教では「神が人間として舞い降りたのがイエス」だと教える。

　そんなことから、ヘーゲルの哲学はやがて「神が人の中にあるなら神＝人間であり、神という特別な存在はないことになる」と、無神論として批判を浴びることになる。しかしそんなことも含めて、近代哲学に絶大な影響を与えた人物であるのは確かである。

〈ヘーゲルの肖像〉

関連用語

【ドイツ観念論】
18世紀後半から19世紀前半にかけてドイツで主流となった哲学。精神的なものを中心に世界を考えるのが特徴。カントから始まり、フィヒテやシェリングを経て、ヘーゲルが完成させた。

【『精神現象学』】
1807年に出版したヘーゲルの主著。意識が理性へ到達する過程を説いたものだが、極めて難解な内容で知られている。

COLUMN

人間の中に神がいる"分け御霊"の考え方

「人間の中に神がいる」という意味では、占いの世界などで使われる"分け御霊"も同様だ。分け御霊とは、神の魂を分けるという意味。その分けられた魂があちこちの神社に祀られ、お参りをするとその人の中にも魂を分けてもらえるという。哲学や宗派を問わず、「人間の中に神がいる」という考え方はわりと広く使われているのだ。

オカルト・不思議

モスマン

104 モスマン

アメリカ合衆国ウェストバージニア州ポイント・プレザントで目撃された正体不明の怪人。巨大な翼を持ち、高速で飛行することができる。

ミステリー度	▶▶▶ 5
不気味度	▶▶▶ 5
呪いの使者かもしれない度	▶▶▶ 3

住民たちが恐れる不気味な蛾人間

モスマンは、1966年から1967年にアメリカ合衆国ウェストバージニア州ポイント・プレザントという小さな町で、相次いで目撃された正体不明の怪人である。

体長は2mほどで体毛は灰色。赤く光る大きな目のようなものを持ち、腕はなく、背中に大きな翼が生えている。その翼を使い、時速160キロメートルものスピードで飛行できるという。

最初の目撃例とされるのは1966年11月12日で、ポイント・プレザントのTNTエリアと呼ばれる地域付近に住む住人が、モスマンと思われる怪人を目撃。さらに11月14日の深夜にはTNTエリア付近をドライブしていた住人が、モスマンに追跡されるという事件が起きる。彼らは全速力で車を走らせたが、モスマンは「キーキー」という鳴き声を発しながら空を飛び、追跡してきたという。

また、モスマンには次のような不吉な噂もある。1967年12月15日、ポイント・プレザントとオハイオ州カノーガを結ぶシルバー・ブリッジが崩落。死者・行方不明者併せて46名に及ぶ大惨事となったが、この事故の直前にシルバー・ブリッジ付近でモスマンを目撃したとの報告がある。このことから、橋の崩落とモスマンにはなんらかの関係があったのではないかと疑う者もいる。そして、不思議なことに、この事故を境にモスマンの目撃報告はぱったりと止んでしまうのである。

モスマンにはいくつかの目撃情報はあるが、その実在を示す痕跡などは一切なく、正体はいまも不明のまま。忽然と姿を消した点も含めて、非常に謎めいたUMAだといえるだろう。

◀ 関連用語 ▶

【モスマンの正体】

モスマンの正体については、ワシなどの鳥類を誤認識したというものから、ポイント・プレザントではUFOがたびたび目撃されていたことから、宇宙人もしくはそのペット（エイリアン・アニマル）ではないかというものまでさまざまな説がある。

【シルバー・ブリッジ崩落事故】

1967年12月15日に発生した崩落事故。つり橋を支える鉄板チェーンの鋼鉄板の一部が、永年の腐食により弱っていたことと、加えて事故当時は橋の上は渋滞しており、その重量に耐えられず割れたことが原因とされる。31台の車両が巻き込まれ、44人が死亡、2人が行方不明、18人が負傷する大惨事となった。

COLUMN

関係者の死はモスマンの呪いによるもの !?

モスマンにまつわる話のひとつに映画『プロフェシー』がある。モスマンを題材にしたこの作品は、公開後に関係者の死が相次ぎ、「モスマンの呪い」といわれているという。とはいえ、主演のリチャード・ギアも監督のマーク・ペリントンも亡くなってはいない。本当に呪いなら彼らが真っ先に狙われそうなものだけに、イマイチ弱い話である。

修験道 / 日本 / 人物

105 役小角（えんのおづぬ）

孔雀明王の呪法を用いて空を飛んだとされる修験者・役小角。彼は修験道の開祖であり、高名な陰陽師・安倍晴明の師匠であった賀茂忠行の祖先にあたる人物だ。

知名度	▶▶▶ 4
謎の人物度	▶▶▶ 4
人生激変度	▶▶▶ 4

役小角

多くの伝説が残る修験道の開祖

　大和国（現在の奈良県）の葛城地方に根を張る賀茂家に生まれた役小角。賀茂一族は神が住まう霊地・葛城山の神事を司り、小角の家系は神から予言や信託を預かる“役”という役目を担っていた。

　小角は幼いころから頭がよく、8歳になると奈良の官学に入学し、儒教を学びはじめた。まだ子どもにもかかわらず、その教えを理解する姿には、高僧たちも大いに驚いたという。ただ、聡明過ぎるがゆえに、13歳にして学問の道に限界を感じ、その数年後には官学を退学。自分が進むべき道を模索したすえ、山の奥深くに入り、修験者として修行をはじめたのだ。超越的な力を得るべく、大自然のなかで心身を鍛えていた小角は、あるとき元興寺の僧・慧灌と出会い、孔雀明王の呪法を学んで神通力を身につける。彼はその力を惜しむことなく使い、多くの人々を助けた。小角の名は多くの人に知れ渡り、やがて彼を慕うものたちのコミュニティが誕生。これはいわゆる宗教団体で、修験道の起源と考えられている。一方、日に日に勢力を増す小角たちを危険視するものもいた。それはときの朝廷であり、彼らは罪をでっち上げ、小角に伊豆大島への流刑をいい渡したのである。ただ、神通力で空を飛べる小角にとって、これはあまり意味をなさなかった。彼は夜になると空を飛んで日本各地の山を巡り、そこに住む神から許可を得て、その山を山林修行の道場として開いていった。そうやって修験道を広めた小角は、その功績から修験道の開祖と称えられるようになったのだ。

　小角に関しては信じがたい逸話も多く、後世で仙人や妖怪と見られることも珍しくない。たとえば『日本霊異記』では、小角は孔雀明王の呪法で空を飛び、鬼を付き従え、最後は仙人になって天に帰ったと書かれている。ちなみにこの鬼は前鬼、後鬼という夫婦鬼で、アニメやゲームの影響もあり、多くの人に知られている。

関連用語

【儒教】
中国の思想家・孔子が体系化した宗教思想。

【孔雀明王】
密教で信仰される明王という尊格の1つ。災難や苦痛を取り除く功徳があるとされる。

【神通力】
神や仏がもつ超自然的な力。

【修験道】
神道や仏教、密教などを習合させた日本独自の宗教。日本各地の霊山を修業の場としている。

【『日本霊異記』】
平安時代初期に成立したとされる説話集で、正式名称は『日本国現報善悪霊異記』。

《『北斎漫画』役小角》

中世 / 日本 / グループ

歴史

106 井伊の赤備え

井伊の赤備えは、徳川家康配下で最も勇名を馳せた精鋭部隊である。その強さの秘密は、大将自ら槍をとって敵に突撃する猛烈な戦いぶりにあった。

猛将度	▶▶▶	5
精鋭度	▶▶▶	5
戦場の華度	▶▶▶	5

井伊の赤備え

大将を先頭に全軍突撃する精鋭部隊、赤備え

戦国時代には武具を同じ色に統一した、色備えという軍団が編成されることがあった。赤備えもそうした色備えの一種である。

井伊の赤備えは、徳川家康に仕えた武将、井伊直政が率いた精鋭部隊だ。もともと赤備えは甲斐国（現在の山梨県）の武田家の精鋭部隊だったのだが、武田家が滅びた際に直政に武田家の旧臣が与えられたことがきっかけで、赤備えを引き継いだといわれている。

直政の部隊は兜や鎧などすべての装備品が赤色で統一されており、戦場ではとても目立つ存在だった。だが、井伊の赤備えの名を世に知らしめた理由は、見た目よりもその戦いぶりによるところが大きかった。通常、部隊の指揮官は軍団の中央か、後方から戦局を見ながら行動するものである。だが、直政は戦いが始まると真っ先に敵陣に突進し、槍をふるって奮戦する猛将だった。部下たちも大将に遅れまいと続き、猛烈な勢いで敵陣に突撃していくのだ。小牧・長久手の戦いではこの戦いぶりが敵軍に称賛され、以後、直政は「井伊の赤鬼」と呼ばれるようになった。また、小田原攻めでは各部隊が小田原城を包囲してとどまっているなかで、直政の軍勢だけが砦に夜襲をかけて大暴れして、敵味方にその勇名を轟かせている。

常に先陣を切って突撃するため、直政はいつも傷が絶えず、最期には関ヶ原の戦いで負った傷が悪化して42歳の若さで亡くなっている。だが、井伊家ではそんな直政の勇敢さを誇りとし、幕末まで赤備えを受け継いでいったのである。

関連用語

【備え】
戦国時代、合戦時に編成された部隊のこと。

【井伊直政】
1561～1602年。徳川家康に仕えた武将。赤備えを率いて戦場で手柄を立てただけでなく、交渉役としても活躍し、家康からの信頼が厚かった。徳川家に仕えた武将のなかでも特に貢献度の高い功臣として、徳川四天王や徳川三傑、徳川十六神将のひとりに数えられている。

COLUMN

北条家の強さを支えた黄備え

色備えには白や黒、青などさまざまな色があった。赤備え以外に精鋭部隊として有名な色備えには、関東の北条家の北条五色備えがあげられる。これは黄色、赤、青、白、黒の5色からなる部隊である。なかでも黄備えを率いた北条綱成は家中随一の猛将として名高く、武田家や上杉家など周辺勢力との戦いで大活躍している。

一神話・伝承一

クロノス

107 クロノス

ギリシア神話の農耕神で、天空神ウーラノスと地母神ガイアの息子。兄弟たちのなかでは末弟だが、父ウーラノスを去勢して主神となり、兄弟たちティーターンの長となった。

父の背を越えた？度	▶▶▶ 5
母の怒りに対する理解度	▶▶▶ 1
人間にとっての恩恵度	▶▶▶ 5

子どもたちに敗れて幽閉された神々の王

　自身が生んだ怪物たちがタルタロスに閉じ込められた際、ガイアはウーラノスを許せず、子どもたちに報復を呼びかけた。ここで唯一応えたのが末弟のクロノスだ。かくして、ガイアはアダマス（鋼鉄）を用いた大鎌を作製し、これを授かったクロノスが眠っているウーラノスを去勢して、新たな神々の王になった。

　ところが、去り際にウーラノスは「お前もまた、子に倒されるだろう」と予言し、クロノスはこの言葉に悩まされることになる。その後、クロノスは姉のレアーと結婚。ヘスティアー、デーメーテール、ヘーラー、ハーデース、ポセイドーンらが生まれたが、クロノスは生まれたそばから子どもたちを丸呑みにしていった。しかし、最後に生まれたゼウスだけはレアーが石とすり替えたため呑み込めず、クロノスはのちに成長したゼウスに薬を飲まされ、子どもたちを吐きだすことになる。そして、ゼウスをはじめとする子どもたちとのあいだで10年にも及ぶ戦い"ティーターノマキアー"が勃発。この戦いに敗れ、タルタロスに幽閉されてしまうのだ。

　クロノスの王座は一時的だったが、一説にはその時代は人間にさまざまな幸せをもたらした黄金時代で、追放されたのちは至福の島の王になったともいわれる。また、本来クロノスはギリシア民族の神ではなく先住民族の神で、ゼウスとの争いはギリシア民族が先住民族を駆逐した経緯を表したものではないかという説もある。

〈クロノスとその子ども〉

関連用語

【アダマス】

神話では鋼鉄を指すと考えられる。しかし、のちにとても硬い物質、ダイアモンドを指すようになり、さらには磁石もアダマスと呼ぶようになった。ゲームなどに登場するアダマンタイト、アダマンチウムといった架空の金属は、"硬い物質"を表すアダマスから生まれたと考えていいだろう。

COLUMN

混同されがちな時間の神のクロノス

クロノスは"時間"を擬人化したほぼ同名の神と混同されやすい。ギリシア語の綴りは先頭の1字だけが違い、発音はほぼ同じ。英語の発音や日本語のカナ表記は同一だ。クロノスは創作作品や登場人物の名で使われ、神そのものが登場する作品もある。農耕神なのか時間の神なのかで意味合いが違ってくるので、見極めが必要だ。

近代 / 日本 / 人物

文学

108 中原中也
（なかはらちゅうや）

昭和前期に活躍したダダイズムの詩人。フランス詩訳では
『ランボオ詩集』で知られる。若くして亡くなっているも
のの、酒乱で破天荒なエピソードがかなり多い。

波乱万丈度	▶▶▶ 4
酒乱度	▶▶▶ 5
ハチャメチャ度	▶▶▶ 5

中原中也

太宰治との奇妙な交友関係

　中原中也は虚無や倦怠をうたった詩人で、歌集『山羊の歌』（1934年）に収録されている「汚れちまった悲しみに」などは聞いたことがある人も多いのではないだろうか。明治40年（1907年）に山口県の開業医の息子として生まれ、将来は立派な医師になると信じられていた神童だった。しかし、あることをきっかけに彼は文学へと傾倒していく。幼い弟の死だ。

　ランボー、ベルレーヌなどフランス象徴派に惹かれ、フランス詩を選考。ともに上京した恋人を小林秀雄に取られるなどの別離を経験し、さらに文学へとのめり込んでいった。詩集は生前に発行した『山羊の歌』、没後に『在りし日の歌』（1938年）がある。

　30という若さでこの世を去った中原だが、やはりこの人も文豪、とんでもエピソードに事欠かない。特に有名なのは太宰治との交友で、お互い20代だったとはいえまるで小学生のようなやり取りが多く残されている。中原は酒乱で知られるが、酔って太宰の家に行くなり、真夜中にもかかわらず「バーカバーカ！」と叫ぶなど嫌がらせを繰り返した。ちなみに太宰はこれに怒ることなく、むしろ布団をかぶって怯えて泣いたという。ほかにも、居酒屋にて太宰に「青鯖が空に浮かんだような顔をしやがって」という独特な悪口をいったり、なかなかのウザがらみを繰り返していた。さすがの太宰も一時は中原と距離を置いたそうだが、彼の死に際して「死んで天才となるとはつまらない」とひどく惜しんだという。

◀ 関 連 用 語 ▶

【フランス象徴派】
ボードレールを先駆者とし、言語の持つ音楽的・映像的な面に重きを置き、想念の世界を表現しようとする詩人の一派。ランボーが継承し、日本へは上田敏の訳詩によって紹介された。日本では北原白秋や萩原朔太郎などが有名。

【小林秀雄】
1902～1983年。評論家。川端康成らとともに『文学界』を創刊する。

【太宰治】
1909～1948年。無頼派の小説家。『走れメロス』『斜陽』『人間失格』などで知られる。芥川龍之介フリークであったことでも有名。

COLUMN

束縛を破壊せよ！　ダダイズム

中原中也はダダイズムの詩人といわれるが、「ダダイズム」というのは反文明、反合理的な芸術運動の総称だ。既成のあらゆる社会的、道徳的束縛からの解放を目指している。先週の無頼派に似たものがあるが、あちらは堕落、こちらは破壊を主とする。無意味さや偶然の産物への注目は、のちにシュールレアリスム運動へとつながった。

109 エーテル

常にトライ＆エラーな学問では、否定され消えていった仮説も多い。そんな説の代表がエーテルで、光を伝える媒質として、かつて想定されていたものである。

架空粒子度　▶▶▶　5
宇宙を満たす度　▶▶▶　5
失敗は成功度　▶▶▶　4

考えたけどやっぱりなかった、宇宙を満たす謎物質

　ルネ・デカルトはすべての空間には連続でいくらでも細かく分割できる微細物質がつまっていて、あらゆる物理現象はそのなかで起きる渦だと提唱。光はその微細物質の中の縦波のようなものとしている。ロバート・フックはその考えを引き継ぎ、この微細物質をエーテルと名付けている。これが物理学でいうエーテルである。当時この説は、一定の支持を得ており、数多くの実験が行われたのだが、1887年、マイケル＝モーリーの実験が決定打となった。

　宇宙がエーテルで満たされているのなら、太陽の周りを公転する地球は、地球側から見てこのエーテルの風が吹いていることになる。季節や時刻ごとの変化は出るはずなので、その光の速さを調べれば、地球のエーテルに対する相対運動がわかると考えられた。この実験は、その"エーテルの風"というものを測定しようというもので、今までで一番精度の高い方法で、地球の運動により引き起こされる干渉縞（2つ以上の光が同一点で重なり、互いに強めあったり弱めあったりする際の、明暗の縞）のズレを測定しようとしたものだった。しかし、エーテルの風は予想よりも極めて小さく、実質風速ゼロと考えられ、エーテルの証拠とはならなかった。そこに、エーテルなしでも説明がつく特殊相対性理論が登場したことで、エーテルは完全に否定されてしまったのである。

　結局エーテルは、今では否定された仮説なのだが、未知の物質や微粒子が宇宙を満たしていて、それが世界観設定の根本になっているというアニメ（とくにロボット・メカもの）作品は多い。フィクション的にエーテル的発想はまだまだ死んでいないようだ。

関連用語

【ルネ・デカルト】
1596～1650年。フランス生まれの哲学者、数学者。考える主体としての自己とその存在を定式化した「我思う、ゆえに我あり」の命題で有名。近代哲学の父と称される。

【ロバート・フック】
1635～1703年。イギリスの自然哲学者、建築家。フックの法則や、生体の最小単位を細胞と名付けたことなどで知られる。

【マイケル＝モーリーの実験】
1887年、アルバート・マイケルソンとエドワード・モーリーによって行われた実験。エーテルの風を観測する実験から、光速に対する地球の速さの比の二乗を検出。

熱は物質だった!?　今はなき"カロリック説"

COLUMN

エーテルが光なら、こちらは熱。19世紀まで、熱はカロリック（熱素）という物質の移動で説明する学説が信じられていた。この説によれば、カロリックは目に見えず、重さのない熱の流体で、あらゆる物質の隙間に染み渡っているという。ちなみにそれ以前は、フロギストン（燃素）という仮説なんかもあった。

110 ルサンチマン

ルサンチマンとは、弱者が強者に対して怨恨の感情を抱くことをいう。最初に提唱したのはキェルケゴールだが、それを広めたニーチェの言葉として一般には知られている。

人の名前かと思った度	▶▶▶	5
劣等感度	▶▶▶	5
嘆かわしい度	▶▶▶	5

 ## 弱者が強者に対して心の中で勝つ

　弱者が強者に対して怨恨の感情を抱くというのはよくあることだ。貧しい人が金持ちを羨んだり、失敗した人が成功者を妬んだり。しかしルサンチマンとは、単にこうした感情のことをいっているのではない。このような感情から、弱者が「自分のほうが正義である」と認識し、心の中で優位に立つという図式を指している。

　たとえば、貧しい人が「自分は貧しいが、その分心がやさしい。あいつは金持ちだが傲慢だ。だから自分のほうが正義であいつは悪だ」と思い、心の中で勝って満足する、という感じだ。

　このルサンチマンという言葉は、ニーチェがキリスト教の道徳を説明するために用いたことで、一般に広まった。キリスト教は元はといえば、ローマ帝国に虐げられたユダヤ人が「自分たちこそ正しい」と信じるために作った心の拠りどころである。そんなキリスト教をニーチェは「奴隷の道徳」といい、ルサンチマンと呼んだのだ。

　さて、この弱者が強者に対してコンプレックスを抱くという意味では、オタク文化がまさにそれである。一昔前まで、オタク文化は「暗くて気持ち悪いもの」とか「いい大人がするべきではない」などと思われていた。弱者であるオタクたちは引け目を感じながら、強者である一般人に隠れてオタク趣味を楽しんでいた。しかし、オタク本人は満足度や幸福感が高く、世間の評価など「クソ食らえ」と思っていた。まさにルサンチマンの構図である。

　翻って、現在はオタク文化が広く浸透し、誰もが楽しむカジュアルなものになってきた。そんな"にわかオタク"が増えてきた現状を、真のオタクたちはどう思っているのだろうか？

◀関連用語▶

【セーレン・キェルケゴール】
1813～1855年。デンマークの哲学者。概念的なヘーゲルの説に異を唱え、具体的な個体としての人間を対象とした実存主義を掲げた。

COLUMN　ルサンチマンは創作のテーマにも

オタクのルサンチマンを描いた作品として、2004～2005年にビッグコミックスピリッツ誌で連載された漫画『ルサンチマン』がある。また、京都大学のアニメーション同好会が作った『念念戦隊ルサンチマン』は、オタクと一般人の軋轢をテーマにした作品だ。このように、ルサンチマンはオタクと深く関わりがある。

111 ツチノコ

日本各地で目撃報告があるヘビ型のUMA。一時は全国的なツチノコブームが巻き起こり、生け捕りで2億円の懸賞金を支払うという自治体も登場した。

目撃の多さ度	▶▶▶	5
いてもおかしくなさそう度	▶▶▶	4
懸賞金度	▶▶▶	5

古来より言い伝えられる幻の生物

　ツチノコは江戸時代の『和漢三才図会』にもその記述が見られるなど、古くから日本で語り継がれてきた伝統的なUMAだ。体長は30～70cmほどで、三角形の頭部と平たく膨れた胴体、短い尾という特徴を持つ。体の色は黒、茶、灰色で背中には縞模様がある。移動の際は、ヘビのように蛇行するのではなく、体を屈伸させて前進するほか、尾をくわえて体を輪にして転がることもあるという。また、驚異的なジャンプ力があり、一説では10m近くジャンプできるともされている。

　ツチノコが一般的に広くその名が知られるようになったのは、1960年に随筆家で釣り師の山本素石が京都の夜泣峠でツチノコに襲われたという体験談を釣り雑誌に掲載したのがきっかけとされる。とくにブームとなったのが1970年代で、『釣りキチ三平』で知られる漫画家の矢口高雄がツチノコをテーマとした作品『幻の怪蛇バチヘビ』を発表したり、『ドラえもん』でもツチノコを描いたエピソードが雑誌に掲載されたことで、子どもたちの間でも一気にツチノコの名が知れ渡ることになった。

　こうして日本人に馴染み深い存在となったツチノコだが、日本各地で多くの目撃情報があるにも関わらず、これまでのところその生存を示す明確な証拠は見つかっていない。1992年の岐阜県、2000年の岡山県など、何度かツチノコらしき生物の死骸は発見されているが、鑑定の結果、これらは既存のヘビやトカゲの死骸であったことが判明している。ただ、ひょっこり発見されてもおかしくなさげな生物だけに、今後の進展に期待したいところだ。

関連用語

【和漢三才図会】
寺島良安により江戸時代中期の1712年に編纂された百科事典。その第四十五巻に「野槌蛇」の名称でツチノコの解説がある。

【山本素石】
1919～1988年。釣り研究者、随筆家。昭和40年代の第一次ツチノコブームの火付役で、『逃げろツチノコ』『幻のツチノコ』といった著書も発表している。

【ツチノコと自治体】
ツチノコは日本各地で目撃されていることもあり、その人気にあやかる自治体も多い。たとえば、全国有数のツチノコ目撃多発地帯とされる岐阜県東白川村にはツチノコ資料館や、つちのこ神社があるほか、ツチノコ捜索のイベント「つちのこフェスタ」を開催。ツチノコを村おこしにフル活用している。

COLUMN

『幻の怪蛇バチヘビ』で70年代ツチノコブームが起きる

　『幻の怪蛇バチヘビ』は、作者である矢口高雄がツチノコ（東北地方ではバチヘビと呼ばれていた）探索に出かける姿を描いたドキュメンタリー風味の漫画作品。虚実入り混じった展開が人気を呼び、ツチノコブームを巻き起こした。第5回講談社出版文化賞（児童まんが部門）を『釣りキチ三平』と共に受賞した傑作である。

112 安倍晴明
<small>あべのせいめい</small>

平安時代を代表するすご腕の陰陽師。その実力と功績から
高い官位を獲得し、鎌倉時代から明治時代まで陰陽寮を統
括する安倍氏（土御門家）の祖となった。

陰陽師の代表度	▶▶▶	5
諸作品に引っ張りだこ度	▶▶▶	5
下手な武将より有名度	▶▶▶	5

安倍晴明

名実ともに最高峰の陰陽師

　安倍晴明は平安時代を代表する陰陽師の1人。そもそも陰陽師と
は、古代中国からもたらされた陰陽五行説や道教などの思想と、そ
こから生まれた暦学、卜占、風水、呪術といった知識や技術を身に
つけた者たちのこと。彼らは大和朝廷が設立した陰陽寮に所属し、
公務員として働いていた。晴明もその1人であり、とくに優れた
力をもっていた彼はさまざまな伝説を残している。『今昔物語集』
や『宇治拾遺物語』によれば、晴明は式神を使って門を開閉させり、
葉っぱを式神にして蛙を殺したという。ほかにも"呪術を破って人
を守った"、"京都に結界を張った"、"魔物を調伏した"など、さ
まざまな逸話が残っている。その力があまりにも強大だったせいか、
清明の母親はキツネの妖怪・葛の葉だという伝承もあり、これは人
形浄瑠璃や歌舞伎の演目にもなっている。

　安倍晴明の功績は現代まで伝わっており、彼を主役とする、ある
いはその名前が見られるファンタ
ジー作品も数え切れないほど作ら
れている。また、安倍晴明本人で
はなく、その末裔を称するキャラ
クターが登場する作品も今では珍
しくない。賀茂忠行や蘆屋道満な
ど、有名な陰陽師はほかにも多々
存在するが、現代日本において人
気と知名度で安倍晴明に勝るもの
はいないだろう。

〈安倍晴明像〉

関連用語

【賀茂忠行】
安倍晴明の師とされる陰
陽師。修験道の開祖であ
る役小角の子孫。陰陽道
を含む学問全般に明るく、
とくに卜占では醍醐天皇に
その実力を示して称賛さ
れ、帝の信頼も厚かった。

【陰陽寮】
中務省の機関の1つで、
暦学や風水の専門家とし
て陰陽師を雇っていた。
天文博士や暦博士など、
いくつかの部署が存在
し、長官である陰陽頭が
それらを統括する。

【式神】
陰陽師が使役する鬼神。
安倍晴明は仏教で信仰さ
れる十二神将を式神とし
ていた。彼らは薬師如来
を信仰するものを守る護
法善神で、それぞれが
7000の夜叉を率いる。

【蘆屋道満】
安倍晴明と同時代に活躍
した陰陽師。晴明と懇意
だった藤原道長の政敵・
藤原顕光に重用されたた
め、晴明のライバルとさ
れた。2人が対決したと
いう逸話も多々存在する。

COLUMN 安倍晴明と因縁深いフリーの陰陽師

蘆屋道満は組織に所属しない民間の陰陽師で、諸国を巡りながらさまざまな仕事をし
ていたという。安倍晴明との逸話はいくつか残っているが、なかでも有名なのは藤原
顕光に頼まれて道満が清明に呪いをかけたという話。その際、道満は清明に術を破ら
れて逮捕され、やがて出身地である播磨国（現在の兵庫県）に流刑となったそうだ。

113 関ヶ原の戦い

関ヶ原の戦いは、戦国時代最大の規模で行われた野戦である。天下分け目の決戦といわれることが多いが、最新研究によると実は通説ほど拮抗した戦いではなかったようだ。

大激戦度	▶▶▶	3
謀略度	▶▶▶	4
ワンサイドゲーム度	▶▶▶	5

事前の寝返り工作で開戦前から勝負はついていた

　慶長5年9月15日（1600年10月21日）、美濃国（現在の岐阜県南部）の関ヶ原で、徳川家康を中心とした東軍と、石田三成を中心とした西軍が激突。世にいう関ヶ原の戦いが勃発した。戦いの原因は、豊臣秀吉の死後に表面化した政権内部の対立だった。

　関ヶ原の戦いには関東地方から九州まで日本各地の大名が参戦しており、両軍の兵力はあわせて15万人を超えた（兵数については諸説ある）。これは、戦国時代に行われた野戦としては最大の規模である。通常、これほどの大勢力が激突する場合、勝敗が決まる前には何日もかかることが多い。当時の記録でも、多くの武将がそう思っていたふしが認められる。だが、大方の予想に反して、関ヶ原の戦いは戦闘開始からわずか半日で勝負がついてしまった。いったいなぜ、このような結末になったのだろうか？

　通説では、開戦当時の兵力は西軍が勝っており、各軍の布陣においても西軍諸将が東西から東軍本陣を包囲した形で、圧倒的に有利な状況にあったとされる。しかし、じつは家康は戦闘開始前から西軍の小早川秀秋や脇坂安治、吉川広家らと内応の密約を結んでいた。実質的な兵力では東軍がはるかに上で、西軍による包囲網もまったく機能していなかった、というのが実情なのである。軍記物語などでは小早川秀秋らが日和見を続け、家康の軍勢から銃撃されて慌てて態度を決めたような描写があるが、実際には彼らが東軍に味方したのは戦闘開始からまもなくのことであった。

　このような状況で開戦したため、西軍には最初からまるで勝ち目はなかった。諸将の寝返りによって逆に包囲されることになった西軍はみるみるうちに崩れていき、半日で勝敗が決してしまったのである。東軍の勝因をあげるとすれば、合戦が始まる前に謀略戦をしかけて必勝の準備を整えた、家康の老獪さであろうか。

《『関ヶ原合戦図屏風（六曲一隻）』》

関連用語

【徳川家康】
1543～1616年。三河国（現在の愛知県南部）出身の戦国大名。幼少時代は今川家の人質だったが、今川義元の死をきっかけに独立し、織田信長の同盟者として活躍。豊臣秀吉が信長の地盤を継ぐと臣従して、自身の勢力を保った。秀吉の死後に政権を打倒して江戸幕府を開いた。

【石田三成】
1560～1600年。豊臣秀吉配下の武将。豊臣政権下では奉行として活躍したが、秀吉の死後に同僚との確執が原因で失脚。自身の派閥拡大にいそしむ徳川家康を危険視して、家康に反発する諸大名とともに挙兵したが、関ヶ原の戦いで敗北して処刑された。

114 ゼウス

ティーターンのクロノスとレアーのあいだに生まれたギリシア神話の最高神。正妻ヘーラーのほか、さまざまな女神、ニュンペー、人間と交わり、多くの神や英雄の父となった。

農耕神も驚きの種まき頻度 ▶▶▶	5
恐妻家度 ▶▶▶	4
関係した女が災いに遭う頻度 ▶▶▶	4

見境なく女に手を出すギリシア神話の種馬

　ゼウスが生まれたとき、母レアーは産着にくるんだ石をゼウスだとしてクロノスに呑ませた。ゼウスはクレタ島に隠され、クレテスやアマルティアに育てられて無事に成長。ゼウスに助力を求められた知恵の女神メーティスが、おう吐剤を混ぜたネクタールをクロノスに飲ませた。そして、ゼウスは吐き出された兄や姉たちとともにクロノスに挑戦し、ティーターンを打ち破って神々の王となった。ゼウスが武器としている雷霆は、この戦いでタルタロスから救出したキュクロープスがつくったものだ。

　その後、ゼウスはメーティスと結婚したが、クロノスとガイアから「誕生する息子に王位を奪われる」と予言され、メーティスを呑み込んでしまう。呑まれたメーティスはゼウスのなかで予言をするようになり、その知恵によってゼウスは全知となる。続いてゼウスは法と掟の女神テミスと結婚。生まれた子どもが人間に火をもたらしたプロメーテウスだ。ところが、のちにゼウスは姉のヘーラーに手を出し、このとき結婚を条件とされたためテミスと離婚。以後もたびたび浮気を繰り返し、ティーターンの女神レートーやムネーモシュネー、マイア、姉のデーメーテール、水の女神エウリュノメーのほか、数々の人間の女性とも交わり、新たな神や英雄たちが誕生する。

　このようにゼウスはかなり好色だが、各国の王がゼウスの系譜に名を連ねるための創作もあり、ゆえにゼウスの好色ぶりが際立っているのだ。なお、ゼウスの奔放さから古代ギリシアは一夫多妻制と思われがちだが、公的には一夫一妻制だ。愛人をひどい目に遭わせるヘーラーは冷酷に見られやすいが、じつは一番ひどいのは見境なく手を出すゼウスなのだ。

◆ 関 連 用 語 ◆

【クレテス】
クレタ島に棲んでいた神霊たち。槍と盾を打ち鳴らしながら踊って騒ぎ、幼いゼウスの泣き声がクロノスに聞こえないよう、ごまかしていたという。

【アマルティア】
クレタ島に住んでいたニュンペー、もしくは雌山羊で、赤ん坊のゼウスに乳を与えた育ての親。やぎ座の伝説では、アマルティアの死後にゼウスはその皮でアイギスの盾をつくり、さらに育ててくれた感謝の意を込めて星座にしたという。

【ネクタール】
口にすれば不死になるという神々の飲み物で、蜜の酒、もしくは特別な植物の蒸留酒といわれている。

〈ゼウス像〉

115 黒死館殺人事件

1934年に発表された小栗虫太郎による長編推理小説。
黒死館で起こる連続殺人を描いた。日本推理小説の三大
奇書の1つに数えられる、アンチミステリーの代表作。

オカルト	▶▶▶	5
複雑怪奇	▶▶▶	5
読みやすさ	▶▶▶	0

黒死館殺人事件

中二病垂涎？　読者をけむに巻く三大奇書の1つ

　一般に「日本三大奇書」といえば、まず夢野久作の『ドグラ・マ
グラ』が浮かぶだろう。「精神に異常を来たす」という文句はあま
りにも有名だ。これに対して、本書はこういわれることが多いそう
だ。「本書を読破できた者はそれだけで自慢になる」、と。

　舞台は神奈川県にある明治以来の建造物、通称「黒死館」。持ち
主の降矢木博士が変死したのち、この館で博士の予言したとおりに
連続殺人が起きる。探偵役は弁護士の法水麟太郎、文中では明記さ
れないが職業は刑事弁護士だ。調査を続けるにつれ、この館自体が
とある実験場になっていたことがわかる。

　本書の著者である小栗虫太郎の作風は「衒学趣味（ペダンチズ
ム）」、端的に言えば専門知識を大量に盛り込んだ小説だ。『黒死館
殺人事件』はその粋ともいえるような作品で、黒魔術やカバラ、神
秘学、オカルティズム、ありとあらゆる「オカルト」知識がこれで
もかと登場する。序章にてゲーテの『ファウスト』に主題を取った
とあるとおり、ファウスト博士の四大呪文などもキーとなっている。
ただでさえ専門知識が羅列されているというのに、漢字へのカタカ
ナルビを多用し、シンプルに「文字」の情報量が多い。倫理性や合
理性を要求される"推理小説"において、読者をけむに巻くような
詐術が効いている。これが、本書が「読破できない」最大の原因だ
ろう。それゆえの「三大奇書」、「アンチミステリー」の巨編といわ
れるのだ。我こそはという者はぜひ挑戦してもらいたい。

【日本三大奇書】

夢野久作『ドグラ・マグ
ラ』、小栗虫太郎『黒死
館殺人事件』、中井英夫
『虚無への供物』の3つ
を指す。

【小栗虫太郎】

1901年生まれの探偵・
伝奇小説家。本名は栄次
郎。デビュー作は『完全
犯罪』(1933)。アメリカ
の推理小説家ヴァン・ダ
イン風のペダントリーな
作風。

【衒学趣味】

もとの意味は「学者ぶる
こと」、「知識をひけらか
すこと」だが、文学にお
いては「専門知識をふん
だんに使用した作風」を
指す。

【アンチミステリー】

推理小説でありながら、
従来の推理小説を否定す
るような実験的な作品。
「推理小説」という構造
そのものを利用するメタ
ミステリーなど。

日本推理小説の三大「奇書」の意味

COLUMN

「奇書」といえば中国の四大奇書を指す。この「奇書」とは「素晴らしい書」という意
味なのだが、日本の「三大奇書」については少しばかり異なる。奇抜、幻惑的など、
字面どおり「奇妙な本」の意味合いが強いのだ。「三大奇書」は「黒い水脈」や「アン
チミステリー三大巨編」「日本異端文学史三大偉業」などともいわれている。

物理 / 工学 / 架空

科学・数学

116 ナノマシン

極小サイズを制御する技術をナノテクノロジーというが、そのサイズの機械のほうはナノマシンと呼ばれている。果たして、これは夢の機械か？　悪魔の機械か？

極小サイズ度	▶▶▶ 5
実現可能度	▶▶▶ ?
地球終了度	▶▶▶ 4

ナノマシン

 ## ガン治療も可能な極小機械で、地球を終焉？

　ナノマシンを直訳すると、nm（= 0.000000001m）サイズの機械で、広義では目に見えないほど小さいサイズの機械のことを指す。このマシンの発想は、物理学者リチャード・フィリップス・ファインマンが 1959 年に行った講演が発端となっている。彼によれば、一般的な工具でそれよりも小さな工具を作り、その工具でさらに小さな工具を作り……と繰り返していけば、最終的に分子レベルの技術が広がるというものだった。

　その後、工学者のキム・エリック・ドレクスラーが自著で、極小サイズでの制御技術全般＝ナノテクノロジーによる未来を提案したことで、世間にナノマシン、ナノテクの概念を大きく知らしめることになった。もちろん今のところ、ナノマシンはまだ完成を見ていないのだが、ナノテクノロジーとしては研究が進んでおり、新素材の開発やコンピュータのプロセッサなどで技術が応用されている。

　で、もしナノマシンが完成したとすれば、例えば医療の分野での活用が期待されており、ガンや動脈硬化など、これまで治療が困難だった病気を遺伝子治療できる可能性があるという。逆にデメリットとしては、それをテロや要人暗殺などに悪用される可能性が懸念されている。

　また、自己増殖型ナノマシン "アセンブラ"（工場で製造するより安上がりとされる）ができた場合、エラーを起こしてしまうと、無尽蔵に増殖してやがて地球全体をナノマシンが覆い尽くす "グレイ・グー" を引き起こす危険もあるという。フィクションの世界でナノマシンの無限増殖があるあるになっているのは、このグレイ・グーがネタ元というわけだ。とはいえ、実際のところ、そんなナノマシンができたとしても、エネルギー保存の法則には逆らえない。増殖のためのエネルギーは大量に必要となるし、またナノマシンの構成元素、要は材料自体がなくなれば、もう増殖しようがない。つまり、無限増殖の可能性は低いだろうとされている。

◀関_連_用_語▶

【リチャード・フィリップス・ファインマン】

1918 ～ 1988 年。アメリカの物理学者。素粒子の運動の様子を求める経路積分や、素粒子の反応を図示したファインマン・ダイアグラムの発案者。1965 年、朝永振一郎らとともにノーベル物理学賞を共同受賞。

【キム・エリック・ドレクスラー】

1955 年～。アメリカの工学者。分子スケールで動作するナノシステムを対象とする、分子ナノテクノロジーという分野を開拓した。

【グレイ・グー】

ジョン・フォン・ノイマンが提唱。自己増殖機能を有するナノマシンが、すべてのバイオマスを使って無限増殖し、地球がナノマシンで覆い尽くされるという地球の終焉。

117 カール・マルクス

共産主義の理想を唱え、経済史に絶大な影響を与えたマルクス（1818 ～ 1883 年）。資本主義社会が歪みを見せ始めた現在において、マルクスの思想は再び注目されている。

共産主義度	▶▶▶ 5
経済への関与度	▶▶▶ 5
今後の期待度	▶▶▶ 4

貧しい者たちのヒーロー的な存在？

マルクスという名前は、経済に詳しくない人でも一度は聞いたことがあるだろう。彼は 19 世紀のヨーロッパで資本主義の歪みを指摘し、共産主義を唱えたことで知られている。資本主義は資本家が労働者を使って利益を上げる経済だが、利益を追い求めると労働者の搾取につながり、貧富の差がどんどん広がってしまう。やがて労働者たちが耐えかねて革命を起こし、自分たちで社会主義経済を作るだろう、と彼はいう。そして「人類の歴史は、ひとえに搾取する者とされる者との争いだった」とも述べている。ちなみに、社会主義がさらに洗練された理想の形が共産主義である。

要するに、マルクスは "格差社会" を問題視しているのだ。富める者がどんどん富み、貧しい者がさらに貧しくなっていく社会を。いってみれば、貧しい人たちのヒーロー的な存在である。もっとも、彼自身は貧乏人ではなく資産家の家柄だったそうで、自身が「資本家を打ち倒そう」と熱くなっていたわけではないようだ。また、彼の理論は現在から見ると間違っているとされる部分もあり、賛否両論である。それに、実際に社会主義への道を歩んだ旧ソ連や東欧諸国は、結局行き詰まって資本主義の前に屈してしまった。

それでも、資本主義によって貧富の差が拡大していくのは確かであり、格差社会といわれる現在、マルクスの教えを見直そうという動きが盛んになってきている。

〈マルクスの写真〉

関連用語

【社会主義と共産主義】
生産や管理を社会的に共有するシステムが共産主義。理想的な社会のシンボルとして考えられた。究極的には国家というシステムも不要になる。その共産主義を部分的に採り入れたシステムが社会主義。市場経済を残しつつ一部を社会的に共有したり、社会保障や福祉を重視するなどがある。

【格差社会】
収入や財産のある者とない者がくっきりと分かれ、その地位が逆転しにくくなっている状態。金銭面以外にも、情報を得られる者と得られない者の差、環境の良し悪しの差などにも使われたりする。

COLUMN

マルクスの思想に通じる漫画『ナニワ金融道』

「マルクスの考えは自分の考えと近い」と漫画家の青木雄二氏はいう。彼のヒット作『ナニワ金融道』には、資本主義の歪みがそこかしこに描かれている。働けど働けど暮らしが楽にならない人、裕福だったのがたった1つの失敗でどん底まで叩き落とされた人。そんな資本主義の闇を、マルクスは約150年も前に指摘していたのだ。

118 シーサーペント

太古より多くの船乗りたちの間で目撃されてきた、海に棲む未知の巨大生物。大蛇のような姿が一般的だが、その姿は目撃者によりさまざまである。

伝説度	▶▶▶	5
深海は未知の領域度	▶▶▶	5
ロマン度	▶▶▶	5

有史以来、語り継がれてきた海の怪物

シーサーペントは、古くから世界中の海で目撃されている未知の巨大生物である。体長は10〜30mほど。一般的にはヘビのような姿をしているとされているが、「ワニのようだった」「たてがみがあった」「コブがあった」といった目撃例もあるなど、その姿はさまざま。こうしたことから、シーサーペントはある一種類の生物を指す名称ではなく、「正体はよくわからないが、とにかく見たことない海に棲むデカイ生物」の総称として用いられている。

このような"正体不明の海の怪物"の目撃例は起源前からあり、紀元前4世紀の哲学者アリストテレスや、西暦77年のローマの学者プリニウスも海に現れる巨大な怪物についての記述を残しているのだが、これが単なる伝説で終わらないのは、20世紀以降も目撃例が相次いでいるからである。

たとえば、1985年にはサンフランシスコ湾内で、アザラシを追いかける全長20mもある巨大なヘビのような怪物が目撃されているほか、2003年にもカナダのケープ・ブレトン島沖合で漁師がヘビのような巨大な生物と遭遇する事件が起きている。また、1975年からイギリスのファルマス湾で目撃されているモーガウルや、1905年以降、カナダのバンクーバー島沖合を中心に100件を超える目撃情報があるキャディも、シーサーペントの一種と考えられている。もちろん、これらは既存の生物の見間違いや創作の可能性はあるのだが、一方で1976年に発見されたメガマウスのような例も存在する。海の奥深くに我々の知らない巨大生物が棲息している可能性は十分にあるのだ。

◀ 関連用語 ▶

【モーガウル】

イギリスのファルマス湾で目撃された体長6〜12mほどの巨大生物。最初の目撃報告は1975年とされ、以降たびたび目撃されているという。その姿は海蛇のようだった、首長竜のようだったなどさまざま。また、頭に角が生え、首の後ろにたてがみがあったという証言もある。

【キャディ】

カナダのバンクーバー島沖合を中心にたびたび目撃されている巨大生物。全長は9〜15mほど。馬のような頭部とヘビのような長い胴体を持つ。その姿を捉えたとされるフィルムや写真も数多く存在し、もっとも実在の可能性が高いUMAともされているが、現在も発見には至っていない。

【メガマウス】

1976年に発見された新種のサメ。体長は最大7m程度で、深海に棲息し、プランクトンを主食とする。ハワイ沖で活動中だったアメリカ海軍の調査船のシーアンカーに絡まっていたのが最初の発見例。非常に珍しい種で、捕獲例も極めて少ないことから、その生態については未だ不明な部分も多い。

COLUMN

『旧約聖書』に登場する海の怪物

海の怪物の代表格といえば、レヴィアタン（リヴァイアサン）だろう。『旧約聖書』に登場するこの怪物は、いまやさまざまなゲームやアニメに登場。たとえ聖書を知らなくても、その名を聞いたことがある人は多いはずだ。このレヴィアタンのように、太古から人は海に魔物が棲むと信じ、それが今日のシーサーペントへ繋がっているのだ。

119 イエス・キリスト

キリスト教において神と同一とされる人物。『新約聖書』はイエス・キリストの言葉をまとめたもので、『旧約聖書』とあわせてキリスト教の聖書とされている。

一大宗教の生みの親度 ▶▶▶	5
復活して有名に度 ▶▶▶	4
題材にしにくい度 ▶▶▶	4

神であり、子であり、救世主でもある

イエス・キリストはユダヤ教の布教に勤しみ、のちにキリスト教が生まれるきっかけを作った人物だ。その名前はギリシア語で"キリスト（救世主）であるイエス"という意味。キリスト教では三位一体説により神と同一視され、信仰の対象となっている。

イエス・キリストは大工のヨセフとその妻マリアの息子で、紀元前4年12月25日に生まれたとされる。聖書に記されていないため、この日付は正確ではないというが、キリスト教ではイエスの誕生をクリスマスと称して祝っている。30歳前後で洗礼者ヨハネから洗礼を受けたイエスは、間もなくユダヤ教の布教を開始。その過程でペテロをはじめとする多くの弟子を作るが、ユダヤ人の王あるいは神の子などと自称した罪で捕まって裁判にかけられ、最後は処刑されてしまう。しかし、このあと復活という奇跡を起こしたことでイエスは神の子としてより一層崇められるようになり、やがてキリスト教の母体となる原始教団が成立したわけだ。

キリスト教においては、イエス・キリスト＝神そのもの、あるいは神が受肉したものとして扱われているが、キリスト教の原型ともいえるユダヤ教では、イエスは神でも預言者でも救世主でもないという見解が一般的。一方、イスラム教では預言者として扱われるだけで、やはり神とは認められていない。

ちなみに、日本のフィクション作品では基本的に神として扱われるが、大人の事情からか題材にされること自体が少ない。

〈『主の復活』〉

【関連用語】

【三位一体説】
神、イエス、聖霊は同一のものであり、それぞれが1つのものの側面に過ぎないという教え。

【クリスマス】
イエスの誕生を祝うイベント。処刑されたイエスの復活を祝う復活祭（イースター）もある。

【洗礼者ヨハネ】
紀元前6年から紀元前2年頃～36年頃。中東にあるヨルダン川でイエスに洗礼を授けた人物。イエスの弟子にもヨハネという名前の人物がいるため、こちらは洗礼者ヨハネと呼ばれることが多い。

【洗礼】
キリスト教徒となるための儀式。頭部あるいは全身に水をかけたり、頭を水につけるというもの。

【受肉】
神が人の体を得てこの世界に現れること。

記念日だらけのキリスト教

キリスト教では偉業を成し遂げた人物を聖人として崇めている。この聖人は数え切れないほど存在し、しかもそれぞれに記念日が設けられている。日本ではクリスマスとイースターくらいしか知られていないが、キリスト教徒にとっては毎日が誰かしらの記念日であり、それを祝う人も少なくないという。

近代 / 日本 / アイテム

120 フルベッキ群像写真

フルベッキ群像写真は、かつては坂本龍馬や西郷隆盛など
明治維新で活躍した英傑の集合写真といわれていた。だが、
さまざまな分析の結果、現在では明確に否定されている。

知名度	▶▶▶	3
歴史的価値度	▶▶▶	3
トンデモ論度	▶▶▶	5

思わず夢見たくなってしまった謎の集合写真

　1974年、雑誌『日本歴史』に、ある写真についての論文が掲載
された。論文の著者は肖像画家の島田隆資。内容は、論文でとりあ
げた写真に、坂本龍馬や西郷隆盛、高杉晋作など明治維新の志士た
ちが写っている、というものだった。このセンセーショナルな主張
は学会からはまったく相手にされなかったが、民衆の注目度は高く、
歴史博物館でこの説を取り入れた展示が行われたり、写真を焼き付
けた陶板が販売されるなど、ちょっとした社会現象を起こした。

　この話題の中心になった写真が、フルベッキ群像写真だ。写真が
最初に世に出回ったのは、1895年に雑誌に掲載されたときのこと。
当時は、佐賀の英学校「致遠館」で講師をしていたオランダの宣教
師、グイド・フルベッキと佐賀の英学校の学生たちの集合写真とし
て紹介されていた。では、学生の集合写真と、維新志士たちの集合
写真の、どちらの説が正しいのだろうか？

　2013年、その論争に終止符をうつ貴重な証拠が発見された。個
人所蔵の資料のなかから、フルベッキと佐賀藩士ら7人が写った
写真のガラス原板が見つかったのである。撮影時期も記録に残って
おり、明治元年だという。写真に写っている佐賀藩士のうち5人は
致遠館の教師で、彼らはほとんど同じ姿でフルベッキ群像写真にも
写っていた。つまり、フルベッキ群像写真が撮影された時期も明治
元年と考えられ、維新志士の集合写真説は完全に否定された（坂本
龍馬は写真撮影時にすでに故人）のであった。

【関連用語】

【致遠館】
佐賀藩が長崎に設立し
た、英学を学ぶための藩
校。岩倉具視の次男、岩
倉具定と三男、具経のほ
か、折田彦市、相良知安、
石丸安世など明治時代に
ひとかどの活躍をした人
物がここで学んでおり、
フルベッキ群像写真にも
写っている。

【グイド・フルベッキ】
1830〜1898年。オ
ランダ出身のキリスト教宣
教師。アメリカで学んだ
あと長崎を訪れて私塾を
開いたり、幕府や佐賀藩
の要請で講師を務めた。

COLUMN
現在も謎に包まれた明治の元勲、西郷隆盛の真の姿

フルベッキ群像写真に写っていたとされる人物の1人、西郷隆盛は極端な写真嫌いだっ
たことが知られていて、じつは西郷が写っていると確実視されている写真は今のとこ
ろ1枚も見つかっていない。フルベッキ群像写真が最初の1枚になれば大発見だった
が、現在は否定されているため、新たな資料の発見が待たれるところだ。

歴史

フルベッキ群像写真

121 ポセイドーン

ギリシア神話の海神でオリュンポス12神の1柱。もともとはギリシアの先住民族が崇めた大地の神と考えられており、海神とはいいつつも海だけでなく大地をも支配している。

人間への影響度	▶▶▶	5
気性が荒い度	▶▶▶	4
よく名を見かける度	▶▶▶	4

怪物や王たちの父でもある有名な海神

クロノスとレアーの子。冥府神ハーデースは兄、主神ゼウスは弟だが、クロノスから吐き出された件を第二の誕生に見立てる説では本来の兄弟関係が逆転する。妻は海の女神とも、ニュンペーともいわれるアムピトリーテー。ポセイドーンは気性が荒い神だったためか、求婚されたアムピトリーテーは嫌がって隠れたが、イルカが捜し出したうえに説得してくれて結婚が成立。この功績から誕生したのがイルカ座だ。そこまで惚れ込んだにもかかわらず、ポセイドーンにも数人の愛人がいた。その一人が有名なメデューサだ。彼女は美女だったが、よりにもよってアテーナーの神殿で交わったため怪物にされ、のちにペルセウスに退治された。この際、その血から生まれたのが天馬ペガーソスと怪物クリューサーオールで、これらもポセイドーンの子とされている。

有名なだけに、海洋関連の会社から潜水艦のミサイルまで、幅広い分野で英語のポセイドンの名が使われている。日本では、変形合体するロボット作品や某超能力少年の活躍を描いた作品などに、海中での活動が得意なロボットとして登場。特撮作品でも平成仮面ライダーのなかに、仮面ライダーポセイドンが登場した。またポセイドーンが携える三叉の矛トリアイナは英語で「トライデント」と呼ばれ、こちらもアメリカ海軍特殊部隊のエンブレムや大学のシンボルなどに使われている。

〈アテーナーとポセイドーンの紛争〉

【関連用語】

【ニュンペー】
ギリシア神話によく登場する下級の神、もしくは精霊たちのことでニンフとも呼ばれる。山や谷、森、木といった属性によって個別の呼び名があり、アムピトリーテーは海神ネーレウスを父とする海のニュンペー、ネーレイデスの1人だった。

【エレウシース】
有名なアテナイの近くにあった古代ギリシアの小都市で、女神デーメーテール信仰の中心地だった。現在のギリシャ共和国西アッティカ県のエレフシナ付近になる。

【イオールコス】
アルゴ号が出航した場所として有名な古代ギリシアの都市。現在のギリシャ共和国マグニシア県ヴォロス市の一角にあった。今でもイオルコスと呼ばれる地区があるが、古代のイオールコスと完全に一致するわけではない。

イオニア人のあいだで盛んだったポセイドーン信仰

COLUMN

古代ギリシアにはアイオリア人、イオニア人、ドリス人と3つの集団がある。ポセイドーンはとくに海洋交易が盛んだったイオニア人に崇拝され、アテーナイを建国した英雄テーセウスの父ともいわれる。またポセイドーンを称えるイストミア大祭は古代オリンピックと並ぶほど盛況で、アテーナイの人々は戦争中でも参加したという。

122 ドグラ・マグラ

1935年に発行された、夢野久作による長編推理小説・幻想小説。精神病棟を舞台に、記憶喪失になった「わたし」が自身の正体を模索する。日本三大奇書の1つ。

不条理度	▶▶▶	5
発狂度	▶▶▶	5
読みやすさ	▶▶▶	0

多くの作家の脳を引っ掻き回した希代の奇書

「『ドグラ・マグラ』は、天下の奇書です。これを読了した者は、数時間以内に、一度は精神に異常を来たす、といわれます。」

本書に関してあまりにも有名なこの一文だが、これが発行元である角川書店が自らつけた帯の文句だというから驚きだ。本を開かずとも読める帯に、あらかじめ「責任は負いかねます」と記すほど、本書の衝撃は強く、だからこそ魅力的といえる。

引き続き「日本三大奇書」をお届けするが、『ドグラ・マグラ』の名はあまりにも有名だし、「チャカポコチャカポコ……」のリズムにトラウマを抱えている人もいるだろう。本書は夢野久作が10年もの月日をかけて構想・執筆し、発行した翌年に本人が脳溢血で急死したという"らしい"オチまでついたいわく付きだ。多くの作家の賛美の声がどこまで届いたのかわからないが、今も本書に影響を受けたというクリエイターは少なくない。

冒頭、「わたし」は、窓に鉄格子のはまった独房のような病室で目を覚ます。そう、舞台は精神病科の一室なのだ。法医学教授から「わたし」の失った記憶が、とある事件の重要なカギを握っているという話を告げられる。事件の真相を追う、という意味では"推理小説"ではあるのだが、作中に『ドグラ・マグラ』が登場する入れ子構造や、"脳髄の地獄"と呼ばれるトリック、グロテスクでエロティックな表現……そのすべてで"推理小説"の枠を破壊している。「アンチ・ミステリー」、その名にふさわしい作品なのだ。

関連用語

【夢野久作】
1889〜1936年。小説家、童話作家、詩人。ジャンルに捕らわれぬ多種多様な作品を多く生み出した。筆名は福岡県の方言で「夢想家」という意味の「夢の久作」から取られたといわれている。

三大奇書親しみやすさNo.1『虚無への供物』

三大奇書の1つ、中井英夫の『虚無への供物』は1964年に発行された長編推理小説だ。タイトルからして嫌な予感がするが、じつは一番親しみやすい作品である。というのも、本書の「アンチ」どころは「推理小説フリークが、事件が起きる前に犯人を当てる」という設定で、推理小説フリークがニヤけるネタ満載の本になっている。

123 ダークマター（暗黒物質）

果てしなく広い宇宙。そこに原子で構成された物質は、総量の4.9%といわれている。残りは何で占められているのか？　その1つとされているのがダークマターだ。

謎の物質度	▶▶▶ 4
暗すぎる度	▶▶▶ 5
意外と多すぎ度	▶▶▶ 5

宇宙の約1/4を占めるけど、見えません

1934年フリッツ・ツビッキーは、銀河の運動から銀河団の全質量を推定したのだが、光学的に観測できるよりも400倍もの質量が存在すると判断した。要するに目に見えるものの総量より、明らかに全体の質量が多すぎるのだ。そこで彼は、目には見えないが、十分な質量や重力を及ぼす物質があるはずだと推測したのである。我々の一般的な感覚では、「そんなバカな」と思える話だが、1970年代ヴェラ・ルービンによって、銀河の回転速度からダークマターは間接的に発見された。そして、光を出さずに質量のみを持つ物質を、ダークマターと名付けるようになったのだ。

その後研究は進み、宇宙の分布図ともいえる"宇宙の大規模構造"の発見や、宇宙の膨張の加速の観測により、これらを説明するためにダークマターやダークエネルギー（宇宙の拡張を加速していると考えられるエネルギー）の概念が導入されるようになった。2013年の観測結果に基づくと、宇宙の総量の割合はダークマター26.8%、ダークエネルギー68.3%、原子4.9%というから、人間も地球も含めた原子の物質はちっぽけすぎる存在なのだ。

この暗黒物質とされるものは結局何なのか、今もって不明である。素粒子論からのアプローチとしては、ニュートリノやニュートラリーノ、アキシオンなどが候補として挙がっている。ニュートリノは発見されてはいるが、研究が進むにつれ、暗黒物質の主成分とは考えられていない。残りの候補については、まだ仮説上の未発見素粒子である。それがいつか発見されるのか、はたまた実在しないとわかるのか、今後の研究が楽しみである。

関連用語

【フリッツ・ツビッキー】
1898〜1974年。スイス国籍の天文学者。超新星研究のパイオニアで、超新星が中性子星に移行する過程であることや、超新星が宇宙船の発生源になることを示唆した。

【ヴェラ・ルービン】
1928〜2016年。アメリカの女性天文学者。アンドロメダ銀河の回転速度を観測した結果、天体の分布から予測される速度と大きく異なることから、ダークマターに関する理論を発展させた。

【アキシオン】
素粒子の家系図＝標準模型に関する未解決問題（強いCP問題）を解決するべく提唱された、未発見の粒子。強い磁場の中で光に変わると予測され、世界中でその検出が試みられている。

宇宙の約7割を占める、反発するエネルギー

COLUMN
一方のダークエネルギーは、宇宙全体に広がって、反発する重力として影響を及ぼす仮想エネルギーを指す。かのアインシュタインは宇宙の大きさは不変と考え、重力との釣り合いをとるべく宇宙定数という概念を用いた。いったんその考えは否定されたが、結局今ではこれが、ダークエネルギーに相当するとみられている。

124 フリードリヒ・ニーチェ

キリスト教に異を唱え、自分らしく生きることを追求したドイツの哲学者ニーチェ（1844 ～ 1900 年）。「神は死んだ」という彼の教えは現在でも広く知られている。

大胆度	▶▶▶	5
言葉が格好いい度	▶▶▶	5
勇気づけてくれる度	▶▶▶	5

現代人の我々に響くニーチェの教え

キリスト教では「すべては神の創造物」とされ、道徳や規範などが厳しく定められている。しかしニーチェは、「そうしたことにとらわれて生きるのは自然ではない」と指摘した。誰かが決めた善や道徳を気にしながら生きていては、本当の自分を見失ってしまう。そんなことよりも、自分が「こうありたい」と思って生きることが大事である、と。そして彼は、ソクラテスの時代から続いてきた " 神を信仰する哲学 " を覆し、「神などいない」という新しい価値を作り出した。そんな彼の思想を表したのが、著書『ツァラトゥストラかく語りき』のなかで語った「神は死んだ」である。

この教えは、現代に生きる我々にも非常に大きな気づきを与えてくれる。今は何につけても人との比較がされ、つねに人の目を気にしながら生きていく時代だ。しかしニーチェがもし今いたらこういうだろう。「そんなものは気にするな。自分の生きたいように生きよ」と。人より劣っているとか、周囲が認めてくれないとか、誰かの決めた基準や評価を気にするから生きにくくなるのだ。

ニーチェの言葉にはもうひとつ、" 超人 " というキーワードもある。超人といっても、強靭な肉体をもつとか、何千万パワーもあるとか、そういうことをいっているのではない。「自分の価値観に従って自分らしく生きる人間」のことを、ニーチェは超人と呼んでいる。そんな超人を目指して生きれば、人との比較で悩んだり悔やんだりすることなく、幸福に生きていけるだろう。

〈ニーチェの肖像〉

著書がゲームのサブタイトルにも

COLUMN

主著『ツァラトゥストラかく語りき』は、のちに同名の絵画や楽曲が作られたほか、2006 年にバンダイナムコゲームスから発売されたゲーム『ゼノサーガ エピソードⅢ』のサブタイトルにもなっている。この作品はニーチェをはじめユングやフロイトなどの哲学思想を採り入れ、壮大なストーリーが展開される RPG として人気を博した。

オカルト・不思議

チュパカブラ

125 チュパカブラ

1995年以降、おもに南米で相次いで目撃されたUMA。
家畜の血を吸うほか、人間に襲い掛かった事例もある。
ニュースで報じられるなど、大きな騒動となった。

獰猛度	▶▶▶	5
話題度	▶▶▶	5
インパクト度	▶▶▶	5

家畜の血を吸い尽くす奇怪な生物

　1990年代にもっとも世間を騒がせたUMAといえば、このチュパカブラだろう。身長は約1〜1.8m。全身が毛に覆われており、背中にはトゲ状の突起物がある。赤く大きな目と、牙の生えた口を持ち、直立で移動することが可能。また、翼を持ち、空を飛んだという目撃証言もある。

　性格は獰猛で、ヤギやウシといった家畜を襲い、その血を残らず吸い尽くしてしまうという。なお、チュカブラという名前はスペイン語で「吸う」という意味の「チュパ」と、「ヤギ」という意味の「カブラ」を組み合わせたものだ。

　チュパカブラによる被害が最初に報告されたのは1995年3月のこと。プエルトリコにあるオロビスという町で家畜のヤギ8頭が、全身の血を抜き取られて死亡しているのが発見された。このときヤギの体には鋭利な管を突き刺したような3つの穴が開いていたという。さらに同年8月には、プエルトリコ北東部にあるカノバナスで、女性が奇怪な生物に遭遇する事件が発生。その後、この地域では血を抜かれて死んでいるウシやヒツジが発見されたことから、これがチュパカブラの最初の目撃報告とされている。その出没地域はプエルトリコだけにとどまらず、翌年以降になるとチリやメキシコ、アメリカといった周辺国、さらには遠く離れたロシアでもチュパカブラらしき生物の目撃情報や、その仕業とおぼしき家畜の被害が報告されるようになった。

　その正体については、野犬やコヨーテなどを誤認したものというものから、軍が密かに研究していた生物兵器とする説、また南米はUFO多発地帯であることから宇宙人もしくは宇宙人が創り出したエイリアン・アニマルであるという説まで、さまざまに唱えられている。もちろん、いずれも確証はなく、その正体はいまも不明のままである。

◀ 関 連 用 語 ▶

【チュパカブラの正体】

チュパカブラの正体として有力なのが、既存の動物の見間違いというもの。たとえば、コヨーテは疥癬を患うと、毛が抜け落ち皮膚にしわが寄った姿になる。これは一見すると奇怪な生物に見えるため、未知の生物と勘違いしてもおかしくない。ただし、コヨーテの場合、二足歩行したという目撃例と合致しない。そのため、アカゲザルの見間違いではないかとする説もある。なお、プエルトリコの環境省や自然省の研究によると、チュパカブラの被害とされる家畜の死体は実際に血は吸われておらず、単に野犬などに襲われただけという見解を発表している。

キリスト教　中東　アイテム

宗教

126 ロンギヌスの槍

磔にされたイエス・キリストの脇腹を貫いた槍で、その名前は持ち主の兵士に由来する。手にしたものに強大な力を与えることから諸作品に取り入れられている。

聖遺物度	▶▶▶ 5
レアリティが高そう度	▶▶▶ 5
強力な武器度	▶▶▶ 5

ロンギヌスの槍

イエス・キリストにまつわる聖なる槍

聖遺物と呼ばれるものの1つで、ロンギヌスという名の兵士がイエスの脇腹をこの槍で刺し、その生死を確認したとされる。ただ、聖書にはそのような兵士は登場せず、「確かめるまでもなく、イエスは明らかに死んでいた」とも書かれているので、槍で刺した理由はじつはよくわかっていない。この話が創作にせよ、ロンギヌスの槍には大いなる力が宿っており、所有者には世界を制する力が与えられるが、逆に失うと身を滅ぼすという。西ローマ皇帝のシャルルマーニュは、この槍を手に入れてから数々の戦いで勝利をおさめたが、あるとき槍を落としてしまい、その直後に死亡したそうだ。

ロンギヌスの槍が聖遺物として扱われるようになったのは、初代ローマ皇帝のコンスタンティヌス大帝の影響が大きい。彼はローマ帝国においてキリスト教を公認し、その布教のためにイエスの遺体を包んだ布や十字架などの聖遺物を集めた。また、この槍にはさまざまな逸話があり、とくにアーサー王伝説に組み込まれたことで、その神秘性は揺るぎないものとなった。伝説のなかでこの槍は、聖杯とともに円卓の騎士の前に姿を現す。その穂先からは血を滴らせ、それは世界が終末の日を迎えるまで止まることはないという。

この槍はイエスを殺した武器とも考えられており、アニメやゲームでは、神やそれに類する存在を死に至らしめるアイテムとして用いられる。それとは逆に、イエスの復活をお膳立てしたことから超常的な力をもたらすものとして描かれる場合もある。

〈キリストの脇腹を槍で刺すロンギヌス〉

◆ 関 連 用 語 ◆

【聖遺物】
イエス・キリストや聖人の遺品、遺骸のこと。イエスと弟子たちが最後の晩餐で使った盃など、さまざまな聖遺物がある。

【ロンギヌス】
槍の持ち主であるローマ兵。イエスの腹を刺した際に返り血が目に入り、白内障が治ったという。その後、改心して洗礼を受け、キリスト教徒に。のちに聖人認定され、現代では聖ロンギヌスとして知られている。

【シャルルマーニュ】
フランク王国の国王。イタリア、ドイツ、スペインなど、各地に遠征して支配下に置いた。やがて西ヨーロッパを統合し、西ローマ皇帝を名乗る。

【コンスタンティヌス】
初代ローマ皇帝。4分割統治されていたローマ帝国を再統一し、専制君主化を進めた。

【アーサー王伝説】
ブリテンの伝説の王アーサーと、彼に仕える騎士たちの戦いや冒険、ロマンスを描いた作品。

COLUMN

第二次世界大戦の引き金に？

俗説ではあるが、ナチスの指導者であるアドルフ・ヒトラーが、その野望のために第二次世界大戦を引き起こしたのは、彼がウィーンのホーフブルク王宮でロンギヌスの槍に接触したからともいわれている。槍の所有者には世界を制する力が与えられるという伝承から、このような説が生まれたのだろう。

| 歴史 |

127 新選組
しんせんぐみ

新選組は幕末の京都の治安を守るために奮闘した、剣客集団である。昔から多くの小説や映像作品に登場し、人気のある組織だが、実情はとんだブラック体質であった。

剣客度	▶▶▶ 4
治安維持度	▶▶▶ 4
ブラック度	▶▶▶ 5

新選組

内ゲバに押し借りが横行した新選組の暗黒面

　幕末の京都には全国から尊王攘夷や倒幕運動を行う志士が集まり、彼らの過激な行動によって治安が乱れていた。新選組は、こうした運動に対処するために結成され、活動した組織である。

　新選組の活躍として最も有名なのは、池田屋事件だろう。この事件で新選組は、御所襲撃を企てる不穏分子が池田屋で会合を開くことを突き止め、局長の近藤勇を含むわずか4人で店内に突入。他の場所を捜索していた別動隊が駆けつけるまでの間、20人以上の志士を相手に大立ち回りを演じ、9人を斬り捨て、4人を捕縛するという大戦果をあげた。この活躍により、新選組の勇名は知れわたり、志士たちに恐れられるようになったのである。だが、時代の流れは新選組に味方せず、やがて江戸幕府は解体。新政府と旧幕府軍の戦争が始まると、新選組は旧幕府軍の一員として各地を転戦するが、旧幕府軍の敗北により解散となった。

　このような経歴から、昔から創作物では、新選組は時代の流れに勝てなかった悲劇のヒーローのように扱われることがあった。だが、新選組について詳しく調べてみると、意外にガッカリする実情も明らかになっていく。そのひとつが、現代のブラック企業も真っ青の厳しい体質である。新選組では隊規に違反したり首脳陣と思想が対立すると、容赦なく粛清されたのだ。新選組の前身である壬生浪士組の結成から新政府軍との戦争に突入するまでの間、内部粛清によって死んだ隊士の数はなんと40人。これは敵と戦って死んだ隊士の数よりはるかに多く、新選組の活動によって斬った敵の数も上回っているのだから驚きである。また、結成当時は資金難だったため、商家を半ば脅迫するような形で資金を調達していたということも判明している。一応、商家には借用書を渡していたが、完済されることはほぼなかったようだ。

◆ 関連用語 ◆

【尊王攘夷】

王（幕末の思想では天皇を指す）を敬い、外敵を排斥しようという思想。幕末期に幕府の諸外国に対する対応や、諸外国の圧力に危機感を感じた人々の間で急速に広まり、倒幕運動へとつながった。

【近藤勇】

1834〜1868年。新選組のトップである局長を務めた人物。天然理心流道場、試衛館の当主で、新選組の中心メンバーには試衛館に集まっていた剣士たちが多くいた。

128 ハーデース

ギリシア神話の冥府の神。本来はポセイドーンやゼウスの兄だが、丸呑みにしたクロノスから吐き出される際に兄弟の順が逆になり、ゼウスらの弟になったともいわれる。

お騒がせ度	▶▶▶	5
妻への一途な愛情度	▶▶▶	5
神々のなかでの常識神度	▶▶▶	3

神々のなかではわりと常識的な冥府の主

クロノスとレアーの子。生まれてすぐに父のクロノスに丸呑みにされたが、ゼウスに助力を求められたメーティスの策略で吐き出された。その後、ゼウスやポセイドーンらとともにティーターンと交戦。このときキュクロープスから姿が見えなくなる隠れ兜を贈られ、ティーターンの武器を奪ったともいわれる。この隠れ兜は、のちに巨人ギガースとの戦いでヘルメースに貸し出され、また英雄ペルセウスがメデューサを退治する際にも貸し出された。

ティーターンに勝利したのち、ゼウスやポセイドーンとくじ引きで支配地を定め、ハーデースは冥府を治めることになった。当初、冥府は西の彼方にあるとされたが、のちに地下にあると考えられるようになる。ハーデースはオリュンポス山にいないので、オリュンポス12神には数えられないのが一般的だが、ゼウスらの兄弟ということでハーデースを含める説もある。

ハーデースといえば、豊穣神デーメーテールの娘ペルセポネーを拉致して妻にした話が有名だ。娘をさらわれたデーメーテールが恵みを与えなくなったため大問題になり、ゼウスはハーデースにペルセポネーを返すよう指示。しかし、ハーデースはペルセポネーに冥界の食べ物であるザクロの実を与え、これを4粒（6粒とも）食べたペルセポネーは、神々の掟によってその数と同じ月のあいだ冥府に住むと決まった。以後、デーメーテールは娘が冥府にいる期間は地上に恵みを与えなくなり、これが季節の始まりとされる。

ちなみに現代なら犯罪になる手段で拉致はしたが、ペルセポネーの扱いは紳士的だったという。映画などでは悪役にされることも多いハーデースだが、奔放すぎるゼウスや荒々しいポセイドーンに比べれば、じつはかなり常識的な性格の神なのだ。

関連用語

【キュクロープス】

高い鍛冶技術を有する1つ目の巨人で、天空神ウーラノスと地母神ガイアの子。低級の神でもあり、叙事詩『オデュッセイア』などに登場する同名の怪物とは別の存在だ。ウーラノスによってタルタロスに封じられていたが、ゼウスに助け出されて味方し、作成した武具を神々に贈った。

【神々の掟】

冥府の食べ物を口にした者は冥府に属するという掟。とはいえデーメーテールの恵みが絶えてしまっては困るので、ペルセポネーは数か月だけ冥府にとどまることになった。この取り決めは、神々の利害を調整した結果の妥協案だったといえる。

〈ペルセポネーの略奪〉

129 山月記（さんげつき）

1942年に「文学界」にて発表された中島敦のデビュー作。唐代の伝奇「人虎伝」を題材に、自尊心の高さから虎へと変貌してしまった男を描く短編小説。

一般知名度	▶▶▶	4
影響力	▶▶▶	5
共感度	▶▶▶	5

オタクに"刺さりすぎる"教科書の常連

「その声は、我が友、李徴子ではないか？」「如何にも自分は隴西の李徴である」——『山月記』といえばこのやり取りである。

『山月記』は中島敦の短編小説。彼のデビュー作でもあり、中国の逸話集「人虎伝」から題材をとっている。中国・唐の時代を舞台にし、当時の科挙・官僚制度などが絡むため少し取っつきにくいが、物語自体はシンプルなものだ。

田舎から出てきた有能な男・李徴は科挙試験を経て官僚になるが、自尊心を傷つけられ失踪する。その友人である袁傪は、地方の見回りの最中に「人食い虎」と遭遇し、その虎が李徴の成れの果てであることに気づく。それが冒頭のやり取りだ。なぜ虎になってしまったのか、李徴は「臆病な自尊心と尊大な羞恥心」のせいだといい、袁傪に妻と子を託し草むらに消えていく。

教科書で必ずといっていいほど目にする有名な作品だが、であるがゆえに多くの人間に影響を与えている。「『山月記』でオタクに目覚めた」という人は驚くほど多い。腐女子に問えば「BLに目覚めたのは李徴と袁傪のせい」だし、ケモナーに問えば「ケモノ・擬獣化に目覚めたのは李徴のせい」だ。冒頭のやり取りは今なおパロディに使用されている。

創作をする者なら「李徴の気持ちが痛いほどよくわかる」と深く首肯するだろう。SNSが流行り承認欲求に振り回される人々が多いこの時代、もう一度見直されるべき作品なのかもしれない。

関連用語

【中島敦】
1909〜1942年。小説家。中国の史実・古典を題材にした小説を多く残す。古典を題材にする手法から「芥川龍之介の再来」ともいわれたが、デビューした年の末に亡くなった。

【科挙】
中国の唐〜清時代に行われていた官吏の採用試験制度。競争率・難易度ともに非常に高いものだった。

【BL】
Boys Loveの略。男性同士の同性愛を題材にした作品・ジャンル。腐女子はその愛好家の俗称。

【ケモナー】
動物を模した、または動物のキャラクターを「ケモノ」といい、その愛好家をケモナーという。諸説あるが一般的には（二足歩行をするなど）擬人化された動物や、動物の特徴（猫耳など）が付加された人間を「ケモノ」とする。

教科書は匂わせBLでいっぱい

COLUMN

教科書で読んだ"名作"でBLに目覚めた（腐女子になった）という女は多いが、特によく挙がるのが『山月記』『こころ』『走れメロス』『銀河鉄道の夜』そして『雨月物語』から『菊花の約』あたりだろうか。どれも男同士の友情、または複雑な感情を記した傑作である。傑作であるがゆえに、その心情を深読みしてしまうのだ。

物理　／　宇宙　／　理論

科学・数学

130 超ひも理論
ちょう　りろん

まだまだ宇宙の真理についてはわからないことだらけで、いろいろな仮説が飛び交っている。そんななか、有力視されている理論のひとつがこの超ひも理論である。

まさかの発想度	▶▶▶	4
次元度	▶▶▶	10
妄想楽しい度	▶▶▶	5

超ひも理論

我々もまた、10次元世界のただのひもなり!?

まずひも理論とは、素粒子は点ではなく、1本の線のようなひも（開かれたひも）だったり、輪ゴムのように閉じたひも（閉じたひも）だったりしていて、そのひもが振動・回転することで粒子になっているという仮説である。このひもに、超対称性（ボース粒子とフェルミ粒子の入れ替え）を加えると超ひも理論になり、そんなひもが振動すると振動数の異なる波を生じ、その1つ1つが素粒子に対応するという。そんな超ひも理論の概念では、時空が10次元になっている。我々は3次元＋時間の4次元しか認識できないので、余剰の6次元は観測にかからないくらいコンパクトになっている。なんか急にSFめいた話になってくるが、この理論ではそう解釈しているのだから仕方ない。

そしてこの理論は量子だけでなく、宇宙論にも応用され、宇宙の姿や誕生のメカニズムを解き明かす有力候補となっている。理論を適用した一例としては、我々の認識できる4次元時空は、さらに高次元の時空（バルク）に埋め込まれた膜（ブレーン）のようなものではないかと考える"ブレーンワールド"という宇宙モデルがある。このブレーン宇宙論では、ビッグバンの起源は複数のブレーンの衝突で起きるとか、宇宙のインフレはブレーンの運動としてとらえるだとか、表現豊かなさまざまなアイデアが生まれている。

もちろん、10次元という現状観測しようもないものを必要としているなど、問題はいろいろある。疑問を抱く学者も多いのだが、それでも自然界にある力をすべて統一する理想的な理論を目指すため、今も数多くの研究が行われている。

◀ 関連用語 ▶

【ボース粒子】

ボゾンともいう。スピンが整数の素粒子や複合粒子のこと。光子、中間子、偶数個の核子からなる原子核などがこれにあたる。

【フェルミ粒子】

フェルミオンともいう。スピンが半奇数の素粒子や複合粒子のこと。ニュートリノ、電子、μ粒子、奇数個の核子からなる原子核などがこれにあたる。

【ブレーンワールド】

4次元時空は、さらに高次元の時空に埋め込まれた膜のような時空ではないか、という宇宙モデル。

COLUMN

膨張・収縮を繰り返した、50回目の宇宙説

宇宙論の1つにサイクリック宇宙論がある。これは、宇宙がビッグバンで始まり、ビッグクランチ（収縮し一点に潰れる現象）で終わるというサイクルが、永遠に連続するというもので、今の宇宙はこれを繰り返した50回目の宇宙だという。ブレーンワールドも実は、このサイクリック宇宙モデルの1つである。

131 ルートヴィヒ・ヨーゼフ・ヨーハン・ヴィトゲンシュタイン

近代哲学史のなかで三指に入るとされる哲学者、ヴィトゲンシュタイン（1889 ～ 1951 年）。「言葉とは何か」を追求した著書『論理哲学論考』は広く知られている。

「言葉」の大事度	▶▶▶ 4
哲学界への衝撃度	▶▶▶ 4
現代ではどうなの度	▶▶▶ 4

言葉が世界を構成している

　ヴィトゲンシュタインの思想をざっくりというと、「世界は言葉でできている」ということ。言葉で表わせるものが世界を構成している、というわけである。大地にしろ、空にしろ、家でも車でも、言葉として表わせるものが世界の構成要素なわけだ。逆に、神や霊界、思想など、概念上のものは世界の構成要素ではない。

　どういうことかというと、たとえば「木」なら、誰もが「木」と認識し、「木」という言葉で相手に伝わる。みんなが共通認識を持っていて、それにより「木」という言葉が成立しているからである。

　しかし「神」はどうだろうか。神はいるのかいないのか、どんな姿をしているのか、人によって認識は異なるだろう。ある人が「これは神だ」といっても、別の人は「いや、それは神じゃない。ただの獣だ」というかもしれない。要するに共通認識がないのである。ヴィトゲンシュタインは、こうしたものは言葉にして語るのは無理があると考えた。哲学の世界では長らく「神は何であるか」とか「あるとは何か」とか問答されてきたが、「そんなものは世界にはない」と切って捨てたのである。これは哲学界にとって衝撃だった。

　翻って現代は、ヴァーチャル・リアリティが身近となり、実在しないものを画面上でいくらでも形にすることができる時代だ。「これは○○という神だ」「バハムートはこんな姿だ」などと、実在しないものも画面上で言葉を共通認識できてしまう。さてさて、ヴィトゲンシュタインが見たらどう思うだろうか。

関連用語

【論理哲学論考】

ヴィトゲンシュタインの代表著作。33 歳のときに出版。言葉によって何を表わせるか追求した。のちに考えがガラッと変わり、没後にまとめられた著作『哲学探究』では「言葉はしょせん言語ゲームである」とも述べている。

【ヴァーチャル・リアリティ】

現実でないものを絵などにより本物そっくりに実現し、疑似体験を与える技術。現代では CG（コンピュータ・グラフィクス）によって精巧な画像や映像を作り出し、より本物に近い疑似体験ができるようになってきている。

漫画の主人公・ヴィトゲンシュタイン

ヴィトゲンシュタインといえば、一部界隈では「ハイネ・ヴィトゲンシュタイン」のほうが有名かもしれない。漫画『王室教師ハイネ』の主人公だ。ヨーロッパが舞台であること、頭脳明晰で教師であること、同じ 4 月生まれであることなど、共通項はいろいろあるが、ヴィトゲンシュタインとの関連はとくに語られていない。

132 アトランティス大陸

かつて大西洋に存在していたとされる伝説の大陸。高度な文明と強大な軍事力を備えた国家があったが、大地震と洪水により、一昼夜のうちに海に沈んだとされる。

伝説度	▶▶▶ 5
超古代文明度	▶▶▶ 5
ロマンをかきたてる度	▶▶▶ 5

プラトンが著した伝説の大陸

大洪水により、海に没したというアトランティス大陸。そもそもアトランティス大陸なるものが、なぜ実在したかのように語られているのかというと、これはプラトンの著作『ティマイオス』と『クリティアス』に端を発している。

この著書によると、アトランティス大陸はジブラルタル海峡のすぐ外側、大西洋に存在したという。アトランティスは資源の宝庫で、ここにはポセイドーンの末裔によって築かれた強大な帝国があった。この帝国は、84万の兵と1万台の戦車、1200隻の軍艦と24万人の乗組員を動員できたというから、相当な軍事力を持っていたといっていいだろう。ところが、あまりにも富と領土を求め過ぎたことで神々の怒りを買い、大地震と洪水によって一昼夜のうちに海底に沈められてしまったという。プラトンによると、これは紀元前9400年頃の出来事とされ、事実ならエジプト文明やメソポタミア文明よりも遥か昔に高度な文明が存在したことになる。

ただし、プラトン以前にこのアトランティス大陸について言及した文献などは一切なく、このような大陸があったという明確な証拠も存在しない。そのため、学術的には「単なるおとぎ話」と考えられている。

一方で、失われた古代文明というワードは非常に魅力的であり、後世の人々によってアトランティス大陸はさまざまな形で言及され、その存在はいまも伝説として残り続けているのである。

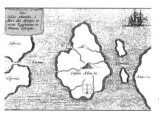
〈アトランティが描かれた地図〉

関連用語

【プラトン】
紀元前427〜紀元前347年。古代ギリシアの哲学者。ソクラテスの弟子にして、アリストテレスの師に当たる。『ソクラテスの弁明』や『国家』等の著作で知られ、西洋哲学に多大な影響を与えた人物である。

【ポセイドーン】
ギリシア神話に登場する海と地震を司る神。オリュンポス十二神の一柱で、海洋のすべてを支配し、容易に嵐や津波を引き起こせるほか、大陸を沈ませることもできる。

【オリハルコン】
アトランティスに存在したという金属の名称。アトランティスとともに有名な金属で、ゲームやアニメなどのフィクション作品にも特殊な金属として登場している。

COLUMN フィクション作品でも数多く描かれる

アトランティスが登場する作品は多数あるが、とくに有名なものといえばジュール・ヴェルヌの小説『海底二万マイル』だろう。潜水艦ノーチラス号による冒険譚で、アトランティスの名を広く一般に浸透させるきっかけとなった。往年のアニメファンにとっては『ふしぎの海のナディア』の原作としてもお馴染みの作品である。

133 十二使徒
（じゅうにしと）

十二使徒

レオナルド・ダ・ヴィンチの『最後の晩餐』で知られるイエス・キリストの弟子たち。イエスに付き従い、彼の死後もキリスト教の布教に身を捧げた。

布教に全力度	▶▶▶	5
悲惨な最後度	▶▶▶	4
1人だけ有名度	▶▶▶	4

布教に命を捧げた12人の高弟たち

　十二使徒はイエス・キリストに仕えた12人の高弟のこと。その12人はペテロ、アンデレ、ヤコブ、ヨハネ、ピリポ、バルトロマイ、トマス、マタイ、アルファイの子ヤコブ、タダイ、シモン、イスカリオテのユダだ。彼らはイエスに仕えただけではなく、イエスの死後、原始キリスト教団を結成し、その教えを世界中に広めた。当時はキリスト教も小さく、なかなか受け入れられなかったが、彼らの地道な布教活動がキリスト教を大きく発展させたのである。当時の布教には危険が伴い、ヨハネだけは天寿を全うしたが、十二使徒の多くは布教中に非業の死を遂げている。たとえばキリストの一番弟子ペテロは、イエスから天国の鍵を受け取り、初代ローマ教皇となったが、ローマ皇帝ネロに迫害され、最終的に処刑された。また、バルトロマイはインドで布教するも、邪教と敵視され、生きながら皮を剥がれるという残酷な刑を受けている。ほかにもピリポは石打の刑、トマスは槍で刺され、タダイは斬首、アルファイの子ヤコブは棍棒で撲殺されるなど、とにかく悲惨な目にあっているのだ。

　十二使徒と聞いてピンとこなくても、イスカリオテのユダだけは知っている人も多いはず。彼は最後の晩餐でイエスから裏切ることを予言された人物で、その後すぐに、銀貨と引き換えにイエスの身柄をユダヤ教の一派に渡している。イエスが捕まって処刑されたのは、ユダが裏切ったからなのだ。この伝承から日本ではユダ＝裏切りものというイメージが定着している。

《『最後の晩餐』》

関連用語

【天国の鍵】
天国に至る門を開けるための鍵。イエスがペテロに渡したとされているが、これは実際に鍵を渡したのではなく、キリストから教会に権能を委譲したと解釈されている。

【ネロ】
本名はネロ・クラウディウス・カエサル・アウグストゥス・ゲルマニクス。ローマ帝国の第5代皇帝で、彼の迫害によりペテロは殉職した。

COLUMN

その功績から死後、聖人となった宣教師

十二使徒の意志を継ぎ、布教活動に勤しんだキリスト教徒は多い。1549年に日本にやってきた宣教師フランシスコ・ザビエルもその1人で、彼の活躍もありキリスト教が日本に広まった。ただ、彼も天寿を全うすることはなく、布教活動で中国を訪れてすぐに46歳という若さで病死した。幸いなことに彼は死後、聖人認定されている。

134 東郷平八郎
（とうごうへいはちろう）

日本海海戦で、強敵ロシアのバルチック艦隊を破った東郷
平八郎。寡黙で紳士的な人物像が知られているが、意外
にもユニークな一面を伝えるエピソードも残されている。

名将度	▶▶▶	5
人気度	▶▶▶	5
お茶目度	▶▶▶	4

軍神、東郷平八郎の人間味あふれるエピソード

　1904年に始まった日露戦争の開戦直後、日露両国の国力や軍事力には絶望的なほど差があり、世界各国の誰もがロシア帝国の勝利を疑わなかった。だが、日本は多大な犠牲を払いながらも旅順攻略戦や奉天の会戦で勝利をおさめる。そして、ロシア海軍の最強戦力であったバルチック艦隊も、連合艦隊司令長官を務めていた東郷平八郎の指揮のもと日本海海戦で撃破し、日本有利の条件での講和に持ちこむことに成功したのであった。

　バルチック艦隊は当時、世界最強といわれた艦隊で、連合艦隊がこれを破ったことは世界を驚かせた。司令長官であった東郷の勇名も知れわたり、世界中から注目の的となった。国内でも東郷は神格化され、死後には東郷神社が建立されて神として祀られている。

　さて、このような経歴をもつ東郷は、1人の人間としてはどのような人物だったのか？　普段の東郷は「沈黙の提督」と呼ばれるほど寡黙で、厳格な人だったようだ。だが、単なる堅物でもなかったようで、晩年に学習院で講演をしていた際に、将来は軍人になりたいと述べた学生に対して「陸軍に入ると死ぬから海軍に入れ」と冗談めかして海軍に誘ったエピソードも残っている（なお、これを聞いた陸軍大将、乃木希典は激怒したという）。また、夫人の健康を気遣って療養のために温泉地に別荘を建てるなど、愛妻家であったことも知られている。敵軍を恐れさせた軍神、東郷の真の姿は、意外に茶目っ気がある優しい人物だったのかもしれない。

◀ 関連用語 ▶

【日露戦争】
1904年から1905年にかけて、大日本帝国（日本）とロシア帝国の間で行われた戦争。朝鮮半島と満州の支配権をめぐる対立から、戦争に発展した。

【日本海海戦】
1905年5月27日から5月28日にかけて、大日本帝国の連合艦隊とロシア海軍のバルチック艦隊の間で行われた海戦。この戦いで連合艦隊は丁字戦法とよばれる戦法でバルチック艦隊に大打撃を与えたといわれてきたが、近年の研究では丁字戦法は成立しなかったという見方が主流となっている。

歴史

東郷平八郎

COLUMN　海戦史にその名を轟かせた世界三大提督

世界の海戦史には、東郷のほかにも劇的な勝利をあげた提督たちがいる。その代表格が、トラファルガーの海戦でフランスとスペインの連合艦隊を破ったイギリスのホレーショ・ネルソンと、アメリカ独立戦争でイギリス艦隊を破ったアメリカのジョン・ポール・ジョーンズだ。彼らに東郷を加えた3人は、世界三大提督とよばれている。

135 アテーナー

知恵や戦略のほか、芸術、工芸を司るギリシア神話の処女神。ギリシアの先住民族が崇めていた都市の守護女神が、のちにギリシア人に取り込まれた存在と考えられている。

神々のなかでの美人度	▶▶▶	4
生まれの特異度	▶▶▶	5
怒らせると怖い度	▶▶▶	5

知性や防衛的な戦いを司るゼウスの娘

　ゼウスと最初の妻メーティスの娘。メーティスは懐妊した状態でゼウスに呑み込まれたが、アテーナーはゼウスのなかで誕生して無事に成長した。のちにゼウスは激しい頭痛に悩まされ、ヘーパイストス、もしくはプロメーテウスに自身の頭を割らせると、成人して鎧をまとったアテーナーが現れた。ゼウスはクロノスに「メーティスが生んだ子に王位を追われる」と予言されていたが、アテーナーがゼウスの頭から生まれたため予言は成就しなかったとされる。

　アテーナーの信仰は、有名な古代ギリシアの都市国家アテーナイが中心地。神話ではアテーナーが海神ポセイドーンとアテーナイの支配権を争い、人間に馬を授けたポセイドーンに対し、アテーナーはオリーブの木を授けて支持されたという。この神話をもとに、知性や学問、工芸の象徴とされるフクロウと並び、オリーブはアテーナーの象徴とされた。旧約聖書にある大洪水の際、ノアがハトが咥えて戻ったオリーブの枝で洪水が治まったと知ったため、オリーブは平和の象徴とされている。アテーナーの戦略はあくまで防衛のためとされ、その意味でもオリーブはふさわしい象徴なのだが、一方で怒らせると苛烈な仕返しをすることもあるので油断できない。

　アテーナーといえば、ヘーラーやアプロディーテーとともに美を競った"パリスの審判"の話も知られていて、ゲームキャラクターなどでは、生真面目な性格の美少女、もしくは美人のお姉さんとして描かれることが多いようだ。

〈アテーナー像の複製品〉

【関連用語】

【パリスの審判】

英雄ペーレウスの結婚を祝う席で、招かれなかった不和の神エリスがもっとも美しい女神へ宛てた黄金のリンゴを投げ込んだことに端を発する。ゼウスは三女神への審判を嫌がってその役目をトロイア王の息子パリスを指名。彼は「もっとも美しい女を与える」と約束したアプロディーテーを選ぶが、それがスパルタ王妃だったためトロイア戦争が勃発する。

【イージスシステム】

アメリカ海軍が開発した防空戦用の艦載武器システム。100を超える目標を同時に捕捉・追跡し、10の目標を同時に迎撃可能。これを搭載した艦艇は一般にイージス艦と呼ばれ、日本の海上自衛隊も数隻保有している。

防御的な印象が強いアテーナー

COLUMN

アテーナーが携えているアイギスの盾はとても有名で、アメリカ海軍の防空戦用システム"イージス"の名称としても知られている。ゲームでも盾そのものが強力な防具として登場することが多く、またアテーナー本人が防御に優れたキャラクターとして登場したり、防具セットの名称にアテナの名を冠したものがあったりする。

文学

136 三島由紀夫
（みしまゆきお）

昭和後期の小説家、劇作家。長編『仮面の告白』（1949年）
で文壇での地位を確立。劇作家としては『鹿鳴館』が有名。
ノーベル賞も期待されていたが、人気の渦中に自殺。

知名度	▶▶▶	5
苛烈さ	▶▶▶	5
極端ぶり	▶▶▶	5

三島由紀夫

戦後日本を代表する苛烈な文豪

　三島由紀夫もまた、多彩なエピソードを持つ文豪の1人だ。小説家としての才能はいうまでもなく、劇作家、能や歌舞伎の新作を作り、自らメガホンを取り映画の監督・脚本・主演を務めあげた。思想家としてもカリスマを発揮したし、交友関係もなにかと話題に上がる。しかし、これだけ幅広い才能を持っていたにもかかわらず、彼にまつわる逸話でもっとも有名なのがその最期なのは惜しいものである。自衛隊市ヶ谷駐屯地での割腹自殺、世にいう三島事件だ。

　三島由紀夫は大正14年（1925）に東京で生まれた。初等部から高等部まで学習院で学び、10代の前半には小説を発表していたというから驚きである。初の作品集『花ざかりの森』を刊行したのは齢19のとき。そしてちょうどその頃、三島は虚弱体質を理由に徴兵検査に落ちた。「成人男性として認められなかった」「国家の役に立てなかった」という思いは、三島の思想に大きな影響を与えたといわれている。その心境は自伝的小説『仮面の告白』などに詳しい。

　唯美的、古典的な美世界を描き、たびたび「問題作」といわれた三島の作品だが、徐々に政治色を強めていく。将校を主人公にした作品を描き、文武両道を唱えるようになり、自衛隊への体験入隊も繰り返した。そして昭和45年、あの衝撃的な事件を起こすのだ。

　没後50年となる2020年、三島由紀夫という人物の再発見が行われた。彼を知る人たちによって生々しく語られる彼の姿は、徐々に過去になろうとしている。

関連用語

【三島事件】
1970年11月25日、自らが主宰する「楯の会」会員4人とともに市ヶ谷の陸上自衛隊駐屯地に侵入、総監室にて当時の総監・益田兼利を不法監禁。バルコニーにて自衛隊隊員に対しクーデターを促す演説を行った。三島はその後、総監室にて割腹自殺をした。

【文武両道】
学問、武術両方を修めること。三島は「少年のような華奢な体つき」だったが、1960年後半頃から肉体改造を行ったという。映画などでその見事な肉体美を見ることができる。

COLUMN 三島由紀夫の交友関係

　世は令和。昭和は遠くなりにけりといいつつ、まだまだ三島と交流のあった著名人は現役だ。石原慎太郎は「問題作」を書く者同士で仲がよかったというし、瀬戸内寂聴は亡くなる直前まで文通をしていた。三島が入れあげていた美輪明宏が、何かにつけ三島の貧弱な体を馬鹿にしていたという逸話も残っている。

137 ビッグバン

宇宙の膨張が発見されたことを機に、ビッグバンという爆発から宇宙が始まったという宇宙論が誕生した。現在多数派を占めるこの理論による宇宙の年表とは？

神の一撃度	▶▶▶	4
宇宙爆誕度	▶▶▶	5
終焉は不明度	▶▶▶	5

全宇宙の構造の起源となった、奇跡の火の玉

ビッグバンは直訳すると大爆発という意味である。ビッグバン宇宙論では、初期の宇宙は超高温、超高密度のエネルギーで満たされている火の玉状態から始まり、それが138億年前、ビッグバンなる大爆発が起こり、宇宙が誕生したという。この宇宙論は、エドウィン・パウエル・ハッブルが1929年に銀河が地球に対し遠ざかっていることを発見したことに端を発し、発展したものである。

大雑把に宇宙ができるまでを追ってみると、まず量子的なゆらぎによって、膨大な数のミクロな時空が誕生し、インフラトンというエネルギーによって急激に膨張する（インフレーション）。これが終わると宇宙は、高温の真空から低温の真空に相転移し、超高温超高密度の火の玉状態になり、保持されていたエネルギーが解放されて宇宙はどんどん膨張していく（10^{-36}秒間に、少なくとも空間が1026倍に広がった）。と同時に温度は下がり、その過程のなかで、宇宙に存在する基本的な力や素粒子が出現。そして30万年後には原子が誕生し（宇宙の晴れ上がり）、長い年月を経て物質が重力で引き寄せあって、銀河などを形成していったという。

始まりがあるのだから、終わりはどうなるのかというと、こっちはいまだ諸説ある。宇宙のエントロピーが最大となり、銀河はブラックホールに崩壊、または蒸発するとか。膨張がやがて収縮に転じて、一点に潰れる"ビッグクランチ"が起きるとか。宇宙の膨張は制限なく加速し、最終的には重力や電磁力の束縛まで振り切って、原子核を引き裂く"ビッグ・リップ"が起きるとか。なかなか怖い宇宙の終焉が、いろいろ考えられている。

関連用語

【エドウィン・パウエル・ハッブル】

1889〜1953年。アメリカの天文学者。銀河系の外にある銀河の存在や、銀河からの光が宇宙の膨張に伴って赤方偏移していることを発見している。

【量子的なゆらぎ】

量子の運動が一定でなく、ゆらいでいる状態。初期宇宙の場合、真空からエネルギーを借り、空間のいたるところでランダムにエネルギー密度のゆらぎが発生していた。

【インフラトン】

負の圧力を生み出す場のポテンシャルエネルギーとして考えられているもの。この負の圧力が斥力（遠ざけようとする力）として働き、万有引力に打ち勝てば、宇宙は加速膨張できる。

ビッグバンの痕跡発見で廃れた、不変の宇宙説

COLUMN

今は廃れた宇宙論に"定常宇宙論"がある。これは、宇宙空間に分布する銀河の数は常に一定に保たれているというもので、空間には希薄な中性水素ガスがあり、銀河は船のようにこのガスの中を運動しているというものだった。宇宙の始まりを必要としないのもこの理論の特徴だったが、ビッグバン理論に敗れた。

哲学 ／ ドイツ ／ 人物

138 マルティン・ハイデッガー

それまでの哲学の常識を覆し、「今ここにある自分」を追求して有名になったハイデッガー（1889～1976年）。20世紀で最高峰といわれる哲学者の1人である。

現実的過ぎ度	▶▶▶	5
納得しがたい度	▶▶▶	4
偉大な哲学者度	▶▶▶	5

死と向き合って真剣に生きていくことを説く

プラトン以来続いてきた哲学は、人間の理想や超自然的なものがおもなテーマだった。しかしハイデッガーはそうしたものに異を唱え、「今ここにある自分がどう生きるべきか」を追求した。善や神といった不変の真理ではなく、「人間の命は限られている」という部分を重視し、そのなかで何をするべきかを問うたのである。

ハイデッガーは主著『存在と時間』のなかで、「本来的」と「非本来的」という言葉を使った。人間は誰でもいつか死ぬが、普段から死ぬことを考えて生きている人は少ない。そうして平均的に、周りと同じように生きていることが「非本来的」。一方、死と向き合い、自分の存在を真剣に考えて生きることが「本来的」。このように分け、人は「本来的」に生きるべきだと唱えたのだ。

要するに、「限られた人生を大事に生きなさい」ということである。まあもっともな指摘ではあるが、実際のところ、普段から死を考えて生きるのは稀だろう。死期が近づいてきたり、病気などで余命いくばくもなくなったときに、はじめて死を意識して「残りわずかな人生を大事に生きよう」と思うのではないだろうか。

あるいは、意図的に死を意識しないようにしているのかもしれない。死を前提にしたら可能性はそこで終わってしまうが、死を考えなければ可能性は無限だ。RPGやカードゲームでも、キャラクターはほぼ無限（上限があるものもあるが）に成長していく。だんだん衰えてやがて死んでいく、という作品は滅多にない。まあそうやって無限の可能性を楽しみながら凡庸に生きている人々を、ハイデッガーは「非本来的だ！」と戒めているのだろう。

◆ 関 連 用 語

【超自然的】

自然を超越した、説明のつかない現象であること。神の存在や死後の世界などがある。

【『存在と時間』】

ハイデッガーの代表的な著作。人間の存在の分析を行なった本で、以後の哲学界に大きな影響を与えた。上巻・下巻の2冊の予定だったが、下巻は未発表のまま終わった。

限りある命に抗った"不老不死"への思い

COLUMN

「命に限りがある」というのは不変の真理だが、それに抗った概念が"不老不死"。不可能とわかってはいても、古今東西、人が憧れてきたものである。中国では、秦の始皇帝が不老不死を求めてその薬を作らせた、という伝承がある。もちろんそんな薬などあるわけがなく、猛毒の混ざった薬を飲んで逆に死んでしまったそうだ。

哲学・心理・思想

マルティン・ハイデッガー

139 ムー大陸（たいりく）

かつて太平洋に存在していたとされる幻の大陸。ほかに類を見ないほどの非常に高度な文明が栄えていたが、巨大地震と津波により一夜のうちに海底に沈んだとされる。

伝説度	▶▶▶	4
超古代文明度	▶▶▶	5
空想度	▶▶▶	5

科学的に真っ向否定された空想の大陸

　アトランティス大陸と双璧を成す、失われた超古代文明として有名なのがムー大陸だ。この大陸は、1926年にアメリカの作家ジェームズ・チャーチワードが『失われたムー大陸』という著書の中で発表したことで世に知られるようになった。

　チャーチワードによると、1868年に彼がインドに従軍した際、現地のヒンドゥー教寺院に門外不出の粘土板「ナーカル碑文」なるものがあったという。興味持ったチャーチワードは高僧に頼み込み、どうにかその碑文を見せてもらったところ、そこに未知の古代文明――すなわち、ムー大陸に関する記録が絵文字で彫られていたのだそうだ。チャーチワードは長い歳月をかけこの絵文字を解析。前述した著書にまとめたというわけだ。

　ただし、そのインドの寺院の場所や「ナーカル碑文」なる原典の写真などは一切公表されていない（非公表なのは寺院の希望らしい）。さらに、チャーチワードが『失われたムー大陸』を発表した1926年当時は海底調査の技術が未発達で、かつて太平洋に巨大な大陸があったかどうかは不明であった。しかし、海底調査の技術が発達した今日では、ムー大陸があったとされる場所がかつて陸地であった痕跡はなく、1万2000年よりさらに前からずっと海であったことが明らかとなっている。こうしたことから、現在ムー大陸は「空想の産物」というのが一般的な認識となっている。

〈ムー大陸の位が示された地図〉

COLUMN

アニメ、漫画、ゲーム、小説などの題材としても大人気

科学的には完全否定されたムー大陸だが、その存在はかなり魅力的だったようで、さまざまな作品で登場している。ムー大陸を主張したチャーチワードは経歴詐称が暴かれるなどさんざん批判されたのだが、一次資料すらない説でもこれだけ多くの影響を与えたという意味では、すごい作家だったというべきかもしれない。

キリスト教　中東　人物

140 マグダラのマリア

マグダラのマリアは、イエス・キリストと旅をし、彼の磔刑と埋葬、復活に立ち会ったといわれる人物。聖人の1人であり、典礼上は使徒と同格とされる。

マグダラは地名だった度 ▶▶▶ 4
奇跡の証人度 ▶▶▶ 5
じつは妻かもしれない度 ▶▶▶ 4

イエス・キリストの受難と復活に立ち会った女性

マグダラのマリアは『新約聖書』の『福音書』に登場する女性。その名前は、通説では彼女が古代パレスチナのガリラヤにあった都市マグダラの出身であることに由来するという。マリアはイエス・キリストと深い関わりをもつ人物で、カトリック教会や正教会など、キリスト教の主要な教派では聖人に列せられている。

福音書によれば、マグダラのマリアは自身にとり憑いていた7体の悪霊をイエスに祓ってもらい、それ以降、彼に付き従うようになった。イエスが十字架に磔にされた際は、遠くからその様子をうかがい、埋葬まで見届けたという。さらに、イエスの死後、マリアは天使から彼の復活を告げられており、それを聞いた彼女はすぐに弟子たちを呼び、やがて蘇ったイエスと対面している。キリスト教でマリアが重要視されているのは、彼女がイエスの受難と復活に立ち会った数少ない人物だからだろう。

『ルカ福音書』や『ヨハネ福音書』には、ガリラヤ地方のとある町で食事をしていたイエスの下に"罪深い女"がやってきて、泣きながら彼の足に香油を塗り、髪の毛でぬぐったという記述がある。この女性の名前は不明だが、のちにマグダラのマリアと同一人物だったと考えられるようになった。マリアが長い髪で描かれたり、娼婦だったといわれるのはそのためだ。また、マリアとイエスが結婚していたという伝承も存在し、これはファンタジー作品にも取り入れられることがある。

〈マグダラの
マリアのイコン〉

関連用語

【『福音書』】
『新約聖書』を構成する書物の1つ。正典とされる4福音書（『マタイによる福音書』、『マルコによる福音書』、『ルカによる福音書』、『ヨハネによる福音書』）のほか、『トマスによる福音書』などの外典が存在する。

【カトリック教会】
西方教会に分類されるキリスト教の最大教派。日本では旧教とも呼ばれる。

【正教会】
東方教会に分類されるキリスト教の教派の1つ。各国に教会組織を置いている。

【罪深い女】
マグダラのマリアと同一視される女性。ベタニアのマリアとも呼ばれる。彼女が犯した罪は不明だが、一般的には性的不適切行為（娼婦だった）とされ、イエスに対して懺悔したという。彼女と同一視されたことでマグダラのマリア＝娼婦と考えられることがある。

COLUMN

壺や頭蓋骨が描かれる理由とは

宗教画の題材となることも多いマグダラのマリア。彼女は罪深い女と同一視されることから、絵画などでは油壺を携えた姿で描かれることが多い。また、イエス・キリストの処刑に立ち会ったため、十字架とともに描かれたり、処刑場であるゴルゴタの丘（"しゃれこうべの場所"の意）にちなんで頭蓋骨が描かれたりすることもある。

141 二・二六事件

陸軍内部でふたつの派閥の対立が起きていた1936年。武力行使によって世を変えられると信じた急進的な青年将校たちは、最悪のクーデター未遂事件を起こしてしまう。

暴走度	▶▶▶	5
虐殺度	▶▶▶	4
世直し度	▶▶▶	2

天皇中心の世を作るはずが天皇を怒らせる失態をおかす

　二・二六事件は、日本近代史上では唯一といえる軍事クーデターである。前代未聞のこの事件は、どうして発生したのだろうか？背景にあるのは、当時の日本の陸軍に存在した、皇道派と統制派というふたつの派閥の対立である。皇道派は天皇を頂点とする政治体制の実現を目指す一派で、目的達成のためには手段を選ばない過激な性質があった。一方の統制派は、合法的な手段によって軍主導の政治体制を実現させようとする一派であった。当時、統制派は軍の中枢を抑えており、皇道派は自分たちが置かれた現状に危機感をもっていた。このような情勢が原因となり、皇道派の一部の青年将校たちが暴発して、二・二六事件を起こしたのである。

　事件が起きたのは、1936年2月26日の早朝のこと。22人の皇道派青年将校が約1500名の兵士を率いて、首相官邸や陸軍省、参謀本部、警視庁、東京朝日新聞社などを占拠し、大蔵大臣の高橋是清、内大臣の斎藤実、教育総監の渡辺錠太郎を殺害した。最大の目標であった内閣総理大臣の岡田啓介も狙ったが、義弟の松尾伝蔵を岡田と誤認して殺害したため、岡田の殺害には失敗した。また、このほかに要人警護にあたっていた警察官5人も犠牲となった。

　事件発生から3日後の29日。反乱に参加した兵のほとんどは投降し、将校も自決した1名を除いて全員逮捕されて反乱は鎮圧。首謀者のほとんどは処刑され、事件は幕を閉じる。青年将校たちにとって誤算だったのは、彼らが主と仰いでいた昭和天皇が、事件の顛末を知ると激怒し、事件を起こした部隊を反乱軍と規定して鎮圧を命じたことであった。天皇の怒りは大変なもので、自らが近衛師団を率いて鎮圧する、と述べたという記録も残っている。青年将校たちは決起後に天皇に昭和維新を呼びかけ、新政権を樹立するつもりであったが、彼らの目論見は最初から破綻していたのである。

【昭和維新】

1930年代の日本で起こった思想で、明治維新を手本として、天皇中心の政治体制を樹立することを目的とした。昭和維新をとなえる者にとって、元老や重臣、財閥らは排除の対象であり、この思想のもとに五・一五事件をはじめとする数々のテロ行為が行われた。

142 エキドナ

上半身は美女だが、下半身はヘビという怪物。エキドナ自
身の生まれについては諸説あって定かでないが、ギリシア
神話のさまざまな怪物を生んだ母として重要な存在だ。

怪物たちとの関係の深度 ▶▶▶ 5
生んだ子どもたちの怪物度 ▶▶▶ 5
英雄譚誕生への貢献度 ▶▶▶ 5

ギリシア神話の英雄譚はエキドナのおかげ

エキドナの出自にはいくつかの説があり、ヘーシオドスの『神統
記』ではクリューサーオールとカロリエーの娘。クリューサーオー
ルの父母は海神ポセイドーンとメドゥーサなので、エキドナはこれ
らの孫になる。一方、アポロドーロスの『ギリシア神話』では地母
神ガイアとタルタロスの娘とされ、神話中最大の怪物テューポーン
の姉、もしくは妹になる。またパウサニアスの『ギリシア記』では、
巨人の子ペイラースと地下の大河の女神ステュクスの娘だし、海神
ポルキュースとケートーの娘という説では、同じくポルキュースを
父とするゴルゴーン三姉妹やグライアイ三姉妹とは姉妹になる。い
ずれにせよ、エキドナが何らかの怪物的な存在がいる系譜に連なっ
ていることだけは確かだ。

エキドナはテューポーンの妻といわれ、有名な冥府の番犬ケルベ
ロスをはじめ、双頭の犬オルトロス、レルネーのヒュドラー、黄金
のリンゴを守っていたラードーン、プロメーテウスの肝臓をついば
んでいた鷲エトン、英雄ペルセウスに倒されたケートス、アルゴナ
ウタイの物語で金羊毛の番をしていた竜、英雄ベレロポーンに倒さ
れた合成獣キマイラなどを生んだ。また、子どものオルトロスとも
交わったとされ、ネメアーの獅子やスフィンクスも生んでいる。

エキドナの子どもたちは多くがヘーラクレースの冒険に関わって
おり、ほかの子どもたちも有名な怪物退治のエピソードには欠かせ
ない。ギリシア神話を彩る英雄譚は、怪物たちの母たるエキドナが
いたから成立しているというわけだ。

関連用語

【ヘーシオドス】
紀元前700年頃に古代ギリシアで活動したとされる叙事詩人。神々の系譜を綴った『神統記』の著者とされ、同書で主神となったゼウスの正統性を強調したと考えられている。

【アポロドーロス】
古代ローマ時代の1〜2世紀頃に活動したと考えられているギリシアの著作家。

【パウサニアス】
115〜180年頃。ギリシアの地理学者。実際にギリシアの各地を旅して回り、見聞きした事柄を『ギリシア案内記』としてまとめた。

ヘロドトスが考察したエキドナの女神説

COLUMN 歴史家のヘロドトスは、ゲーリュオーンの牛を追ったヘーラクレースがスキュテスの地（現在のウクライナ辺り）でヘビ女と交わり、誕生した3人の子の一人がスキタイ王家の祖になったと考えた。ヘビ女がスキタイの女神だったエキドナとも考えていて、ならば多くの子どもがヘーラクレースと関わりがあるのも妙に納得できてしまう。

現代　／　日本　／　人物

143 横溝正史
（よこみぞせいし）

明治35年（1902年）生まれの小説家。金田一耕助シリーズなどの探偵小説のほか、耽美小説『鬼火』『蔵の中』などでも有名。多くの作品が映像化している人気作家。

知名度	▶▶▶	5
作品数	▶▶▶	4
病弱度	▶▶▶	5

二重の意味で起死回生した名作家

　すずめの巣のようなボサボサ頭をガリガリとかき乱し、そのたびに粉雪のようにフケが舞い散った。人当たりが良くひょうひょうとした人柄は、強面刑事が聞き出せない些細な情報を住人から引き出していく。日本を代表する名探偵の1人・金田一耕助は、"孫"の活躍もあってか今もなお人気が高い。

　この金田一耕助を生んだのが横溝正史だ。日本の風土を生かした耽美的・怪奇的な作品を得意とし、本格推理小説を中心に数多く書き上げた。金田一耕助シリーズで77作品、由利先生＆三津木俊助シリーズは33作品、人形佐七捕物帳シリーズは180作品にもおよぶ。

　横溝は兵庫の生まれで、銀行勤めをしながら書いた短編『恐ろしき四月馬鹿』が探偵雑誌「新青年」の懸賞に入選し、デビューを果たす。このとき18歳だったという。その後、江戸川乱歩の勧めで上京し、雑誌編集をしながら海外探偵小説の翻訳を行い、自らの創作も行っていた。戦中に発表したのが由利先生＆三津木俊助シリーズ、そして人形佐七捕物帳シリーズだ。金田一耕助が初めて登場する『本陣殺人事件』は戦後の作品である。

　横溝は結核に侵されており、たびたび喀血したという。1964年に一度現役から退いているほどだ。しかし、1970年代、映画やドラマなどのメディアミックスに加え、角川書店より横溝作品の文庫化が開始され一大ムーブメントとなった。これに後押しされるようにして横溝は執筆を再開し、亡くなる前年まで長編作品を書き続けたのだ。

関 連 用 語 ▶

【孫】
『金田一少年の事件簿』（原作：天樹征丸、金成陽三郎、作画：さとうふみや）に登場する高校生探偵・金田一一は、金田一耕助の孫という設定。

【由利先生＆三津木俊助シリーズ】
1935年『石膏美人』にて初登場。探偵・由利麟太郎と記者・三津木俊助のコンビによる推理物。

【人形佐七捕物帳】
時代小説シリーズ。江戸を舞台に、美男の岡っ引き・佐七が事件を解決していく。

COLUMN

叶わなかった代理原稿

1933年の初夏、横溝は大量の喀血をし「新青年」の原稿を落としてしまう。このときに代理原稿として掲載されたのが、のちに日本三大奇書を書く小栗虫太郎の処女作『完全犯罪』だった。横溝は「君（小栗）が体調不良のときは私が代理原稿を書く」と言ったそうだが、叶うことなく小栗は44歳という若さで亡くなってしまった。

物理 ／ 天体力学 ／ 天体学

144 ロッシュ限界
げんかい

大ヒットアニメ映画のクライマックスで描かれ、話題と
なったのがこのロッシュ限界。エドゥアール・ロシュが打
ち出したこの限界は、どういうものなのか？

崩壊直前度	▶▶▶	5
引っ張られ度	▶▶▶	4
前前前世度	▶▶▶	4

科学・数学

ロッシュ限界

大きな星の引力に負けるギリギリのライン

　ロッシュ限界とは、重力が働く星と星が破壊されずに近づける限
界のことである。重力がある星同士が接近すると、お互いに重力で
引き合うのだが、わかりやすく月と地球で例えてみる。重力は距離
が遠いほど小さくなるので、"月に近い側の表面"、"地球の中心"、"月
から遠い側の側面"とで、星にかかる重力が変わってくる。この一
定でないことで加わってくる、いわば引き延ばされたような力のこ
とを"潮汐力"という。先ほどいった場所ごとの月の引力から、地
球の重力を引き算すると、この潮汐力になる。そのわかりやすい例
が、潮の満ち引きで、あれは主に月と太陽の引力によるものだ（気
象によっても起きるが）。

　ある小型の星（伴星）がなんらかの理由で別の星（主星）に急
接近したとする。伴星は主星のロッシュ限界に近づくほど、主星
側の潮汐力によって楕円形に変形。ロッシュ限界を超えると、潮
汐力に耐えきれず伴星は崩壊してしまうのである。地球の場合、
19,134km（地球の半径3倍以内）がロッシュ限界の範囲である。
ロッシュ限界を超えて星が崩壊することを"潮汐分裂"といい、実
際1994年木星に接近したシューメーカー・レヴィ第9彗星は、潮
汐分裂で崩壊している。また、火星の衛星・フォボス、海王星の衛
星・トリトンも、徐々に主星側に接近しているため、いずれ潮汐分
裂すると考えられている。ただ、ロッシュ限界内にあっても天体自
体が十分に小さいと崩壊しないこともあるし、小惑星の状態によっ
てロッシュ限界の範囲も異なる。某アニメ映画のようになるかどう
かは、まあケースバイケースということだ。

◀ 関連用語 ▶

【エドゥアール・ロシュ】
1820〜1883年。フラン
スの天文学者。数学的に
ロッシュ限界を計算し、土
星の衛星がロッシュ限界
を超えて潮汐分裂で破壊
され、土星の輪ができた
という理論を発表した。

**【シューメーカー・レヴィ
第9彗星】**
1993年3月24日、アメ
リカのパロマー天文台で
観測された彗星。その後
の観測で、1960年頃木
星に捕捉され、1992年
7月にロッシュ限界を突
破。分裂した破片は、
1994年7月までに相次
いで木星上層に衝突した
ことが判明している。

【フォボス】
1877年に発見された火
星の第一衛星。火星の表
面から6,000km以内の
軌道を回っているが、火
星の自転より速く公転し
ているので、1世紀で
1.8mほど火星に引き付
けられており、やがてロッ
シュ限界に達して破壊さ
れる運命にあるとされる。

スペースコロニー設置に最適な、安定した場所

COLUMN

天体力学の言葉である種最も有名な用語が、ラグランジュ点（ポイント）だろう。こ
れは天体と天体の重力で釣り合いが取れている、宇宙のなかで安定している場所のこ
とだ。宇宙ステーションや宇宙望遠鏡、さらにはスペースコロニーなどの設置場所候
補とされており、SFアニメではおなじみの用語である。

哲学 ／ 西洋 ／ 人物

145 ジャン＝ポール・サルトル

「人間は自由であるように呪われている」という言葉で有名なサルトル。彼はハイデッガーの影響を受けつつ"人間の存在"について掘り下げた。

自由度	▶▶▶	5
神に逆らう度	▶▶▶	5
教訓になる度	▶▶▶	3

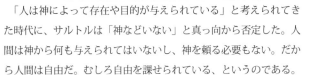

まず存在があり本質はあとから作るという思想

「人は神によって存在や目的が与えられている」と考えられてきた時代に、サルトルは「神などいない」と真っ向から否定した。人間は神から何も与えられてはいないし、神を頼る必要もない。だから人間は自由だ。むしろ自由を課せられている、というのである。

この考え方の根底にあるのが、彼の言葉「実存は本質に先立つ」である。存在には理由や本質があると考えがちだが、そんなものはない。存在は「ただ存在している」という、それだけである。たとえば人間という存在は、神が与えたものでもなければ、何か意味や目的があるのでもない。まず存在していて、本質や意味はあとから作るのだ。本質を作らなければ、ただ存在しているだけの存在に過ぎない。本質を作るという自由を課せられているのである。これが冒頭の「人間は自由であるように呪われている」につながる。

つまり、自由というのはそれだけの重荷なのである。自由に生きるということは、自分で生き方を決め、その責任を取るということ。確かに誰かからお題や目的を与えられて生きるほうがずっと楽だろう。たとえばRPGなら、悪の王を倒すことだったりクエストをクリアすることだったり、目的や目標がたいていしっかり決められている。だからこそ進む道が明快で、やっていて手応えもある。これが「何をしてもOK」という自由なゲームだったら、何をすればいいかわからず、張り合いがなくなってやめてしまうかもしれない。

とはいえ、今ではサルトルの思想は懐疑的で、周囲との調和を目指す考え方のほうが主流である。サルトルの教えのままに行動すると"自己厨"と思われかねないので注意しておきたい。

◆関連用語◆

【ジャン＝ポール・サルトル】

1905〜1980年。フランスの哲学者。第二次世界大戦中に刊行した『存在と無』が主著で、これにより実存主義という考え方が広まった。この本のなかで「人間は自由であるように呪われている」の言葉が語られた。

【実存主義】

今ここに存在している自分を中心に考える哲学的思想。「もし神がすべての物を作ったのなら、神自身は誰が作ったのか？」とサルトルは問い、すべての物は存在が先にあり、神は存在しないと説いた。

【自由】

ほかから強制や束縛などを受けず、自分の意思のままに動けること。ただし、その行動の責任も持つというのが一般的である。責任を持たないのは自由ではなく「自分勝手」となる。

"自由に生きる"ゲームが増えてきた

ひと昔まえは単一の目標に向かって突き進むゲームが多かったが、ネットワーク環境が普及した現在は、各自がいろいろな目標を持って遊べるゲームが増えてきた。課金して最強を目指してもいいし、できる範囲で小さな目標を立てて遊んでもいい。"自由に生きる"というサルトルの教えが影響している面があるのかもしれない。

146 ストーンヘンジ

イギリス南部ソールズベリー郊外にある巨大な石のサークル。紀元前3000年頃から段階的に造られたとされるが、誰がなんの目的で建てたものかはいまも謎のままである。

ミステリー度	▶▶▶ 5
世界遺産度	▶▶▶ 5
観光名所度	▶▶▶ 5

古代人が建設した謎多き巨石群

1986年に世界遺産として登録されるなど、観光名所としても有名なストーンヘンジ。門の形に組み合わされた高さ7mの巨石5組と、その周囲、直径100mほどの範囲に並んだ高さ5mほどの30個の立石からなる古代遺跡である。

ストーンヘンジについては、これまでの調査・研究で、紀元前3000年頃に円形の土塁が造られ、紀元前2500年頃から石が置かれるようになり、そこから起源前2000年頃にかけて段階的に造られていったことはわかっている。しかし、誰が、どのようにして、なんのために造ったのかはいまもよくわかっていない。

誰が造ったのかに関しては、当時この地域に住んでいたウィンドミル・ヒル人だと考えられているが、はっきりとしたことは不明。また、材料である石には巨大な「サルセン石」（約36t）と、比較的小さな「ブルーストーン」（最大のもので3.6t）があり、サルセン石は50kmほど離れた石切り場から、ブルーストーンの一部は250kmも離れたウェールズにある石切り場からそれぞれ運ばれたと見られているが、その運搬方法については未解明のまま（一応、石をソリに載せてレールなどの上を滑らせた、イカダを使い川から運んだ、といった推測がなされている）。さらに、建造した目的についても「王の墓説」「天文台説」「祭壇説」といったものから、「UFOの発着基地だった」というトンデモなものまで諸説あり、いまもその答えは謎に包まれたままだ。

〈ストーンヘンジ〉

◆ 関連用語 ▶

【世界遺産】

1972年のユネスコ総会で採択された「世界の文化遺産及び自然遺産の保護に関する条約」（世界遺産条約）に基づいて登録された、人類が共有すべき過去から引き継がれた貴重な資産のこと。その特質に応じて「文化遺産」「自然遺産」「複合遺産」の3つに分類される。なお、ストーンヘンジはこのうち「文化遺産」として登録されている。

COLUMN 『アーサー王物語』とも関連付けられる

ストーンヘンジは、『アーサー王物語』に登場する魔法使いマーリンが造ったという伝説もある。この伝説によると、アーサー王の叔父アウレリアヌスがイギリス王になった際、マーリンにアイルランドから巨石を運ばせてストーンヘンジを造らせたという。こうした伝説が生まれるほど、ストーンヘンジは不可思議な存在であるのだ。

147 洗礼者ヨハネ
せんれいしゃ

洗礼者ヨハネはイエス・キリストの親族であり、彼に洗礼を授けた人物。イエスに先立って宣教活動をはじめ、イエスをその道に進ませたことから先駆者とされている。

聖人度	▶▶▶	5
使徒ヨハネと混同される度	▶▶▶	5
じつは親戚だった度	▶▶▶	5

洗礼者ヨハネ

主の道を整えた偉大な洗礼者

『新約聖書』に登場する古代ユダヤの宗教家で、イエス・キリストに洗礼を授けた人物。キリスト教では、イエスに洗礼を授けたことから先駆者と位置づけられており、正教会では前駆授洗者の称号を与えられたほか、カトリック教会や正教会などでは聖人に数えられる。『新約聖書』の『ルカによる福音書』によれば、彼の両親は祭司ザカリアとその妻エリサベト。イエスの母親マリアはエリサベトの親戚なので、イエスとヨハネも血縁関係にあったわけだ。

洗礼というとキリスト教をイメージする人も多いが、これはキリスト教が誕生する以前より存在した。当時の洗礼は、ユダヤ教への改宗者をイスラエルの民として受け入れる儀式の一部で、外界からやってきたものを清めるものとされていた。しかし、ヨハネはユダヤ人でさえも罪によって汚れ、神の民と呼ばれる権利を失うと考え、洗礼に新たな意味を加えた。ヨハネが授ける洗礼は、その人がイスラエルの民として受け入れられたことを示し、さらに自らの行いを悔い改めたものに神の赦しを与えるという行為だったのだ。

そんなヨハネから洗礼を授かったのが、のちにイエス・キリストと呼ばれるナザレのイエスだ。ヨハネから洗礼を授かったイエスは、パレスチナのガリラヤで宣教をはじめ、たくさんの弟子たちを得る。そのなかにはイスカリオテのユダのようにイエスを裏切ったものも存在するが、のちに彼らの手でキリスト教が作られることとなった。

〈洗礼者ヨハネ〉

関連用語

【洗礼】
キリスト教徒となるための儀式。頭部あるいは全身に水をかけたり、頭を水につけるというもの。

【ナザレのイエス】
ナザレはイエスが幼少期を過ごしたイスラエルの都市。

【イスカリオテのユダ】
イエスの弟子の1人。金欲しさにイエスを裏切り、死に追いやった。

COLUMN

信者なら誰でももっている洗礼名

現代では洗礼を受けると聖人や天使の名前にちなんだ洗礼名を授かる。これはある程度自分で決められるため、とんでもない名前にする人も少なくない。たとえば絵画の巨匠ピカソの洗礼名は、パブロ・ディエゴ・ホセ・フランシスコ・デ・パウラ・ファン・ネポムセーノ・マリア・デ・ロス……と、長過ぎることで有名だ。

148 姐己
（だっき）

中国の古代国家・殷王朝の紂王に愛された姐己は、その美貌で王を堕落させ、ついには破滅に導いた。彼女の行いは後世に語り継がれ、伝説の大妖怪を生み出した。

美女度	▶▶▶ 5
悪女度	▶▶▶ 5
妖怪変化度	▶▶▶ 4

九尾の狐へと変化した中国史上稀に見る悪女

　殷の紂王は聡明な王だったが、姐己を妃に迎えてからはすっかりその色香に溺れてしまう。姐己は紂王に酒池肉林を始めさまざまな贅沢をねだり、王をいさめる者に対しては讒言を行って残酷な方法で殺害させた。こうした行いによって民心は紂王から離れてしまい、ついには反乱を起こした周の武王によって殷は攻め滅ぼされ、姐己と紂王も命を落とすことになったのである。

　王をたぶらかし、国を亡ぼすまでに至った稀代の悪女・姐己は、後世の人々の心に強い印象を残した。これにより姐己は歴史に名を残しただけでなく、演劇や小説などさまざまな創作物にも登場する伝説的な存在となっていった。

　姐己が登場する代表的な作品には、元の時代に刊行された歴史物語『全相平話』がある。これに収録された『武王伐紂書』という物語では、姐己の正体は九尾の狐という妖怪で、紂王に嫁ぐ予定だった娘を襲って肉体を奪い、成り代わったとされている。

　明の時代に成立した小説『封神演義』にも、姐己は妖怪変化の類として描かれている。この作品は殷と周の戦いの時代を題材に、仙人や妖怪、人間たちの大戦争を描いたもの。姐己は九尾狐狸精という狐の妖怪として登場し、殷の紂王を誘惑してさまざまな悪事を働き、殷を亡ぼすために暗躍している。

　また、姐己の伝説は中国で知られるだけに留まらず、日本にも伝わって悪女の伝説と結びつけられた。そのひとつが玉藻前伝説である。

関連用語

【殷】
中国の古代王朝。紀元前17世紀頃から紀元前11世紀まで栄えた。殷以前に存在した、夏王朝を滅ぼして建国されたと伝えられる。

【紂王】
紀元前1100年頃。殷の第30代の王。正式名称は帝辛で、紂王は俗称。史書によると眉目秀麗で頭がよく、武勇にも優れた人物だったが、寵姫の姐己に溺れて民心を失い、殷の滅亡を招いた。

【酒池肉林】
紂王が姐己の願いをかなえるために催した、豪奢な酒宴。酒で池を作り、子豚の丸焼きを林のように並べ、裸の男女を互いに追いかけさせる、退廃的なものだったといわれる。

〈『北斎漫画』殷の姐己〉

COLUMN

中国三大悪女も姐己には及ばず？

中国の歴史上には、ときおり凄まじい悪名をもつ女性が登場する。特に有名なのは、漢代の呂雉（呂后）、唐代の武則天（則天武后）、清代の西太后で、中国三大悪女とも呼ばれる。だが、彼女らは残虐な行いをしたり国政を混乱させたことはあるが、国を亡ぼすまでには至っていない。この点においては、姐己は格が違うといえそうだ。

149 パンドーラー

鍛冶の神ヘーパイストスがつくった最初の女性。「開けてはならない」といわれていた箱を開け、入っていた数々の災いを世に解き放った「パンドラの箱」の逸話で知られる。

男をたぶらかす魅力度	▶▶▶	5
やらかしちゃった度	▶▶▶	5
悪気は全くなかった度	▶▶▶	5

ゼウスの指示でつくられた最初の女性

　太古の時代、まだ未開だった人間は寒さや飢えに苦しんでいた。ゼウスは人間に火を与えることを禁じていたが、見かねたプロメーテウスが火を人間に与えた。ゼウスはプロメーテウスを罰し、火を得た人間に代償を払わせようと決め、ヘーパイストスに粘土で女性をつくらせた。これがパンドーラーで、アテーナーからは機織りなど仕事の能力、アフロディーテーからは男を悩ます魅力といった具合に、神々からさまざまな贈り物を授かった。名前のパンドーラーも "すべての贈り物を与えられた女" という意味だ。ただ、ヘルメースが嘘と盗人の性質を与えたように必ずしもよいものとは限らず、その最たるものが最後に贈られたピトス（甕）だった。

　その後、パンドーラーはプロメーテウスの弟エピメーテウスのもとへ送られ、たちまち虜にされた彼と結婚。もちろん甕も携えていた。神々には「決して開けないように」と忠告されていたが、のちにパンドーラーは好奇心に負けて甕を開け、飛び出した災いが人間にもたらされた。ゼウスはこれを計算して彼女を送り込んだわけだ。

　なお、本来は甕なのに「パンドラの箱」と呼ばれるのは、中世期にラテン語で紹介された際の誤訳がきっかけ。これが広まったため、甕ではなく箱が一般的になったようだ。「パンドラの箱」は、触れてはならぬものを表す言葉として日本でもすっかりお馴染みで、パンドーラー本人より箱の方が有名になっている感すらある。

〈『ピュクシスを持つパンドーラー』〉

関連用語

【プロメーテウス】

ティーターンの男神で、一説では人間の創造主とされている。知恵に優れ、先見の明があり、ティーターノマキアーではゼウスに味方した。ゼウスとの確執はヘーシオドスの『神統記』や『仕事と日』、アイスキュロスの悲劇『縛られたプロメテウス』などで語られている。

【ヘルメース】

オリュンポス12柱の一柱。ゼウスの伝令使として有名だが、じつはギリシア神話のなかでも非常に多くの権能を有する神で、詐術や賭博、盗人などの神でもあった。

【エピメーテウス】

プロメーテウスの弟。兄とは違い愚鈍だったとされる。プロメーテウスは「ゼウスからの贈り物は送り返せ」と忠告していたが、エピメーテウスはその意を汲めずにパンドーラーを受け入れてしまった。

解釈次第でポジにもネガにもなる物語

甕のなかにはエルピス（古いギリシア語で希望や予兆、期待などを表す）だけが残された。「災いに遭っても希望があれば生きていける」といったポジティブな解釈が一般的だが、一方で「大きな災いがあるとわかっているのは不幸だ」といったネガティブな解釈もあり、パンドーラーの物語はとらえ方次第で意味が異なってくる。

神話・伝承

パンドーラー

現代　／　日本　／　小説

150 人間失格（にんげんしっかく）

1948年に雑誌「展望」にて連載された太宰治の代表作。
世界でもっとも読まれている本に値する世界的ベストセ
ラー。"人間失格者"大庭葉蔵の生涯が語られている。

世界的知名度	▶▶▶	5
共感度	▶▶▶	5
いわくつき度	▶▶▶	4

他者と異なることは「人間失格」なのか？

「もはや、自分は、完全に、人間で無くなりました。」

　日本どころか世界的ベストセラーの１つで、令和の今になっても
映画にアニメにとメディアミックスが絶えることのない太宰治の
代表作だ。まず何よりタイトルのインパクトがすごい。『人間失格』
という字面に、ドキリとしない人はいないだろう。本作は誰もが持っ
ている"生きづらさ"や"社会生活への違和感"を描いている。

　本作は、狂人となってしまった大庭葉蔵の手記を紹介するという
形式が取られている。葉蔵は"生活の営み"というものが理解でき
ず、道化を演じることでどうにか社会生活を送っていた。嘘をつき、
あざむき合い、それでも傷つくことなく普通に生活している"人間"
というものが恐ろしくて仕方ないのだ。こうして恐怖に苛まれなが
ら生活していた葉蔵だが、ある事件によってとうとう精神を病み、
薬に逃げて精神病院に入ることになる。そこで放った言葉が冒頭の
ものだ。そう、こうして彼は"人間失格者"になったのだ。

　だが、本当に彼は人間失格者だったのだろうか。最終的に"狂人"
となってはいるが、むしろ彼は誰よりも人間らしく、奥ゆかしく過
ごしていたように思える。何より、狂人が自らを「狂人だ」などと
いうだろうか。自覚があるだけ、彼はまともだったのかもしれない。

　本書は太宰の体験や人生観が多大に投影されている。嫌がらせに
おびえていた彼の心の柔らかな部分が窺い知れるだろう。太宰はこ
れを書き終えたあと、玉川上水に身を投げている。

◀ 関連用語 ▶

【太宰治】
1909～1948年。東京
生まれの無頼派の小説
家。井伏鱒二に師事し、
『走れメロス』『斜陽』な
どを書く。たびたび自殺・
心中未遂を起こしてい
た。1948年、とうとう
玉川上水にて心中を成功
させてしまう。

【嫌がらせ】
太宰は同じく文豪の中原
中也にたびたび嫌がらせ
を受け、怯えて泣いてい
たという逸話がある。

COLUMN

自ら芽を摘んだ文豪たち

文豪には自己破滅的な思考の者が多く、自殺者の数も多い。有名どころでは「ぼんや
りとした不安」で服薬自殺した芥川龍之介、割腹自殺を果たした三島由紀夫、ノーベ
ル賞を受賞しながらガス管をくわえて死んだ川端康成、『私と小鳥と鈴と』などで知ら
れる金子みすゞも服薬自殺で命を落としている。

文学

人間失格

151 デルタブイ

19世紀の終わり、ロケットに関する重要な定義が提唱された。デルタブイ。この言葉ができたことで、宇宙旅行は一気に現実味を帯びることになったという。

宇宙時代到来度	▶▶▶ 5
ロケット度	▶▶▶ 4
パワーワード度	▶▶▶ 4

宇宙時代の到来を示したパワーワード

　1897年、コンスタンチン・ツィオルコフスキーによって、ロケット推進に関する公式"ツィオルコフスキーのロケット公式"が発表された。これは、噴射ガスの速度が大きく、ロケット点火時と燃焼終了時の質量比が大きいほど、より大きな速度が得られるということを示したもの。そのロケットの速度変化量が、やたらイカす名前のデルタブイ（ΔV）である。

　人工衛星などを衛星軌道に投入するための軌道速度を"第一宇宙速度"（約7.9km/s）、地球の重力を振り切るために必要な地表における初速度を"第二宇宙速度"（約11.2km/s）というが、ロケットのデルタブイは、これをクリアしなければ地球外に飛び出せない。つまり、デルタブイの概念ができたことで、人類はロケットで宇宙に行くための試行錯誤をするスタートラインに初めて立てたというわけだ。

　ロケット公式は重力の影響や空気抵抗などは含んでおらず、実際にはそこもクリアしないといけないのだが、デルタブイがロケットエンジンの大きな評価ポイントであることには変わりがない。宇宙船の開発では、必要な合計デルタブイを減らすか、効率よく大きなデルタブイを生み出せるか、といった研究が行われている。

　ちなみに、現在すべての衛星打ち上げ機は多段式ロケットなのだが、この多段式ロケットもツィオルコフスキーのアイデア。移動本体の質量は全体と比べてできるだけ小さいほうがデルタブイは大きい。だから、空になった推進剤のタンクやそれを燃焼させるエンジンは切り離す仕組みになっているのである。

◆関連用語◆

【コンスタンチン・ツィオルコフスキー】

1857～1935年。ロシア生まれのロケット研究者、物理学者。ロケット公式のほか、人工衛星や宇宙船の示唆、多段式ロケット、軌道エレベータ案などを論文で発表した"宇宙旅行の父"。

【宇宙速度】

軌道力学的に、宇宙飛行といえるような軌道に乗せるために必要な速度のこと。衛星軌道に載せる第一宇宙速度、地球の重力を脱出する第二宇宙速度、太陽の重力を振り切る第三宇宙速度がある。

【多段式ロケット】

十分なデルタブイ確保のため、不要なパーツを切り離す仕組みのロケットのこと。理論的にはもっと細かく分離すれば一番効率がいいのだが、現実的な技術面からして、2～3段式の構成が主流。

引力を利用するのもロケット独特の技術

COLUMN

天体の引力を逆に利用するロケット技術もある。スイングバイは、天体の前後近辺を通過し、その天体の運動と万有引力を利用し、宇宙船の進路を変更する技術のこと。推進剤を消費しないことから、使われることが多い。日本の小惑星探査機はやぶさ2も、このスイングバイで軌道斜角の修正と速度の増加を実施している。

152 水槽の脳(すいそうのう)

「もしかしたら、あなたが現実だと思っている世界はすべて作り物かもしれない」。哲学者パトナムが呈したこの疑問は「水槽の脳」と呼ばれている。

答えを出せない度	▶▶▶	5
おぞましい度	▶▶▶	4
近未来度	▶▶▶	5

この世界が作り物ではない、と証明できるか？

　哲学者ヒラリー・パトナムは、つぎのように問いかけた。「もしかしたら、あなたは水槽に浮かんでいるただの脳かもしれない。脳にはコンピュータがつながっており、あなたが五感で感じている情報はすべてコンピュータからの電気信号だ。あなたが現実だと思っている世界は、すべてコンピュータが作り出したものだ。そうでないというのなら、それを証明することができるだろうか？」と。

　なかなか難しい問いである。我々は五感を通して、その物の形や色、音、匂い、味などを感じ取っている。あくまでその物が「そういう物である」と感じているだけで、本当にそういう物なのかどうかはわからない。知りようがないのである。

　わからない以上、我々が感じ取れる姿を現実として考えればいいんじゃないか、ともいえる。かつて、哲学者のカントが語ったことでもある。たとえそれが本当は作り物であっても、我々に見えているものこそが現実である。それ以上はわからないのだから。

　作り物の世界という意味では、今進歩しているVR（ヴァーチャル・リアリティ）の技術はまさにそれだろう。現状はまだ視覚と聴覚による再現だが、いずれ味覚・嗅覚・触覚も含めた五感すべてで感じられる仮想現実が実現するかもしれない。五感すべてで現実とそっくりの世界を感じられるのなら、それはもう現実そのものだ。そのとき、我々は脳だけあれば、生きて人生を謳歌することができるだろう。まさに "水槽の脳" の時代の到来である。

関連用語

【ヒラリー・パトナム】

1926～2016年。アメリカの哲学者。分析哲学を中心とし、つい最近の2016年に他界した。本稿で述べた「水槽の脳」という思考実験を提唱したことで知られている。

【イマヌエル・カント】

1742～1804年。ドイツの哲学者。主著に『純粋理性批判』、『実践理性批判』、『判断力批判』の三批判書がある。「物があってそれを認識する」のではなく「認識してはじめて物である」という考え方を示した。

【五感】

人間や動物が他を認知する感覚機能のうち代表的な5つ。視覚、聴覚、味覚、嗅覚、触覚がある。実際にはこれら以外にも感覚はあり、超能力ともいわれる「第六感」は話のネタにされやすい。

COLUMN　コンピュータの作り出した世界が舞台の『マトリックス』

　"水槽の脳" の世界観といったら、1999年に公開されたアメリカ映画『マトリックス』が有名だろう。この世界全体がじつはコンピュータの作り出した仮想現実で、人間本体は培養槽の中に閉じ込められている、という設定のお話だ。この作品をはじめとして、"水槽の脳" のロジックはさまざまな創作に用いられている。

古代文明 / アジア / 世界遺産

153 モヘンジョダロ

パキスタンにある古代遺跡。紀元前2500年から紀元前1800年にかけ繁栄したが、短期間のうちに衰退した。その衰退の理由についてはさまざま説がある。

ミステリー度	▶▶▶	5
都市計画度	▶▶▶	5
核戦争で滅びたかも度	▶▶▶	2

核戦争滅亡論もある謎多き古代遺跡

　インダス文明の古代遺跡モヘンジョダロ。現地の言葉で「死の丘」という意味を持つこの遺跡は、いまなお解明されていない多くの謎が残っている。

　なかでも最大のミステリーは、その滅亡にまつわるものだろう。モヘンジョダロは最盛期には4万人が暮らすほど繁栄したと推測されているが、紀元前1800年頃に突如として衰退し、歴史からその姿を消した。モヘンジョダロ滅亡の原因については「洪水説」が有力視されているが、もうひとつ「古代核戦争説」というのもオカルト的には有名だ。

　古代核戦争で滅亡したという説は突拍子もない話に聞こえるし、実際にそうなのだが、一応根拠らしきものはあって、たとえばモヘンジョダロの遺跡では46体の白骨死体が発見されているが、それらは野ざらしにされており、まるで突然死が訪れたかのような状態であった。また、遺体のうち9体には高温にさらされた跡が残されていたという。このほかにも、遺体から通常の50倍の放射線が検出されたとか、核爆発で砂が解けてガラス化した地域があるといった話もあり（もっとも現地の人たちは誰もそんな場所は知らないし、聞いたこともないのだが）、これらを持って「古代の核戦争によって滅亡した可能性がある」と主張しているわけだ。

　また、モヘンジョダロは非常に緻密な都市計画に基づいて造られており、市街地は大通りを挟んで整然と区分けされて、水道や浴場、汚染の排水システムなども備えているなど、とてもいまから4500年以上前に築かれたとは思えないほど機能的にデザインされている。しかも、都市というものは普通は少しずつ発展していくものだが、モヘンジョダロの場合、最初からこの形で出現しており、これも大きな謎とされている。さすがに核戦争滅亡説はこじつけ感があるが、モヘンジョダロがミステリアスな遺跡であることに変わりはないのだ。

関連用語

【インダス文明】

紀元前2500～紀元前1500年ごろに、インダス川流域に栄えた文明。モヘンジョダロとハラッパーの2大遺跡が有名。

【古代核戦争】

太古の昔に核戦争があったとする説。『創世記』や『マハーバーラタ』といった神話の中には、宇宙人の存在や核戦争を思わせる描写がある。こうしたことから、古代には地球外生命体によって授けられた、高度な文明とテクノロジーが存在していたが、核戦争によって滅びたという説が唱えられるようになった。

【ガラス化した地域】

古代核戦争論者のデヴィッド・W・ダヴェンポートは、モヘンジョダロには現地民が「ガラスになった町」と呼んで近付かない場所があり、自分はそこを訪れたと主張。ただし、ダヴェンポートはその場所を明らかにしておらず、他にその場所を発見できた者もいないことから、単なるホラ話だと考えられている。

154 モーセ

『旧約聖書』の最初の5書『モーセ五書』を作った預言者。歴代の預言者のなかでもとくに神聖視されており、イスラム教では5大預言者の1人としている。

じつは捨て子だった度	▶▶▶ 5
海を割ったおじさん度	▶▶▶ 5
モーセといえば十戒度	▶▶▶ 5

神の名の下にヘブライ人を救済する

モーセ

『旧約聖書』の『出エジプト記』などに登場する、アブラハムの宗教に伝わる預言者で、古代イスラエルの指導者だったとされる。『出エジプト記』によれば、モーセはエジプトに住んでいたヘブライ人の子どもだが、ヘブライ人が増えることを危惧したファラオが子どもたちを殺すように命じたため、モーセの両親は彼をナイル川に捨てたという。その後、モーセは水浴びをしていたファラオの娘に拾われ、彼女に育てられた。成長したモーセは神の啓示を受け、エジプト人の奴隷であったヘブライ人を“約束の地”に逃がす使命を帯びる。間もなくモーセは、神から与えられた3つの“しるし”を使い、エジプトからの脱出を図った。ヘブライ人を逃がすためにモーセが海を割るシーンは絵画などで有名だが、これはしるしが引き起こした奇跡の1つだ。そしてエジプトを脱出したモーセ一行は、シナイ山まで進み、そこで神から10の戒律を授かった。これが有名なモーセの十戒であり、その内容は以下のとおり。教派によって微妙に解釈が異なるが、これらの戒律は現代のユダヤ教やキリスト教でも重要視されている。

① わたしのほかに神があってはならない

② あなたの神、主の名をみだりに唱えてはならない

③ 主の日を心にとどめ、これを聖とせよ

④ あなたの父母を敬え

⑤ 殺してはならない

⑥ 姦淫してはならない

⑦ 盗んではならない

⑧ 隣人に関して偽証してはならない

⑨ 隣人の妻を欲してはならない

⑩ 隣人の財産を欲してはならない

関連用語

【アブラハムの宗教】

預言者を通じて人々にもたらされた神の言葉をまとめた『旧約聖書』や『コーラン』など。これらの聖典を重要視するユダヤ教、キリスト教、イスラム教のこと。『創世記』に登場する預言者アブラハムに由来する。

【預言者】

『旧約聖書』や『コーラン』に登場した神の言葉を代弁するものたち。モーセのほかには最初の人アダムや方舟の伝承で知られるノア、72柱の魔神を従えたソロモンなどが有名。

【約束の地】

エジプト人の奴隷となっていたヘブライ人（イスラエル民族）に対し、神が与えるといった土地。具体的な場所はわかっておらず、ユーフラテス川付近とされている。

【しるし】

神の存在を示す、何かしらの奇跡を伴うもの。

【十戒】

神によって提示された、人々が守るべき決まりを記したもの。2枚の石板で構成されている。

〈『モーセの十戒』〉

155 曹操（そうそう）

曹操（155～220年）は後漢末期に群雄として頭角を現し、三国時代で最大勢力を誇った魏国を建てた大英雄だ。だが、『三国志演義』においてはなぜか悪役とされている。

英傑度	▶▶▶	5
奸雄度	▶▶▶	4
漢への忠誠度	▶▶▶	5

漢民族が虐げられた歴史によって評価が一変

　後漢末期、朝廷が支配力を失い群雄割拠の時代となったなか、曹操は各地の群雄や賊を破って勢力を拡大しつつ、後漢の皇帝・献帝を保護して権力基盤を固めた。そして最大のライバルであった袁紹を破り、中原（現在の華北平原一帯）の覇者となる。その後、赤壁の戦いで破れたことなどが原因で中華統一には至らなかったが、三国時代最大の大国・魏を建国した。曹操が一代で成し遂げた業績はずば抜けており、三国時代最大の英雄といっても過言ではない。正史『三国志』の著者である陳寿も曹操を「非常之人」（並外れて優れた人物）と評価している。

　だが、日本でも広く親しまれている小説『三国志演義』においては、曹操は冷酷非情な為政者として描かれ、主人公格である劉備と対立する悪役にされている。なぜ、こうなってしまったのか？

　その原因は、『三国志演義』が成立した過程にあった。『三国志演義』は14世紀後半に成立した小説だが、その原型となったのは正史『三国志』のほか、宋代から元代にかけて成立した講談といわれている。宋代から元代は、漢民族が北方の異民族に脅かされた時代であった。当時の人々は強大な力をもつ曹操に立ち向かった劉備に自分たちの境遇を重ねて共感し、劉備＝善玉、曹操＝悪玉という構図が形作られていったと考えられている。また、宋代後期に登場した儒者で、朱子学の創始者である朱熹（朱子）が、劉備が建国した蜀漢こそ漢の正当な後継王朝であると主張したことも要因だろう。

〈『月百姿』南屛山昇月〉

関連用語

【董卓】

？～192年。後漢末期に登場した群雄の1人。朝廷の混乱に乗じて権力を握ったが、諸侯の反感を買って朝臣の王允と自らの部下であった呂布に暗殺された。

【献帝】

189～220年。後漢最後の皇帝で、曹操の庇護を受けた。曹操の息子・曹丕の代に禅譲を行い、漢王朝の歴史に幕を引いた。

【袁紹】

？～202年。後漢末期に登場した群雄の1人。名族の出身で、若い頃から曹操と交流があった。河北（現在の黄河北岸地域一帯）四州を支配する大勢力となって曹操と対立するが、官渡の戦いで大敗し、失意のうちに病死した。

COLUMN

儒者によってゆがめられた始皇帝の業績

中国史上初の統一国家を建てた秦の始皇帝も、曹操のように後世に評価が一変してしまった人物の1人だ。始皇帝には儒者を弾圧した暴君のイメージがつきまとうが、これは後世の儒者たちによる創作である部分が多い。実際には先進的な政治制度によって合理的な国家運営を目指した名君であり、近年は再評価が進んでいる。

156 ヘーラクレース

主神ゼウスとペルセウスの孫アルクメーネーのあいだに生まれたギリシア神話最大の英雄。ヘーラーの企みにより、エウリュステウス王に仕えて12の難行を遂行した。

豪勇無双の英雄度　▶▶▶　5
倒した怪物の強度　▶▶▶　5
ヘーラーからの憎まれ度　▶▶▶　3

たびたび映画化もされているギリシアの大英雄

　ヘーラクレースはゼウスが浮気で得た子どもだった。ゼウスは彼をミュケナイ王にするつもりだったが、誕生前から彼を憎んでいたヘーラーの企みで王にはなれなかった。ヘーラクレースが生まれると、ゼウスは眠っているヘーラーの乳を吸わせて彼を不死にした。怒ったヘーラーは揺りかごにヘビを放つが、ヘーラクレースは素手で握りつぶして難を逃れる。しかし、のちにヘーラーは結婚したヘーラクレースの正気を失わせて妻子を殺させ、贖罪を望んだヘーラクレースはデルポイの神託により、ミュケナイ王となっていたエウリュステウスに仕えて12の難行に挑むことになったのだ。

　この難行で、ヘーラクレースはネメアーの獅子、レルネーのヒュドラー、エリュマントスの猪、ステュムパーリデスの鳥を退治し、黄金の角があるケリュネイアの鹿、ディオメーデース王の人食い馬、クレータの牡牛、ゲーリューオンの紅い牛、冥府の番犬ケルベロスを捕獲。さらにアマゾーンの女王の腰帯やヘスペリデスの黄金のリンゴを手に入れ、アウゲイアース王の牛舎掃除などもこなしている。

　ほかにも数々の冒険譚があるヘーラクレースは創作作品の題材として好まれ、アメリカでは英語読みのハーキュリーズの名でアメリカン・コミックスのヒーローにもなっている。たびたび映画も制作されていて、2014年には日本でも2本の映画が公開された。

〈ヘーラクレースと幼いテーレポス〉

関連用語

【ミュケナイ】
ペロポネソス半島北東部にあった古代都市。ヘーラクレースの母アルクメーネーは、もともとはこの都市の出身だった。ミケーネとも呼ばれ、ミュケナイ文明の重要な遺跡があることでも知られている。

【テーバイ】
現在の中央ギリシャ地方ヴィオティア県の県都、ティーヴァにあった都市国家で、ヘーラクレースの出身地。建国者のカドモスは、酒の神デュオニューソスを生んだセメレー王女の父でもある。

【デルポイの神託】
デルポイはパルナッソス山のふもとにあった都市国家。アポローン神殿で巫女が託宣をしており、最古の神託所として有名だ。

ヘーラクレースにまつわる星座

COLUMN

有名な星座にはヘーラクレースにちなんだものが多い。しし座はネメアーの獅子、うみへび座はヒュドラー、かに座はヒュドラー退治の際にヘーラーが送りこみ、踏みつぶされた化けガニだ。さらに武術の師匠だったケンタウロスのケイローンは射手座、ヘーラクレースの毒矢を足に落として死んだポロスはケンタウロス座になっている。

現代 / 日本 / 人物

157 星新一
（ほししんいち）

1926年（大正15年）生まれの小説家、SF作家。ショートショートの名手で、『ボッコちゃん』『未来いそっぷ』などが有名。長編小説や家族の伝記なども残している。

知名度	▶▶▶ 5
作品数	▶▶▶ 5
トレンド感	▶▶▶ 5

星新一

寓話的ショートショートの神様

　星新一といえば、ショートショートの名手、ショートショートの神様、SFの名手としても知られる。ショートショートというのは400字詰め原稿用紙10枚程度の掌編小説のことで、星の作風である "使うのはほぼ当用漢字" "平易な書き口" と合わさって、老若男女、国籍を問わず幅広い人に受け入れられた。生涯で書いた作品は1000を超えるという、多産作家の1人でもある。

　そんな星の生い立ちだが、まさしく "エリート" と呼ぶにふさわしい。祖父は東京大学の名誉教授・人類学の第一人者である小金井良精、祖母は森鴎外の妹・喜美子。父は星製薬の創業者だ。幼少期は両親兄弟と離れ、祖父母にかわいがられて育った。東京大学大学院を卒業後、星製薬株式会社の取締役社長、副社長を務め、1957年に同人誌「宇宙塵」に『セキストラ』を発表。これが、江戸川乱歩が編集する雑誌「宝石」に転載されて商業デビューとなった。

　当時は宇宙開発時代が盛り上がり始めた頃だ。その時流もあり、日本のSFをけん引する存在となった。人生がうまいことハマりすぎてチート感すらあるが、もちろん努力も惜しまぬ人だった。晩年、星は自身の作品の改稿を行っていたという。たとえば「ダイヤルを回す」という表現は「電話をする」といったふうに、時代に合わせてアップデートを行っていたのだ。

　彼は「寓話作家」と呼ばれることを好んだという。現在星新一作品は、日本のイソップと呼べる存在になっている。

関連用語

【当用漢字】
現代国語を書くにあたり、日常的に使用する漢字の範囲を定めたもの。国語審議会の答申により、内閣訓令、国告示として公布された1850字がそれにあたる。1981年、95字を足した「常用漢字」が制定された。

【宇宙開発】
19世紀半ばから具体的な開発が始まった。1903年にロケット理論が本格的に展開され、実際に飛翔実験に成功したのは1926年だ。かの有名なアポロ11号が月面に着陸したのは1969年のことだ。

【寓話】
イソップ物語などに代表される、教訓を目的とした短い物語。擬人化した動物などが活躍することが多い。

COLUMN
SF作家は未来を覗き見している？

星新一に限らず、SF作家の作品というのはどこか未来を予見したような記述が多い。もちろん、彼らは彼らなりに未来を想像して書いているのだから当然といえば当然なのだが、改めて読んでみるとぞっとするような示唆的な文章も多い。ジュール・ヴェルヌやH・G・ウェルズなどもいい例だ。

物理／宇宙／現象

158 パイオニア・アノマリー

1973 年、世界初の木星探査機パイオニア 10 号は無事木星に最接近し、観測データを送り続けてきた。しかし本機はその後、予想外の動きをするようになるのだった！

まさかの事態度	▶▶▶ 4
ズレていく度	▶▶▶ 4
謎は解けた度	▶▶▶ 5

天王星超えた探査機が、まさかすぎる減速

パイオニア 10 号は、木星やその衛星、木星の磁気圏 "ヴァン・アレン帯" などを観測し、その後木星への接近によって太陽系を脱出する軌道へと乗った。ここまでは想定の範囲内である。予測だと、重力以外の最大の力となる、太陽光の放射圧によって加速をするはずだった。しかし、パイオニア 10 号は、天王星の軌道を越えたあたり（20au）で、その放射圧の影響を打ち消して余りあるほどの減速をしていることがわかった（太陽側に向かっている、相対的な加速がかかっている）。

この問題はパイオニア 10 号で確認されたことから、太陽系外に脱出した惑星探査機が、予測される軌道とズレた軌道をとることをパイオニア・アノマリーと呼ぶようになったのである。同様の現象はパイオニア 11 号でも見つかっており、同じく太陽側に向かっている、相対的な加速がかかっていたのである。このパイオニア・アノマリーの原因については、外部からの未知の力、軌道分析プログラムの誤りなど、さまざまな可能性が検討されてきた。しかし 2012 年の再分析で、搭載されていた原子力電池の放射に偏りがあり、熱放射によって予期せぬ推進力が生まれたと確定した。長年謎の現象だっただけに、原因がわかるとそれはそれで寂しい気もする。

なお、パイオニア 10 号はその後約 30 年にわたって信号を送信し、その時点で 82.1au 付近を通過。2010 年時点では、太陽から 100.5au 地点と推測されている。ちなみに、今もアルデバラン方向に移動を続けているのだが、もしパイオニア 10 号がアルデバランに到着するとしたら、約 170 万年後らしい。

◆ 関 連 用 語 ◆

【ヴァン・アレン帯】
地球の磁場にとらえられた陽子と電子の放射線帯。地球を 360 度ドーナツ状にとりまいていて、陽子が多い内帯と、電子が多い外帯の構造になっている。

【au】
astronomical unit の略で、天文単位ともいう。太陽から地球までの直線距離の平均距離を 1au と表す、天文学の長さの単位である。正確には 149,597,870,700m。

【アルデバラン】
おうし座 α 星。おうし座で最も明るい恒星で、冬のダイヤモンドを形成する恒星のひとつ。

地球外生命体へのメッセージ、人間も解読不可

COLUMN

パイオニア 10 号、11 号には、地球外生命体に対する人類のメッセージとして、記号や全裸の男女の絵などを記した金属板が備え付けられている。有名な金属板だが、そもそも人間の研究者ですらあの板を見せられても内容を解読できた人はほぼいないとか。地球外生命体が見つけられたとて、解読は困難だろう。

159 モノクロのマリー

『モノクロのマリー』あるいは『マリーの部屋』と呼ばれる思考実験がある。白黒の部屋で育ったマリーが外へ出て初めて色を見たとき、どんな反応を示すのか？

白黒度	▶▶▶ 5
なるほど度	▶▶▶ 5
批判のパワー度	▶▶▶ 5

知識は体験をカバーできるのか？

　マリーは白黒の部屋で育った。白黒以外のものは見たことがない。しかしマリーはスーパー科学者で、色についてのあらゆる知識をもっている。そんなマリーが外に出て、初めて色のある物を見たとき、何か新しい発見はあるのだろうか？　これは哲学者フランク・ジャクソンが提示した1つの思考実験である。

　普通に考えれば、どんなに知識をもっていようと、白黒以外の物を初めて見たときには何かしら得るものがあるだろう。感性に響くものや気持ちを動かすものなど、経験してみなければわからないことがあるからだ。たとえば初めてゲームをプレイするとき、あらかじめ情報やプレイ動画を見尽くしてゲームの隅から隅まで知っていたとしても、プレイすれば何かしら感動や満足感を得られるだろう。知識として知っていることと経験してみてわかることは別なのだ。

　そんなわけで、この思考実験は「物理的事実の知識であらゆる物を説明できる」とする物理主義に対し、アンチテーゼとして提示されたものである。もしマリーが外に出たときに何かしら新しく得るものがあるのなら、物理の知識で説明できないものがあるということになる。物理主義の主張する理論は間違っているというわけだ。

　なお、この理屈にあまり当てはまらないものもある。たとえば映画の場合、ストーリーを最初から最後まであらかじめ知っていたら、実際に映画を見たときに感動も驚きもほとんど得られないだろう。知識で経験をほぼカバーできてしまうためである。

関連用語

【白黒の部屋】
マリーはここで生まれ育ち、ここで白黒の本を読んだりや白黒テレビを見て色に関する知識を身に着けた。そしてここから一歩も外に出たことがない、というのが思考実験の仮定となっている。

【フランク・ジャクソン】
1943年～。オーストラリアの哲学者。父はヴィトゲンシュタインの生徒だった。1982年に発表した論文の中で『モノクロのマリー』が提唱されている。

【物理主義】
知識や心など目に見えない物も含めて、あらゆる物は物理的である、という考え方。そして、あらゆる物は物理的な事実の知識で説明できる、としている。『モノクロのマリー』はこの点の矛盾を突いた。

知識と経験の違いを問う"逆転クオリア"

COLUMN

そもそも経験は知識なのか？　そんな疑問を抱かせる"逆転クオリア"という理論がある。たとえば「トマトが赤い」という事実は知識として共有できても、本当に赤く見えるかどうかは人によって違うかもしれない。つまり「経験は各人の主観である」ともいえる。共有できないものは知識ではない。さて、あなたはどう考える？

160 ナスカの地上絵

ペルーにある巨大な地上絵。紀元前後から西暦 800 年ごろに描かれたとされるが、なんのためにこのような巨大な絵を描いたのかは不明である。

ミステリー度	▶▶▶	5
有名度	▶▶▶	5
宇宙人こじつけ度	▶▶▶	5

巨大な地上絵は宇宙人が関係している？

　ナスカの地上絵は 8 世紀までに滅んだナスカ文化の遺産とされ、ハチドリ・猿・蜘蛛といった大小様々な絵のほか、数 km にも及ぶ巨大な直線や幾何学的な模様も発見されている。

　地上絵は大きいものだと 300m もあるが、これらを描いた方法については、"種まき応用法" と "拡大法" の 2 つが唱えられており、いずれの方法でも地上絵を再現できることが実証されている。描いた目的については、"雨乞い説" や "社会事業説""権力者の埋葬説" などさまざまな説があるが、いまも見解は定まっていない。そんな中、オカルト論者たちを中心に囁かれているのが "宇宙人関与説" である。

　そもそもオカルト論者たちの間では、「古代に宇宙人が地球に飛来し、超古代文明を授けた」という説があり、やたらと世界各地にある不可思議な遺物と宇宙人を結びつけたがる傾向がある。実際、ナスカの地上絵の中にも「いわれてみれば宇宙人や宇宙飛行士に見えなくもない」という図柄も存在しており、「宇宙人へ向けてのメッセージ」や「UFO の発着所である」といった説が唱えられるようになった。

　また、2003 年にはチリのアタカマ砂漠で奇妙な姿をした小型のミイラが発見され「宇宙人のミイラではないか」と話題になった。ただし、このミイラはその後の DNA 鑑定により、人間のものと判明。宇宙人説は完全に否定されている。

　とはいえ、古代ナスカ人たちは、なぜ上空からでなければ全容がわからないような巨大絵を、これほど数多く遺したのかという謎はいまも残されたまま。そこに人知を超えた何者かの存在を結び付けてしまうのも無理からぬことかもしれない。

〈ナスカの地上絵〉

関連用語

【ナスカ文化】
紀元前後から 800 年頃までペルー共和国のナスカ市周辺に栄えた文化。アンデス文明の古典期文化で、農業を中心とし、神殿やピラミッドを建設。また、多彩色土器も数多く発掘されている。

【種まき応用法】
複数の人たちが横並びになって、歩幅を合わせながら前進。歩幅によって距離を測定しながら均等に絵を描く方法。

【拡大法】
最初に地上絵のモデルとなる小さめの原画を地面に描き、杭とロープを使って測定しながら、その原画を拡大した図柄を作成していく方法。実際、完成した地上絵の原画と思われる縮小版の絵や杭のあとが見つかっており、この方法を用いたとする説が有力誌されている。

161 ノアの方舟
（はこぶね）

ノ
ア
の
方
舟

ノアの方舟の伝承で知られる大きな船。信仰心を忘れなかったノアとその家族を救うために神が作らせた。そこにはすべての動物がつがいで乗せられている。

頑丈さ度	▶▶▶	5
大きさ度	▶▶▶	5
どうやって作った度	▶▶▶	4

人類救済を願って作られた巨大船

　ノアの方舟は『旧約聖書』の『創世記』に記された物語。あるいはそこに登場する船のこと。地上に悪人が増えたことを憂いた神は、大洪水を起こして人類を滅ぼそうとする。その際、信心深い老人ノアにだけは洪水のことを伝え、巨大な方舟を作るように命じた。その言葉を信じ、ノアは長い年月をかけて大きな方舟を作り上げ、家族とすべての動物のつがいを船に乗せる。間もなく洪水が発生し、地上にいた人々は滅ぼされた。その後、アララト山に漂着したノアは、水がひいたか調べるために鳥を放つ。最初に放ったカラスとハトはとまり木がなかったため船に戻ってきてしまうが、つぎに放ったハトはオリーブの実を持ち帰り、最後に放ったハトは船に戻ってこなかった。こうして水がひいたことを知ったノアは、地上に降りて祭壇を作り、神に祈りを捧げたのである。すると神はノアたちを祝福し、二度とこのような真似はしないと約束したそうだ。

　自然災害で人類が壊滅的な被害を受け、その後復興するという話は世界各地で見られる。たとえば『ギルガメシュ叙事詩』には、エンキに選ばれた男性とその一家が、エンリルの巻き起こした大洪水から方舟に乗って逃げ延びるという話があり、これがノアの方舟の原型だといわれている。また、台湾のアミ族に伝わる民話では、ひょうたんに乗って大洪水を逃れた兄妹が、神の力を借りて世界を復興している。神話とはいえ、ひょうたんを乗り物にするという発想は古代の人間ならではだろう。

〈洪水〉

関連用語

【ノア】
アダムやイブの祖先にあたる人物。方舟を作ったときは500～600歳とされる。

【アララト山】
トルコ共和国にある山。大洪水でノアの箱舟が流れ着いた場所とされている。

【『ギルガメシュ叙事詩』】
古代メソポタミアより伝わる叙事詩。古代メソポタミアの伝説的な王ギルガメシュを主人公とした英雄譚である。

【エンキ】
メソポタミア神話の神。大洪水が起きることをアトラハシスという男性に伝えるなど、神々の王エンリルが人類を滅ぼそうとするたびに、それを妨害している。

【エンリル】
メソポタミア神話の神。アッカド神話やシュメール神話では最高神とされる。

COLUMN
世界各地で発見されている聖遺物
ノアの方舟が実在したと考える人は多く、その残骸を発見したという報告はあとを絶たない。これは方舟に限ったことでなく、とくに聖遺物と呼ばれるものはあちこちで見つかっている。イエス・キリストとその弟子たちが最後の晩餐で使った盃（聖杯）や、イエスの体に突き刺された槍（ロンギヌスの槍）などが有名だ。

歴史

162 劉備（りゅうび）

劉備（161～223年）は後漢末期から三国時代にかけ
て活躍した武将。小説『三国志演義』では人徳があるが戦
には弱い人物とされるが、正史の姿はまるで別人。

英雄度	▶▶▶ 5
聖人君子度	▶▶▶ 3
歴戦の勇士度	▶▶▶ 5

劉備

本当の姿は歴戦の傭兵隊長

　日本で知られている三国志に関する文献のなかで最も有名なのは
小説『三国志演義』だろう。この小説に登場する劉備は、正義感に
あふれ、世の末を案じ、民衆にも慕われる聖人君子のような好人物
だ。その一方で戦闘にはからきし弱く、数多くの戦いに参戦するも
のの何度も敗北を重ね、領地を追われることが多い。しかし、劉備
は義兄弟の関羽や張飛といった豪傑とともに乱世をしぶとく生き抜
き、やがては天才軍師・諸葛亮との出会いを経て飛躍の時を迎え、
劉備の人徳に惹かれて集まった名将・智将の働きによって蜀漢を治
める皇帝へと成り上がっていくのである。

　だが、このような人物像は、君主は徳をもって人民を治めるべき
であるという、儒教における理想的な君主像から生み出されたもの
だ。それでは実際の劉備はどのような人物だったのだろうか？

　正史における劉備も世に出たばかりの頃はよく負け、領地を失っ
てはさまざまな勢力に鞍替えしている。だが、決して戦争に弱いと
いうことはなく、当時の大勢力である袁術の大軍と互角以上に戦っ
たり、曹操に仕えた名将・夏侯惇や于禁を破るなど、随所で華々し
い活躍を見せている。相手と同等以上の戦力
でのぞんだ戦いで負けた例は、じつは夷陵の
戦いくらいしかないのだ。また、劉備はさま
ざまな勢力に鞍替えしていたが、どの勢力で
も劉備は一軍を与えられて最前線を任されて
いた。この事実も、劉備の軍事的な能力が高
かったことを証明している。

〈蜀王劉備〉

関連用語

【蜀漢】
益州（現在の四川盆地と
漢中盆地一帯）を支配し
た劉備が、221年に建国
した国。

【夷陵の戦い】
221年に勃発した、蜀漢
と呉の戦い。蜀漢軍は皇
帝・劉備が自ら軍を率い、
序盤は優勢に戦いを進め
た。だが、呉軍を率いて
いた陸遜が仕掛けた火計
により戦況は逆転し、蜀
漢軍は大敗を喫した。

COLUMN

本当は強かった漢王朝の創始者・劉邦

漢を建国した英雄・劉邦も、劉備のように儒教の理想的なリーダー像があてはめられ
てしまった人物だ。人徳や度量で配下の名将・韓信や軍師・張良らを従え、彼らの働
きで天下をとったように語られることが多いが、戦歴を調べると韓信や張良が同行し
ていなくても数多くの勝利をあげており、軍事的能力が高かったことは間違いない。

163 ピュグマリオーン

ピュグマリオーン

オウィディウスの『変身物語』で語られるキュプロス島の王。現実の女性が備える欠陥を嫌って遠ざける一方、自身の理想を込めてつくった女性像との恋を成就させた。

現実女性への絶望度	▶▶▶ 5
ガラテイアを得た幸福度	▶▶▶ 5
女神の粋な計らい度	▶▶▶ 5

あまりに純粋だったキュプロス島の王

　キュプロス島は女神アプロディーテー誕生の地だったが、島の汚らわしい娘たちはアプロディーテーを神と認めず、石にされたといわれる。あまりに純粋だったピュグマリオーンは彼女たちを見て女性が嫌になり、結婚どころか恋もせず独身だった。一方、彼には優れた彫刻の才があり、女神をモチーフに象牙の女性像を彫り始める。ところが彫像は生きた乙女のような出来栄えで、ピュグマリオーンは象牙なのか生身なのかわからなくなった。日々触れて確かめるうち、彫像に恋した彼は語りかけたり口づけするだけでなく宝飾品を贈るようになり、ついには彫像を妻と呼ぶようになる。

　そんななか、キュプロス全島で盛大に祝うアプロディーテーの祭日が訪れ、祭壇の前でピュグマリオーンは「妻として象牙の乙女に似た女をください」と願った。さすがに「象牙の乙女を妻に」とはいえなかったのだが、彼の心を知る女神はこれを聞き届けた。帰宅したピュグマリオーンは彫像に触れ、いつもと感触が違うことに気づく。女神の力で彫像は本物の女性になっており、ピュグマリオーンはめでたくこの女性ガラテイアと結ばれたのだった。

　この神話は創作意欲が刺激されるのか、絵画の題材として好まれた。多才で知られたジョージ・バーナード・ショーも、戯曲『ピグマリオン』を制作。これをもとに有名な『マイ・フェア・レディ』が作られた。また日本の少女漫画にも神話をモチーフとした作品がある。

〈『ピュグマリオンとガラテア』〉

関連用語

【キュプロス島】
アナトリア半島の南に位置する東地中海の島。日本では一般的にキプロス島と呼ばれる。現在、島は北部の北キプロス・トルコ共和国と、南部のキプロス共和国とに二分されている。

【ガラテイア】
別の神話に登場する海のニュンペーで、海神ネーレウスの娘たちであるネーレイスの1人。『変身物語』では彫像から人間になった女性の名前は記されていないが、後世の人々がこのニュンペーから名付けたといわれる。

【ジョージ・バーナード・ショー】
1856～1950年。アイルランドの文学者。非常に多才で、脚本家、劇作家でもあり、また教育家や政治家でもあった。生涯に50を超える戯曲を手掛け、ノーベル文学賞も受賞している。

神話にちなんだピグマリオン効果

COLUMN

　心理学の分野には"ピグマリオン効果"と呼ばれるものがある。教師が期待する生徒とそうでない生徒では成績の伸びに違いがあったという実験から、他者からの期待が学習や作業の成果を上昇させるというもの。期待して相応に接すれば、対象者のやる気が引き出されるというわけだが、その逆もありえるので注意が必要になる。

164 神曲
（しんきょく）

イタリアの詩人ダンテ・アリギエーリが1321年に完成させた叙事詩（韻文）。それまで抽象的だった"地獄"のイメージを作り上げた作品としても注目される。

世界的知名度	▶▶▶	5
影響力	▶▶▶	5
爽快感	▶▶▶	5

文学

名作、しかし内容はダンテの恨み節？

『神曲』は、簡単に言えば"地獄巡りをする話"だ。主人公は作者であるダンテその人。ある時森を彷徨っていると、尊敬する詩人・ウェルギリウスと出会い、彼に導かれて地獄の門をくぐる。地獄で人間の"悪"が成す悲惨さ、罪を浄化するための苦行を見、ダンテは死に別れた恋人・ベアトリーチェと再会し、天国へと昇っていく。"地獄"の様子を詳細に描いた作品として後世に大きな影響を与え、さらにキリスト教文学のなかでも重要な立ち位置にある。……というとお堅い印象を受けるが、じつのところ本作はそんな御大層な内容ではない。なんせ、原題は『喜劇（Commedia）』、コメディーなのである。ちなみに邦題の『神曲』は森鷗外によるものだ。

　地獄にはさまざまな罪人が登場する。特に"キリスト教的罪人"として、ユダやイスラム教のムハンマド、利権をむさぼる教皇の姿まで描いている。これが"キリスト教的に正しすぎる"といわれる理由の1つだ。さらには自身の政敵まで登場させて苦行を与える始末。「俺の嫌いな奴は全員地獄に落ちろ！」といわんばかりである。気に食わない奴が地獄で苛まれ、自分は恋人に導かれて天国に行くのだから、ダンテにとってこれはまさしく「めでたしめでたし」のコメディーなのだ。なお本作はダンテの死後、16世紀頃から『神聖喜劇（La Divina Commedia）』と呼ばれるようになる。なかなか皮肉めいた改題といえるだろう。

神曲

【神曲】
序となる第1歌、地獄編（Inferno）33歌、煉獄編（Purgatorio）33歌、そして天国編（Paradiso）33歌、全3部1+99歌からなる叙事詩（韻文）。各歌も3行構成になっている。

【ダンテ・アリギエーリ】
1265～1321年。イタリアの詩人・政治家。ルネサンス文学の先駆者といわれる。早世した最愛の恋人・ベアトリーチェは『新生』にも登場する。1295年頃から市政に参加するも、政敵に追放され亡命を余儀なくされる。その後『神曲』の執筆を開始、完成直後、56歳で死亡する。

【ウェルギリウス】
紀元前70～紀元前19年。ローマ文学の黄金時代を代表する詩人。ローマ最大の叙事詩人と呼ばれる。バージル、ベルギリウスとも。ダンテが終生私淑した。

〈『地獄の図』〉

地獄の門

『神曲』は多くの物語・芸術に影響を与えたが、なかでも有名なのがオーギュスト・ロダンの『地獄の門』だろう。ロダンはダンテを愛読しており、政府から美術館の門扉の制作を頼まれると迷うことなく『神曲』をモチーフに選んだ。門の一部である『考える人』だが、これは元々"詩作にふける ダンテ"が置かれるはずだったという。

165 マスドライバー

宇宙開発にあたり、検討されているアイデアというものがいくつかあり、マスドライバーもその1つ。宇宙に貨物を大量輸送するために考えられている。

超加速度	▶▶▶ 5
コスパ度	▶▶▶ 3
実現可能度	▶▶▶ ?

超加速で荷物をドーン！　ワイルドな輸送法

　マスドライバーとは、惑星の衛星軌道上や周回軌道上に物資を大量輸送するための設備や施設のことを指す。仕組みとしては、コンテナなどを積んだ巨大な砲弾を、大砲のように打ち上げるようなもので、第一宇宙速度（衛星軌道にのせるために必要な軌道速度）にまで加速して大量の荷物を放出する。打ち上げられた荷物は、宇宙に出てしまえば慣性の法則にしたがって飛ぶだけなので、それをマスキャッチャーという施設で回収するそうだ。

　このアイデアの原型自体はSF小説からなのだが、マスドライバーが実現可能かどうかについては実際に研究もなされている。というのも、ロケットによる打ち上げだけでは輸送費（スペースシャトルで約8,800ドル/kg）がかかりすぎるので、そのコスト削減のためにもマスドライバーが検討されているのだ。現在、(1) 巨大な砲身に数段階に高圧ガスや炸薬を注入する"多薬室砲"、(2) 水素やヘリウムなどの軽ガスを使用する"ライトガスガン"、(3) 電磁石の反発で段階的に加速する"コイルガン"、(4) 2本のレール間に高電位をかけ、弾体かその後方に発生したプラズマの反発で加速する"レールガン"などの案が考えられている。レールガンは特にアニメや漫画などでもよく耳にする用語だろう。

　ただ、数kmの上昇距離をかけて行うはずの加速速度を、数百m程度の砲身で出すのがマスドライバーなので、かかる加速がハンパないなど、問題はいろいろある。もちろん人間なんか載せられるはずもない。だが、たとえば月や火星など、地球より重力が弱い星なら、有効な射出手段ではないかともいわれている。

関連用語

【周回軌道】
周回する軌道のことで、月や人工衛星のように地球の周囲を回るものが地球周回軌道。太陽を中心に回るのが太陽周回軌道で、太陽系の惑星や彗星はすべてこれにあたる。

【スペースシャトル】
NASAが開発した、再使用をコンセプトとした有人宇宙船。積載量は24,400kg。2011年7月8日に打ち上げられたフライトをもって、30年に及んだ計画を終了している。

【レールガン】
電磁誘導で加速して、2本のレールに挟んだ物体を打ち出す装置。マスドライバーとしていうよりも、軍事研究として進めている国家も少なからずある。

COLUMN　SFの父が発想したマスドライバーの原型

マスドライバーのアイデアの原型は、ジュール・ヴェルヌの小説『月世界旅行』のコロンビヤード砲といわれている。小説の中では月に砲弾を撃ち込むため、フロリダ州に巨大砲台を建造。その砲弾は月に届くだけの速度をもつという。小説内の設定どおりでは実現不可だが、マスドライバーはそこから現実的な構想に発展している。

（左端縦）―科学・数学―　マスドライバー

166 哲学的ゾンビ

ゾンビといっても、ホラー作品などに出てくるあのゾンビではない。ある哲学的主張を批判するためのモデルとして作られた仮想の存在……それが哲学的ゾンビである。

名前が恐い度　▶▶▶　5
解決しない度　▶▶▶　5
批判のパワー度　▶▶▶　5

物理主義の矛盾を突くための概念

　哲学的ゾンビとは、人間と物理的にまったく同じ構造を持ち、唯一、意識をもたないという点だけが異なる存在である。我々と同じように生活し、泣いたり笑ったり考えたりするが、それはあくまでそのように振る舞っているだけ。そこに意思は存在しない。

　別にこれは「そのような人がいるから注意しよう」といいたいのではない。「あらゆる物は物理の法則で説明できる」と主張する物理主義に対して、アンチテーゼとして作られた概念である。

　もし物理主義が正しいのなら、哲学的ゾンビが存在することになる。物理主義では、人間の行動や考えなどもすべて物理の法則で説明できるとしている。行動や考えなどは、入力（＝外部情報）に対して適切な出力（＝行動）をする、という単なる動作だ。そこに意思があろうがなかろうが関係ない。つまり哲学的ゾンビである。

　だが、「そんなことはない」と我々はわかっている。なぜなら、今まさにそう思っているという意思があるからだ。意思がある以上、哲学的ゾンビではない。もっとも、意思が本当にあるかどうかは本人にしかわからない。だから「意思がある」と証明することもじつはできない。哲学的ゾンビではないともいい切れないのである。

　ちなみに、人間そっくりに行動するアンドロイドやロボットなどは、意思はないが人間とは物理的に構造が違うから哲学的ゾンビではない。意思をもったロボットも同様だ。哲学的ゾンビとは、存在しないはずのものを表わす、ただの概念である。

◀ 関連用語 ▶

【ゾンビ】
死んだ人間や動物などが死体のまま動くもの。現実には存在し得ないが、ファンタジーの世界で人間の敵として登場する。死体のため倒してもまた蘇る、厄介な敵であることが多い。

【アンチテーゼ】
ある理論や主張を否定するための反対の理論。また、あるキャラクターと性格やパラメータなどがまったく反対のキャラクターのことを指す場合もある。

提唱者自身が指摘する哲学的ゾンビの問題点

哲学的ゾンビの理論は、提唱したデイヴィッド・チャーマーズ（1966年〜）自身も納得していない部分がある。意思が物理では説明できないものなら、それを提唱しようとしている自分の意思自体はどう説明するのか、と。チャーマーズはこれを"現象判断のパラドックス"と呼び、最大の問題として解決を試みている。

古代文明／西洋／オーパーツ

167 アンティキティラの機械（きかい）

エーゲ海にあるアンティキティラ島沖の沈没船から発見された古代ギリシア時代の遺物。天体運行をシミュレーションするため作られた歯車式機械である。

ミステリー度	▶▶▶	5
テクノロジー度	▶▶▶	5
びっくり度	▶▶▶	5

古代のテクノロジーが結集した驚異の装置

アンティキティラの機械は、紀元前100年ごろに造られた「世界最古のコンピュータ」とも呼ばれる装置である。この遺物は1903年にエーゲ海の沈没船から発見されたが、損傷が酷く、長らくこれが一体なんなのかわかっていなかった。しかし、X線分析の結果、道具の表面に3500以上の文字が書かれていることが判明。これらを解読したところ、太陽や月などの天体運行をシミュレーションするための機械であることが明らかとなった。

その構造は非常に複雑で、内部には少なくとも30個の青銅製の歯車が使用されている。装置の前面には日付や時間を表す目盛りが刻まれた円形の部品があり、この目盛りにはそれぞれ日付、太陽、月を表す3つの針が付いている。側面にはクランクが装着されており、これを回すことで太陽や月の位置、月の満ち欠け、日食や月食が起こる時期を割り出すことができた。

また、この装置はうるう年の調整が可能になっていたほか、この時代にはまだ発明されていなかったはずの差動歯車や遊星歯車も使用されていたという。なお、ギリシアで初めてうるう年を用いたユリウス暦が使われたのは紀元前45年のこと。差動歯車はこの装置が作られてから1600年以上あとの16世紀、遊星歯車に至っては18世紀になってようやく発明されたものである。今から2000年以上前に、これほどの装置を作り出していたことは驚異的というほかない。この装置は哲学者のポセイドニオスや天文学者のヒッパルコスが製作に関わっているとみられているが、正確なところは不明。また、これと類似した機械も他に1つも見つかっていないなど、この機械にはまだ多くの謎が残されたままなのだ。

関連用語

【差動歯車】

回転数の異なるふたつの歯車を用いて、もうひとつの新たな回転を生む歯車機構。

【遊星歯車】

中心にある歯車が駆動することで、その周囲を回るように回転する歯車のこと。

【ポセイドニオス】

紀元前135年頃～紀元前51年頃。ギリシアの哲学者、政治家。天文学にも精通し、地球から太陽や月までの距離の計測などを行った。

【ヒッパルコス】

紀元前190頃～紀元前120年頃。ギリシアの天文学者。現代につながる49星座を設定したほか、三角法による測量や春分点移動を発見したとされている。

〈アンティキティラ島の機械〉

宗教

168 聖ゲオルギウス

ゲオルギウスは古代ローマ末期の殉教者で、現代では聖人として扱われている。騎士でもあった彼は、北アフリカを訪れた際に邪悪なドラゴンを退治したという。

出生に謎が多い度	▶▶▶	4
聖人度	▶▶▶	5
ドラゴン特効度	▶▶▶	5

聖ゲオルギウス

ドラゴンを退治して人々を救った聖人

　ゲオルギウスはキリスト教における聖人の１人。その生涯ははっきりとしないが、３世紀後半にパレスチナで生まれ、騎士となりキリスト教の布教に努めた。やがてときの指導者であるローマ帝国の皇帝ディオクレティアヌスがキリスト教徒に改宗を強要するが、彼は従わず、殉教したといわれている。また、『黄金伝説』によれば、ゲオルギウスはドラゴンを退治して人々を救ったとされる。

　北アフリカのリビアにある小さな国シレナに、１匹のドラゴンが棲みついていた。その姿については伝承によってまちまちだが、このドラゴンが登場する物語をモチーフにした絵画などでは、２本の足と大きな翼（蛇の目のような模様入り）を備えた黄緑色のトカゲとして描かれている。また、「その死体を８頭の牛で引きずって運んだ」という記述から、かなりのサイズだったと考えられる。体が大きいというだけでも十分に驚異となるが、人々が何より恐れたのは、ドラゴンが口から吐き出す毒の息だった。これは伝染病を引き起こす危険なもので、シレナの国王は毎日２匹の羊を生贄に捧げてドラゴンを鎮めていた。しかし、羊が足りなくなり、ついには人間を生贄する事態に。そしてくじ引きの結果、王の娘が生贄となるのだが、そこへ運良くゲオルギウスが通りかかり、ドラゴンを捕獲して姫を助け出す。ゲオルギウスは捕まえたドラゴンを町に運び、キリスト教に改宗するならトドメを刺すと王と民衆たちにいった。彼らがこの提案を受け入れたことでドラゴンは退治されたそうだ。

〈聖ゲオルギオスとドラゴン〉

関連用語

【聖人】
その高潔さから崇敬される人物。仏教の空海などもこう呼ばれることがある。

【ディオクレティアヌス】
３世紀頃に活躍したローマ帝国の皇帝。本名はガイウス・アウレリウス・ウァレリウス・ディオクレティアヌス。

【『黄金伝説』】
キリスト教の聖人にまつわる逸話を集めた偉人伝。ロンギヌスの槍で知られる聖ロンギヌスなど、たくさんの聖人のエピソードが掲載されている。

悪者の代名詞となっているドラゴン

COLUMN

『ヨハネの黙示録』をはじめ、キリスト教関連のテキストにはさまざまなドラゴンが登場する。これらのドラゴンは基本的に悪役で、最後は神の力的なもので退治されることが多い。聖ゲオルギウスのほかには、聖マルガレータや聖ダニエルがドラゴンを退治した聖人として有名だ。その逸話は、いずれも『黄金伝説』にまとめられている。

171

169 関羽(かんう)

後漢末期の武将、関羽（？～ 220 年）は劉備の義兄弟で、旗揚げから死ぬまで忠実に仕えた。死後、関羽の武勇と忠義の心は人々に称賛され、神とあがめられるようになる。

剛勇度	▶▶▶ 5
忠義度	▶▶▶ 5
信仰度	▶▶▶ 5

 三国有数の名将がなぜか商売の神に転身

　劉備の義兄弟で旗揚げ以来の家臣であった関羽は、同じく義兄弟の張飛とともに長く劉備を支えた功臣だ。関羽の武勇は同時代でも一、二を争うほど優れており、一軍を率いても抜群の指揮能力を発揮した。また、義理堅かったことでも有名で、劉備が曹操に敗北して行方不明となった際にも、劉備の家族を守って曹操に投降。再三にわたる曹操の勧誘を断って、劉備の存命を知ると曹操の元を去っている。劉備も関羽に厚い信頼を寄せており、蜀に攻め入る際には最重要拠点であった荊州に関羽を残し、守りを任せていた。

　その後、関羽は北進して曹操を攻めた隙を孫権につかれ、荊州を奪われたうえ捕らえられて処刑されてしまう。だが、古今無双の武勇と忠烈の心を示した関羽の生きざまは人々に愛され、唐代には武神として祀られるようになる。さらに時代が進むにつれて関羽は多くの人々に信仰されるようになり、やがては商売の神としての側面までもつようになっていった。

　武神だった関羽が、なぜ商売の神となったのか？　これには諸説あるが、関羽の出身地である河東郡解県（現在の山西省運城市）が有名な塩の産地で、商売が盛んであったことが関係しているという説が有力だ。きっかけは、塩の商人たちが地元出身の偉人である関羽を信仰していたこと。彼らが各地に商売の手を広げていく過程でこれを目にした人々が、商売繁盛の御利益があるのではと考えたという。

〈『通俗三国志之内』関羽〉

関連用語

【張飛】

167 ～ 221 年。劉備、関羽の義兄弟。関羽に勝るとも劣らない剛勇の士で、1 万人の兵士に匹敵すると称された猛将。

【塩の産地】

河東郡解県には解池という中国有数の塩湖があり、古代から重要な塩の生産地になっていた。関羽も世に出る前は塩の密売に携わっていたという説がある。

海の女神となった娘、黙娘

COLUMN

航海や漁業の守護神として信仰を集めている道教の媽祖という女神も、実在した人物を神として祀った存在で、人間であったときの名前は黙娘という。黙娘は宋代の官吏の娘で、関羽のように傑出した英雄だったわけではないが、父が海難事故にあって行方不明になったことをきっかけに家を出て峨眉山にたどり着き、神になったという。

170 トロイア戦争（せんそう）

ギリシア神話で語られるギリシアとトロイアの戦い。トロイアのパリスが、メネラーオスの妻ヘレネーをさらったことから勃発し、10年の戦いを経てギリシアが勝利した。

見せ場を得た英雄たちの奮起度	▶▶▶	5
神が贔屓したい英雄がわかる度	▶▶▶	4
元を辿るとゼウスが悪い度	▶▶▶	4

美女を発端に勃発した大戦

パリスはトロイア王プリアモスの息子。アテーナーの項で触れた"パリスの審判"で女神アプロディーテーを選び、このときの約束でスパルタから王妃ヘレネーをトロイアに連れ帰った。

一方のヘレネーはスパルタ王テュンダレオスの娘で、絶世の美女だったため多くの英雄たちに求婚された。テュンダレオスは揉め事を恐れて婿選びを躊躇するが、求婚者たちが「誰が選ばれても、彼が困難に陥れば全員で助ける」と宣誓し、メネラーオスが選ばれた。ヘレネーが連れ去られると、この誓いをもとにメネラーオスの兄アガメムノーンが英雄たちを糾合。彼を総大将とするギリシア勢がトロイアへ攻め込むことになった。

この戦いでパリスは勇者アキレウスを討ち取ったともいわれるが、彼もまたヘーラクレースの矢をもつピロクテーテースに射られて死亡。その後、弟のデーイポボスとヘレノスがヘレネーをめぐって争い、敗れたヘレノスがトロイアから離脱して捕えられた。説得された彼は予言の力でトロイア陥落の条件を明かし、条件を整えたギリシア勢による"トロイアの木馬"でトロイアは陥落、滅亡する。

トロイア戦争を扱った作品はあまり見かけないが、アキレウスをブラッド・ピット、パリスをオーランド・ブルームが演じた2004年の映画『トロイ』は話題になった。また"神殺し"の青年を主人公とするライトノベルでも、トロイア戦争が扱われている。

《『イーリオスの陥落』》

関連用語

【トロイア】

アナトリア半島の北西、ダーダネルス海峡の南にあったとされる古代都市。トロイ、トロヤとも呼ばれる。1871年にドイツの考古学者ハインリヒ・シュリーマンが遺跡を発見した。神話で語られる都市かどうかについては、議論の余地があるようだ。

【トロイアの木馬】

内部が空洞の巨大な木馬。撤退を装ったギリシア勢は、トロイア軍をあざむいて木馬を城内へ引き入れさせることに成功。その晩、木馬内に隠れていたメネラーオスらが合図を送り、密かに戻ったギリシア勢が木馬を入れるために壊された城門から都市内へ攻め込んだ。有益なソフトなどに偽装し、持ち主の意志でインストールさせるマルウェアの名でも有名だ。

COLUMN トロイア戦争がローマを生んだ!?

古代ローマの詩人ウェルギリウスの『アエネーイス』によれば、トロイアが陥落した際に武将のアイネイアースが逃げ延び、神託に従って船でイタリアを目指した。紆余曲折を経て到着した彼はラウィウムという都市を築き、のちに子孫のロームルスが新たな都市を建設する。この都市が、彼の名にちなんで命名されたローマだという。

171 ロミオとジュリエット

1595年に発表された、イギリスの劇作家・シェイクスピア中期の作品。運命のいたずらで禁断の恋に落ちた2人が、行き違いによって悲劇的な最期を迎える悲恋物語だ。

世界的知名度	▶▶▶	5
悲劇度	▶▶▶	4
青春度	▶▶▶	4

もはや語るまでもない、悲恋劇の代表作

「ああロミオ、あなたはどうしてロミオなの！」——誰しも一度は聞いたことがある、むしろ口にしたことがあるセリフだろう。

　舞台は14世紀のイタリアの都市・ヴェローナ。代々敵対するモンタギュー家とキャピュレット家の子どもたちが、お互いの立場を知らぬまま恋に落ちる。あの手この手で両家の和解を測るも、度重なるトラブルと行き違いの末、ロミオとジュリエットは命を落とす。結末は悲劇だが、若い2人とそれを取り巻く人々が生き生きと描かれており、青春ものとしての見方もできるだろう。

　シェイクスピアの作品のなかでも特にロマンティックで大衆向けといえる本作は、現在も上映・リメイク・オマージュと引っ張りだこの名作だ。もはや創作の1つの「お題」じみているところがあり、常に新しい表現と混ざり合うことで「使い古し」とは縁遠い。

　そもそも本作自体、下敷きとなる物語がある。アーサー・ブルックの物語詩『ロミウスとジュリエットの悲しい物語』だ。さらにたどるとこれもバンデッロの『小話集』を題材としている。『ロミオとジュリエット』は、いわばバンデッロの二次創作のメディアミックスといえる。「パクリでは？」と思う者もいるかもしれない。しかしこれは「戯曲」だ。既存の物語を題材にしてもおかしなことではないし、演じる者によって表現が異なって当然の代物だ。事実、現在もシェイクスピアの「台本」は、さまざまな表現を生んでいる。

《ロミオとジュエリエット》

関連用語

【ウィリアム・シェイクスピア】

1564～1616年。16世紀に活躍したイギリスの詩人・劇作家。裕福な商人の長男として生まれたが、のちに没落。18歳で結婚、20歳頃にロンドンで劇界に入ったといわれている。

【マッテオ・バンデッロ】

1480～1562年。イタリアの物語作家。はじめは修道士をしていたが還俗、軍人、宮廷人と奔放な暮らしぶりをしていた。短編小説を多く残しており、ヨーロッパ近代小説の先駆けといわれた。シェイクスピアはじめ、スタンダール、ミュッセなど多くの作家に影響を与えた。

COLUMN

夜が長いイギリスならではの娯楽

演劇はそもそも、識字率の低い庶民に聖書の内容を伝えるために発展したといわれている。日本でいうなら歴史物語を謡う琵琶法師が近しい存在だ。ヨーロッパのなかでもイギリスは特に演劇文化が盛んだ。というのも、イギリスは土地柄「夜」が長い。天候や時間に左右されない演劇は、国民にとって最高の娯楽だったのだ。

172 テラフォーミング

宇宙移民の技術として有名なのは、アニメなどでもお馴染みのスペースコロニーだが、もう1つ構想がある。それがこの、テラフォーミングである。

超加速度	▶▶▶	5
コスパ度	▶▶▶	3
実現可能度	▶▶▶	?

科学・数学

テラフォーミング

移住地を作る、惑星まるごとリフォーム計画

テラフォーミングを直訳すると地球化で、人為的に惑星の環境を変化させて、人類が住めるような星に改造してしまおうという計画をいう。これもまた発想自体はSF小説のアイデアなのだが、現実でも1961年、カール・セーガンの論文『惑星金星』をきっかけに、テラフォーミングの研究が開始されたという。

現在テラフォーミングの有力候補とされているのが火星で、1991年にNASAは"火星のテラフォーミング構想"を公表している。火星の改造方法はこうだ。まず気温が低すぎるので、フロンガスやメタンガスを火星に撒き、巨大ミラーで太陽光の反射で集めて数百年暖める。気温が上昇すると、火星の極冠にあるドライアイスが溶けるので、二酸化炭素が火星に充満する。さらに火星の土に眠る永久凍土も溶けるので、海もできるようになる。これで太古の地球のような姿になるので、あとはそこへ植物を地球から持ち込んで、海の中に藻を入れたりして、光合成で酸素を作り、ほかの植物も生成させていくという工程になる。本当にこれが実現できるかどうかは今後の研究次第ではあるが、一応こんな方法なら、火星に人が住めるようになるらしいので、夢はある。

論文にもあった金星もテラフォーミングの候補に挙がっているが、気温が500℃にもなるので、これを下げないといけない。ただその方法が、宇宙に巨大な日傘を建造し、太陽光を遮断するとか。数百kmもの巨大な天体を衝突させ、濃厚な二酸化炭素の大気を重力圏外に飛ばすとか、火星とは比べ物にならないほど豪快な方法なので、なかなかハードルが高い。

◀関連用語▶

【カール・エドワード・セーガン】
1934～1996年。アメリカの天文学者。NASA惑星探査の指導者。各戦争で地球規模の氷河期が起きる"核の冬"や、宇宙の歴史を1年の尺度に置き換えた"宇宙カレンダー"、テラフォーミングなどの持論で知られる。

【NASA】
アメリカ航空宇宙局の略称。アメリカ政府内の宇宙開発に関わる計画を担当する機関。有人宇宙飛行の"マーキュリー計画"、人間を月面に着陸させる"アポロ計画"、スペースシャトルなどの計画を遂行している。

【極冠】
惑星や衛星の、氷に覆われた高緯度地域のこと。地球でいえば北極と南極のこと。火星も極冠があり、氷結した二酸化炭素（＝ドライアイス）と水からなる。

オタク必修造語を生んだSF界の長老

COLUMN

テラフォーミングという言葉はSF発祥で、アメリカのSF作家で、"SF界の長老"ともいわれるジャック・ウィリアムスンが生み出した造語である。彼の作品『航時軍団』も、並行世界の分岐点"ジョンバール分岐点"の由来にもなっているので、オタクならこの大家の名前を覚えておいて損はない。

173 ジークムント・フロイト

フロイト（1856～1936年）は、精神分析学を開拓した先駆者として知られている。彼は、無意識の領域を分析することで、人の行動の原因を判明できると考えた。

夢がある度 ▶▶▶ 5
一般の認知度 ▶▶▶ 5
大先生度 ▶▶▶ 4

夢を分析してその人の心理を把握する

フロイトは精神科医であり、精神疾患の患者を治療するために心を分析する、という方法を初めて研究した人物だ。人の心には意識の領域と無意識の領域があり、その無意識の領域にこそ大事な記憶がたくさん蓄積している、と彼は考えた。その無意識を知るために「夢を分析する」という方法を用いたのは有名である。

彼によると、夢はその人の本能的な欲求や願望を映し出したものだという。それも、願望がそのまま現われるだけでなく、形を変えて現われる場合もある、と。たとえば空を飛ぶ夢を見た場合、これは本当に空を飛びたいと思っているのではなく、現実から逃げたいという気持ちが表われたもの、といった具合だ。この夢を解釈することで、その人の心理状況を突き止めようとしたわけである。

まあ、夢が欲求や願望の現われというのは、いまではよく知られたことである。現実でできないことを夢で実現したり、現実での悩みが夢にまで出てきてうなされる、といった経験はよくあるだろう。創作の世界でも、夢はネタとしてよく使われる。ストーリーの最初から最後までが「実は夢でした」という夢オチも珍しくない。

ただ実際には、はっきりとした夢よりも、なんだかよくわからない支離滅裂な夢のほうが多い。本人もわかっていない無意識の願望であることが多いためだ。また、夢は覚めたときに加工が行なわれ、はっきりと思い出すことができないという。夢オチのエッセンスとして心にとめておくといいかもしれない。

〈フロイトの写真〉

関連用語

【精神分析学】
「人間の心には無意識の領域があり、それが行動に影響を与えている」という観点から、精神疾患の治療を考える理論。フロイトが創始者である。

【夢】
眠っているあいだに現実のように感じる幻覚。古くは「魂が抜け出して経験していること」とか「神のお告げ」とも考えられていた。現在の心理学や神経生理学でも未だわかっていないことが多い。

【精神分析入門】
夢の分析について書かれたフロイトの著書。彼が1915～1917年のウィーン大学で行なった講義をまとめ、本として出された。

フィクション作品にも登場するフロイト

COLUMN フロイトは精神分析学の第一人者として、フィクション作品にも登場している。1976年に公開された映画『シャーロック・ホームズの素敵な挑戦』では、ホームズを診察する精神科医として登場。また最近の作品では、夢を研究するフロイト教授が主人公の小説『夢探偵フロイト』シリーズで、その名前が使われている。

174 水晶<ruby>すいしょう</ruby>ドクロ

"クリスタル・スカル" とも呼ばれる水晶でできた頭蓋骨の模型。マヤ文明やアステカ文明の遺物とされたが、その多くが近年に製造された偽物だったことが判明している。

オカルト度	▶▶▶	5
ロマン度	▶▶▶	5
偽物度	▶▶▶	5

13個集まるとなにかが起こる⁉

　水晶ドクロにまつわる伝説の中でもとくに有名なのが、探検家ミッチェル・ヘッジスと養女のアンナがマヤ文明の遺跡から発掘したという "ヘッジス・スカル" にまつわるものだ。この水晶ドクロは頭蓋骨と下アゴがひとつの同じ水晶から作られており、解剖学的にも正確に人間の頭蓋骨が再現されている。しかも、文字を書いた紙をドクロの下に置くと目の部分から判読できるが、光の屈折率を緻密に計算しないとこのような製品はつくれないという。さらに驚くべきことに、このドクロは工具を使った形跡が一切見当たらず、どのようにして作ったのか不明だという。古代マヤ人にこのようなものが作れたとは到底思えず、一体誰がなんのために作ったのかいまも謎のまま……というのが、その大まかな伝説の内容である。

　こうした伝説から、長らくオーバーツの代表格となっていた水晶ドクロだが、2008年にスミソニアン研究所で精密な調査を行ったところ、表面にダイヤモンド研磨剤などの加工跡があることが判明。マヤ文明の遺物でもなんでもなく、近代に制作された加工品であることが明らかとなった。ちなみに、水晶ドクロはこれまでに大英博物館所蔵の "ブリティッシュ・スカル" やフランス・パリ人類学博物館所蔵の "パリ・スカル" など複数個発見されており、「世界には全部で13個の水晶ドクロが存在し、それらがすべて集まったとき、人類は "大いなる叡智" を得ることができ、世界は救われる」といった中二病的な伝説もあった。しかしこれらの水晶ドクロもことごとく19世紀以降の近代に作られたものであったことが確認されている。こうして水晶ドクロにまつわる伝説はもろくも崩れ去ってしまったが、大ヒット映画『インディ・ジョーンズ／クリスタル・スカルの王国』の題材になるなど、多くの人のロマンをかきたてたことは事実である。

◀◀◀ 関連用語 ▶▶▶

【マヤ文明】

中央アメリカのグアテマラからユカタン半島にかけての地域に栄えたマヤ族の都市文明。トウモロコシの焼き畑農耕を基盤とし、巨大なピラミッドや神殿を建築。また、独自のマヤ文字を発達させた。紀元前後に興り、4～9世紀に全盛を迎えたが、その後衰退。1500年代になるとスペイン人に侵略され、1697年にマヤ全域がスペインの植民地となった。

【インディ・ジョーンズ／クリスタル・スカルの王国】

2008年公開のアメリカ映画。人気作『インディ・ジョーンズ』シリーズの第4作で、秘宝「クリスタル・スカル」を求めて奮闘するインディの活躍を描いた冒険活劇。シリーズ最高となる全世界7億8千万ドルの興行収入を記録するなど、大ヒットした。

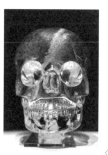

〈水晶ドクロ〉

キリスト教　中東　神

175 ヤハウェ

この世界とそこに住むすべての生き物を創造した全知全能の神。ユダヤ教やイスラム教ではヤハウェ（主）、イスラム教ではアッラーと呼ばれ、厚く信仰されている。

神聖度	▶▶▶	5
創って壊して忙しい度	▶▶▶	4
信者数ダントツ度	▶▶▶	5

諸宗教で信仰される全知全能の神

　ユダヤ教やキリスト教における万物の創造主にして全知全能の神。その名前を示すヘブライ語の4つの子音文字は神聖4文字と呼ばれている。ユダヤ教徒のあいだでは、神の名を口にするのはおそれ多いとされ、"アドナイ（我が主）"と読み替えていた。キリスト教でも神の名をみだりに口にしてはならないとして"主"と呼んでいる。

　創造神であるヤハウェは、6日かけて世界を作り、1日休息をとった。日曜日が休日なのはこれに由来する。その後、ヤハウェは自らの姿に似せて最初の人間アダムを創り、のちにアダムの肋骨から妻となるイブを創ったのである。ヤハウェはアダムとイヴをエデンの園に住まわせたが、彼らがいいつけに背いて知恵の実を食べたことに激怒し、2人を外界に追放した。その後、地上で暮らしていたアダムらの子孫が悪事を働いたため、大洪水を起こして人間を滅ぼしてしまう。この話が有名な伝承"ノアの方舟"だ。さらに、人間がバベルの塔の建築をはじめると、人々の言語を乱してコミュニケーションを封じ、塔の建設を阻止。また、ソドムとゴモラの街に住む人々が堕落した際は、天から硫黄と炎を落として街ごと滅ぼしている。ただ、慈悲深い一面もあり、モーセが同胞を率いてエジプトから脱出する際は、その手助けをしていた。

　ヤハウェはもともとユダヤ教の神であったが、キリスト教やイスラム教でも信仰の対象となっている。聖書の一部を共有していることからもわかるとおり、そもそもキリスト教もイスラム教もユダヤ教がベースになっていて、とくにキリスト教はユダヤ教キリスト派と呼んでも差し支えない。意見の相違から袂をわかったが、本来は1つの宗教なのである。なお、イスラム教に関しては、ヤハウェを"アッラー"と呼んでいるだけで、3宗教の神が同一だという点は認めている。ただ、信仰する神は同じでも、宗教観や思想の違い、過去の因縁から今も対立が続いている。

関連用語

【ノアの方舟】
『旧約聖書』の『創世記』に記された物語。堕落する人々を滅ぼすために神が大洪水を起こすのだが、信仰心を忘れなかったノアとその家族、一部の動物たちは、神の命で船を作っていたため、洪水で命を落とすことなく、その後の世界で平穏無事に暮らしている。

【バベルの塔】
『旧約聖書』の『創世記』に登場する物語。人間たちが塔を建てようとした理由は不明だが、途中で神に阻まれ、完成することはなかった。

【ソドムとゴモラ】
『旧約聖書』の『創世記』に登場する都市。死海付近にあったとされる。

【モーセ】
古代イスラエルのユダヤ教の指導者。エジプトで不自由なく暮らしていたが、虐げられる同胞のユダヤ人を救うために立ち上がる。民を率いて約束の地カナンを目指すが、その道中で亡くなった。

176 諸葛亮
しょかつりょう

諸葛亮（181～234年）は、劉備とその子、劉禅に仕え、数々の献策と政治手腕で主君を助けた名軍師である。だが、そんな彼にも、ひとつだけ重大な欠点があった。

名軍師度	▶▶▶	5
真面目度	▶▶▶	5
ブラック労働度	▶▶▶	5

諸葛亮

オーバーワークで過労死した諸葛亮

諸葛亮は劉備が三顧の礼によって招いた人物。世に出る前からさまざまな人物から当代随一の鬼才と評価されており、それまで各地の勢力を渡り歩く流浪の集団に過ぎなかった劉備一行にさまざまな策を示し、蜀漢の建国まで導いた大功労者だ。小説『三国志演義』では、敵軍の動きを完全に予測して罠にはめたり、弁舌をふるって他国の知恵者をやりこめたほか、新兵器の開発も行うなどさまざまな方面での活躍が見られる。また、祈祷によって風を吹かせて戦いを有利にするなど、人知を超えた成果も出しており、単なる軍師の枠をはみ出して仙人か妖術使いのような存在となっている。もちろんこうした描写は小説を面白くするための誇張であるが、正史における諸葛亮も極めて有能であったことは確かで、『三国志』の著者である陳寿もその政治手腕を最大限に評価している。

このように完璧な人物のように思える諸葛亮だが、彼には1つだけ致命的な欠点があった。それは"働きすぎ"である。劉備からの信頼が厚かった諸葛亮は、蜀漢が建国されると丞相に就任し、録尚書事や仮節も兼任した。さらに、劉備の義弟である張飛の死後は司隷校尉も担当。これは複数の大臣職に裁判所と警察組織の長官を兼ねるような状態であり、明らかにオーバーワークだ。

だが、生真面目な諸葛亮は、全力でこれらの職務にあたった。さらに悪いことに、諸葛亮は仕事の細部まで自分で確認しないと気がすまない性格だったようで、諸葛亮が自ら帳簿の確認を行っていた際に部下の楊顒という人物に「他人の仕事を奪うほど働くべきではない」と諫められたという逸話が残っている。仕事ができる人物に業務が集中して過重労働になってしまう現象は現代社会でも問題視されているが、そうした構図は遥か昔からあったのだ。全身全霊をかけて激務をこなし続けた諸葛亮は、53歳の若さで過労死した。

◆関連用語◆

【丞相】
君主を補佐して政務を執行する、最高位の官生。後漢末期には曹操も漢の丞相を務めた。

【録尚書事】
尚書を束ねる長官職。尚書は臣下からの上奏に目を通し、何を上奏するか決めるという、重要かつ絶大な権限を有していた。

【仮節】
軍令違反者を処罰する権限をもつ役職。

【司隷校尉】
首都周辺の監察を行い、不正を取り締まる行政長官。

《『三才図会』諸葛亮》

177 ユグドラシル

北欧神話に登場する超巨大なトネリコの木。神話の９つの
世界を内包する存在で、いわば北欧神話の世界そのもの。
日本では宇宙樹や世界樹とも呼ばれる。

北欧世界にとっての重要度	▶▶▶	5
動物による痛めつけられ度	▶▶▶	4
形成する世界の分かりにくさ度	▶▶▶	4

９つの世界に根を張った意志がある巨木

　北欧神話には９つの世界がある。アース神族が住むアースガルズ、
ヴァン神族が住むヴァナヘイム、妖精たちが住むアールヴヘイム、
人間が住むミズガルズ、巨人族が住むヨトゥンヘイム、暗黒の妖精
またはドヴェルグ（小人）たちが住むスヴァルタールヴァヘイム、
炎の巨人が住むムスペルヘイム、極寒の地ニヴルヘイム、死者の国
ヘルヘイムだ。ただし『エッダ』には小人が住むニザヴェリルの地
名もあり、ニヴルヘイムとヘルヘイムを同一視したり、最初からあ
るムスペルヘイムを除外するなど諸説がある。

　ともあれ、ユグドラシルはこれらの世界に繋がる存在。『巫女の
予言』では根を９つとし、第一の根の下にヘル、第二の根の下に
霜の巨人、第三の根の下に人間が住むとあるが、『ギュルヴィたぶ
らかし』では、第一の根がアース神のところへ伸びているとする。
根の下には数多くのヘビがおり、オヴニル、グラーバク、グラフヴェ
ルズ、スヴァーヴニルが枝を、ニーズヘッグが根をかじっている。
上方の枝ではダーイン、ドヴァリン、ドゥネイル、ドゥラスロール
という４頭の牡鹿が若芽を食べ、幹ではラタトスクが駆け回る。

　なお、第一の根の下にはウルズの泉があり、付近の館住む運命の
女神ノルニル（ウルズ、ベルザンディ、スクルド）が毎日ウルズの
泉の水と泥をユグドラシルにかけて、枯れないように保っている。

　ところで、北欧神話といえば世界の終焉“ラグナロク”が有名だ。
このとき「恐怖に震える」とあるの
で、ユグドラシルは意志がある存在
のようだ。そのためか、ユグドラシ
ルがキャラクターとして登場する
ゲームもある。大抵、可愛らしい木
の精のような姿なのは、世界を見守
るユグドラシルが母性＝女性を連想
させるためだろうか。

関連用語

【アース神族】

主神オーディンをはじめ、
多くの神々が属する神の
一族。

【ヴァン神族】

海神ニョルズ、豊穣神フ
レイ、愛や戦いなどの女
神フレイヤなどが属する
神の一族。

【『巫女の予言』】

神話を伝える『古エッダ』
の最初に書かれた一節。

【『ギュルヴィたぶらかし』】

アイスランドの著述家ス
ノッリ・ストゥルルソン
の『エッダ』を構成する
作品。今日知られる北欧
神話の多くがこれに依っ
ている。

【霜の巨人】

原初の巨人ユミルから生
まれた巨人族。ユミルが
最初の神々に倒された際
に滅びかけたが、生き延
びた一組の夫婦を祖とし
て再興した。基本的に
神々の敵だが、交流して
いる者もいる。

【ラタトスク】

天の一角にとまっている
ワシの姿をした巨人フ
レースヴェルグと、ニー
ズヘッグとの会話を中継
しているリス。

〈『スノッリのエッダ』の
英語訳本挿絵〉

近世 ／ 西洋 ／ 物語

文学

178 ハムレット

シェイクスピアの書いた「四大悲劇」の1つで、デンマークの王子・ハムレットが父を毒殺した叔父に復讐する物語。登場人物の多くが死に絶える、壮絶な人間ドラマだ。

世界的知名度	▶▶▶ 5
名言度	▶▶▶ 4
胸糞悪い度	▶▶▶ 4

ハムレット

今も翻訳家を悩ます名言の宝庫

『ハムレット』は知らずとも、「生きるべきか、死ぬべきか、それが問題だ」というセリフは知っている人が多いだろう。原文では「To be, or not to be:that is the question:」。直訳すると「するべきか、せざるべきか、それが問題だ」となるが、翻訳家によってさまざまな表現がされている。こうした口に出して気持ちのいい名ゼリフが多いのも、俳優出身の劇作家ならでは、シェイクスピアの特徴と言えるだろう。本作は彼の後期の作品で、『ロミオとジュリエット』と同じく、これにも元となった作品がある。

そもそも「ハムレット」はデンマークの伝説的な人物で、歴史書によってイギリスに伝わり、トーマス・キッドによって戯曲化されていた。現在『原ハムレット』（現存せず）と呼ばれるこの戯曲を元に創作したのが、シェイクスピア版というわけだ。

父王を毒殺し、母を奪い、玉座に座る叔父・クローディアスへの復讐を誓った王子・ハムレット。計画が知られないよう狂気を装うが、これを見た恋人のオフィーリアがその衝撃で発狂してしまう。オフィーリアといえば川に浮かぶ女性の絵画が有名だが、あの人である。最終的にハムレットは復讐に成功するのだが、恋人は狂って死に、母は毒杯を飲んで死にと、死の色がかなり濃い。

ハムレットが「The rest is silence」とつぶやき、幕は下りる。直訳は「残りは静寂」、さて、あなたはどう訳す？

〈『オフィーリア』〉

【ハムレット】
1603年初版、5幕19場にわたる悲劇。初版は不良版で、翌年の第2版のほうが元原稿に忠実だといわれている。12世紀に書かれたデンマークの歴史家による『デンマーク人の事跡』にあるハムレット伝説を元に描かれている。

【ウィリアム・シェイクスピア】
1564～1616年。元々はロンドンの芝居小屋で俳優をしていた。商人の息子であったが没落。俳優業は20歳頃からはじめたといわれている。

【The rest is silence】
「To be, or not to ～」と同様、さまざまな訳がされている。有名どころは「もう、何もいうことはない」（野島秀勝・2002年岩波文庫版）あたりだろうか。

COLUMN

シェイクスピアといえば、四大悲劇

シェイクスピアの悲劇の中でも「四大悲劇」と呼ばれる『ハムレット』『オセロー』『リア王』『マクベス』は特に人気が高い。これらは1600～1606年に立て続けに執筆されたため、シェイクスピアの「悲劇時代」と呼ばれている。小難しい印象があるがストーリーラインは明確で、"庶民の娯楽"的な作品になっている。

宇宙　技術　架空

179 軌道エレベーター

近年話題になることが多い軌道エレベーター。地上から馬鹿でかいエレベーターを作って、宇宙まで物資を輸送する。そんな施設が本当に実現されるのか？

縦に長い度	▶▶▶	5
コスパ度	▶▶▶	3
実現可能度	▶▶▶	?

宇宙の人工衛星まで届く、現代版バベルの塔

軌道エレベーター（宇宙エレベーター）は、静止軌道の人工衛星を、重心をそこに留めたまま地上に達するまで縦長に引き伸ばし、そのケーブルを伸ばして末端にアンカーを設けるという施設。名称的にはエレベーターとあるが、実際は固定された軌道を伝って箱が上下移動しているにすぎない。ケーブルを伝う縦方向の貨物列車、といったイメージのほうが正しいかもしれない。ケーブルの全長は約10万km。発着拠点（アース・ポート）は、ケーブルにかかる張力を小さくできる赤道上が最適とされる。

この着想自体は、ロケット公式を発表したコンスタンチン・ツィオルコフスキーが1895年に自著で展開しており、天に向かって塔を建てていくと、ある地点で遠心力と重力が釣り合うと記している。その後、1959年にユーリィ・アルツターノフが今あるような軌道エレベーターの構想を発表している。

軌道エレベーターはロケットよりも低コストで宇宙に物資を送ることが利点なのだが、そもそも建設に必要な強度を持つ素材が存在せず、長らく理論だけの構想だった。ところが、1991年になって極めて強度の高いカーボンナノチューブが発見される。現代の技術だけでも実現可能な範囲にあるとわかったことから、研究が一気に進むようになった。ケーブルの比強度（密度に対する強度）をさらに高めるとか、昇降機自体の構造や昇降用エネルギーをどうするかといった課題を乗り越えるべく、取り組みは進んでいる。もちろん今すぐどうこう解決できる問題ではないので、気長に夢の実現を待ちたいところだ。

関連用語

【コンスタンチン・ツィオルコフスキー】

1857～1935年。ロシアの物理学者、ロケット研究者。軌道エレベーター、人工衛星、宇宙船などを考案し、ロケットで宇宙旅行の可能性を示唆。宇宙旅行の父と呼ばれるが、存命中にその業績が評価されることはなかった。

【ユーリィ・アルツターノフ】

1929～2019年。ロシアの工学者。静止軌道から吊り下げる形式の軌道エレベーターを提案したのは、なんと学生時代だという。

【カーボンナノチューブ】

炭素原子が網目のように結びつき、筒状になったもの。直径はnm（ナノメートル）で、人の髪の毛の5万分の1。強度は鋼鉄の約100倍、熱伝導は銅の約10倍、導電性は銅の約1000倍など、さまざまな特徴がある。ただし健康被害の危険性が指摘されている。

ロボットアニメ界の大家も顧問にいる協会

COLUMN

日本には、宇宙エレベーターを実現するための活動を積極的に行う"宇宙エレベーター協会"なるものが存在する。ここでは、毎年無人小型昇降機の速度や安定性を競う"宇宙エレベーター競技会"を開くなどしている。そしてこの協会の顧問には、アニメ監督の富野由悠季も名を連ねたりしている。ちょっと意外かも？

科学・数学

軌道エレベーター

心理学 / 西洋 / 精神分析

180 エディプスコンプレックス

エディプスコンプレックスとはフロイトが提唱した概念。
子供が幼少期に母親に性愛感情を抱き、父親に嫉妬すると
いう抑圧された心理のことをいう。

近親相姦度	▶▶▶ 5
理解し難い度	▶▶▶ 4
エロ度	▶▶▶ 5

哲学・心理・思想

エディプスコンプレックス

誰もが乗り越えるべき禁断の欲求

フロイトによれば、エディプスコンプレックスは男児・女児関わらず誰もが持つという。もちろん母親への性愛感情が達成されることはまずないが、そうだと知ってこの感情を捨て去ることが重要となる。それができず、心の奥底に抱いたまま成長すると、社会適応の問題や神経症の発症につながる、というのである。

いってみれば"マザコン"と似たようなものだ。幼い頃は誰でも母親にベッタリだが、成長するにつれてやがて母親から離れていく。それがいつまで経っても母親から離れられないでいると、どこか精神的に問題が出てくる……というのはよく聞く話である。

それにしても、フロイトのいうことはエロの話がやたら多い。幼い男児が母親に性愛感情を抱くとか、女児の場合はやがて父親が愛情の対象になるとか、まったくもって禁断の領域である。また彼は、人のもつ無意識の領域を分析したことでも知られているが、その無意識の奥底にあるいちばんの願望は性的欲求であるといっている。こうして見ると、まるで「人間はエロの塊だ」といわんばかりである。当時のヨーロッパではともかく、現在の日本で考えると少し話が飛躍し過ぎていて、納得しにくいのは否めない。

ちなみにエディプスコンプレックスという名前は、ギリシア神話に出てくる悲劇の王エディプスに由来している。エディプスはじつの父を殺し、母と結婚して子どもを作った王である。ただ、エディプスは幼い頃両親と生き別れ、父と知らずに殺し、母と知らずに結婚してしまったのだ。その事実を知ったエディプスは絶望してみずからの目をえぐって追放となり、母は自殺したという。

関連用語

【フロイト】
1856～1936年。オーストリアの精神科医。精神分析学の創始者で、人の持つ無意識の領域には行動に影響を与える欲求や願望がある、と提唱した。心理学の世界では名前が筆頭に挙がる巨匠である。

【マザコン】
マザーコンプレックスの略。母親に執着心を持った状態のこと。日本ではネガティブな言葉として使われるが、諸外国では母親への愛情は「親想い」といういい意味合いが強い。

【エディプス】
ギリシア神話で、都市国家テーバイの王ラーイオスとその妻イオカステーのあいだに生まれた子。父を殺し母と結婚した話は「ギリシアの悲劇」の1つとして知られている。

 COLUMN

エディプスコンプレックスとマザコン

エディプスコンプレックスとマザコンは、似てはいるが本質的には別のものだ。エディプスコンプレックスは父親を殺してでも母親と結ばれたいという性愛欲求なのに対し、マザコンは単に母親に執着する状態である。なお、マザコンというのは和製英語で、母離れできない人（とくに男性）への蔑称として日本で使われる独自の言葉だ。

第26週　第6日目　土曜日

181 人体発火現象
（じんたいはっかげんしょう）

自然的に人体に火がつく現象のこと。人の体に含まれる脂やリン、身近にあるタバコやアルコールなどが原因とされるが、詳しいことはわかっていない。

原因不明度	▶▶▶	5
誰にでも起こりうる度	▶▶▶	4
漫画などでよく見る度	▶▶▶	5

突然、体に火がつく謎の現象

人体発火現象とは、人間が自然発火して消失する現象。基本的に周囲に発火を引き起こす原因となるものが存在せず、人体だけが焼失するケースを指す。

たとえばアメリカのフロリダ州で発生したメアリー・リーサーの事例が有名。1951年、セントピータースバーグというマンションでメアリーの息子リチャードが母親の焼死体を発見する。彼女の体は焼け焦げていたが、スリッパを履いた足は残っていたそうだ。また、1988年にはイギリスのサウサンプトンで似たような事件が発生している。被害者はアルフレッド・アシュトンという男性で、彼は上半身のみが焼失した状態で発見された。これも周囲には火の気がなく、体に火がついた原因はわかっていない。

自然発火現象の仕組みに関しては、いくつかの説がある。摂取したアルコールが体内に残り、それが燃料となって体が燃える、あるいは人の体に含まれる脂やリンが発火を引き起こしているなどだ。ほかにも人がもつ遺伝子のなかに発火性のものがあり、それが原因で突発的に体に火がつくという面白い説も存在する。こういった説のほとんどは科学的に否定されているが、SFをはじめとするさまざまなジャンルと相性がよく、漫画やゲームなどに取り入れられることも多い。

関連用語

【リン】
人体の細胞を構成する元素の1つで、さまざまな食物に含まれる。

【SF】
サイエンスフィクションの略。科学的論理を基盤にしつつ、ファンタジー要素も取り入れた作品。"SF作品"などと略されることが多い。

COLUMN

自然発火の原因は超能力？

超能力の一種であるパイロキネシスが自然発火の原因とされることもある。この力をもつ人は道具などを使わずに火を起こせるため、無意識のうちに自身に火をつけてしまったのではないかというのだ。ちなみに、1982年のイタリアでは、パイロキネシス能力をもつとされるベビーシッターが、住宅に放火した罪で有罪判決を下されている。

キリスト教　／　中東　／　天使

182 ミカエル

『旧約聖書』や『コーラン』に登場する天使の 1 人。悪魔の王サタンを倒した実力者で、ユダヤ教、キリスト教、イスラム教のいずれでも高位の天使として扱われている。

知名度	▶▶▶	5
天界の実力者度	▶▶▶	4
後世で格上げ度	▶▶▶	4

サタンを倒した功績で 7 階級特進 !?

　神に仕える天使の 1 人で、ヘブライ語で“神に似た者”や“神と同等の者”という意味の名をもつ。キリスト教だけでなく、ユダヤ教やイスラム教においても偉大な天使とされており、キリスト教ではガブリエルやラファエルと合わせて 3 大天使、ユダヤ教ではそこにウリエルも含めて 4 大天使としている。

　ミカエルは 3 大天使や 4 大天使では筆頭として扱われるほか、天使の軍団長や楽園の守護者など、多くの役割を担っている。とはいえ、ミカエルが直接率いるのはアークエンジェルという大天使と、ヴァーチューズという力天使の軍団のみ。9 つある天使の階級において、大天使は上から 8 番目、力天使は 5 番目にあたる。ミカエル自身も大天使と格が低いにも関わらず、なぜここまで評価されるのか。それは赤い竜との戦いで大きな手柄をあげたからにほかならない。『新約聖書』の『ヨハネの黙示録』によれば、ミカエルは天使の軍団とともに戦い、赤い竜を退けてキリストの母たる聖母マリアを守った。この赤い竜は、悪魔の首領であるサタンの化身といわれており、それを倒した功績から特別待遇が与えられたというわけだ。

　そもそも天使の階位は、神学者の偽ディオニュシオスが考案したもので、それが浸透するまで大天使こそ最上位の存在だった。ミカエルはその功績に見合った階級とはいえないため、のちに「ミカエルは大天使であり、熾天使でもある」と改められた。これについてはガブリエルやラファエルなどの天使たちも同様だ。

〈『大天使ミカエル』〉

関連用語

【3 大天使】
キリスト教で有力視される 3 人の天使。ユダヤ教ではウリエルも含めて 4 大天使、イスラム教ではミカエル、ガブリエル、ラファエル、アズラエルを 4 大天使としている。

【天使の階級】
偽ディオニュシオスの著作『天上位階論』では、天使を 3 位階・9 階級に分類している。最上位は父の階層（熾天使、智天使、座天使）で、その下に子の階層（主天使、力天使、能天使）、聖霊の階層（権天使、大天使、天使）と続く。ちなみにルシファー（サタン）もミカエルと同じ大天使だ。

【サタン】
地獄を統べる悪魔の王。かつて天使であったルシファーと同一視される。

COLUMN
属性という概念は天使にも存在する？

とくに力をもつとされる 4 大天使は、さまざまなものと結び付けられてきた。その 1 つがファンタジー作品には欠かせない四元素という概念だ。元素はこの世界の根源となるもので、おもに火、風（空気）、水、土の 4 種類があり、天使においてはミカエルが火、ラファエルが風、ガブリエルが水、ウリエルが土に対応しているという。

宗教

ミカエル

第27週　第1日目　月曜日

古代／中国／戦い

183 黄巾の乱

後漢末期の184年、宗教勢力「太平道」を率いる張角（？〜184年）が黄巾の乱を起こした。この反乱は後漢を衰退させるともに、英雄たちが世に出るきっかけとなった。

人民の怒り度	▶▶▶	5
国家衰退度	▶▶▶	4
英雄プロデュース度	▶▶▶	5

数々の英雄誕生の引き金を引いた黄巾の乱

　黄巾の乱とは、反乱を起こした太平道の信者たちが、互いの目印として黄色い頭巾を着用したことに由来する。

　当時、朝廷では激しい権力闘争が続いており、官吏の間では出世のために賄賂が横行する政治腐敗が起きていた。悪政のしわ寄せは庶民に及び、人々の心は漢王朝から離れていった。こうした民衆の心のよりどころとなったのが、張角が創始した太平道教団である。短期間のうちに国家に不満をもつ者たちを吸収して拡大した太平道は次第に軍事組織化していき、184年2月、ついに黄巾の乱を起こすに至った。

　反乱を知った漢王朝は、すぐに討伐軍を派遣した。戦いは最初は黄巾軍が優勢だったが、次第に討伐軍が盛り返し、各地を平定していく。そして乱の首謀者である張角が病死し、弟の張宝や張梁も討たれたことにより、発生から9か月ほどで乱は収束に向かった。なお、討伐軍には後に魏を建国した曹操や、呉を建国した孫権の父である孫堅、蜀漢を建国した劉備らが参加しており、それぞれ手柄を立てて出世の足掛かりを得ている。『三国志』において、黄巾の乱は英雄たちが世に出るきっかけとなった、重要イベントなのだ。

　だが、黄巾の乱が英雄たちにもたらした影響はこれだけではない。じつは乱の収束後も黄巾軍の残党は各地に散って反乱を続けており、192年には兗州刺史の劉岱が青州（現在の山東省）の黄巾勢力を鎮圧しようとして返り討ちにされるという事態が発生した。これにより空席となった兗州刺史の座についたのが曹操だった。曹操は黄巾軍の残党に信仰の自由を約束し、彼らを降伏させて自分の勢力に組み込むことに成功。小勢力の群雄でしかなかった曹操は、これを機に約30万人の兵士を手に入れ、大きく飛躍するきっかけをつかんだのである。

関連用語

【太平道】
後漢末期に信仰が広まった道教の一種。于吉という人物が得た神書『太平清領書』を経典としており、この書を入手した張角が教団を起こした。

【張角】
？〜184年。太平道の教団を起こした人物で、自らを大賢良師と称した。信者の病を癒したり、罪を懺悔させることで信奉を得て、数十万人の信者を集めた。

〈清代の書物の黄巾の乱〉

184 オーディン

北欧神話の主神で、戦いと死、詩文などの神。隻眼で髭が長く、つばが広い帽子を被ってグングニルの槍を手にしたり、8本足の馬スレイプニールに騎乗した姿で描かれる。

知識や情報収集への執着度 ▶▶▶	5
備えは意味なかった度 ▶▶▶	4
あとは任せた度 ▶▶▶	5

知識の収集に貪欲な北欧神話の主神

最初に誕生した神ブーリの孫。父はブーリの息子ボル、母は巨人ボルソンの娘ベストラで、弟にヴィリとヴェーの二柱がいる。オーディン兄弟は原初の巨人ユミルを倒し、その血肉から世界を創造すると、さらに海岸に落ちていた二つの木から人間の男女を製作。オーディンが息と生命、ヴィリが知恵と運動、ヴェーが顔と言葉を与え、二人を祖とする人間がミズガルズに住むことになる。

のちにオーディンは大地の神の娘フリッグを妻とし、一族であるアース神族の神々が誕生する。以降、オーディンは妻とフリズスキャールヴという高座から世界を見渡し、毎朝フギンとムニンというカラスを放って集めた世界の情報を記憶する。

オーディンは戦いの神だが、力ではなく知恵や策略、魔術を駆使する頭脳派で、自分ではほぼ手を下さない。知識を得ることに貪欲で、片眼と引き換えに巨人ミーミルの知恵の泉の水を飲んで知恵を得たほか、槍で自身を傷つけ、首を縄で吊ったまま9夜過ごす儀式でルーン文字の秘密をも知った。

また自ら9つの世界を旅し、物知りの巨人と問答をしたこともある。知識を集めたオーディンは、やがて迎えるラグナロクを知っており、戦死した勇者の魂エインヘリヤルをヴァルハラに集めていた。しかし、神といえども運命からは逃れられず、最終的には巨狼フェンリルに飲み込まれてしまうのだ。

関連用語

【ユミル】

ニヴルヘイムの泉から流れる川を下った毒気の霜が、ムベルヘイムからの熱風で溶けて人型になり誕生した巨人。同じく霜の雫から生まれた牝牛アウズフムラの乳を飲んで育った。

【ミーミル】

オーディンの伯父にあたる巨人。ユグドラシルの根元にある知恵の泉の所有者で、泉の水を毎日飲んでいたためとても賢かった。一般的には霜の巨人の一族とされるが、水の巨人やアース神族の一員とする説もある。

【ヴァルハラ】

エインヘリヤルが滞在する宮殿。エインヘリヤルは日中は戦って戦士の腕を磨き、夜は倒れた者も起き上がって酒宴を楽しむ。ヴァイキングはここに迎えられることを名誉としたため、死を恐れず勇猛だったといわれている。

〈オーディン〉

ミーミルの首を相談役にしたオーディン

COLUMN

かつてアース神族とヴァン神族が争い、講和した際に人質交換がなされた。ミーミルはヘーニルという神ともにヴァナヘイムへ送られたが、ヘーニルはミーミルがいなければ何も決められず、怒ったヴァン神族はミーミルの首を斬って送り返した。するとオーディンは魔法で首を復活させ、防腐処理をして相談役にしたという。

185 マザー・グース

童謡、民謡、手遊び歌、早口言葉、言葉遊び……"マザー・グース"とはそれら伝承歌謡の総称だ。古くから伝わる歌は、よくよく読んでみると不可解な歌詞も多い。

一般浸透度	▶▶▶	5
意味深度	▶▶▶	5
残虐性	▶▶▶	5

幼い頃から刷り込まれた謎多き歌たち

"マザー・グース"というのはイギリスに伝わる童謡や子守歌などを総称した言葉だ。日本でいうところのわらべ歌、手遊び歌、民謡、伝承童謡をひっくるめた存在、といったところだろう。特定の歌を指すわけではない、歌の1ジャンルを指した言葉だ。

日本でも有名なところでいえば、遊戯歌の「ロンドン橋」や「ハンプティ・ダンプティ」あたりだろうか。古くから親しまれる民謡たちは、改めて歌詞を見ると意味深なことが描かれている。それは自然を表すものだったり、教訓的なものであったり、地域の伝統であったり、因習であったりする。先に挙げた「ロンドン橋」を見てみよう。ロンドン橋は10世紀頃、実際に崩壊を繰り返していた。しかし、毎度歌われる「マイフェアレディ」とは一体なんなのだろうか？　一説では人柱、つまりは生贄の女性を指しているという。陽気な曲の中に、かつての血なまぐさい時代が息づいているのだ。

マザー・グースの中には、かなり直接的な表現がされている歌も多い。そのナンセンスさも同様の特徴ではあるのだが、"わらべ歌"の性質上、現在伝わるものはかなりマイルドに修正されている。原曲を知りたい諸兄は原本をあたるか、または北原白秋や谷川俊太郎の訳本をあたるといいだろう。言葉選びは日本的ではあるが、意味合いはそのままだ。

抽象的だからこそさまざまな読み方ができるマザー・グースたちは、現在も空想や妄想をかき立て、数々の物語のキーになっていった。特に推理物では暗号として使われたり、歌に見立てて物語が進行したりする。身近で誰もが知っているものだからこそ、反射的に理解できる"共通認識"として、これ以上ないスパイスなのだ。

◆〔関連用語〕◆

【マザー・グース】
直訳すると「がちょうおばさん」。この名は1765年頃ジョン・ニューベリーが発行した童謡集『Mother Goose's Melody』からとられた。

【ハンプティ・ダンプティ】
『鏡の国のアリス』に登場する首のない紳士として有名だが、元はマザー・グースにある卵の謎かけ歌に登場する、卵の擬人化。

【マイルドな修正】
暴力や差別、残虐な表現などが排除・簡略化されている。童謡だけでなく童話などでも顕著。反して、原本に立ち返る「本当は怖い○○」といったシリーズも人気ジャンルになっている。

Denslow's HUMPTY DUMPTY
Adapted and Illustrated by W.W.Denslow

G.W.Dillingham Co.
Publishers New York

《『ハンプティ・ダンプティ』》

186 黄金比（おうごんひ）

最も美しく、最も安定した比率というものがある。それが黄金比である。この黄金比は、数学に限らず、芸術、自然界問わず登場するというのだが……。

安定の美度	▶▶▶ 5
意外と身近度	▶▶▶ 3
根拠はない度	▶▶▶ 4

根拠不問！　安定して見える美しき長方形

まず黄金比とは、1：（1 +√5）／2を指す。近似値でいうと1：1.1618、約5：8、8：13あたりとなる。これは線分をa、bに分割する際、a:b = b:(a + b) が成り立つように分割する比率で、（1 +√5）／2のことを黄金数＝φ（ファイ）という。作図する工程としては、(1) 正方形 abcd を描く。(2) 辺 bc の中点 0 を中心に、コンパスで線分 od を半径とした円を描く。(3) その円と辺 bc の延長線との交点を e として、長方形 abef を描く。この長方形が黄金比の長方形になる。

なぜこれがもっとも美しいといわれているのかというと、正直芸術的な経験則なのだろう、としかいいようがない。黄金比はパルテノン神殿やらピラミッドなど、歴史的な建造物や美術品にやたら見つかっていて（もちろん後付けの伝説もある）、伝承では古代ギリシアの彫刻家ペイディアスが初めて使ったとか、レオナルド・ダ・ヴィンチが発見したとかいろいろいわれている。

さらには、自然界なら植物の葉脈や、巻貝の断面図などに黄金比が見られるし、文明的にはディスプレイのアスペクト比やカードの類にも黄金比となっているものはある。もっとあやしいのでは、美容外科において、足底からへそまでの長さ：へそから頭頂部の比率が黄金比だと美しいだとか、目鼻口などの長さや間隔黄金比なら美しいだとか、根拠がよくわからないものまである。

そういうバイアスがかかっていれば、正直なんでも黄金比になってしまうのだが、不確かなはずものに、なにか不変的な定義を求めたがるのは、ある意味人間の性なのかもしれない。

関連用語

【パルテノン神殿】

世界遺産。古代ギリシャ時代、アテネのアクロポリスに建設された、女神アテナを祀る神殿。当時の建築を伝える最も重要なドーリア式建造物。戦争や汚染、破壊などにより現在の姿がある。

【ペイディアス】

紀元前 490 年頃～紀元前 430 年頃。古代ギリシアの彫刻家。パルテノン神殿建設の総監督を務める。アテナ・プロコマスの像や、オリンプアのゼウス坐像などが代表作だが、現存するのはゼウス坐像のレプリカのみ。

【レオナルド・ダ・ヴィンチ】

1452 ～ 1519 年。イタリアの芸術家。『モナ・リザ』『最後の晩餐』などの絵画だけでなく、科学や工学に関する研究手稿も残しており、ルネサンスを代表する偉人である。

紙に使われるサイズのほうは、白銀比

COLUMN

黄金比があるのだから銀や銅もあるのかというと、じつはある。黄金比含め、これらは貴金属比と呼ばれており、白銀比は1：√2、白金比は1：√3、青銅比は1：（3 +√13）／2。近似値はそれぞれ、1：1.1414、1：1.732、1：3.303 となる。このうち白銀比は、国際規格の紙の寸法に使われている。

187 カタルシス

さまざまなところでよく聞く "カタルシス" という言葉。元々はアリストテレス（紀元前384～322年頃）が著作『詩学』で悲観論として書き残した、演劇学の用語だ。

気持ちスッキリ度	▶▶▶	5
言葉の知名度	▶▶▶	4
伝統的な形式度	▶▶▶	5

嫌な気持ちがスッキリすること

　アリストテレスはカタルシスのことをこう語っている。「悲劇が観客の心に怖れと憐れみを感情を呼び起こすことで、精神を浄化する効果」と。あくまでも悲劇について語ったものの一部であり、カタルシスそのものがどうこうというわけではなかった。

　それから何世紀も経ち、フロイト（1856～1939年）が精神医療にカタルシスという言葉を持ち込んだ。「患者が悲惨な話を聞いて泣くことで、気持ちのなかに抑圧されたものが解放される」ことをカタルシスと呼び、以後、心理学の用語としても定着していく。

　そして現在では、もっとカジュアルに「嫌な気持ちを吐き出してスッキリすること」くらいの意味で誰でも使うようになった。「このドラマを見てカタルシスを感じた」とか「このお話はカタルシスが足りない」などと、日常会話でもたびたび耳にする。

　たとえば戦隊ヒーロー作品は、典型的なカタルシスのお話だ。困っている人や苦難にぶつかった人をヒーローが助け、最後は必殺技で敵を叩き潰す。見ていてスカッとする模範的なストーリーである。

　ただし、ヒーローが最初から必殺技で敵を景気よく倒していくようなお話は、爽快感はあってもカタルシスではない。苦難やピンチなどの描写で「嫌な気持ち」がまず作られ、それを乗り越えることでスッキリする……という形がカタルシスなのである。

　このカタルシスは、ストーリーを面白くする大事な要素である。だから戦隊ヒーローは最初から必殺技は使わないし、水戸黄門は最後の最後でようやく印籠を出す。歯がゆく思うかもしれないが、じつはアリストテレスの教えに従った伝統ある形式なのである。

◀ 関 連 用 語 ▶

【悲劇】

古代ギリシア時代からある演劇の様式。主人公が破滅的な結末に終わるなど、悲惨なお話のことをいう。また「ドーハの悲劇」のように、現実世界の悲しい出来事に対しても使われる。

【心理学】

心と行動の関係を研究する学問。どういう内面がどういう行動につながるか、を理論化した。哲学から派生したルーツを持つ。

【戦隊ヒーロー】

東映が制作した、数名でチームを組んで戦う特撮ヒーロー。正式には『スーパー戦隊』と呼ばれる。1975年から続く長寿シリーズである。

COLUMN

カタルシスエフェクト

PlayStation Vita用のゲーム『Caligula -カリギュラ-』には「カタルシスエフェクト」という言葉が登場する。抑圧された感情が暴走した人間に対し、主人公たちがカタルシスエフェクトという力でそれを抑える、というもの。仮想世界からの脱出をテーマにしたこの異色のゲームは、2018年にテレビアニメ化もされている。

188 ドッペルゲンガー

自身の分身が現れ、本人あるいは第三者に目撃されるという不思議な現象。自身が分身を目撃した場合は、死期が近いことを示唆しているともいわれている。

超常現象度	▶▶▶	5
はた迷惑度	▶▶▶	4
周囲より本人が困惑度	▶▶▶	5

自分のそっくりさんが現れる!?

　ドッペルゲンガーとは、自身の分身が現れる、あるいは目撃されるという超常現象の1つで、自己像幻視とも呼ばれる。これに類する現象は世界各地で報告されているが、とくに有名なものはフランス人教師エミリー・サジェの事例だろう。

　1845年、リヴォニアの名門校に教師としてサジェが赴任。それから間もなく、学校の生徒たちが不可解な現象を体験するようになる。それは校内で2人のサジェを目撃するというものだった。あるときは、教室にいた40人以上の生徒が、教室と窓の外にいるサジェを目撃。生徒たちはどちらが本物のサジェか触って確かめることもしたという。この現象は1年以上も続き、不安を感じた保護者たちは子どもをべつの学校に転入させるといい出した。これを受けて学校側はサジェを解雇。彼女はやむを得ずほかの学校で教師をすることになるのだが、新しい赴任先でも同様の現象が発生したため、そのたびに職場を変える羽目になった。そして最後は仕事がなくなり、サジェは義理の妹のもとに身を寄せたという。ちなみにこの義妹の子どもも2人のサジェを目撃している。

　精神あるいは脳疾患が原因だとか、未来や並行世界の自分を見ているだとか、ドッペルゲンガーの分身についてはさまざまな説が唱えられている。なかには肉体から抜け出た魂、つまり生霊ではないかという人もいるが、その原理はいまだに解明されていない。ただ、そこに魅力を感じる人も多く、ドッペルゲンガーはさまざまなフィクション作品に取り入れられている。その場合、分身が何かしらの問題を起こすパターンが王道だが、現実のドッペルゲンガーはそこにいるだけで問題を起こすことはほとんどないようだ。

関連用語

【エミリー・サジェ】
北ヨーロッパに属する、ラトビア共和国のリヴォニアにある学校に赴任した女性教師。

【並行世界】
この世界とはべつに存在する世界のことで、パラレルワールドともいう。もとの世界にそっくりだったり、逆にまったく違ったり、作品によって様相が異なる。

〈ドッペルゲンガー〉

ガブリエル

189 ガブリエル

ユダヤ教やキリスト教における大天使の1人。神の言葉を
人間に伝えるメッセンジャーであり、イエス・キリストの
誕生を聖母マリアに伝えた天使である。

知名度	▶▶▶ 5
天使の代表格度	▶▶▶ 4
女性らしさ度	▶▶▶ 4

神の意志を告げる天界よりの使者

『旧約聖書』や『新約聖書』に登場する天使の1人で、その名前は"神
の人"や"神は力強い"という意味。天使の階級としては下から2
番目にあたる大天使だが、のちに最高位の熾天使として見られるよ
うになり、『失楽園』にも熾天使として登場する。

　ガブリエルの主な任務は選ばれた人間に神の意志を伝えること。
最も有名なエピソードとしては、聖母マリアへの受胎告知が挙げら
れる。『新約聖書』でも文学的に優れた歴史的叙述とされる『ルカ
による福音書』によると、ガブリエルは処女マリアに懐妊を告知し、
胎内の子をイエスと名づけることを啓示した。さらに、その子がの
ちに救世主になることも告げたという。

　天使や悪魔には性別という概念は存在しないが、ガブリエルは女
性と考えられることも多い。その理由として、前述のマリアに告知
する場面で、ガブリエルは処女マリアの部屋を訪れている。当時の
ユダヤ社会において、処女の部屋に男性が訪れることはまずありえ
ない。また、ユダヤの習慣では主人の左側には妻か娘が座ると決
まっており、『旧約聖書』の第2正典『トビト
書』によればガブリエルも神の左側に座るとい
う。あくまで一説に過ぎず、断定はできないが、
そういった理由もあってかガブリエルは女性と
して描かれることが非常に多い。さらに、神の
側近にあたるため、ゲームやアニメなどではや
たらと能力が高く設定されたり、物語の主要人
物にその名前が用いられることもある。

〈『ヘントの祭壇画』ガブリエル〉

関連用語

【『失楽園』】
イギリスの詩人ジョン・
ミルトン著。『旧約聖書』
の『創世記』を題材とし
た長編叙事詩で、ルシ
ファーら堕天使による反
乱が描かれる。ガブリエ
ルは本来、大天使だが、
このなかでは熾天使とさ
れていた。

ちょっとうらやましいユダヤ教の安息日

COLUMN

宗教色の強い国では、国民の多くがその宗教の戒律や規則をもとに生活している。た
とえばユダヤ教徒が多いイスラエルでは、安息日が設けられており、その日は飲食店
などの施設や交通機関が利用不可になる。それどころか火や電気を使うことすらも禁
止されるため、敬虔なユダヤ教徒はこの日に備えて食事などを用意しておくそうだ。

190 赤壁の戦い

<ruby>赤壁<rt>せきへき</rt></ruby>の<ruby>戦<rt>たたか</rt></ruby>い

『三国志』の中盤のハイライトである赤壁の戦い。圧倒的な兵力を率いて攻めてきた曹操軍を孫権・劉備の連合軍が撃退した戦いだが、勝敗を決めたのは意外な原因だった。

知名度	▶▶▶ 5
激戦度	▶▶▶ 4
バイオハザード度	▶▶▶ 5

赤壁の戦い

曹操軍に撤退を決断させた真相とは

『三国志』で最も有名な戦いである赤壁の戦いは、どのようにして起こったのか？　当時、最大のライバルであった袁紹を下して華北（中国北部地域）を支配下において中華最大の勢力となっていた曹操は、なおも勢力拡大を目指して208年には南方政策を開始。荊州を治めていた劉琮を降伏させ、長江流域を治める孫権へと矛先を向けた。その頃、荊州の客将だった劉備は曹操に降伏することを拒み、曹操の追撃を逃れて南下している。当初、孫権は曹操軍との開戦に消極的だったが、配下の魯粛や周瑜の説得に心を動かされ、劉備と同盟を結んで開戦を決意した。

こうして赤壁の戦いが始まるのだが、小説『三国志演義』では劉備軍の軍師である諸葛亮が孫権に開戦の決意をさせ、曹操軍を手玉にとって大量の矢を獲得したり、祈祷によって風を吹かせて孫権軍の火計を成功させるなど、八面六臂の活躍によって孫権・劉備連合軍を勝利に導くという描写がなされている。だが、正史にはこうした記述は一切存在せず、孫権軍が曹操軍に打撃を与え、撤退させたことが記されているのみである。

圧倒的な戦力を誇った曹操軍はどうして撤退したのか？　正史の記述を追うと孫権軍が火計を成功させて曹操軍に打撃を与えたのは確かなようだが、撤退の原因はそれだけではなかった。実は開戦前から曹操軍では疫病が蔓延しており、まともに戦える状態ではなかったのだ。三国志で最も有名な戦いの勝敗を決定づけたのが、諸葛亮の神算鬼謀でも孫権軍の奮闘でもなく疫病だったというのは、なんともしまらない結末である。

◀ 関 連 用 語 ▶

【孫権】
182～252年。三国の1つ、呉を建国した人物。兵法書『孫子』で有名な孫武の末裔を自称していた。

【魯粛】
172～217年。孫権の配下。剛毅な性格で、赤壁の戦いでは曹操軍の脅威の前に弱気になった孫権を激励し、開戦を決意させた。

【周瑜】
175～210年。孫権の配下。孫権の兄・孫策とは義兄弟の間柄で、孫権からも全幅の信頼を寄せられた。

COLUMN

『三国志演義』における赤壁の戦いのモチーフになった？

『三国志演義』では、軍船を鎖でつないでいた曹操軍に、孫権軍が火を放って大被害を与えるという描写がある。このモチーフとなったと考えられているのが、1363年に行われた鄱陽湖の戦いだ。この戦いでは陳友諒軍が軍船を鎖でつないで陣をはっていたが、朱元璋軍が決死隊を突撃させて火を放ち、敵軍を焼き払って勝利している。

191 トール

オーディンと並んで有名な北欧神話の神。天気を司る雷神
にして豊穣神。アース神族のなかでは最強の戦神でもある。
善悪両面を備えるトリックスター、ロキと仲がいい。

アース神族中での重要度 ▶▶▶ 5
神話エピソードでの登場頻度 ▶▶▶ 5
現実世界での人気度 ▶▶▶ 5

エピソードには事欠かない豪勇の神

　父はオーディン、母は大地の女神ヨルズ。妻は女神シヴと巨人族のヤールンサクサで、シヴの連れ子ウル、シヴの娘スルーズ、ヤールンサクサの息子マグニ、母が明確でない息子モージが子どもだ。神のなかでも傑出した剛力を誇り、力を倍にする力帯メギンギョルズを締め、鉄の手袋をはめて戦槌ミョルニルを振るう。これら3つはトールの重要な宝とされ、ほかにも2頭立ての戦車を所持している。これを引くのはタングリスニ、タングニョーストというヤギで、食べてしまっても骨と皮が無傷なら再生できる。

　トールは戦神だけに武勇伝が多く、決闘を挑んできたフルングニル、ミョルニルを盗んで女神フレイヤを妻に要求したスリュム、ロキを拉致したゲイルロズほか、数多くの霜の巨人を打ち倒した。世界の終末ラグナロクでは大蛇ヨルムンガンドを倒すが、自身も猛毒を受けて相討ちになるという。ほかにも巨人ウートガルザ・ロキとの技比べや、海でヨルムンガンドを釣り上げる話、ロキに丸刈りにされたシヴのため、小人にカツラをつくってもらう話などがあり、神々のなかでもとくにエピソードが多い。

　ちなみに日本ではトールの名で定着しているが、古ノルド語の発音は「ソール」が近いという。英語では「ソー」で、トールをモチーフとしたアメリカン・コミックスのヒーロー、マイティ・ソーが有名だ。原典を反映した非常に強力なキャラクターで人気も高い。

〈トールの戦い〉

【関連用語】

【ウル】
神々のなかでも屈指の弓の名手。狩りや弓術、スキー、決闘などを司る。スウェーデンやノルウェーの一部地域でとくに信仰されていた。

【フレイヤ】
愛や豊穣を司るヴァン神族の女神。海神ニョルズの娘で、双子の兄フレイの妹。理由は不明だが、オーディンと死者を二分するとされている。

【ウートガルザ・ロキ】
巨人の王。奸智や魔術に長け、旅をしていたトールやロキの一行を幻術でたぶらかした。トールたちは技比べで負けたものの、ウートガルザ・ロキは一行が去る際に真実を語り、じつはトールの実力を知って驚愕していたことが明かされる。

実際の信仰では農民たちに人気だった
COLUMN
　トールの信仰は、北欧だけでなくゲルマン人が活動した地域全般に及んでいた。神話でのトールは戦神としての面が目立つが、実際には豊穣神として農民たちに厚く信仰されていたようだ。地名や人名にトールにちなんだ名が多く残っており、同じ雷神であるギリシア神話のゼウスとも同一視されたことからも人気ぶりがうかがえる。

192 ヨハン・ヴォルフガング・フォン・ゲーテ

19世紀に活躍したドイツの詩人・小説家・劇作家・政治家。ドイツ古典主義を確立し、自然科学の研究でも業績を上げた超人だ。同年代の偉人たちとの交流記録も残されている。

歴史的影響力	▶▶▶	4
勝ち組感	▶▶▶	5
超人度	▶▶▶	4

創作に政治に大成功を収めたドイツの偉人

　ゲーテはドイツを代表する詩人、劇作家、小説家で、ドイツ近代文学の礎となったうえ、政治家としても名を遺している。

　そんな彼の出世作が『若きウェルテルの悩み』だ。書簡体小説という「誰かに当てた手紙」の形式で書かれたもので、「ねぇ、君」と語りかけてくる文体は読みやすく親しみやすい。彼の"悩み"というのは恋愛、しかも片思いだ。彼がひとめぼれした相手には婚約者がいたのだ。甘酸っぱい青春物と思いきや、なかなかねちっこく病んだ恋物語で、最終的に彼はあてつけがましく自殺する。

　とはいえゲーテといえば戯曲『ファウスト』を思い浮かべる人が多いだろう。ファウスト博士が悪魔・メフィストフェレスに「自分を満足させたら魂を差し出す」という賭けを持ちかける物語だ。「時よ止まれ、汝はじつに美しい！」というセリフで有名だろう。ドイツに伝わる「ファウスト博士」伝説をモチーフにしたこの物語は、裕福な家庭に生まれ政治家としても大成した彼らしく、経済学や社会派な切り口を含みながら、それでいてユーモアや艶事、果ては下ネタまでもが織り交ざった面白おかしい作風になっている。

　ところで、名作と謳われる作品の多くが作者の死の直前に書かれた遺作で、ゲーテにとっての『ファウスト』もこれにあたる。そして悪魔に魂を差し出す代わりに才能を得る、という伝説は世界各地に存在している。……さて、これはただの偶然なのだろうか。

〈ゲーテの肖像〉

関連用語

【ヨハン・ヴォルフガング・フォン・ゲーテ】

1749〜1832年。ドイツ・フランクフルトの名家に生まれ、数々の叙事詩、戯曲、小説を発表。詩人・シラーとともに文学運動「疾風怒濤（シュトゥルム・ウント・ドラング）」の先駆けとなる。ワイマール公国の政務官を務め、自然科学の分野では顎間骨の発見など、幅広い分野で活躍。ファウストの第2部が刊行された年に没した。

【疾風怒濤】

1770〜90年頃にドイツで起きた文学運動。シェイクスピアとルソーの影響から、これまでのドイツ的な合理主義、形式主義への抗議として加速。感情を強調する非合理主義は、後年のドイツ、イギリス、フランスのロマン主義文学へ大きな影響を与えた。

COLUMN

伝説の魔術師、ファウスト博士

『ファウスト』の主人公であるファウスト博士にはモチーフがある。15世紀頃に実在したといわれる錬金術師ゲオルク・ファウストと、伝説的な魔術師ヨハネス・ファウスト、2人を由来とする「ファウスト伝説」だ。伝説上の奇人といえばサン・ジェルマン伯爵が有名だが、彼が活躍するのは18世紀頃。ファウストのほうが古い存在なのだ。

193 フラクタル

同じような形をしている地形なので、同じ地図かと思ったら、縮尺が違うだけだった。そんな経験はないだろうか。そんな図形のことをフラクタルという。

ずっと似てる度	▶▶▶	5
無限増殖度	▶▶▶	4
数学の美度	▶▶▶	4

自然界にもなぜか多い、拡大しても似た図形

フラクタルとは簡単にいえば、複雑な図形なのに、細部を拡大しても全体と似た形になる図形を指す。数学者のブノワ・マンデルブロが導入した概念で、自己相似性という意味だ。

代表的な例がシェルピンスキーガスケットである。まず正三角形を描き、その50%縮小したものを内部に3つ並べる。その正三角形をさらに縮小し……と繰り返していくことで、フラクタル図形のシェルピンスキーガスケットが完成する。また、同じくフラクタル図形のコッホ雪片も同様に作図できる。まず1本の線を引き、真ん中1/3を三角形に尖らせる。できた形の線をまた同様に折る、と繰り返すと、雪の結晶のような図形になる。

これだけだと、簡単な法則を繰り返すことで不思議な図形ができあがるだけの話なのだが、マンデルブロによれば「自然はフラクタルである」という。事実、海岸線、ひび割れ、樹木の枝分かれ、腸の内壁などはフラクタルの特性をもっている。このことに着目し、フラクタルは自然科学に対する新たなアプローチを生んでいる。フラクタルがどれだけ完全に空間を満たすかを示す量を"フラクタル次元"というが、たとえば医療で、良性腫瘍なら1.38、ガンなら1.5前後となるから、これが客観的な診断に役立つのでは、と期待されている。

このほか、CGの世界でも、地形や植生の自動生成アルゴリズムといったものにフラクタルは活用されている。君がゲーム好きなら、意外とフラクタルを多く目にしているのかもしれない。

関連用語

【ブノワ・マンデルブロ】
1924〜2010年。フランスの数学者、経済学者。金融の価格変動を見てフラクタルの着想を得て、フラクタル幾何学を発展させていった。フラクタルのマンデルブロ集合を考案。

【ヴァツワフ・シェルピンスキー】
1882〜1969年。ポーランドの数学者。集合論や関数論、位相幾何学などで多大な貢献をした。彼が考案したフラクタルには、シェルピンスキーガスケットのほか、シェルピンスキーのカーペットというものもある。

【ヘルゲ・フォン・コッホ】
1870〜1924年。スェーデンの数学者。コッホ曲線を考案したほか、リーマン予想と素数定理に関する証明などを行なっている。

中二病全開の関数グラフ！　悪魔の階段

COLUMN

フラクタルの1種にカントール集合があるが、これを紹介したカントールに由来するものに、"悪魔の階段"（カントール関数）なる中二病全開の関数がある。これは連続ではあるが絶対連続ではない関数のことで、詳細は省略するが、要は微分係数がほぼゼロなのに、なぜか階段状のグラフになるというものだ。

194 カール・グスタフ・ユング

哲学・心理・思想

カール・グスタフ・ユング

フロイトとともに精神分析学を発展させた精神科医で心理学者。フロイトとは違う方向で人の心理を研究し、「ユング心理学」とも呼ばれる独自の分析心理学を創始した。

心理学の巨匠度	▶▶▶ 5
師匠裏切り度	▶▶▶ 4
性格診断で有名度	▶▶▶ 4

人の心理をタイプ分けする医療法

ユング（1875～1961年）は元々フロイトの弟子で、フロイトと同じく「人の持つ無意識の領域が行動に影響を与える」と考えていた。しかしその無意識について、フロイトが「根底にあるのは性的欲求である」と考えていたのに対し，ユングは「もっと広い意味があるのではないか？」と疑問を提唱。やがて考え方の違いが大きくなり、フロイトと決別して独自の心理学を築いていった。

ユングの心理学で特徴的なのは、人の心理をタイプ分けしたことだろう。彼は人が行動する際の原理を「外向型」と「内向型」に大きく分け、それぞれ下の4つの性格に分かれるとした。

●思考型：物事を論理的に考える、理屈っぽい人
●感情型：物事を「好きか嫌いか」など感情で考える人
●感覚型：物事を表面的に捉える人。よく観察するが奥は見ない
●直観型：物事を本質で捉える人。周囲から理解しがたい部分も

アニメ『機動戦士ガンダム SEED DESTINY』のキャラクターでたとえるなら、いつも冷静で論理的なレイは思考型、すぐに熱くなるシンは感情型、正しい道を見誤ってしまうアスランは感覚型、大局を見極めて行動するキラは直観型、といったところだろう。

このように人をタイプで分け、それぞれに合った対処や治療を考える、というのがユング心理学の大きな特徴である。この手法はその後カウンセリングやセラピーの現場で定着している。

〈ユングの写真〉

関連用語

【ジークムント・フロイト】
1856～1939年。オーストリアの精神科医。精神分析学を創始した。ユングは32歳のときから7年間、彼に師事した。フロイト、ユング、それにアドラーの3人は心理学の巨匠としてよく比較される。

【分析心理学】
人の持つ無意識の領域が行動や経験に与える影響を解釈し、分析する心理学の1つ。フロイトの精神分析学に対して、ユングの手法は分析心理学と呼ばれる。

【『機動戦士ガンダム SEED DESTINY』】
地球に住む純粋な人間の「ナチュラル」と、遺伝子操作をして宇宙移民となった「コーディネイター」との戦争を描いたテレビアニメ。『機動戦士ガンダム SEED』の続編として2004年に放映された。

COLUMN

ユングの唱えた「集合的無意識」

タイプ論は意識的領域の話で、無意識の領域に関してはユングは「集合的無意識」という考え方を基にした。「すべての人には古代からの膨大な情報が先天的に伝わっている」という考え方だ。無意識の部分が他人とつながっている、というのは創作でも用いられ、イギリスの児童文学『トムは真夜中の庭で』などで描写されている。

195 幽体離脱

生きている人の肉体から、意識や魂が幽体となって抜け出すという超常現象。「体外離脱」とも呼ばれる。体験談は数多いが、その発生メカニズムや真偽は不明である。

オカルト度	▶▶▶ 5
体験談が多い度	▶▶▶ 5
あなたにも起きるかも度	▶▶▶ 5

幽体離脱は夢ではなく現実にある!?

　幽体離脱は睡眠中に起きることが多く、しばしば「ベットに寝ている自分の姿を真上から見た」といった体験談が語られる。しかし、本人以外は誰もその体験が本当かどうかはわからないため、大抵は「夢でも見たんだろう」で片付けられがちである。

　一方で、幽体離脱の解明に挑んだ学者もいる。そのひとりがカリフォルニア大学の心理学者チャールズ・タートで、彼は「自由に幽体離脱を起こすことができる」という女性を被験者とした実験を行っている。その実験は被験者から見えない位置に5桁の数字が書かれた紙を置き、幽体離脱によってその数字を確認してもらうというもの。被験者である女性はベッドに横になり眠りについたが、明け方に目を覚ますと、見事に紙に書かれた5桁の数字をいい当ててみせた。なお、被験者には脳波の電極を複数付けており、それを外さない限りベッドから立ち上がることはできず、実験中に脳波が途切れたことはなかった。つまり、身動きができない状態であるにも関わらず、女性は数字をいい当てたというわけだ。

　また、オカルト的な解釈では、幽体離脱とは単に体から意識が抜け出るだけでなく、霊界といった別次元の世界へアクセスするための手段でもあるという。これまで数千回に渡る幽体離脱を体験したというロバート・A・モンローによると、アクセスできる別世界は何十もあり、どこへ行くかは幽体離脱者の意識状態に応じて決まるのだそうだ。ちなみに幽体離脱はトレーニング等により、意図的に起こすことができるらしく、そのためのマニュアル本なども売られている。興味のある人は試してみるのもいいかもしれない。

◀ 関 連 用 語 ▶

【チャールズ・タート】

1937年〜。アメリカの心理学者でカリフォルニア大学の教授。テレパシーや予知、遠隔視、幽体離脱といった超能力にまつわる現象の研究に取り組んでいることで知られる。

【ロバート・A・モンロー】

1915〜1995年。アメリカの実業家、超心理学者。42歳のときから幾度となく幽体離脱を経験するようになり、それを機に幽体離脱の研究を開始。1971年にモンロー研究所を設立して幽体離脱の解明に取り組んでいるほか、自身の体験などを綴った著書も発表している。

オカルト漫画の金字塔『うしろの百太郎』

COLUMN

双子の芸人のネタにも使われるなど、一般にも広く知られるようになった幽体離脱だが、その知名度向上に貢献した作品といえば『うしろの百太郎』だろう。主人公の一太郎が守護霊の百太郎とともに、幽体離脱を始めとするさまざまな超常現象を体験する漫画作品で、1970年代オカルトブームの火付け役となった。

196 ラファエル

その名前にはヘブライ語で "神は癒やす" という意味があり、癒しを司る天使とされている。また、『トビト記』での役割から旅人の守護者としても信仰を集めている。

知名度	▶▶▶	4
身近に感じる度	▶▶▶	4
天界のヒーラー度	▶▶▶	5

人々に愛される癒やしの天使

キリスト教においてミカエルやガブリエルとともに3大天使に数えられるラファエル。階級はミカエルと同じ大天使だったが、のちに天使の階級が定められてからは、熾天使、智天使、主天使、能天使と、大天使を含めて5つの階級に属する存在となった。

ラファエルについて記された文献としては、『旧約聖書』の外典である『トビト記』があげられる。このなかには、模範的な信者であるトビトの息子トビアが、旅を経てサラと結婚し、失明した父トビトを治すまでが描かれており、ラファエルは神の命令でトビトの旅をサポートする役目を担った。このエピソードからラファエルは旅と安全の天使と呼ばれるようになる。絵画などで杖と魚を携えた姿で描かれるのもそのためだ。

また、ラファエルは癒しの天使でもあり、古くから死と再生を象徴する蛇と関連づけられている。大地に住む人間の身体的な幸福はラファエルに委ねられており、キリスト教では天使たちのなかでも最も親しい友人と考えられているのだ。じつはラファエルという名前も、ヘブライ語で "治療者" や "医者" という意味の "rapha" が由来だという。さらにラファエルは、アブラハムのもとを訪れた3人の天使の1人であり、ヤコブが天使と格闘した際に傷ついた足を治療している。このほかにもラファエルと出会って祝福を受けたり、治癒してもらったというひとは多数存在する。こういった話はカトリックの伝承として現代まで伝わっており、たとえば18世紀の修道女マリア・フランシスは病気がちだったが、あるときラファエルから「病気を治してあげましょう」といわれ、実際に元気になったそうだ。ゲームなどでラファエルあるいはそれにちなんだキャラクターが回復技を覚えていたり、治療を得意としているのは、そういった性質を反映させたものだろう。

関連用語

【アブラハム】
ユダヤ教、キリスト教、イスラム教における最初の預言者で、『旧約聖書冒』の『創世記』に登場する。ヤコブの祖父にあたる。

【ヤコブ】
アブラハムの息子であるイサクの子。ヤボク川で天使と格闘して勝利したことでイスラエルという名を得る。のちに4人の妻を娶り、12人の息子をもうけた。彼らがイスラエル十二部族の祖となったといわれている。

【カトリック】
キリスト教の教派の1つ。ここから派生する形でプロテスタントという教派が誕生した。

宗教

ラファエル

第29週　第1日目　月曜日

197 カリギュラ

ローマ帝国第3代皇帝のカリギュラ（12〜41年）は、即位当時は有能な統治者だった。だが、病で倒れて復帰した後は別人のように豹変し、最悪の暴君となってしまった。

名君度	▶▶▶	4
暴君度	▶▶▶	5
狂気度	▶▶▶	5

ローマを大混乱に陥れた暴君カリギュラ

　ローマ帝国第2代皇帝ティベリウスは、帝国の財政を引き締めるために力を尽くした賢帝だったが、市民にはまったく人気がなかった。そのティベリウスが世を去ってカリギュラが皇帝になると、市民は新皇帝を熱狂的に歓迎した。カリギュラは市民の期待に応え、減税を行ったり政治犯に恩赦を与えるなど開放的な政策を進めた。

　だが、即位から7ヶ月後、カリギュラは急病で倒れてしまう。幸いにして病は全快するが、この病を境にカリギュラは別人のように変貌し、妻を追放したり親族や配下を些細なことで処刑するなど、残酷な一面を見せるようになった。カリギュラが進めた政策も、国家の支出が増えたことで財政危機を招き、行き詰ってしまう。これを解消するため、カリギュラは法を改正してあらゆるものに税をかけたり、無実の人を告発して財産を没収するという悪政を行った。これにより、ローマ市民は恐怖に怯えることになり、カリギュラは急速に支持を失っていった。そして即位から3年後、ついにカリギュラは親衛隊の手で暗殺されてしまったのである。

　当時の歴史家の多くは、カリギュラは狂っていたと述べている。また、カリギュラの死後100年ほどたった時代の歴史家は、カリギュラが妹たちと肉体関係をもっていたとか、愛馬を執政官にしようとしたといった、信じ難いエピソードも伝えている。後世の評判は誇張されたものである可能性が高いが、このような馬鹿げたエピソードが生まれるほど、カリギュラは狂気に満ちていたのだろう。

◀ 関 連 用 語 ▶

【ティベリウス】

紀元前42〜37年。ローマ帝国第2代皇帝。皇帝主催の戦車競走や剣闘士試合など、市民の娯楽となっていた催しを削減し、公共投資も縮小する緊縮財政を進めた。また、晩年は隠棲と称してカプリ島に引きこもり、公式の場にも姿を見せなくなった。こうしたことが原因で、ティベリウスは市民からの人気がなく、元老院との関係も悪かった。だが、彼の進めた緊縮財政のおかげで、カリギュラは即位直後から潤沢に資金を使うことができた。

暗殺されたローマ皇帝たち

COLUMN

カリギュラはローマ帝国では初めて暗殺された皇帝だが、じつはその後もローマ皇帝はたびたび暗殺されることがあった。暗殺の原因は、カリギュラのように皇帝自身の失政によって配下に見限られたり、権力闘争の巻き込まれるなど、さまざまだった。皇帝は最高権力者ではあったが、絶対的な存在ともいえなかったのだ。

198 ロキ

オーディンの義兄弟となった巨人。容貌は美しいものの、性格がひねくれていて悪知恵に長けている。神々に苦境をもたらすことが多いが、ときに窮地を救うこともある。

アース神族への貢献度	▶▶▶	5
神々にとっての迷惑度	▶▶▶	5
結果オーライになる頻度	▶▶▶	4

オーディンと結びついた厄介な巨人

　アース神族のもとにいるが、じつは神ではなく巨人族。父はファイバウティ、母はラフウェイで、ビューレイストとヘルブリンディという兄弟がいる。妻シギュンとのあいだに息子のヴァーリとナリ、巨人アングルボザとのあいだにフェンリル、ヨルムンガンド、ヘルをもうけた。『ロキの口論』では、以前にロキとオーディンが「血を混ぜた」ことが明かされていて、これは古代の血盟を誓う風習、または義兄弟の契りを交わした証だという。一方で、ロキがブラギと口論を始め、女神イズンに「実子と養子の仲なのだから」と仲裁される場面がある。義兄弟なのか養子なのかは明確でないが、オーディンとの関係性からアース神族のもとにいるのは確かなようだ。

　さて、ロキは神々にとって善にも悪にもなる存在で、何かと問題を起こす厄介な存在だった。ただ、結局はロキ自身が事態を収拾させられるケースがほとんどで、結果的に神々が何らかの恩恵を受けることが多い。オーディンの槍グングニルや8本足の馬スレイプニルをはじめ、神々のおもな宝はロキの行動からもたらされたものだ。しかし、なかには悪行としかいえぬものもあり、バルドルを死なせた一件で神々に罰を受けた。こうした背景からロキはトリックスターともいわれ、創作作品でもイタズラ好きか悪役だが、キャラクター名などに名前だけ借りているケースも多い。

〈シギュンとロキ〉

関連用語

【ヴァーリとナリ】
ロキが捕えられた際、オオカミに変えられたヴァーリがナリを引き裂いた。ロキを縛るために使ったナリの腸は鋼鉄に変ったという。

【ブラギ】
オーディンと巨人グレンズの息子で、詩や音楽、雄弁の神。琴を奏でて歌えば花が咲き木が芽吹くとされ、春を呼び込む神でもある。

【イズン】
ブラギの妻で、フレイヤと並ぶほどの美しい女神。年老いた神が若返るために必要な黄金のリンゴを管理している。

【バルドル】
オーディンとフリッグの息子で光の神。ロキは盲目の神ヘズが意図せずバルドルを殺すよう仕向け、さらに復活させる試みをも阻んだ。

COLUMN

痛みでもがくロキが地震を起こす

バルドルを死なせたロキは、神々によってとある洞窟の岩に縛られ、頭上に毒が顔にかかるよう毒ヘビが吊るされた。健気なロキの妻シギュンがこの毒を桶で受け止めるが、桶がいっぱいになると捨てに行かねばならない。そのあいだは顔に毒が滴ってしまい、その痛みからロキが猛烈にもがくため、大地が震えて地震が起きるのだ。

第29週　第3日目　水曜日　近世／西洋／小説

199 フランケンシュタイン

イギリスの女性作家メアリー・シェリーによるゴシック小説。若き科学者が生み出した人の心を持った怪物の、悲しくままならない物語は、ホラーの枠を超えるドラマだ。

世界的知名度	▶▶▶	4
人間の醜さ度	▶▶▶	4
原作の意外性度	▶▶▶	5

フランケンシュタイン

SFの草分け　女性作家が生んだ悲しき怪物

　2018年に公開された映画『メアリーの総て』で、『フランケンシュタイン』の作者が若い女性だと初めて知ったという人も多かったのではないだろうか。今もなお怖れられる怪物を生み出したのは、20歳のうら若き女性作家だった。ゴシック小説の代表作だが、「人造人間」というテーマから初のSF小説という見方もされている。

　原題は『フランケンシュタイン、あるいは現代のプロメテウス』。天才的な科学者であるヴィクター・フランケンシュタインは、あるとき生命の創造という野心に駆られ、死体から人造人間を生み出す。その生物は優れた体力と知性、人の心を兼ね備えていたが、見た目が非常に醜く、あまりのおぞましさに科学者は"怪物"から逃げ出してしまう。生きながらえた"怪物"は隠れ住みながら言葉を覚えるが、その外見から迫害を受け、ついに殺人を犯してしまった。怪物から「自身の伴侶となる生物を作ってくれたら、もう人前には出ない」と頼まれ、それを承諾するのだが、結局彼は約束を破り、怪物を北極まで追い回した。現在では「フランケンシュタイン」が怪物の名として通じているが、作中では名もなき怪物のままその生涯を閉じている。約束を破って伴侶を作らなかったフランケンシュタインだが、己の生み出した怪物の"繁殖"を防ぎ、始末をつけようとするだけの責任感はあったようだ。

〈『フランケンシュタイン』
（1831年改訂版）内表紙〉

関連用語

【メアリー・シェリー】

1797～1851年。イギリス・ロンドン生まれの女流作家。詩人・シェリーの後妻。1818年に『フランケンシュタイン』を発表する。

【プロメテウス】

ギリシア神話に登場する男神。古代ギリシア語的表記ではプロメーテウス。人間に「火」を与えたとして有名だが、粘土から人間を作ったという逸話もある。

【怪物・フランケンシュタイン】

1931年にアメリカ・ユニバーサル社によって映画化され一躍有名になった。四角い頭につぎはぎだらけの肌という、「いわゆる」なビジュアルはこの映画が作り出したもの。

COLUMN

フランケンシュタイン・コンプレックス

生命の創造へのあこがれと、被造物に害される怖れが入り混じる感情を表したこの言葉は、まさしく本作の主人公そのもの。チャペックの『ロボット』（1920）でも同様の考えが描かれた。この本質的な恐怖を覆したのが、アシモフの『われはロボット』（1950）で登場した「ロボットは人に逆らわない」とする"ロボット3原則"だ。

200 フィボナッチ数列（すうれつ）

まるで何かの暗号のように、規則性をもって数が並んでいる数列。そんな数列のなかでももっとも有名で、特別な存在が、このフィボナッチ数列である。

規則は簡単度	▶▶▶	3
問題も簡単度	▶▶▶	3
無駄に使える度	▶▶▶	5

前の2つの数を足すだけで話題性高し

フィボナッチ数列は、レオナルド・フィボナッチという数学者にちなんで名付けられたもので、彼はもともと、「1つがいのウサギが2ヶ月後に毎月1つがいずつのウサギを産むとして、1年後に何つがいのウサギになるのか」という問題を考案した。その毎月の合計つがい数が、フィボナッチ数列と呼ばれている。

規則性としてはこうである。最初の2項は0、1で、その後、直前の2項の和がずっと連続していくので、まず0＋1＝1。次は1＋1＝2、その次は1＋2＝3、2＋3＝5といった具合だ。そしてこの数列は0、1、1、2、3、5、8、13、21、34、55、89、144、233、377、610、987、1597、2584、4181、6765、10946、17711、28657、46368、75025、121393、317811……となる。

これだけならただ規則に従っただけの数の羅列にすぎないのだが、フィボナッチ数列が奇妙なのは、いろいろな話に派生することである。たとえば、このフィボナッチ数列の隣り合う数の比は、なぜか黄金比に近づいていくとか。自然界の現象になぜか数多く登場し、花弁の数はフィボナッチ数（数列に登場する数のこと）であることが多いとか。植物の花や実に現れる螺旋の数もフィボナッチ数であることが多いとか。為替の予想・分析で、フィボナッチ数列を利用する"フィボナッチ・リトレースメント"という手法を使うなんてものもある。

これらが偶然か必然かはわからないが、とにかくジャンル問わず出てくるので、覚えておいて損のないネタといえる。

関連用語

【レオナルド・フィボナッチ】

1170～1250年頃。イタリアの数学者。『算盤の書』を出版し、アラビア数字のシステムをヨーロッパに導入した業績で知られる。フィボナッチ数列も、本書内で例として紹介したもの。

【黄金比】

$1:(1+\sqrt{5})/2$のことで、もっとも安定し、もっとも美しいとされる比率。近似値は、$1:1.618$。

【フィボナッチ・リトレースメント】

為替相場などでチャート上の分析をする手法のひとつで、反発・反落の想定水準を示す。チャート上でふたつの極値をとり、フィボナッチ比率で分割する。

COLUMN

完全とか友愛などと形容される数字!?

数学的に特別な数字というものがいくつかあるが、完全数や友愛数もその一例だ。完全数は、自分自身を除く約数の和が自分と等しくなる数。具体的には6（＝1＋2＋3）、28（＝1＋2＋4＋7＋14）などがある。友愛数はその約数の和が互いに他方と等しくなる組のことで、（220、284）、（1184、1210）などである。

第29週　第5日目　金曜日

心理学／西洋／精神分析

201 カインコンプレックス

カインコンプレックスとは、兄弟姉妹間で激しい敵対感情や憎しみを抱くこと。心理学者のユング（1875～1961年）が提唱したコンプレックスの概念の1つである。

名前が格好いい度	▶▶▶	5
神話的度	▶▶▶	5
実際によくある度	▶▶▶	5

神話が元となった兄弟姉妹のいがみ合い

　ユングが重視した心理的要素として「コンプレックス」がある。コンプレックスというと現在では劣等感の意味で使われるが、ユングの提唱したコンプレックスはもっと幅広く、「無意識下に抑圧された欲求や嫌悪などのさまざまな観念」を指している。この観念が普段の行動に影響を与えている、と彼は考えた。その1つが、兄弟姉妹間で敵対感情を抱くカインコンプレックス。『旧約聖書』に出てくるカインとアベルの兄弟の物語が元となった言葉だ。

　実際に、兄弟姉妹間で親の愛情を巡っていがみ合うのはよくある話だ。そうした感情を大人になっても引きずり、周囲の仲間に憎悪の感情を抱いてしまう、というケースもある。カインコンプレックスにはこのような問題がある、とユングは指摘している。

　さて、兄弟間の敵対感情というと、漫画『北斗の拳』が有名だろう。一子相伝の暗殺拳「北斗神拳」の継承者を巡って、ラオウ、トキ、ジャギ、ケンシロウの4兄弟が戦いを繰り広げるお話だ。その継承者が末弟のケンシロウに決まったことで、長兄のラオウはとくに激しい敵対感情を抱く。最後はケンシロウとの決戦の末、ラオウは敗れるが、このとき弟への憎しみを捨てて清々しく死んだ場面は名シーンとして語り継がれている。彼らは義兄弟ではあるが、親の承認を巡る争いとしてはカインコンプレックスなので、それを乗り越えるというメッセージが込められた作品といえよう。

【カインとアベル】
旧約聖書の神話でアダムとイブから生まれた双子の兄弟。兄カインは農夫、弟アベルは羊飼いで、それぞれ農作物と羊の仔を神に捧げた。すると神は羊の仔を目に留め、農作物には見向きもしなかった。これに憤慨したカインはアベルを殺してしまったという。

【北斗の拳】
1983年から『週刊少年ジャンプ』で連載された漫画。核戦争によって文明が失われた世界で、北斗神拳の使い手である主人公ケンシロウの戦いが描かれる。アニメ化や実写映画化されたほか、ゲームやパチスロの作品にもなった。

〈アベルを殺すカイン〉

COLUMN

「ブラコン」はまた別物

　カインコンプレックスと似たような概念で「ブラザーコンプレックス（通称ブラコン）」があるが、こちらは女性が兄や弟に恋愛感情を抱くという意味で、まったくの別物。同様に男性が姉や妹に執着する「シスターコンプレックス（通称シスコン）」とともに、禁断の愛を描く創作のテーマとして用いられることがある。

202 ポルターガイスト

正しくはポルターガイスト現象。特定の場所で物体が移動する、出どころ不明の音が鳴る、火がつく、消えるなど、状況・現象に一貫性がない原因不明の現象全般を指す。

世界的発生率	▶▶▶	5
原因不明	▶▶▶	4
身近さ	▶▶▶	3

霊か念力か、原因不明の"騒々しい宴"

ドイツ語で「騒ぐ霊」という意味で、日本語でもそのままずばり「騒霊」と呼ばれる。何もしていないのに勝手に椅子が倒れたり、物が飛び交ったり、ろうそくの火が消える、照明が落ちる、家鳴り、破裂音などを響かせる霊のことを指す。現在ではその"現象"そのものを単に「ポルターガイスト」と呼ぶことが多い。

ポルターガイスト現象は大きく2つの種類に分けられる。1つは名前のとおり「心霊現象」、そしてもう1つは「超常現象」だ。

心霊現象としてのポルターガイストは、実体を持たない霊による干渉の1つとして起こる。降霊術の序盤で起こることが多く、たとえば「こっくりさん」などでも成功するとポルターガイストが発生するという。また、幽霊屋敷や心霊スポットなどでも、風が吹いたわけでもないのに扉が勝手に閉まったり、急に電灯が壊れてしまったりする。1977年にイギリスのエンフィールドで起きたポルターガイストは、科学的方法で記録された珍しい例として有名だ。

対して超常現象としてのポルターガイストは、子どものいる家でしか起こらないという。これは思春期の子どもが無意識に起こしているパターンで、"無自覚な超能力者"になっているのだ。特に過度なストレスにさらされた子どもに多く、大抵の場合は成長とともに収まっていくという。これを制御し、自覚的に起こせるようになれば、その子は立派な「超能力者」といえるだろう。

〈ポルターガイスト〉

関連用語

【エンフィールドのポルターガイスト】

とある公営住宅の1室にて起きた、もっとも長く続いたポルターガイスト事件。この家では1年2ヶ月のあいだポルターガイストが起き続けた。現在もその写真や記録が残っている。

COLUMN

ホラーの裏には心霊の影あり？

幽霊の話をすると幽霊が寄ってくる、とよくいわれる。それと似たようなもので、ホラー映画やゲームなどの制作中も、ポルターガイストというのは起こりやすいという。意図しない音声が入っている・逆に何も録れていない、機材が急に壊れるなどは序の口。これらを避けるため、関係者は制作前後にお祓いに行くという。

203 ウリエル

ユダヤ教において4大天使に数えられる偉大な天使。その名前には"神の炎"などの意味があり、フィクション作品などでは火と結びつけられることも多い。

知名度	▶▶▶ 4
堕天使度	▶▶▶ 3
火属性度	▶▶▶ 4

人間の都合で悪魔にされた天使

『旧約聖書』の外典『エチオピア語エノク書』などに登場する天使。とくにユダヤ教では神聖視され、ガブリエルやミカエルとあわせて4大天使としている。その名前は"神の光"や"神の炎"を意味しており、炎や太陽を手にした姿で描かれることが多い。ウリエルはタルタロスの管理人でもあり、最後の審判の日には黄泉の門を開いて死者を復活させ、それぞれに裁きを下す役目を担っている。本をもった姿で描かれたウリエルは、彼が裁きと預言の解説者であることを示しているのだ。また、アダムとイヴが暮らしていたエデンの園の門を守る天使の1人がウリエルだという。

ウリエルはユダヤ教では偉大な天使とされるが、キリスト教では一時期、不当な扱いを受けていた。というのも、745年にローマ教会での会議において、ザカリアス教皇から堕天使の烙印を押されてしまったのだ。これは民間で加熱した天使信仰を抑えるためであり、ウリエルに限った話ではない。教皇らは聖書の正典に登場するミカエル、ガブリエル、ラファエル以外の天使をすべて堕天使とみなしたのである。ただ、かの有名な『失楽園』には太陽の運行を司る熾天使として登場するほか、現代では作家の守護者であり、彼らにインスピレーションを与える存在として親しまれている。フィクション作品によって、その性質が善だったり、悪だったりするのはこういった事情からだろう。

〈ウリエルのモザイク〉

【関連用語】

【タルタロス】
ギリシア神話に登場する神で、奈落そのものを指す。『新約聖書』でもその名が見られる。

【ローマ教会】
ローマ・カトリック教会とも呼ばれるキリスト教最大の教派。

【『失楽園』】
『旧約聖書』の『創世記』を題材とした長編叙事詩で、著者はイギリスの詩人ジョン・ミルトン。ルシファーら堕天使による反乱が描かれる。

邪眼の始祖と同一視されることも

COLUMN

ウリエルは同じく大天使であり、堕天使として扱われる天使サリエルと同一視されることがある。この天使は、視線を向けただけで対象に災いをもたらす邪眼の元祖とも伝えられており、見たものを動けなくしたり、殺すことができるそうだ。また、サリエルの名を記した護符には、邪眼から身を守る力があるという。

204 神聖ローマ帝国

神聖ローマ帝国は、中世から近世にかけてヨーロッパに存在した国家である。この国は国名のインパクトが強く知名度は高いものの、実態については意外に知られていない。

神聖度	▶▶▶	3
ローマ度	▶▶▶	3
寄り合い所帯度	▶▶▶	5

神聖ローマ帝国

「神聖」で「ローマ」な帝国となった理由

かつてヨーロッパには、地中海一帯を支配していた巨大国家、ローマ帝国が存在した。神聖ローマ帝国は、その国家と同じく「ローマ」を国号に冠する国家である。この国家は現在のドイツ、オーストリア、チェコ、イタリア北部などに存在した小国の集合体で、まとめ役となっていた皇帝は世襲制ではなく、諸侯の選挙によって選ばれていた。こうした背景から、皇帝の権力はそれほど強いものではなく、諸侯の寄り合い所帯のような性質をもつ国家であった。

さて、18世紀のフランスの哲学者ヴォルテールは、神聖ローマ帝国について「神聖でもなければ、ローマ的でもなく、そもそも帝国でもない」と酷評している。この批評は正しいのだろうか?

神聖ローマ帝国が誕生した時期については諸説あるが、日本では962年とするのが一般的だ。この時期、東フランク王国の国王、オットー1世は、敵対勢力から教皇を守護したことにより、「キリスト教世界の保護者」として教皇から「ローマ皇帝」の位を与えられて皇帝に即位した。つまり、ローマ帝国の後継者であるため、国号にローマを冠しているのである。ただ、建国当初は神聖ローマ帝国ではなく、単に帝国、もしくはローマ帝国と名乗っていた。

国号に「神聖」が含まれるようになったのは、それから約200年後のこと。建国以来、皇帝は教皇に任命されるという形をとってきたため、教皇の方が皇帝より地位が上であった。だが、時の皇帝、フリードリヒ1世は、皇帝の地位は教皇と同等であり、帝国は教皇ではなく神によって聖別されている、と主張したのだ。1157年にフリードリヒ1世が出した遠征の召喚状には「神聖帝国」という記載があるので、この時期には国名は変更されていたと考えられる。その後、1254年の公式文書に、初めて「神聖ローマ帝国」の国号が登場する。このようにして神聖ローマ帝国となったのである。

関連用語

【オットー1世】

912～973年。神聖ローマ帝国初代皇帝。イタリア王と争っていた教皇を助けた功績により、当時、形骸化して消滅していた皇帝の称号を得て、国制を確立させた。

【フリードリヒ1世】

1122～1190年。12世紀頃の神聖ローマ帝国皇帝。髭が赤みを帯びていたことから、赤髭王(バルバロッサ)とよばれた。即位直後、混乱状態にあった帝国を、諸侯との協調路線をとることによって治めた名君。第3回十字軍の総司令も務めたが、遠征中に謎の水死を遂げた。

205 フェンリル

フローズヴィトニル、フェンリス狼とも呼ばれるオオカミのような怪物。巨人ロキとアングルボザの息子で、弟に大蛇ヨルムンガンド、妹に死者の国の管理者ヘルがいる。

すくすく育ち過ぎ度	▶▶▶　5
騙されない度	▶▶▶　3
もう怒った度	▶▶▶　5

アース神族に飼われていたロキの息子

元々フェンリルは弟や妹とヨトゥンヘイムで暮らしていた。しかし、のちに兄妹が大きな災いをもたらすと知った神々に連れ出され、もっとも豪胆な戦神テュールを世話役として飼われることになった。

普通のオオカミに見えたフェンリルは日増しに大きく成長し、やがてすべての予言が「フェンリルが災いをもたらす」と告げた。拘束を決めた神々は、力試しを装ってレージング、続いてドローミという足枷をフェンリルにはめたが、あっさり引きちぎられたため、小人にグレイプニルをつくらせた。フェンリルも3度目とあって警戒し、誰かが口に片手を入れるよう要求。テュールがその役を引き受けたためグレイプニルを試すが、今度は引きちぎれずに拘束された。このときフェンリルがテュールの手を咬み切ったことから、手首間節は俗に"オオカミの関節"と呼ばれる。

その後、フェンリルは縛られたまま時を過ごすが、ラグナロクの到来で拘束が解け、巨人たちとともにヴィーグリーズへ進む。ここでフェンリルはオーディンを呑み込むが、その息子ヴィーザルの手で倒されるのだ。

ちなみにフェンリルの名は創作作品でもよく目にする。強力なモンスターとして登場するゲームもあるが、兵器やメカなどの名称としての登場がほとんどだ。主神を呑み込むほど強力な存在だけに、ちょっと扱いにくいのかもしれない。

関連用語

【グレイプニル】

実質的には絹のような魔法の紐。暴れれば暴れるほどきつく喰い込み、フェンリルの力でも切れぬほど頑丈。猫の足音、女の髭、山の根、熊の腱、魚の息、鳥の唾を材料としたため、これらはこの世から無くなったとされる。

【解放される保証】

神々はグレイプニルを見せて「細い紐すら切れないなら、脅威にならないだろうから解放する」と述べたが、警戒したフェンリルはその約束の保証を求めた。見た目こそ獣だが、ロキの息子だけに意外と知恵はあったわけだ。

【ヴィーグリーズ】

ラグナロクで神の軍勢と巨人の軍勢が激突した決戦場。広さは12km四方、もしくは4〜5マイル（6.4〜8km）四方など、研究者によって意見が分かれる。

〈テュールの腕を喰いちぎるフェンリル〉

太陽に関連しているフェンリルの一族

『巫女の予言』には、イアールンヴィズ（鉄の森）に住む老婆がフェンリルの一族を生んだとあり、『グリームニルの歌』では太陽の前を走るハティがフェンリルの子とされる。太陽を追うオオカミのスコルは一族で、ハティとともに幻日（太陽と同高度の離れた位置に太陽の光が見える現象）を表している可能性もあるという。

206 エドガー・アラン・ポー

ポーは19世紀アメリカの詩人・小説家。グロテスクで音楽的な文体が特徴で、短編の名手であった。しかし、彼の功績は作品だけではない。とあるジャンルの創始である。

一般知名度	▶▶▶	1
創作貢献度	▶▶▶	5
創作の原点度	▶▶▶	4

誰にも知られず消えていった推理小説の神様

「ポーとはどんな人物か」と聞かれたら、多くの人の認識は「江戸川乱歩の名前の由来になった人」かと思う。日本の推理小説の雄が名を取った人物なのだから、もちろん推理小説に関係のある人物だ。そう、ポーは世界で初めて「推理小説」を書いた小説家だ。

　ポーの作家人生は詩がスタートだった。1809年にボストンで生まれたポーは、幼くして両親を亡くし、大学や士官学校を転々としながら詩作を行うが評価されなかった。叔母の下に身を寄せて書いた短編小説が懸賞に当選、ようやく彼の文筆活動が始まるのだ。短編小説を得意とし、病的心理や異常心理を描いたゴシック風怪奇小説を多く残している。彼の紡ぐ文章は短く音楽的で、これは「美の創造」を目指すところから生まれた形式だったようだ。

　さて、世界初の推理小説『モルグ街の殺人』（1841年）だが、これは彼の短編集『物語集』に収録されている。舞台はパリのモルグ街にあるアパルトマン。その2階で、母子が殺害されているのが見つかる。犯人の手掛かりが見つからないまま迷宮入りかと思われたその事件を、素人探偵・デュパンが解決に導く物語だ。

　彼は生前ほとんど評価されなかった類の人間だった。1847年に妻を結核で亡くしたあと、彼は酒と女にのめり込んでいく。ある日路上で倒れているのを発見され、死亡した。波乱に満ちた彼の生涯は、誰にも知られぬまま幕を閉じたのだ。

【関連用語】

【江戸川乱歩】

1894〜1965年。日本の小説家。探偵小説、怪奇小説を執筆する一方、『怪人二十面相』などの児童文学でも人気を集める。評論や文学賞の創設、後進の育成にも尽力。

〈『モルグ街の殺人』挿絵〉

COLUMN　探偵小説のパターン、創始がほぼコンプ？

"謎解き"が主題となる推理小説のなかでも、謎解きを行う"探偵役"を重要視するものを"探偵小説"という。ポーは著書のなかで、探偵と平凡な語り手、収集された情報から犯人を言い当てる"安楽椅子探偵"暗号解読物、探偵が犯人という"どんでん返し"など、現代の探偵小説のスタイルと言えるものをほとんど書ききっていたという。

数学 ／ パズル ／ 数秘術

207 魔方陣

魔方陣

悪魔などを呼び出す円形の図が魔法陣。一方魔方陣は、縦横斜め、どの列の数字の合計も同じになるというn×n個のマス目のこと。いわゆるパズルの類だ。

規則は単純度	▶▶▶ 3
数字パズル度	▶▶▶ 4
占い活用度	▶▶▶ 5

各列の和が全部同じになる並びは、マジ尊い！

対称系以外1パターンしかない3×3魔方陣を例にとろう。

```
8  1  6
3  5  7
4  9  2
```

これを見てもわかる通り、縦の3マス、横の3マス、対角線の3マス、どの数字の列の和も15になる。1からn^2までの数字をもれなく使うというのも、魔方陣の基本的なルールだ。もちろんマスの数を増やすほど複雑となり、4×4なら880通り、5×5なら2億以上もある。

魔方陣にも特殊なパターンがあり、対角線以外の斜めや、四隅の和も同じになる"完全魔方陣"、魔方陣の中央部分も魔方陣として成り立つ"親子魔方陣"などがある。また、必ずしも連続した数字である必要もないので、各列の和がすべて異なるが、その和がすべて連続数になっている"アンチ陣"なんてものもある。

これだけなら単なる数字のパズルにすぎないのだが、人類はなぜかこの素晴らしき数字の羅列に神秘性を感じてしまうらしい。たとえば、占いの数秘術では"ユピテル魔方陣"という4×4魔方陣が特別扱いされているだとか。古代中国の民間信仰・九星は3×3魔方陣をもとにしており、陰陽道では人の運勢や方位の吉凶を占うだとか。サグラダ・ファミリアにはなぜか4×4魔方陣（ただし12と16がなく、10と14が2つずつある）が刻まれているだとか。いずれも根拠はよくわからないが、人類が魔方陣に何か意味合いを見出していることは間違いなさそうだ。

◀ 関 連 用 語 ▶

【数秘術】
宇宙のすべては数の法則に従うというピタゴラスの思想をもとに、数字から占う占術。生年月日や姓名を数字に置き換え、独特の計算式から出た数字で意味を占う。マスターナンバーもそのひとつ。

【九星】
古代中国から伝わっている民間信仰で、魔法陣の数字に7色、五行、十干・十二支、八卦などを配当し、解釈を加えたもの。一白・二黒・三碧・四緑・五黄・六白・七赤・八白・九紫のこと。

【サグラダ・ファミリア】
世界遺産。スペイン・バルセロナにあるカトリック教会で、1882年に着工し、2代目建築家のアントニ・ガウディが死んだあとも建築され続けている。完成まで300年かかると言われていたが、21世紀になりITの駆使で2026年完成予定と見込まれている。

数字がカブらない方陣は、非モテの味方 !?

COLUMN

ラテン方陣は魔法陣とは異なり、n行n列の方陣に、n個の異なる数字をあてはめ、各列に数字のカブりがないものをいう。これを応用したパズルが、あのナンバープレースである。ちなみに数独はパズル雑誌『ニコリ』の商標登録で、「数字は独身に限る」の略称。非モテこそ数字と戯れるべき、ということなのだろうか？

208 ペルソナ

「人は誰もが立場に応じて役割を演じている」と心理学者のユングは述べた。そして、その役割を演じる仮の自分のことを "ペルソナ" と呼んだ。

思い当たる度	▶▶▶	5
話が深い度	▶▶▶	5
ゲームかと思った度	▶▶▶	5

人はペルソナという仮面を被って生きている

　ペルソナとは、元々演劇で役者が被る仮面のことを指す言葉だった。ユングはそれを心理学の世界に持ち込み、人が普段他者に対して向けている顔のことをペルソナと呼んだ。「誰もが本来の自分を隠して、普段は仮面を被って生きている」というのである。

　それはもっともな話だ。たとえば「みんなから慕われたい」とか「上司から信頼されたい」、あるいは「いい父親や母親でありたい」といった思いから、人はそういう自分を演じて生きている。社会のなかで生きていく以上、これはある意味当然のことである。

　しかし、そういう "他者から見える自分" はあくまでもペルソナであり、本当の自分ではない。本当の自分は、ペルソナをすべて取り払ったあとの無意識のなかにある、とユングはいう。つまり、本当の自分とは、自分でも気づいていない存在なのである。ユングはこうして、無意識という部分を重視して精神医療を行なった。

　そう考えると、創作やゲームなどに登場するキャラクターも、我々に見えている部分は基本的にペルソナである。主人公や重要人物などは心理描写により本心が垣間見える場合もあるが、それ以外のキャラクターはほぼペルソナといっていい。つまり乱暴にいってしまえば、キャラクターとはすなわちペルソナなのである。

　ちなみに、現代ではペルソナというと、マーケティング用語として使われる場合のほうが多い。この場合のペルソナとは、ターゲットとなる顧客をもっと具体的にイメージした人間像のこと。"人の持つ仮の姿" というよりも "仮に作った人の姿" であり、ユングが提唱したペルソナとは少し意味合いが異なってきている。

関連用語

【ユング】

1875～1961年。スイスの精神科医にして心理学者。フロイト、アドラーとともに20世紀を代表する心理学者とされる。人のもつ無意識の領域が行動に与える影響を研究し、分析心理学としてまとめた。

【仮面】

顔を覆う装着品。正体を隠したり、あるキャラクターに扮したりするためなどに使われる。また、「本心を隠すための演技」という意味で用いられる場合もある。

【マーケティング】

顧客の求める商品やサービスを作るための戦略や哲学のこと。具体的な顧客像（＝ペルソナ）を想定して商品開発をするのもその1つである。

COLUMN 『ペルソナ』シリーズ

　ペルソナといったら、アトラスから発売されているゲーム『ペルソナ』シリーズを思い浮かべる人も多いかもしれない。1996年にPlayStation版として第一作目が発売され、以降現在まで続編がつぎつぎと展開されている人気RPGだ。人の心の底にある "もう1人の自分" を能力として戦う世界観が特徴となっている。

超常現象 ／ 西洋 ／ 場所

209 バミューダ・トライアングル

フロリダ半島、プエルトリコ、そしてバミューダ諸島の3点を結んだ海域。そこでは不可解な力が働き、数々の飛行機や船舶の謎めいた失踪が相次いでいるという。

超常現象度	▶▶▶	4
脅威度	▶▶▶	5
行方不明度	▶▶▶	5

原因不明の遭難・失踪が相次ぐ魔の海域

　1945年12月5日、フロリダ州フォートローダーデールの海軍基地から、TBM アヴェンジャー雷撃機5機が訓練飛行のため離陸した。訓練は順調に進行し、すべての行程を終えて飛行隊が帰路についたとき、事件は起こる。次第に通信が途切れ途切れになり「白い水のようなものに突入した」という交信を最後に、完全に途絶してしまったのだ。基地からは急遽、2機の救助機が飛び立ち、消息を絶った地点に赴いた。だが、そのうちの1機も、乗員もろとも消えうせてしまう――。海軍は翌日から数日にわたり、大規模な捜索活動を行い続けたが、事の真相はおろか機体の残骸すら見つけられず、やがて捜索は打ち切られた。

　行方不明になったのは確実なのに、その痕跡すら見当たらないというこの不可解な事件は、魔の海域バミューダ・トライアングルの怪奇伝説が囁かれ始めるきっかけとなった。フロリダ州マイアミ、バミューダ諸島、プエルトリコの首都サンファンを結ぶこの三角水域は、19世紀前半から夥しい数の船舶、そして航空機の事故が多発していた。一説によれば、コロンブスが1492年の航海でこの海域に差し掛かったときも、コンパスが正常に機能しなくなったといわれている。そうした情報は、人々が憶測を巡らせるのに十分なインセンティブを与え、ブラックホールや次元の裂け目があるだとか、宇宙人に拿捕されたとか、あるいはサルガッソーの魔物の仕業だとか、荒唐無稽な原因を予測しあった。その後、1974年にチャールズ・ベルリッツの『The Bermuda Triangle』（邦題『謎のバミューダ海域』）が出版されると、その数奇な伝説は世界中に広まり、「船や航空機が消失する魔の海域」というイメージが定着する。

　多くの専門家や学者は、そうした超常的・オカルト的な言説を否定し、実際に何が起きたのかを解明しようとメタンハイドレート説やマイクロバースト説などを提唱してきたし、今なお研究が続けられている。だが、今のところ完全に納得しうる説は示されていない。

関連用語

【魔の海域】
バミューダ・トライアングル以外にも、魔の海域と呼ばれている場所がある。ひとつは千葉県野島崎、小笠原諸島、グアムを結んだ海域で、ドラゴンズ・トライアングルと呼ばれている。もうひとつはフォルモサ・トライアングルで、台湾（フォルモサ）とギルバート諸島、ウェーク島を結んだ海域を指す。

【サルガッソー】
北緯25～35度・西経40～70度に位置する海域で、メキシコ湾流、北大西洋海流、カナリア海流、大西洋赤道海流の合流地点。バミューダ・トライアングルよりも少し北西に位置する。海流が複雑なせいか、大航海時代の頃から、船が沈没したり遭難したりする魔の海として恐れられた。

【メタンハイドレート説】
現時点では最も有力とされる説。メタンガスが海中で結晶化（ハイドレート）していたものが、何らかの理由で気化または爆発して、船を沈没させたり、計器やエンジンに悪影響を与えたりするという内容だ。

キリスト教　　中東　　悪魔

宗教

210 ソロモン72柱(はしら)

イスラエル王国を治めていたソロモンという王が使役したとされる72柱の魔神。『旧約聖書』などには登場せず、そのほとんどは後世で書かれた魔術書に由来する。

魔神の数多過ぎ度 ▶▶▶	4
全部は覚えきれない度 ▶▶▶	4
儀式の面倒臭さ度 ▶▶▶	5

ソロモン72柱

強大な力を誇る魔界の実力者たち

ソロモン72柱は、『旧約聖書』の『列王記』に登場するイスラエル王国の3代目国王ソロモンが使役した魔神のこと。敬虔なユダヤ教徒だったソロモンは、神に捧げる神殿を建てるためにこれらの魔神の力を借りたという。ただ、ソロモンが使役したといっても、聖書に登場する魔神はアスモデウスやアモンなど、一部に限られる。現在知られている72柱の魔神がはじめて登場したのは、15～17世紀に成立した魔術書『レメゲトン』の1冊である『ゴエティア』だ。ソロモン王の死後、魔術師としてのソロモンの活躍が伝承という形で他国にも伝わり、ヨーロッパなどではたびたび魔術ブームが到来。そのたびにソロモンが書いたとされる魔術書が何冊も生み出された。『ゴエティア』もその1冊で、これにはソロモンが従えた魔神という体で、魔神の名前、地位、能力、召喚方法のほか、具体的な召喚の手順や召喚に使う図形（魔法円）が記されている。

72柱の魔神は悪魔のエリートと呼ぶべき存在で、人間の貴族社会で見られる爵位をもっている。また、どの魔神も強力な力を秘めており、それぞれが複数の悪魔で構成された戦闘集団を率いるそうだ。たとえば悪魔としても有名なベリアルには人間関係を改善する力があり、これを活用すれば権力をもつ組織に入り込んで莫大な富を築けるという。ただし、72柱の魔神を召喚して使役するためには、魔神ごとに定められた方法で儀式を行う必要がある。例としてアスモダイを召喚する場合は、"母国以外で儀式を行う"、"魔神が帽子をかぶっていたら脱ぐように命じる"などがあげられる。これを守らないと召喚者が不利益を被るため、魔神を召喚する際は正しい手順や作法を調べてから行うこと。ちなみに、72柱の魔神には序列という数字が設けられているが、これは『ゴエティア』での記載順を示しており、魔神の優劣を表すものではないと覚えておこう。

関連用語

【ソロモン】

紀元前1011～紀元前931年頃。古代イスラエルの王。大天使ミカエルを通して神から指輪を授かり、それを使って悪魔を使役したという。

【『レメゲトン』】

『ゴエティア』、『テウルギア・ゴエティア』、『アルス・パウリナ』、『アルス・アルマデル・サロモニス』、『アルス・ノウァ』の5冊で構成される魔術書で、『ソロモンの小さな鍵』ともいう。

【爵位】

その人間の血統や功績などに応じて与えられる称号のようなもの。72柱の魔神は、王、公爵（君主）、侯爵、伯爵、子爵、男爵、騎士、いずれかの爵位をもつ。

《『地獄の辞典』アスモデ(Asmodee)》

211 十字軍
（じゅうじぐん）

十字軍

中世ヨーロッパのカトリック教会諸国によって、何度も結成された十字軍。聖地奪回が目的とされていたが、イスラム諸国の立場からみれば迷惑な侵略行為でしかなかった。

宗教的情熱度	▶▶▶	4
大義名分度	▶▶▶	3
グダグダ度	▶▶▶	5

当初の目的がぶれ始め、大義名分を失った十字軍

十字軍とは、ヨーロッパのキリスト教国（カトリック教会）連合軍によるイスラム諸国への遠征のこと。きっかけは、イスラム王朝のセルジューク朝に侵攻された東ローマ帝国の皇帝アレクシオス1世が、聖地エルサレムの奪還を大義名分として、ローマ教皇ウルバヌス2世に援軍を要請したことにあった。これを受けた教皇がフランスの騎士たちに呼びかけ、1096年に結成された最初の遠征軍が出発。こうして始まった第1回十字軍は、イスラム軍を撃破しつつシリアに侵攻し、エルサレムを征服して一応の成功を収めた。また、この過程で占領した地域には、十字軍国家と呼ばれるいくつかの小国も建国されている。

この成功に味をしめたのだろうか、十字軍は以後13世紀にかけて何度も結成される。諸説あるが、教皇主催の正式な十字軍遠征は全部で8回といわれ、それ以外にも十字軍の名を冠した小規模な遠征がたびたび行われていた。

しかし、資金不足や諸侯の思惑のずれ、統制不足などが原因で、東ローマ帝国の首都コンスタンティノープルで略奪が行われたり、攻略目標がエジプトや北アフリカのチュニスになったりと、十字軍の行動は次第に当初の目的から大きく離れたものになっていく。また、第1回十字軍には苦杯をなめたイスラム王朝も、その後は侵攻に激しく抵抗。数回の奪い合いの末、聖地エルサレムは最終的にイスラム王朝の支配下に戻り、十字軍国家もすべて滅亡した。

聖地奪回の戦いといえば聞こえはいいが、実情は単なるイスラム世界への侵略だった十字軍。2001年には、ローマ教皇ヨハネ・パウロ2世が十字軍による虐殺について公式に謝罪しており、いまや十字軍はキリスト教徒の黒歴史となりつつある。

関連用語

【アレクシオス1世】

1056〜1118年。東ローマ帝国皇帝。セルジューク朝の攻撃に対抗するために、ローマ教皇に援軍を求めたことが、十字軍結成の引き金となる。だが、本人の希望は傭兵の派遣であったと考えられている。

【コンスタンティノープルで略奪】

第4回十字軍で発生した出来事。この十字軍は資金不足解消のためコンスタンティノープルのほかにもキリスト教国を襲撃・略奪しており、参加者は教皇から破門された。

〈第1回十字軍によるアンティオキア攻囲戦〉

212 ヨルムンガンド

ミズガルズの海に棲む巨大な毒ヘビの怪物。ミズガルズオルム（ミズガルズの蛇）や世界ヘビとも呼ばれる。巨人ロキとアングルボザの息子で、兄はフェンリル、ヘルは妹。

いくらなんでもデカい度	▶▶▶	5
毒が強すぎ度	▶▶▶	5
全然しゃべってない度	▶▶▶	5

雷神トールのライバル的存在

　ヨルムンガンドは神々によってヨトゥンヘイムから連れ出された。ところが、ヨルムンガンドは兄や妹とは違い、オーディンの手でミズガルズを取り巻く海に投げ込まれてしまう。オーディンは「ほかの生物に食べられてくれるかも」と考えたのかも知れないが、ヨルムンガンドはこの海で生き延び、胴が海を一周して自身の尾を咥えこむほど巨大に成長した。

　さて、神話ではヨルムンガンド自身が何かをする話はほとんどないが、トールのエピソードに登場する。最初はトールがウートガルザ・ロキと技比べをしたとき。トールは幻術でヨルムンガンドを猫だと思わされ、頭と尾が地につかぬまで持ち上げてウートガルザ・ロキを驚かせた。その後、種明かしをされたトールはヨルムンガンドとの再戦を望み、牛の頭をエサにヨルムンガンドを釣ったが、同行した巨人ヒュミルが恐れて糸を切ったため取り逃がしている。最終的な決着はラグナロクの場で、ヨルムンガンドはトールに倒されるが、浴びせた猛毒の息でトールも道連れにしている。

　現代でヨルムンガンドといえば、カードゲームやソーシャルゲームなどでよく見られる。次々に新キャラクターが追加される性質上、そこまで強くないことも多いが、MMORPGなどのモンスターとして登場する場合は相応に強力な討伐対象にされているようだ。

関連用語

【胴が海を一周】

人間が住むミズガルズは、巨人の侵入を阻む砦の役割も担っている。周囲を囲む海はいわば城の水濠で、その外側に巨人が住むヨトゥンヘイムがある。一般に大地や海は円形と考えられていて、ミズガルズの胴体は円を描く海に沿って一周している。

【ヒュミル】

海の巨人。『ヒュミルの歌』ではテュールの父で、トールは酒造りに必要な大鍋を手に入れるためテュールと一緒に彼の館を訪問。食べ物を得る目的で釣りに出たとされている。本文は『ギュルヴィたぶらかし』のパターンで、こちらはトールが最初からヨルムンガンドを釣る目的だった点が異なっている。

〈ヨルムンガンドを
倒そうとするトール〉

COLUMN

ヨルムンガンドに匹敵するバクナワ

単純にミズガルズが地球ならヨルムンガンドの長さは約4万kmになるが、ミズガルズをヴァイキングたちの活動範囲と考えると約1万kmくらいだろうか。ちなみに巨大なヘビやドラゴンはほかの神話や伝承にもいて、ヨルムンガンドに匹敵するものとしては、かつて存在した6つの月を呑み込んだというフィリピンのバクナワが知られる。

第31週　第3日目　水曜日　　近代／ロシア／人物

213 フョードル・ドストエフスキー

ドストエフスキーは、1821年にモスクワで生まれた。文学を志し、見事に大成する。彼の作品の重厚さ、人間の深淵を覗くような感覚は、その激動の人生を物語っている。

世界的知名度	▶▶▶ 5
ハードルの高さ度	▶▶▶ 5
おそロシア度	▶▶▶ 3

文豪はシベリアの極寒で何を見たのか

『罪と罰』『白痴』『カラマーゾフの兄弟』と、詳しくない人でも彼の代表作は挙げられるだろう。偉人や著名人にも愛読者は多い。とはいえ、「なんか鬱っぽくて難しそう」という印象が強い。

　ドストエフスキーはロシアを代表する小説家だ。医者の次男として生まれ、工兵士官学校を出て軍に入ったもののすぐに退職。処女作『貧しき人々』で脚光を浴び小説家となる。しかし、空想的社会主義者のペトラシェフスキーのサークルに接近したことを理由に、なんと死刑判決を受ける。執行直前に特赦を受けてシベリアに流刑になったが、市井へと戻ったのは逮捕から10年も経ったあとだ。

　日本の文豪にも犯罪や逮捕歴がある者がいるが、ドストエフスキーは帝政ロシア時代の人であって単純に並べようがない。逮捕され死刑の直前まで行った人間が『罪と罰』というタイトルの小説を書いたのだと思えば、また一歩尻込みしてしまいそうだ。

　しかし、逆に考えれば「死地を見た人間」にしか書けないものがある。あえて逮捕前後の作品の変化などを見てみるのも面白いだろう。元々ドストエフスキーはパロディーや人物描写が得意な作家で、その特徴は逮捕後も健在だ。ただただ重苦しいわけでなく、随所にちりばめられたウィットはさすがと言える。彼の求めた「魂のリアリズム」は、現代でも通じるものがある。

〈ドストエフスキーの肖像〉

◀ 関連用語 ▶

【フョードル・ドストエフスキー】
1821～1881年。処女作は『貧しき人々』（1845年）、貧しい人の純粋な愛や感情を描いたヒューマニズム小説だ。文壇に復帰した『死の家の記録』は自ら発刊した雑誌『時代』にて連載するが、発禁を受ける。特に有名な代表作『罪と罰』（1866年）『白痴』（1868年）、『悪霊』（1871年）、『カラマーゾフの兄弟』（1880年）は、その後立て続けに発表されたものたちだ。

【ミハイル・ペトラシェフスキー】
1821～1866年。ロシアの思想家。ペテルブルグ大学法学部出身のエリートで、専制の廃絶と空想的社会主義の活動を行う。1849年に活動家の一斉検挙があり（ペトラシェフスキー事件）、死刑宣告を受けるが特赦を受けシベリア流刑となる。釈放後も精力的に活動を行った。

【特赦】
恩赦の一種で、有罪判決の効力を失わせること。このとき特赦を出したのはロシア皇帝・ニコライ1世。

現代にも通ずる名作『罪と罰』

『罪と罰』は、凄惨な殺人シーンから始まる。ある夏の日、貧乏大学生が金貸しの老婆を斧で殺害するのだ。この大学生は「自分のように優れた人間が社会の役に立つためなら、役立たずを殺して金を奪ってもいいはずだ」と自分本位な哲学を展開する。多数の幸福のために少数を切り捨てる。今もよく耳にする考えではないだろうか？

214 ベイズの定理

確率とは一般的に、観測される頻度の分布や、想定する
母集団の割合から示される客観的な結果だと思う人が多
い。しかし、そこに異を唱える確率論がある。

条件が大事度	▶▶▶	3
常にアプデ度	▶▶▶	5
主観もアリ度	▶▶▶	5

アプデし続ける条件付き確率という概念

　まずベイズの定理とは、トーマス・ベイズが示した条件付き確率
（事象 B が起きた条件のもとで、別の事象 A が起きる確率）に関す
る定理のこと。条件付き確率は P(B|A)（＝ A が起こったときの B
の確率）と表すが、P(B|A) ＝ P(A|B)P(B)／ P(A) が定理となる。こ
れだけだとよくわからないと思うので、あえて砕けた例を挙げよ
う。事象 A ＝美少女である、事象 B ＝アニメオタクである、として、
その美少女がアニオタである確率をベイズの定理で考えると、"ア
ニオタが美少女である確率" ×"アニオタである確率"／"美少女
である確率" となる。実際数字をあてはめようもなく、本来は原因
と結果であてはめるのだが、これが条件付き確率の考え方だ。

　そしてこのベイズの定理は後年の学者たちによって発展、ベイズ
確率・ベイズ統計学というジャンルを築き、事前確率の新しいデー
タが得られるたびに数値をアップデートする "ベイズ推定" が用い
られている。また、ベイズ主義では、主観確率（人間の主観的な信
念や、信頼の度合いのようなもの）を容認する立場をとっている。
そんなベイズ確率だが、じつは多方面で応用されており、たとえば
迷惑メール対策に活用され、迷惑メールの特徴を確率論的手法で解
析・学習しているそうだ。

　それこそ、20 ～ 30 年前のオタクは日陰者だったし、オタクで身
なりに気を遣う人も少なかった。しかし近年は芸能人でオタクを公
言する人が多くなる時代で、オシャレな人も増えている。美少女が
アニオタである条件付確率は、昔より今のほうが高い傾向にある、
とアプデされているのではないだろうか。

関連用語

【トーマス・ベイズ】

1702 ～ 1761 年。イギ
リスの数学者、哲学者。
ベイズの定理の特殊な場
合についての証明は、彼
の死後に発表された。

【ベイズ確率】

ベイズの定理、ベイズ推
理の方法で導かれる確
率。1931 年にフランク・
ラムゼイが確率の主観的
解釈を提唱し、後年の学
者らによって、ベイズ確
率やベイズ主義という考
え方が広まった。

【主観確率】

人間の主観的な信念や信
頼の度合いを示す確率。も
ともとは世界中に存在す
る観測結果に基づく頻度
や傾向を示す、客観確率
のほうだけが確率だった。
統計学的には、主観確率
か客観確率かで異なる理
論体系が必要になる。

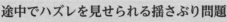

COLUMN 途中でハズレを見せられる揺さぶり問題

確率論の例題で有名なのが、モンティ・ホール問題。3 つのうち 1 つが当たりの扉が
あり、どれかを選ぶ。しかし残りの扉が 1 つ開き、ハズレと見せられ、選択変更可とい
われる。さて当たりを選ぶ確率はいくつか。直感的には 1/2 と思えるが、じつは最初
に選んだ扉が 1/3、選ばなかった扉が 2/3 というのが正解である。

第31週　第5日目　金曜日

 心理学　ドイツ　学派

215 ゲシュタルト心理学

"ゲシュタルト"——たまに聞くが意味がよくわからない言葉だったりしないだろうか？　この言葉が広まるきっかけとなったのがゲシュタルト心理学である。

名前が格好いい度	▶▶▶	5
不思議な心理度	▶▶▶	5
わりと身近度	▶▶▶	5

物事を全体像として認識する心理

　ゲシュタルト心理学とは、心理学者ヴェルトハイマーをはじめとするベルリン学派が提唱した概念だ。簡単にいうと、「人間は物事を全体像で認識しているのであり、個々の要素の積み上げで捉えているのではない」という考え方である。

　CGを例にすると、我々は画像としてそれを認識し、個々のドットやピクセルの積み上げとしては捉えない。その証拠に、画像の明るさや色を変えたり伸縮したりしても「同じ画像だ」と判断できるが、個々のドットに切り分けたら元の画像には結びつけられない。

　要するに、「物事自体は細かい要素が組み合わさってできているが、我々は全体像でしか物を見ていない」という、存在と認識のズレをいっているのである。こうして形態や姿を意味する「ゲシュタルト」という心理学用語が生まれることとなった。

　これに関連して、全体像として認識していたものがバラバラのパーツとして認識し直されてしまう現象のことを「ゲシュタルト崩壊」という。たとえば何か文字をじっと見つめていると、そのうち文字がおかしく見えてくる錯覚のような感じを受けることがあるが、これはゲシュタルト崩壊の1つである。

　このゲシュタルト崩壊は、なぜ起こるのか詳しくはわかっていない。ちなみに、「しばらくPCを操作しないとデスクトップ画像がじわじわと歪み始める」というスクリーンセーバーがあるが、これはゲシュタルト崩壊を視覚的に表現したものといえる。

〈ヴェルトハイマーの写真〉

▶ 関連用語

【マックス・ヴェルトハイマー】
1880〜1943年。チェコで生まれの心理学者。ベルリン大学で心理学を学んだ。同じ学派の仲間であるケーラーやコフカとともにゲシュタルト心理学を提唱した。

【ドットやピクセル】
コンピュータ上で画像を構成する最小サイズの点。ドットは機器が発光する点、ピクセルは画像の要素を指すが、実質的にどちらも同じものである。

【スクリーンセーバー】
コンピュータで一定時間入力がないと自動的に起動するアニメーション等のプログラム。かつてはブラウン管の焼き付きを防止するために使われたが、最近は画面を隠すセキュリティ的な用途などに使われる。

COLUMN

ゲシュタルト心理を法則化した「プレグナンツの法則」

ゲシュタルトの心理は「プレグナンツの法則」という言葉でも語られる。例えば「＋」の記号を見たとき、普通は「縦棒と横棒が交わっている」と認識し、「4本の棒が上下左右に伸びている」とはあまり思わない。「人はどの部分をワンセットで見るか」という、ゲシュタルト心理学を元にした法則である。

超常現象 ／ 西洋 ／ 場所

216 ウィンチェスター・ミステリー・ハウス

幽霊が現れるともいわれるいわくつきの巨大屋敷。とある未亡人の邸宅として建てられたが、現在は観光名所になっており、この屋敷を巡るツアーも用意されている。

奇怪度	▶▶▶ 4
内部が複雑度	▶▶▶ 5
幽霊が出そう度	▶▶▶ 5

莫大な資産を投じて建てられた大邸宅

ウィンチェスター・ミステリー・ハウスは、アメリカのカリフォルニア州に建てられた巨大屋敷のこと。持ち主は実業家ウィリアム・ワート・ウィンチェスターの妻であるサラ・ウィンチェスター。この屋敷は1884年に建設がはじまり、彼女が亡くなる1922年まで増改築が続けられた。その結果、160近い個室を要するとんでもなく巨大な家となり、建築費は総額550万ドルまで膨れ上がったという。かつては7階まで存在したが、1906年に発生したサンフランシスコ地震などで一部が消失、現在は4階建てとなっている。若干小さくなったとはいえ、内部は複雑に入り組んでおり、どこにも通じていないドアや階段が設けられているなど、かなり奇怪な作りをしている。サラはなぜこのような屋敷を建てたのか。それはとある霊媒師の助言によるものだった。

娘のアニーと夫のウィリアムを亡くし、未亡人となったサラ。悲しみに暮れていた彼女は友人の勧めもあり、霊媒師に助言を求めることにする。サラはそこで霊媒師から、不幸に見舞われるのはウィンチェスター銃で命を落としたものたちによる呪いであり、それを鎮めるためには霊が求める家を建てる必要があると答えた。これを真に受けたサラはコネチカット州からカリフォルニア州に引っ越し、夫の遺産を使って屋敷の建設を開始。霊を鎮めるため、さらに霊たちの居場所を作るために増改築を繰り返したというわけだ。

建設された経緯や奇怪な作りから全米で話題となったウィンチェスター・ミステリー・ハウス。現在は観光地になっており、多くの人が訪れるという。また、この屋敷を題材にしたフィクション作品も多数製作されており、オカルトファンのみならず一般にも広く知られている。

【ウィンチェスター】
ウィンチェスターライフルなどを生み出したアメリカの銃器メーカー、ウィンチェスター・リピーティングアームズ。その創始者であるオリバー・ウィンチェスターの息子がウィリアムだ。

〈南東から見た邸宅〉

第31週　第7日目　日曜日

217 ルシファー

ルシファーはかつて神に仕えていた天使。天界にいた頃は神に次ぐ地位にあったが、クーデターを起こしたことで天界から追放され、地獄の支配者となった。

天使より悪魔度	▶▶▶ 5
強敵を想像する度	▶▶▶ 5
闇落ち度	▶▶▶ 5

神に背いた結果、悪魔の王に

　ルシファーという名は"光を運ぶ者"や"暁の輝ける子"など、おおよそ悪魔とは思えない輝かしい意味をもつ。それもそのはずで、彼はもともと天使であり、ミカエルやガブリエルたちと肩を並べるどころか、天界のナンバー2とも呼べる存在だった。神からの信頼も厚く、そのカリスマ性に憧れて付き従う天使もいたほどだ。しかしあるとき、ルシファーは考える——自分こそ神に相応しい存在ではないのか。神の代理人であることに不満を覚えたルシファーは、神にとって代わるべく、天使たちを集めて神への反逆を決意。やがてルシファー率いる反逆天使軍と、ミカエル率いる天使軍の争いが勃発した。『失楽園』によると、このときルシファーに味方した天使は全体の3分の1にも及んだという。

　天界すべてを巻き込んだ壮絶なる戦い。その果てにルシファーの野望は容赦なく打ち砕かれてしまう。神に敗れた彼は、天界から追放されて地上に突き落とされた。ルシファーが落下した際の衝撃で地上に穴が空き、その場所に地獄ができたともいわれている。傲慢な彼の野望は今も潰えることはなく、地の底から神の座を狙っているという。ちなみにルシファーと悪魔の王サタンは同一視されることも多いが、サタンは悪魔の称号のようなものであり、別人だと考える神学者も多数存在する。また、ルシファーはミカエルと兄弟という説もあり、ドラマなどの設定に取り入れられることもあるが、これは創作の可能性が高い。

関連用語

【『失楽園』】
イギリスの詩人ジョン・ミルトンが書いた『旧約聖書』の『創世記』を題材とした長編叙事詩。

【サタン】
地獄を統べる悪魔の王で、ルシファーと同一視されている。

〈詩集『ルチーフェロ』〉

悪魔の王サタンの最大の悪事

COLUMN

サタンが特別視されるのには理由がある。この悪魔は、神が口にすることを禁じていた知恵の樹の実をアダムの妻イブに食べさせたのだ。これが原因で2人はエデンの園から追放され、その子孫である人間は永遠の命を失ったほか、男性は労働、女性は出産という苦しみを味わうことになった。サタンこそ悪魔のなかの悪魔といえよう。

218 テンプル騎士団

テンプル騎士団は、十字軍遠征に伴って設立された騎士団のなかでも最も有名な存在だ。最盛期にはフランス王に経済援助を行うほどに発展したが、最後は悲劇的だった。

最強騎士団度	▶▶▶	5
大富豪度	▶▶▶	5
無実の罪度	▶▶▶	5

テンプル騎士団

王の謀略に陥れられた最強の騎士団

　ヨーロッパで十字軍遠征が行われていた時代には、十字軍に帯同してともに戦ったり、戦傷者の救護や巡礼者の保護を行うために、多数の騎士修道会が誕生した。テンプル騎士団もこうした団体のひとつ。設立は第1回十字軍遠征からまもない時期で、1128年にローマ教皇から正式な騎士修道会として認可された。

　騎士たちは敵に降伏せず戦死するまで戦うことを誓い、士気がとても高かった。また、信徒からの多額の寄進や、ローマ教会から納税免除などの特権を与えられたことによって、騎士団は莫大な資産を所持するようになり、与えられる装備も潤沢であった。こうした理由からテンプル騎士団の戦闘能力は非常に高く、エルサレム王国に来襲したイスラム勢力の大軍を撃退したり、十字軍との共闘で大活躍するなど、中世最強の騎士団としてその勇名を馳せていた。

　だが、13世紀末、栄華を誇ったテンプル騎士団は、フランス王フィリップ4世の策略によって無惨な終焉を迎えることになる。当時、フランスはテンプル騎士団に多額の借金があり、フィリップ4世は借金を帳消しにするためにテンプル騎士団の解体と財産の没収を画策したといわれる。フィリップ4世は同性愛や悪魔崇拝などの罪状を騎士団になすりつけると、騎士団員を一斉に逮捕して罪を自白するまで拷問にかけた。並行して騎士団の財産は没収され、最後には騎士団総長ジャック・ド・モレーら4人の指導者が火あぶりとなり、栄光のテンプル騎士団はあっけなく壊滅したのである。

関連用語

【フィリップ4世】

1268～1314年。フランス王。整った顔立ちだったため「端麗王」というあだ名がある。王権の強化のために中央集権化を進め、教皇を擁立して王権の影響下においたり、テンプル騎士団を解散に追いこんだ。

【ジャック・ド・モレー】

1244?～1314年。第23代テンプル騎士団総長。フィリップ4世によって濡れ衣を着せられ、異端審問のうえに火あぶりになった。火刑に処される直前、自信と騎士団の無実を訴えるとともに、フィリップ4世と当時の教皇クレメンス5世を呪ったと伝えられる。奇しくも同年、この両名は急死している。

出過ぎた杭が叩かれた新宮党の末路

COLUMN

有能な集団であっても、あまりに権勢をほしいままにすると、権力者ににらまれて叩き潰されるのはよくあることだ。日本の戦国時代にも、中国地方の尼子家に仕えていた新宮党という精鋭集団が、戦では手柄をたてるものの、主君をないがしろにするほど傲慢になったため、幹部とその一族が一斉に粛正されるという事件が起きている。

219 ラグナロク

北欧神話世界の終末の日。古ノルド語での直接的な意味は
「神々の運命」、日本では「神々の黄昏」の訳が定着してい
る。主要な神のほとんどが死ぬが、生き延びる神もいる。

最期の見せ場で頑張る度 ▶▶▶	5
みんな燃えてしまえ度 ▶▶▶	4
まだまだ終わらん度 ▶▶▶	5

神話・伝承

ラグナロク

新時代の幕開けでもあるラグナロク

　北欧神話の神は全能ではなく、老いもすれば死ぬこともある。運命で定まったラグナロクの到来にも、備えることしかできなかった。

　ラグナロクが迫ると、冬だけが3度続くフィムブルヴェドが訪れる。人々のモラルが崩壊して凶悪犯罪が横行するなか、天ではスコルとハティが太陽と月を呑み込む大事件が発生。星は墜ち、大地が震え、山が崩れ、縛めがすべてちぎれ飛び、ロキやフェンリルが解放される。すると猛毒を吐くヨルムンガンドが高波を起こしつつ陸へと向かい、その波に乗って巨人フリュムが舵を取る巨大な船ナグルファルが現れる。騎乗したスルトとムスペルたちも天を裂いて現れ、彼らが渡った虹の橋ビフレストが崩壊。これらの軍勢はヴィーグリーズへと進軍し、フェンリルや霜の巨人たちも集結する。

　一方、神々の側ではヘイムダルが角笛ギャラルホルンを吹き鳴らし、これを合図に神々とエインヘリヤルたちが武装して出撃。やはりヴィーグリーズへと進み、この地で最後の戦いが始まる。

　この戦いではオーディンとトールが落命。さらに隻腕の戦神テュールはヘルの番犬ガルムと、ヘイムダルはロキとそれぞれ相討ちになる。スルトと戦ったフレイも倒され、スルトが放った炎で全世界が焼かれるのだ。

　しかし、炎が収まると海から緑の新たな大地が浮上し、太陽が呑まれる前に生んだ娘が母の跡を継ぐ。生き延びていたヴィーザル、ヴァーリ、マグニ、モージが現れ、冥府から復活したバルドル、ヘズとこれまでの出来事を回想。人間も生き残った2名を祖にふたたび増えていくという。

　ラグナロクは神々が滅ぶことから終焉のイメージがあるが、完全な世界の滅亡ではなく、新時代の始まりでもあるのだ。

関連用語

【ナグルファル】
死者の爪を集めてつくられた巨大な船で、霜の巨人や死者たちが乗船している。『巫女の予言』では、舵取りはロキとされる。

【ヘイムダル】
九姉妹の乙女たちから生まれた偉大で神聖な神。「白いアース」と仇名される。鳥よりも眠らず、夜でも160km先まで見通す視力、草が生える音すら聞き取る聴力を備えており、アースガルズとミズガルズを繋ぐビフレストの番をしている。

【スルト】
ムスペル（炎の巨人）の一員。南の果てにある灼熱の国、ムスペルヘイム（単にムスペルとも）の国境を守備する。『巫女の予言』によればラグナロクではムスペルと別行動で、南から現れるとされている。

〈ヴィーグリーズでの戦闘の様子〉

220 レフ・トルストイ

『戦争と平和』などの文学作品だけでなく、思想家としても歴史に名を遺すロシアの作家。日本の文壇にも多大な影響を与えた彼の人生は、不遇な結末を迎えていた。

社会的影響力	▶▶▶	5
多角的才能度	▶▶▶	4
不遇の結末度	▶▶▶	4

歴史的評価と私生活のギャップ

　トルストイは、ナポレオンのロシア侵攻を題材にした『戦争と平和』や、人妻と青年将校の恋を描いた『アンナ・カレーニナ』で知られるロシアを代表する文豪だ。宗教論文『懺悔』や、民話『イワンのばか』、戯曲『闇の力』など、生涯で幅広い作品を描いた。評価が高く、死後100年経った今も名声は衰えない。

　日本ではどちらかというと"思想家"という見られ方が強い印象がある。"トルストイ主義"は世界的に大きな波紋となり、日本でも明治期の文豪はかなりの影響を受けている。森鴎外や幸田露伴はあまたの作品を翻訳し、宮沢賢治作品はいたるところにその影が見えるし、大正期の白樺派などまさしく彼の思想を継いだ主張をしている。

　そもそもトルストイとはどんな人だったのだろうか。彼は1828年の帝政ロシア時代、伯爵家の子息として生まれた。自伝3部作で作家としての地位を確立し、文筆活動のかたわら宗教や思想活動にのめりこんでいく。私有財産の否定や非戦・非暴力主義を説き、一時はリアリズム文学の最高峰と謳われた。果てはガンジーにまで影響を与えたという。しかし本人は死ぬまで満たされることなく、道を求め続けた。妻との不仲もあり、1910年に自宅を出奔。82歳と高齢のうえ病を得た彼の旅は長く続かず、辺境の町・アスターポヴォの駅舎で命を落とした。偉大な思想家の最期は、その名声に似合わぬ寂しいものだった。

〈トルストイの写真〉

関連用語

【レフ・ニコラヴィッチ・トルストイ】

1828～1910年、同年代にトルストイ姓の著名人は多いので、取り違えのないよう注意が必要である。なお、アレクセイ・コンスタンチノヴィッチ・トルストイはレフの遠い親戚にあたる。

【トルストイ主義】

トルストイの思想を総称したもので、非暴力による無抵抗主義、人道主義、私有財産の否定と貧困層への支援、教育事業などを指す。ロシア正教の在り方に疑問を持ち、自らの宗教論を記し実行したことから、一種の教祖のような支持を得ていた。

COLUMN　世界三大悪妻・トルストイの妻

ソクラテスの妻クサンティッペ、モーツァルトの妻コンスタンツェ、そしてトルストイの妻ソフィアのことを世界三大悪妻というが、メンツを考えると夫にも問題があるような気もする。なおソフィアは13人の子をもうけ、作家活動にも積極的に協力した良妻賢母であったが、トルストイが宗教活動に傾倒したとたん不仲になったという。

221 確率収束
かくりつしゅうそく

ランダムだと思える事象が、だんだんとあるパターンへと落ち着いていくことを確率の収束という。しかしこの言葉、けっこう多くの人が勘違いしているという。

偶然は偶然度	▶▶▶ 5
数をこなせば度	▶▶▶ 4
課金ドロ沼度	▶▶▶ 3

確率の収束の勘違いで、ガチャ結果に踊らされるな！

　確率収束でよく誤用されるのが、ギャンブルのときだ。「これだけ赤が続いたんだから、そろそろ黒がくるだろう」とか。「全然当たりを引かないのだから、次は当たりがくる確率が高いはずだ」とか。この泥沼の考えが完全な誤解で、確率の収束とは、何か例外的な結果が起こる確率は、列が進むにつれてより小さくなるというもの。たとえば赤・黒のルーレットで最初の10回が黒10連続だったとして、次の10回は赤・黒が半々に出るとすると、これで確率は $5/20 = 0.25$。次の10回も赤・黒が半々……とどんどん数を増やしていき、5000回も出したとすると、$2495/5000 = 0.4999$ と、確率 $1/2$ にかなり近くなる。これが確率の収束である。要は長い目で見れば最初の偏りも修正されるほどに、推定される確率通りになっていく、ということが収束なのである（大数の弱法則）。アプリゲームのガチャも結局は同じことなので、偶然目当てのキャラが出なかったからといって、収束を誤解したまま課金沼にハマるのは要注意である。

　ちなみに確率変数とは、確率にしたがっていろいろな値をとる変数（値を変化させることができる代数）のこと。ランダムに値を取るもの、とでも言い換えればいいだろうか。サイコロだったら出目がそのまま変数の値になるが、数字にならない場合でも、数字に対応させることで変数になる。課金ガチャだったら、目玉キャラ＝0、次の目玉＝1、ノーマル＝2……とつける感じだろうか。この変数の値と確率を対応させた一覧が確率分布なので、この分布を知れば、偶然か偶然じゃないかは判断できる。

関連用語

【大数の法則】

ある試行において、特定の事象が起こる確率は、「何度も繰り返し行った試行において特定の事象が起きた相対頻度（比較したときの頻度）の極限（限りなく近づく一定の値）」と、ほとんど確実に一致するという法則。

【サンクトペテルブルクの賭け】

1738年、スイスの数学者・物理学者のダニエル・ベルヌーイが発表したパラドックス。概要は下記のとおりだが、彼は財から得られるメリット＝効用の増加分を定義して、この逆説を回避している。現実的には、胴元の資産が有限なので、打ち切りになる限界回数は決まってしまい、期待値も数十円程度の範囲にしかならない。

無限大儲け？　サンクトペテルブルクの賭け

COLUMN

サンクトペテルブルクの賭けは、「コインの表が出るまで投げ続けるゲームをし、表が初めて出たときの回数を n として、2^{n-1} 円の賞金がもらえるとして、参加費がいくらなら損をしないか」というパラドックス。賞金の期待値を計算してみると無限大に発散するのだが、直感的にそんなに得でないことはわかるだろう。

心理学　西洋　心疾患

222 ミュンヒハウゼン症候群
しょうこうぐん

その昔、ミュンヒハウゼンという男がいた。彼は面白いほ
ら話をすることで有名だった。そんな彼に因んでつけられ
た病名が「ミュンヒハウゼン症候群」である。

名前が面白い度	▶▶▶	5
創作との関連度	▶▶▶	5
病気の深刻度	▶▶▶	5

周囲の気を引くために病気を装う精神疾患

　ミュンヒハウゼン症候群とは、周囲の気を引くために病気を装っ
たり自身を傷つけたりする精神疾患のこと。本当は病気でないのに
「病気だ」といったり、軽い病気をことさらに重症のように見せか
けて、周囲の同情や関心を得ようとする心理状態である。そんなこ
とから、「ほら吹き男爵」の名で有名だったミュンヒハウゼン男爵
に因んで、ミュンヒハウゼン症候群という名前がつけられた。

　このミュンヒハウゼン男爵は、多少の誇張を交えて面白い話をす
る人だったという。しかしあまりの面白さに、聞いていた人が『ほ
ら吹き男爵の冒険』という本を書いて出版した。その後さまざまな
人が加筆をし、やがて本人とはかけ離れた、大幅に誇張された創作
キャラクターとなってしまった。こうしてでき上がったミュンヒハ
ウゼン男爵が、ミュンヒハウゼン症候群の語源となったのである。

　さて、このミュンヒハウゼン症候群だが、病気を装うという意味
では仮病や詐病と似ている。しかし仮病や詐病は、職場を休んだり
保険金の不正受給などの利益を目的とする、どちらかというと詐欺
に近いもの。それに対してミュンヒハウゼン症候群は、自らの体を
傷つけてでも周囲の気を引こうとする、精神
疾患である。幼少期の虐待経験やパーソナリ
ティ障害との関係が指摘されているものの、
詳しいことはまだわかっていない。もしあ
なたの近くにしょっちゅう仮病を使う人が
いたら、ミュンヒハウゼン症候群の可能性
も考えたほうがいいかもしれない。

《ヒエロニュムス・フォン・
ミュンヒハウゼン》

【関連用語】

【男爵】
爵位の1つ。国によって
その位の扱いは異なる。
西洋ではバロンが男爵に
該当し、ミュンヒハウゼ
ンもバロンである。

【ほら吹き】
話を大げさにいう人のこ
と。法螺貝を吹いたとき
に大きな音がすることか
ら、そう呼ばれるように
なった。ありもしないこ
とをでっちあげる嘘つき
とは意味が異なる。

【詐病】
病気でないのに病気のよ
うに装うこと。仮病とほ
ぼ同義語だが、より詐欺
的なニュアンスが含まれ
ている。

他者を傷つける「代理ミュンヒハウゼン症候群」も

自身ではなく自分の子どもなどを傷つけて、周囲の気を引こうとするケースもある。こ
れは「代理ミュンヒハウゼン症候群」と呼ばれる。献身的に看病している姿を外部に
アピールするため、我が子を虐待する、というのが一例だ。日本では2004～2008
年に岐阜県の病院で起きた点滴汚染水混入事件が、全国的に知られている。

哲学・心理・思想

ミュンヒハウゼン症候群

超常現象　西洋　事件

オカルト・不思議

フィラデルフィア実験

223 フィラデルフィア実験

第二次世界大戦中に行われた極秘実験。軍艦のステルス化という目的は果たされたが、多数の乗員が行方不明及び死亡したため、海軍上層部は実験を隠蔽したという。

SF の世界度	▶▶▶ 5
実験の成功度	▶▶▶ 5
乗員の悲惨度	▶▶▶ 5

アメリカ海軍による軍艦のステルス実験

　フィラデルフィア実験とは、アメリカ海軍がペンシルベニア州のフィラデルフィア沖で行ったとされる駆逐艦の透明化実験のことで、レインボー・プロジェクトとも呼ばれている。当初は"統一場理論"をもとに、船の周囲に強力な電磁波を張り巡らせることで、敵の魚雷をそらすことを目的に研究されていた。のちに"同じ力場を空中に展開して光学的不可視の状態を作り出す"という研究も進められるようになり、本実験に至ったとされている。

　1943年10月、フィラデルフィアの海上に浮かぶ護衛駆逐艦エルドリッジとその乗員を対象に、ステルス実験が開始された。電磁波を照射された船体の周囲に力場が形成され、緑色のかすみが生じたのち、船体は乗員もろとも透明化。外から見えたのは船体による海上のへこみだけだったという。船のステルス化には成功したが、乗員に関しては実験中に1～2人が何もない空間に足を踏み入れて消滅し、帰還後も1人が壁の中に踏み込んだり行方不明。また、3人が自然発火現象を起こして焼死したほか、多くの者が発狂するという結果になり、以後の実験は中止になったそうだ。

　なお、アメリカ海軍はこれらの実験の一切を否定している。ではなぜこのような都市伝説が流布されたのか。アメリカ海軍のとある将兵は、ノーフォークの海軍工廠（工場）で行われていたさまざまな実験が、こういった都市伝説を生み出す要因になったのではないかと推測している。ちなみに件の駆逐艦エルドリッジは、1951年にアメリカ海軍がギリシア海軍に売却。そこでレオンという名に改称され、1992年まで軍に在籍していたそうだ。いずれにせよ軍艦の透明化という話はSFの世界そのもので、大衆の興味をそそったらしく、アメリカでは本実験を題材とした映画まで製作されている。

関 連 用 語

【統一場理論】

1925～1927年頃にアインシュタインが完成させたという理論。電磁力、重力、核力という3つの基本的な力の相互関係を、1つの科学法則で導き出せる1組の方程式で数学的に説明するというもので、非常に複雑な計算を必要とする。博士はこの理論の利用法に恐れを抱き、のちに自ら撤回。人類の"人格"がその域に達していないとして、亡くなる数ヶ月前に関連文書を焼き捨てたという。

【自然発火現象】

人間の体が突然燃え上がる現象。アメリカではこの実験以外でも数件発生している。死体は酷く炭化し、内側から強い熱を加えたような燃え方をする。

〈実験に使用されたとされる駆逐艦「エルドリッジ」〉

キリスト教　中東　悪魔

一 宗教

224 ベルゼブブ

ベルゼブブ

巨大な蠅の悪魔というイメージが強いベルゼブブ。本来は豊穣を司る土着神で、キリスト教が世界各地に広まらなければ今も神として信仰されていたかもしれない。

知名度	▶▶▶	5
まさかの神様度	▶▶▶	4
悪魔にされて迷惑度	▶▶▶	5

悪魔に仕立て上げられた異教の神

　ベルゼブブは地獄の王サタンに次ぐ高位の悪魔で、地獄の悪魔を束ねる指揮官的な存在だ。ベルゼバブやベルゼブル、ベルゼビュートとも呼ばれ、その名前にはヘブライ語で"蠅の王"や"糞山の王"という意味があり、とくに現代では蠅をモチーフに描かれることが多い。ただ、本来は多彩な姿のもち主で、真っ黒な肌の巨大な体にコウモリような翼、ライオンの尾、アヒルの両足を生やした化け物じみた姿や、逆に威風堂々とした賢王として描写されることもある。神託を授けたり、作物を蠅から守る力をもつが、この悪魔が最も好むのは、人を騙し罪を犯させて破滅へ追い込むこと。ユダヤの民をそそのかし、イエスを処刑させて冥界に閉じ込めようとしたのも、ベルゼブブの悪行の1つとして知られている。

　ベルゼブブは本来"高き館の主"などを意味するバアル・ゼブルという神だった。これはペリシテ人の最高神バアルの尊称で、神託を授ける力もこの神に由来する。ただ、異教を排斥するユダヤ教徒が邪神とさげすみ、ゼブル（高位）をゼブブ（蠅）に変えて『列王記』に記したほか、『新約聖書』にも悪霊の頭領と記述されたことで、大悪魔ベルゼブブの名が世界に広まってしまった。この時代、他宗教の神をおとしめ、自分たちの神や宗教が優れていると訴えることは珍しくなかった。実際、ユダヤ教徒はアドラメレクやモロクなど、ほかの神も邪神（悪魔）扱いしている。彼らはユダヤ教徒によるネガティブ・キャンペーンの被害者ともいえよう。

〈『地獄の辞典』ベルゼブブ〉

関連用語

【ペリシテ人】
古代イスラエルのカナン地方に住んでいた人々。宗教観の違いなどからカナンに入植してきたヘブライ人（ユダヤ人）と敵対する。

【バアル・ゼブル】
カナン周辺で信仰されていた嵐と慈雨の神。ヘブライ人によって邪神とみなされ、現在は悪魔ベルゼブブとして知られている。

【アドラメレク】
古代イスラエルのセファルワイムやサマリアという地で信仰されていた太陽神。人間を生贄に捧げる儀式を行うことからユダヤ教やキリスト教では悪魔とされている。

【モロク】
アフリカ大陸とユーラシア大陸をつなげるシナイ半島で信仰されていた農耕と収穫の神。晩年のソロモン王も信仰していた。信者たちは子供を生贄に捧げる儀式を行っていたとされる。

世界各地で見られる悪魔憑き事件

COLUMN

人間にとり憑くのも悪魔の特徴の1つ。ベルゼブブもフランスの都市ランで人間の少女にとり憑き、町を騒がせたという話が残っている。こういった話は世界各地に存在し、たとえばフランスのオーソンヌでは、ダゴンという悪魔が修道女にとり憑く事件があった。この悪魔はのちにクトゥルフ神話に取り入れられている。

第33週　第1日目　月曜日

225 百年戦争
（ひゃくねんせんそう）

百年戦争

世界史上まれにみる長期戦争が、中世ヨーロッパで発生した。百年戦争だ。フランス王国の継承権を巡って始まった争いは、各地の領主を巻き込んだ大戦争に発展した。

国土荒廃度	▶▶▶ 4
内乱度	▶▶▶ 4
泥沼度	▶▶▶ 5

国王の代替わりや内乱によって戦況が泥沼化

　百年戦争とは、1337年から1453年まで116年間続いた、イングランド王国とフランス王国の戦争である。この長きにわたる戦いが始まったきっかけは、フランス国王シャルル4世が死去したことだった。シャルル4世には跡継ぎとなる男子がいなかったため、王位は従弟のフィリップ6世が継ぐことになったのだが、これに横槍を入れたのが、イングランド国王エドワード3世であった。彼はシャルル4世の甥にあたるため、自分こそが正当な王位継承者だと主張して、フランス王国に宣戦布告して攻め込んだのだ。

　戦いは当初、イングランド側が優勢でフランス国土の半分を占領したが、エドワード3世の死後にフランスが反撃して領土を奪い返した。ところが、今度はフランス国内でフランス国王派と親イングランド派の対立が発生。イングランド側はこの内乱に乗じて攻勢を強めて北フランス一帯を占領し、イングランド王がフランス王位を兼任する、暫定的勝利ともいえる状況を得た。

　このフランス側の超劣勢をくつがえしたのが、フランスに突然現れた英雄、ジャンヌ・ダルクだった。ジャンヌは当時、イングランド軍に包囲されて窮地に陥っていた都市、オルレアンの解放に成功する。勢いに乗ったフランス軍はランスも解放し、フランス王シャルル7世の戴冠式を行い、王位を奪還した。その後、ジャンヌはイングランド軍に捕らえられて火刑に処されるが、フランス軍の攻勢は止まらず、1453年のボルドー攻略をもって戦乱は終息した。

　イングランドとフランス両国の意地の張り合いともいえる長期戦の結果、フランスの国土は荒廃し、両国は激しく消耗した。両国にもたらされたわずかなメリットは、諸侯の勢力が衰退したことによって相対的に王権が強化されることになり、中央集権化が進んで国家としてまとまりを得たことだけであった。

関連用語

【エドワード3世】

1312～1377年。百年戦争を開始したイングランド国王。在位期間は50年に及び、スコットランドを制圧するなど国内の統制を進め、イングランドを強国に押し上げた。長男のエドワード黒太子も優秀な将軍で、百年戦争の序盤におけるイングランド軍の攻勢を支えた。

【シャルル7世】

1403～1461年。フランス国王。ジャンヌ・ダルクの助けを得て戴冠し、フランス軍の劣勢を覆して、百年戦争における最終的な勝利者となった。その功績から、勝利王とよばれる。

226 フィン・マックール

ケルト神話の英雄で、エリン（アイルランドの古称）を守護するフィアナ騎士団の団長。本来の発音ではフィン・マク・クウィルだが、英語読みのフィン・マックールが有名。

いい上司だった度	▶▶▶ 4
女絡みの恨みは忘れん度	▶▶▶ 5
老いてなお盛んだ度	▶▶▶ 4

騎士団の最盛期を築いたエリンの守護者

父はフィアナ騎士団長クール・マックトレンモー、母はヌァザの孫マーナ。父が団長の座を狙うゴル・マックモーナに殺されたため、フィンは隠された山で二人の侍女に育てられた。優れた狩人に成長した彼は、旅に出てさらに腕を磨き、最後にドルイド僧フィニガスに弟子入りする。ある日、フィンは知恵の鮭の調理を命じられ、跳ねた油で火傷した親指を舐めたところ、親指を舐めると知恵が湧くようになり、さらに手ですくった水で病人や怪我人を治す力を得た。

その後、フィンはエリンの上王に謁見。父に恩がある男から魔法の槍を授かり、怪物アイレンを退治してフィアナ騎士団長となる。当時の騎士団長ゴルはおとなしく身を引き、フィンも優れた戦士だった彼を重用。誰にでも公正なフィンのもとには優秀な団員たちが集い、最盛期を迎えた騎士団はヴァイキングを撃退したほか、巨人退治やダナーン神族の王ジラ・ダカーの手助けなどで活躍した。

団員たちとの絆は厚かったが、フィンは口にしたことは必ず実行したため、危険を悟りながら窮地に陥ることもあった。また意外と根にもつ面があり、長年信頼して労苦をともにしたディルムッド・オディナを死なせてもいる。フィンの晩年、新たな上王ケアブリが騎士団と敵対し、騎士団も割れて戦争が起きた。ケアブリはフィンの孫と相討ちになるも戦いは続行。フィンはおもだった敵を討ち取りながらも戦死し、騎士団も終焉を迎えた。

関連用語

【ヌァザ】
トゥアハ・デ・ダナーン（ダーナ神族）の王。フィル・ボルグ族との戦いで勝利をもたらる王となったが、のちに巨人フォモール族のバロールに殺された。

【知恵の鮭】
住処に落ちる知恵の実を食べていた鮭。実から鮭に知恵が移っているため、食べれば知恵が授かる。

【エリンの上王】
エリンにはアルスター、コノート、ミード、レンスター、マンスターと小王国が5つあり、これらの上に上王コルマク・マッカートが君臨していた。フィアナ騎士団は上王に従うが、平時は隊長が指揮する部隊が各国に駐屯している。フィンの拠点はレンスターのキルデアにあった。

〈フィン・マックール〉

COLUMN
フィンの三角関係が後世の物語の下敷きに
ディルムッドはフィンの妻になるはずのグラーニアに誓約で縛られ、駆け落ちを強制された。のちにフィンと和解するも、軽率なグラーニアの行動がフィンの復讐を呼んでディルムッドは死亡。数年後、結局グラーニアはフィンと結婚する。『トリスタンとイゾルデ』をはじめとするよく似た物語は、この話が雛形だと考えられている。

神話・伝承　フィン・マックール

227 悪の華

『悪の華』と名のついた作品はたびたび見られるが、その
オリジナルがボードレールの韻文詩集『悪の華』だ。本作
で描かれた"絶望"は「もはや呪い」と称されている。

歴史的貢献度	▶▶▶	5
絶望度	▶▶▶	5
臨場感	▶▶▶	4

発行後の障害で完成した絶望の書

『悪の華』と言われて、まず浮かぶのは押見修造の漫画『悪の華』
だろうか。累計発行部数300万部を突破、アニメ、実写映画化も
された人気作だ。だが、本項で紹介するのはこれではない。この本
の主人公・春日高男の愛読書、ボードレールの『悪の華』だ。

　ボードレールは1821年にパリで生まれたフランスの詩人、評論
家だ。文学を志して広く交流を行っていたが、意外にも彼の出発点
は美術評論だった。非常に奔放な生活を送っており、酒と麻薬に溺
れ、46歳で亡くなっている。そんな彼が唯一残した詩集が『悪の華』
だ。象徴詩の先駆け、その鋭い着眼点と巧みな構成から、フランス
近代詩の金字塔であり第一の傑作と謳われている。

　本作は「憂鬱と理想」「パリ情景」「葡萄酒」「悪の華」「反逆」そ
して「死」と6章で構成されており、章名からもひしひしと彼の絶
望を感じることができるだろう。物質に捕らわれながら無限への憧
憬を抱き、都会の風景や人物への共感を得、酔いに慰めを求め、破
壊衝動を覚え、死に希望を託す。1人の詩人の誕生から死について、
音楽的でありながら非常に論理的な展開をしている。「悪魔主義」
とも称される本作は、読者に強い語りかけを行っているのだ。

　本作には、削除された詩が存在する。1857年に発行された初版
本は反道徳的・反宗教的として起訴され、裁判の末に6編を削除
することで第2版の発行が許されたのだ。第2版では新たに32編
が加えられたが、これが一層本書の絶望を深めたという見方もある。
本人にとっては理不尽な"裁判"という出来事によって本書が完成
したと思うと、これもまた皮肉なことだ。

◀ 関 連 用 語 ▶

【悪の華】

押見修造による漫画。少
年マガジン（講談社）に
て2009〜2014年に連
載。思春期の自意識と絶
望、性を描く。

【シャルル・ピエール・
ボードレール】

1821〜1867年。フラン
スの詩人・評論家。義父
との折り合いが悪く、破
壊的な生活を送る。酒、
薬、貧困によって体を壊
し、1867年に慈善病院に
て亡くなる。『悪の華』の
ほか、散文詩や美術評論
書を残している。

【象徴詩】

直接的に主題を表さず、
暗示的、音楽的な手法で
表現した詩。ボードレー
ルが始祖とされ、多くの
詩人に影響を与えた。日
本では北原白秋や萩原朔
太郎などが有名。

人の病みこそ美しいとする悪魔主義

COLUMN 宗教的な"悪魔崇拝"とはまた別途の、文学や思想に見られる主義の1つ。退廃的、
倒錯的な考えで、耽美主義の究極ともいわれる。すべてを破壊し、否定し、人間の暗
黒面にある醜悪さや、怪奇、恐怖を描き、そのなかに美を見出そうとする。ボードレー
ルやオスカー・ワイルド、日本では谷崎潤一郎などが有名だ。

数学　確率　文学

228 無限の猿定理

猫がキーボードの上を歩いたら、偶然意味のある単語をツイート、なんてことがたまにある。では、猿も延々とタイプを叩けばいつか作品ができるのだろうか？

極小確率度	▶▶▶	5
理論は正しい度	▶▶▶	4
時間かかりすぎ度	▶▶▶	5

科学・数学

無限の猿定理

理論は正しい。だがしかし、いつ終わるのよ？

　無限の猿定理とは、ランダムに文字列を作り続ければいつかはできあがるという定理で、無限を想像することで巨大な数を扱う危険性を示唆している。たとえば、猿でもタイプライターの鍵盤をいつまでも適当に叩き続ければ、シェイクスピアの作品を打ち出せるということからこの名がついた。数学的に解釈するなら、タイプライターのキーが 100 あったとして、gundam という 6 文字が打ち出される確率は 1 兆分の 1 となる。しかし確率がゼロでない以上、膨大な回数を試行すれば確率は上がっていく。ただ、本当にシェイクスピアの作品くらいの文字列を打ち出すとなると、それが現れるのに必要な時間も膨大すぎるので、現実には完遂できない。でも理論上は正しい、ということを示している。

　一般向けに話をする上ではイメージがしやすいのか、この無限の猿定理が確率の常套句になっている。そんな、あくまで理論上はそうなるという数学の話だった無限の猿は、各方面に話題が派生。文学においては、「そんな偶然によって芸術は生まれない」「いやテクストが同じなら同じ解釈だ」などといった文学論に発展したり。仮想の猿にタイピングさせるコンピュータプログラムでシミュレーションさせたり。実際の猿を使って実験してみたら、結局ほぼ "S" の字からなる 5 ページのテクストにしかならなかったとか、いろいろなネタになっている。

　ちなみに、この無限猿の起源自体は、猿やタイプライターといった単語でたとえをしているかどうかは別として、観念そのものでいえば、アリストテレス時代まで遡るといわれている。

関連用語

【ウィリアム・シェイクスピア】

1564 〜 1616 年。イングランドの劇作家、詩人。『ハムレット』などの四大悲劇をはじめとして、『ロミオとジュリエット』など、数多くの傑作を残している。

【アリストテレス】

紀元前 384 〜紀元前 322 年。古代ギリシャの哲学者で、プラトンの弟子。多岐に渡る自然研究の業績から、万学の祖とも呼ばれる。四大元素の考えも、彼が唱えた説が広まったもの。

【ホルヘ・ルイス・ボルヘス】

1899 〜 1986 年。アルゼンチンの小説家、詩人。幅広い知識に裏打ちされた、幻想的な短編を多数執筆しているラテンアメリカ文学の巨匠。

COLUMN

膨大な文字の羅列だらけの、巨大図書館

ボルヘスの短編小説に『バベルの図書館』がある。この図書館は想像を絶する規模なのに、蔵書は全部同一フォーマット、テクストはアルファベットと句読記号のみで構成され、しかも大半は意味のない文字の羅列である。このカオスすぎる書棚のなかで、司書たちは生涯を終えるというのだから、無限猿を凌駕する狂気である。

左側縦書き：

哲学・心理・思想

ポリアンナ症候群

229 ポリアンナ症候群

アメリカのベストセラー小説を元に日本でテレビアニメ化された『愛少女ポリアンナ物語』。この主人公ポリアンナに因んだ心的疾患がポリアンナ症候群である。

名前が可愛い度	▶▶▶	5
身近にあるある度	▶▶▶	5
病気の深刻度	▶▶▶	4

行き過ぎたポジティブ思考の疾患

『愛少女ポリアンナ物語』は、父を亡くした少女ポリアンナが苦難を乗り越え頑張って生きていくお話だ。ポリアンナが物事を前向きに捉える「よかった探し」はとくに印象的で、これが元となって揶揄的に「ポリアンナ症候群」という言葉が生まれた。

ポリアンナ症候群とは、物事のいい面だけを見て問題解決から逃げてしまう精神疾患のこと。たとえば試験で不合格だったときに、「今回は難しすぎたからこれでも上出来だ」とか「得るものは十分にあった」などと、自己を正当化して満足してしまうのがポリアンナ症候群である。これらは一見前向きだが、実際には現実逃避をして問題解決から目を逸らしているに過ぎない。もちろん、不合格だったことをくよくよ考えるネガティブ思考もよくないが、反省や向上心がともなわないポジティブ思考も問題なのである。

このポリアンナ症候群は、身近なところでもしばしば見られる。万年補欠でレギュラーになれない選手が「自分は十分に頑張っている」と満足してしまったり、不本意な会社に勤める人が「働き口があるだけ幸せだ」と開き直ったりと、自分より下がいると思って安心してしまうのも典型的なポリアンナ症候群だ。

ポリアンナ症候群は正式な医学名ではなく心理学で使われる用語だが、単なる楽観主義とは違ってなかなか深刻な問題である。ポリアンナ症候群を治すには、本人が問題と正面から向き合うしかない。

ちなみに名前の由来となったポリアンナの名誉のためにいっておくと、彼女自身はポリアンナ症候群ではなく、厳しい現実を乗り越えるために前向きに考える、強い意志を持った少女である。

関連用語

【『愛少女ポリアンナ物語』】

ハウスの『世界名作劇場』として1986年から放映されたテレビアニメ。全51話のストーリーとなっている。

【ポジティブ思考】

物事を前向きにとらえ「きっといいことがある」と考えること。逆に、物事を悲観的に考えるのがネガティブ思考。基本的にはポジティブ思考のほうがいいとされるが、行き過ぎると問題を顧みないポリアンナ症候群となってしまう。ある程度ネガティブ思考も併せ持つのが理想といわれている。

『愛少女ポリアンナ物語』はアメリカの小説が原作

COLUMN

『愛少女ポリアンナ物語』の元となったのは、アメリカの作家エレナ・ホグマン・ポーターが書いた『少女ポリアンナ』と『ポリアンナの青春』。日本でアニメ化されるにあたり、ポリアンナの年齢を下げるなどアレンジが加えられている。なお、ポリアンナ（Pollyanna）は「パレアナ」とも表記される。

不思議 / ロシア / 事件

230 ツングースカ大爆発

1908年6月30日に、旧ロシア帝国領の中央シベリア
地域で大爆発が起きた事件。原因について諸説あったが、
2013年になってようやく有力な説が登場した。

宇宙からの脅威度	▶▶▶	5
ネタにしやすさ度	▶▶▶	4
おそロシア度	▶▶▶	4

ツングースカ大爆発

長年にわたり謎だったロシアでの大爆発

事件が起きたのは、有名なバイカル湖の北を流れるポドカメン
ナヤツングースカ川の上流。爆心地と思しき場所から半径15～
30km圏内の森林が炎上し、爆風でさらに広範囲の樹木がなぎ倒さ
れ、1000km離れた民家の窓ガラスが割れた。爆発で生じたキノコ
雲が数百km離れた地点からも目撃され、1500km離れたイルクー
ツクでは爆発による衝撃を地震として観測。また、爆発した物体が
気化して大気圏中に放出されたため、数日のあいだ夜間も空が明る
く輝き、ロンドンでは真夜中に新聞が読めるほどだったという。

この爆発はロシア以外の各国でも報道されたほどのものだった
が、ロシアが混乱期だったために初調査は13年後の1921年になっ
てからだった。当初、原因は隕石の落下と考えられたが、窪地は見
つかったものの、隕石落下を示すクレーターや隕石の破片などが見
つからなかった。このため「彗星や小惑星が空中爆発した」「地下
から噴出した膨大なガスが爆発した」といった諸説のほか、「異星
人の宇宙線が爆発した」とする小説なども登場。オカルト方面でも
注目を集め、日本でも小説を中心に数多くの作品で扱われた。

事件から約100年後の2007年、アメリカの研究チームがスーパー
コンピュータによる解析を発表。隕石は以前に考えられたよりも小
さなものであり、広範囲の被害はエアバーストによるものとされた。
2013年には、ウクライナ、ドイツ、アメリカの科学者グループが
泥炭を調査し、当時の地層から地球上にほぼ存在しない数種の鉱物
を発見。これが隕石の破片と考えられ、"常識的な範囲"で事件は
解明されたが、それが本当に隕石の破片なのかはわからない……。

関連用語

【エアバースト】
大気圏に突入した小惑星
が空気抵抗を受け、圧力
増加によって起きる現
象。ツングースカの隕石
は従来想定されたよりも
小さかったが、発生した
音速を超える高温ガスの
下降気流によって大きな
被害が出たとされる。こ
れにより、小惑星の被害
は現在想定されているよ
りも大きくなり、脅威判
定や監視体制を見直すべ
きという指摘がある。

【クレーター】
円形の盆地と周囲の山脈
から成る地形。おもに天体
衝突で形成されるが、爆
弾や核爆発などによって
も同じ地形が形成される。

COLUMN

じつは空からの危険は認識されている以上

ロシアでは2013年にも隕石の空中爆発があり、1200人を超える負傷者が出た。
2019年7月25日には「2019 OK」という小惑星が地球とニアミス。都市に重大な
被害を与える大きさながらも、飛来の前日まで発見できなかったため問題視されてい
る。各国では監視を強化しているが、まだ完全に防ぐほどの状況ではないという。

231 ベリアル

ベリアルはサタンの別名ともいわれる高貴な悪魔。悪魔として
の能力はさまざまなところで評価されており、ルシ
ファー、レヴィアタン、サタンと肩を並べることも。

悪魔のエリート度	▶▶▶ 4
話がうまい度	▶▶▶ 4
魔界のやり手度	▶▶▶ 4

舌戦を得意とする不埒な貴公子

　「邪悪」や「無価値」を指す言葉として『旧約聖書』と『新約聖
書』に何度も登場するなど、ベリアルはユダヤ教やキリスト教にお
ける悪の代名詞たる存在だ。『ゴエティア』では、魔神としてソロ
モン72柱の1柱に数えられている。その外見は高貴で美しい紳士
を思わせるが、虚偽と詐術に長けた醜悪な魂をもつという。

　ベリアルの悪行は『十二族長の遺訓』で確認できる。彼は古代イ
スラエルのユダ王国の14代目国王マナセに近づき、やがてその魂
に憑依。禁止されていた偶像崇拝を復活させたり、神の言葉を王や
イスラエルの民に伝える預言者イザヤを殺害するなど、ユダヤ教の
教理に反する数々の悪行を働いたほか、死海付近にあったとされる
ソドムとゴモラの町にあらゆる悪を蔓延させた。これらの事件は、
ベリアルの巧みな話術によるもので、優雅で洗練された彼の言葉は、
どんな内容でも聞く者たちを魅了し、煽動してしまうのである。

　弁舌に秀でたベリアルは、なんとイエス・キリストを訴えたこと
もある。1382年に記されたとされる『ベリアルの書』によれば、
ベリアルは「イエスは海の底や地獄を含めたすべてを支配し、悪魔
の権利を侵害している」と主張。最終的には両者痛み分けという結
末を迎える。正確には、イエスの無罪が立証されたうえで、ベリア
ルは特別に有利な権益を得た。それは
"最後の審判で地獄に落とされるもの
に対し、悪魔は権威を振るっても構わ
ない"というもの。限定的だが悪魔た
ちの支配権を認める内容だった。

《『ベリアルの書』
（1473年版）挿絵》

関連用語

【『ゴエティア』】
15〜17世紀に成立した
魔導書『レメゲトン』を
構成する1冊。ソロモン
72柱の魔神の名前や地
位、能力などが記されて
いる。

【『十二族長の遺訓』】
ユダヤ教やキリスト教に
おける『旧約聖書』の正
典、外典に含まれない文
書の1つ。ユダヤ人の祖
ヤコブの12人の息子たち
の遺訓が記されている。

【ソドムとゴモラ】
『旧約聖書』の『創世記』
に登場する都市。神に背
いたことで滅ぼされた。

【最後の審判】
諸宗教に見られる終末論
的世界観。キリスト教で
は、イエスが再臨し、す
べての死者をよみがえら
せて裁きを行う。このと
き天国に行くものと地獄
に行くものを選別すると
いう。

COLUMN

地獄での悪魔たちの役割

天使と同じように悪魔にも肩書や階級があり、それぞれが何かしらの役割を担ってい
る。魔術書『大奥義書』によれば、ルシファー、ベルゼブブ、アスタロトの3人が地
獄の支配者であり、ルキフゲ・ロフォカレが宰相、アガリアレプトが司令官、サタナ
キアが大将、フルーレティが中将、ネビロスが少将を務めるという。

232 ジャンヌ・ダルク

百年戦争に疲れ果てたフランスに、突如現れた聖女ジャンヌ・ダルク（1412～1431年）。彼女は窮地のフランスを救った英雄となるが、運命は急転し、悲劇の最期を迎える。

救国の英雄度	▶▶▶ 5
名将度	▶▶▶ 3
悲劇の聖女度	▶▶▶ 5

ジャンヌは王に見捨てられた英雄なのか？

　百年戦争の開始から約90年が経過した1429年、1人の娘がフランス王太子シャルル（シャルル7世）の元を訪れた。この娘こそがジャンヌ・ダルク。シャルルに認められたジャンヌは、フランス軍を率いてイングランド軍に包囲されていたオルレアンを解放し、ランスまでの道のりを切り開いてシャルルをフランス王に即位させた。だが、救国の英雄となった彼女は、その後、援軍に向かった先でブルゴーニュ公に捕らえられ、イングランド軍に引き渡されてしまう。そして異端審問にかけられ、火刑に処されてしまった。

　劣勢だったフランス軍を立て直して、王権を取り戻した功労者だった彼女は、なぜ簡単に処刑されてしまったのか？　当時の戦争では、捕虜は身代金と引き換えに解放されるのが通例だった。だが、ジャンヌの場合には、本来交渉に動くべきシャルルが、具体的な交渉を行わなかったといわれている。シャルルは自分を国王に押し上げてくれた恩人を見捨てたのだろうか？

　アントニオ・モロシーニの『年代記』の記述によると、シャルルはブルゴーニュ公に「ジャンヌをイングランド軍に引き渡したら自分の陣営にいる捕虜にも同じことをする」と、脅しに近いメッセージを送ったという。また、シャルルの部下の軍人ラ・イルが、失敗に終わったもののジャンヌの奪還作戦を試みたという事実もある。これらを考慮すると、シャルルや周囲の人物はジャンヌを見捨てようとしていたとは考えにくい。フランス軍を勢いづかせたジャンヌをどうしても始末したかったイングランド側の意志が、シャルルの思惑を上回った結果が、悲劇につながったのではないだろうか。

　ジャンヌの死から20年後、シャルルは裁判のやり直しを命じ、彼女の異端認定を無効として名誉を回復させた。シャルルがジャンヌの死に責任を感じていたのは確かなようだ。

◆◆ 関 連 用 語 ◆◆

【ラ・イル】

1390～1443年。百年戦争で活躍した、フランスの軍人。憤怒という意味のラ・イルはあだ名で、本名はエティエンヌ・ド・ヴィニョル。オルレアン解放の戦いでジャンヌ・ダルクと共闘し、友となる。

〈ジャンヌのミニアチュール〉

伝承 / 西洋 / キャラ

233 クー・フーリン

エリンの小王国アルスターの英雄。ク・ホリン、クー・ホリンなど、いくつかの別表記がある。コンホヴァル王の妹（娘とも）デヒティネが、光の神ルーから授かったという。

人の強さじゃない度	▶▶▶	5
意外に一途だった度	▶▶▶	5
短命だった度	▶▶▶	5

神の血を引く無双の戦士

幼名はセタンタ。7歳のとき、球技で多数の少年たちを圧倒していたところ、これを見た王から宴会に誘われた。遅れて会場の館に到着した彼は、手違いで襲ってきた獰猛な番犬を素手で瞬殺。王たちが称賛するなか、イヌを失い消沈する館の主人クランに気づき、「自分が同種のイヌを育て、それが成長するまで館を守る」と誓い、以後クー・フーリン（クランのイヌの意）と呼ばれるようになった。

のちにクー・フーリンはとある領主の娘エメルと相思相愛になるが、彼女の父フォガルに「武術の修行が足りない」と結婚を反対された。その後、クー・フーリンは影の国の女戦士スカアハを訪ね、並外れた身体能力と豪胆さを示して弟子入り。1年と1日におよぶ修行で魔術や戦術、武術を修得し、魔法の槍ゲイ・ボルグを授かった。彼はすぐにエメルの元へ向かったが、フォガルが兵を差し向けてきたため1人で撃退。フォガルも死んでしまい、クー・フーリンは連れ帰ったエメルと結婚し、死ぬまで彼女に愛されたという。

さて、青年戦士となったクー・フーリンの戦いぶりは、長編叙事詩『クアルンゲの牛捕り』でも語られる。コノートの女王メーヴが、アルスター南部に侵攻する物語だ。アルスターの成人男性が女神マハの呪いで動けないなか、17歳のクー・フーリンが御者と2人で出撃し、戦いの掟による禁忌や武勇を駆使してアルスターに勝利をもたらす。もはや鬼神としかいいようがないクー・フーリンの活躍は必見だ。

◆◆◆ 関連用語 ◆◆◆

【スカアハ】
予言や魔術にも通じた女戦士。7つの城壁に囲まれた彼女の館は武術学校のようなもので、各国から弟子入りを望む若者が集まっていた。影の国の位置は定かでないが、スコットランド西部のスカイ島ともいわれている。

【ゲイ・ボルグ】
刺さると鏃が飛び出して傷を深くするという魔法の槍。クー・フーリンは右足で投擲する。

【戦いの掟】
戦士たちにはいくつかルールがあり、無視したり破れば災いがあるとされる。クー・フーリンの場合、常人には達成困難な課題を出し、「達成しなければ先へ進んではならない」と敵に挑戦。無視して進めば災いに遭うので、敵軍は進路変更を強いられるという具合だ。

〈チャリオットに乗り
戦いに挑むクー・フーリン〉

COLUMN

大切な者たちの命を奪ったゲイ・ボルグ

修行時代のクー・フーリンは、コノート出身の兄弟子フェルディアと友情を育んだ。また師と争った女戦士オイフェを降参させて交わり、のちにクー・フーリンの息子コンラが産まれる。しかし、何より名誉と誓約を重んじる戦士の定めにより、両者ともゲイ・ボルグで死ぬことになり、クー・フーリンは深い悲しみに包まれるのだ。

神話・伝承

クー・フーリン

234 ジュール・ヴェルヌ

19世紀フランスの作家、劇作家。弁護士資格を持ちながら劇作に打ち込み、冒険科学小説という一大ジャンルを打ち立てた。「空想への旅路」を開いた第一人者だ。

空想浪漫度	▶▶▶	5
影響力	▶▶▶	5
妄想の自由度	▶▶▶	5

空想科学小説のパイオニア

　ジュール・ヴェルヌは“地球の神秘”のパイオニアといえる。ただし、それは“空想の中”での話だ。19世紀、世界には今よりも多くの“未知の領域”が存在していた。そんななか、彼は暗黒大陸アフリカを『五週間気球旅行』で、北極を『ハトラス船長』、南半球を『グラント船長の子供たち』、『八十日間世界一周』では世界を一周し、深海を『海底二万里』、『月世界探検』では月世界を描いた。こうした冒険物語は子どもだけでなく大人も魅了し、読む人を文字どおり見たこともない世界へと誘った。

　ヴェルヌは1828年、フランス西部に生まれた。法律を学び、弁護士の資格を得るが、しだいに文学や演劇の世界へと惹かれていく。そんななか、雑誌で連載していた『五週間気球旅行』で大ブレイク。科学・博物学の知見を活かした冒険科学小説は一世を風靡し、SFの草分けとなった。文学分野で大いなる開拓を行ったヴェルヌだが、相当科学への興味が強かったらしい。作中に登場する今でこそ当たり前になっている潜水艦や宇宙ロケット、テレビなどは、彼の時代には実用段階にない代物たちだ。科学分野でも先見の明があったのだろう。

　多くの冒険小説を描いたヴェルヌはさぞ旅好きだったのだろうと思いきや、そうではないらしい。彼は少年時代、異国への憧れから密航を企てたことがあった。それに失敗した際、「これからは空想のなかでしか旅をしない！」と叫んだとか、叫ばなかったとか……。

《『海底二万里』》

関連用語

【暗黒大陸】
かつてのアフリカの俗称。当時は内地の地理が明かされておらず、文明から取り残された未開の地とされていた。

【気球】
人類が初めて得た“空を飛ぶ”乗り物。1783年にモンゴルフィエ兄弟によって成功した初の有人飛行は、パリを出発し、25分の短い旅をした。

SF作家の先見の明

ヴェルヌの生きた19世紀は、潜水艦の発明こそ行われていたが実用化にはまだ遠く、宇宙ロケットに至っては本格的な開発が始まったのは20世紀になってからだ。こうした予言的な作品を描いた作家は日本にもいる。そう、手塚治虫だ。『鉄腕アトム』で描かれた発明品は未来を先取りしたものばかりで、実用化されていないものも多い。

235 素数
（そすう）

心を落ち着かせるために、素数を数えるという行動が、フィクションでは時折出てくる。自身と1しか約数がない数字・素数に、人類はなぜか魅せられるようだ。

特別な数度	▶▶▶	5
歴史は古い度	▶▶▶	4
特別視しすぎ度	▶▶▶	5

セクシーやスーパーもある、魅惑の数字？

素数の定義自体はシンプルで、1より大きい自然数で、1と自身のみでしか割り切ることができない数字となる。具体的に並べてみると、2、3、5、7、11、13、17、19、23、29、31、37、41、43、47、53、59、61、67、71、73、79、83、89、97、101、103、107、109……となり、素数は無限に存在する。一見規則性がないように見えるが、素数で偶数なのは2だけで、2、5以外の素数は一の位が1、3、7、9になるという特徴がある。

素数の概念自体は、古代ギリシア自体には研究対象とされていたというから、その前から存在自体はわかっていたのだろう。素数の見つけ方も、古代ギリシアのエラトステネスが考案したとされる"エラトステネスの篩"という方法が伝わっている。手順としては、①2から指定した数 x までの整数を昇り順で入れたリストを作る。②リストの先頭の数を素数リストに入れ、その倍数を元リストからふるい落とす。③ふるい落とし終わった元リストの先頭の値が、x の平方根（$\sqrt{\ }$）に達するまで繰り返す。④元リストに残った数字を素数リストに移動して終了、となる。

人類はそんな素数になぜか魅せられるのか、特殊な素数がいろいろ考えられている。差が2である2つの素数"双子素数"、差が4である2つの素数"いとこ素数"、差が6である2つの素数"セクシー素数"、素数の数列において素数番目の素数"スーパー素数"など、無駄に多い。また1970年代になって、素数が暗号のアルゴリズムに使用できると知られるようになり、現在では計算で求めにくい、桁が多い素数の重要度が高くなっている。

関連用語

【エラトステネス】

紀元前275～紀元前194年。ヘレニズム時代のエジプトの学者。地球の大きさを初めて測定したほか、素数の判定法"エラトステネスの篩"など、数学と天文学で大きな業績を残した。

【双子素数】

差が2である素数の組のこと。小さい順に(3、5)(5、7)(11、13)(17、19)(29、31)……となる。双子素数が無限に存在するかどうかは、いまだにわかっていないが、予想では無数に存在するといわれている。

【スーパー素数】

素数の数列において素数番目の素数。例えば11は5番目の素数で、5は素数なので、11はスーパー素数となる。小さい順に3、5、11、17、31、41、59……となる。

素数っぽいようで少し違う、幸運な数字

COLUMN

素数と似たような方法で選ばれる数字に、幸運数がある。導き方としては、まず自然数の数列から2n番目（偶数）を除去。ここで2番目の数の3が幸運数となり、3n番目の数を除去。今度は3番目の7も幸運数となり、7番目の数を除去。こうしてできた、1、3、7、9、13、15、21、25、31、33……が幸運数の数列になる。

236 トラウマ

トラウマというと「嫌な思い出」くらいに捉えている人もいるかもしれない。トラウマは、日本語でいうと心的外傷。精神を傷つけられるという、れっきとした傷病である。

心が痛い度	▶▶▶ 5
病気の深刻度	▶▶▶ 4
別の意味で使われる度	▶▶▶ 5

思い出すたびに心身に不調が現われる傷病

トラウマは、嫌な体験をしたり精神的に衝撃を受けたりすることで発生する。虐待やハラスメントを受けた人、あるいは犯罪や事故・災害に遭った人などに、特に見られやすい。こうした体験によって心が傷つき、思い出すたびに不快な気持ちになったり、場合によっては体調が悪くなったりする。これがトラウマである。

比較的軽度のトラウマなら自然と忘れて消えていくが、重度のトラウマの場合はちょっと深刻だ。嫌な記憶を思い出したくないために、原因となった人や場所を極端に避けたり、似たような人や場所をも忌み嫌ったりする。こうした状態が1ヶ月以上続くようだと、PTSD（心的外傷後ストレス障害）と診断される場合もある。

そんなトラウマではあるが、一方でもっとカジュアルに「ちょっと嫌な衝撃を受けてしまった」くらいの意味でも使われている。「トラウマなドラマ」とか「トラウマなアニメ」などがその1つ。

たとえば、藤子不二雄Ⓐ氏原作の『笑ゥせぇるすまん』は、代表的なトラウマアニメ・漫画である。主人公の喪黒福造に「ドーン！！！！」と宣告された客が悲惨な末路を辿るブラックユーモアは、ときに破滅的なおぞましさを感じさせる。何も知らない子どもが藤子不二雄作品の流れで視聴したら、本当にトラウマになってしまうかもしれない。ほかにも、ホラーものやグロテスクな描写のものなど、トラウマな作品は数多い。

こうした作品は、衝撃的な描写が頭に焼き付いて、思い出すと気持ち悪くなることが実際にある。本当にトラウマになってしまわないよう、"閲覧注意"な作品はよく注意してから見るべきだろう。

関連用語

【犯罪や事故・災害】

阪神淡路大震災や東日本大震災などの災害後には、トラウマを発症する人が多い。そのほか、戦地から帰還した兵士にもトラウマを訴える人が多いという。

【藤子不二雄Ⓐ】

漫画家。元は藤子・F・不二雄氏と組んで「藤子不二雄」として活動していたが、1987年にコンビを解消した。代表作は『忍者ハットリくん』や『怪物くん』など。

【『笑ゥせぇるすまん』】

藤子不二雄Ⓐ氏原作の漫画。「ココロのスキマを埋める」喪黒福造をブラックユーモアたっぷりに描いた作品。当初は『黒イせぇるすまん』だったが、1989年にアニメ化されたときに現タイトルに変更された。

トラウマな作品はカリギュラ効果狙い？

COLUMN

「トラウマな作品」といわれると、逆に「どんなものだろう」と興味が湧いてこないだろうか？　この怖もの見たさの心理は「カリギュラ効果」と呼ばれる。「やっちゃダメ」といわれるほどやりたくなる心理だ。単に「見ないで」より「見るとトラウマになる」といわれたほうが、カリギュラ効果が大きいのは頷けるところである。

237 サイコキネシス

物などに手を触れることなく、念力だけで物体を動かす能力。日本語では"念動力"などとも呼ばれる。また、「psychokinesis」を略してPK（ピーケー）と呼ぶ。

超能力度	▶▶▶ 5
スプーン曲げ度	▶▶▶ 5
アニゲー登場頻度	▶▶▶ 5

念力でスプーンが曲がる！？

　自らの念力だけで物を浮かせたり、動かしたりするサイコキネシス。テレパシーや透視、サイコメトリーなどと並んで、アニメや漫画では定番の超能力のひとつだが、こうした能力は決してフィクションの中だけのものではない。というのも世界には、実際に「サイコキネシスを使える」と主張する人たちが存在しているのである。

　その中でもっとも有名な人物といえば、スプーン曲げでお馴染みのユリ・ゲラーだろう。1974年に初来日した彼は、数々のテレビ番組に出演。念力でスプーンを曲げる技を披露して大きな話題となる。また、テレビ画面を通じて念力を送ることで、止まっている時計を動かすことができるとも主張。番組には実際に時計が動いたという報告が寄せられた。こうしてユリ・ゲラーは日本中に超能力ブームを巻き起こしていったのである。

　このブームに乗り、日本からもさまざまな超能力少年たちが出現。「エスパー清田」こと清田益章もそのひとりで、彼は幼いころから念力で電気を付けたり消したりすることができたといい、ユリ・ゲラー同様のスプーン曲げを披露してテレビの人気者となった。

　ところがその後、週刊誌がスプーン曲げのトリックを暴く記事を掲載。さらに、テレビの検証番組でもトリックであることが報じられたりしたことで、ブームも終焉。メディアでもてはやされた超能力少年たちも表舞台から姿を消した。そんな中、ユリ・ゲラーだけは今も表舞台に立ち続け、相変わらずスプーン曲げで人気を博している。たとえインチキといわれようが、ブレずに活動し続けるその精神力こそ、彼のもつ最大の超能力といえるかもしれない。

◀ 関連用語 ▶

【サイコメトリー】

物質に残された持ち主の記憶を読み取る能力のこと。アメリカの科学者ジェームズ・ブキャナンが提唱した用語で、英米ではサイコメトリーを用いて犯罪現場の遺留品から犯人や被害者の行方を探る試みも行われている。

【スプーン曲げ】

手に持ったスプーンをこすったり、振ったりして曲げる技。一応、念力で曲げていることになっており、超能力（サイコキネシス）のひとつとされた。ユリ・ゲラーが行ったことで広く知られるようになり、日本全国でスプーン曲げに挑戦する子どもたちが続出。実際に曲がったという人も現れるなど、ちょっとした社会現象にもなった。

最強のPK能力を持つ少女

COLUMN

フィクション作品では人を持ち上げたり、岩を砕いたりといった強力なサイコキネシスの使い手が登場するが、それに匹敵する力を持つとされたのが旧ソ連のニーナ・クラギナ。彼女のPK能力は「生き物の心臓を止める」というもので、カエルを使った実験では本当に心臓を停止させてみせたという。

左端縦書き：オカルト・不思議／サイコキネシス

238 リリス

一般的には悪魔として知られるリリスだが、じつは最初の人間アダムの妻であったという説もある。これが事実ならリリスは人類の母ということになるだろう。

悪魔としての知名度	▶▶▶	5
もとは人間だったのか度	▶▶▶	4
男をたぶらかす魔性度	▶▶▶	4

夫婦喧嘩のすえに悪魔と化した女性

　リリスは新生児をさらっては殺す女性型の悪魔。その成り立ちは不確かな部分も多いが、もともと女神だったものが悪魔に変貌したといわれている。かつての母権制の社会では夜や月など"陰"が重要視されており、リリスは女神として扱われていた。ところが日中や太陽などを軸としたユダヤ、キリスト教などの父権制社会に切り替わると、彼女は夜の悪魔に追いやられてしまったのだ。

　それとはべつに、アダムの妻リリスが悪魔と化したという説もある。『旧約聖書』の『創世記』には、イヴ以前に女性が創造されたと読める箇所があり、そこから最初の女性リリスの伝承が生じた。アダムの妻となった彼女は、毎日100人の子ども（リリン）を産んだが、あるとき夫と喧嘩してエデンの園を出奔。その後、仲裁に訪れた3人の天使に「アダムのもとに戻らなければリリンを毎日殺す」と脅され、これを拒絶したことで悪魔になったという。ゲームやアニメにおいて、イヴではなくリリスという女性をアダムの妻とするのは、この説に由来しているのだ。ちなみに悪魔としてのリリスは、新生児を害し、男を堕落させる淫婦とされるが、これはメソポタミアの悪霊リリトゥやアルダト・リリーなどの伝承を下敷きにしており、リリスが蛇と結びつけられるのもこれに起因している。また"リリ"が"夜"を意味することから『イザヤ書』では"夜の魔女"と呼ばれているほか、フクロウやコウモリといった夜行性の動物と関連づけられ、それらを従えた姿で描かれることも多い。

〈『リリス』〉

関連用語

【リリン】
アダムとリリスの子どもで、人類の始祖とされる。サタンとリリスの子どもという説もあり、こちらは悪魔リリムとして有名だ。

【リリトゥ】
メソポタミアに伝わる悪霊。出産で命を落とした女性の霊で、親を殺して子どもを食べる。

【アルダト・リリー】
メソポタミアに伝わる悪魔。結婚できずに亡くなった女性の霊であり、男性女性問わず、あらゆる手段をもって結婚を妨害するという。

COLUMN

リリスと同一視される悪魔

アダムのもとを離れて悪魔となったリリスは、民間伝承などに登場する女性型の悪魔サキュバスと同一視される。この悪魔は男性を誘惑して性行為を行い、集めた精液を使ってべつの女性に子どもを産ませることで知られる。ちなみにインキュバスという男性型の悪魔も存在するが、どちらも同じ悪魔で外見を変えているだけともいわれる。

中世 ／ 西洋 ／ 人物

239 ヴラド3世

ヴラド3世

ワラキア公国の君主ヴラド3世（1431〜1476年）は、何度も敵国の侵略を防ぎ、統治能力も優れた名君だったが、敵や罪人への対処があまりに苛烈で、伝説の存在となった。

英雄度	▶▶▶	4
串刺し度	▶▶▶	5
吸血鬼度	▶▶▶	3

敵軍を戦意喪失させたヴラド3世の残虐さ

ヴラド3世はワラキア公国を治めた君主で、強大なオスマン帝国の侵攻を何度も防いだ英雄だ。だが、そうした実績よりも「ドラキュラ公」や「串刺し公」という、恐ろしいあだ名の方が一般的には有名だろう。

まず、ドラキュラ公とよばれた理由は、父親のヴラド2世がドラゴン騎士団に所属していたため、ドラクル（ドラゴン公）とよばれていたことが原因である。ヴラド3世はその息子であるため、ドラゴンの子という意味のドラクレア（英語読みでドラキュラ）とよばれるようになったのだ。本人もこのあだ名を気に入っていたようで、自筆の署名にヴラド・ドラクレアと書いたものが残っている。

もう1つのあだ名である串刺し公の由来は、ヴラド3世が敵国の兵士や犯罪者を処刑する際に、串刺し刑を好んだことにある。当時、串刺し刑は身分の低い者に対して行われる刑罰で、ヴラド3世のように貴族すら容赦なく串刺しにする者はいなかったという。串刺し刑の威圧感はすさまじく、ある戦いでワラキアに攻め込んだオスマン帝国軍は、以前の戦いで捕らえられた兵士がことごとく串刺しにされている様子を見て、戦意を失って撤退している。

このように残虐な印象があったヴラド3世は、後世の小説家、ブラム・ストーカーにインスピレーションを与え、小説『吸血鬼ドラキュラ』のモデルとなった。かつて敵軍を震え上がらせた串刺し公は、現代では代表的な吸血鬼として活躍中なのだ。

〈ヴラド公の串刺しの様子〉

関連用語

【ワラキア公国】

14世紀から19世紀にかけて、現在のルーマニア南部に存在した公国。

【ブラム・ストーカー】

1847〜1912年。アイルランドの小説家。「串刺し公」ヴラド3世をモデルに吸血鬼を創造し、怪奇小説『吸血鬼ドラキュラ』を執筆した。なお、ヴラド3世自身には残虐さを示すエピソードは多いが、吸血鬼や吸血行為に関連するエピソードは存在しない。

若い娘の血を好んだ怖るべき吸血夫人

COLUMN

ヴラド3世のように吸血鬼伝説のモデルとなった人物のなかには、本当に吸血鬼だったのではないかと疑いたくなるようなエピソードがある人物もいる。その代表格が、ハンガリー王国の貴族、エリザベート・バートリだ。彼女は若い娘を誘拐して拷問器具で血を絞って浴びていた、「血の伯爵夫人」とよばれた女性だった。

伝承 / 西洋 / キャラ

240 ベーオウルフ

イギリス最古の叙事詩『ベーオウルフ』の主人公。イェータランド（スウェーデン南部）からデネ（デンマーク）へ渡っての怪物退治と、晩年の竜退治の話がある。

怪物の腕を獲った度	▶▶▶	5
怪物や竜への恐怖度	▶▶▶	1
命より名誉！度	▶▶▶	5

怪物や竜を退治したスウェーデンの勇士

　イェータランドのヒイェラーク王に仕えていた勇士。若い頃、デネのフロースガール王が沼の怪物グレンデルに 12 年も悩まされていると聞き、14 人の屈強な男たちと救援に向かった。剛力を誇るグレンデルが素手で現れると、ベーオウルフも素手で応戦。自慢の怪力で腕をもぎ取り撃退するが、翌日にフロースガール王の寵臣がグレンデルを産んだ水魔に拉致される。ベーオウルフが沼に着くと寵臣はすでに殺されていたが、沼に飛び込んで水魔と格闘戦を開始。力では押されかけるも、そこにあった古の大剣で討ち取った。

　その後、戦争でヒイェラーク王が亡くなり、跡を継いだ王子も戦死。親族だったベーオウルフが王となり、50 年が過ぎる。この頃、竜が棲む海辺の塚から宝を盗んだ者がおり、怒った竜が街を襲った。老王ベーオウルフは竜の討伐に出発。同行した部下たちが恐れて逃げ出すなか、縁者のウィーイラーフとともに塚へ踏み込んだ。ところが、渾身の力で振るった剣は竜の硬い皮膚を通らず、しかも彼の剛力に耐えられず折れてしまった。ベーオウルフは竜に咬まれて重傷を負うが、逆に竜を締め上げて動きを封じ、ウィーイラーフが柔らかな腹を攻撃。ベーオウルフは短剣で怯んだ竜を仕留めるも、竜の毒で彼も亡くなった。

　なお、ゲームなどでお馴染みの火を吹き宝を守るドラゴンは、この物語の竜が大元。ベーオウルフの物語は現代にも息づいているというわけだ。

〈ベーオウルフ〉

関連用語

【イェータランド】
スウェーデン南部にある 10 の地方のこと。ノルウェーとデンマークも含め、地域の人々はノルマン人と呼ばれる北方系ゲルマン人で、ヴァイキングとして怖れられたことでも知られている。

【グレンデル】
聖書に登場するカインの末裔ともいわれる怪物。フロースガール王は沼の近くに豪華な館を築き、毎晩宴会を開いていた。グレンデルはこの騒ぎに腹を立てて館を襲ったという。

【竜】
王家が財宝を隠した塚に棲みついていた。火を吐き空を飛ぶが、いわゆる四足のドラゴンではなく、ワームと呼ばれる大蛇のような古いタイプ。

COLUMN

ベーオウルフに見える当時の戦士の価値観

怪物と素手で格闘したり、2 人で竜に立ち向かったりとベーオウルフは無茶が目立つが、これは当時の価値観による。北欧神話に「戦死した勇者はヴァルハラへ、寿命や病気で死んだ者はヘルのもとへ送られる」とあるように、戦士にとって勇敢に戦い倒れることが最高の栄誉。死してなお、名が残る活躍をすることが最重要だったのだ。

─文学─

不思議の国のアリス

第35週　第3日目　水曜日

近代　／　西洋　／　小説

241 不思議(ふしぎ)の国(くに)のアリス

魅力的なキャラクター、おかしな世界観、頭に残る言い回し。今なお多くの人を魅了し続ける児童文学『不思議の国のアリス』。誕生のきっかけは、とある少女のお願いだった。

世界的知名度	▶▶▶	5
創作の原点度	▶▶▶	5
深読み度	▶▶▶	5

今も広がり続けるアリス・ワールド

　文学作品としてはもちろん、主人公である"アリス"の存在を知らぬ者はいないといっても過言ではないだろう。創作のモチーフとしてはもちろん、性愛としての"アリス・コンプレックス"や、医学界でも"不思議の国のアリス症候群"と名が使われるほど、アリスの存在は全世界に浸透し、もはや概念のようなものだ。

　荒唐無稽、シュール、はちゃめちゃで理不尽なこの物語は、とある三姉妹にせがまれて即興で紡がれたという。アリスの名はそのなかの1人、アリス・リデルから取られている。原案である『地下の国のアリス』は彼女らの願いによって本となり、絶賛を得て出版された。そして姉妹作である『鏡の国のアリス』が誕生したのだ。

　暑い夏の日、庭で過ごしていたアリスは、時計を手にしたうさぎを追いかけて不思議の国に迷い込む。登場する妙なしきたりや理屈で動く生き物たちは、おかしいのにどこか一笑に付すことができない。教訓的な物語が多かった児童文学に新風を吹き込んだ作品でもあるが、それは世間に出す気のない即興物語だったからなのだろう。

　そもそも作者のルイス・キャロルはオックスフォード大学の数学講師で、数学書の著書も多く残している。聖職者の資格も持ち、ア

マチュア写真家の走りともいわれる多趣味な教養人だった。そんな彼の物語には随所に謎が潜んでおり、人々の熱い視線を集め続けている。アリスが生まれて150年経った今も、"アリスの世界"は拡大しているのだ。

〈『不思議の国のアリス』挿絵〉

◆◆◆ 関連用語 ◆◆◆

【アリス・コンプレックス】

ロリータ・コンプレックスの一種で俗称。特に7歳から12歳頃の少女に対して性的な好意を抱く性癖をいう。あくまで俗称であり、学術的なものではない。

【不思議の国のアリス症候群】

自身の体や周囲の物が実際とは違う大きさに見える、顔や形がゆがんで見える、音が大きく聞こえるなど、五感の認知がゆがむ諸症状を指す。急性発熱や薬の副作用など、原因は多岐にわたり明確になっていない。多くは幼い子どもに起こる。

【数学】

数学者あるあるだが、キャロルにも好きな数字があった。彼の場合は42で、そのためか『不思議の国』『鏡の国』ともに12章構成、42枚の挿絵を付けている。

COLUMN

伝説のアリスマニア

文学に限らず、絵画、イラスト、映画、漫画とさまざまな分野で"活躍"するアリスだが、学術面での「解体」も熱い。アメリカの数学者マーティン・ガードナーもその研究者の1人だ。彼は本作を哲学・文学・数学・論理学などあらゆる学問から解説した『注釈アリス』を出版。死の直前まで「注釈」をアップデートし続けた。

242 バタフライ・エフェクト

たった 1 匹の蝶の羽ばたきが、はるか遠方の気象に対して大きな影響を及ぼしてしまう。あくまで寓意的表現だが、そんなカオスは確かに存在するのである。

秩序ある混沌度	▶▶▶	5
予測不能度	▶▶▶	5
創作王道度	▶▶▶	4

計算はあっているのに誤差が大差になるカオス

　バタフライ・エフェクトとは、エドワード・ローレンツの講演タイトル『ブラジルの 1 匹の蝶の羽ばたきは、テキサスで竜巻を引き起こすのか？』に由来し、わずかな変化を与えるとその後結果が大きく異なってしまう現象をいう。1961 年、ローレンツはコンピュータ上で天気予測のプログラムを実行し、「0.506127」と入力したときと、「0.506」と入力したときとで計算結果がまったく異なる事態に直面する。ここから彼は、初期値鋭敏性（初期値の差が、時間が経つにつれ無視できない大きな差になる）と長期予測不能性のアイデアを思いつき、研究を発表した。こうした複雑な振る舞いを示す現象を扱う理論をカオス理論といい、ローレンツはそれを一般に広めるためにバタフライ・エフェクトという言葉を使った。ちなみにローレンツが発表したローレンツ方程式が生み出す集合は、ちょうど蝶のような形をしている。

　あくまでたとえなので、本当に蝶の羽ばたきで竜巻が起きるなんてことはまずない。ただ現代の気象予報で、バタフライ・エフェクトが原因で長期予測できないのは確かで、詳細な予報は 2 週間が限界といわれている。長期的な予測の場合、初期値を変えた複数の計算を行い、その平均をとることで精度を高める “アンサンブル予報” が採用されているという。

　ちなみにフィクションの世界では、非常に小さな出来事から、因果関係の果てに大きな結果につながっていくというバタフライ・エフェクトの考え方は、多くの作品で見受けられる。むしろ王道パターンといってもいいかもしれない。

◀ 関連用語 ▶

【エドワード・ローレンツ】
1917 ～ 2008 年。アメリカの気象学者。コンピュータシミュレーション中にバタフライ・エフェクトを発見。気象学者ではあるが、根底にある数学的性質の探究を続けた。

【カオス理論】
力学系で見られる、誤差から予測できない複雑な様子を示す現象を扱う。ロジスティック写像、テント写像、ローレンツ・アトラクタなどの例がある。

【ローレンツ方程式】
ローレンツが提示した非線型常微分方程式で、カオス的な振る舞いを示す。3 つの定数 p=10、r=28、b=8/3 のとき、蝶のような形の軌跡を示す。

日本版バタフライ・エフェクト＝桶屋論法

COLUMN

ことわざの「風が吹けば桶屋が儲かる」も無関係なとこで影響がおよぶというたとえだ。大風が吹くと土埃がたつ。土埃が目に入って眼病を患い、盲人が増える。盲人が使う三味線の需要が増える。三味線の材料である猫が多く殺される。猫が減れば鼠が増える。鼠は桶をかじるので、桶の需要が増える、という順序である。

243 ストックホルム症候群
（しょうこうぐん）

東日本大震災以来、PTSD（心的外傷後ストレス障害）
という言葉が一般にも知られるようになった。そんな
PTSDの1つに、ストックホルム症候群がある。

まさかの展開度	▶▶▶ 4
拡大解釈度	▶▶▶ 5
アニゲー元ネタ度	▶▶▶ 3

ストックホルム症候群

 人質が、犯人に好意を持つこともある？

　1973年8月23日、スウェーデンのストックホルムにおいて銀行強盗立てこもり事件（ノルマルム広場強盗事件）が発生。犯人のオルソンという男は、銀行員9人を人質に立てこもり（同日中に人質5人は解放）、警察に対して、現金と、銀行強盗の罪で服役していた彼の友人オロフソンの解放などを要求した。数度の交渉があったあと、28日夜、警察は催涙ガスを使った強硬策をとり、犯人を逮捕。人質に大きな怪我もなく、事件は無事解決に至った。

　さて、事件解決後に人質たちに捜査をしてみると、人質が警察に銃を向けたり、犯人たちに協力して警察に敵対行動をとったりしていることが判明した。このことから、突然人質となり、死をも覚悟した人間が、犯人の小さな親切に対して感謝し、心理的なつながりを持つことを、ストックホルム症候群と呼んでいる。

　ただ実際のところ、アメリカ連邦捜査局の調べでも、ストックホルム症候群の事例は約8％と多くはない。さらにいえば、そもそも、犯人に殺されないために被害者が自分を犯人の主張に適合させていき、ときには共感して犯罪行為に正当性を見出そうとすることは、当然の生き残り手段なので、どこまでが本当のPTSDなのかは外野から判断しかねるのが実情である。

　それでもこの言葉が世間に広く知られているのは、ドラマや映画などでよく登場するためである。こうしたメディアでは、心理的つながりの部分を"好意をもつ"と拡大解釈して表現しているものが多い。これはフィクションだから許されているところなので、実際の人質事件になんでもあてはめると確実に解釈の齟齬が生じる。

◀◤ 関連用語 ◢▶

【PTSD】
心的外傷後ストレス障害。戦争、暴力、犯罪、災害や事故などで、強いショック体験で心的ダメージを受け、不快な気持ちになったり体調不良になったりする状態が長く続く心の病気のこと。

【ストックホルム】
北欧のヴェネツィアとも呼ばれる景観を誇る、スウェーデンの首都。ストックホルム症候群の語源となった銀行強盗事件は、ノルマルム広場の信用銀行で起きており、建物自体は現存している。

【アメリカ連邦捜査局】
アメリカ合衆国の警察機関のひとつで、FBIの名で知られる。本部はワシントンD.C.。国内治安維持を一手に担っており、広域事件のさいには自治体警察からFBIに捜査主体が移される。

COLUMN

女子高生・籠の鳥事件

日本でのストックホルム症候群の事例として有名なのは、女子高生・籠の鳥事件である。1965年11月、中年男が女子高生を路上で誘拐・監禁した。少女は当初、犯人を怖いと思っていたが、徐々に可哀想な人に思い、恋愛感情が芽生え、奇妙な同棲に発展する。この事件を描いたノンフィクションの映画化が『完全なる飼育』だ。

超能力 ／ 全世界 ／ 用語

244 テレパシー

言葉、身振り、表情といった通常の手段によらず、思考や
感情などを伝達、感知する能力。精神感応とも呼ばれ、統
計学的には存在しうると考えられている。

あるかもしれない度　▶▶▶　4
研究の進行度　▶▶▶　3
意外と不都合もある度　▶▶▶　5

テレパシー的能力の存在は肯定されつつある

　日本には"虫の知らせ"や"以心伝心"という言葉があり、テレ
パシーに類する現象は昔から認知されていたといえる。テレパシー
という言葉自体は、イギリスにあるケンブリッジ大学のフレデリッ
ク・ウィリアム・ヘンリー・マイヤース教授が 1882 年に提案した
もの。博士はこの年に協会を設立し、6 年に渡ってテレパシーや催
眠術を科学的に研究したというから、テレパシーの研究は 19 世紀
末から行われていたわけだ。2000 年代以降のものとしては、ドイ
ツの先端領域心理学研究所所属の研究者が、17 組のペアを対象に
行なった実験がある。2 人を隔離した個別の部屋に入れ、片方にの
み視覚刺激を与えてそれぞれの脳波を記録するというもので、この
実験の結果「隔離された人間同士のあいだで脳波が同期する」とい
う可能性が示された。方法は違うものの、アメリカの研究所による
実験でも脳波の同期としか思えぬ結果が得られ、隔離された人間の
あいだで"何らかのエネルギー的交換、もしくは情報的交換が存在
する"と考えざるを得ないという結論が出ている。まだ未解明な部
分は多いが、テレパシー的なものの存在自体は肯定してもよさそうだ。

　創作作品ではテレパシー的な能力が比較的よく登場する。日常で
の人付き合いを円滑にしたり、戦いで優位に立ったりと利点はある
が、一方で隠れた他人の本心を知って人嫌いになったり、見透かし
たような対応を気味悪がられて孤立する場合もある。表裏のない思
考を読み取れても、主義主張や好悪の感情はまた別の話。「わかり
合えないことがわかってしまう」というケースもあり得るわけで、
テレパシー能力があってもよいことばかりではないようだ。

関連用語

【虫の知らせ】
根拠もなく、何かが起き
ると感じ取ること。身近な
人が亡くなったり事故に
遭う前に、ふと何かを感
じて普段と違う行動をと
るといったケースが多い。

【以心伝心】
言葉によらず互いの心が
通じ合うこと。元々は禅
宗の言葉で、言い表せな
い仏法の神髄を言葉や文
字を使うことなく弟子に
伝えることを指していた。

COLUMN

超能力版の霊視、サイコメトリー

人同士で感知するのがテレパシーだが、人以外から感知する能力もある。人間が強く
何かを思ったとき、その場所・物体などに残る思考・感情を残留思念というが、これ
は心霊系ではお馴染みの概念である。そしてこの残留思念を霊感で行えば霊視となる
が、超能力で感知する場合はサイコメトリーとなる。

245 アスタロト

アスタロトはヨーロッパ発祥の悪魔で、魔術書『大奥義書』によればルシファーやベルゼブブに劣らない大悪魔とされるが、その扱いに本人は納得していないようだ。

地獄での知名度	▶▶▶	5
本当は悪魔じゃない度	▶▶▶	4
口臭キツイ度	▶▶▶	5

数多の下級悪魔を従える地獄の大公爵

　アスタロトはルシファーやベルゼブブと同格ともいわれる地獄の支配者の1柱。ソロモン72柱の魔神にも名を連ねており、魔術書『ゴエティア』には40の悪魔の軍団を支配下に置く地獄の大公爵で、手に毒蛇を持ち、ドラゴンあるいはドラゴンに騎乗した醜い天使の姿と記されている。この悪魔は口からすさまじい悪臭を放つため、無闇に近づくのは危険。過去と未来を見通す力をもち、交渉が上手くいけばあらゆる知識を授けてくれるが、その力を借りる場合は、彼が放つ悪臭を防ぐ魔法の指輪を鼻につけておく必要があるという。

　アスタロトの原型となったのは、フェニキア地方で信仰されていた女神アスタルテ。死と再生を司るアスタルテは、シュメール神話のイナンナ、メソポタミア神話のイシュタル、ギリシア神話のアフロディーテなどと起源を同じくしており、古代世界では広く信仰を集める存在だった。しかし、『旧約聖書』の『列王記』で邪神とおとしめられ、やがて悪魔として扱われるようになる。また、『失楽園』でももとは熾天使の階級にあった立派な天使とされているが、一部の天使が反乱を起こした際、それに加担したと考えられ、堕天使になってしまった。これについてアスタロト自身は「反乱に関与した覚えはない」といっており、悪魔扱いされることを不本意としている。大悪魔と恐れられているわりには人間臭く、じつはいい奴なのかもしれない。

〈『地獄の辞典』アスタロト〉

関連用語

【ルシファー】
かつて神に仕えていた天使。天界にいた頃は神に次ぐ地位にあったが、クーデターを起こしたことで追放され、地獄の支配者となった。

【ベルゼブブ】
地獄の悪魔を束ねる指揮官的な存在。本来はペリシテ人が信仰する土着神だっ。

【ソロモン72柱】
イスラエル王国を治めていたソロモンという王が使役したとされる72柱の魔神。

【熾天使】
9つある天使の階級で最上位にあたる。

堕天の理由は天使それぞれ？

COLUMN

天使が悪魔と化す理由はじつにさまざま。たとえばルシファーは神に代わって世界を支配するという壮大な野望を抱き、戦いを挑んだものの敗北して悪魔となった。一方でアザゼルという悪魔に関しては、人間の女性と交わりたくて堕天したという説がある。欲望に忠実な点は悪魔らしいが、「そんな理由で!?」といわざるを得ない。

246 スペイン異端審問

15世紀末、成立したばかりのスペイン王国では、異教徒を一掃して国内の宗教を統一する名目で、大規模な異端審問が始まる。だが、その真の目的は別のところにあった？

宗教統一度	▶▶▶ 3
誤認逮捕度	▶▶▶ 5
借金踏み倒し度	▶▶▶ 5

国王の私欲によって行われた汚れた裁判

　イベリア半島は古来よりさまざまな民族・国家が支配権を争ってきた地域で、15世紀末にスペイン王国が統一国家を建国したときには、カトリック（キリスト教徒）のほかにイスラム教徒、ユダヤ教徒、表向きはカトリックに改宗したが実際には自分たちの信仰を守っているイスラム教徒やユダヤ教徒など、多様な宗教が混在していた。これは国教をカトリックに統一して政情の安定化をはかりたいスペイン王国にとって好ましい状況ではなかったため、国王フェルナンド2世は異端審問による異教徒の改宗・排斥を計画した。

　だが、この異端審問の本当の狙いは、別にあった。じつはフェルナンド2世はユダヤ人金融業者に多額の債務があり、異端審問によって彼らを排斥することによって債務を踏み倒そうとしたのだ。この目論見を最初から見抜いていたのか、ローマ教皇庁では異端審問を認めるべきか議論が紛糾したが、最終的にはフェルナンド2世の根回しが功を奏して、異端審問の許可が下りた。

　さて、このような裏事情のもとで行われた異端審問の結果は、当然ながら酷いものになった。特にユダヤ教徒への狙い撃ちが露骨に激しく、あまりの有様にローマ教皇が「異端審問はユダヤ人の財産狙いの行為である」と抗議の声をあげたが、フェルナンド2世は意に介さず追及の手が緩むことはなかった。また、匿名で告発することができたため、報奨金目当てや私怨による告発が発生し、異端とまったく関係ない無実の人々が誤認逮捕されることもあったという。捕らえられた被疑者は拷問にかけられ、罪を自白すると国家に財産を没収されたうえで刑罰に処された。

　この不当極まりない異端審問は、19世紀まで続いた。近年の研究によると、この期間に告発されて裁判を受けた人数は約12万5千人におよび、2000人程度に死刑が宣告されたという。

関連用語

【フェルナンド2世】

1452～1516年。アラゴン王国の国王。カスティーリャ王国の女王イザベル1世と結婚して、スペイン王国（カスティーリャ＝アラゴン連合王国）の国王となった。イベリア半島にカトリックの王国を築いた功績によって、妻とともに「カトリック両王」の称号を授けられ、ローマ教皇庁に対する強い発言権を有していた。

【刑罰】

刑罰には、異端であることを示す特別な服を着せられて見世物にされる軽いものから、火刑（死刑）のような重いものまで、さまざまな段階があった。

247 アーサー王伝説
<ruby>おうでんせつ</ruby>

中世の騎士道物語。トマス・マロリーによる『アーサー王の死』が一般にもよく知られ、類似点があるケルト神話、黒海周辺のナルト叙事詩などを起源とする説がある。

一般的な知名度	▶▶▶ 5
長く愛されてきた度	▶▶▶ 4
ネタにされがち度	▶▶▶ 5

神話・伝承

アーサー王伝説

古くから人々に人気だったアーサー王伝説

アーサー王は6世紀初頭頃の人物で、ブリテン島へ侵攻してきたサクソン人を撃退したとされている。関連する最古の資料としては、830年頃に記されたと考えられている歴史書『ブリトン人の歴史』がある。ただ、アーサーが登場するのはわずか1つの章のみ。彼が関わったという12の戦いが記されているものの、関係がはっきりしないものもあり、また身分は王ではなく軍の指揮官に過ぎない。

いわゆるアーサー王伝説が広まったのは、12世紀にイングランドの聖職者ジェフリー・オブ・マンモスが記した『ブリタニア列王史』がきっかけで、魔法使いのマーリンやエクスカリバー、カムランの戦いとアヴァロンへの出航など、伝説のおもな要素がすでに登場している。これをベースに、ランスロットと湖の乙女、トリスタンとイゾルデの物語、聖杯探索、石に刺さった剣などが加えられ、12世紀後半の『ランスロまたは荷馬車の騎士』、14世紀後半の『ガウェインと緑の騎士』などが登場。15世紀後半の『アーサー王の死』は、こうした作品群の集大成といえる。

アーサー王の実在については議論が続いているが、アーサー王伝説が長らく語り継がれてきたのは事実。関連人物やアイテムは現代のゲームやマンガにもよく登場しており、それだけ人々を惹きつける魅力が詰まっている証しといえるだろう。

〈『アーサー王伝説』〉

◀ 関連用語 ▶

【『ブリタニア列王史』】

約2000年に及ぶブリトン人の王たちの事績を記した書物。「列王史」とあるが、歴史書ではなく偽史書だ。ただ、中世文学としての価値は評価されている。

【カムランの戦い】

アーサー王の軍勢と王位を簒奪したモルドレッド卿率いる反乱軍との戦い。10世紀以前のウェールズの年代記『カンブリア年代記』が初出とされる。アーサーとモルドレッドと思しき人物が死んだとあるのみだが、『ブリタニア列王史』以降の書物ではアーサー王が一騎打ちでモルドレッド卿を倒したとされる。

【アヴァロン】

一騎打ちで重症を負ったアーサーが、最期を迎えたとされる伝説の島。楽園だったともいわれ、日本の創作作品でもこのイメージが強い。

COLUMN

アーサーの祖はトロイア人!?

『ブリトン人の歴史』は、ブリテン島の名の由来をローマ人のブルートゥスとする。「トロイア戦争」で活躍したアイネイアースの末裔で、誤って父を死なせてローマを追われ、家臣たちと旅の末にブリテン島へ上陸。巨人の末裔を平定、統治したという。島民は彼らの末裔なので、これに従えばアーサーの祖はトロイア人というわけだ。

近代 / 西洋 / 小説

文学

248 ジキル博士とハイド氏

1886年に刊行された、イギリスの小説家ロバート・ルイス・スティーブンソンによる怪奇小説。薬によって人格を分けた男を描き、「二重人格」の代名詞となった。

一般的知名度	▶▶▶	5
ミステリー度	▶▶▶	1
業の深さ度	▶▶▶	5

 人格の成り替わりか、それとも中毒症状か

"ジキルとハイド"といえば、イコール"二重人格"を指す。もはや一般名詞と化した善悪二重の人格を持つ男の悲劇を描いたのがこの『ジキル博士とハイド氏』だ。

医師であるジキルは、自分のなかに存在する善と悪を別個の人格に分離する方法を研究していた。薬の開発に成功し、ジキルは夜な夜な「悪」の人格であるハイドとなって己の欲望を満たし、快楽に溺れるようになる。しかし次第に抑制が効かなくなり、終盤は薬を使わずともハイドの人格が出てきてしまう。ついに殺人を犯してしまったハイドは、捜査の手から逃れるようにして自殺する。

——というストーリーは、原作を読んでいない人でもある程度知っているものだろう。しかし、ジキルが薬を使ってハイド氏に"変身"していることが明かされるのはクライマックスになってから、ジキルの遺書ともいえる手記の登場まで秘匿されている。彼らが同一人物であることはジキルが"行方不明"になるまで"読者"には明かされず、本作最大の謎のはずだったのだ。ジキルが面倒を見ている醜悪な青年・ハイドの正体を暴こうとするジキルの友人の弁護士は、その様子をかくれんぼ（Hide and Seek）に見立て「彼が隠れ役（Mr.Hide）なら、私は探し役（Mr.Seek）だ」と言っている。しかし読者はすでに正体を知ってしまっているので、「犯人はヤス」どころではない。ミステリー形無しである。

ちなみに本作における"薬"だが、覚せい剤か酒ではないかという見方もある。ハイドは"悪の人格"というよりは理性のタガを外したような状態だ。薬への依存具合も想像がつく。ハイド氏の醜悪な外見も表情の作り方の程度なのかもしれない。ただジキル氏は、「彼が自分だとは思えない」といっている。これを"自分の醜態を認めたくない"と捉えると、この作品の見え方が変わっては来ないだろうか。"ハイドの自殺はハイドによるジキルの殺害"なんてエモい解釈も鼻白んでしまいそうだ。

関連用語

【ロバート・ルイス・スティーブンソン】

1850～1894年。イギリス生まれの小説家、詩人、エッセイスト。旅好きで知られ、紀行文や『宝島』のような児童文学も執筆している。

【二重人格】

人格障害の一種で、1人の人間のなかにまったく異なる2つの人格が現れること。3つ以上の人格の場合は"多重人格"という。それぞれ別の姓名を名乗り、記憶の共有はされないことが多い。現在は、"解離性同一障害"と呼ばれている。

【犯人はヤス】

おそらく日本で一番有名な、ネタバレを意味する文言。元ネタは『ポートピア連続殺人事件』（1983年）という推理ゲーム。

ジキル博士とハイド氏

249 囚人<ruby>囚人<rt>しゅうじん</rt></ruby>のジレンマ

共犯の囚人に司法取引を持ちかける。ドラマのような設定だが、そんなテーマのゲームが学問のなかにはある。その名を"囚人のジレンマ"という。

合理的選択度	▶▶▶	5
結果的に損度	▶▶▶	5
ゲーム的発想度	▶▶▶	4

合理的な選択なのに、得な結果にならないだと？

　囚人のジレンマというゲームの基本はこうだ。まず共犯の囚人AとBがおり、自白させるために検事はこんな司法取引を持ちかける。(1) 本来は懲役5年だが、2人とも黙秘（＝協調）なら証拠不十分で減刑し、2人とも懲役2年。(2) もし片方だけが自白（＝裏切り）したら、自白したほうはその場で釈放し、黙秘のもう1人は懲役10年。(3) 2人とも自白したら、判決どおり懲役5年。さて、囚人AとBは自白すべきか、というものだ。

　純粋に考えれば、互いに黙秘という選択が得なのだが、囚人AとBが互いに自分の利益だけを追求している限りは、互いに自白という結果になってしまう。というのも、囚人Aだけで考えたとき、囚人Bが黙秘した場合、懲役2年か0年なので、自白の懲役0年を選ぶ。囚人Bが自白した場合、懲役10年か懲役5年なので、自白の懲役5年を選ぶ。要はBの選択に関係なく、自白が得になるので、結局互いに自白の懲役10年になる。これがジレンマというわけだ。ポイントは相手に対する不審や恐怖ではなく、合理的に選んだ結果なのに、損をしているところだ。

　ところが、この囚人のジレンマを複数回繰り返すとして、何回目で最終回になるかを知らされず無限に繰り返される場合、協調の可能性が生まれてくるという。では、どういうパターンならプレイヤー＝囚人の平均利益が最大化するのか。こういう研究を数学的なモデルを用いて行う学問がゲーム理論で、現代では経済学の中心的役割を担っている。具体的にこのゲームでは、初回に協調を選んで、2回目以降は前回に相手が出した手と同じ手を出す"しっぺ返し戦略"とか。あらかじめ決めた協調・裏切りの順序から相手が仲間か判断し、仲間のときと仲間でないときでパターンを変更する"主人と奴隷戦略"などの戦略があるという。フィクション的には、それを踏まえた上での心理戦も考えられるので、意外と知っておいて損はない。

関連用語

【ゲーム理論】
意思決定や行動の相互依存的状況を数学的なモデルを用いて研究する学問。数学者のジョン・フォン・ノイマンと、経済学者のオスカー・モルゲンシュテルンによって誕生した。

【しっぺ返し戦略】
囚人のジレンマにおける戦略の1つ。初手で協調を選び、2手以降は前に相手が出した手と同じ手を選択する戦略。競技会では2度優勝しているという。

【主人と奴隷戦略】
しっぺ返しを破り、優勝した戦略。あらかじめ決めた順序で協調か裏切りを5回か10回出し、相手が仲間かどうかを判断し、仲間でないと判断した場合は常に裏切りを出す。仲間と判断した場合、割り振られた役割（奴隷か主人か）をベースに、常に協調、常に裏切りを出す。

250 サイコパス

冷徹で自分中心で、平然と嘘をつき、でも口が達者でどこ
か魅力的……そんな人を見たことがないだろうか？　その
人はもしかしたら「サイコパス」かもしれない。

猟奇的度	▶▶▶	5
身近にいる度	▶▶▶	5
創作で見る度	▶▶▶	5

サイコパスはパーソナリティ障害の1つ

　サイコパスというと「常軌を逸した凶悪犯罪者」というイメージ
があるかもしれない。確かにそういう例もあるが、じつは社会に溶
け込んで普通に暮らしているサイコパスも多いという。

　サイコパスはパーソナリティ障害の1つで、他者への共感性が
低く、自己中心的で善悪の判断基準が人とズレているのが大きな特
徴だ。一方、口が達者でプレゼンテーション能力が高く、普通の人
なら緊張してしまう場面でも堂々としていることから、とても魅力
的に映る場合もある。実際に社会的地位の高い人のなかには、少な
からずサイコパスがいるともいわれている。むしろ、サイコパスだ
からこそ臆することなく偉業を成し遂げた、ともいえよう。

　このように、サイコパスだからといって必ずしも犯罪者だとは限
らない。犯罪心理学の研究者ロバート・D・ヘアは、1995年の著
作『診断名サイコパス　身近にひそむ異常人格者たち』で、全米に
200万人はサイコパスがいると語った。日本でも100人に1人か
2人くらいはサイコパスがいるのではないか、とされている。

　ただ、サイコパスがいいイメージでないのは確かだ。サイコパス
といったら、映画『羊たちの沈黙』などに登場する精神科医ハンニ
バル・レクターが有名だろう。医師としての顔を持ちながら猟奇的
殺人を行なう彼は、まさに「サイコパス＝凶悪犯」の典型例である。
また小説『悪の教典』では、主人公の教師・蓮実聖司がサイコパス
という裏の顔を持ち、学校内で数々の惨殺を繰り広げた。

　とはいえ、冒頭で述べたように本来サイコパスとはパーソナリティ
障害の1つ。サイコパスだから悪人だ、と決めつけてはいけない。

◆◇ 関 連 用 語 ◇◆

【パーソナリティ障害】
考え方や行動が著しく
偏っていて、本人または
周囲の社会生活に支障
があること。人格障害とも
呼ばれていた。

【社会的地位の高い人】
著しい成功を収めた人な
どはサイコパスの可能性
が指摘されている。歴史
をさかのぼると織田信長
などもその類とされる。

【ハンニバル・レクター】
作家トマス・ハリスの作品
に登場する精神科医にし
て猟奇殺人犯。『羊たちの
沈黙』、『レッド・ドラゴ
ン』、『ハンニバル』など
数々の作品に登場する。

心理学　西洋　犯罪心理

哲学・心理・思想

サイコパス

251 千里眼（せんりがん）

直接的には千里先まで見通せる眼という意味。ここから転じて離れた場所や未来の出来事、他人の心を見通す能力、およびこうしたその能力の持ち主を指す。

一般的知名度	▶▶▶	4
お役立ち度	▶▶▶	4
悪用もできる度	▶▶▶	5

検証や研究がなされた時期もある千里眼

　千里眼は神話や宗教にしばしば登場しており、概念そのものは古くからある。たとえば北欧神話では、千里眼で将来降りかかる災いを知った神々が、その元凶となるフェンリル、ヨルムンガンド、ヘルをヨトゥンヘイムから連れだし、それぞれ処置を講じて滅びの運命を避けようとした。また、仏教では過去や未来を見通せる天眼通という神通力があり、仏や菩薩、広目天などのほか、修行を積んだ者が得られる六神通の1つに数えられている。千里眼と似たものとしては、超心理学でいう透視がある。「通常の感覚器官によらず、物体の状態を認識する」という能力で、テレパシーや予知と合わせてESPと呼ばれている。

　これら一般に超能力と呼ばれる力について、これまでさまざまな検証がなされてきた。千里眼については、日本でも明治時代に「千里眼事件」と呼ばれる出来事があり、心理学者や物理学者、メディアなどが立会いの下、科学的な証明が試みられたが、結局は失敗に終わった。能力を発揮するにあたっては、人間の精神や心理状態が影響するため、検証や再現性などの面で否定派を納得させるだけの結果は出しにくいようだ。アメリカでは、千里眼を「スパイに利用できるのでは」という考えから研究した時期があったが、やはり中止されて久しい。

　とはいえ創作世界となれば話は別で、千里眼はさまざまな作品に登場している。千里眼は情報を得るだけで、対象に直接何かの効果をおよぼすわけではない。情報を活かせるかどうかはまた別の話で、ゆえにいわゆる“チート感”が薄く、扱いやすいのかもしれない。

◀関連用語▶

【テレパシー】

視覚や聴覚といった通常の感覚によらず、自分や相手の意思や感情を直接伝達、感知する能力。精神感応とも。

【ESP】

"extrasensory perception"の略で"超感覚的知覚"という意味。テレパシーは他人の心、もしくは頭の状態を認識するという意味で、予知は未来の状態を認識するという意味で、それぞれ広義での透視といえる。

【超心理学】

人間の心と心、もしくは心と物体の相互作用について科学的手法で研究する学問。日本や海外の一部大学で研究されている。

COLUMN

CIAが保有していた超能力の検証実験記録

超能力者といえば、日本で超能力ブームが起きた際にたびたび来日したユリ・ゲラーが有名だ。彼は1973年に研究機関に協力し、8日間に渡って透視能力の検証実験をしていた。その記録が2017年に公開されたCIAの内部文書に含まれており、とくにネット界隈で話題になったが、CIAが超能力を公式に認めたというわけではないようだ。

縦書き左端：　オカルト・不思議　　千里眼

宗教

252 セフィロトの樹（き）

セフィロトの樹は神秘主義カバラから生まれたもので、生命の樹とも呼ばれる。宇宙を支配する法則、神や人間の世界の構造を表しており、カバラの奥義とされている。

神秘的度	▶▶▶ 5
なんかすごそう度	▶▶▶ 5
わけわからん度	▶▶▶ 5

セフィロトの樹

理解力が試される神秘主義カバラの奥義

セフィロトの樹は、ユダヤ教の神秘主義思想カバラに由来する図形のこと。これは創造神アイン・ソフから放出されたエネルギーがセフィラ（球体）やパス（通り道）を通り、最終的に人間が住む物質界（地球）にたどり着くことを示している。

セフィロトの樹を構成する10個のセフィラと、それらをつなぐ22個のパスは、それぞれが意味をもち、何かしらを象徴している。たとえば王冠のセフィラと呼ばれる①は思考や創造を司り、数字の1、白色、ダイアモンド、冥王星を象徴している。さらに、22個のパスはそれぞれがタロットの大アルカナと結び付けられるほか、セフィラをつなぐ縦のパス③⑤⑧は"峻厳の柱"、①⑥⑨⑩は"慈悲の柱"、②④⑦は"均衡の柱"と呼ばれ、世界のバランスが保たれて安定していることを示しているそうだ。また、複数のセフィロトとパスで囲まれたエリアはこの世界の構造を表しており、①②③が"流出界（神の世界）"、②③④⑤が"創造界（天使の世界）"、④⑤⑦⑧が"形成界（魂の世界）"、⑦⑧⑩が"物質界（人間の世界）"と呼ばれる。

1つの図形にこれでもかと情報が詰め込まれたセフィロトの樹は、人によって解釈が変わり、それを説明するのも理解するのも困難を極める。だがそれゆえに神秘性を感じる人も多く、現代ではファンタジー作品に取り入れられることも珍しくない。

関連用語

【カバラ】

ユダヤ教から派生した神秘主義思想。『旧約聖書』の秘儀的な解釈により宇宙の真理を追求し、神に近づくことが目的。独自の宇宙観をもち、のちに西洋魔術に取り入れられた。

【タロット】

占いなどで使用するカード。小アルカナと呼ばれる56枚のカードと、大アルカナと呼ばれる22枚のカードで構成される。①と②をつなぐパス（アレフ）は愚者など、西洋魔術では各パスに大アルカナが対応すると考えられている。

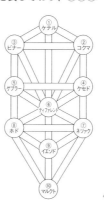

〈セフィロトの樹〉

曼荼羅は密教におけるセフィロトの樹

COLUMN

セフィロトの樹はカバラがもつ宇宙観を図形化したものだが、他宗教にも似たようなものが存在する。それが密教の曼荼羅で、これは仏教の教えや密教の宇宙観、仏の世界を絵図にしたものだ。胎蔵界曼荼羅や金剛界曼荼羅、その2つを合わせた両界曼荼羅など、セフィロトの樹と違ってさまざまな種類の曼荼羅が存在する。

第37週　第1日目　月曜日

253 メアリー1世（せい）

イングランド女王メアリー1世（1516～1558年）は、国教をカトリックに戻そうと奮闘した敬虔な教徒であった。だが、強引な手法を用いたため、後世で批判を受ける。

信仰度	▶▶▶	5
家族崩壊度	▶▶▶	4
血まみれ度	▶▶▶	5

カトリック回帰に懸命になった結果、大暴走

16世紀のイングランドでは、国王ヘンリー8世によって宗教改革が進められ、イングランド国教会はローマ教皇ではなくイングランド国王を首長とする独立した組織になっていた。だが、敬虔なカトリック教徒だったメアリー1世は、この状況に納得してはいなかった。そもそもイングランド国教会が独立した理由は、ヘンリー8世が最初の妻キャサリン（メアリー1世の実母）と離婚して、愛妾のアンと結婚しようと考えたことがきっかけであり、これによってメアリー1世は庶子扱いとなって王位継承権を失った（後に復帰）のだから、宗派の問題を抜きにしても反発するのが当然といえよう。

ヘンリー8世の死後、王位はメアリー1世の弟であるエドワード6世に継がれるが、病弱だった弟は夭折し、メアリー1世が即位した。女王となったメアリー1世は、さっそく父が行った宗教改革を取り消し、イングランドをカトリック国に復帰させる。だが、その後の行動によって、彼女は悪名を背負うことになってしまった。

メアリー1世はプロテスタントを異端と認定して、激しい迫害を開始したのである。異端者たちは次々に逮捕されて改宗を迫られ、応じない場合にはたとえ女性や子どもであろうとも容赦なく刑罰が下された。これにより処刑された人々は約300人にのぼる。国民はメアリー1世が行ったあまりにも残虐な仕打ちに、ブラッディ・メアリー（血まみれのメアリー）と呼んで怖れたという。

〈イングランド女王
メアリー1世像〉

COLUMN

不幸な最期を遂げた、もうひとりのメアリー女王

16世紀のイングランドには、もうひとりメアリーという名の女王が存在した。それがメアリー・ステュアートである。といっても、こちらは「元」女王。反乱によって国を追われ、イングランドに亡命していたのだ。だが、彼女はイングランド女王エリザベス1世を廃位させる陰謀に加担した疑いで、処刑されている。

254 ロビン・フッド

12～13世紀頃のイギリスにいたとされる伝説的な英雄。現代では、仲間たちとともにシャーウッドの森に潜む弓術や剣術に優れた義賊という人物像が定着している。

正体はよくわからん度	▶▶▶	4
反体制の象徴度	▶▶▶	5
映画・ドラマ化の頻度	▶▶▶	4

創作作品の題材として好まれた庶民のヒーロー

ロビン・フッドの物語は、古くからイギリスの人々に愛されてきた。その起源は定かでないが、吟遊詩人のバラッドによって物語が広められ、14世紀頃にはかなり民衆に知られていたようだ。初期の身分は独立自営農民のヨーマン。紳士的な人物として描かれ、悪い体制側の人々と敵対するものの、まだ義賊としての面はなかった。

15世紀になると、バラッドをテキスト化したもので最古といわれる『ロビン・フッドと修道士』が登場。すでにロビン・フッドはシャーウッドの森で暮らすアウトローで、大男のリトル・ジョン、粉屋の息子マッチといった仲間たちや、ノッティンガムの代官なども登場している。また、この頃イングランドの五月祭と結び付けられ、恋人のマリアンとのロマンスが登場し始めるほか、舞台をエドワード1世の時代とし、ロビン・フッドをノルマン人に土地を奪われた貴族、義賊とする作品も現れ始める。現代では十字軍に参加したリチャード1世の時代を舞台に、ロビン・フッドを十字軍帰りの騎士とする設定が見られるが、これは16世紀以降からといわれている。

設定の変化からもわかるように、ロビン・フッドは創作作品の題材として人気だった。近代以降も数々の作家が物語を綴り、和訳された作品も多い。また1922年以降、映画も数多くつくられ、2000年以降だけで3本制作された。ロビン・フッドのような反体制のヒーローは、まだまだ現代でも必要なのだ。

〈ロビン・フッド〉

関連用語

【バラッド】
物語を詠み込んだり、寓意が込められている歌。テーマとしては、武勇伝やロマンス、社会風刺などがある。基本的には口承なので、まず作者はわからない。

【シャーウッドの森】
イングランド中部の都市ノッティンガム北部にある森。かつては広大な森林だったが、近現代に伐採が進んで縮小した。現在は王立林とされ、国立自然保護区にも指定されている。

【五月祭】
春、または夏の到来を祝うお祭り。イギリスでは弓術の試合や野外劇などが催された。野外劇の主題は騎士と女羊飼いのロマンスだったが、これがロビン・フッドとマリアンに置き換えられていった。

COLUMN

裁判関連史料に名が残るロビン・フッド

現在、ロビン・フッドの登場は13世紀頃と考えられている。当時の裁判関連史料にロビン・フッドの名があるためで、犯罪者がロビン・フッドを自称したり、似た名の犯罪者の裁判記録で名前を書き換えることがあったようだ。実在の人物かどうかはっきりしないが、15世紀初頭頃の書物にはロビン・フッドが狩人だったとするものがある。

255 未来のイヴ
みらい

フランスの小説家ヴィリエ・ド・リラダンによる長編小説で、恋に苦しむ男が科学の力で理想の女性を"創造する"物語。世界初の"アンドロイド"を描いた小説だ。

近未来 SF 度	▶▶▶	5
禁忌度	▶▶▶	5
男のロマン度	▶▶▶	5

未来のイヴは電気で動く科学の乙女

アンドロイド、と言われて何が思い浮かぶだろうか。もちろんスマホの OS のことではない。人造人間とはまた違う、高い知性を持つ人型ロボットで、ヒューマノイドとも呼ばれる。この「アンドロイド」という単語を初めて使った小説が『未来のイヴ』だ。

想像のとおり、未来のイヴがアンドロイドを指している。作中でこのアンドロイドを作り出したのは、なんとあの発明王・エジソンだ。もちろん実在のエジソンはそんな発明はしておらず、IF の物語となっている。それでも、アンドロイドの身体は電気信号によって動き、音声は純金の蓄音機に蓄積されるなど、エジソンの発明品によって再現しているところが小憎らしいほど芸が細かい。

ある夜エジソンの元に、彼の恩人である貴族の青年・エワルドが訪ねてくるところから物語は始まる。エワルドにはアリシヤという大変美しい恋人がいるのだが、その魂は醜悪なものだった。アリシヤに恋い焦がれながらもその"中身"が受け入れられないエワルドは自殺を考え、「あの女から魂が抜け落ちればいいのに」と嘆く。それを聞いたエジソンは、自身の発明品である金属の乙女・ハダリーを紹介する。ギリシャ語で「理想」を意味するハダリーは、まだ"生まれる前"のアンドロイドだった。エジソンはエワルドに、ハダリーをアリシヤそっくりの"理想の女"にし、彼の悩みを取り除くことを提案するのだ。

本作はギリシャ神話の『ピグマリオン』が下敷きになっている。キプロスの王・ピグマリオンが、生命を与えられた象牙の女の像と添い遂げる物語だ。光源氏も驚きの"理想の女"作りである。

【オーギュスト・ヴィリエ・ド・リラダン】

1838 〜 1889 年。フランスで生まれた小説家、劇作家。貴族の出身だが没落、文学の道に進む。象徴主義の先駆者で、多くの幻想小説を残す。

【ハダリー】

エジソンに作られたアンドロイドのハダリーは、いわば「素体」の状態で登場する。「金属鎧」の表現からして、『スターウォーズ』の C-3PO のような姿だったのだろうか。

【光源氏】

紫式部の『源氏物語』の主人公。初恋の女性によく似た幼女を育て上げ、妻とした。この行いから、幼い子を自分好みに育て上げることを俗に「光源氏計画」という。

ロボットとアンドロイド

COLUMN

ロボットという言葉はカレル・チャペックの『ロボット』（1920 年）で生まれたといわれている。この作品の「ロボット」は機械じみた姿でなく、人造人間に近い人工生命。のちにロボットが指す意味は「機械装置」に変わっていき、人型の自動人形はアンドロイドやヒューマノイドという言葉に枝分かれしていった。

256 フェルマーの最終定理
さいしゅうていり

数学界には、360 年も証明されなかった難問がある。長
年数学者たちを悩ませ続けてきたフェルマーの最終定理と
は、なぜ手こずる結果となったのか？

難解な証明度	▶▶▶	5
事態が急展開度	▶▶▶	4
パワーワード度	▶▶▶	5

360 年、数学者を悩ませ続けた落書き

フェルマーは古代ギリシアの『算術』を読みつつ、余白にいろ
いろ書き込みをし、しかも証明をしばしば省略していた。そんな書き
込みをした本が彼の死後に見つかり、世間に知られるようになる。
書き込みのほとんどは真偽の決着を見たのだが、この定理だけが誰
も証明も反証もできなかった。だから最終の名がついている。定理
自体は、3 以上の自然数 n について $x^n + y^n = z^n$ となる自然数の
組 (x、y、z) は存在しないというものだった。

かつては n の数字それぞれについて証明していたが（フェルマー
自身は n = 4 について証明している）、まずエルンスト・クンマー
が理想数という理論を導入して、37、59、67 を除く 100 以下の
素数については証明したと発表。一部彼の証明には不備が指摘され
たものの、定理の証明としてはここで大きく前進している。その後、
5000 ともいわれる証明が提出されるが、いずれにも誤りがあった
という。

しかし 20 世紀以降事態は大きく動き、幾何学からのアプロー
チが定理の証明のカギとなった。楕円曲線に関する理論と谷山豊・
志村五郎という日本人数学者たちの立てた予想がヒントとなり、
1993 年イギリスの数学者アンドリュー・ワイルズが最終定理の証
明を発表。指摘された誤りが修正されたのち、1995 年にその修正
された証明に誤りがないことが確認され、歴史的難問はついに決着
がつくこととなった。よってこの定理は今では、ワイルズの定理、
フェルマー・ワイルズの定理とも呼ばれているのだが、中二病感の
ある最終定理のほうが、今なお耳馴染みはいい。

【関連用語】

【ピエール・ド・フェルマー】

1607 ～ 1665 年。フラン
スの数学者。パスカルと
共同で確率論の基礎を
作ったほか、解析幾何学
を草案するなどの功績を
残している。

【エルンスト・クンマー】

1810 ～ 1893 年。ドイ
ツの数学者。イデアル論
の基礎を確立したほか、
砲弾の弾道計算などで業
績を残している。

【アンドリュー・ワイルズ】

1953 年～。イギリスの
数学者。岩澤理論と楕円
曲線論の研究で博士号を
取得。10 歳のときにフェ
ルマーの最終定理に出会
い、数学の道に進んだ。

懸賞金をかけられた数学界の大難問たち

COLUMN

数学界にはミレニアム懸賞問題なる未解決の難問があり、100 万ドルの懸賞金がかけ
られている。元々 7 問あったが、うち 1 つは解決済み。現在は、ヤン - ミルズ方程式の
存在と質量ギャップ問題、リーマン予想、P ≠ NP 予想、ナビエ - ストークス方程式の
解の存在と滑らかさ、ホッジ予想の 6 問が残っている。

左側縦書き：

ミルグラム実験

257 ミルグラム実験

もしあなたが権力者から「人を殺せ」と命令されたら素直
に従うだろうか？　それとも拒否するだろうか？　そんな
心理を検証したのが「ミルグラム実験」である。

怖い実験度	▶▶▶ 5
悲しい心理度	▶▶▶ 5
身近かも度	▶▶▶ 5

権威者の命令に従ってしまう心理が明らかに

　ことの始まりは、第二次世界大戦でドイツのホロコーストの責任者だったアイヒマンが、戦後裁判にかけられたときだった。彼は「命令に従っただけだ」と主張した。本当にそうなのか、イェール大学の心理学者ミルグラムは彼の心理を実験によって検証してみた。それが有名なミルグラム実験である。

　実験方法は、被験者の教師役とサクラの生徒役を用意し、解答を間違えた生徒役に対して教師が電流装置で体罰を与えるというもの（実際に電流は流れず生徒役が痛がってみせるだけ）。もちろん教師役には拒否する者もいたが、権威者役の人が「構わず続けてください」と指示し、教師役がどこまで罰を続けるのかを検証した。

　すると、教師役のうち65％が最大の電流まで流してしまった。「大半の人は権威者の命令に従う」という結果が出たのだ。「権威者がいうのだから従っても問題ない」とか「みんなそうしているのだから合わせたほうがいい」といった心理が、「これは人道に反するからやってはいけない」という良心を駆逐するわけである。

　これは一般的な組織でも当てはまる話だ。大半の人は上が命令すれば理不尽なことでも従う、ということになる。悲しいかな、ミルグラム実験によってそうした心理が明らかとなった。

　なお、「命令されたからやっただけ」という言葉は昨今の事件でよく耳にするが、ミルグラム実験で示した心理とは関係なく、単なる言い逃れの可能性もあるので注意したい。

関連用語

【ホロコースト】
第二次世界大戦において、ナチス・ドイツがユダヤ人に対して行なった大量虐殺のこと。計画性や実態などについて、いまなお研究が続けられている。

【アドルフ・アイヒマン】
1906 ～ 1962 年。ドイツの親衛隊将校。本人はいたって普通の務め人で、平凡な性格の人だったという。ミルグラム実験のきっかけとなったその裁判では、「命令に従っただけ」という釈明は通用せず有罪判決で死刑となっている。

【スタンレー・ミルグラム】
1933 ～ 1984 年。イェール大学の心理学者。権威への服従実験である「ミルグラム実験」が有名で、20 世紀を代表する心理学者の1人。

アメフトの危険タックル事件

COLUMN

権威者に従ってしまった例として、2018 年に日本大学対関西学院大のアメフトの試合で起きた危険タックル事件は記憶に新しい。日大の選手が、大学の理事でもある監督からの指示で相手選手に危険タックルを仕掛けた、という事件だ。追い詰められて権威者の命令に従ってしまった心理は、ミルグラム実験の示すところといえる。

258 スリーピー・ホロウ

アメリカのニューヨーク州に伝わっていた首なし騎士の伝説。ワシントン・アーヴィングの短編小説『スリーピー・ホロウの伝説』で有名になった。

日本での知名度	▶▶▶	4
正体不明度	▶▶▶	4
逃げられない度	▶▶▶	4

デュラハンにも通じるアメリカの首なし騎士伝説

　北アメリカの入植者といえばイギリス人のイメージが強いが、イギリスと競ったフランスのほか、オランダやスウェーデンの入植地もあった。ニューヨークは元々オランダ人が入植した地域で、「開拓時代、ドイツから渡った騎士が首を斬られて殺されたが、首なし騎士の亡霊となって郊外の森で犠牲者を待っている」という伝説があった。この伝説を元にしたのが『スリーピー・ホロウの伝説』で、"スリーピー・ホロウの首なし騎士"は世界的に知られる存在となった。この作品はしばしば映画化やドラマ化されていて、なかでも1999年のアメリカ映画『スリーピー・ホロウ』がわりと有名だ。

　さて、首なし騎士といえばアイルランドに伝わる"デュラハン"がいる。首なし馬が引く馬車に乗って自分の首を抱えた男性（女性という説も）で、死期が迫っている者が住む家の前に停車。うっかり戸を開けると、桶に入った血を浴びせられるという。伝承では妖精だが、ファンタジーRPGではアンデッドモンスターとしてお馴染みだ。日本のライトノベルでは、デュラハン自体が登場するだけでなく現代風にアレンジされたものもあり、首なしライダー（バイク乗り）が登場する某人気作品がよく知られる。ちなみに『スリーピー・ホロウの伝説』執筆にあたり、著者ワシントンもヨーロッパでデュラハンの取材をしたという。ニューヨーク州の伝説も、じつはデュラハンの伝承から派生したものかもしれない。

◀ 関 連 用 語 ▶

【北アメリカの入植者】

北アメリカ東部から中央部はおもにイギリスとフランスが、南西部やフロリダ半島はスペインが押さえていた。オランダ人はニューアムステルダムと名付けたマンハッタン島南部と、ニューネーデルランドと称したロングアイランドに入植。のちの英蘭戦争の結果、東南アジアの島と引き換えにイギリスへ譲渡され、ニューヨークと命名される。

【ドイツから渡った騎士】

伝承での素性は不明だが、『スリーピー・ホロウの伝説』ではヘッセン大公国から来た傭兵。参加した独立戦争で頭を吹き飛ばされて戦死し、幽霊となって夜ごとに頭を探しているとされている。

スリーピー・ホロウ

COLUMN

ロケ地として有名なスリーピー・ホロウ村

『スリーピー・ホロウの伝説』の舞台は明確ではないが、ニューヨーク州中部のウエストチェスター郡といわれている。ここには伝説にちなんで「スリーピー・ホロウ」を正式名称とした村があり、映画『スリーピー・ホロウ』はもちろん、それ以外のさまざまな作品でもロケ地として使用されている。

第37週　第7日目　日曜日

259 7つの大罪
たいざい

キリスト教では、人々が罪を犯す原因となりうる感情や行動を7つの大罪としている。成立した時期は不明だが、キリスト教に取り入れられたことで世界中に広まった。

どの罪も身近にある度 ▶▶▶	5
すでに罪を犯している度 ▶▶▶	4
漫画で一躍有名に度 ▶▶▶	4

人を死に至らしめる大いなる7つの罪

　キリスト教において罪の根源とされる悪しき感情や行動のことで、"7つの死に至る罪"、"7つの罪源"とも呼ばれる。傲慢、嫉妬、憤怒、怠惰、強欲、暴食、色欲の7つが大罪にあたり、特に傲慢がもっとも重い罪とされる。キリスト教では、神に救いを求めることや神を愛することなど、7つの徳を重要視している。これはキリスト教の世界観や終末観にも関わるもので、信徒たちは最終的に天国へ行けるように精進するのだが、いくら善行を積んでも、それ以上に悪事を働いたのでは意味がない。奨励する7つの徳が人々を善の道へ牽引するものならば、7つの大罪はこれらに注意することで人々を善の道へ後押しするものといえよう。とはいっても、7つの大罪は聖書に記されているわけではなく、4世紀頃に神学者が提唱したものがカトリックに取り入れられ、キリスト教圏に広まって現代に伝わったとされている。厳密に誰が作ったというのは不明だが、『神曲』にも登場することから13世紀頃に生まれたのだろう。

　7つの大罪という概念はシンプルゆえに応用が利きやすく、想像力をかき立てられるのか、映画やドラマなど、さまざまな作品に用いられてきた。古いものでいえば、ドイツの画家ブルクマイアーによる大罪と悪魔を結びつけた版画があげられる。似たようなことをするものはその後もたびたび現れ、今では傲慢にはルシファー、憤怒にはドラゴンといったように、悪魔や動物を結びつけるのが一般的となっている。

《『七つの大罪と四終』》

◀ 関連用語 ▶

【『神曲』】

イタリアの詩人ダンテ・アリギエーリが書いた叙事詩。地獄篇、煉獄篇、天国篇の3部構成。煉獄篇に登場する煉獄山は、いくつかの階層にわかれており、死者はそこで魂を清めることで天国にいける。各層には傲慢者や嫉妬者などの名前がついていた。

【ルシファー】

神に仕えた天使の1人。元は最高位の天使だが、神に背いたことで天界を追放されて悪魔になった。7つの大罪に対応する悪魔としては、ほかにサタン＝憤怒、レヴィアタン＝嫉妬、ベルフェゴール＝怠惰、マンモン＝強欲、ベルゼブブ＝暴食、アスモデウス＝色欲が挙げられる。

【ドラゴン】

ファンタジー作品などで見られるモンスターの一種。傲慢はライオン、嫉妬は蛇など、7つの大罪それぞれに対応する動物が存在する。

時代が変われば大罪も変わる？

COLUMN

2008年には、ローマ教皇庁が現代の価値観に合わせた新たな7つの大罪を作り、大々的に発表している。現代版7つの大罪ともいえるそれは、遺伝子改造、人体実験、環境汚染、社会的不公正、他人を貧乏にさせる、必要以上に富を得る、麻薬中毒の7つ。本来の7つの大罪と比べて宗教色が薄れており、内容もかなり具体的だ。

260 イヴァン4世_{せい}

モスクワ大公、イヴァン4世（1530～1584年）は、「雷帝」と呼ばれるほど苛烈な人物だった。その苛烈さは国家を率いる原動力となったが、一方で失うものも多かった。

征服王度	▶▶▶	4
愛妻度	▶▶▶	5
殺人王度	▶▶▶	5

妻の死後に暴走を始め、ついには息子まで失う

　後世に「雷帝」と畏怖されたイヴァン4世は、どんな人物だったのか？　父の死によって3歳で君主となった彼には、君主としての英才教育が行われ、聡明で信仰心の篤い人物だったという。だが、その一方で貴族の子弟を連れて街で暴れまわったり、イヌやネコを虐殺するといった残酷な一面もあり、すでに暴君の片鱗を見せていた。

　そのイヴァン4世が直接政務を行うようになったのは、17歳でツァーリとして戴冠してから。即位直後のイヴァン4世は、従来より幅広い身分の人々が参加できる全国会議の創設、地方自治への移行、常備軍の設立など、さまざまな政治改革を行なった名君だった。また、外征も積極的に行い、カザン・ハン国やアストラハン・ハン国を制服して領土を拡大させた。だが、順風満帆に見えた彼の人生は、最愛の妻アナスタシアの病死によって暗転してしまう。イヴァン4世は気性が激しく疑い深い性格であったが、アナスタシアは夫をうまくなだめて周囲との緩衝材となれる賢妻で、夫婦仲もよく6人の子どもを生んでいた。その彼女が世を去ったことにより、イヴァン4世を止められる者は誰もいなくなってしまったのである。

　イヴァン4世はますます疑い深くなり、内通を疑った諸侯を容赦なく処刑する。これにより国内の不満が高まるといったん退位するが、民衆の嘆願により復帰。ツァーリの直轄領を管理する親衛隊オプリーチニキを設立して反乱分子の弾圧や粛清を行い、これに抗議する者はまとめて処刑した。晩年にはこうした暴威が家族にも向けられ、ふとしたことで怒ったイヴァン4世は、後継者だった次男とその妻までも殴り殺してしまう。さすがの彼もこれは後悔したようで、息子の死から3年後、失意のうちに崩御した。

【関連用語】

【ツァーリ】
ロシアやブルガリア、ルーシなど、スラヴ系民族の国家で使用されていた君主の称号。語源はローマ皇帝の称号である「カエサル」。

【オプリーチニキ】
オプリーチニナ（イヴァン4世の直轄領）を統治するために結成された、イヴァン4世直属の親衛隊。イヴァン4世に叛意をもつ貴族や、敵国との内通が疑われるものを探し出し、殺害した。1570年にはノヴゴロドという街の反乱が疑われ、オプリーチニキによって数千人が虐殺される事件が起こっている。

〈イヴァン4世の肖像〉

261 フェニックス

エジプト神話が起源と考えられている伝説の鳥。自ら火に飛び込み、死んだのちに復活するとされた。いくつかの文献が伝えているが、描写が異なるため複数の説がある。

伝説の盛られ度	▶▶▶	5
信じられていた度	▶▶▶	5
火に飛び込む頻度	▶▶▶	1

古代エジプトを起源とする再生の象徴

　古代エジプト神話には、太陽神ラーに従う霊鳥ベンヌがいる。金色の青サギ、赤と金の羽根があるワシ、セキレイともいわれ、毎晩ヘリオポリスの太陽神殿で燃える火に飛び込んで死に、翌朝炎から生まれると信じられていた。これをヨーロッパに伝えたのが、ギリシアの歴史家ヘロドトス。著書『歴史』第二巻にて「アラビアに棲むフェニックス」として紹介し、「500年に一度だけヘリオポリスにやってくる羽根の一部が赤と金色のワシに似た珍しい鳥で、没薬でつくった球体に親鳥を入れ、ヘリオポリス神殿へ運ぶ」とした。

　以後、フェニックスは大プリニウスの『博物誌』をはじめ、さまざまな文献で紹介された。徐々にその習性も変化していき、2〜4世紀頃の『フィシオロゴス』では、「ヘリオポリスの神殿の炎で焼死したのち、湧いた蛆が元のフェニックスに育って再び故郷へ飛んでいく」とされている。

　一度死んで蘇えるフェニックスは、のちにキリストの復活と結び付けられ、キリスト教徒から再生のシンボルと見なされた。再生の象徴としてのフェニックスは現代に受け継がれ、たとえば阪神・淡路震災復興計画は「ひょうごフェニックス計画」、三宮駅前の復興支援館は「フェニックスプラザ」と命名されている。ゲームにも、フェニックスに再生能力があったり、名を冠した蘇生アイテムが登場する作品がある。

〈フェニックス〉

◀関 連 用 語▶

【ヘリオポリス】
カイロ付近にあった古代エジプト時代の都市。名前は太陽神ヘーリオスにちなんでギリシア人が命名したものだ。

【没薬】
アラビアや東アフリカの一部に生育するカンラン科の低木から採れるゴム樹脂。外用薬やうがい薬、香料のほか、ミイラの防腐剤としても使われた。

【大プリニウス】
23〜79年。『博物誌』の著者として有名な帝政ローマ期の人物。博物学者にして軍人、政治家でもある。フルネームはガイウス・プリニウス・セクンドゥス。小プリニウスと呼ばれる甥のガイウス・プリニウス・カエキリウス・セクンドゥスと区別して、大プリニウスと呼ばれる。

COLUMN

フェニックスに関連した別の存在

フェニックスに似た存在として、東洋では中国を起源とする瑞獣の朱雀や鳳凰が知られている。本来は別物だが、西洋では特に鳳凰がフェニックスと同じ存在と見なされているようだ。日本では手塚治虫のマンガ『火の鳥』が有名で、100年に一度、自身を焼いて再生する超生命体として描かれている。

神話・伝承

フェニックス

262 シャーロック・ホームズ

イギリスの推理小説家コナン・ドイルによって生み出された、名探偵の代名詞。名探偵と平凡な助手という、推理小説の1つの型を定着させた作品でもある。

世界的知名度	▶▶▶	5
天才肌度	▶▶▶	5
奇人変人度	▶▶▶	5

（いろんな意味で）死の淵から生還した名探偵

世界でもっとも有名な探偵の1人、シャーロック・ホームズは、ロンドンのベーカー街221Bに住む男性で、180cm強の痩身、鉤鼻にタカのような目付き、バイオリンが得意でコカインの愛用者。これだけ個人情報が周知された探偵というのもおかしな話だ。

ホームズは1887年にこの世に現れた。抜群の推理力を持ち、多くの学術に精通、変装が得意で観察眼に優れる。しかし性格は非常識で躁鬱が激しく、麻薬依存症、決して社会的な人間とはいえない。そんな扱いにくい天才の"相棒"となったのが、彼の同居人ジョン・ワトソンだ。2人の不思議な友情は小気味よく、推理自体はもちろんのこと、テンポのいい掛け合いは永遠に読んでいたくなる魅力がある。初登場作である『緋色の研究』において、レストレード警部に自身の手柄を取られたと話すホームズに対し、ワトソンが「私が記録しておくよ」と答えたのがこの"手記"のきっかけとなった。そう、本作はワトソンによる、ホームズの"伝記"なのだ。

殺しても死ななそうなホームズだが、実は1893年に発表された『最後の事件』にて、一度"死んで"いる。ドイルは本作を文字どおり"最後の事件"にすべく、ホームズを宿敵モリアーティーとともにライヘンバッハの滝つぼへと落とした。しかし、ファンからの強い要望にこたえる形で"帰還"させたのだ。現在も映画にドラマに引っ張りだこのこのホームズの"死"は、当分来なさそうだ。

〈『シャーロック・ホームズ』挿絵〉

関連用語

【ベーカー街221B】
ハドソン夫人が経営する下宿で、ホームズの部屋がある架空の住所。本作の時代、ベーカー・ストリートは85番地までしか存在していなかった。現在もホームズ宛にファンから手紙が届くという。

【ホームズの身長】
本文中では6フィート（約1.83m)強と言われている。

【コナン・ドイル】
1859～1930年。イギリスの推理小説家・医師・劇作家。開業医として働くかたわら、ホームズシリーズを書き上げる。歴史小説や戯曲なども残している。

熱狂的な愛好家、シャーロキアン

COLUMN

シャーロック・ホームズの熱狂的な愛好家・研究家を"シャーロキアン"と呼ぶ。"現地"イギリスでは、彼のファミリーネームから取って"ホームジアン"と呼ばれているそうだ。シャーロキアンの団体は世界各国に存在し、日本にも"日本シャーロック・ホームズ・クラブ"が存在している。

生物／医療／薬理学

263 ワクチン

謎の病原体が流行するフィクション（おもにゾンビもの）
において、必ずアイテムとして登場するのがワクチンであ
る。ワクチンの何がそんなに効果的なのか？

人類の救世主度	▶▶▶ 5
人体は優秀度	▶▶▶ 4
必須アイテム度	▶▶▶ 5

異物排除経験を、細胞レベルで記憶させよ

　18 世紀末、致死率約 20 ～ 50％という恐怖の感染症、天然痘が
大流行した。しかし、エドワード・ジェンナーが、病原体から作ら
れた医薬品、ワクチンを発明したことで、大勢の人間が救われるこ
とになった。彼は一度牛痘に罹患した人間が天然痘に罹患しなくな
る事実に気づき、人類初の天然痘ワクチンを開発したのである。そ
の後天然痘予防方法は全世界に広まり、1980 年には WHO（世界
保健機関）によって撲滅宣言されている。

　その後、ルイ・パスツールによって、病原体を培養し弱毒化した
ものを接種すれば免疫が得られる理論が確立され、さまざまな感染
症に対するワクチンが開発されていった。ワクチンの基礎システム
は、簡単に説明するとこうだ。ヒトや動物は元々、自分とは異なる
異物を排除する機能（免疫）がある。ヒトの免疫系は特定の病原体
に対して、効果的に認識・適応してきた優れもので、免疫記憶とい
うものを作り出す。そして、ある病原体に対して初回の対応をする
と、免疫記憶によって 2 回目以降に遭遇すると、より増強された対
応をする。たとえるなら、初めてのクソリプ対応を経て、次にクソ
リプが来たときにも慌てず、より慣れた対応をするようなものだ。
この免疫記憶をつけるために、毒性を弱めたウイルスでその初回を
行うのがワクチンの目的である。

　ワクチンは大別して、毒性を弱めた微生物やウイルスを使う生ワ
クチンと、死んだウイルスや細菌を使う不活性化ワクチンがある。
前者は天然痘の種痘や、結核の BCG など、後者はインフルエンザ
ワクチン、A 型肝炎ワクチンなどがある。

◀ 関 連 用 語 ▶

【天然痘】
紀元前より全世界で、伝
染力が非常に強い病とし
て恐れられていた感染
症。日本では江戸時代に
2 ～ 7 万人程度の患者数
の流行が 6 回発生してい
る。治癒後も顔に醜い痕
ができることから "見目定
めの病" といわれていた。

【エドワード・ジェンナー】
1749 ～ 1823 年。イギリ
スの医学者。安全性の高
い種痘法という天然痘予
防法を開発した近代免疫
学の父。牛の乳搾りをし
て、自然に牛痘にかかっ
た人間が天然痘にかから
ない、という農民のいい
伝えがこの大発見のヒン
トになった。

【ルイ・パスツール】
1822 ～ 1895 年。フラン
スの生化学者、細菌学者。
ワクチンの予防接種方法
や、牛乳やワインの腐敗
を防ぐ低温殺菌法などを
開発している。

生物必須機能ゆえに避けて通れぬアレルギー

COLUMN　免疫が特定の抗原（抗体を作らせる物質）に対して、過剰に反応しすぎる場合をアレ
ルギーという。免疫自体が生体にとって不可欠な機能なので、治療をするには原因抗
原のほうを回避・除去するしかない。原因は今なお不明だが、環境が清潔すぎるとア
レルギー疾患が増えるという仮説があるので、潔癖症も考えものかも？

科学・数学

ワクチン

心理学 ／ 西洋 ／ 社会心理

264 単純接触効果(ザイアンス効果)

最初は興味もなかったCMが、何度も目にするうちにだんだん気になってきた……そんな経験はないだろうか？これは「単純接触効果」と呼ばれる現象である。

恋愛に使える度	▶▶▶	5
いうほど簡単じゃない度	▶▶▶	5
ゲームでよく見る度	▶▶▶	4

接触を繰り返すと好感度が上がる心理

　単純接触効果とは、何度も接触することでその対象への興味や好感度が増すことをいう。心理学者ザイアンスが発表したことから「ザイアンス効果」とも呼ばれている。

　この効果を利用したものが、冒頭で触れたCMだ。CMを繰り返し何度も見ているうちに、興味のなかったものもだんだん親近感が湧いてくることがあるだろう。まさにCMが狙っている効果である。

　また、恋愛においても単純接触効果は重視されている。気になる異性に対して、何度も接触をすることで好感度を上げていく、というものだ。これは定番の恋愛テクニックである。

　ただし、やみくもに何度も接触すればいい、というわけではない。好感度が上がるかどうかは、あくまでも相手次第。相手にとって不快であれば、会うたびにむしろ嫌悪感が増していく。CMだって、不快なCMは何度も流せばクレーム問題になりかねない。大事なのは、相手にとって効果的な接触を積み重ねることである。このあたりは、やる人によっても相手によっても変わってくるので、相手の反応を見ながら効果的な方法を探っていくしかない。

　何度も接触して好感度を上げるというのは、ゲームの世界ではよく用いられるシステムだ。相手に話しかけたり何か贈ったりすると「好感度」や「友好度」などのパラメータが上がっていき、やがて相手が仲間になる、あるいは親密な関係になるといった仕組みである。なかには好ましくない接触をするとパラメータが下がってしまうものや、パラメータが上がるかどうかランダムなものもある。単純接触効果の心理をなかなか忠実に再現した演出といえよう。

関連用語

【ロバート・ザイアンス】

1923〜2008年。アメリカの心理学者。人の認知に関する研究をし、単純接触効果のほか、情緒と認知の関係なども追及している。

【恋愛テクニック】

相手に好感を抱かせるテクニックとして、単純接触効果はよく推奨される。ただし独りよがりな押し付けにならないよう、注意も喚起されている。

【ゲームでの好感度】

ゲームでは相手の好感度が数値などでわかりやすく表わされることが多い。ただ、なかには隠しパラメータとなっていて、現実さながらに相手の反応を見ながら手探りしていくものもある。

COLUMN 単純接触効果＋類似性の有効性

恋愛においては、単純接触効果に加えて類似性も利用するのが効果的といわれている。類似性とは、自分と相手が似ていることで親近感が湧くこと。人は自分と何かしら似ている人に惹かれやすい。相手と共通の話題を持つ、あるいは似た行動を取るなどしたうえで単純接触効果を用いると、相手からより好かれやすくなるという。

265 ベッドの下の男

ベッドの下に潜む不審者にまつわる都市伝説。アメリカが発祥といわれているが、似たような話は世界各地にある。日本では怪奇系のドラマなどで扱われた。

出所の不明度	▶▶▶	5
現実にあるある度	▶▶▶	4
布団派の安心度	▶▶▶	5

ベッド下に潜む不審な男

　都市伝説の概要は次のようなもの。1人暮らしをしている女性の部屋に仲良しの友人が遊びにきた。その晩、友人は泊まっていくことになるが、部屋にはベッドが1つしかない。そこで、友人はベッドの脇に布団を敷いて寝ることになった。ところが、就寝して間もなく急に友人が外出しようといい出し、半ば強引に外へ連れ出されたところ、青い顔をした友人から「ベッドの下に包丁をもった男がいる」と打ち明けられる。

　この話には多くのバリエーションがある。舞台が個人の部屋ではなくホテルなどの宿泊施設だったり、男が持つ凶器が包丁ではなく鎌や斧といった具合だ。不審な男は逮捕される結末がほとんどだが、なかには登場人物が殺されて逃亡するパターンもある。話によっては男がクローゼットや押し入れなどに潜んでいる場合もあるようだが、そこまでいくともはや“ベッドの下の男”ではない。

　この話の怖さは、「人間が一番無防備になるベッドの下に、思わぬ脅威が潜んでいる」ところにある。となると、やはり舞台は自室のほうが怖さは増す。自宅はいわば自分の縄張り。安全な空間という認識の下、基本的には気を緩める場所だ。いつの間にか不審者が入り込んでいるだけでも怖いのに、それがわざわざベッドの下に隠れているとなれば怖さ倍増である。ちなみに“ベッド下の暗がりにいる何か”は、古くからホラー映画や怪奇系ドラマでも用いられてきた。それが幽霊や怪物ではなく、“男の不審者”になってしまったこと自体が、じつは一番怖いことかもしれない。

【都市伝説】

誰がいい出したのかもわからぬまま広まった現代発祥の噂話。ほとんどの場合は明確な根拠がなく、また何か根拠がある場合も、本来は大したことではない事実だったりする。メディアでは怪談的なものを指す場合が多いが、怪談に限られたものではない。

COLUMN

実際の事件でもあったベッドの下の男

近年ではあまり耳にしなくなったが、一人暮らしの女性を狙った空き巣やストーカーによる被害が増えた時期があった。なかには犯人が部屋に侵入しているさなかに家主が帰宅し、慌ててベッド下に隠れたものの、見つかって逮捕された事件もある。こうした事件の報道も、“ベッドの下の男”の噂が受け入れられた一端かもしれない。

オカルト・不思議　ベッドの下の男

266 サクラメント

サクラメントは、イエス・キリストが定めたいくつかの儀式のこと。信者はこれらの儀式を行うことで、神の祝福や助けを賜る。教派によって儀式の数は異なる。

神聖度	▶▶▶ 5
神を感じる度	▶▶▶ 5
教派によって違う度	▶▶▶ 4

イエスが定めた恩寵を賜る儀式

　信者たちが神の恩寵を得る儀式を、キリスト教ではサクラメントと呼ぶ。カトリックにおいては"イエス・キリストが定めた、神の恵みを与えるための儀式の数々"という意味がある。カトリックや正教会は洗礼、堅信、聖体（聖餐）、赦し（告解）、病者の塗油（終油）、叙階、結婚（婚姻）の7つ。プロテスタントは『新約聖書』に根拠を求められる洗礼と聖体の2つに絞られている。そのほかのおもな教派では、聖公会がプロテスタントのように2つしか認めていない。元々『新約聖書』では、イエス・キリストそのものがサクラメントであり、そのイエスが定め施した儀式を経て神の恩寵がもたらされることになっているため、どの儀式がサクラメントに該当するかは意見がわかれてしまっているのだ。ちなみに各儀式の詳細は以下のとおりとなっている。

- ●洗礼：入信に必要な儀式。洗礼名を授けられ、信者としての人生を歩み出す
- ●堅信：信心を高めて信者として成熟、キリスト教への入信を完成させる
- ●聖体（聖餐）：最後の晩餐を再現、イエスの体であるパンとぶどう酒を飲食してイエスと一体化する
- ●赦し（告解）：神の赦しを得るため、信者が洗礼後の罪を司祭に告白する
- ●病者の塗油（終油）：以前は終末医療的な意味が強かった。聖なる油を塗って病を癒す
- ●叙階：聖職者に任命、権限を授けてそれにふさわしい恩寵を与える。司祭になる際の儀式
- ●結婚（婚姻）：信者同士が教会で挙式、生涯に亘る愛を誓い、その後、実際にともに暮らすこと

◀▶ 関 連 用 語 ◀▶

【カトリック】
西方教会に分類されるキリスト教の最大教派。日本では旧教とも呼ばれる。

【正教会】
東方教会に分類されるキリスト教の教派の1つ。各国に教会組織を置いている。

【プロテスタント】
西方教会に分類されるキリスト教の教派の1つ。日本では新教とも呼ばれる。

【聖公会】
西方教会に分類されるキリスト教の教派の1つ。

第39週　第1日目　月曜日

近世／西洋／事件

267 サン・バルテルミーの虐殺(ぎゃくさつ)

ユグノー戦争真っ只中のフランス。母后、カトリーヌ・ド・メディシス（1519～1589年）は両者の共存を目指していたが、思わぬことから最悪の虐殺事件を招いた。

虐殺度	▶▶▶	5
スプラッタ度	▶▶▶	5
悪女度	▶▶▶	4

融和政策が一変！　パリが地獄絵図と化す

歴史上稀に見る虐殺事件が起きたいきさつはこうである。まず、16世紀当時のフランスは、ユグノー（＝プロテスタント）とカトリックの争いが起きていた。そんななか、カトリックを支持するアンリ2世が急死する。彼の后であるカトリーヌは、自分の息子を次々と即位させ、摂政として実権を掌握している状態だった。

カトリーヌは両宗派の共存を目指し、自分の三女マルグリットとユグノー派のナヴァル王アンリの政略結婚を進めていた。そんな折、ユグノー派首長のコリニー提督が、カトリーヌの息子・シャルル9世にカトリック派のスペインとの戦争をそそのかす。これを受け、彼女はマルグリットの結婚式の最中に、コリニー暗殺を指示した。だが、コリニーは奇跡的に一命をとりとめてしまい、ユグノー派の報復を大いに怖れる。そこへ、スパイからユグノー派貴族が国王たちの誘拐計画を企てているという情報が入る。これで大義名分を得たカトリーヌは、シャルル9世をなんとか説得。こうして、「皆殺しだ」というユグノー虐殺の命令が下ることになる。

武装蜂起を防ぐため、パリ市門が閉鎖されたあと、1572年8月23日、夜明け前の鐘を合図に虐殺は始まった。まずは結婚式のために宮廷にいた貴族たちやコリニーが次々に殺され、宮廷の庭には彼らの死骸の山が折り重なった。そして堰を切ったように虐殺は止まらず、兵士たちの殺戮どころか、民衆暴動にまで発展。女子ども、赤子まで見境なく殺され、セーヌ河には四方から血の河が流れ込み、パリ市内の路上には殺された人々の肉片、臓物、血しぶきが散乱する、といった地獄絵図となった。この酷い虐殺と略奪は3日3晩続き、地方にまで広まってしまった。

〈『サン・バルテルミーの虐殺』〉

268 ジークフリート

叙事詩『ニーベルンゲンの歌』に登場する英雄。ブルクント王グンテルの友となるが、妻クリームヒルトとグンテルの妻ブリュンヒルトの諍いが元で死ぬことになる。

人にしては強かった度 ▶▶▶	5
女心はわからん度 ▶▶▶	4
不死身じゃなかった度 ▶▶▶	5

ドイツや北欧では特に有名な英雄

　ライン川下流のニーデルラントの王子で、父はジゲムント、母はジゲリント。若い頃から勇士として知られ、宝の分配役を頼まれたことをきっかけにニーベルンゲン族の宝を手に入れた話、竜退治の際に血を浴びて皮膚が硬質化し、刃が通じなくなった話などは有名。ただ、菩提樹の葉が貼り付いた背中の一点は血がかからず、唯一の弱点となった。

　のちにジークフリートは美しいクリームヒルトの噂を耳にし、ブルグントのグンテル王を訪ねた際に、侵攻してきたザクセン王リウデガール、デンマルク王リウデガストを降した。さらにグンテルと女傑ブリュンヒルトとの結婚を手伝い、グンテルの妹クリームヒルトと結ばれる。ところが、グンテルは剛力の王妃に手を焼き、頼まれたジークフリートが王のふりをして屈服させた。この一件は秘密だったが、のちに王妃と口論になったクリームヒルトが漏らしてブリュンヒルトから憎まれ、ジークフリートは王妃の意を汲んだ廷臣ハゲネに暗殺されてしまうのだ。

　『ニーベルンゲンの歌』はドイツ語で記された13世紀初頭頃の作品。北欧の歌謡集『エッダ』や『ヴォルスンガ・サガ』にもよく似た話があり、起源は同じだと考えられている。名はジークフリートではなくシグルズ、シグレズで、竜退治についてはこちらで詳しく語られている。

関連用語

【ニーデルラント】

ネーデルラント。低地にある現在のベルギー、オランダ、ルクセンブルクを指すが、作中のニーデルラントは現在のクサンテン付近だったと考えられている。

【ニーベルンゲン族】

本来はもともと宝を所有していたニベルンク王の一族のことで、ノルウェーにいたと考えられている。のちに宝を所有する一族を指すようになり、ブルグントが宝を手にしてからは彼らがニーベルンゲン族と呼ばれる。

【ブルグント】

現在のフランスとスイスにまたがっていた王国。年代によって範囲は異なっている。

〈『ジークフリートと神々の黄昏』挿絵〉

COLUMN　有名大作とも関わりがある？ ジークフリートの剣

　宝の分配を引き受けた際、ジークフリートは報酬としてバルムンクという剣を得た。これはシグルズの剣・グラムに相当し、折れた剣を鍛え直したものだ。折れた剣を鍛え直すといえば、J・R・R・トールキンの『指輪物語』に登場するアンドゥリルがある。北欧神話の影響も強い作品なので、この元ネタはグラムなのかもしれない。

269 H・G・ウェルズ

ハーバード・ジョージ・ウェルズは、小説家としてだけで
なく文明批評家としても知られる。その智慮の深さから“未
来”を開拓し、予言的な著書を多く残した。

創作への影響力	▶▶▶	5
先見の明度	▶▶▶	5
多角的才能度	▶▶▶	5

多くのSFの“概念”を生み出した提案者

　ジュール・ヴェルヌがSFの開拓者とすれば、ウェルズは多くの
SF的テーマを生み出した提案者といえる。そんな彼のもっとも有
名な“発明品”が、時間を自由に行き来する『タイム・マシン』だ。

　じつをいうと時間を行き来する道具は彼の発明ではない。1878
年スペイン人作家エンリケ・ガスパール・イ・リンバウの書いた『ア
ナクロノペテー（時間遡行者）』が最初だといわれている。しかし、
この作品に登場する乗り物は過去にしか行けないものだった。そう、
“遡行”しかできなかったのである。ほかにも時間を移動する乗り
物が登場する作品はあるにはあったが、過去に行くものばかり。そ
う考えれば、ウェルズは“未来”を開拓した者ともいえる。

　ウェルズはイギリス生まれの小説家・評論家だ。1866年に生ま
れ、理科師範学校、現在のロンドン大学理学部に教師として勤めて
いた。独特の文明批評でも知られていたが、1895年に未来小説『タ
イム・マシン』を執筆して文壇に登場する。その後も姿かたちの見
えない『透明人間』、地球外生命体による侵略と攻防を描く『宇宙
戦争』など、今ではおなじみのSFテー
マの“原点”を生み出していった。ウェ
ルズの作品は科学的知見が広く、その
頭脳を持ってファンタジーの領域を科
学のテーブルに乗せたのだ。科学的と
はいえ空想を多く描いてはいたが、そ
のじつ、非常に現実的な人だったのだ
ろう。

〈『宇宙戦争』アートワーク〉

関連用語

【ジュール・ヴェルヌ】

1828～1905年。フラン
スの小説家。『海底二万
里』など、多くの冒険科
学小説を執筆。SFの草分
けといわれる。

【遡行】

流れをさかのぼること。
逆流。

【透明人間】

姿かたちは見えないが、
声だけは聞こえる空想上
の人間、または何らかの
理由でそのような状態に
なった人間。身を隠すた
めに肉体を消すという伝
説や物語は多いが、光の
屈折や体内色素など、科
学・疑似科学的な要素を
用いて描いたのはウェル
ズが初めてだった。

COLUMN

狂気の科学者・モロー博士

　ウェルズの人気を後押しした作品の1つに『モロー博士の島』という短編がある。と
ある無人島に10年も籠り、助手とともに研究を続けるモロー博士。彼の目的は、動物
を改造し“動物人間”を創り出すことだった。『フランケンシュタイン』に着想を得た
という本作によって、また新たな“マッドサイエンティスト”像が世に誕生した。

270 プラシーボ効果

実際には一切効能がないのに、薬だと信じ込むことによって、なぜか症状の改善が見られる。そんなありえない現象のことをプラシーボ効果という。

成分含有度	▶▶▶	0
気の持ちよう度	▶▶▶	4
バイアス度	▶▶▶	4

プラシーボ効果

 信じ込みすぎたら、改善も悪化もある説

本物の薬としての成分は入っていないニセの薬のことを、偽薬という。そんな偽薬や関係ない効能の薬、はたまた薬ですらないものを服用したのに、薬だと信じ込むことでなぜか改善がみられることがあり、これは偽薬効果、プラシーボ効果などと呼ばれている。薬を飲んだという精神的な安心感やバイアス、暗示の効果が表れているということなので、もちろん成分が効いているわけではない。ただ、その思い込みで症状が緩和するケースはあるようだ。

思い込みや暗示によって改善するということは、逆に副作用があるのと信じ込むことで、結果何らかの副作用が現れることもある。これを反偽薬効果、ノーシーボ効果という。

この効果は1955年に発表されたヘンリー・ビーチャーの研究報告から広く知られるようになったが、そもそもプラシーボ効果なんてものがあるのかどうか疑問視する声は常にある。ただ、少なくとも臨床試験においては、この偽薬効果やバイアスの可能性を排除しないと、新薬や新しい治療法の効果を検討できない。でなければ、新薬が本当に効いているかどうかわからないからだ。これを二重盲検法といい、患者だけでなく、医師にも実施している薬や治療法の性質を明かさないのだとか。

また、こうしたバイアスやプラシーボ効果を防ぐ科学的方法は心理学や社会科学などにも応用されているというから、なんだかフィクションでも使えそうなネタに思えてくる。すべては謎の闇組織が仕組んだ実験だったとか、地球外生命対による研究だったといった話は、わりと出てくるパターンだろう。

関連用語

【バイアス】

偏り、偏った見方。いくつか種類があり、認知バイアス（社会帰属の誤りや記憶の誤りなど、人間が犯しやすい誤り）、感情バイアス（感情からくる認知と、意思決定のゆがみ）、正常性バイアス（自分だけは大丈夫と思うこと）などがある。

【ヘンリー・ビーチャー】

1904～1976年。アメリカの医療倫理学者。プラシーボ効果に関する論文で、二重盲検の必要性を初めて強調した。また、非倫理的な臨床研究例に関する記事を発表し、その後のインフォームドコンセントと人体実験に関するガイドラインの基礎を築く。

【二重盲検法】

医師にも患者にも薬や医療法の性質を不明して行う臨床試験や研究。1948年、ウィリアム・H・リヴァーズが初めて行ったとされる。患者だけに性質を不明にする試験は、単盲検法という。

死人に口なし、ゆえの偏見＝生存者バイアス

バイアスとは偏見のことだが、"生存者バイアス"というものもある。生還者からは話を聞けるが、死者からは話が聞けないので、前者だけで判断を行うと誤ってしまうという。災害や事故についてはもちろんだが、競争の激しい業界での敗者の意見、失敗も無視されてしまうと、このバイアスにかかってしまう。

心理学 ／ 西洋 ／ 社会心理

271 傍観者効果
ぼうかんしゃこうか

1964 年、ニューヨークで深夜に女性が襲われ、助けを求めたが周囲は見て見ぬふりをし、女性は殺された。この事件がきっかけで "傍観者効果" という言葉が生まれた。

事件が痛ましい度	▶▶▶ 5
仕方がないかも度	▶▶▶ 5
身に覚えがある度	▶▶▶ 5

「自分が動かなくても問題ない」という心理

傍観者効果とは "集団の無責任" とも呼ばれるもので、「みんなが見ている、あるいは知っているのに、誰も行動しない」という心理である。冒頭の事件では、襲われた女性が何度も叫んで助けを求めたが、その声を聞いていたであろう近隣住人 38 人は誰 1 人として助けに動くことはなく、警察に通報すらしなかった。

これを聞いて「近隣住人たちはあまりにも薄情だ」と思っただろうか？　しかしこれは決して特殊な例ではなく、多くの人が持つ心理である、と心理学者のラタネとダーリーは指摘する。「ほかの誰かがやってくれるだろう、自分が動く必要はない」とか、「誰も動かないのだから、自分が動かなくても責任は問われない」、あるいは「下手に動くと自分も巻き込まれる」といった心理だ。

いつの時代も話題になる "いじめ" の問題は、まさにこの心理が大きく関わっている。いじめが発生しているのはわかっていても、傍観者効果で誰も動かない。前出のラタネとダーリーの研究によれば、集団が大きくなればなるほど人は行動しなくなるという。

一方、リーダーへの立候補など、明るいことに関しても傍観者効果はやはり働く。リーダーを引き受ければ得するとわかっていても、「自分よりもっと適任者がいるはず」とか「自分ごときがおこがましい」といった心理から、立候補をためらってしまいやすい。

こうして見ると、集団とは罪なものである。傍観者効果という点では、一匹狼や少数精鋭のほうが優れているともいえる。パーティを組んで戦うゲームでも、ときにはメンバーを絞ったほうがいい場合もあるのは、人間の心理を考えると納得できるものがある。

◀ 関 連 用 語 ▶

【冒頭の事件】
1964 年に起きた「キティ・ジェノヴィーズ事件」と呼ばれる有名な事件。ニューヨークの女性、キティ・ジェノヴィーズさんが誰の助けも得られず殺害された。この事件はマスコミで大々的に取り上げられ、さまざまな議論を呼んだ。

【ラタネとダーリー】
ともにアメリカの心理学者。ビブ・ラタネ（1937年〜）とジョン・M・ダーリー（1938 〜）。共同研究により、さまざまな人数のグループで緊急時に行動を起こす割合を検証した。すると人数の多いグループほど行動を起こす人が少なかったという。

COLUMN

傍観者効果をものともしない勇者像

傍観者効果を考えると、魔王を倒すために立ち上がる勇者というのはじつに偉大だ。誰もが「自分には無理だ」「自分がやらなくても問題ない」と考えていたであろうところに、さっそうと名乗りを挙げたわけである。傍観者効果をものともしない勇者像というのは、ある意味、我々の憧れる姿を具現化したものといえよう。

都市伝説 / 日本 / 怪談

272 牛の首

『牛の首』という、世にも怖ろしい話がある。この話をした者も聞いた者も、みんな死んでしまうという。だから誰も話したがらず、誰も内容を知らない怖ろしい話である。

内容がわからない度 ▶▶▶	5
話が怖い度 ▶▶▶	5
ファンタジー度 ▶▶▶	5

怖ろしい話が次々と創られる怪談

『牛の首』は、作家・小松左京氏が書いた短編小説が発端とされる。その小説は、主人公の"私"が『牛の首』という怪談を教えてもらおうとさまざまな人を訪ねて回るが、みんなに「知っているけど話したくない」と断られてしまうもの。とにかく『牛の首』は怖ろしく、話した者も聞いた者も死んでしまうため、誰も内容を詳しく知らない。「怖ろしい」ということだけが伝えられてきたという。

つまり、内容がわからない怪談なのである。ただ、荒唐無稽な話というわけではなく、実際に昔から伝えられてきた話である、と作者の小松左京氏は語っている。真相はわからないが、とにかく怖ろしい出来事があったのは確かなようである。

そんなわけで、「こんな出来事があったんじゃないか？」と、さまざまな推測を呼ぶこととなった。

【話その①】ある廃村から大量の人骨と牛の頭の骨が見つかった。天保の飢饉があった頃、その廃村では人を喰って生き延びようとして、生き人に牛の首を被せて狩っていた、と伝えられる。

【話その②】ある村で牛が切り殺され、隣の村では女がさらわれるという事件が続いた。犯人は前者の村の権力者の息子で、さらった女に牛の首を被せて交わっていたという。

【話その③】ある教師が遠足のバスのなかで子どもたちに『牛の首』の話を聞かせたところ、全員が泡を吹いて失神したという。

こうした話をはじめ、思いつく限りの怖ろしい話が次々と創られていった。結局のところ、そんな怖ろしい話を生み出すこと自体が『牛の首』の怖ろしさであるといえるだろう。

◆ 関 連 用 語 ◆

【小松左京】

1931～2011年。SF作家。ベストセラーとなった『日本沈没』をはじめ、数々のヒット作を世に送り出した。同時期に活躍した作家の星新一や筒井康隆と親交があった。

【天保の飢饉】

江戸末期の1833～1839年（天保4～10年）に起きた大飢饉。江戸四大飢饉の1つで、特に東北地方に甚大な被害をもたらした。この飢饉により100万人以上が亡くなったという記録が残っている。

COLUMN

2ちゃんねるなどで語られる『鮫島事件』

『牛の首』と同様に、真相がわからないまま「怖ろしい話」として伝えられるものに『鮫島事件』がある。これは匿名掲示板の2ちゃんねるで話題になり、「事件の内容はわからないが、絶対に語ってはいけない話」として広まった。さまざまな推測を呼び、「ただの自作自演」ともいわれたが、真相は不明なままである。

273 ハルマゲドン

ハルマゲドンは、世界の終わりに起こる最終戦争、そして
その戦いの舞台となる場所の名前だ。現代では戦いそのも
のを表す言葉として使われることも多い。

大きな戦い度	▶▶▶	4
世界の終わり度	▶▶▶	4
まさかの地名度	▶▶▶	5

ハルマゲドンの舞台はハルマゲドン

　アブラハムの宗教で描かれる世界の終末、あるいはその引き金と
なる戦争などをハルマゲドン（アルマゲドン）という。たとえばキ
リスト教であれば『ヨハネの黙示録』が有名で、これによると世界
が終りを迎えるとき、善の軍勢（イエス・キリスト）と悪の軍勢（ア
ンチキリスト）のあいだで最終戦争が勃発。やがて善の軍勢が勝利
を収め、イエスが理想郷を作りあげるという。

　一般的にハルマゲドンと聞くと人類の存亡がかかった大規模な戦
争をイメージしがちだが、じつはハルマゲドンとは戦いそのもので
はなく、戦いが行われる場所の名前なのだ。その地とは、イスラエ
ルに実在するメギドの丘のこと。ここはメソポタミアからエジプト
につながる道の要所であったため、古代においてはたびたび大きな
戦いが起きたとされている。

『ヨハネの黙示録』にも「イエス・キリストが軍勢をハルマゲドン
という地に集めたり」と記されているとおり、ハルマゲドンは本来
地名なのだが、現代では聖書の伝承にち
なんで大規模な戦いをハルマゲドンと称
することが一般的になっているのだ。

関連用語

【アブラハムの宗教】
神の言葉をまとめた聖典
を重要視するユダヤ教、
キリスト教、イスラム教
のこと。『旧約聖書』の『創
世記』に登場する預言者
アブラハムに由来する。

【メギドの丘】
イスラエルに存在する
丘。ソロモン城などの要
塞が築かれた。

【『ヨハネの黙示録』】
『新約聖書』の最後に置
かれる書。未来のことを
記した預言書的な内容と
なっている。

〈黙示録を著す
パトモス島のヨハネ〉

日本中が熱中した終末予言

COLUMN

『ヨハネの黙示録』をはじめ、終末について書かれた作品は世界各地に存在するが、日
本で特に有名なものといえば1973年に発行された『ノストラダムスの大予言』だろう。
これには1999年7月に恐怖の大王がやってきて人類が滅ぶという予言が記されてお
り、真に受ける人が多かったのか、日本では一大ブームを巻き起こした。

近世 ／ 西洋 ／ 用語

274 無敵艦隊 （むてきかんたい）

スペイン国王フェリペ2世の治世。スペイン帝国は繁栄の絶頂期を迎えた。覇権を狙うフェリペ2世は、宿敵イギリスに向け大艦隊"無敵艦隊"を派遣した。

無敵度	▶▶▶	5
豪華絢爛度	▶▶▶	4
名前負け度	▶▶▶	5

歴史

無敵艦隊

無敵ではなかった"無敵艦隊"

16世紀頃のヨーロッパでは、国王フェリペ2世の下でスペイン帝国が高い海軍力を背景に勢力圏を拡大し、大繁栄を遂げていた。歴史書では、この時期のスペイン艦隊を"無敵艦隊"と呼ぶこともある。だが、当時のスペインではこの呼称は使われていなかった。一体なぜ、無敵艦隊などという呼称が定着したのだろうか？　きっかけとなったのは、1588年に勃発した戦闘であった。

1588年5月、隣国イングランドと戦争状態にあったスペインは、約130隻の大艦隊を差し向けた。スペイン艦隊は7月末にはイングランド艦隊と遭遇し、アルマダの海戦で決戦に及んだ。スペイン艦隊は、敵船に隣接して白兵戦で制圧する戦法を得意としていた。しかし、相手の狙いを熟知していたイングランド艦隊は、敵船との隣接を避けながら砲弾を無駄撃ちさせ、弾切れを起こした相手に近距離から砲撃を浴びせた。大損害を受けてスペイン艦隊は敗走。帰国途中で損傷した艦船が脱落し、帰還できたのは67隻だったという。名前負けもいいところだが、じつは無敵艦隊という呼称は勝利したイングランド側が使い始めたもの。勝利をより華々しく喧伝するため、敵を"無敵"ともちあげたのが真相なのだ。

ちなみに、日本ではスペインのサッカーチームを無敵艦隊と呼ぶことがある。言葉の由来を考えれば侮辱と受け取られる可能性すらあるわけで、用法には注意したほうがいいだろう。

◀ 関連用語 ▶

【フェリペ2世】

1527～1598年。カトリックの盟主としてカトリック勢力の支援を行い、ヨーロッパからアフリカ、アジア、新大陸までを領する大帝国を築いた名君。在位中のスペインは「太陽の沈まぬ帝国」と呼ばれた。

【アルマダの海戦】

1588年7月から8月にかけて、スペイン艦隊とイギリス艦隊がドーバー海峡で行った一連の戦いの総称。当時最強を誇ったスペイン艦隊をイギリス艦隊が破った。

《『スペイン
無敵艦隊の終焉』》

COLUMN

無敵艦隊にも劣らない強烈なインパクト　その名は宇宙大将軍！

「宇宙大将軍・都督六合諸軍事」。これは6世紀頃の中国にいた侯景という武将が名乗った将軍名だ。六合とは「天地の全空間」という意味で、天上天下のすべてを統べる大将軍ということだ。だが、侯景はのちに帝位を簒奪して漢王朝を建てたものの、討伐軍に敗北してあっけなく死んだ。なかなか名前のようにはいかないものである。

─神話・伝承─

ブラダマンテ

275 ブラダマンテ

ルネサンス期のイタリア叙事詩『恋するオルランド』『狂えるオルランド』に登場する女性。女性ながらも騎士であり、しかもかなり腕が立つうえに美人とされている。

恋する乙女は強い度	▶▶▶	5
日本での一般的知名度	▶▶▶	2
女騎士萌え度	▶▶▶	4

障害を越えて恋を成就させた美人の女騎士

シャルルマーニュに仕える騎士リナルドの妹。女性ながらも騎士だった彼女は侵攻してきたイスラム教徒と戦っていたが、出会ったイスラム教徒のルッジェーロと恋に落ちてしまった。2人は周囲の人々の助けも借りつつ、敵味方という立場の違いや、頑なに結婚を認めないルッジェーロの養父といった障害を乗り越えて結婚。2人の子孫がエステ家の祖になったとされる。

ブラダマンテが登場する『恋するオルランド』は、イタリアの詩人マッテーオ・マリーア・ボイアルドが手掛けた叙事詩。1495年に出版されたが、戦争が起きて執筆が中断され、そのまま未完になってしまった。後年、同じくイタリアの詩人ルドヴィーコ・アリオストが続編を制作。これが1516年に発表された『狂えるオルランド』だ。どちらもイスラム教徒の侵攻に立ち向かうシャルルマーニュと騎士たちの活躍を描いており、オルランドの活躍と恋愛が中心。ただ『狂えるオルランド』はエステ家の起源を語ることも重視しているので、ブラダマンテの活躍はこちらのほうが多いと思われる。

ブラダマンテは完全に架空の人物だが、叙事詩が名作として有名になったために絵画の題材として好まれた。現代の日本では、ソーシャルゲームに登場する作品が多く、わりと強めに設定されているようだ。ちなみに『狂えるオルランド』は和訳書籍があるので、興味が湧いたら触れてみよう。

関連用語

【シャルルマーニュ】
フランク王国を統治したカール大帝のこと。シャルルマーニュはフランス語での呼び名で、シャルルマーニュ伝説などでも知られる。

【オルランド】
シャルルマーニュに仕えた聖騎士の筆頭格。オルランドはイタリア語の呼び名で、フランスではローラン。有名な『ローランの歌』の主人公で、『狂えるオルランド』はその前日譚でもある。

【エステ家】
イタリアの有力だった貴族家系の1つ。家名は11世紀にエステ辺境伯の地位を得たことが由来。フェラーラを整備して数百年統治していた。

〈ブラダマンテのイラスト〉

戦場に立つ女騎士は創作作品だけ？

COLUMN

歴史上、軍を指揮したり武器を手に戦った女性は存在する。ただ"騎士"になるには叙任が必要。誰でもなれるわけではなく、名誉騎士として受勲した例はあるが、正式な騎士として戦場に立った有名な女性はいないようだ。日本の創作作品に女騎士が比較的よく登場するのは、「いないからこそロマンを感じる」からなのかもしれない。

276 オペラ座の怪人

劇場に潜む謎の影。正体不明の「怪人」の謎を追うミステリーの原点といえるであろう本作は、今も有名劇団にロングラン上映される人気演目として知られている。

世界的知名度	▶▶▶	5
創作の原点度	▶▶▶	5
自分勝手度	▶▶▶	5

劇場に潜み、姿を消した悲しき怪人

「亡霊」という意味の単語「phantom」に、実体のある「怪人」という意味を持たせたのはきっと本作だろう。「The Phantom」と書かれれば、イコールでオペラ座に住み着く怪人のことを指す。

ガストン・ルルーの小説『オペラ座の怪人』は、1909年に発表された怪奇ミステリーだ。白いマスクに黒のタキシード姿、舞台上でシャンデリアが落下、脳天をかち割るようなテーマ曲。怪人の名は、華々しいミュージカル版のイメージとともに有名になった。

原作小説は、とある手記を元に執筆したという体裁を取っている。舞台は1905年、オペラ座には正体不明の怪人が住んでいた。怪人は支配人に対し、月給2万フランと5番ボックス席の常時確保を要求。これを破ると災いが起こるとしていた。その怪人が、新人女優に恋をした。物語はそこから凄惨な事件へと発展していくのだ。

作者のルルーは元ジャーナリストで、本作の執筆のためにオペラ座（ガルニエ宮）を念入りに取材・調査し、「怪人が住み着いている」噂、実際にあったシャンデリア落下事件を巧みに取り込んでいった。この作品によって広まった「劇場に何者かがいる」という定型設定は、実際の噂話から生まれたのだ。

話は変わるが、怪人が要求してきた月収を現在の価値で換算してみよう。当時の貨幣価値は諸説あるが、大体1フラン500〜1000円程度だ。……怪人よ、これはあまりにも高額ではないだろうか。

【ガストン・ルルー】
1868〜1927年。フランス人小説家、ジャーナリスト。犯罪記者、戦争特派員として世界各国を取材し、そののちに小説家としてデビューした。代表作は『オペラ座の怪人』ほか、探偵小説『黄色い部屋の秘密』など。

【ミュージカル版】
ミュージカルの初演は1986年、CMソングなどでもおなじみの「ジャーンジャジャジャジャーン」は脚本を担当したアンドリュー・ロイド・ウェバーの作曲した序曲。2004年に映画化している。

【ボックス席】
完全個室の数人用観覧席。怪人が指定した5番ボックス席は2階下手側。現在もオペラ座では"オペラ座の怪人のボックス席"とプレートがつけられている。

【ガルニエ宮】
オペラ座の正式名称はパリ国立歌劇場。ガルニエが設計したことから「ガルニエ宮」とも呼ばれる。ネオバロック様式の荘厳な建築に、シャガールの天井絵も見どころ。

〈オペラ座の内部写真〉

COLUMN オペラ座の怪人の実力

あまりの高給ぶりに驚く怪人だが、実際かなり多才な人物である。投げ縄、奇術の名手で、劇場内を知り尽くし、声も良く、歌唱指導では実績を上げている。その手腕を考えれば技術料として月収1000万円は決して高くないのかもしれない。もしきちんと働いていたら、怪人でなく"オペラ座の天使"になれたのかもしれない。

277 クローン

フィクションではもはや定番ネタといえるクローン。要するに生体や細胞、DNA のコピーのことだが、果たしてどの程度実現可能な話なのだろうか？

バイオテク度	▶▶▶	5
完全一致度	▶▶▶	3
倫理の壁度	▶▶▶	4

コピー人間は生き写しにならず？

クローンは厳密には、同一の起源をもち、均一な遺伝情報をもつ核酸や細胞などのことを指す。元々カビやコケなどの無性生殖の生物は、原則としてクローンで仲間を増やす。セイヨウタンポポの3倍体という種類は、花粉に関係なく無性生殖でクローンの子を作ってしまう。園芸の挿し木などもクローン技術の応用にあたる。

フィクションなどでよくネタになるのは動物のクローンで、受精卵を分割する"胚分割"と、クローン元の細胞核を未受精卵に移植する"核移植"の2パターンがある。現在の主流は後者のほう。人工的な動物個体のクローンは、1891 年にウニで初めて作成された。次に 1952 年、体細胞の核を受精卵に移植する体細胞核移植によって、カエルのクローンが誕生する。

哺乳類初のクローンは、1981 年に作成されたヒツジ（名前はドリー）で、続けてマウス、ブタ、ネコ（名前は CC）、ラット、ウマ、イヌ（名前はスナッピー）、オオカミ、サルなどでクローン作成は成功している。こうしたクローンは概して、寿命が短いことが多い。ヒトでの成功例はないが、クローン人間がもしできるとすると、赤ん坊状態からスタートするので、確実に元個体との年齢差があるし、血管パターンや指紋のような後天的な影響によるものは同じにならないとみられている。

今のところ、法規制ではヒトのクローンは禁止の傾向にあるし、宗教としてもクローンに批判的な立場をとっている宗派が多い。また、クローン食品すら商品者の反発が強いので、クローンに対する拒否感は全体的に強い。

関連用語

【ドリー】

1996 年に誕生した、世界初の哺乳類の体細胞クローン。名前の由来は歌手のドリー・パートンから。染色体からみて生まれつきドリーは老化しているという発表がされ、遺伝情報の元が6歳のヒツジだったことから、誕生時にすでに6歳だったのではと議論になった。

【CC】

2001 年に生まれた、家庭用ペット初のクローン。カーボンコピー、コピーキャット、クローンキャットの意味をもつ。毛の色、性格や体型が元の猫と異なり、クローン動物の外見や性格は生活環境に大きく依存することを証明した。

【スナッピー】

2005 年に生まれた、イヌ科初のクローン。研究者の黄禹錫が以前に発表した研究で論文不正があり、スナッピーにも深い疑惑があった。結果、イヌのクローンは正当だった。

今も拒否感が根強いクローン作物、GM 作物

COLUMN

遺伝子組み換え作物（GM 作物）というものがあるが、これは新たな遺伝子を導入することで、除草剤耐性や貯蔵性増大、栄養価強化、有害物質減少などの改変をした食品を指す。倫理、食の安全問題があり、消費者の拒否感・規制が根強いが、これ以上に拒否感が強いのがクローン食品。人はまだ、そこまで割り切れないようだ。

278 モラル・パニック

もし「オタクコンテンツは青少年の発育によくない」という偏見が広まり、「そうだそうだ」と大衆がバッシングを始めたら、それはモラル・パニックである。

大衆の性質度	▶▶▶	5
よくある度	▶▶▶	5
肩身が狭い度	▶▶▶	4

モラル・パニック

自分たちと違うものをパニック的に叩く

モラル・パニックとは、簡単にいうと「道徳や常識から見て良くない」という偏見から、特定の物や人に対するバッシングが暴走したものである。特に、自分たちと違うもの、自分たちが理解できないもの、少数派のものなどがその対象になりやすい。

たとえば、携帯電話やスマホの普及とともに、「これらは子どもの成育に良くない」と懸念を訴える声も出てきた。子どものうちから携帯電話やスマホをいじっているとどうなるのか、経験したことのない未知の世界に「とにかくフタをしてしまえ」と排除の動きが出るのも無理はないが、これはモラル・パニックである。

あるいは、オタク文化のような"世間一般とは違うもの"は、モラル・パニックの格好の的だ。今でこそ日本の誇るコンテンツとして広く認知されてきたが、ひと昔前は"ゲーム脳"という言葉もあったなど、叩く対象として槍玉に挙げられていた。

ほかにも、高齢者が自動車で交通事故を起こせば「年寄りは運転免許証を返納すべきだ」と叩き、性的マイノリティに対しては「自分たちと違うから」という理由で差別的な目を向ける。結局モラル・パニックとは、その対象をパニック的に叩く風潮が蔓延することであり、事の本質を見なくなってしまうのが大きな問題なのである。

このモラル・パニックという言葉は、英国の社会学者コーエンが当時の若者文化とマスコミ報道を研究するために用いたことで広まった。しかしいつの時代もそうだが、大衆は熱しやすくて冷めやすく、1つのモラル・パニックが過ぎ去ると、すぐに次のモラル・パニックが生まれるものである。

◆◇◆ 関 連 用 語 ◆◇◆

【ゲーム脳】

2002年に出版された『ゲーム脳の恐怖』（著・森昭雄）のなかで使われた言葉。「テレビゲームをしている人間の脳波は認知症患者と同じ」と指摘した。その検証や理論は物議を醸し、賛否両論を呼んだ。

【スタンリー・コーエン】

1942〜2013年。英国の社会学者。当時、若者たちの非行がマスコミの注目を浴び、それがどう報道されて過熱したのかを彼は研究した。その際にモラル・パニックという言葉を用いた。

オタクはモラル・パニックにさらされてきた

COLUMN

オタクへのモラル・パニックといえば、平成元年に起きた宮崎勤死刑囚による連続幼女誘拐殺人事件があまりに有名だ。彼が異常なオタク趣味だったことから、その後オタクに対する世間の風当たりが強くなった。それから30年あまり。オタク趣味はだいぶカジュアルなものとなったが、それに対する偏見は今も根強く残っている。

第40週　第6日目　土曜日

279 口裂け女

1979年、『口裂け女』の話は日本中に広まり、全国の子どもたちを恐怖に陥れた。当時の社会現象ともなったこの話は、日本で生まれた都市伝説の第1号といわれている。

恐怖度	▶▶▶	5
有名度	▶▶▶	5
キャラクターの強烈度	▶▶▶	5

口裂け女

子どもたちの口コミから社会問題にまで発展

マスクをした若い女性が、通りがかりの子どもに「私、きれい？」と訊ねる。子どもが「きれい」と答えると、女性は「これでも？」とマスクを外す。その顔は、口が耳まで裂けていた……。

これが有名な『口裂け女』の話である。元々は、岐阜県で農家の老婆が「口の裂けた女が庭に立っている」と腰を抜かしたのが始まりだったという。その話は子どもたちのあいだで噂になり、口コミで学校から地域へ、そして他県へと瞬く間に広がっていった。それからわずか半年ほどで、青森から鹿児島まで知れ渡ったという。

この話は新聞でも取り上げられ、教師や親が心配して子どもたちを集団下校させるなど、社会問題にまで発展した。若い女性が口裂け女の格好をしてうろつき、包丁を持っていたことから銃刀法違反で捕まるという事件も起きたほどである。そしてまだインターネットもない時代で、正確な情報を知るすべもなく、話に尾ひれがついて『口裂け女』の噂はどんどんエスカレートしていく。100mを3秒で走るとか、鎌を持っているとか、昔この地で処罰された農民の怨念だとか、精神病院から脱走した人だとか。また、「ポマード、ポマード」と唱えると口裂け女を撃退できる、という対処法も有名になった。整形手術に失敗したことで口が裂け、そのときの執刀医が多量のポマードをつけていたから、といわれている。

この『口裂け女』の話は半年ほどで沈静化したが、その強烈なキャラクターがみんなの印象に残り、1990年代に入ってから再燃し始めた。21世紀になるとインターネットの普及もあって韓国へも伝搬し、"赤いマスク"の名前で子どもたちに怖れられている。

関連用語

【学校から地域へ】
当時は塾通いが流行り始めた時期で、1つの学校で持ち上がった話が塾を介して他校へ伝わるという口コミルートが注目された。そのほか、電話によって遠方へ噂が伝播したともいわれている。

【ポマード】
昭和初期頃から広まった男性用の整髪料。おもに植物油を原料とし、髪をベタッと固着する。多量の香料が含まれていることが多く、その臭いを口裂け女が嫌っているとされた。

地方によって「口裂き女」や「口割れ女」の呼び名も

口裂け女は口コミで広がったこともあり、各地で呼び名が少し異なる。関西では「子どもの口を裂く」という意味で「口裂き女」と呼ばれた。また、愛媛県では地元新聞社が「口割れ女」と間違えて報道したことで、「口割れ女」の呼び名が広まったという。さらに地元産の飴玉が好物だとか、各地の特色が出ているのも面白い。

キリスト教　／　中東　／　アイテム

一宗教一

280 死海文書
（しかいぶんしょ）

死海付近にあるクムラン洞窟などで発見された文書群の
ことで、その内容はユダヤ教やキリスト教に深く関係して
いる。文書の一部はインターネットで公開されている。

ミステリー度	▶▶▶ 4
重要な文書度	▶▶▶ 4
陰謀渦巻く度	▶▶▶ 4

死海文書

多くの陰謀論を生んだ太古の文書群

　中東のヨルダンには、塩分濃度が濃く、一部のプランクトン以外
は棲息できないことから「死海」と呼ばれる塩湖がある。1947年
以降、この死海周辺の洞窟から900点以上の写本群が見つかった。
これらの文書は発見場所にちなんで『死海文書』と呼ばれている。
『死海文書』は『旧約聖書』の写本やユダヤ教徒の共同体憲章、ク
ムラン教団の法律文書などで構成されている。それまでに発見され
た最古の聖書関連の文書よりもさらに古い紀元前に作られたことが
判明し、当時は20世紀最大の考古学的発見ともいわれた。

　『死海文書』の内容は歴史的にも、宗教的にも非常に貴重といえる。
とくに初期キリスト教との関連も予想され、関係者の注目を集めた。
一方で、発見された文書の大半が長年公開されなかったことから、
オカルト方面ではさまざまな物議を醸している。なかには「文書の
調査が遅れたのは、カトリック教会が隠蔽していたからだ」と主張
する人までいるのだ。これは文書の内容が現在のキリスト教の聖書
や教義にとって都合が悪いからという推測に基づいているが、根拠
のないでまかせだと否定された。ただ、『死海文書』のなかにはエ
ルサレム神殿の隠し財宝の在り処を記した銅板が含まれていたこと
もあり、現在でもこの文書に何かしらの啓示や予言、暗号を見つけ
ようとする動きはある。

　そもそも『死海文書』を書いたのは誰なのか。これについては諸
説あり、もっとも有力なのはクムラン
教団のエッセネ派が書いたという説だ。
キリストは古代ユダヤ教のエッセネ派
か、それに関係が深いグループに属し
ていたというので、これが事実なら『死
海文書』は古代ユダヤ教だけでなく、
初期キリスト教のテキストということ
にもなるが……。

〈イザヤ書の第二の写本〉

関連用語

【死海】

アラビア半島の北西部に
存在する湖。海水の塩分
濃度が3～4％なのに対
し、死海は30％前後と
かなり高い。『旧約聖書』
には塩の海やアラバの海
などの名で登場する。神
に滅ぼされた都市ソドム
とゴモラが死海に沈んだ
という伝説が残っている
など、ユダヤ教やキリス
ト教と関わりが深い。

【クムラン教団】

ユダヤ教に属する宗教派
閥の1つで、『死海文書』
に含まれる『クムラン文
書』を作成した。共同生
活を行い、厳格な戒律と
生活のあらゆる面での清
浄さを強調していた。

281 グスタフ2世アドルフ

スウェーデン王であるグスタフ2世アドルフ（1594～1632年）は、さまざまな分野で才能を発揮し、強烈なリーダーシップで国を発展させた英雄のような王だった。

名君度	▶▶▶	5
名将度	▶▶▶	4
うっかり度	▶▶▶	5

グスタフ2世アドルフ

短い人生で強烈な光を放った「北方の獅子」

スウェーデン史上、最大の英雄を選ぶとすれば誰になるか？　ある程度の歴史の知識をもつ人なら、間違いなくグスタフ2世アドルフの名前を挙げるだろう。かのフランス皇帝ナポレオン1世も、歴史上の英雄7人のなかに、グスタフ2世を選んでいる。

グスタフ2世のすごさは、まず本人の英才ぶりにあった。幼少時から高水準の教育を受けて育った彼は、ラテン語やドイツ語など5つの言語を母国語のように話し、ほかに5つの言語を理解できたという。そんな彼は9歳の若さで公務を始め、15歳のときには父王の代理として議会で演説を行うなど、王太子として堂々たる姿を見せていた。そして17歳で王となると、当時28歳の新鋭アクセル・オクセンシェルナを宰相に指名。このオクセンシェルナもひとかどの人物で、以後スウェーデンは若き国王と宰相の協力体制によって、爆発的な発展を遂げていくことになる。

グスタフ2世の治世では、行政制度の整備、工業の近代化、教育改革などさまざまな改革が行われ、いずれも大成功を収めた。また、軍事面でも当時の最先端の理論を取り入れ、精強な軍隊を編成。この軍勢を率いてグスタフ2世は三十年戦争に殴り込みをかけ、各地で勝利を重ねて「北方の獅子」と怖れられるようになる。

だが、自ら軍勢を率いて戦う勇敢さが、グスタフ2世の命取りとなった。リュッツェンの戦いで敵軍に深入りし、流れ弾に当たって戦死してしまうのである。戦いそのものはスウェーデン軍が勝利したが、スウェーデンが失ったものは大きかった。グスタフ2世の遺志はオクセンシェルナに引き継がれ、その後も粘り強く戦い続けたスウェーデンは最終的に三十年戦争に勝利を収めるのだが、もしグスタフ2世が存命していたなら、世界の歴史はまったく違ったものになっていただろう。

関連用語

【ナポレオン1世（ナポレオン・ボナパルト）】

1769～1821年。フランス革命後の混乱を収拾して政権を握り、皇帝へと成り上がった英雄。強大な軍隊を率いてナポレオン戦争を起こし、当時のヨーロッパの大部分を征服したが、最終的にイギリスを中心とする対フランス同盟との戦いに敗れて、皇帝の座を追われた。

【アクセル・オクセンシェルナ】

1585～1654年。グスタフ2世と、後継者である女王クリスティーナに仕えた人物。グスタフ2世とは互いに敬愛しあう間柄で、グスタフ2世はつねにオクセンシェルナの助言を求めたという。グスタフ2世の死後、幼い女王クリスティーナを盛り立てながら国政の混乱を治め、三十年戦争を勝利に導いた名宰相として評価が高い。

〈グスタフの肖像〉

伝承 / 西洋 / アイテム

282 デュランダル

フランスの叙事詩『ローランの歌』や、イタリアの叙事詩『狂えるオルランド』に登場する英雄ローランの剣。イタリア語のドゥリンダナ、デュランダーナとも呼ばれる。

作品で名を見かける頻度　▶▶▶　4
日本での持ち主の知名度　▶▶▶　3
強いけど最強じゃない度　▶▶▶　5

キリスト教世界の象徴とされた聖剣

　デュランダルの来歴についてはいくつか説があり、『狂えるオルランド』では、トロイアの英雄ヘクトールが所持した剣とされる。一方、『ローランの歌』では柄に聖ペテロの歯、聖バジールの血、聖ドニ上人の髪、聖マリアの服の一部といった聖遺物が収められた聖剣で、シャルルマーニュが天使から授かったのち、信頼が厚い甥のローランに授けたとする。ローランといえば『ローランの歌』の主人公という印象が強く、デュランダルもこちらの由来で語られることが多いようだ。

　『ローランの歌』の題材は、778年に起きたロンスヴォーの戦い。サラゴサからフランスへ戻る途中、フランク軍の殿軍を担ったローランたちがイスラムの大軍に攻撃され、奮戦するもほぼ全滅する。ローランは、デュランダルを敵に奪われまいと岩に叩きつけて折ろうとしたが、折れるどころか刃こぼれすらしなかったという。

　ローランが戦死したのは史実だが、叙事詩では本来の敵だったバスク人がイスラム勢力に置き換えられ、ローランは戦いに殉じた高潔な騎士という扱いだ。『ローランの歌』が成立したとされる11世紀末頃は、イベリア半島でレコンキスタが始まっており、また第1回十字軍が遠征した時期だった。ローランはキリスト教の騎士の理想像、デュランダルはキリスト教世界の象徴というわけで、叙事詩には当時求められた殉教精神や愛国心などが反映されているのだ。

◀ 関連用語 ▶

【ヘクトール】
トロイア戦争で活躍した英雄。トロイアの王子にしてトロイア勢では最強だったが、アキレウスに倒された。

【ロンスヴォーの戦い】
カール大帝が率いるフランク王国軍が、ピレネー山脈でバスク人に襲撃された戦い。実際の戦いでも後衛の部隊が全滅し、ローラン以下、多くの重臣たちが討たれた。

【バスク人】
ピレネー山脈西方のバスク地方に住む人々。

【レコンキスタ】
キリスト教国家によるイベリア半島の再征服活動。イベリア半島は711年以降イスラム教徒が支配したが、1031年に後ウマイヤ朝が滅び分裂。この機にレコンキスタが活発になる。

〈ローランの死〉

英雄たちの剣を鍛えたとされる伝説の鍛冶師

COLUMN

ゲルマン人の伝承には、ヴェルンドという名の鍛冶師がよく登場する。日本の時代小説で刀工・村正がよく登場するように、中世では英雄の名剣はヴェルンドが手掛けたとするのが慣例だったそうで、デュランダルのほか北欧神話の英雄シグルドの剣グラム、またはジークフリートのバルムンクなども、彼が鍛えたとされている。

神話・伝承

デュランダル

283 変身
（へんしん）

1915年に発表されたドイツ語作家フランツ・カフカの中編小説。実存主義文学の先駆者である彼が描いた『変身』は、読む人によって印象の変わる不思議な物語だ。

世界的知名度	▶▶▶	4
不条理度	▶▶▶	5
背筋の寒さ度	▶▶▶	5

変身

解釈は無限大　謎多き"奇書"

「目が覚めたら虫になっていた」——。『変身』は、グレゴール・ザムザというセールスマンがある朝突然巨大な毒虫になっていたことからはじまる。彼がまずしたことは仕事の心配で、彼を見た両親と妹は稼ぎ頭を失くしたことに悲嘆する。父と妹は働きに出、母は内職をし、下宿人を取って生計を立てようとするが"虫"のせいでなかなかうまくいかない。最終的にグレゴールは元の姿に戻ることなく息絶え、それを見届けた家族は郊外へと出かけていく。いってしまえばたったそれだけの話だ。"人間が虫になった"という奇怪な現象さえ除けば、ではあるが。

　だが、"だからこそ"さまざまな読み方ができる作品でもある。なぜ虫になってしまったのか、どうして虫だったのか。そうした謎ももちろんだが、あり得ない現象が起きているにも関わらず、本作は異常なほど感情移入と状況の想像が容易い。シンプルに"虫になってしまった主人公"としても読めるし、この"虫になった"状態を、うつ病や病気の象徴として読むこともできる。カフカはこの作品に虫の挿絵を入れることをかたくなに拒んだという逸話も興味深い。

　そもそも、どうして『変身』なのだろうか。登場する主人公はすでに虫に"変身"しており、いってしまえば出オチだ。変身したことが重要なのか、変身後が重要なのか、それとも変身したのはほかの誰かなのか——と、考察するのもまた一興である。

〈『変身』（初版本）表紙〉

◆関連用語◆

【フランツ・カフカ】

1883～1924年、チェコ生まれのドイツ語作家。プラハ大学で法律を専攻、労働者傷害保険協会に勤務。生前は無名で、死後に友人・ブロートによって出版された作品が高い評価を得る。代表作は『変身』ほか、『審判』（1925年）、『城』（1926年）など。

死後に評価された作家、カフカ
COLUMN

1883年にプラハで生まれたユダヤ系ドイツ人の彼は、今でこそ世界的な文豪として知られるが、生前はほとんど無名だった。保険協会で働くかたわら執筆活動を続けるも、40という若さで肺結核によって亡くなる。「死んだら燃やしてほしい」と頼んだ遺稿が出版されて一躍有名になったというのだから、彼の人生もなかなか"不条理"だ。

生物　組織工学　バイオテク

284 3Dバイオプリンティング

2010 年代から一気に身近になった 3D プリンターの技術は今や、医療にまで活用されようとしている。その名も 3D バイオプリンティングである。

未来科学度	▶▶▶	5
実現可能度	▶▶▶	3
メカ＆バイオ度	▶▶▶	4

細胞で臓器を 3D 印刷するヤバいプリンター

　3D データの設計図を元に立体物を造形する 3D プリンターは、断面形状を加工して積層していくことで立体物ができあがる。その方式には、熱で融解した樹脂を少しずつ積み重ねる FDM 方式、粉末の樹脂に接着剤を吹き付ける粉末固着方式などいろいろあるが、この技術をバイオテクノロジーに応用したものが 3D バイオプリンティングになる。こちらの場合、CT や MRI などの臓器のデータから断層が再構成され、生きた細胞などを材料とするバイオインクで印刷する。

　順序としてはまず、①特定の細胞だけ取り出して層（いわば細胞の足場）を形成し、酸素や栄養素などを入れて特別な液状物質と混合する。②この液体混合物をプリンターのカートリッジに入れて、スキャンデータを用いてバイオインクで構造を形成する。この細胞を保温状態で保管して成熟させ、組織にする。③できあがった印刷物に機械的刺激と科学的刺激を与え、構造がしっかりしたものに成長させる、といった流れだ。

　3D バイオプリンティングは、臓器移植のドナー不足解決を目指して研究されたが、臓器のほか、義肢や皮膚移植用の皮膚などへの応用も検討されている。いくつかの器官は臨床試験に達しているそうだが、なお課題は多い。たとえば、人工環境で印刷する以上、印刷物の自然な細胞増殖の過程をどう作り出すか。そして、細胞持続に必須な血管の構造も、まだ完全に再現されていない。というわけで、実用までの道のりはまだまだ遠そうなのだが、研究成果に注目が集まっているジャンルだけに、今はせめて妄想を膨らまそう。

関連用語

【CT】
コンピュータ断層撮影の略。コンピュータと放射線を使って、物体の内部の断面画像を得る技術。基本的には輪切りの、平面の画像の集合になるが、技術の発達により、3 次元として再構築可能なデータも記録できるようになった。

【MRI】
核磁気共鳴画像法の略。核磁気共鳴現象（外部静磁場に置かれた原子核と、固有の周波数の電磁波が相互作用する現象）を利用して、生体内の内部を画像にする技術。

【ドナー】
病気や事故で臓器が機能しなくなった場合、ほかの人の健康な臓器を移植することを臓器移植といい、その臓器提供者のことをドナーという。ちなみに受給者のほうはレシピエント。免疫不全のリスクがある。

iPS 細胞などから作る臓器のミニチュア

COLUMN

一時期話題になった ES 細胞や iPS 細胞から、試験管内で 3 次元的に作る臓器をオルガノイドという。こちらは幹細胞を立体的な培地に包埋することで作るのだが、実際の臓器よりも小型。移植ではなく病気のモデル研究や、生体で治療する前にオルガノイドで試すことで、オーダーメイド治療をするといった活用法がなされている。

心理学 / 西洋 / 社会心理

285 バンドワゴン効果（こうか）

バンドワゴンとは、パレードなどで先頭を走る楽隊車のこと。このバンドワゴンに人がゾロゾロとついていく模様は、「バンドワゴン効果」という心理用語の語源となった。

流行に乗る度	▶▶▶	5
ビジネスで有効度	▶▶▶	5
創作向き度	▶▶▶	2

話題や流行りにみんながついていく心理

楽器を鳴らして楽しそうに進んでいくバンドワゴンに、大衆がゾロゾロとついていく。そこには単に「楽しそうだから」というだけでなく、「みんながついていくから自分も行ってみよう」という便乗の心理が働いている。これが"バンドワゴン効果"だ。

要するに、流行りものや行列のできるお店など、みんなが注目しているものは自分も試してみたくなる、という心理である。もし、ガラガラに空いているお店と行列のできているお店があったら、後者のほうに入ってみたくなるだろう。この心理は、アメリカの経済学者ライベンシュタインが「バンドワゴン効果」という言葉で論文発表したことで、広く知られることとなった。

このバンドワゴン効果は、特にビジネスにおいて重要視されている。自社の商品やサービスを買ってもらうのに、バンドワゴン効果は非常に有効だ。一度話題になれば、そこから火がついてどんどん知れ渡っていくからだ。いかに最初に認知してもらって話題を作れるかが大きなカギとなるわけである。

ただし、流行っているように見せるためにサクラを雇ったりすると、場合によっては大幅にイメージダウンとなる。特にステルスマーケティングは違法とされているので、いくらバンドワゴン効果を狙うといっても手段はしっかり考えなくてはいけない。

ほかにバンドワゴン効果が強く現われるのが、株取引など資産運用の世界だ。みんなが買う注目の銘柄は、我も我もと買う人が増えてさらに値上がりしていく。もちろん上がりっぱなしの相場はないので、売り時を見誤ると大損してしまうのはいうまでもない。

◆【関連用語】

【流行りもの】
大勢が注目して売れているもの。話題になるから売れて、売れるからさらに話題になって、という好循環を生みやすい。ただし、一過性のものも多い。

【ハーヴェイ・ライベンシュタイン】
1922〜1994年。アメリカの経済学者。バンドワゴン効果をはじめとする、消費外部性理論の研究を行なった。

【ステルスマーケティング】
従業員や関係者が一般客を装ってSNSなどで口コミを発信し、商品・サービスの評価を上げようとすること。"ステマ"と略される。利益を受ける身でありながら中立的立場を装うのは詐欺行為にあたる。

真逆の心理「スノッブ効果」

COLUMN

バンドワゴン効果とは逆に「流行りものには乗りたくない」「みんなと同じは嫌だ」という心理が「スノッブ効果」で、これもライベンシュタインが提唱したものだ。オリジナルの創作を考える場合には、売れている作品を模倣してバンドワゴン効果に乗るか、スノッブ効果で独創性を追い求めるか、判断が分かれるところである。

左側余白（縦書き）：
哲学・心理・思想

バンドワゴン効果

都市伝説 / 日本 / キャラ

286 トイレの花子さん
(はなこ)

学校に登場する、おそらく日本でもっとも有名な女の子の幽霊。変質者に殺された、虐待死した女の子の霊といわれているが、その正体はわかっていない。その名前以外は。

知名度	▶▶▶	5
死亡率	▶▶▶	5
利用価値	▶▶▶	0

どうして呼び出す？　正体不明の女幽霊

校舎3階のトイレに現れる"花子さん"は、「学校の七不思議」「学校の怪談」として知られ、日本の"女の子の幽霊"の代表格といえる存在だ。髪型は黒髪のおかっぱ、赤い釣りスカートを履いていて、着ているのは白いシャツという説もある。イメージとしては『ちびまる子ちゃん』のまる子そのままなので、その姿は"昭和の女の子"のステレオタイプといったほうが正しいのかもしれない。

元々は「3番目の花子さん」という名の都市伝説だった。土地ごとに若干話にブレが生じているが、学校の校舎3階のトイレの手前から3番目のトイレに現れることは共通している。

一般的にいわれている「花子さん」を呼び出す手順はこうだ。トイレの個室の扉を軽く3回ノックし、「花子さん、遊びましょう」と声をかける。これを入り口側から順に行っていくと、3番目のトイレで「は～い」と小さな返事がある。扉を開ければ、そこに花子さんがいる。女子トイレが出やすいだとか、夕方4時と時間指定があるだとか、ノックの前に3回回らないといけないだとか、これは語られる学校によってさまざまのようだ。呼び出してからの話は特にブレが大きく、トイレに引きずり込まれる、遊び方を尋ねられて正しく回答しないと首を絞められて殺される、3秒で逃げ切らないと殺されるなどだ。太郎という恋人がいるという説もある。

この都市伝説の不思議なところは、どうあっても生き残る可能性が低いことだ。願いを叶えてくれるわけでもなく、呼び出したからには逃れるすべはない。ならば、なぜこんな呼び出し方が伝わったのだろうか。やらなければいいだけなのに……。

◀ 関連用語 ▶

【学校の怪談】

その学校ごとに伝わる怖い話。その学校の設備や歴史に関するものが多く、踊り場の合わせ鏡に悪魔が住んでいる、二宮金次郎像が夜中に動くなどは全国的に有名。これらを7つ集めたものが「学校の七不思議」だが、大抵の場合7つすべてを知ると死ぬという。

COLUMN　トイレの怪異・赤い紙、青い紙

「花子さん」は呼ばないと出てこないが、トイレにて最悪のタイミングで現れるのが「赤い紙、青い紙」だ。トイレの個室でトイレットペーパーが切れているとき、「赤い紙がほしいか？　青い紙がほしいか？」と尋ねる声がある。赤い紙と答えると全身血まみれにして殺され、青い紙と答えると血液をすべて抜かれて殺されるという。

第41週　第7日目　日曜日

ユダヤ教　中東　人物

287 ダビデ

ダビデは紀元前10世紀頃に活躍したとされる古代イスラエルの2代目国王。パレスチナのベツレヘムに住んでいた男エッサイの息子で、羊飼いとして働いていた。

ソロモンの父親だった度 ▶▶▶	4
腕っぷしも意外と強い度 ▶▶▶	4
ゲームやアニメでよく見る度 ▶▶▶	4

功績を挙げて羊飼いから国王に

『旧約聖書』の『サムエル記』や『列王記』に登場する古代イスラエルの王で、かの有名なソロモン王の父親。誰しも一度は目にしたことがあるミケランジェロの代表作・ダビデ像のモデルでもある。

ダビデは元々羊飼いだったが、竪琴の腕を買われてイスラエルの初代国王サウルに召し抱えられた。やがて戦士として戦場に出るようになり、次々と功績を挙げて一躍人気者になる。しかし、それが原因でサウルに妬まれ、長いこと逃亡生活をおくる羽目に。それからしばらくしてサウルが戦死すると、ダビデは神の託宣を受けてイスラエルの国王となり、エルサレムに立派な都を築いたという。

羊飼いだったにも関わらず、数多の戦場に身を投じ、勝利を重ねたダビデ。もっとも有名な戦いがペリシテ人最強の戦士とされる巨人ゴリアテとの一騎打ちだろう。ゴリアテはたびたびイスラエル軍の前に現れては「おれと一騎打ちをして勝てたらペリシテ人はお前たちの奴隷になる。逆にお前たちが負けたらおれたちの奴隷になれ」と挑発したが、イスラエル兵はゴリアテを怖れ、誰も挑もうとしなかった。だがダビデだけは別で、その巨体に怯むことなく、羊飼いの杖と投石機を手に立ち向かったのである。戦いがはじまるとダビデは投石機で石を放ち、それがゴリアテの頭に命中。彼が気絶しているすきにダビデは剣を奪い、その首を切り落としたという。ファンタジー作品では強キャラとして登場することもあるゴリアテだが、じつは当時まだ戦士でなかった青年にあっさり敗れているのだ。

〈ダビデ像〉

関連用語

【サウル】

イスラエル王国の初代国王。ペリシテ人との戦いで命を落とした。ダビデの人気に嫉妬し、何度も彼の暗殺を企んでいるが、すべて失敗に終わっている。

【ゴリアテ】

『サムエル記』に登場するペリシテ人の戦士。身長が3m近くあり、戦場では長大な槍を使って戦ったという。サウルはゴリアテに挑まんとするダビデに鎧と剣を与えるが、ダビデは使い慣れていないからと断ったそうだ。ゴリアテとダビデの伝承にちなみ、現代では弱者が強者を倒すことをジャイアント・キリングという。

COLUMN

包茎だからダビデじゃない？

ミケランジェロのダビデ像のモデルはダビデ王ではないという説もある。というのも、ユダヤ教やイスラム教の人々は、当時から信仰の一環として割礼（性器の包皮切除）をするのが一般的だ。これはいわゆる包茎手術で、像の男性は包茎だからダビデではないのだという。それならこの像のモデルは一体誰なのか、気になるところだ。

288 フランシス・ドレイク

フランシス・ドレイク（1543～1596年）は、海賊、冒険家、提督と多彩な顔をもつ。イングランドでは英雄だが、敵国のスペインにとっては悪魔のような存在だった。

海賊度	▶▶▶ 5
冒険家度	▶▶▶ 5
スペイン嫌い度	▶▶▶ 5

打倒スペインに執念を燃やした海賊提督

　フランシス・ドレイクは16世紀後半に活躍した、伝説的な船乗りである。とはいえ、船乗りとしてキャリアをスタートさせた頃の彼は、ごく普通の商人だった。だが、とある航海でスペイン海軍に襲われたことで、ドレイクが所属していた船団は壊滅してしまう。この1件以来、ドレイクはスペインを強烈に憎むようになり、生涯をかけて復讐を続けるようになった。

　手始めに彼が選んだ手段は、海賊となってスペイン船を襲うことだった。活動範囲は主にカリブ海だったが、のちに長期航海に耐えられる準備を整えた彼は南米にも足を伸ばし、スペインの植民地を襲って財宝を略奪。そのまま太平洋を横断してアフリカ経由でイングランドに戻り、マゼランに続く史上2人目の世界一周航海を成功させる。海賊を続けながら、冒険家の名声まで得たのである。

　航海後、ドレイクはスポンサーだったイングランド王室に、航海中に得た財宝の一部を献上した。その額は当時の王室の年間収入より多かったというのだから、ドレイクがスペインに与えた損害はとてつもない額になったはずである。当然、スペインは激怒してドレイクの処分を求めたが、イングランド女王エリザベス1世は処分どころかドレイクの活躍をねぎらい、海軍中将に抜擢した。

　こうして軍人となったドレイクは、海賊時代に培った戦闘経験を生かして海軍でも活躍。スペイン無敵艦隊との決戦となったアルマダの戦いではイングランド海軍の副司令官となり、火をつけた船を敵艦隊に突撃させるという、勝つために手段を選ばない作戦を敢行してイングランドの勝利に貢献した。

　海賊としてはスペイン船や植民地を荒らしまくり、提督としては無敵艦隊を撃破したドレイク。スペイン艦隊の略奪行為が、のちのスペインの仇敵を誕生させてしまったのだから、皮肉なものである。

関連用語

【フェルディナンド・マゼラン】
1480～1521年。ポルトガルの船乗り。1519年にスペインを出港し、南アメリカを経由して太平洋に到達。マゼラン自身は1521年にフィリピンで島民と争いを起こして戦死したが、残った船員がアフリカ経由でスペインに帰還し、史上初の世界一周を成し遂げた艦隊の指揮官として名を残した。

【エリザベス1世】
1533～1603年。イングランド女王。父のヘンリー1世や姉のメアリー1世の治世で混乱した国内情勢を立て直し、対外的にはスペイン無敵艦隊を破って制海権を確保するなど、イングランドの黄金時代を築いた名君として知られている。

〈ドレイクの肖像〉

289 ファウスト

ドイツの"ファウスト伝説"の登場人物。伝説は人形劇やオペラ、バレエなどの題材にされ、特に戯曲『フォースタス博士』や『ファウスト』などの主人公として有名だ。

正体は不明度	▶▶▶ 4
人生の先が見えた憂鬱度	▶▶▶ 5
契約した悪魔の知名度	▶▶▶ 5

知識を得るために悪魔と契約した学者

伝説の基はファウストという人物だが、それが誰かについてはいくつか説がある。その一説が、16世紀のドイツに実在したヨハン・ゲオルグ・ファウストとするもの。彼は占星術師にして錬金術師だったとされ、ハイデルベルク大学で1509年に神学の学位を得たとか、マルティン・ルターから悪魔と関わっていると非難されたといった話がある。彼は1540年頃に変死し、人々は「悪魔と契約した結果だ」と噂したという。

出所が明確でないものの、ファウスト伝説は世に広まり、1587年には『実伝ヨーハン・ファウスト博士』と題した小冊子が発行された。これを基にしたのがクリストファー・マーロウの『フォースタス博士』で、学問に行き詰まったフォースタス博士（ファウスト）は悪魔と契約して好き放題したのち、最期は契約期限が切れて地獄に落ちていくという筋書きだ。後年にゲーテが手掛けた『ファウスト』では、喜びに限界があると知って無気力になっている一方、常に向上の努力をする人物とされ、悪魔と契約するのは同じだが、最期は神に救済される点がマーロウの戯曲とは異なっている。

知識に強い欲求を抱く者として、創作世界ではマッドサイエンティストがいる。知識探求のためなら何でもする性格破綻者の場合が多く、悪魔と契約したファウスト博士にも通じる。ただ、現実の新分野の開拓者などにもこうした部分があるそうで、進む方向さえ間違えなければ社会にとっても有益なようだ。

〈ファウスト〉

［関連用語］

【クリストファー・マーロウ】

1564〜1593年。イギリスの劇作家。詩人でもある。イギリス文学史上の重要人物なのだが、何らかの理由で謀殺された説があるなど謎が多いことでも知られている。

【ヨハン・ヴォルフガング・フォン・ゲーテ】

1749〜1832年。ドイツの劇作家にして詩人、小説家。自然科学者や法律家、政治家でもあるという多才な人物。作品のなかでは小説『若きウェルテルの悩み』がとても有名。

【マッドサイエンティスト】

常軌を逸した科学者のこと。大抵は常人離れした天才的頭脳をもつが、価値観や善悪の判断基準などで独特の見解があり、一般常識が通用しないこともある。作品によっては犯罪者とそれほど大差ない場合もある。

ファウスト博士が契約したメフィストフェレス

COLUMN

ファウストと契約した悪魔はメフィストフェレス。小冊子の時点ですでに登場していて、ルシファーやサタン、ベルゼブブなどを除けば世界でもっとも有名な悪魔といえる。契約とはいえ、軽口を叩きつつもファウストに尽くす姿は献身的で、友人のようにも見えるほど。こうした性格が人気なのか、現代の創作作品にもときおり登場する。

290 クトゥルフ神話(しんわ)

“クトゥルフ神話”は、文学作品群であり、世界観であり、ゲーム設定でもある不定形な代物だ。原作といえるものがあるとしたら、今は亡き創始者の頭の中なのだから。

創作の原点度	▶▶▶	4
参加型度	▶▶▶	5
現代の神話度	▶▶▶	5

進行形で形成されている最新の“神話”

クトゥルフ（クトゥルー）、ニャルラトホテプ、アザトース……ジャンルを問わず、日頃創作作品に触れている諸兄なら一度や二度は聞いたことがあるだろう“クトゥルフ神話”だが、その実像を知る者はいないだろう。なにしろ、そんなものはないのだから。

神話と付いてはいるが、どこかの国に伝わる伝承の類ではない。1920年代、ラヴクラフトという青年が作り出した人工神話なのだ。「人類が誕生する以前、原初の地球では外宇宙の異形の存在が君臨し、神のような存在であった」、これがこの神話の設定だ。彼らは現在地上から姿を消したが、完全に消え去ったわけではない。深海や地底、異次元に身を潜め、復活の機会を狙っている。今も邪神たちは時折人間界に干渉し、怪奇事件や謎を引き起こしている。

この神話の“神話らしいところ”は、誰でも自由に参加できることだろう。そもそも神話や伝承というのは、人々が己の体験や耳にした話を伝え記し体系化してきたものだ。その歴史を現代でも体験することができるわけだ。事実、クトゥルフ神話の邪神たちはありとあらゆる創作に登場し、もはやほかの神話の神々と同様の“扱い方”をされている。今まさしく、この神話はつくられている最中なのだ。

この神話を創り出したラヴクラフト自身は唯物論者で、神の存在を否定していたそうだ。そんな彼が“神”を創り出し、その影響は拡大し続けている。嫌味のような、皮肉のような、不思議な話だ。

〈クトゥルフの素描〉

【関連用語】

【クトゥルフ】

海底の古代都市ルルイエで夢見る大いなるもの。綴りは Cthulhu。ほかの神々も共通して「人類には発音しにくい」固有名詞をつけられているため、クトゥルフ、クトゥルー、クトリュー、ク・リトル・リトルなどさまざまな表記がある。

【ハワード・フィリップス・ラヴクラフト】

1890〜1937年。アメリカの小説家。1923年よりパルプ雑誌「ウィアード・テイルズ」を中心に、オリジナル人工神話に基づく恐怖小説を発表するようになる。1937年に病死。代表作は『クトゥルフの呼び声』『狂気の山脈にて』など。

同じく創作フリーな世界観“オメガバース”

COLUMN

創作のためのフリーの世界観という意味ではこちらも有名だろう。海外で生まれたBLで使用される特殊設定の1つで、男女のほかにオオカミに由来した第2の性“バース性（α、β、Ωの3種）”があり、同性同士の性交・結婚・出産が行われる。二次創作界隈で生まれたものだが、現在は一次創作BLでも一大ジャンルに成長した。

291 デザイナーベビー

人間はエゴイスティックな生き物だが、その際たるものが
このデザイナーベビー。クローン以上に禁じ手ともいわれ
るこの技術とはいったい？

チート度	▶▶▶ 5
人間のエゴ度	▶▶▶ 5
問題山積度	▶▶▶ 4

チート人間を生みかねない、遺伝子版美容整形

　人類は遺伝子にまで科学のメスを入れ、遺伝子操作という技術を
手に入れた。そして受精卵の段階で遺伝子操作を行い、親が望む外
見や体力・知力をもたせた子ども＝デザイナーベビーというアイデ
アが生まれる。元々この案は、遺伝的疾病を回避することが目的で、
実際2015年のイギリスでは、MELASという遺伝子疾病の治療目
的で、正常なミトコンドリアDNAを受精卵に移植し、子どもに遺
伝する技術が議会承認されている。

　ただ、このときも懸念されていたのだが、親がより優れた、思い
どおりの子どもを欲する欲求にかられ、そうした遺伝子操作を叶え
てしまうビジネスがおきると、歯止めがきかなくなるのでは、と指
摘されていた。美容整形の遺伝子版と考えれば、我が子に、美形俳
優並みの容姿や、天才科学者並みの知能などを備えたがる親は多い
と、容易に想像がつくからだ。

　仮にデザイナーベビーが生まれる未来を想像してみよう。ポテン
シャルは備えていても、その子が親の望む人生を歩むとは限らない。
キラキラネームは申請で変えられても、遺伝子はリセットできない。
周囲からの特別視と差別が、普通の人間以上に強く付き纏うことを
想像すると、デザイナベビーにはいろいろな問題がはらんでいる。
もちろん、遺伝子操作を原因とする、予想もしない疾患、突然変異
の可能性はありうる。さらにゲノム編集レベルでの医療事故など起
こったら、目も当てられない。

　しかしそんな懸念をよそに、2013年アメリカでは、遺伝情報を
解析し、望みどおりの子が生まれる確度を予測するシステムが開発
されてしまった。2015年中国では、ゲノム編集を用いて世界初の
デザイナベビーが誕生したと大騒ぎになっている。しかし、遺伝子
組み換え作物に関しては国際条約"生物多様性条約"があるのに、
人間については今のところ自主規制状態。WHO（世界保健機関）
は専門家委員会を設置したが、法規制は後手にまわっている。

関連用語

【MELAS】

ミトコンドリア脳筋症・乳酸アシドーシス・脳卒中様発作症候群の略。ミトコンドリア障害により、脳卒中様発作を繰り返す症状が特徴。

【ゲノム編集】

DNAに記録されている遺伝子情報、ゲノムを改変する技術。標的部位ではない場所も改変してしまう、オフターゲットという現象が発生しやすいデメリットもある。

【生物多様性条約】

「生物の多様性に関する条約」が正式名称の国際条約。略称はCBD。生物多様性の保全、生物多様性の構成要素の持続可能な利用、遺伝子元の利用から生ずる利益の公平かつ衡平な配分、を目的とする。

心理学 ／ 西洋 ／ 社会心理

 ｜哲学・心理・思想｜

292 サイバーカスケード

「サイバー」はインターネット空間、「カスケード」はつながり。インターネット上でのつながりは特異な心理状態を生み出しやすく、その危険性が指摘されている。

ネットの負の面	▶▶▶	5
いい面もある度	▶▶▶	4
気をつけたい度	▶▶▶	5

サイバーカスケード

ネット上のつながりが暴走する脅威

　インターネットの普及とともに、我々は不特定多数の人と簡単につながることができるようになった。SNSや掲示板などをとおして誰とでも連絡し、同じ考えや意見をもつ人とすぐに仲間になることができる。これは功罪両面を生み出した。

　一例を挙げると、今はどんなマイナーな趣味や特殊な立場でも、簡単に仲間を見つけて結びつくことができる。これによって、昔では考えられなかったようなマニアックなグループやコミュニティが次々と生まれ、新しい世界が開拓された。

　一方、同種の人ばかりが集まることで、排他的で極端な思想が生まれやすくなる負の面もある。たとえば、あるアイドルのファンのコミュニティにおいて、ほかのアイドルを否定したり、にわかファンや一般人を見下す風潮が生まれたりする。あるいは、車で走りを楽しむグループが、「一般の車は邪魔だ」と考えるようになる。つまり、「自分たちが正しい」という考えに「待った」をかける人がいないことで、集団として暴走しやすくなってしまうわけである。

　そして何より、インターネット上では「あるニュースに対してコメントし合う」などの形で簡単につながりが発生するところに脅威がある。しかも、顔が見えない同士なので言いたい放題になりやすく、エスカレートすると「炎上」という現象へ発展する。

　このように、インターネット上のつながりは、直接対面でつながることにくらべてさまざまな危険をはらんでいる。アメリカの法学者サンスティーンは、こうしたつながりを「サイバーカスケード」と呼び、その問題性を指摘したのである。

◀ 関 連 用 語 ▶

【インターネットの普及】
インターネットのなかった時代は、仲間を作るには雑誌や新聞等で募るか、直接会ってつながるしかなかった。それにくらべてインターネットの普及した現在は、同じ考えを持つ人が簡単に、しかも大規模に集まれるようになった。

【キャス・サンスティーン】
1954年〜。アメリカの法学者。インターネットの自由に対して「民主主義を脅かす存在」と異議を唱え、全米に賛否両論を巻き起こした。

サイバーカスケードが自殺問題にも発展

COLUMN

　サイバーカスケードの問題として、2019年に立て続けに起きた韓国アイドルの自殺は記憶に新しい。いずれもネット上での悪質な書き込みが、自殺の一番の原因だっとされている。書き込みに同調する声が増えることで「自分たちは正しい」という心理が生まれ、書き込みがさらにエスカレートしていった痛ましい事件である。

293 エメラルド・タブレット

左側縦書き：
オカルト・不思議

エメラルド・タブレット

錬金術——。その中二心をくすぐる響きから、多くの創作に取り入れられている古き学問だが、その黎明期に記されたという伝説の秘宝が、このエメラルド・タブレットだ。

お宝度	▶▶▶	5
伝説のアイテム度	▶▶▶	4
難解度	▶▶▶	5

錬金術の極意が記された伝説のエメラルド板

　エメラルド板、エメラルド碑文、緑玉板などとも呼ばれるエメラルド・タブレットは、その名のとおり、文字が刻まれた巨大なエメラルド製の板だ。もし仮に iPad 程度の大きさだとしても、とんでもないお宝といえるわけだが、残念ながら現物は失われて久しい。だが、この板の真なる価値はそこに刻まれていた文章にあり、原文ではないものの、その翻訳文が現在でも伝わっている。

　タブレットを記したのは、1〜3世紀のエジプトで信じられていた伝説の賢者ヘルメス・トリスメギストスだ。彼は神秘（魔術）、医学、哲学、天文学に精通し、『ヘルメス文書』と呼ばれる神秘主義的思想の文献を著したとされ、後世に大きな影響を与えた。また、錬金術の大家であり、「錬金術師の始祖」と呼ばれたり、錬金術のことを「ヘルメスの術」といったりする。そして、このタブレットには彼が到達した“錬金術の極意”が記されていたという。

　実物が失われたあと、その文章は9世紀に編纂されたアラビア語の書物『創造の秘密の書』に見出された。それが12世紀頃にラテン語に翻訳され、次第にヨーロッパ各地へ広まっていく。18世紀には、かのアイザック・ニュートン（彼も錬金術に傾倒していた時期があった）が英訳しており、その文書は現在でもケンブリッジ大学の図書館に保管されている。

　さて、肝心の中身はというと……正直、非常に難解である。比較的短い文書なのだが、寓意まじりかつ抽象的で、読みようによってさまざまに解釈できるものとなっているからだ。有名なのは、「下にあるものは上にあるものの如く、上にあるものは下にあるものの如くであり、それは唯一のものの奇跡を果たすためである」という一文で、これは錬金術の宇宙観を表したものだとされるが、一般人にとっては最早なぞなぞである。だが、それも当然だろう。この謎めいた文章を解読して初めて、錬金術の極意に辿り着けるのであり、伝説の錬金術師の叡智に肩を並べたことになるのだから。

◀関連用語▶

【錬金術】
一般的には卑金属を貴金属に精錬する試みと思われがちだが、それは錬金術の初歩でしかない。究極的には魂を錬成し、人をより完全な存在へと昇華させることがその目的である。古代ギリシアの哲学者アリストテレスの四元素説——物質は火・水・風・土で構成される——からスタートしたこの学問は、やがて化学へとつながっていく。

【エメラルド】
翠玉、緑玉とも呼ばれる世界4大宝石の1つ。緑柱石の一種で強い緑を帯びる。古代ローマやエジプトで珍重され、クレオパトラのお気に入りだったという説もある。モース硬度は7.5〜8で、5月の誕生石。

【トリスメギストス】
ヘルメス・トリスメギストスは、ヘレニズム時代にギリシア神話のヘルメス神とエジプト神話のトート神が習合した存在。あるいは、その威光を受け継いだ人物を指す。トリスは「3」、メギストスは「偉大な」を意味し「3倍偉大なヘルメス」と訳される。

ユダヤ教　中東　天使

 宗教

294 メタトロン

『エノク書』などに登場する天使の1人。賢人エノクと預言者エリヤという兄弟がおり、彼らが神の手で天使メタトロンとサンダルフォンになったともいわれている。

元は人間かもしれない度	▶▶▶ 4
いろいろ謎めいている度	▶▶▶ 4
設定が安定しない度	▶▶▶ 4

メタトロン

神に匹敵するともいわれる大天使

ユダヤ教、キリスト教、イスラム教に由来する天使。『新約聖書』や『コーラン』では特に言及されておらず、聖書偽典『エノク書』でその名前が見られる。

メタトロンという名前は、イラン神話の英雄神ミスラ（ミトラ）に由来するという説や、ギリシア語で"玉座に座るもの"という意味の"メタトロニオス"が語源といわれている。また、アブラハムを導いた天使ヨエルはメタトロンの原型とされ、現代ではメタトロンをヨエルと呼ぶこともある。さらに、メタトロンは異名が多いことでも知られ、"天の書記官"や"神の代理人"、"小ヤハウェ"など、その数は70以上になるそうだ。

メタトロンは"世界に等しい"と形容されるほど大きな体をもち、背中には36枚あるいは72枚の翼が生えているほか、365000個の目をもつという。どのような天使かイマイチ想像しにくいが、その力は大天使ミカエルやガブリエルを凌駕し、神に匹敵するといわれるほどなので、天界の実力者であることは間違いないだろう。

ちなみにメタトロンの双子の兄弟、サンダルフォン（「兄弟」という意味）のほうは、天国の歌を司るのが職務で、サタンと戦う役割があるともいわれている。メタトロン同様、天に達するほど巨大な体をもつ。誕生を控えた胎児の性別を決める天使で、兄弟なのになぜか女性だとする説もある。

◆ 関 連 用 語 ◆

【『エノク書』】

成立年は紀元前1〜2世紀頃。エチオピア正教会では『旧約聖書』の一部としているが、そのほかの教派では偽典とされる。天使や悪魔についての記述が多い。

【アブラハム】

『創世記』に登場する預言者。

【ミカエル】

『ダニエル書』に登場する天使。ユダヤ教、キリスト教、イスラム教のいずれでも偉大な天使とされ、4大天使などに数えられる。

【ガブリエル】

ミカエル同様、『ダニエル書』に登場する天使。キリスト教ではミカエル、ラファエルとあわせて3大天使とされる。

 COLUMN

天使の専門書ともいえる『エノク書』

教派によっては『旧約聖書』の一部ともされる『エノク書』。これは紀元前2世紀頃に書かれた文書をまとめたもので、エチオピア語訳（『第1エノク書』）とスラブ語訳（『第2エノク書』）の2種類が存在する。天使（堕天使）や悪魔について聖書より詳しく書かれており、タミエルやシェムハザなど、ここにしか登場しない天使も多い。

近世 ／ 西洋 ／ 用語

295 魔女狩り
じょが

中世から近世にかけて行われていた魔女狩りでは、多数の
魔女が告発された。現代社会よりも無知だった民衆は、不
安に煽られることで、他者の迫害に至ったのである。

パニック度	▶▶▶	4
無実の罪度	▶▶▶	4
集団ヒステリー度	▶▶▶	5

民衆の不安のはけ口となった？　魔女の被疑者たち

　魔女狩りは、おもに15世紀から18世紀にかけて、ヨーロッパ
を中心とした地域で発生した現象である。

　現代で魔女というと、昔話に出てくるような怪しげな魔術を使う
老婆のイメージがあるが、魔女狩りで告発された人々は必ずしもそ
うではなく、若い女性のほかに、少数ではあるが男性も含まれてい
た。魔女とは悪魔と契約して特別な力を得た人間のことを指してお
り、性別は定義に含まれていなかったのである。

　魔女と疑われた人々の多くは、あまり裕福ではなく、地域のコミュ
ニティから孤立している者が多かったという。現代でも同じ傾向が
あるが、こうした人々は地域で何か事件が起きると、まっ先に関与
を疑われやすいのである。病気が流行したり、誰かの身に不幸な出
来事が起こった場合、不安でパニックを起こした民衆たちは、誰か
を魔女として告発することによって原因を突き止めた気分になっ
て、一定の安心感を得ていたのだ。

　魔女が告発されると、それが本当であるのか確かめるために取り
調べが行われた。取調官によってはそもそも魔女の告発を重要視せ
ず、告発を受理しなかったり軽微な罰を与えて釈放することもあっ
た。だが、なかには魔女を見つけ出すことに執念を燃やしていた者
もいた。そうした取調官たちは被疑者を厳しく詰問し、ときには拷
問を用いて無理矢理自白を引き出そうとした。

　魔女であることを自白した者には、鞭打ちや集落からの追放など
の刑罰が下され、もっとも罪が重い場合には処刑された。処刑さ
れた人々の正確な人数は明らかになっておらず、
数百万人が犠牲となったといわれた時期もあっ
たが、近年の研究では多く見積もっても4万人
前後ではないかといわれている。その多くが、
いわれのない疑いを受けた無実の人々であった
であろうことは、いうまでもない。

◀ 関連用語 ▶

【病気が流行】

魔女狩りが行われた
時代には、さまざまな疫
病の原因が不明だった
ため、魔女の関与が疑わ
れることが多かった。特にペ
ストの流行は、魔女の迫
害につながりやすかった。

【拷問】

魔女の取り調べには、水
につける、水を飲ませる、
体の一部を火であぶる、
体を引き延ばす、熱した
くぎを刺す、というよう
に、さまざまな拷問が用
いられた。なかには魔女
の取り調べをするため
に、新しく考案された拷
問さえあったという。

〈魔女の火刑〉

296 ギルガメシュ

シュメール初期王朝時代に、都市国家ウルクを治めていた王。ギルガメシュはアッカド語で、シュメール語ではビルガメシュ。『ギルガメシュ叙事詩』の主人公でもある。

当初のやんちゃ度	▶▶▶	4
親友との仲良し度	▶▶▶	5
後世の人からの人気度	▶▶▶	5

冥界神としても崇められた伝説的な王

　ウルクはシュメールで勃興した都市国家の1つ。ギルガメシュはウルク第1王朝第5代の王で、紀元前2600年頃の人物と考えられている。在位126年と人間にしては長いが、これは歴代の王が神格化されたためで、ギルガメシュは死後に冥界神として崇められた。『ギルガメシュ叙事詩』によれば、ギルガメシュは第3代の王ルガルバンダと女神ニンスンの子で、2/3は神、1/3は人間とされる。ウルクの城壁を建設した功績もあったが、当初は暴君だったため、人々の訴えを聞いたアヌ神がギルガメシュをこらしめようと野人エンキドゥをつくった。しかし、エンキドゥはギルガメシュと格闘して決着がつかず、互いに認め合って友になる。同等の力をもつ友を得た影響なのか、ギルガメシュの統治は穏やかになったという。以後、ギルガメシュは常にエンキドゥと行動をともにし、杉の森でのフワワ（フンババ）退治や、ギルガメシュが女神イナンナの求愛を断って生じた天の牡牛退治などの話がよく知られている。

　ところで、ギルガメシュの誕生については異聞がある。バビロニアのセウエコロス王が、娘の子に王位を奪われると呪術師に警告された。王は娘を幽閉するも身ごもってしまい、誕生した子は捨てられたがワシに助けられ、のちにバビロンの王となってギルガモスと呼ばれたという。ゲームなどでギルガメシュがバビロンと関連づけられることもあるのは、この話を元にしているのだろう。

〈ギルガメシュのレリーフ〉

関連用語

【シュメール】
メソポタミア南東の地域、またはこの地に誕生した古の文明のこと。周辺はバビロニアと呼ばれ、その南半分がシュメールになる。

【ニンスン】
神格化された王ルガルバンダの配偶神。叙事詩ではギルガメシュが見た夢を元に夢解きをしている。

【アヌ神】
天空や星を司るメソポタミア神話の最高神にして創造神。シュメールではアンと呼ばれた。

【イナンナ】
愛や美、戦いなどを司る豊穣神で、ウルクの都市神でもある。一般にはアッカド語の呼び名イシュタルで知られている。

COLUMN

『ギルガメシュ叙事詩』は教養小説の走り

　『ギルガメシュ叙事詩』には、友情や自然との戦い、死への苦悩などが描かれており、当時の教養小説としての面がある。"労働こそ人間のすべて"とする古代ギリシアの『仕事と日』、インド人の心の故郷ともいわれる『ラーマーヤナ』などもやはり教養小説としての面があり、『ギルガメシュ叙事詩』はその走りともいえるのだ。

第43週　第3日目　水曜日　　　　　　　近代 / 西洋 / 人物

297 メアリー・ポピンズ

パメラ・リンドン・トラバースの児童小説に登場する魅力的なナニー。東風に乗ってやってきて、西風に乗って帰っていく魔法使いは、今もどこかにいるのかもしれない。

ファンタジー度	▶▶▶	3
キャラクター性	▶▶▶	5
はちゃめちゃ度	▶▶▶	5

映画版とは印象が違う？　ツンツンナニー

　きっと多くの人が、この名前を聞いた途端あの呪文のような楽曲を思い出すだろう。1964年にジュリー・アンドリュース主演で映画化されて以降、ディズニーでも人気のあるキャラクターだ。2018年に制作された続編では、25年の歳月が経ったというのに変わらぬ姿で登場し、元・子どもたちを驚かせた。

　ディズニー版では"メリー・ポピンズ"の名で統一されているが、原作である小説では"メアリー（Mary）"とされていることが多い。彼女はイギリスの児童作家・トラバースの手によって、1934年にロンドンへ"やってきた"。バンクス夫妻の4人の子どもたちのナニーとしてだ。

　ナニーとは、住み込みで子どもの面倒を見る乳母兼教育係のこと。ただ、メアリーは普通のナニーとは何もかもが違っていた。まず彼女は魔法使いで、不思議な力でバンクス4兄弟の相手をする。東風に乗ってやってきて、階段の手すりを滑り上がったり、イヌの言葉を通訳したり、鞄からさまざまな道具を取り出すのだ。そしてその人柄も一風変わっている。オランダ人形によく似た美貌、けれど怒りっぽくて、しつけに厳しく、子ども相手でも容赦はしない。決して"優しい"だけの乳母ではないのだ。

　何もかもが常識から外れたナニー・メアリーは、去り際も常識外れだ。春になって風向きが変わると「帰ってくるまで大人しくしていて」といい残し、西風に乗ってどこかへと行ってしまう。けれどその頃にはみんな謎多き風変りなナニーの虜。読者はバンクス4兄弟とともに、再来を今か今かと期待してしまうというわけだ。

関連用語

【呪文のような曲】
曲名は『スーパーカリフラジリスティックエクスピアリドーシャス』。これは映画内で登場するオリジナルの固有名詞（1つの単語）である。

【ジュリー・アンドリュース】
1935年〜。イギリスの女優・歌手。映画『マイ・フェア・レディ』（1956年）のイライザ役で大ヒット、『メリー・ポピンズ』『サウンド・オブ・ミュージック』などで一世を風靡する。

【パメラ・リンドン・トラバース】
1899〜1996年。イギリスの女流作家。さまざまな職業を経験し、病を得るも回復。その後は自分のための物語を書き始める。『風に乗ってきたメアリー・ポピンズ』がヒットし、本シリーズは世界20か国に翻訳されている。

こちらも、日常に潜む魔法使い

COLUMN

ファンタジー色の強い"魔法"を現代社会で、しかも家事に利用するという作品はほかにもある。アメリカのテレビドラマ『奥さまは魔女』（1964〜1972年）だ。ただし、こちらの魔法使い・サマンサは正体を隠すようにいわれている。このドラマのヒットが、のちに日本の一大ジャンルとなる"魔法少女もの"のきっかけとなった。

生物／医学／災害

298 パンデミック

時折ニュースなどで耳にするパンデミック。これは、顕著な感染や死亡被害が著しい事態となる、伝染病などの感染症の世界的な流行を指している。

人類への脅威度	▶▶▶	5
拡散力度	▶▶▶	5
ゾンビ設定度	▶▶▶	4

人類が今なお怯え続ける拡散不希望

　感染症自体は、ヒトや生物が原因となる病原体を含むもの（感染源）と接触して感染し、感染源と接触する人が同じ地域、同じ時期にたくさんいると集団発生する。さらに、ヒトからヒトにうつる伝染病の場合、その規模が大きくなり、集団発生が長期化する。この状態を「流行」と呼び、そのなかでも複数の国や地域にわたるなど、もっとも規模が大きいのが"パンデミック"である。

　人類はこれまで何度もパンデミックを経験しており、①ウイルス感染症の天然痘、AIDS、ペストなど、②細菌感染症のコレラ、結核、発疹チフス、マラリア、炭疽病など、さまざまな病原体が流行してきた。季節ごとに流行るインフルエンザもパンデミックの一種で、全世界で 2500 万人も死亡したというスペイン風邪も正体はインフルエンザである。

　パンデミックのなかでも、人の移動によって国際的な感染拡大が問題となる"新興感染症"、一時期発症が減少していたが再び増加する"再興感染症"は全世界的に警戒されている。実際コレラは7回も大流行を起こしているし、一時期話題になった鳥インフルエンザは現在もパンデミックの危険がある。なお、現在 WHO（世界保健機関）が警戒している感染症は、エボラ出血熱など 19 種類。天然痘は人類が初めて撲滅に成功した感染症だが、万が一生物兵器などに使用されるとパンデミックの危険が高まるので油断はできない。

〈スペイン風邪の流行〉

関連用語

【AIDS】

後天性免疫不全症候群の略称。ヒト免疫不全ウイルス（HIV）が免疫細胞に感染して破壊し、免疫不全を引き起こす。通常の環境では非常に弱いウイルスだが、血液や精液、膣分泌液、母乳などが感染源になりうるため、性的感染が最大の原因になる。

【ペスト】

14 世紀、全世界に大流行し、人口の約3割を死亡させた感染症。別名、黒死病。まずネズミに流行し、その血を吸ったノミが人の血を吸うことで感染していった。パンデミックが起きなくても、現在も死者は出ている。

【マラリア】

熱帯から亜熱帯に広く分布する感染症。マラリア原虫が病原体で、媒介するハマダラカに血を吸われることで感染する。40度以上の高熱を繰り返す症状が特徴。蚊に刺されないことが最重要の予防策で、治療薬もあるが副作用が強い。

COLUMN

ゾンビ作品にありがちなアウトブレイク

流行には３段階あり、狭い地域に限定されるエンデミック、感染範囲と患者数が拡大したエピデミック、そしてパンデミックとなる。そして、それまで発生が見られなかった地域で、急に感染症が集団で発生すること、およびその感染者のことをアウトブレイクというが、ゾンビ系ゲームの状況はほぼこれに類する。

科学・数学

パンデミック

299 カスパー・ハウザー

その昔ドイツに、誰とも接触せず育った孤児がいた。彼の
名前はカスパー・ハウザー（1812年頃〜1833年）。
彼の出生や生涯はいまでも謎に包まれている。

ファンタジー度	▶▶▶ 5
奇怪度	▶▶▶ 5
創作で用いられる度	▶▶▶ 5

彼は結局、どこの誰だったのか？

　カスパー・ハウザーが発見され、町で保護されたのは1828年。そのとき彼は16歳くらいで、言葉もうまくしゃべれず、カスパー・ハウザーという名前がわかるだけだった。

　彼は養育され、常識を学び、人間らしさを身に着けていった。そのあまりに特殊な生い立ちから立ち直っていくさまは、学者をはじめ人々の興味を引き、彼は瞬く間に広く知られるところとなった。そして彼が過去をポツリポツリと語り始めた矢先、彼は何者かに暗殺され、この世を去ってしまう。これにより出生や経緯は謎に包まれたままとなり、さまざまな議論を呼ぶこととなった。

　そもそも彼はどこの誰だったのか。ある者は「バーデン大公家の世継ぎだった子に似ている」といい、またある者は「ナポレオンの隠し子かもしない」というが、どれも確証はない。また、なぜ彼は殺されたのか。彼が生き延びると都合の悪い人間がいるのか、あるいは殺されたのではなく自ら死んだのか。彼に関する議論は尽きず、死後180年以上経った現在もまだ研究が続けられている。

　これだけみんなの興味を引くのは、彼の数奇な人生が神秘に満ちあふれているからだろう。彼はその後、数々の創作のテーマとして描かれた。1975年に映画化された『カスパー・ハウザーの謎』、1991年に日本でも小説化された『カスパー・ハウザー』などが代表的だ。また彼が没したアンスバッハの地では、彼を偲ぶ祭典が開かれている。

　ちなみに、人と接触せず閉鎖的空間で育って発達が遅れる状態を「カスパー・ハウザー症候群」と呼ぶ。1920年にインドで、狼に育てられたとされる少女2人が発見されたが、彼女たちはまさにこの状態だった。ここまで極端でなくても、幼い頃から疎外されて育つと、さまざまな感覚障害が現われることが知られている。

関連用語

【カスパー・ハウザーという名前】

彼はしゃべることはできなかったが、衛兵が紙とペンを渡すと「カスパー・ハウザー」という名前を書き、それによって名前がわかったという。

【バーデン】

1806年に神聖ローマ帝国が解体された際、誕生した大公国。当時、大公家は世継ぎ問題で揺れ動いており、その争いのなかで死んだことにされた赤ん坊がカスパー・ハウザーなのではないか、という説がある。

〈カスパー・ハウザーの肖像〉

300 賢者の石

中世ヨーロッパの錬金術師たちが、こぞって追い求めた伝説のアイテム。それが賢者の石だ。ヘルメス・トリスメギストスだけが錬成できたという幻の石の正体とは？

お宝度	▶▶▶	5
伝説のアイテム度	▶▶▶	5
再現不可能度	▶▶▶	5

あらゆる奇跡を可能にする万能なる石

　賢者の石（Philosopher's stone、哲学者の石とも呼ばれる）は、錬金術における最重要物質で、エリクサーと同一視されることもある。卑金属から貴金属への錬成はもちろん、不治の病や致命傷を即座に治療する、肉体を不老不死にするなど、錬金術的なあらゆる奇跡は、この石を触媒にして起こると考えられた。つまり、賢者の石を生成できなければ錬金術の究極の目的――完全なる人間の錬成へのスタートラインにも立てていないことになる。

　といっても、最初から賢者の石を目指していたわけではない。1世紀頃の錬金術関連の文献には、すでにその名が見られるが、実際に注目され始めたのは、イスラム世界からヨーロッパに錬金術が伝わった12世紀頃からだ。やがて、中世の錬金術師たちは、賢者の石こそがすべてのカギだとして、生成方法の解明に躍起になった。

　しかし、賢者の石の実物を見た者は誰もおらず、生成に成功したのはヘルメス・トリスメギストスただ1人だと伝えられていた。また、文献によって形状や色もまちまちで、石、粘土、粉、液体、あるいはいずれの状態も正しいといわれ、形状はアラビアでは黄色い卵型、ヨーロッパでは赤い宝石のようだと信じられていた。

　そんな雲をつかむような情報のなか、中世ヨーロッパ錬金術に大きな影響を及ぼしたのが、アラビアの錬金術師ジャービル・イブン＝ハイヤーンの『黒き地の書（原題：Kitab al-Kimya、金属貴化秘法大全とも）』だ。この書には、水銀と硫黄の比率で金属は性質を変え、卑金属や貴金属が生じると記されていた。のちに塩が加わるが、ともあれ、錬金術師たちは硫黄と水銀を混ぜて石を作り出そうとする。実際、硫黄と水銀を混ぜると赤い石（辰砂）ができることがあり、これが賢者の石の入り口だと考えられた。だが、辰砂は自然界に存在する普通の石であり、その考えは間違っていた。その後、パラケルススやサン・ジェルマン伯爵ら、数人が生成に成功したという噂がまことしやかに囁かれたが、結局、真偽は不明のままである。

◆ 関 連 用 語 ◆

【エリクサー】
ゲームなどでもお馴染みの錬金術産の霊薬。エリクシール、エリキシル剤などとも呼ばれる。飲めば万病を癒すだけでなく不老不死になれるという。その効能から賢者の石と同一視、あるいは賢者の石を用いて生成されるといわれた。

【黒き地の書】
中世ヨーロッパの錬金術師たちが教本とした書物。アラビア語のタイトル『Kitab al-Kimya』のKitabは「書」を意味し、Kimyaは「エジプト」を指すといわれている。響きからわかるとおりal-KimyaはAlchemyの語源。そしてアラビア語の定冠詞alを除いたのが化学（Chemistry）である。

【辰砂】
硫化水銀からなる鉱物で、透明感のある赤い結晶。中国辰州でよく採れるのでそう呼ばれる。中国式錬金術である煉丹術の材料とされたほか、漢方薬や顔料にも使われた。我が国では弥生時代から丹という名で知られ、主に染料として用いられた。

イスラム教／中東／人物

301 ムハンマド

ムハンマド

預言者として人々に教えを説き、イスラム教を作り出した人物。イスラム教の聖典『コーラン』は、ムハンマドが神から下された啓示を編纂したもの。

ムスリムからの信仰度 ▶▶▶	5
戦士としても有能度 ▶▶▶	5
じつは国も作った度 ▶▶▶	4

神の啓示を受けてイスラム教を創始する

　ムハンマドは神の言葉を代弁する預言者で、イスラム教の開祖。本名はムハンマド・イブン＝アブドゥッラーフ・イブン＝アブドゥルムッタリブだが、日本ではムハンマドやマホメットと呼ばれる。彼はサウジアラビアのヒジャーズ地方にあるメッカの支配部族クライシュ族の人間で、そのなかでも名門であるハーシム家に生まれた。

　ムハンマドの父親は彼が生まれる前に亡くなり、母親も彼が幼いうちに亡くなっている。早くに両親と死別したムハンマドは、叔父や祖父に育てられたという。大人になったムハンマドは、一族のものたちと同じように商人となり、595年に仕事で出会ったハディージャと結婚した。それから15年後の610年、ヒラー山で瞑想にふけっていたムハンマドは天使ジブリールを通して啓示を受ける。当初、この出来事にムハンマドは困惑するが、ハディージャの励ましもあり、彼は自身がモーセらと同じ預言者であることを自覚して啓示の内容を身近なものに伝えてまわったという。ここからイスラム教徒は順調に数を増やしていくが、それを快く思わないものもいた。とくに古くからメッカに住んでいた人間は、古来から続く部族神信仰を否定したムハンマドらを激しく迫害。ムハンマド率いるムスリムはやむを得ずヤスリブに移住し、そこでイスラム共同体を結成する。その後、両者は幾度となく刃を交え、630年にはムハンマド率いるムスリム軍がメッカに侵攻。彼らがこの戦いに勝利してメッカを取り返したことでイスラム教の聖地となったわけだ。

〈集史〉預言者ムハンマド伝

【関連用語】

【メッカ】
サウジアラビアのマッカ州の州都で、マッカとも呼ばれる。ムスリムは1日数回、この地に向かって祈りを捧げる。

【ハディージャ】
ムハンマドの最初の妻。ムハンマドはハディージャを深く愛し、彼女が亡くなるまで、ほかの女性を娶ることはなかったという。

【ジブリール】
『旧約聖書』などに登場する天使ガブリエルの別名。

【ヤスリブ】
アラビア半島の都市。ムハンマドらが移住したのち、"預言者の町"を意味するマディーナ・アン＝ナビーと名を変えた。現代ではメッカに次ぐイスラム教の聖地とされる。

【イスラム共同体】
イスラム教徒によって統治される組織。イスラム国家と同義。

【ムスリム】
アラビア語で"神に帰依するもの"という意味で、イスラム教の信者を指す。

COLUMN

ジハードは本来危険なものではない

　ジハード（聖戦）と聞くと自爆テロなどを想像する人も多いが、この言葉は本来、目標に向かって努力することや異教徒から身を守るための戦いを意味する。ジハード＝テロは誤解であり、イスラム教徒のなかにはテロはイスラム教の教えに反するとして、過激派と呼ばれる人たちを異端視するものも多数存在するのだ。

302 マリー・アントワネット

マリー・アントワネット（1755 ～ 1793 年）は、言動が原因でフランス国民に反発されたといわれる。だが、彼女のエピソードには、事実無根のものも意外に多い。

悲劇の王妃度	▶▶▶	5
慈悲深さ度	▶▶▶	4
空気読めない度	▶▶▶	4

悪意ある噂にゆがめられたアントワネットの姿

　18 世紀末、フランスでは市民革命が起こり、長らく続いてきた王政が崩壊した。この時期、フランス王ルイ16世の王妃だったのが、マリー・アントワネットである。オーストリアの名家ハプスブルク家から嫁いできた彼女は、美貌を称賛された一方で、傲慢、わがまま、浪費家といった欠点を指摘されて民衆の反発を買っており、革命が成功すると夫とともに処刑されてしまった。だが、本当にアントワネットは民衆に憎悪されるほどの悪女だったのだろうか？

　彼女の傲慢さを示しているとして、よく知られているのが、民衆が食糧難に陥った際に「パンがなければお菓子を食べればいいじゃない」といったというエピソードだ。だが、このセリフはフランスの哲学者ルソーの著作から引用されたもので、アントワネット本人がいったことではないことが判明している。それどころか、彼女は飢えた民衆のために寄付を募ったり、自分の子どもにかかる費用を減らして寄付金を捻出する、民衆想いの王妃だったという。

　また、アントワネットの評判を落とした事件として知られている" 首飾り事件 "における疑惑も、実際のところはアントワネットの名前が勝手に使われていただけで、彼女自身は無関係であった。

　アントワネットの浪費によってフランス王室が財政難に陥ったといわれることもあるが、これもおもな原因は長く続いた戦争による戦費の負担と、以前から続いていた王室全体の浪費、火山の噴火による異常気象で発生した飢饉などが重なった結果である。

　アントワネットはとても美しくオシャレ好きで、よく目立つ女性だった。革命前のフランスでは、過去の王政の不手際もあって不満がたまっており、不満の矛先がよく目立つ王妃に向けられてしまった。彼女に悪い噂がたち、必要以上に民衆に憎まれた原因には、そのような側面もあったのではないだろうか。

〈マリー・アントワネットの肖像〉

◆◀ 関連用語 ▶◆

【首飾り事件】

1785 年にフランスで発生した事件。ジャンヌ・ド・ラ・モット伯爵夫人が、マリー・アントワネットの要望と偽ってルイ・ド・ロアン枢機卿を騙し、宝石商から高額の首飾りを購入させた。だが、いつになっても首飾りの代金が支払われなかったため、宝石商が王妃の側近に事情を確認したことで事件が発覚。首謀者のジャンヌやロアン、その協力者らが逮捕され、ジャンヌは有罪となった。その後、事件はなぜかアントワネットの陰謀によって起きたものという噂がたち、民衆の間では王妃の評判が大きく落ちることになった。

303 パズズ

紀元前1000年頃にアッシリアやバビロニアで崇拝された魔神。熱病を起こす風の悪霊の王として怖れられる一方、弱い下位の悪霊を追い払う存在と考えられていた。

当時の信者たちの熱心度 ▶▶▶	4
創作界での知名度 ▶▶▶	4
現代での一般的知名度 ▶▶▶	3

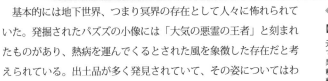

ホラー映画がきっかけで認知度が高まった魔神

　基本的には地下世界、つまり冥界の存在として人々に怖れられていた。発掘されたパズズの小像には「大気の悪霊の王者」と刻まれたものがあり、熱病を運んでくるとされた風を象徴した存在だと考えられている。出土品が多く発見されていて、その姿についてはわりと明確だ。大きめの目がある顔はライオンかイヌのようで、前足はライオン、うしろ足は猛禽。体には鱗があり、背に2対の翼、サソリの尾、蛇頭の男根があるという合成獣的な存在だ。

　またパズズにはラマシュトゥという妻がいる。ライオンの頭にロバの牙、猛禽の足があり、体は毛で覆われ、血まみれの手の指は長く、かぎ爪が生えている。胎児や新生児の犠牲を好むとされ、流産や乳幼児の突然死の原因とされた。アヌの娘とされているので本来は女神だったようだが、先のような姿と幼い子を犠牲とするため悪霊ともいわれる。そのため、妊婦たちはパズズの頭をかたどった御守りを身につけたり、小像を部屋に吊るしたりして信奉した。これは、強大なパズズが下級の悪霊を追い払うとされていたため。パズズがラマシュトゥを冥界へ追いやる浮彫の青銅板なども見つかっていて、信仰が盛んだった様子がうかがえる。

　さて、魔神パズズはキリスト教圏で悪魔とみなされる。悪魔学では長らく取り上げられなかったが、登場した映画『エクソシスト』が世界的にヒットして有名になり、日本のゲームやマンガ、特撮作品でも名が見られるようになっている。

関連用語

【悪霊】
元々精霊は中立的な存在で、人間にとって有益な効果をおよぼすものをよい精霊、害をなすものを悪い精霊としているに過ぎない。そして、この悪い精霊が悪霊というわけだ。

【地下世界】
古代では死体を特定の山などに埋葬する土葬が多く、そのため死者の世界、つまり冥界は地下にあると考えられていた。これはメソポタミアに限ったことではなく、世界各地の神話にも見られる傾向だ。

【悪魔】
キリスト教では"父なる神"以外の神を認めていない。魔神のパズズが悪魔とされるのは納得だが、基本的には善悪に関わらず、精霊たちはもちろん、異教の神々も悪魔とされる。

〈パズズ頭部像〉

古代メソポタミアの精霊、怪物の区別

COLUMN

古代メソポタミアの精霊や怪物は複数の動物の部位が合わさった姿で表され、鳥頭人身のような直立した存在は精霊、人頭牡牛のような四足の複合動物は怪物と区別されている。精霊にはよい精霊、悪い精霊がおり、怪物のなかにも神に従うものがいて、姿が怪物のようだからといって必ずしも悪い存在ではない。

近代　西洋　小説

304 そして誰もいなくなった

探偵ポアロ、ミス・マープルシリーズで知られる女流作家アガサ・クリスティの代表作。クローズド・サークル、見立て殺人を扱った推理物として最高傑作と謳われている。

世界的知名度	▶▶▶	4
後世への影響力	▶▶▶	5
傑作度	▶▶▶	5

U.N. オーウェンは誰だったのか？

　アガサ・クリスティと言えば、エルキュール・ポアロやミス・マープルといった探偵小説で有名な女流作家で、そのシリーズは世界中で愛されている。奇抜なトリックも魅力だが、そこに関わる人物やその葛藤の描写も素晴らしく、人間ドラマとしても楽しめる。

　「ミステリーの女王」「死の侯爵夫人」「犯罪の女王」という誉れ高い呼び名をほしいままにした彼女の代表作の1つが、『そして誰もいなくなった』だ。本作を知らずとも、このフレーズは聞いたことくらいあるだろう。このタイトル、元々はマザー・グースの1つ『10人のインディアンの子ども』の一説なのだ。

　「10人のインディアンの少年が食事に出かけた。1人がのどを詰まらせて9人になった」……そんな調子で1人ずつ少年が減っていき、最後にはとうとう「そして誰もいなくなった」。本作では"U.N. オーウェン"という謎の人物の招待を受け、孤島に集められた年齢も立場もバラバラな10人の男女が、この歌詞のとおりに1人ずつ殺されていく。そしてそのたびに、10個あったインディアン人形も1つずつ減っていくのだ。

　連絡手段も脱出手段もない閉鎖空間で事件が起こる"クローズド・サークル"、童謡や伝承になぞらえた殺人が行われる"見立て殺人"。どちらも推理物の"お約束"であるが、その両方を巧みに組み込んでいる。本作は横溝正史や綾辻行人をはじめ、日本の新本格ミステリーにも多大な影響を与えた。また大変限定的ではあるが、ゲーム『東方Project』でも本作のオマージュがある。これで知ったという諸兄もいるのではないだろうか。

◆◆◆ 関連用語 ◆◆◆

【マザー・グース】
イギリスに伝承する童話の総称。子守歌や物語詩、早口言葉などさまざまな種類がある。

【10人のインディアンの子ども】
Ten Little Indians. 歌詞が過激なため、近年では表現がマイルドになっている。10人目は結婚していなくなるのが原本だが、クリスティの作品中では改変が加えられている。

【東方Project】
ZUNによる弾幕シューティングゲーム、またそれら作品群の総称。単に「東方」とも。

事件を解決するのは、灰色の脳細胞

COLUMN

　名探偵ポアロの言葉に「灰色の脳細胞」というものがある。ポアロ自身が、優れた洞察力を持つ自分の頭脳を指して使う言葉なのだが、これが転じて名探偵＝灰色の脳細胞を持つもの、という風潮になった。実は原文では「grey cells」、つまりニューロンの集まる灰白質を指しており、そのまま「知能」だとか「頭脳」という意味だったりする。

文学

そして誰もいなくなった

305 化石戦争
（かせきせんそう）

19世紀末アメリカで、とある戦争が行われた。といっても本当の戦争ではなく、壮絶な競争、しかも恐竜の化石を巡る化石発掘競争である。その名も化石戦争！

現場は迷惑度	▶▶▶	5
後年も迷惑度	▶▶▶	4
恐竜発見度	▶▶▶	4

破壊・妨害もアリアリだった化石発掘レース

　化石戦争で争ったのは古生物学者の、エドワード・ドリンカー・コープとオスニエル・チャールズ・マーシュである。元々2人は友人だったが、徐々に関係が悪化。ある化石採集のとき、マーシュは採石所の管理人に賄賂を渡してコープに化石を回さないよう頼んだ事件が起き、関係の亀裂は決定的となった。

　そして1870年代、2人は大きな化石が発見されたと噂されるアメリカ西部へ向かい、お互い化石層で化石を発見しては、恐竜や古生物にまつわる発表をしまくる。と同時に、お互いのミスを指摘し合う個人攻撃合戦も繰り広げられた。特に1877年以降、コモ・ブラフの化石層での競争時はバチバチ状態で、現地スタッフ、先住民なども巻き込んでいる。情報合戦やスパイ、賄賂は序の口。相手の作業員を奪い合う、化石を横取る、発掘現場への妨害工作、さらには相手に奪われないため、壊れた化石をさらに破壊したこともあった。結局この化石戦争は2人の資金が尽きるまで続いたという。

　そんな化石戦争の結果、コープは56種、マーシュも80種の新種恐竜を発見。トリケラトプス、ステゴサウルス、アロサウルスなど今ではおなじみの恐竜が多数見つかっているだけに、古生物学の進展に大きく貢献したのは間違いない。しかし一方で、功を焦ったゆえのでたらめな復元も多く、混乱を招いた事実も無視はできない。

関連用語

【エドワード・ドリンカー・コープ】

1840～1897年。アメリカの古生物学者。絶滅した脊椎動物の属の新種を1000種も報告しており、生涯に発表した科学論文も1200を超える。

【オスニエル・チャールズ・マーシュ】

1831～1899年。アメリカの古生物学者。アパトサウルスやアロサウルスといった恐竜だけでなく、翼竜、初期のウマ、イクチオサウルスなどについても記載している。

【コモ・ブラフ】

ワイオミング州ロックリバーとメディシンボウの間に位置する長い尾根。ジュラ紀後期の化石を含む地層が露出しており、保存状態のよい標本が発見されている。

〈オスニエル・チャールズ・マーシュ（左）とエドワード・ドリンカー・コープ（右）の写真〉

復元ミスは、初期恐竜研究ではあるある

COLUMN

マーシュとコープの諍いの1つに、エラスモサウルスの復元図がある。コープの復元図では尻尾の場所に頭があり、それをマーシュが指摘し、恥をかかせたというものだ。骨を間違えるミスは初期の恐竜研究には時折あり、イグアノドンの親指の大きな爪も、当初は鼻先の角に間違えられていたことがある。

心理学 ／ 西洋 ／ 用語

306 ゼロサム思考

誰かが得をすれば、その分、別の誰かが損をする。損と得の合計は差し引きゼロである、という考え方がゼロサム思考だ。この考え方は非生産的で不幸になりやすい。

ゲーム的度	▶▶▶	5
理屈っぽい度	▶▶▶	5
ためになる度	▶▶▶	5

物事をゼロサムで考えることのデメリット

ゼロサムとはそもそも数学的現象で、その意味は文字どおり「合計がゼロになる」ということ。たとえば競馬の馬券は、勝った人が得る額と負けた人が払った額がイコールで、全員の収支はゼロサムである。負けた人が多いほど勝った人の取り分は増え、逆に勝った人が多ければ1人あたりの儲けは少なくなる。FX（外国為替証拠金取引）なども同様で、これらはゼロサムゲームと呼ばれる。

こうした理屈で物事を考えるのがゼロサム思考である。ゼロサム思考は、物事がゼロサムかどうかとは関係なく、本人がそう思い込んでいることを指している。実際にはゼロサムなことではないのに「あいつが幸せなせいで自分は不幸になってしまった」とか、あるいは「自分のほうが正しい、なぜならあいつが間違っているからだ」などと考えるのが、ゼロサム思考である。

もっとも、世の中には捉え方によってゼロサムだったりそうでなかったりするものも多い。たとえば漫画とアニメがファンを奪い合ったらゼロサム関係だが、協力してお互いに市場を拡大していけば Win-Win の関係になる。しかし、その代わりプラモデルやフィギュアのファンが減ってしまうかもしれない。趣味というジャンル全体で見たら、ゼロサムの関係になっている場合もあるのだ。

このゼロサムの部分をことさら重視するのもゼロサム思考である。だが「どうせゼロサムだし」とうしろ向きに考えていると、いい物は生み出せないし他者との関係も悪くなっていく。なので、他業種や全体のことはさておき、自分の周囲だけでも Win-Win を目指して前向きに生きることが、一般には推奨されている。

 【関連用語】

【競馬の馬券】
正確には、みんなの賭け金から胴元の取り分を除いた総額を、勝った人が分け合う仕組みになっている。つまり胴元まで含めたら、勝った人と負けた人の収支を合計してもマイナスであり、ゼロサムどころかマイナスサムゲームといえる。

【ゼロサムゲーム】
ゼロサムの原理で動いているものはゼロサムゲームと呼ばれる。数学と経済理論から生まれたゲーム理論の1つ。

【Win-Win】
お互いにメリットがある関係。スティーブン・R・コヴィーのベストセラー著書『七つの習慣』のなかで使われ、広まった。

COLUMN

ゼロサムとは逆の「非ゼロ和」

ゼロサムとは逆に、誰かの得が別の人の損と連動しないものは「非ゼロ和」と呼ばれる。株式市場ではみんなの買った銘柄が値上がりすればみんな儲かるし、MMORPG では競い合いはあっても全員がだんだん強くなっていく。ゼロサムゲームとこうした非ゼロ和ゲームのどちらが好きかは、性格が現われるところである。

307 パラケルスス

パラケルスス（1493～1541年）は、ヨーロッパの錬金術師でもっとも有名な人物。医者でもあった彼は、錬金術で得た知見を薬学に応用し、数々の業績を立てた。

天才医師度	▶▶▶	4
錬金術度	▶▶▶	5
伝説付け加えられ度	▶▶▶	5

ルネサンス期を代表する伝説の錬金術師

　フィリップス・アウレオールス・テオフラストゥス・ボンバストゥス・フォン・ホーエンハイムという長い本名をもつこの男は、スイス出身の医師兼錬金術師だ。通称のパラケルススは「古代ローマの大医師ケルススをしのぐ者」という意味で、若い頃に自称し始めたようだ。実際、生涯医師として欧州各地を遍歴しながら施した彼の治療は、錬金術にまつわる鉱物や化合物を薬に用いている。これは現代医学に通ずる画期的な処方だったが、時代を先取りし過ぎていた。さらに、自説を声高に主張する性格が災いし、理解を得るどころか多くの敵を作ってしまう。弟子にも「学者としては天才、人間性は最低」といわれているから、よほどの難物だったのだろう。

　医学だけでなく錬金術についても、彼は積極的に発信した。当時の錬金術は火・水・風・土の四元素説と、硫黄と水銀を用いる二原質説が主流だったが、パラケルススは「物質の根幹は硫黄、水銀、塩の配合で形作られ、そこから四元素が生じる」という独自の"三原質説"を提唱した。また、四元素についても独自の論を展開し、『妖精の書』で「四元素の内には四大精霊が存在している」と記している。彼が考案したこの四大精霊像は、今日のファンタジー系創作物の定番として、そっくりそのまま用いられている。

　そうした破天荒な人物ゆえか、パラケルススにはさまざまな噂や伝承が生まれた。有名なのは「賢者の石を生成（あるいは所有）した」というものだ。彼は、石をアゾットという名が刻まれた短剣に嵌め込んで肌身離さず持ち歩き、行く先々で病人を癒したり、黄金を作り出して貧しい人に与えたりしたというが、別の噂では「彼は悪魔使いで、アゾット剣に封じた悪魔を使役して奇跡を起こしている」ともいわれた。ほかにも、ホムンクルスを生成したとも伝えられる。これについては、自身の著作『ものの本性について』に製法が記されており、生み出された存在についても具体的な記述がある。だが、彼以後にホムンクルスを誕生させられた者はいない。

【ケルスス】

紀元前25～紀元後50年頃に実在した古代ローマの学者にして医者。フルネームはアウルス・コルネリウス・ケルスス。『医学論』という書を残しており、ローマ時代の医学を知る最高の資料となっている。なお腫瘍をキャンサー（cancer）と訳した人物としても知られる。

【妖精の書】

正確には『ニンフ、シルフ、ピグミー、サラマンダー、その他の精霊についての書』というタイトル。四元素に宿るエーテル体の自然霊について細かく描写された1冊で、現代のファンタジー物のほとんどが、この設定を踏襲している。

【ホムンクルス】

錬金術で創られる人造人間のこと。ホムンクルスはラテン語で「小人」という意味がある。『ものの本性について』によれば、蒸留器に入れた人間の精液を腐敗させると生まれるようだ。ホムンクルスは生まれながらにあらゆる知識を備えているが、フラスコのなかでしか生きられないという。

308 六信五行
（ろくしんごぎょう）

六信五行はイスラム教の根幹をなす信条と義務のこと。その内容は宗派によって異なるが、義務である五行はイスラム教徒であれば誰でも実践している。

どの宗派でも重要度	▶▶▶ 5
礼拝だけは知ってる度	▶▶▶ 4
仏教用語かと思った度	▶▶▶ 4

六信五行

ムスリムに欠かせない6つ信仰と5つの義務

六信五行はイスラム教徒がもつべき6つの信条と、実行すべき5つの義務のこと。宗派によってその内容は異なるが、重要視されていることに変わりはない。以下はイスラム教最大の宗派であるスンナ派が定めている六信五行だ。

【六信】

①唯一にして絶対の神であるアッラー

②アッラーに仕える天使の存在

③アッラーから預言者に下された啓典の内容

④アッラーが定めた預言者の存在

⑤死後の世界や来世の存在

⑥アッラーが定めた人それぞれの運命

【五行】

●信仰告白：アッラーのほかに神は存在せず、ムハンマドはアッラーの使徒であることを唱え、再確認する

●礼拝：1日5回、聖地であるメッカに向かって礼拝する

●喜捨：収入の一部を困窮者に施す

●断食：9月（イスラム暦）には飲食を断ち、闘争や性交渉なども避ける

●巡礼：メッカのカアバ神殿への巡礼

イスラム教徒はこれらの信条や義務を大事にしており、特に信仰告白や礼拝は、海外ドラマのワンシーンなどでもよく見られる。

関連用語

【スンニ派】

正統派（多数派）とも呼ばれるイスラム教の最大宗派。次いで信者が多いのがシーア派で、こちらは五信十行となっている。

【モスク】

イスラム教における礼拝堂。

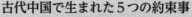

古代中国で生まれた5つの約束事

COLUMN

六信五行のような教えは世界各地で見られる。有名なものでいえば中国の儒教の五常（仁義礼智信）だろう。これは人が常に守るべき5つの道で、要約すると仁は人を思いやる、義は欲望に捕らわれず行動する、礼は仁を行動で示す、智は正しい判断を下すために柔軟な思考をもつ、信は嘘偽りなく仁義礼智をまっとうするとなる。

第45週　第1日目　月曜日

309 アウステルリッツ三帝会戦 <ruby>さんていかいせん</ruby>

フランス軍が、オーストリア・ロシア連合軍と戦ったアウステルリッツ三帝会戦（1805年）。数で劣るフランス軍が不利とみられたが、指揮官ナポレオンには秘策があった。

豪華メンバー度	▶▶▶	5
ナポレオンの罠度	▶▶▶	5
圧勝度	▶▶▶	5

アウステルリッツ三帝会戦

敵の思考を読み切って勝利につなげた名采配

　18世紀末、革命後のフランスで台頭したナポレオン・ボナパルト（1769〜1821年）は、大陸軍と呼ばれる巨大で精強な軍隊を編成し、ヨーロッパ全域を対象とした侵略戦争（ナポレオン戦争）を始めた。フランスの軍門に下ることを拒否した周辺国家は、対仏大同盟を結成して対抗した。その戦いの1つの区切りとなったのが、アウステルリッツ三帝会戦である。この戦いはフランス軍と、オーストリア・ロシア連合軍の戦いで、フランス皇帝ナポレオン1世、オーストリア皇帝フランツ1世、ロシア皇帝アレクサンドル1世という3人の皇帝が参加していることから、三帝会戦と呼ばれている。

　決戦の直前、不利な立場にあったのはフランス軍だった。73000人のフランス軍に対し、連合軍は84500人と兵力が劣っていただけでなく、オーストリアの別動隊も迫っていたからである。窮地を脱するには、できるだけ早く連合軍を破る必要があった。ここでナポレオンは、1つのアイデアを閃いた。戦術的に重要な拠点となるプラッツェン高地を占領後、あえてこれを放棄して、有利な地形を捨てるほどフランス軍が逃げ腰になっているという芝居を打ったのである。連合軍はまんまと作戦に引っかかり、高地に陣取った。

　戦闘が始まると、ナポレオンは自軍の右翼を手薄に見せて連合軍を誘い出して戦力を分散させ、頃合いを見計らって隠れていた別動隊に攻撃を命じて高地に残る連合軍を撃退した。そして高地から進軍中だった連合軍を挟み撃ちにして、これも撃破したのである。その後も戦場の各地で激戦が続いたが、高地を巡る戦いで勝利したフランス軍が次第に優勢となり、オーストリア軍は降伏。ロシア軍も撤退した。両軍の戦死者の数は、フランス軍が1305人に対して連合軍は約15000人。自ら隙を作って敵を思いどおりに動かすナポレオンの勇気と決断力が、戦史に残る圧勝劇につながったのだ。

◀ 関連用語 ▶

【対仏大同盟】

フランス革命の影響の広がりや、ナポレオンが始めた侵略戦争に脅威を感じた周辺諸国が、打倒フランスのために結成した同盟。第一次から第七次まで、7回の同盟が組まれている。中心となったのは7回の同盟すべてに参加したイギリスで、ほかにもオーストリアやロシア、プロイセンなどさまざまな国家が参加した。

〈アウステルリッツの戦いのナポレオン〉

310 ザッハーク

ペルシアの叙事詩『王書』（シャー・ナーメ）の登場人物。神話時代にイランを統治した第5代の王で、ゾロアスター教の怪物アジ・ダハーカと同一視されている。

野望度	▶▶▶	5
甘言への耐久度	▶▶▶	1
人間をやめた度	▶▶▶	4

ザッハーク

悪魔の計画でイランの王になった異形の暴君

　神話の時代にアラビアの砂漠を治めていたマルダース王の息子。勇敢だったものの、軽率なところがあり、悪魔イブリースに野心をくすぐられて王位を簒奪した。さらに彼は肩から黒いヘビが生えた異形となり、治療と信じて人間の脳から作った料理をヘビに喰わせ始める。その後イランで争乱が起こり、悪魔の企みで王に迎えられたザッハークが1000年間統治することになる。

　ある日、ザッハークは勇者に倒される夢を見て、司教から「のちに殺害する男の息子フェリドゥーンに王位を追われる」と予言された。ザッハークは予言の実現を阻もうとするが、17人もの子を奪われた鍛冶屋が王に反旗を翻し、生き延びていたフェリドゥーンと合流。反乱軍が結成されて宮殿へと押し寄せた。運命を悟りながらもザッハークはフェリドゥーンと戦って敗北。ダマーヴァンド山の岩に鎖で縛られ、深い穴の底に逆さ吊りにされたという。

　さて、6世紀以前のイランで信奉されたゾロアスター教に、絶対悪とされるアンラ・マンユの最悪の被造物として三頭の怪物アジ・ダハーカが登場する。のちにイランがイスラム化され、アジ・ダハーカが人間に置き換えられたのがザッハークだ。ザッハークは小説や一部のソーシャルゲームに登場しているが、アジ・ダハーカに比べると登場作品は少ない。人間ベースのザッハークに比べ、アジ・ダハーカのほうがモンスターとして扱いやすいからだろう。

◆ 関連用語 ◆

【イブリース】
イスラム教における魔王で、ユダヤ、キリスト教のサタン。魔王アンラ・マンユがイスラム教に即して置き換えられたと思われる。

【フェリドゥーン】
『王書』に登場する英雄。ザッハークを倒してイランの新たな王になる。ゾロアスター教でアジ・ダハーカを倒す英雄スラエータオナとは同一人物。

【アフラ・マズダー】
ゾロアスター教の最高神で創造神。絶対的善でもあり、善き者には喜びが、悪しき者には苦しみがあると定めた。

【アンラ・マンユ】
ゾロアスター教の魔王。最初から存在し、アフラ・マズダーの化身が善を選んだ際に悪を選んだだけだったが、のちにこれが忘れられて絶対悪とされた。

〈ダマーヴァンド山に拘束されるザッハーク〉

COLUMN

ザッハークの前身アジ・ダハーカとは？

ゾロアスター教の聖典『アヴェスター』では、アジ・ダハーカはアフラ・マズダーの被造物を破壊するために生み出された存在。日本ではダハーカ竜とも訳され、「三口、三頭、六眼、千術」とあることから、千の術を使う3つ首のドラゴンとされている。数千年後に復活して人類を襲うが、今度は英雄クルサースパに倒される運命にある。

311 異邦人
（いほうじん）

異邦人

1942年発行、フランスの作家アルバート・カミュの処
女作であり代表作。母親の死から始まる、ある青年が死刑
に至るまでの、"ただそれだけ"の物語である。

世界的知名度	▶▶▶ 4
不条理度	▶▶▶ 5
深読み度	▶▶▶ 5

捉え方は人それぞれ　"不条理"の物語

　フランスの小説家、評論家、劇作家として知られるカミュは、貧
しい出自ながらも大学で哲学を修め、反戦記者として活躍、1957
年にはノーベル文学賞を受賞している。そんな彼のデビュー作であ
り、代表作といえるのが『異邦人』だ。

　『異邦人』は中編の小説で、本を読み慣れた人ならば数時間で読み
切ってしまうだろう。本作は「きょう、ママンが死んだ」という1
文から始まる。主人公は平凡な青年・ムルソー。母を亡くしたばか
りだというのに、彼は特に悲観に暮れるということなく、葬儀を終
えた翌日には女と情交し、他人の喧嘩に巻き込まれて殺人を犯して
しまう。裁判では彼を置き去りにしたまま、人々はムルソーという
犯罪者の異端性を語り、ついには死刑を宣告する。死刑の執行を待
つあいだ、牧師の説法を拒絶した彼は「自分は幸せだ」と実感する。

　裁判にて、殺人を犯した理由を「太陽のせいだ」と答えたという
くだりを知っている人もいるだろう。ムルソーは全編にわたり、心
にもない感情を語ることを拒絶している。母の葬儀で泣くことも、
罪を軽くするために反省するそぶりも見せることはない。それに
よって不道徳だとか冷血とののしられようと、死刑を宣告されよう
と、それで彼は"幸せ"なのだ。

　タイトルの「異邦人」だが、一般名詞としては「異国の人」や「旅人」、
またはユダヤ人にとっての「ユダヤ人以外の民族（非ユダヤ教徒）」
という意味がある。どれも端的にいってしまえば「自分とは別の文
化圏の人間」という意味である。さて、本書のタイトルにある「異
邦人」とは誰にとっての、誰のことなのだろうか。

◆関連用語◆

【アルバート・カミュ】
1913～1960年。フラン
スの小説家、劇作家、評
論家。戯曲『カリギュラ』
や評論『反抗的人間』な
どを残す。同年代の作家・
思想家であるサルトルと
論争したことでも有名。

COLUMN

基準がよくわからないノーベル文学賞

　"人類に最大の貢献をもたらした人々"に贈られるノーベル賞のなかでも、カミュが受
賞した文学賞の選考基準は毎年何かと話題になっている。傾向としてSFやミステリー、
コメディーなどの大衆文学は選ばれにくく、かと思えば小説家でない人物が受賞した
りする。2016年のボブ・ディランなどは記憶に新しいだろう。

312 恐竜ルネサンス
きょうりゅう

1960年代、ある小型恐竜の化石が、それまでの恐竜研究に大きな一石を投じ、その後の価値観をガラッと変えることになる。その名はデイノニクスだ。

新発見度	▶▶▶	5
新たな学説度	▶▶▶	5
映画元ネタ度	▶▶▶	4

恐竜ルネサンス

恐竜のイメージを大きく変えた大発見＆改革

それまで恐竜といえば、大型でのろまな変温動物というイメージがあった。しかし、1964年、ジョン・オストロムがデイノニクスの化石を発見したことで、その印象が一変する。この恐竜は、骨格から時速50km前後と素早く、知能も高く、群れで狩りをする凶暴な小型肉食恐竜と推測された。このような活発な動きをするには恒温動物でないと無理なので、恐竜恒温説という考えが広まった。恐竜は現生の恒温動物と同じく活動的な生活を営む、高度な社会性をもっていた、という新たな恐竜のイメージが広まるきっかけとなったのがデイノニクスなのだ。

オストロムはさらに最古の鳥類、アーケオプテリクス（始祖鳥）についても検証し直し、多くの共通点があることから、鳥類はデイノニクスのような獣脚類から進化したとして、1860年代にトーマス・ハクスリーが最初に主張した "鳥類の恐竜起源説" を復活させる。そしてオストロムの弟子であるロバート・バッカーは、彼の主張を支持し、この恐竜恒温説を恐竜ルネサンスと呼んで、恐竜は進化の行き止まりではなく、鳥類として生き残ったと述べた。さらに恐竜は哺乳類の祖先に対して優位であったとか、それまで水陸両性だとみなされていた竜脚類は完全な陸生動物だった、などと主張。恐竜研究に関する新たな仮説で論争を巻き起こした。

また、この恐竜ルネサンスは一般大衆の興味を大きく引き、イメージを変えることに貢献。後年に公開された恐竜映画も、恐竜ルネサンス以降のイメージで描くことが多くなった。それだけ影響は大きかったのである。

関連用語

【ジョン・オストロム】

1928～2005年。アメリカの古生物学者。デイノニクスの化石を発見し、恐竜はトカゲのようなものではなく、むしろ大きな飛べない鳥であるという説を論証した。

【トーマス・ヘンリー・ハクスリー】

1825～1895年。イギリスの生物学者。チャールズ・ダーウィンの進化論を強烈に弁護して、ダーウィンの番犬の異名をもつ。

【ロバート・T・バッカー】

1945年～。アメリカの古生物学者。師であるジョン・オストロムとともに恐竜ルネサンスを強力に推し進めたが、言説が過激なので物議を醸すことが多い。

COLUMN　80年代に登場した新説、隕石衝突説

1980年代になって新たな学説として話題になったのが、恐竜の絶滅理由として、白亜紀末期の巨大隕石衝突がある。この頃の地層を調べると高濃度のイリジウムを検出。これが隕石に多く含まれる元素であることから、この説が浮上した。メキシコのユカタン半島の巨大クレーターは、その痕跡ではと考えられている。

哲学・心理・思想

マニエリスム

313 マニエリスム

レオナルド・ダ・ヴィンチたちが活躍したルネサンス時代も、後期になると新しい文化が台頭し始める。この時期に栄えた美術様式は「マニエリスム」と呼ばれている。

奇妙度	▶▶▶ 5
不遇だった度	▶▶▶ 5
意外に身近度	▶▶▶ 4

奇妙な画風が特徴のマニエリスム

　ルネサンスの時代はリアリズムが追求され、自然のあるがままを写し取るスタイルが芸術の中心だった。レオナルド・ダ・ヴィンチ、ミケランジェロ、ラファエロなどによりリアリズムは極められていき、1500年前後にルネサンスはピークを迎えたとされている。

　そこからは芸術の方向性が変わり、巨匠たちの作品を模倣しつつ、これまでにない表現を加えた作風が次々と登場する。こうした作品群が「マニエリスム」と呼ばれているものである。

　マニエリスムとは、イタリア語で様式や方法を意味する「マヌエラ」が語源。つまり「様式主義」ということである。この時期の作品は、人体のサイズ比を極端に変えたり、ねじれたポーズや歪んだ遠近感などを取り入れた画風が特徴だ。こうして、巨匠たちの作品をベースに奇抜なアレンジを加えた作品が増えていった。

　しかし当然ながら、こうした作品はあまり評判が良くなかった。「創造性を失った模倣主義」などともいわれ、否定的な目で見られていたそうだ。それが20世紀に入ってから見直され、「独自の美意識の表現」としてマニエリスムは評価されるようになった。

　さて、現在でも偉大な先人の作品を模倣してアレンジするのは、映像・音楽・ゲーム等を問わず常套手段である。なかには「二番煎じ」や「ただのパクリ」と酷評されるものもあるが、マニエリスムと同様にいずれ再評価されるときが来るかもしれない。

関連用語

【ルネサンス】
1300〜1600年頃に西欧で起こった、古代文化の復興を中心とした文化。1400年頃から本格化し、1500年頃にピークを迎え、そこから1600年頃までの時期がマニエリスムと呼ばれる。

【ミケランジェロ・ブオナローティ】
1475〜1564年。ルネサンスを代表する芸術家の1人。リアリズムを追求した男性像の彫刻『ダビデ像』はあまりにも有名である。彼は後年、作風を変え、マニエリスムの先駆けとしても知られている。

〈『長い首の聖母』〉

COLUMN

『ジョジョ』はマニエリスムがルーツ？

独特の絵柄で知られる人気漫画『ジョジョの奇妙な冒険』。なかでも登場人物たちの奇妙な立ちポーズはマニエリスムを思わせ、「ジョジョ立ち」の愛称で親しまれている。作者の荒木飛呂彦氏はバロック時代の彫刻から影響を受けたと語っており、そのバロック芸術の元となったマニエリスムが影響しているのは確かだろう。

偽書／西洋／アイテム

314 シオン賢者の議定書

ナチス・ドイツによるユダヤ人の大量虐殺を引き起こした要因の1つともされる文書。しかし、その内容は過去に出版されたとある本を真似たものだった。

みんな騙された度	▶▶▶	4
ユダヤ人ブチギレ度	▶▶▶	5
ナチスには都合がいい度	▶▶▶	4

大量虐殺を招いた罪深い書

『シオン賢者の議定書』は、第1回シオニスト会議で発表された"シオン24人の長老"による決議文。世界征服を企むユダヤ人が、世界を裏から支配する方法を話し合うために密かに開いた会議の議事録……という設定だが、現在では捏造された偽造文書だと断定されている。そもそもこの文書は、ナポレオン3世の反民主的な政策を揶揄したモーリス・ジョリー著『モンテスキューとマキャヴェリの地獄対談』と内容がそっくりであった。作者はロシアの秘密警察あるいは反ユダヤ主義者とされ、いずれにせよロシアが関係している可能性が高い。また、作った理由に関しても諸説あるが、ロシアで反ユダヤ主義が強まっていたためといわれている。

ロシアで発見されたこの文書は、世界各地で出版され、人々の反ユダヤ人感情を刺激することになる。しかし、1921年にイギリスの新聞ロンドン・タイムズが捏造であると報道し、ユダヤ人に対する疑惑は晴れるのだが、ドイツだけは反応が違った。

ナチスは誤報だと報道。その内容はユダヤ人を説明するのに適していると、『シオン賢者の議定書』を反ユダヤ主義の根拠に利用したのだ。その結果、ドイツでの反ユダヤ主義は強まり、のちの"ホロコースト"に繋がったとされている。それゆえに、『シオン賢者の議定書』は世界中に存在する偽書のなかでも、「史上最悪の偽書」や「史上最低の偽造文書」などと呼ばれている。

〈英誌『タイムズ』〉

関連用語

【シオニスト会議】

故郷であるイスラエルに国を再建するという目的の下で開催されたユダヤ人の代表者会議。第1回は1897年にスイスで開かれ、具体的に国を再建する手段や諸外国から同意を得る方法などが話し合われた。

【『モンテスキューとマキャヴェリの地獄対談』】

1864年にフランスで出版された本。その内容は、かの有名なナポレオン・ボナパルトの甥であるナポレオン3世が世界征服を企んでいると訴えるもの。

【ホロコースト】

元々はユダヤ教の宗教用語だったが、「大虐殺」や「大破壊」を意味するようになった。そして現在では、第二次世界大戦時、ナチスドイツがユダヤ人に対して行った大虐殺を指す。

COLUMN

剣術の奥義を記したのは弟子だった？

第三者によって偽造されたと考えられている書物は、『シオン賢者の議定書』以外にも多数存在する。日本人に馴染みの深いものでいえば、剣豪・宮本武蔵が書いた兵法書『五輪書』が有名だ。じつはこの書は武蔵の死後、彼の弟子が書いたという説がある。もしもこれが事実なら非常に優秀な弟子だったといえよう。

宗教

ハサン・サッバーフ

315 ハサン・サッバーフ

イスラム教の宗派の1つで、暗殺教団と呼ばれて怖れられたニザール派の開祖。最初の指導者であるハサンには魔術にも精通していたという伝承も残っている。

伝説的な組織度	▶▶▶ 5
敵に回したくない度	▶▶▶ 5
題材として好まれる度	▶▶▶ 4

暗殺集団を率いた老獪な戦士

　イスラム教の2大宗派の1つ、シーア派の一派であるイスマーイール派。そこから派生したのがニザール派であり、その開祖が"山の長老"の別名で知られるハサン・サッバーフだ。

　ハサンが生まれたのは、テヘランの南にある都市クムで、時期は11世紀頃とされる。17歳までテヘランで数学や天文学、イスラム教について学んだハサンは、1072年に正式にイスマーイール派の信徒となった。そして1094年、ファーティマ朝の第8代カリフであるムスタンスィルが亡くなり、イスマーイール派は指導者の座を巡って内部紛争状態となる。廃嫡されたニザールを支持していたハサンは、その代理人としてニザール派を作り、ムスタアリー派に対抗したのである。

　彼らはイラン中西部にあったアラムート城砦をはじめとするいくつかの山岳要塞を拠点とし、さまざまな活動を行っていた。このことからのちにハサンは「山の長老」と呼ばれることになる。また、セルジューク朝などの敵対勢力に対しては、要人の暗殺も厭わなかったため、いつしか暗殺教団として恐れられるようになったそうだ。最初の指導者であるハサンも、セルジューク朝の宰相ニザームルムルクを暗殺したという伝承が残っている。彼らの活躍は半ば伝説と化しており、現代のファンタジー作品にはニザール派をモデルにしたと思われる架空の組織も多数登場する。

◆ 関連用語 ◆

【シーア派】
【イスマーイール派】
シーア派は、スンニ派と双璧をなすイスラム教の2大宗派の1つ。そのシーア派に属するのがイスマーイール派で、そこからさらにニザール派とムスタアリー派に派生した。

【ファーティマ朝】
イスマーイール派が建国したイスラム王朝。北アフリカで誕生し、やがてカイロに移ってエジプト周辺を支配した。

【カリフ】
イスラム共同体（国家）の指導者に与えられる称号。

【セルジューク朝】
イスラム王朝の1つ。イランやイラクなどを支配していた。

暗殺を生業にするものたちもいた？

COLUMN 暗殺者を養成したり、彼らを使って人を殺す組織は暗殺教団に限らず、世界各地で確認されている。たとえば1930年頃のアメリカには、犯罪シンジケートの殺人部門にあたる殺人株式会社なるものが存在した。しかもその本部はコンビニで、ここに電話をかけて依頼をするとすぐにターゲットを始末してくれるというから驚きだ。

316 オットー・フォン・ビスマルク

オットー・フォン・ビスマルク（1815～1898年）はドイツ帝国の宰相を務めた人物だ。「鉄血宰相」の異名から堅物のように思えるが、意外に人間臭いエピソードも多い。

名政治家度	▶▶▶ 5
カリスマ度	▶▶▶ 5
歯医者嫌い度	▶▶▶ 5

ドイツ帝国建国の立役者の意外な弱点

　ビスマルクは現在のドイツという国家の原型となった、ドイツ帝国の建国にあたって中心的な役割を果たした政治家である。プロイセン王国の首相だった彼は、それまで大小39の小国家が乱立していたドイツ連邦の統一を考え、そのために必要な軍備拡張政策を宣言した。このときに行った演説が「問題の解決は演説や多数決によってではなく、鉄と血によってなされるのです」と締めくくられていたことから、「鉄血宰相」というあだ名がつけられたという。

　統一に向けて動き出したビスマルクは、まずデンマーク、続いてオーストリア、さらにはフランスと続けて戦争を行い、そのすべてに勝利してドイツ帝国成立のお膳立てをした。そしてプロイセン皇帝ヴィルヘルム1世を説得して、ドイツ帝国の初代皇帝に即位させ、ドイツ帝国の建国を成し遂げたのである。

　このように目的達成のために強い意志をもち、敏速かつ合理的に物事を進める人物だったビスマルクは、政治学や法学など政治家として必要な教養に加えて、哲学や神学、医学などの博士号も有する高い教養の持ち主だった。大久保利通や伊藤博文ら、明治時代の日本の政治家たちも、ビスマルクを尊敬して模範としたという。だが、ともすれば完璧な人間のように思える彼にも、一般人と同じような一面があった。よく知られているのは、たくさん食べることと酒を飲むことが大好きで、医者に注意されるほど太っていたというエピソードである。国政の管理はきちんとできても、自己管理は苦手だったのだ。また、歯医者を信用しておらず、虫歯があっても怖がって治療しなかった、という子どものようなエピソードも残っている。ドイツ帝国を建国した偉大な英雄でも歯医者が苦手というのは、なんともかわいらしい弱点である。

〈ビスマルクの写真〉

◀◀◀ 関連用語 ▶▶▶

【プロイセン王国】
18世紀から20世紀初頭にかけて繁栄した王国。現在のドイツ北部からポーランド西部にまたがる領土を有しており、ドイツ連邦ではオーストリア帝国に次ぐ勢力を誇った。

【ヴィルヘルム1世】
1797～1888年。プロイセン王。ビスマルクを首相に任命し、ドイツ統一を果たしてドイツ帝国の初代皇帝となる。ビスマルクとはたびたび意見が衝突したが、自身が世を去るまで首相として政務を任せた。ビスマルクも、主君を「誠実で正直で信頼できる人物」と語っていた。

317 シヴァ

ブラフマー、ヴィシュヌと並び、ヒンドゥー教で最重要とされる神。シヴァ派では最高神とされ、ヴィシュヌを重視するヴィシュヌ派と双璧を成すほど人気がある。

知名度	▶▶▶ 5
人気度	▶▶▶ 5
妻への愛情度	▶▶▶ 5

暴風神ルドラを前身とする破壊と再生の神

　ヴィシュヌ、シヴァ、ブラフマーの三神を3つの側面とし、本質的には1柱の神と考えるトリムールティでは、ブラフマーが創造し、ヴィシュヌが維持する世界を、シヴァが最終的に破壊するとされる。一般的には、もつれた長い頭髪、額の第3の眼、青い喉などが特徴で、さらに首にヘビを巻き、三日月の装身具をつけて三叉の槍トリシューラを持っている。山の神でもあり、住居とされるヒマラヤのカイラス山で苦行をしていたため、瞑想する姿で描かれることも多い。妻は同じく山の女神とされるパールヴァティ。息子に商業と学問の神ガネーシャ、軍神スカンダがいる。乗り物は乳白色の牡牛ナンディンで、シヴァが踊る際には音楽を奏でるという。

　シヴァは人気があるわりに、起源はあまりはっきりしない。ただ「シヴァ」には「吉祥者」という意味があり、『リグ・ヴェーダ』では神々の添え名として使われ、のちに暴風神ルドラの婉曲表現としてシヴァが使われるようになった。ここから、シヴァの前身はルドラであり、これに火神アグニや雷神インドラの要素なども加わって、現在知られるシヴァが形成されていったようだ。

　シヴァは創作作品でも人気で、特にソーシャルゲームやカードゲームでは比較的強力なキャラクターとしてよく登場する。シヴァが直接登場するわけではないが、破壊神という特性を設定に活かした小説やマンガなどもあるので、興味があれば探してみよう。

〈シヴァとパールヴァティ〉

◀関連用語▶

【リグ・ヴェーダ】
ヒンドゥー教やその前身のバラモン教の聖典。紀元前1000～紀元前500年頃につくられた「ヴェーダ」と呼ばれる聖典群の1つで、そのなかでは最古とされている。

【第三の眼】
ヒンドゥー教やヨーガ、密教などで人体の中枢とされるチャクラの1つ。シヴァのそれは、欲望を焼いて灰にするとされている。

【ルドラ】
暴風の神で、暴風雨を神格化したマルト神群の父。破壊と恐怖の神とされる一方、病を癒す神でもあり、シヴァと通じる面がある。

日本で七福神に生まれ変わったインド神

COLUMN

　シヴァにはマハーカーラという化身があり、密教に取り入れられた。マハーには「大、偉大なる」、カーラには「時間、黒」という意味があり、ここから大黒天と名付けられた。当初は憤怒の相だったが、日本では「大黒」が「大国」と通じることから室町時代頃に大国主命と結びつけられ、七福神で知られる柔和な"大黒さま"になった。

近代 / 西洋 / 童話

318 星の王子さま

1943年に出版されたフランスの作家サン・テグジュペリの代表作。作者がアメリカに亡命している間に執筆された。絆や愛について、詩的かつ寓話的に描かれた名作。

世界的知名度	▶▶▶	5
年齢層の広さ度	▶▶▶	5
愛され度	▶▶▶	5

幻想か現実か、不思議な王子様との出会い

　童話、小説、児童文学、絵本、どのジャンルに当てはめるのも何か違うような気がする本作は、砂漠の真ん中に不時着した飛行士と、小さな王子様の対話の物語だ。原題『Le Petit Prince』を直訳すると『小さな王子様』なのだが、日本では内藤濯訳の『星の王子さま』の名で通っている。世界中で翻訳されている作品ではあるが、タイトルに"星"とついているのは珍しいそうだ。

　砂漠で出会った小さな王子様は、地球ではないほかの星からやってきた。彼が元いた星にはバラがおり、そのバラと仲違いしたことでさまざまな星を巡る旅に出たのだ。自身が見てきた星々の話をし終えた王子様は、最後に自分の星に帰っていく。旅のなかで得た「かんじんなことは、目に見えないんだよ」という言葉を残して。

　ちなみに、あの印象的なイラストも作者によるものだ。何ともいえないつぶらな瞳からは表情が読み取れず、だからこそ見る者の感情が反映される鏡のように思えてくる。読者は飛行士の"ぼく"に没入して、2人ぼっちの砂漠で王子様と対話をするのだ。

　サン・テグジュペリはほかにも飛行士が登場する作品を残している。どれも幻想的・寓話的なのかと思いきや、むしろこの詩的な書き口は彼にとって珍しい作風だ。『夜間飛行』では、航空郵便会社で働くパイロットと支配人の苛烈な仕事模様を描いている。

　彼はこの美しい物語を世に送り出すと、志願兵として第二次世界大戦に参戦する。そしてコルシカ島から偵察飛行のために飛び立ち、そのまま行方知れずとなった。星の王子さまに会いに行ったのだろうか……というのは、さすがにロマンチックが過ぎるだろう。

関連用語

【サン・テグジュペリ】

1900～1944年。フランスの小説家、飛行士。由緒ある貴族の出で、軍役後、民間の航空会社に勤める。そのかたわら執筆活動を行い、『南方郵便機』(1929年)で文壇デビュー。その後も飛行士が登場する物語を数々発表した。

【内藤濯】

1883～1977年。明治・大正期のフランス文学者・翻訳家。日本におけるフランス文学研究の草分け的な存在。

【夜間飛行】

1931年発行。夜間や暴風のなかでも飛行する航空郵便会社のパイロットと、それを取り仕切る支配人のある一夜を描いた、サン・テグジュペリの代表作。

COLUMN

『星の王子さま』の著作権の謎

2005年、『Le Petit Prince』の新訳ブームが起きたのは覚えているだろうか。テグジュペリは1944年をもって法的に死亡とされた。本来なら当時の著作権保護期間50年に合わせ、日本では1994年に失効していたはずになる。しかし、日本には"戦時加算"という制約があるため、旧連合国著作の保護期間が60年に延長されていたのだ。

319 羽毛恐竜

恐竜ルネサンスが物議を醸してから約30年後、また新たな化石が発見され、恐竜のイメージを変えることになる。それは、羽毛の痕跡が見られる恐竜の化石だった。

世紀の大発見度	▶▶▶	5
新常識度	▶▶▶	4
注目度	▶▶▶	4

科学・数学

羽毛恐竜

鳥の祖先＝恐竜説を確実にした大発見

元々鳥類の祖先、アーケオプテリクス（始祖鳥）の化石の発見以来、鳥類と恐竜の関係は強く示唆されていた。しかし1920年代からは、鳥類と恐竜の関係を否定し、鳥類はワニ類などから進化したとする説が広く受け入れられる状況が長年続く。ところが1960年代、恐竜ルネサンスによって鳥類の恐竜起源説が再浮上。分岐分類学などの発展によって、これを支持・賛同する学者も多くなるのだが、それでもまだ、その明確な証拠は見つかっておらず、論争は継続中という状態が続いた。

そして1996年、中国遼寧省からシノサウロプテリクスの化石が発見される。これは当初鳥類と考えられていたが（中国名も中華竜鳥）、のちに恐竜だと判明。ついに羽毛が化石化された状態の恐竜という、明確すぎる証拠が出たのである。その後中国から、ミクロラプトル、プシッタコサウルス、ディロング、ヴェロキラプトル、ユウティラヌスなど、羽毛恐竜の化石が多数発見されたほか、北米でも羽毛恐竜が見つかっている（オルニトミムス）。現在羽毛恐竜は20種類以上発見されており、少なくとも一部の恐竜は羽毛を生やしていたことは確実視されている。いまや「羽毛があった？」から完全に疑問符は取れたといっていい。

恐竜がなぜ羽毛をもつようになったのかについては、保温のためという説が主流だ。恐竜がいた時代の気温は高温だが、夜は気温が低く、体温が変化しやすかった体長2m前後の初期恐竜にとっては、羽毛の発達は効果があったとみられている。もちろんまだまだ謎が多いので、今後の研究次第でまた姿は変容するだろう。

◆ 関 連 用 語 ◆

【シノサウロプテリクス】

1996年中国で発見された、小型の羽毛恐竜。史上初めて羽毛が化石になっている状態で発見された。小動物や昆虫などを捕食していたと考えられている。

【プシッタコサウルス】

2002年中国で発見された、小型の羽毛恐竜。成体と34体以上の幼体の化石が、巣と思われる構造で一緒に発見され、子育てをしていたと考えられる。二足歩行の草食恐竜。

【ユウティラヌス】

2012年に登録された中国で発見された羽毛恐竜。全身に羽毛を生やした大型獣脚類として注目されている。ティラノサウルス上科の祖先的な存在。

名称統合によって消えたブロントサウルス

COLUMN

新種の恐竜が出る一方、消えていく恐竜もいる。かつての図鑑には載っていたブロントサウルスは、その後の研究でアパトサウルスと同一種で成長段階の違いと判明した。名前はアパトサウルスのほうに統合され、ブロントサウルスの名は自然と消えることになった。こうして名前が統合されるケースはしばしばある。

芸術思想 ／ 西洋 ／ 用語

320 バロック

バロック音楽やバロック建築など、現在でもバロックの名前は馴染み深い。バロックとは、ルネサンス時代のあとに西欧中に広まった大胆で激動の文化である。

今も有名度	▶▶▶	5
壮大な文化度	▶▶▶	5
創作と関係ある度	▶▶▶	5

哲学・心理・思想

バロック

西欧のあらゆる文化に浸透したバロック

　ルネサンスの時代は自然主義といって、自然のあるがままを描写する芸術が中心だった。しかし後期になると、躍動感を求めて歪曲するマニエリスムが台頭し、やがてバロック時代の幕開けとなる。バロックの時代では、よりダイナミックな動きや効果、凝った造りなどが取り入れられ、西欧のあらゆる芸術に広まっていった。

　代表的なのはバロック建築だ。豪華で凝った装飾の大きな建物が次々と造られ、現在でも残っている建造物は多い。世界遺産に登録されたベルサイユ宮殿もその1つである。

　また、当時を代表する芸術家ベルニーニの彫刻は、美術館や礼拝堂などに今も飾られている。その美しくどこか奇妙な姿をした彫像は、漫画『ジョジョの奇妙な冒険』を生み出すきっかけとなった、と、同漫画の作者・荒木飛呂彦氏は語っている。

　そして、バロックといえば音楽だ。それまで音楽は宗教曲や声楽が中心だったが、バイオリンやチェンバロなどさまざまな楽器が作られ、オーケストラやオペラが登場した。「音楽の父」と呼ばれるバッハが活躍したのも、この時代である。

　バロック音楽を象徴する1つが、ポリフォニーのスタイルだ。ポリフォニーとは、伴奏や和音を使わず、複数のメロディだけで音楽を構成すること。2・3音だけでも音楽を作れるその手法は、音源に制約のあったファミコン時代のゲームにも取り入れられている。

関連用語

【ジャン・ロレンツォ・ベルニーニ】

1598～1680年。バロック時代を代表する芸術家。建築、彫刻、絵画、音楽と幅広く才能を発揮した。代表作にボルゲーゼ美術館に飾られている彫刻『アポロンとダフネ』などがある。

【ヨハン・セバスチャン・バッハ】

1685～1750年。バロック時代を代表する音楽家。西洋音楽の基礎を築き"音楽の父"とも呼ばれる。同時期に活躍した音楽家にヴィヴァルディ、ヘンデルがいる。

【『ドラゴンクエスト』】

1986年にファミコンで発売されたゲーム。ファミコンにRPGをもたらした画期的な作品で、社会現象にまでなった。現在に亘ってシリーズが続いている。

《『アポロンとダフネ』》

COLUMN

バロック音楽を生かした『ドラクエ』

バロック音楽を取り入れたゲームとして、ファミコン版の『ドラゴンクエスト』は有名だ。作曲家のすぎやまこういち氏は、音源に制約のあるファミコンを「メロディ＋メロディ」という形で生かし、バロック調の魅力的な音楽を作り上げた。なお、『ドラゴンクエストⅡ』以降は現代的な音楽へと方向性が変わってきている。

321 ヴォイニッチ手稿（写本^{しゃほん}）

オカルト・不思議

ヴォイニッチ手稿（写本）

未知の文字や色鮮やかな挿絵で多くの人々を魅了してきた謎多き手稿。発見から200年以上経過した現在も内容は不明とされ、研究者たちが解読を試みている。

作者不明度	▶▶▶	5
解読不能度	▶▶▶	5
不気味度	▶▶▶	5

そこに記されたものとは果たして

『ヴォイニッチ手稿』は、1912年にアメリカ人の古書収集家ウィルフリード・ヴォイニッチがイタリアのとある古城で発見した古文書。現存するものは約240ページで、各ページには未知の文字や動植物などのイラストがびっしりと記されている。文字に関しては自然言語なのか人工言語なのか、そもそも文字ではなく記号ではないのかなど、さまざまな見方がなされており、いまだにその内容はわかっていない。過去には暗号解読のスペシャリストがこれらの文字の解読に挑戦したが失敗に終わり、近年ではこの手稿の解読にAIまで用いられているというから驚きだ。また、2011年にはアリゾナ大学で放射性炭素年代測定が行われ、手稿の羊皮紙が1404〜38年頃のものだということが判明している。しかし、肝心の作者や執筆時期はわからず、これについてもさまざまな説が唱えられた。なかには天使の言語を発見した魔術師ジョン・ディーの助手として知られる錬金術エドワード・ケリーが書いたと考える人もいるようだ。

　何が書いてあるのかわからないのをいいことに、フィクション作品ではぶっ飛んだ設定が加えられることも多い。たとえばイギリスの作家コリン・ウィルソンは、自身の作品のなかで『ヴォイニッチ手稿』を『ネクロノミコン』の写本だとしていた。手稿の内容は誰にもわからないので否定はできないのだが、架空の書物の写本というアイディアはなかなかに斬新といえる。

◆関連用語◆

【放射性炭素年代測定】
対象に含まれた炭素14の量を元に、それが誕生した時期を割り出すというもの。

【ジョン・ディー】
1527〜1608年。イギリスの魔術師。錬金術師や占星術師としても有名。エノク語という天使の言語を発見した。

【エドワード・ケリー】
1555〜1597年。ジョン・ディーの助手として天使の言語を研究した。のちに錬金術師として有名になるが、詐欺師だったともいわれている。

【『ネクロノミコン』】
アメリカの小説家ハワード・フィリップス・ラヴクラフトが生み出したクトゥルフ神話に登場する架空の魔術書。魔術の奥義が記されている。

〈『ヴォイニッチ手稿』ページを展開したもの〉

現代でもよく知られている古代の書物

COLUMN

現代人を魅了する古代の書物はヴォイニッチ手稿だけではない。たとえばハンガリーで発見されたレヘニッツ写本が有名で、こちらも内容についてはいまだに解明されていない。また、中世期で最大といわれるギガス写本も広く知られている。これは重さ75kgもある超巨大な写本で、修道僧が悪魔の力を借りて書いたとされている。

原始宗教　オセアニア　用語

宗教

322 マナ

ファンタジー作品では魔法を使う際に必要となるエネルギーをマナと呼ぶことがあるが、本来のマナも似たようなもので、現地でも超自然的な存在として扱われていた。

そこが発祥だったのか度	▶▶▶	4
神秘的な存在度	▶▶▶	4
ゲームでよく見る度	▶▶▶	5

マ
ナ

オセアニア発祥の超自然的な力

マナとはおもにメラネシアやポリネシアで信じられていた地域宗教の概念。人間や動物など、あらゆるものに宿る超自然的な力や存在を指している。マナは人から人、ものからもの、人からものと移動させることができ、病気の人間にマナを与えて治したり、道具に注入してその性能を高められると信じられていた。「一族の族長が立派に役目をこなしているのは、マナが宿っているからだ」など、時には魅力やカリスマといった形でも用いられたという。単純な力としてだけではなく、もっと広くさまざまな要素を内包したものがマナという存在なのだ。この概念は、イギリスの宣教師コドリントンの著書『メラネシア人』などで紹介された。そして世界の諸宗教における超自然的なものを理解するために有効な概念とされ、学会に大きな影響を与えたという。

西洋にもち込まれたマナの概念は、SF作家ラリー・ニーヴンに利用された。彼は1976年に出版されたファンタジー小説『魔法の国が消えていく』で、マナを魔法を使うために必要な有限の資源として描いている。つまり、ロールプレイングゲームで魔法を使ったときに消費するマジックポイントのような存在として、マナという言葉を初めて使ったのだ。これが話題を呼び、以降、ファンタジー小説やゲームで似たような定義や設定が用いられるようになったのである。ラリー・ニーヴン発のマナの概念は、やがて日本にも上陸し、今ではごく当たり前のように使われている。もっとも、誰が日本で最初に使いはじめたのか、それは正確にはわからない。だだ、この言葉を広めるきっかけとなった作品はいくつもある。

◀ 関連用語 ▶

【メラネシア】

オーストラリアの北から北東に位置する島々の総称。日本ではパプアニューギニアやフィジーなどが有名。

【ポリネシア】

太平洋のミッドウェー諸島、アテアロア、イースター島を結んだ三角形内にある島々の総称。

【ラリー・ニーヴン】

ハードSFを得意とするアメリカの小説家。代表作は『リングワールド』。『魔法の国が消えていく』においてマナを資源として描いた。

COLUMN

マナを広めたファンタジー作品

日本でマナを広めた一因になったのは、水野良氏の小説『ロードス島戦記』や、同じ世界観を共有していた『ソード・ワールドRPG』だろう。前者はまだライトノベルというジャンルが存在しなかった頃に、剣と魔法のファンタジー小説として人気を博した。この作品のなかで、魔術師は体内にあるマナを消費して魔法を使用している。

323 ウラジミール・レーニン

ウラジミール・レーニン（1870 ～ 1924 年）は、第二次ロシア革命を起こし、史上初の社会主義国家・ソビエト連邦を作った初代指導者。いわゆる建国の父である。

生粋の革命家度	▶▶▶	4
建国の父度	▶▶▶	5
遺体永久保存度	▶▶▶	5

ウラジミール・レーニン

今も遺体を保存され続ける生粋の革命家

ソビエト連邦、通称ソ連を建国したレーニンは、本名ウラジミール・イリイチ・ウリヤノフといい、レーニンは筆名。「レナ川の人」という意味である。出は貴族に列せられた家だが、自分の理想の正しさと革命指導者としての能力に少しも疑問を抱いていないという、生粋の革命家気質の人物である。

レーニンは、マルクスの『資本論』を読んでマルクス主義運動家となって政治活動を本格化。「職業的革命家からなる革命政党が労働者を指導する」という主張のものと、ロシア社会民主労働党の分裂で誕生したボリシェヴィキを指導した。第一次大戦中の1917年に二月革命が勃発すると、戦争への対応で臨時政府と対立したソビエトを支持。続く十月革命で、臨時政府の打倒に成功した。その後、レーニンは旧勢力、干渉する外国、離反した他政党などの対立勢力と戦いながら大胆な革命を推し進め、1922年12月にようやくソビエト社会主義共和国連邦が成立する。しかし、レーニンは著しく健康を害して静養を余儀なくされており、2年後に亡くなってしまった。

死後、レーニンの遺体は保存処理され、モスクワのレーニン廟に永久展示中。ロシア革命から100年以上経った今も、ホルムアルデビド溶剤を主とする防腐剤、バルサム液に1年半に1回漬けて保存している。それほど共産主義国家的には神格化されている人物なのだが、レーニン自身は無神論者で宗教批判者なので、皮肉というほかない。

〈レーニンの写真〉

関連用語

【カール・マルクス】
1818 ～ 1883 年。ドイツ出身の哲学者、思想家。マルクス主義を打ち立てて、社会主義・共産主義社会の到来を説いた。

【ボリシェヴィキ】
ロシア社会民主労働党が分裂して形成された左派の一派。レーニンが率いた。ロシア革命時のスローガンは「パン・土地・平和」。

【ソビエト連邦】
1922 年にロシア、ウクライナ、ザカフカースなどの各共和国を統合し、形成された共和制国家。ソビエト連邦共産党による一党制。

COLUMN

独裁者として有名なスタ……おや、誰か来たようだ

レーニンの次にソ連最高指導者となったスターリンは、独裁者としての側面が有名だ。彼は政策に反対する人々だけでなく、敵になりうる人物も処刑したり強制収容所に送ったりと完全追放した。ちなみに、深夜にドアがノックされ、内務人民委員部の人間が入ってきて連行される当時の慣例を、「深夜のスターリンノック」という。

324 カーリー

ヒンドゥー教の女神で、パールヴァティーと同一視される
ドゥルガー女神の憤怒相とされている。多くの神話に見ら
れる艶やかな女神とは違い、恐ろしい姿で殺戮を好む。

戦い大好き度	▶▶▶	5
最強の嫁度	▶▶▶	5
最恐の嫁度	▶▶▶	5

かなり凶暴でとてつもなく強いインドの女神

　カーリーの活躍は聖典の1つ『ディーヴィー・マーハートミャ』
で語られている。あるとき、アスラ王シュンバと弟ニシュンバが三
界を征服し、美しい女神ドゥルガーに求婚。断ったドゥルガーを捕
えようと軍を派遣した。すると、怒りで顔が黒くなったドゥルガー
の額からカーリーが出現。咆哮しつつ剣で斬り、髑髏杖で打ち、足
で踏み潰し、とがった歯で噛み砕くという暴れっぷりでアスラを全
滅させた。続いてアスラが全軍で攻め寄せ、大アスラのラクタヴィー
ジャが向かってきた。彼には流れた血から分身が現れる力があった
が、カーリーは流れた血を飲み干すとともに分身を喰らいつくし、
ラクタヴィージャは血を失って死亡。すると勝利に酔ったカーリー
が踊りだし、大地が踏み割られそうになったため、シヴァが体を踏
ませて正気に戻したともいわれる。このため、カーリーの絵画や像
にはシヴァを踏んでいるものが多い。

　カーリーの戦いぶりはドン引きレベルだが、ドゥルガーも強大な
アスラを倒すために神々が力を結集して生み出した存在。その怒り
の部分だけを備えているので、事情がわ
かれば納得だ。日本にもカーリー好きは
それなりにいて、"最強の女神"を語る際
によく名が挙がる。ソーシャルゲームで
も強めのキャラクターとしての登場が多
く、またカーリーのように変身して暴れ
る女子高生という、ちょっと変わった設
定のマンガもある。

◀ 関 連 用 語 ▶

【三界】
天、空、地、の3つの世
界のこと。ちなみに一般
的には天、地上、地下の
場合が多く、仏教では欲
界、色界、無色界を三界
と呼ぶ。

【アスラ】
地下世界に住むとされる
魔族で、仏教の阿修羅で
もある。古くは天空や法を
司るヴァルナ神と眷属を
指していた。ゾロアスター
教では最高神アフラ・マズ
ダーがアスラ、ヒンドゥー
教の神がダエーワ（悪魔）
とされ、逆転している。

〈カーリー〉

COLUMN 強いから人気という女神の変わり種

　一般的な姿は、黒髪に黒い肌、髑髏の首飾りをかけ、歯を剥いた口から長い舌を出し
ている。腕は4本かそれ以上で、曲刀と三叉の槍、生首とその血を受ける器を手にし、
腰に人間の頭や手足でつくった腰巻を巻いていることもある。この恐ろしい姿はカー
リーが純粋に敵を打ち砕く戦いの神だからで、インドではその強さゆえに人気がある。

325 1984年(ねん)

1949年に発行されたイギリスの作家ジョージ・オーウェルの小説。ディストピア小説のヒット作であり、近年も村上春樹の『1Q84』で再び注目を浴びた。

不条理度	▶▶▶ 5
影響力	▶▶▶ 5
現実味度	▶▶▶ 5

ディストピア小説の金字塔

　ディストピア、という言葉をご存じだろうか。逆ユートピア、反ユートピアとも呼ばれるこの概念は、理想社会を描く"ユートピア"の逆、反理想的な社会を描いたものだ。

　ジョージ・オーウェルの書いた『1984年』は、ディストピア文学のなかでも大きな反響を呼んだ。舞台は架空の超大国オセアニア。ここでは全体主義、監視体制、権力の集中、思想統制と弾圧、戦争状態が恒常的になっていた。指導者ビッグ・ブラザーの下、思想統制のための新たな言語"ニュースピーク"を強要され、歴史さえも政府によって都合の良いものに改ざんされていく。まさにその情報統括を行う部署"真理省"に勤める下級官吏のウィンストン・スミスは、監視カメラの死角で自身の考えをノートに記していた。

　現代の問題点を解決しないままに発展してしまった"近未来"を記した本書だが、発行は1949年、"未来"はたった35年後を示している。近未来どころか目前の将来の域だ。これは想像しうる近未来への"警告"でなく、現代社会の"風刺"の意味合いが強い。

　作者のオーウェルは本作以前に、スターリンの独裁政治を風刺した『動物農場』を記している。そもそも彼は近未来SF作家でなく、全体主義風刺の作風なのだ。それはイギリス統治下のビルマ（ミャンマー）にて警察官をしていた経験も大きく影響しているのだろう。彼の描くディストピアは決して空想のものではなく、現実の延長線上に発生しうる"未来"の姿なのだ。

〈ジョージ・オーウェルの写真〉

関連用語

【ジョージ・オーウェル】

1903〜1950年。イギリスの小説家。本名はエリック・アーサー・ブレアでオーウェルは筆名。ビルマでの警察官勤務を経て、その後パリやロンドンで放浪生活を送る。職を点々としながらルポタージュなどを記す。

【動物農場】

1945年に発行されたオーウェルの出世作。虐げられた家畜が人間を追放し、自分たちで農場を管理するという寓話的な作品。ソ連のスターリン体制を戯画化した。

【未来SF】

未来小説といえば先に登場したウェルズの『タイム・マシン』があるが、これを"初のディストピア小説"とする向きもある。

COLUMN

2パターンに分かれるディストピア

ディストピアの概念は拡大しているが、大きく2つのパターンに分けられる。大衆の理想を追うあまりに過度な合理主義社会になったパターン。そして権力者による独裁が行き過ぎたパターンである。結果的にどちらも非人間的な監視社会になるのだが、前者はわりと発展しているのに対し、後者は荒廃していることが多い。

326 ピルトダウン人

近年でも科学界で捏造・不正論文事件のニュースが世間を賑わせることがあったが、科学史上最大の捏造事件といえばこれ、ピルトダウン人である。

世紀の大捏造度	▶▶▶	5
悪影響度	▶▶▶	5
真相は闇度	▶▶▶	4

長年専門家を騙し続けた、幻の人類の祖先

ネアンデルタール人、ジャワ原人などの人骨化石が発見され、人類進化の過程が徐々に解明されつつあった 20 世紀初頭。チャールズ・ドーソンなるアマチュア考古学者から、大英博物館にピルトダウンから発見された頭頂骨と側頭骨が持ち込まれた。博物館のアーサー・スミス・ウッドワード卿は現地に赴き、後頭骨や下顎骨、石器、動物の化石などを発見。骨を調べると、頭の骨は現生人類のように大きく、顎骨は類人猿のようであったし、動物の化石から年代を推定すると更新世初期約 258 万年前頃とみられた。こうしたことからこのピルトダウン人は、現生人類の祖先とみなされた。そして当時の著名な人類学者たちも、この説を支持したという。

ところが後年、北京原人やアウストラロピテクスなどの化石が発見され、人類の進化が明らかになるにつれ、ピルトダウン人はそうした進化の流れから外れていることになり、疑問点が多くなってくる。化石が発見されたはずの地層からは、ドーソンの死後から一切化石も見つかっていなかった。

そして捏造が覚覚したのは、1949 年。フッ素法という年代測定によって、この骨が 5 万年前のもので、ピルトダウン人が類人猿と現生人類をつなぐ存在、ミッシングリンクではないことがはっきりした。さらに精密な分析が行われ、顎骨はオランウータンのもの、臼歯は整形されたもの、薬品を使って着色されたこと、現地で発掘された動物の骨はほかの地域のものであることなどが突き止められた。加工された捏造品だったわけだ。

犯人と疑われるのは当然ドーソンで、一応ほぼ彼だと断定されている。しかし、彼は利用されただけではという意見もある。また、博物館の学芸員だったマーティン・ヒントンの所持品から、ピルトダウン人と同じ加工を施した化石が見つかっており、彼が真犯人ではという説もある。残念ながら、捏造発覚前後に当時の関係者はことごとく他界しているため、真相は闇のなかだ。

関連用語

【ネアンデルタール人】

1856 年ドイツで発見され、科学的研究の対象となった化石人類。生きていた時代は約 40 万年～ 4 万年前。類人猿と現生人類の中間に位置づけられる原始人と考えられたが、その後の研究では現生人類の祖先ではなく別系統の人類とする見方が有力である。

【北京原人】

1921 年、中国北京の森林で発見された化石人類。生きていた時代は 68 ～ 78 万年前。アフリカ大陸に起源を持つ原人で、なんらかの理由で絶滅したと考えられている。

【アウストラロピテクス】

1924 年に南アフリカで発見された化石人類。約 400 万年～ 300 万年前に生存。かつては人類のもっとも古い祖先として位置付けられていた（その後アルディピテクスが更新）。骨格から、二足歩行で直立して歩くと考えられている。

ロマン主義

327 ロマン主義(しゅぎ)

18世紀末から19世紀にかけてヨーロッパで広まった文化がロマン主義。画家のウジェーヌ・ドラクロワ、音楽家のショパンやシューベルトなどが名を馳せた。

自由な文化度	▶▶▶	5
夢がある度	▶▶▶	5
結局一時の流行り？度	▶▶▶	5

伝統的な価値観への反発を唱えた文化

ルネサンスからバロックを経た西欧は、再び調和を目指して新古典主義と呼ばれる時代となった。しかし貴族的な社会への反発が次第に大きくなり、産業革命やフランス革命などを経て市民中心の社会が作られていく。そんななかで広まったのがロマン主義だ。

ロマン主義では、それまでの伝統的な価値観への反発から、自由や愛を追い求める動きが盛んになった。厳格な理性よりも夢や架空のもの、貴族ではなく市民を描いたものがロマン主義の特徴だ。なかでも中世の騎士道や恋愛物語を描いたロマンス物が注目され、これが元で「ロマン主義」と呼ばれるようになったという。

中世のロマンス物といえば『アーサー王伝説』が代表的だ。中世の時代に作られたアーサー王の物語や聖杯伝説などを元に、数々の創作が作られた。こうした中世をテーマにしたものは現在でも人気があり、なかでもアーサー王の持つ剣「エクスカリバー」やアーサー王に仕えた「円卓の騎士」などは、今も数々の作品に登場する。

そんなロマン主義も、19世紀後半に入ると再びリアリズムを求める声が大きくなり、衰退していく。振り返れば、自然主義のルネサンスから華美なバロックへと移り変わり、再び伝統を重んじて新古典主義になったら、次は個性を求めてロマン主義となり……と、人の歴史は行ったり来たりの繰り返しだった。そうした流行りの推移は、現代の文化でも似たようなものである。

〈『アルジェの女たち』〉

【関連用語】

【新古典主義】
バロック思想への反発として18世紀半ばに広まった文化。厳格で伝統的な文化が再び注目される。フランスに関してはバロックに相当する時代はなく、古典主義がずっと続いていたとされている。

【アーサー王】
5～6世紀頃にいたとされるブリテンの伝説の王。12世紀に初めてまとまった物語となり、中世後期のルネサンス時代になるとさまざまな創作が登場した。その後はいったん下火になるも、ロマン主義の時代に再び注目を浴びるようになる。

COLUMN

日本にも伝播したロマン主義

ヨーロッパで始まったロマン主義は、のちに日本へも上陸した。時は鎖国の江戸時代が終わって明治の時代。開国当初は異文化に混乱もあった日本だったが、落ち着いてきた頃に広まったのがロマン主義である。森鴎外、樋口一葉、与謝野晶子がこの時代を代表する人たち。やがて大正に入るとともにロマン主義は消えていった。

書物　／　日本　／　偽書

328 竹内文書
たけうちもんじょ

公家の1つ、竹内家に伝わっていたという古い文献。天津教では聖典とされ、神職の竹内巨麿が1928年に公開して物議を醸した。現在では偽書とされている。

オカルト界での知名度 ▶▶▶	5
トンデモ度 ▶▶▶	4
古代史のロマン度 ▶▶▶	4

日本の古代王朝時代について触れた文書

　"竹内文書"は直接的には神代文字で記された文書を指すが、漢字とカタカナの文に訳された写本、文字が刻まれた石、鉄剣など、文書に関わる一連の品々の総称でもある。

　この文書では、日本国の正史とされる『日本書紀』とは異なる歴史が書かれている。神武天皇から続いている現在の皇朝を「神倭朝」と呼称し、それ以前は古い順に「天神7代」「上古25代」「不合朝72代」があったという。また世界の人間を「五色人」と呼び、アジア系の黄人、アフリカ系やインド先住民の黒人、いわゆる西洋人系の白人、ネイティブアメリカンなどの赤人、さらに現在は純粋種がほぼいない、肌が青白い青人の5つに分類。釈迦やイエス、モーセなどが来日し、青森県にキリストの墓、石川県にはモーセの墓があるとされている。さらに、太古の日本で使われていたという金属ヒヒイロカネにも触れ、現在は原料や技術の知識が失われているが、先の鉄剣がヒヒイロカネ製だとしている。

　このほかにもまだまだあるのだが、竹内文書は公開直後から物議を醸した。また昭和前期という時期だったことに加え、文書の内容が内容だけに天津教はたびたび弾圧され、巨麿も詐欺罪や不敬罪などで裁判沙汰にもなった。裁判では最終的に無罪判決が下ったが、このとき提出された多数の品々はその後も返還されないまま、太平洋戦争の空襲で多くが焼失したという。ちなみにヒヒイロカネは、西洋の伝説の金属オリハルコンのような存在として、ゲームなどにしばしば登場している。

関連用語

【天津教】
1900年に竹内巨麿が開いた神道系の宗教団体で、当初の名称は御嶽教天都教会。最盛期でも信者数は1万数千人ほどだったが、政治家や有力な軍人にも信者がいたという。戦後にGHQから解散命令が出されたが、1952年に宗教法人 皇祖皇太神宮天津教として再度発足した。

【オリハルコン】
古代ギリシアやローマの文献に記されている金属で、考古学では真鍮だと考えられている。一方、プラトンの著作では"かつてアトランティスで産出した幻の金属"とされており、ゲームなどではこちらを元にして設定が考えられているようだ。

不思議と共通点もある古史古伝

COLUMN

『古事記』や『日本書紀』と異なる古代史が記された文献は「古史古伝」と呼ばれ、「竹内文書」のほかにも「上記（ウエツフミ）」や「宮下文書」など、さまざまなものがある。偽書とされているが、呼称こそ違うものの不合朝についての言及など共通する部分があり、一部真実が含まれているのではと考える人もいる。

オカルト・不思議

竹内文書

329 ハインリヒ・コルネリウス・アグリッパ

中世ヨーロッパを代表する魔術師の1人で、軍人や医者としても活躍した。若い頃からカバラの研究をはじめ、現代ではオカルティズムの巨匠として知られている。

魔術師として有名度	▶▶▶ 5
口は災いの元度	▶▶▶ 4
黒い噂が絶えない度	▶▶▶ 4

ハインリヒ・コルネリウス・アグリッパ

各地を転々として知識を蓄える

　アグリッパは16世紀頃に活躍したドイツ出身の魔術師。1486年、神聖ローマ帝国のケルン、あるいはケルンにほど近いネテスハイム村で生まれたといわれている。成長したアグリッパはケルン大学に入り、そこで法律や医学など、さまざまな学問を学んだ。このとき、イタリアの哲学者ピコ・デラ・ミランドラの影響を受け、カバラの研究をはじめたそうだ。その後、大学を卒業した彼は、皇帝マクシミリアン1世の宮廷秘書官となり、1507年にはフランスへ。そこで学者や研究者と交流を深め、より多くの知識を身につけていくが、ドール大学で講義を行った際、フランシスコ修道会の反感を買ってしまい、フランスから追放されることになる。アグリッパはこれ以降も似たようなトラブルが原因で国を追い出され、各地を転々としている。ただ、そのおかげで諸外国の学者と交流したり、書物に目を通す機会を得た。それらの知識を活かし、アグリッパは『隠秘哲学について』などの本を書いたのだ。これにはクリスチャン・カバラをはじめ、ユダヤ・カバラやヘルメス主義、数秘術などが取り込まれており、当時の魔術全書の集大成ともいえる内容だった。こういった本を書いたことでアグリッパは魔術師として後世の研究者たちに多大な影響を与える存在となったわけだ。

　アグリッパは怪しげな黒魔術師だったという話もある。彼がベルギーに住んでいた頃、その家に下宿していた若者が興味本位から書斎にあった魔導書を読んでしまう。するとそこに悪魔が現れ、若者を絞め殺してしまったのだ。焦ったアグリッパは魔術で若者の死体を操り、町の広場で死んだように見せかけたという。また、彼はいつも大きな黒犬を従えていたともいわれている。この犬はアグリッパの使い魔で、つねに彼と行動をともにしていたそうだ。

〈アグリッパの肖像〉

関連用語

【神聖ローマ帝国／ケルン】
9〜10世紀に成立し、現在のドイツやオーストリアなどを支配していた。ケルンはその都市の1つ。

【カバラ】
ユダヤ教徒が『旧約聖書』の内容を理解するために作り出した神秘主義思想。このユダヤ・カバラをキリスト教に応用させたものがクリスチャン・カバラとされている。

【フランシスコ修道会】
カトリック教会の修道会。アグリッパはカトリック教徒を敵に回すような言説を支持したため、フランスから追放された。

【『隠秘哲学について』】
アグリッパの著書の1冊。自然魔術、数学的魔術、儀式魔術の3部作で構成される。

【ヘルメス主義】
神秘主義的な思想の総称で、占星術や錬金術などを扱う。伝説的な錬金術師ヘルメス・トリスメギストスに由来する。

【数秘術】
計算式に基づき、生年月日や姓名などから運勢などを占う占術の1つ。

330 マタ・ハリ

裕福な家庭に生まれながら波乱の人生をおくった女スパイ、マタ・ハリ。やむを得ず二重スパイになったことでフランスに逮捕され、最後は処刑されてしまう。

魅力度	▶▶▶	5
女スパイの代表度	▶▶▶	5
悲惨な最後度	▶▶▶	5

その美貌で男を誘惑し情報を集めた女スパイ

マタ・ハリはフランスのパリなどで活動していた踊り子で、現代では女スパイの代名詞として知られている。その名前は「太陽」や「日の目」という意味をもつが、これは踊り子としての芸名であり、本名はマルガレータ・ヘールトロイダ・ツェレという。

オランダ・アムステルダムの裕福な家庭に生まれ、何不自由なく暮らしていたマタ・ハリ。しかし、父親が事業に失敗すると両親は離婚。まだ15歳だった彼女は親戚に引き取られることになる。その数年後、マタ・ハリはオランダ軍の将校と結婚し、2人の子どもをもうけるのだが、性格の不一致や子どもの早逝もあり、わずか7年で離婚することに。このあと彼女は職を求めてパリへ。そこである出来事をきっかけに踊り子として働きはじめる。

当初は小さなサロンで踊っていたマタ・ハリだったが、妖艶な容姿とダンスが評判となり、一躍人気ダンサーとなった。また、彼女は娼婦としても有名だったようで、多くの政治家や軍人とベッドをともにしていたという。フランス当局は踊り子あるいは娼婦として幅広い人脈をもつ彼女に対し、敵国ドイツの情報を集めるように依頼。彼女はこれを断れずスパイとなるが、その活動がドイツに露見して二重スパイになることを強要されてしまう。それから間もなくフランス当局はマタ・ハリが自国の情報をドイツに流している証拠を掴み、彼女を逮捕。裁判ののちに処刑したというわけだ。

マタ・ハリの処刑についてはさまざまな逸話がある。よく語られるものは「彼女の美しい外見に惑わされないように銃殺隊が目隠しをした」という話。目隠しをして銃を撃つなど普通はありえないが、マタ・ハリがそれだけ美しかったということだろう。

関連用語

【銃殺隊】

銃を装備した複数の兵士で構成される部隊。処刑が失敗しないように、刑の対象となる人物に向けて兵士たちが同時に射撃を行う。

〈マタ・ハリの写真〉

331 四瑞獣
（しずいじゅう）

古代中国で「いいことが起きる前に現れる」と信じられていた瑞獣のなかで、もっとも代表的な4種類の生物。特徴から4つに分類されていた各生物種の王でもある。

ゲームなどで見る頻度	▶▶▶	5
中華店の食器で見る頻度	▶▶▶	4
自分の財布で見る頻度	▶▶▶	1

瑞兆とされた生物たちの王

　古代中国では、通常とは違う特別な生物がいると信じられており、その出現が瑞兆と考えられていたため "瑞獣" と呼ばれる。麒麟、鳳凰、霊亀、応龍の四瑞獣がその代表で、これらは『礼記』の記述を元に四霊とも呼ばれた。また、この世の生物は毛が生えている毛虫、羽根がある羽虫、ウロコがある鱗虫、殻や甲羅がある甲虫の4つに分類され、360種ずつ存在すると考えられていた。各カテゴリには頂点となる生物がいて、麒麟は毛虫、鳳凰は羽虫、応龍は鱗虫、霊亀は甲虫と、四瑞獣がその王とされた。姿などについては時代や書物によって異なるが、大まかな特徴は以下のとおりだ。

- ●麒麟：ほかの生物を傷つけない温厚な性格。王の政治に仁がある太平の世に現れるとされた。中国では孔子にまつわる「獲麟」の話がよく知られ、日本ではビール会社のラベルでも有名
- ●鳳凰：天命で天子となる者が誕生した際に現れる。古くから日本でも知られ、一万円札の裏に描かれている
- ●応龍：翼がある龍で、皇帝の象徴。蝮から黄龍まで6段階に成長する説では5番目の姿。中国では伝説時代の黄帝に助力して、蚩尤との戦いで活躍した神話がよく知られる
- ●霊亀：長寿の象徴で、未来の吉凶を知るともいわれる。仙人が住むという蓬莱山を背負った姿でよく描かれる。日本でも有名な四神の玄武も、霊亀の一種とされる

関連用語

【瑞兆】
「瑞」はよいこと、めでたいことを表しており、「兆」は兆項、きざしのこと。つまりよいことが起きる前触れ。吉祥、吉兆ともいう。

【『礼記』】
儒教の経典の1つ。社会秩序や個人に対する伝統的規範と、その倫理的な意義の解説について記した古書を集めたもの。

【天命】
天が人間に与えた命令や使命のこと。意志や力を超えたところで人間を支配する運命のことでもある。古来、中国ではさまざまな思想があったが、天命はどの思想にも共通する概念だった。

《『三才図会』麒麟》

日本では似た存在の四神のほうが一般的

COLUMN

四瑞獣と似たものに、天の東西南北を司る霊獣の四神（青龍、白虎、朱雀、玄武）があり、五行思想ではこの中央に麒麟、または黄龍が加わる。ゲームでは四神がキャラクターとして、五行は属性の強弱に関わるシステム面で登場する作品が多く、四瑞獣は知らなくても四神なら知っているという人は多いだろう。

神話・伝承

四瑞獣

332 指輪物語
（ゆびわものがたり）

1954～55年にかけて、イギリスの作家トールキンによって執筆された長編小説。『ロード・オブ・ザ・リング』の名でも知られる、一大ファンタジー巨編だ。

ファンタジー度	▶▶▶ 5
創作の原点度	▶▶▶ 5
影響力	▶▶▶ 5

 ── 近世ファンタジーの原点にして頂点 ──

　2001年から放映された実写映画『ロード・オブ・ザ・リング』で知る人も多いだろう、あのファンタジー作品の原作本である。1954年より、イギリスの英語学者・中世文学者・作家であるジョン・ロナルド・ロウエル・トールキンによって書かれた作品だ。彼は作家だけでなく学者としての功績も大きく、イギリスの英雄ベーオウルフの再発見をはじめ、円卓の騎士、そのほか数々の神話や伝承を研究していった。これだけイギリス文化に造詣の深い人物が作り上げたのが『指輪物語』なのだ。

　本作は「旅の仲間」「二つの塔」「王の帰還」の3部作からなっており、小人のホビット族が「指輪」を消滅させる冒険物語だ。魔法使いや妖精、悪鬼や魔物が登場するいわゆる「王道ファンタジー」といえるが……この作品がまさしくその王道を敷いた、道を切り開いた物語というのが正しいだろう。

　ところで、「エルフ」といわれてどんな姿を想像するだろうか。耳が長くとがっていて、美男美女ばかりで、知識と神性を持った賢者のようなイメージではないだろうか。この、現在世に親しまれる"エルフ"像はトールキンによって創造されたものだ。そもそもイギリスに伝わるエルフは妖精の一種で、小狡くいたずら好きなものたちだった。トールキンは学者でありながら、イギリス古来の"お隣さん"たちを大胆にアレンジしてみせた。

　20世紀には『ピーター・パン』や『ナルニア国物語』などのファンタジー作品が多く生まれたが、妖精たちの暮らす完全なる空想の世界という領域は、トールキンによって開かれたのだ。

◆ 関 連 用 語 ◆

【ジョン・ロナルド・ロウエル・トールキン】
1892～1973年。イギリスの英語学者、中世文学者、作家。リーズ大学教授、オックスフォード大学教授を務める。

【ホビット】
身長が60～120cm程度の小柄な体躯、長命で陽気な種族。トールキンによって創造された架空の生き物。

【お隣さん】
イギリスでいう妖精や魔物などといった、人外の存在。日本でいう妖怪のようなもの。

【ピーター・パン】
イギリスの劇作家バリーによる戯曲。永遠の少年ピーター・パンとともに、少女ウェンディたちが妖精の国・ネバーランドを旅する。

【ナルニア国物語】
イギリスの批評家・作家のルイスが発表した児童小説。4人兄弟が衣装箪笥を通って未知の国・ナルニアへと赴く冒険譚。キリストの教義が色濃く表れている。

ファンタジーの振り幅

ファンタジーの歴史をさかのぼると、シェイクスピアの『真夏の世の夢』あたりが最古だろうか。神話などを除き、空想の出来事、空想の世界であれば概ね「ファンタジー」といってよいだろう。完全なる異世界の物語、主人公が異世界に迷い込む、異世界が現代に侵食するのが王道のパターンとして使用されている。

333 ティラノサウルス

恐竜のみならず、古生物全体の花形といえば、なんといってもティラノサウルス。史上最大級の肉食恐竜にして、当時の生態系の頂点に君臨する暴君である。

恐竜の暴君度	▶▶▶	5
アゴの力度	▶▶▶	4
姿変わりすぎ度	▶▶▶	3

恐竜全盛期の頂点に君臨した肉食恐竜の王

アメリカ自然史博物館の学芸員だったバーナム・ブラウンが、1900年、1902年にモンタナ州で、ある化石を発見した。博物館に勤めるヘンリー・オズボーンによって、その恐竜は12mもの巨大な肉食恐竜と推定され、ティラノサウルス・レックス（暴君トカゲの王）と命名・記載された。

オズボーンはこの恐竜を「大型肉食恐竜の極み」と表現しており、当時の新聞でもこの大発見を大々的に報じたことで、ティラノサウルスの名前は一躍有名になった。その後、1990年に保存状態のよい全身骨格、愛称「スー」が発見されたり、日本や中国でもティラノサウルス科の化石が発見されたりするなど、この恐竜に関する話題は常に世間を賑わせている。

ティラノサウルスの魅力はいくつかあるが、肉食恐竜のなかでも目立って多く、長期間にわたって繁栄していたこと。鋭く大きく分厚い歯が多数並んでいることから、咬む力が推定3～8tと驚異的であったことなど、暴君竜にふさわしいスペックが挙げられる。また何かと最新研究が話題となり、少なくとも幼体には羽毛があった説、小さな前肢には羽毛の飾りがついていた説、雑食だった説などいろいろと飛び交う。かつてはゴジラのように2足で立ち上がった姿勢で想像されていたティラノサウルスも、その後の研究によって体を水平にしたバランス型の想像図となっていったが、最近では羽毛が生えた想像図や模型も目立ち始めている。時代を経て身なりもいろいろと変わっていく、これもまた花形の宿命といったところだろうか。

【関連用語】

【バーナム・ブラウン】

1873～1963年。20世紀初頭でもっとも有名な化石ハンター。ティラノサウルスは生涯で3体発見したほか、トリケラトプス、アンキロサウルス、コリトサウルス、パロサウロロフスなど貴重な化石を数多く発見した。

【ヘンリー・フェア・フィールド・オズボーン】

1857～1935年。アメリカの古生物学者。アメリカ自然史博物館のキュレーターに就任後、館長も務める。彼の在任中には、ブラウンの驚異的な能力もあり、博物館に世界最高レベルの化石コレクションが集められた。

【スー】

1990年に発掘された、90%以上残存という保存状態で発見されたティラノサウルスの化石。個体としても最大。スーの愛称は、発見者のスーザン・ヘンドリクソンのあだ名にちなむ。現在はフィールド自然史博物館に展示されている。

ティラノサウルスの標本はなぜか名前アリ

COLUMN

ティラノサウルスはどうも特別な存在なのか、標本に愛称をつけられることが多い。1980年発見のブラック・ビューティー、1987年のスタン、1990年のスー、1998年のバッキー、2001年ジェーンなど、いろいろだが、おもに発見者の名前にちなむことが多い。もし我々が発見したら、日本名の愛称がつけられるかも？

芸術思想 ／ 西洋 ／ 用語

334 印象主義

19世紀後半に、権威への反発として生まれたのが印象主義。この時代に活躍したのは、画家ではモネやルノワール、ピサロ、音楽家ではドビュッシーなどの面々である。

名前そのまま度	▶▶▶	5
権威に立ち向かう度	▶▶▶	5
現代的度	▶▶▶	5

見たものを印象のままに描く文化

　19世紀のフランスでは、絶対的な権威を持つ古典主義への反発として、ロマン主義や写実主義が現われた。これらの発展形として現われたのが印象主義である。印象主義は、見たものを印象のままに描くことが特徴。みるみる変化していく光やうつろいゆく季節など、その瞬間を捉えて描くことが重視された。また、大胆で自由な筆使い、明るく鮮やかな色彩も特徴である。

　この印象主義という名前は、その中心的人物だったモネの作品『印象・日の出』に由来する。この絵は当時の保守派から「描きかけの絵」などと酷評され、「単に印象を描いただけじゃないか」といわれたことから、印象主義や印象派という言葉が生まれた。やがて印象主義の美術家たちが自分たちで展覧会を開くようになると、富裕層からの注目も増え、印象主義の名前は一気に広まっていった。

　現在でいえば、保守的で権威のある大手テレビ局に対し、もっと自由に作品を作りたい人たちが動画サイトを立ち上げたようなものだ。最初はテレビ局が「こんなものはとても放送とは呼べない」と酷評していたのが、動画サイトに興味を持つ層がだんだん増え、やがて世の中の主流になっていく、というところである。

　結果として、印象主義は広く知られる芸術の一時代となった。動画サイトが将来主流になるかどうかは未知数だが、権威に対して自由を求める動きはいつの時代も変わらないものである。

〈『印象・日の出』〉

関連用語

【クロード・モネ】
1840～1926年。印象主義を代表する画家。サロンで認められなかったことから、仲間とともに独自の展覧会を開催し、印象主義の流れを作った。

【当時の保守派】
当時は王立美術アカデミーの主催するサロンが、画家にとって一番の晴れ舞台だった。そこでは伝統ある格式の高い絵が評価され、日常の風景を描いた印象主義の絵は否定的な目で見られた。

COLUMN　8色のドット絵に通じる "色彩分割"

印象主義では、絵具を混ぜずに色を直接置く "色彩分割" も用いられた。たとえば緑色の葉っぱに赤や青の点を置くことで、光の具合がより生き生きとなる。これは、PCが8色しか表示できなかった時代のCGに通じるものがある。いまでこそ32bitカラーが当たり前だが、当時は8色のドットを並べてさまざまな色彩を表現していたものだ。

哲学・心理・思想

印象主義

第48週　第6日目　土曜日

不思議　／　西洋　／　アイテム

335 コティングリーの妖精写真

1917〜20年にかけて、イギリスのコティングリー村に住む2人の少女が撮影した妖精写真。有名な小説家アーサー・コナン・ドイルが肯定したこともあって物議を醸した。

世間のお騒がせ度	▶▶▶	5
引くに引けなくなった度	▶▶▶	5
本物だった度	▶▶▶	2

妖精の存在を信じてもらうために生まれた写真

撮影した少女はエルシー・ライトとフランシス・グリフィスで、最初の2枚を撮影した当時、エルシーは16歳、フランシスは10歳。写真は全部で5枚、撮影場所はコティングリー渓谷だった。事の発端は、2人が妖精を見たといい出したこと。そこでアマチュアカメラマンだったエルシーの父が旧式のカメラを貸したところ、2人が渓谷で撮った写真に妖精が写っていた。

その後、2人はもう1枚写真を撮影。父は写真は偽物だと考えたが、母は信じていたようで、1919年の神智学協会の会議に出席し、写真を公開した。協会の幹部エドワード・ガードナーが専門家に鑑定を依頼。「カメラの前にあったものを撮った写真なのは間違いない」と判定が出たため、写真が講義用の印刷物に掲載された。これが当時心霊主義に傾倒していたドイルの眼に留まる。ドイルとガードナーが写真会社や心理学研究者に意見を求めたところ、肯定もあれば否定もあった。しかし、2人はエルシーとフランシスが嘘をついているとは思わず、1920年にガードナーがコティングリーを訪問。さらに3枚の写真が撮影され、『ストランド・マガジン』12月号のドイルの記事で紹介された。

1921年以降、妖精に対する世間の関心は徐々に失われていった。1983年、エルシーとフランシスは雑誌の取材で写真が偽造だったと告白。その手段を明かしたが、フランシスは5枚目の写真は偽造ではなく、2人が妖精を見たのも事実で、「大人が信じなかったから」と偽造した動機を語った。

〈フランシス・グリフィスと
エルシー・ライトの写真〉

関連用語

【コティングリー】
イングランド北部ウェストヨークシャーのブラフォードにある村。より英語に則した発音では"コッティングレイ"となる。

【ストランド・マガジン】
1891年から1950年まで発刊された月刊誌。ドイルが手掛けたシャーロック・ホームズの小説が連載されていたほか、日本でもよく知られているアガサ・クリスティをはじめ、多くの有名な作家が寄稿していた。

COLUMN

じつは日本にある妖精写真の原板

エルシーたちが撮影に使ったカメラは、ブラッドフォードの国立メディア博物館に展示されている。ちなみに写真の原板はというと、じつは栃木県宇都宮市の"うつのみや妖精ミュージアム"に展示されている。名誉館長の井村君江氏はケルト文学や妖精の研究者でもあり、同氏が寄贈した妖精資料に写真の原板が含まれていたようだ。

魔術／西洋／人物

336 ジョン・ディー

ジョン・ディーは16世紀頃に活躍したイギリス出身の錬金術師。占星術師や数学者としても知られ、エドワード6世やエリザベス女王といった権力者たちに仕えた。

錬金術師としても有名度	▶▶▶	4
世紀の大発見度	▶▶▶	5
会話の内容が気になる度	▶▶▶	4

天使と交信してその言語を解明する

　錬金術師や魔術師、占星術師など、さまざまな肩書きをもつジョン・ディー。彼が天使の言語"エノク語"を発見し、研究を続けたことでエノク魔術という新たな魔術体系が生み出された。

　1527年にイギリスで生まれたディーは、1542年にケンブリッジ大学に入学。大学を卒業したあとは、しばらくパリ大学で講師を務めていた。その後、エドワード6世やペンブルック伯爵家に仕えるが、1553年にメアリー1世が即位すると、魔術師の嫌疑をかけられて投獄されてしまう。ただ、この時点では魔術師と呼べるほどのことはしていなかったらしく、すぐに釈放されている。ディーが魔術師らしい活動をはじめたのは、それから30年近く経ってからだ。

　1580年頃から、ディーは水晶玉を用いて天使との接触を試みはじめるが、1人ではなかなか上手くいかなかった。その2年後、ディーはケリーと出会い、彼の協力を得たことでついに天使と交信することに成功。2人はヨーロッパを旅しながら交信を繰り返し、その解明に力を注ぐが、ケリーは天使の言語よりも錬金術に興味があったらしく、旅の途中で袂を分かつことになる。その後、ディーはエリザベス1世の厚意で大学の校長に。しかし、ジェームズ1世が即位すると職を追われ、貧困のうちに亡くなったそうだ。一方でケリーはというと、錬金術の知識を活かして貴族から大金を巻き上げ、一時は非常に裕福な暮らしをしていたという。ただそれも長くは続かず、1595年に逮捕され、獄中で死亡している。

　エノク語を発見し、エノク魔術の生みの親となったディーは、魔術師あるいは錬金術師として後世に名を残した。ファンタジー作品に用いられることも多く、たとえばハワード・フィリップス・ラヴクラフトの作品にはジョン・ディーという名の博士が登場し、彼がネクロノミコンの翻訳を行ったとしている。

◆ 関連用語 ◆

【エドワード・ケリー】

1555〜1597年。水晶球を用いて霊的存在と交信する、いわゆる霊媒師。ディーの依頼で天使との交信を試みた。錬金術師でもあり、金の錬成方法を餌に貴族たちに取り入って大金を得ている。その後、金の生産に何度も失敗したことでパトロンを怒らせ、ついには逮捕されてそのまま亡くなったという。

【エノク語／エノク魔術】

天使の言語であり、最初の人間アダムが神や天使と会話するために使ったという。ディーが知り得た天使たちの言葉は、文字として現代に伝わっている。また、この言語を基礎としたエノク魔術が生み出された。

【エリザベス1世】

1533〜1603年。ヘンリー8世の娘。メアリー1世の死後、イングランド王となる。彼女に寵愛されたディーは、イギリスに帰国後、マンチェスターにあった大学の校長に任命された。

【ハワード・フィリップス・ラヴクラフト】

1890〜1937年。アメリカの小説家で、クトゥルフ神話の生みの親。

〈ジョン・ディーの肖像〉

337 エルヴィン・ロンメル

部隊を率いる指揮官として第一次、第二次世界大戦に参加したドイツ陸軍の軍人。その智将ぶりから「砂漠の狐」という異名で怖れられ、国内外で英雄視されている。

名将度	▶▶▶	5
英雄度	▶▶▶	5
悲惨な最期度	▶▶▶	5

エルヴィン・ロンメル

砂漠の狐の異名をもつドイツ陸軍の名将

　エルヴィン・ロンメルはドイツ陸軍の軍人。非常に有能な指揮官であり、第一次、第二次世界大戦で目覚ましい活躍を見せ、ドイツ陸軍史上、最年少で元帥にまで登りつめている。

　1910年に軍に入隊したロンメルは、1914年に第一次世界大戦に参加。1937年にはそこでの経験をまとめた軍事書『歩兵は攻撃する』を出版し、これがアドルフ・ヒトラーに評価され、間もなく彼は総統護衛大隊の指揮官に任命された。その2年後、1939年に第二次世界大戦が勃発。ロンメルはおもにフランスや北アフリカで指揮をとり、そこで幾度となく戦果を挙げている。圧倒的に優勢なはずのイギリス軍を、戦略・戦術をもって撃破していくロンメルの姿には、ヒトラーを含む多くの人が感嘆した。一方、敵国の兵士たちは畏敬の念を込めて、彼を「砂漠の狐」と呼ぶようになった。

　ロンメルは騎士道精神にあふれた人格者でもあり、ときには軍上層部の命令を無視してでも敵兵を殺さず捕虜にしたり、捕虜を丁重に扱っていたため、敵味方問わず称賛された。戦後、多くのドイツ軍人が敵国に非難されるなか、ロンメルだけは擁護する声が多かったのも、彼の功績と人柄によるところが大きい。

　数多の功績を挙げて英雄と讃えられたロンメルだが、その最期は理不尽なものだった。1944年7月にヒトラーの暗殺未遂事件が発生すると、ロンメルはその関与を疑われ、反逆者として裁判を受けるか、自殺するか迫られた。裁判をしても死刑になることがわかっていた彼は、家族を巻き込まないために、自ら毒物を口にしてこの世を去ったのである。事件後、ロンメル夫人は彼が暗殺に反対していたと証言しており、関与を示す物的証拠なども見つかっていない。もしも無実だったなら悲劇といわざるを得ないだろう。

◀ 関 連 用 語 ▶

【アドルフ・ヒトラー】
1889～1945年。国家社会主義ドイツ労働者党（ナチス）の指導者で、ナチス・ドイツの首相。自身と同じ平民の出身で、軍人としても優れていたロンメルを寵愛し、何かと便宜を図ることが多かった。第二次世界大戦末期、自国の敗戦を悟って自殺する。

【第一次世界大戦】
1914～1918年に発生した世界規模の戦い。ドイツが属する中央同盟国と、イギリスやフランスなどが属する連合国が戦い、連合国が勝利した。

【第二次世界大戦】
1939～1945年に発生した世界規模の戦い。日本、ドイツ、イタリアは枢軸国、イギリスやアメリカなどは連合国として参加。連合国が勝利している。

〈ロンメルの写真〉

338 ラー

レーとも呼ばれる古代エジプトの太陽神で、エジプト神話
ではもっとも重要な神。エジプトの王ファラオはラーの息
子を称し、王権が正統性なものである根拠としていた。

一般的な知名度	▶▶▶	5
当時の人気度	▶▶▶	5
団体旅行の頻度	▶▶▶	5

天空と冥界を旅している太陽神

　光や熱、あらゆる生命を与えた神として、すべての人々に崇めら
れた神で、昼夜を航海する神話はよく知られている。毎朝、ラーは
マンジェトという舟に乗り、天空神ホルス、暴風神セト、知恵の神
トトなどの神々とともに、邪悪な大蛇アペプを退けつつ天空を東か
ら西へ向かう。到着したラーは死んだ太陽の神アウフに姿を変え、
メスケテトという舟に乗り変える。進むのは12の州に分けられた
冥界で、ヘビや魔物を退けつつ東を目指し、また朝になるとマンジェ
トに乗り込むのだ。ラーは毎朝誕生して真昼に成人し、夕方に老人
となって死ぬともいわれており、この神話は太陽の運行の象徴であ
ると同時に、誕生と死、再生をも表している。

　信仰が盛んになったのは第2王朝頃からで、中心地はヘリオポリ
ス。以前はホルス信仰が盛んで、ヘリオポリスでは創造神であり太
陽神でもあるアトゥムが信仰されていた。これらと習合したラーは
ハヤブサ頭の人型や、頭上に太陽円盤を乗せた男性の姿で描かれ、
ラー・ホルアクティ、ラー・アトゥムと呼ばれる。のちに信仰が盛
んになったアメンとも習合され、アメ
ン・ラーの名は比較的有名だ。エジプ
ト神話の神々は日本でも知られている。

　やはりソーシャルゲームでの登場
は多く、また神話を題材にしたギャク
マンガのほか、古代エジプト文明を題
材にした海外製のボードゲームなど
も販売されている。

〈ラー〉

関連用語

【アペプ】
アポピスの名でも知られ
る。闇に対する人間の怖
れの象徴で、ネコ、もし
くはライオンの姿になっ
たラーに退治される様子
を描いた壁画がある。

【第2王朝】
紀元前2890～紀元前
2686年頃と推定される
古代エジプトの2番目の
王朝。時代区分では第1
王朝とともに初期王朝時
代を形成する。この時期
にラーは王権と結びつく
ようになった。

【ホルス】
古代エジプトの天空神。
ハヤブサの頭がある人型
で描かれる。

【アメン】
テーベで信仰された豊穣
神。あまり重要な神では
なかったが、紀元前2055
年からの第11王朝以後
に信仰が盛んになり、重
要な神の1柱になる。

COLUMN

老いには勝てなかったラーの神話

ラーの神話のなかには、年老いてもうろくしたという話がある。ラーは自分が創造した
世界を自ら統治したが、やがて年老いてもうろくしたため、人間たちが退位させようと
画策。ラーはこれを阻止するも統治への感心を失くし、ヌトの背に乗って天界へ去り、
その後は神々の王として君臨しつつも隠遁生活を送ったという。

339 ロリータ

1955年にアメリカの作家ウラジーミル・ナボコフによって書かれた小説。中年男性の少女に対する倒錯的な恋愛感情を描き、問題視され、それ以上に話題となった。

社会的影響力　▶▶▶　5
問題作度　　　▶▶▶　5
話題性　　　　▶▶▶　5

 ロリータ・コンプレックスの原点

　ロリータ・コンプレックス、通称ロリコンの名称を知らない人はそういないだろう。性愛の対象に幼い少女を求める心理のことで、これが転じて幼い少女を「ロリータ」と呼んだり、人形のような少女趣味の服を「ロリータ・ファッション」と呼んだりする。この世で最初に「ロリータ」と呼ばれたのは、12歳の少女ドロレスだ。ロシア出身の作家・ナボコフが英語で執筆した小説、その名も『ロリータ』に登場する。ロリータとは、彼女の愛称だったのだ。

　中年の大学教師ハンバートは、初恋の少女に瓜二つのドロレスに出会い、心を奪われる。彼女を愛するあまりその母親と結婚。妻が自殺同然の事故で亡くなると、ロリータとともにアメリカ各地を巡る逃亡生活を送る。しかし少女はどんどん成長し、男に連れられてハンバートの元を去ってしまう。次にハンバートがロリータを見つけたとき、彼女は彼の求める"ロリータ"ではなくなっていた。

　ハンバートのある意味救えない部分は、ロリータに対する性愛を彼女のせいにしていたところだ。彼はロリータを「ニンフェット」、簡単に言えば年上を誘惑する小悪魔だといい、自身を正当化しようとした。作中ではまるで学術論文のように「ニンフェット」について語るシーンがある。

　中年男性の倒錯的な愛を描いた本作は、はじめアメリカでの出版を拒絶され、パリでようやく日の目を見た。もちろん問題作として話題になったのはいうまでもないだろう。これまでも少女愛について描いた作品はあったものの、ここまであからさまに、かつ美しく赤裸々に描いたものは初めてだったのだろう。

【ウラジーミル・ナボコフ】
1899～1977年。ロシア生まれの小説家・詩人。ロシア革命の際に亡命、1940年からアメリカに移住する。ロシア文学を教えながら執筆活動を行った。言葉遊びや現実と妄想の境が曖昧な表現から「言葉の魔術師」とも呼ばれる。

【ロリータ】
1955年にパリで初めて出版される。58年にはアメリカ版が出版された。

無自覚で男を誘惑するニンフェット

COLUMN

この言葉はナボコフの造語だ。作中でハンバートが語るに、ニンフェットとは「9～14歳の少女のなかで稀に現れ、何倍も年上の旅人（男性）に対してのみニンフ（悪魔）の本性を表す」「見目麗しさや素行では判断できない」「本人は自身が途方もない力を持っていることは知らない」らしい。無自覚で男を誘惑する少女、だそうだ。

化学 / 事故 / 現象

340 粉塵爆発

爆発というとダイナマイトなどの火薬を使ったものや、ガス爆発といったものを想像しがちだが、それだけが爆発ではない。粉が爆発を生むことだってありうる。

爆発度	▶▶▶	4
ナメるな危険度	▶▶▶	5
意外と多い度	▶▶▶	3

油断大敵！　爆発の危険がある舞い上がる微粉

まず爆発とは、急激に圧力が発生したり、逆に急激に解放されたりすることで、熱・光・音などが発生し、破壊を伴う現象を指す。そのきっかけはさまざまだが、化学反応はその代表的な例。粉塵爆発の場合は、微細で可燃性のある粉塵が大気など気体中に浮遊した状態で引火して爆発する。たかが粉と侮りがちだが、微細な粉塵は体積に対して表面積の占める割合が大きく、十分な酸素と火元さえあれば燃焼反応に敏感な状態となる。しかも光や電磁波による熱などでも発火するので、かなり注意が必要になる。

粉塵爆発が発生する条件としては、(1) 粉塵の粒子が微分の状態で、空気中に一定の濃度で浮遊していること、(2) 発火源、(3) 空気中の酸素の 3 つが挙げられる。粉塵爆発を起こすものとしては、小麦粉、砂糖、コーンスターチ、炭塵、アルミニムや亜鉛の金属粉末など。特に金属粉末は空気に触れただけで発火する厄介な代物だ。

昨今の粉塵爆発事故で被害が大きい一例としては、2015 年台湾で起きた八仙楽園爆発事故がある。ウォーターパークで起きたこの事故は負傷者 525 名、原因はカラーパウダーだった。日本での事例では、戦後最悪の炭鉱事故といわれる三井三池三川炭鉱炭塵爆発（1963 年）が有名。原因は炭塵で、死者 458 名という大事故だった。

◀ 関連用語 ▶

【コーンスターチ】

トウモロコシから作られたデンプン。食品はもちろん、化粧品や段ボール・ゴム手袋などの工業用品のノリとして使われる。八仙楽園爆発事故の原因となったカラーパウダーは、着色したコーンスターチだった。

【アルミニム粉】

アルミニウム自体は原子番号 13 の元素。熱伝導性・電気電動性をもつ。これが粉末になると可燃物となり、燃焼熱が大きい。燃焼時にガスを発生しないので熱が集積しやすいといった性質をもつ。

【三池三川炭鉱炭塵爆発】

1963 年、福岡県大牟田市にある三井三池炭鉱で発生した粉塵爆発事故。石炭を満載したトロッコが火花を出しながら脱線し、炭塵が坑内に蔓延して引火。爆発だけでなく、一酸化炭素の大量発生も被害の大きさにつながった。

〈ワッシュバーン製粉所の粉塵爆発を記したステレオグラフ〉

COLUMN 日本で大災害が相次いだ、血塗られた土曜日

三井三池三川炭鉱炭塵爆発が起きた 1963 年 11 月 9 日、関東では鶴見事故という脱線多重衝突事故が起きている。脱線した貨物列車と国鉄東海道本線が衝突し、死者 161 名、重軽傷者 120 名という大惨事となった。炭塵爆発事故もあったため、この日は「血塗られた土曜日」「魔の土曜日」と呼ばれている。

341　アール・ヌーヴォー

アール・ヌーヴォーとは「新しい芸術」という意味。それ
までの絵画や音楽を中心とした芸術運動と異なり、家具や
建物などの工芸品と芸術が融合した文化運動である。

芸術的度	▶▶▶	5
高級品志向度	▶▶▶	5
やがて衰退する度	▶▶▶	5

ヨーロッパで生まれたプレミアムブランド

　19世紀末のヨーロッパでは、産業革命によって工業製品が大量
生産され、生活用品や家具などが広く普及する世の中になっていた。
すると、そうした普及品とは差別化した高級品を求める声が富裕層
から上がり始める。そこで登場したのがアール・ヌーヴォーだ。

　アール・ヌーヴォーは"芸術のあるライフスタイル"をテーマに、
デザイン性の高い工芸品の数々を作り出した。その範囲は家具や置
物、器具、建物などにおよぶ。これらはガラスや鉄などの新素材を
ふんだんに使い、1つずつ職人が手作業で作り上げた。デザインは
植物をはじめ有機的なモチーフを使い、曲線を多用し、左右非対称
な作りもした。まさにコストのかかったプレミアムブランドである。

　これは富裕層に大変受け、その動きはヨーロッパ各国に広まった。
現在でも、物が普及すると「よりいい物が欲しい」という高級品志
向が生まれるのはよくあること。たとえば自動車なら、ひと昔前は
数百万円といえば高級車だったが、今ではそんな価格帯も普及品。
より高級品を求めて、何千万円もする車が注目されている。ホテル
やマンションなどでも、高級品志向は同様だ。

　そんなアール・ヌーヴォーで
あるが、第一次世界大戦の勃発
とともに衰退し、代わりに合理
的で大衆的なアール・デコが台
頭した。何かあると贅沢品が叩
かれるのも世の常である。

【アール・ヌーヴォー】
ベルギーの建築家ヴィク
トール・オルタがブリュッ
セルに建設したタッセル
邸、フランスのディジョ
ン美術館に飾られている
エミール・ガレの花瓶な
どが代表作品。アベッス
駅の地下鉄駅入口もアー
ル・ヌーヴォーの作品と
して、パリの名物の1つ
となっている。

【アール・デコ】
直線的なデザインで大量
生産に向き、アール・ヌー
ヴォーとは対照的な性格
を持つ。第二次世界大戦
までの短いあいだだが
ブームとなった。ニュー
ヨークのエンパイア・ス
テート・ビルやクライス
ラー・ビルなどが代表作
として挙げられる。

〈タッセル邸〉

COLUMN

日本文化がアール・ヌーヴォーに影響を与えた？

当時、ヨーロッパでは日本から浮世絵をはじめとした文化が輸入され、「ジャポニズム」
として大いに注目されていた。これらがアール・ヌーヴォーのデザインに与えた影響
は非常に大きいとされる。彼らから見たら舶来品。現在でも高級ブランドに海外志向
が多いように、当時のヨーロッパでジャポニズムは高級品の証だったようだ。

342 サン・ジェルマン伯爵（はくしゃく）

18世紀に実在した謎多きヨーロッパ人。フランス国王ルイ
15世のお気に入りだった彼には、さまざまな風評が付き
まとい、いつしか伝説的な人物として語り継がれはじめた。

頭の回転速度	▶▶▶	5
マルチリンガル度	▶▶▶	5
不老不死度	▶▶▶	4

不老不死？　時間旅行者？　奇想天外な伝承

　サン・ジェルマン伯爵の出自はハッキリしていない。彼が注目されはじめたのは18世紀半ば、パリに現れてからである。どこからともなく現れたこの男は、化学と錬金術に通じ、あらゆる言語を操り、音楽や絵画にも本職顔負けの腕前を披露した。パリに来る前はさまざまな地域を旅しており、ヨーロッパ各地の歴史や伝承にも詳しく、そうした知識や教養を巧みな話術で披露するのだから、彼が社交界のスターになるのに時間はかからなかった。ルイ15世もサン・ジェルマンの聡明さに惹かれ、瞬く間にファンになったようだ。

　一方で、彼の人気を苦々しく思う人もいた。その代表が重臣ショワズール公爵だ。サン・ジェルマンを失脚させたいと考えた公爵は一計を案じ、伯爵の偽者を仕立てて、あちこちでホラ話を吹聴させた。曰く、「アレクサンダー大王と盃を交わした」だとか「キリストに不吉な予言を託された」といった荒唐無稽な話だ。だが、これは逆効果だった。偽者なのはすぐにバレたが、ホラ話は半ば事実として広まり、むしろ伯爵の株を上げてしまったのだ。おまけに伯爵や彼の執事が（おそらく面白がって）肯定する発言までした結果、奇想天外な伝説が大量に生まれることになった。

　伝説のなかで特に摩訶不思議なのが不老不死説だ。伯爵は自称2000歳（4000歳とも）で、自作の丸薬だけを口にし、他人と食事をとらなかったという。その奇行に加え、古代の出来事をその場に居合わせたかのように語る姿、何十年経っても年を取ったように見えない容姿は、不老不死の伝説を育むのに十分だった。伯爵は1784年に死んだと記録されているが、その後も伯爵に会ったという証言が絶えず、日中戦争でも目撃が報告されている。このことから、不老不死ではなくタイムトラベラーだという説も有力だ。

〈サン・ジェルマン伯爵の肖像〉

◀関連用語▶

【マルチリンガル】
多言語習得者のこと。伯爵はけた外れの才能を持ち、知られているだけでも英語をはじめ、フランス・ドイツ・イタリア・スペイン・ポルトガル語は言うにおよばず、ラテン語、ギリシア語、サンスクリット語、中国語とすさまじい種類にのぼった。

【錬金術】
伯爵には錬金術の心得があったらしく、その技でルイ15世のダイヤモンドの瑕を修復したという。食事代わりに服用している不老長寿の丸薬もおそらく錬金術で作ったのだろう。

【容姿】
作曲家のジャン＝フィリップ・ラモーは「何度かサン・ジェルマンに会ったが、数十年経っても、どれも同じ年齢だった」と記している。またセルジ伯爵夫人は、40年後に伯爵と再会したとき、まったく年を取ったように見えなかったと語った。

第49週　第7日目　日曜日　　魔術／西洋／人物

343 エリファス・レヴィ

フランスのパリで生まれ、作家や絵師として活躍したエリファス・レヴィ。神秘学を題材とした著作を多数発表しており、現代の作家にも影響を与えているという。

魔術師というより作家度	▶▶▶	5
まさかの偽名度	▶▶▶	5
司祭から魔術師に!?度	▶▶▶	5

19世紀を代表する偉大なオカルティスト

　エリファス・レヴィは19世紀を代表するオカルト作家にして魔術師。その名前は本名のアルフォンス・ルイ・コンスタンをヘブライ語風に訳したもの。錬金術やカバラ、占星術などを学び、学問として体系化することを試みた。『高等魔術の教理と祭儀』や『大いなる神秘の鍵』など、その生涯で魔術関連の本を何冊も書いており、後世のオカルティストたちに大きな影響を与えたといわれている。

　職人の家に生まれたレヴィは、病弱だが賢い子で、15歳になると司祭になるために聖ニコラ・デュ・シャルドネ神学校に入学した。その後、神学を学ぶために聖シュルピス神学校に再入学。25歳という若さで助祭に任命されて聖シュルピス教会の伝道師になったが、アランバックという女性と恋に落ち、神学校を退学してしまう。その4年後の1839年、再び司祭を目指すことにしたのか、彼はフランスのソレームにあったカトリック系の修道院へ。ここでは入院を認められず、職を転々としながら本や絵を書いて食いつないでいた。彼に転機が訪れたのは、その名前をエリファス・レヴィに変えた翌年の1854年。イギリスを訪れたレヴィは小説家のリットンと出会い、彼が所属していた薔薇十字団に加入する。このあたりから魔術師として活動するようになり、彼は帰国後にフランスの薔薇十字団を再建。その後も『高等魔術の教理と祭儀』を執筆したり、ロンドンで降霊術の実験を行ったほか、弟子をとって魔術を教えていたともいわれている。

〈エリファス・レヴィの肖像〉

COLUMN　今では秘密ですらない世界の秘密結社

薔薇十字団やフリー・メイソンリーのほかにも、秘密結社と呼ばれる組織は多数存在する。魔術関連でいえばマクレガー・メイザーズらが結成した黄金の夜明け団、フィクション作品の題材にされるものであればドイツのトゥーレ協会やフランスのシオン修道会が有名。これらは実在した組織で、今ではその全貌も概ね明らかになっている。

344 マンフレート・フォン・リヒトホーフェン

1982年生まれの第一次世界大戦下で活躍したドイツ軍人。戦闘機の黎明を駆け抜けた撃墜王として、国内はおろか敵国からも賛美され、アイドル的な人気があったという。

チート感	▶▶▶	5
社会的影響力	▶▶▶	4
英雄度	▶▶▶	5

「レッド・バロン」と呼ばれたドイツの撃墜王

"二つ名"というのは中二病心がくすぐられるアイコンだが、決して物語のなかだけの存在ではない。「赤い戦闘機乗り」「赤い悪魔」「レッド・バロン」、かつてそう呼ばれ怖れられた男がいた。ドイツの男爵家に生まれた、騎士道精神にあふれる飛行機乗りだ。

第一次世界大戦時、当初リヒトホーフェンはドイツ陸軍の槍騎兵連隊に配属されていた。槍騎兵は文字どおり槍を持った騎兵、つまりすでに時代遅れな存在だった。伝令や後方支援という役職をしながら、彼は上空を飛ぶ飛行機に強い興味を持ち、飛行隊へと転属したのだ。当時飛行機の役割は偵察がおもだったが、格好の的になったことから徐々に"戦闘機"という兵器へと転じていった。

リヒトホーフェンの真価が発揮されたのは、重量級の爆撃機から軽量な戦闘機へと転属してからだった。西部戦線でのイギリス軍のエース、ラノー・ホーカー少佐の撃墜を皮切りに、次々と撃墜スコアを重ね、80機という他に類を見ない成果を上げた。その活躍は軍人にとって最高の勲章である"プール・ル・メリット勲章"を授賞し、皇帝ヴェルヘルム2世に祝賀の言葉を贈られたほどであった。

二つ名の「赤」は、彼の機体の色から付けられた。1917年、彼が中隊長を務めた第11戦闘機中隊はみな揃いの赤い機体だったが、その中でもリヒトホーフェンの"アルバトロスD. II"はとりわけ目立つ赤色だったという。敵味方問わず「最高のエース」と呼ばれた赤い男爵は、25歳の若さで空に命を散らした。

〈リヒトホーフェンの写真〉

関連用語

【レッド・バロン】
男爵家の生まれであることから付けられた。リヒトホーフェンのもっともポピュラーな二つ名で、彼の生涯を描いた映画のタイトルにもなっている。

【槍騎兵連隊】
ドイツ・ウーランとも。槍を持って騎乗し、華やかな軍服で突撃を仕掛ける花形。第一次世界大戦下ではそのほとんどが伝令や後方支援に回り、のちに解散となった。

【ラノー・ホーカー】
1890～1916年。イギリス軍人。ヴィクトリア十字章を受章した、イギリス最高のエース・パイロットの1人。

COLUMN

日本アニメ界に浸透した「赤い○○」

公式には明言されていないが、リヒトホーフェンの影響を受けたといわれる作品はいくつもある。有名なのは赤い機体に乗った敏腕飛行士が活躍するジブリ映画『紅の豚』。しかし、「赤い機体」といわれてほかを思い出す人もいるだろう。そう、『機動戦士ガンダム』の"赤い彗星"シャア・アズナブルだ。こちらも無関係ではなさそうだ。

マンフレート・フォン・リヒトホーフェン

345 オシリス

冥界の神で、大地の神ゲブと天の女神ヌトの息子。弟にセト、妹にイシスとネフティスがおり、イシスは妻でもある。名前のオシリスはギリシア語で、エジプト語ではウシル。

偉大な統治者度	▶▶▶	5
妬まれ度	▶▶▶	5
嫁の献身度	▶▶▶	5

かつては植物の神だった冥界の王

　古代エジプトの人々は、死者は生前の罪によって裁かれると信じていた。この裁きの場で審判をするのがオシリスで、『死者の書』に描かれた姿は日本でも有名だ。もっとも、最初から冥界の神だったわけではなく、そこには弟との確執があった。

　元々オシリスは植物の育成を司る神で、冬に枯れ春に芽吹く植物を通じ、永遠の生命を象徴する存在だった。作物の育て方や芸術を人々に授け、文化的な生活をもたらした古代エジプトの最初の王でもあり、穏やかな統治で支持されていた。ところが、嫉妬したセトの企みで殺され、遺体は14に分割されて各地に捨てられてしまう。妻イシスが死体を集めて一度は復活。息子ホルスをもうけたが、体が不完全だったため現世に留まれなくなり、冥界へ去って王になったという。現在伝わっている絵画では、オシリスの顔は緑色。体はミイラのように布でくるまれ、頭に白冠をかぶり、胸の前に交差した両手に曲杖と穀竿を持った姿で描かれていて、植物の神と冥界の神という2つの特徴がよく表れている。

　さて、オシリスが登場する作品は一部のソーシャルゲームやカードゲームくらいで少なめだが、死者を裁くオシリスの神話を絡めた海外製のボードゲームなどもある。またFPSのタイトル、ゲーム中に登場するバンド、ライトノベル風官能小説レーベルの名称などにその名が見られ、名前だけ使われているケースが多いようだ。

〈オシリスの像〉

【関連用語】

【死者の書】
古代エジプトで死者とともに埋葬された書物。死後、魂が楽園に至るまでの道程が描かれていて、死後の裁きを無事に乗り切れた魂は、冥界を通ったのちに楽園アアルに行けると信じられていた。

【セト】
粗暴な性格ともいわれる破壊の神。オシリスを殺したため悪神の印象が強いが、軍隊の神でもあり、また冥界を旅するラーの護衛役でもあって、単純に悪い神とはいえない。

【FPS】
ファーストパーソン・シューティングゲームの略。主人公の視点で移動や戦闘をするアクションゲームのこと。特に海外で非常に人気があるジャンルで、タイトル数も多い。

死者の心臓を天秤にかけるオシリスの審判

COLUMN

オシリスの審判では、真実の女神マアトの羽根（真実の羽根）と死者の心臓が天秤にかけられ、死者の行く末が決定される。生前の罪が心臓に表れると考えられたためで、罪が軽ければ心臓と羽根とがつり合い、天空神ホルスに導かれて楽園へ行ける。罪が重ければ天秤が心臓側へかたむき、心臓がアメミットに食われて2度と復活できなくなる。

346 西遊記（さいゆうき）

明の時代に成立したとされる章回小説。作者は呉承恩といわれているが諸説ある。玄奘三蔵法師が仏典を求め、中国から天竺へと向かった史実を元にした神魔小説の先駆け。

世界的知名度	▶▶▶	4
壮大さ	▶▶▶	5
奇々怪々度	▶▶▶	5

アウトローたちのロードノベル？

『モンキーマジック』や『ガンダーラ』もそろそろ通じなくなってきた頃だろうか。『西遊記』といえば、日本では女性の三蔵法師とサル・ブタ・河童風の男たちによるドラマの印象が強いだろう。

唐の初期（600年中頃）、中国の高僧・玄奘三蔵が、天竺（インド）から仏典を持ち帰ったという史実を元に作られた。この史実は唐の末頃にはすでに伝説化しており、講談や芝居などで取り上げられたが、初めてまとめられたのは南宋時代の『大唐三蔵取経詩話』だという。これを基に、妖怪や神仏を登場させて大胆にアレンジしたのが『西遊記』だ。作者は呉承恩といわれているが定かでなく、『大唐三蔵取経詩話』成立以降、多くの写本が生まれ、写本ごとに手を加えられ……と、どの段階で"成立"とするかにも議論がある。

石から生まれた孫悟空（斉天大聖）、ブタの妖怪・猪八戒（法号は猪悟能）、日本では河童姿の沙悟浄らを弟子とし、三蔵法師が数々の困難を乗り越えて天竺まで向かう旅路が描かれている。

付き従う3人の弟子はみな元々天界に住んでおり、罪を犯したために地上へと落とされた（転生した）者たちだ。しかし、じつは三蔵も同様の身であったりする。つまるところ本作で描かれているのは彼らの浄罪の旅なのだ。罪を犯した者に大きな試練を与え、それをこなすことで許されるという構文は「貴種流離譚」と呼ばれ、世界共通の概念のようだ。

〈『月百姿』玉兎〉

関連用語

【モンキーマジック】
ゴダイゴによる1978年版テレビドラマ『西遊記』（日本テレビ）のOPテーマ。『ガンダーラ』はED。

【女性の三蔵法師】
『西遊記』はそのまま配役をすると男性俳優のみになってしまうため、日本のテレビドラマでは三蔵法師に女優をキャスティングするのが基本となっている。

【沙悟浄】
彼が川辺で人を襲う妖怪のため、日本では「河童」のイメージがつけられた。しかしこれは誤訳で、実際彼がいたのは砂地（砂の川）だという。

【貴種流離譚】
若い神や英雄が、他の地で試練に打ち勝ち、尊いものへと転じる物語の一類型。ギリシャ神話のヘラクレス、日本神話の須佐之男命など。

COLUMN

前置きと締め文句が決まっている"章回小説"

中国に見られる小説の一形式で、口語小説を1回の語り分ごとに分けて記述したもの。各回に概要を示したタイトルがつけられ、前置きとして「さて」という意味の「話説」「且説」で始まり、最後は「次回に説きあかしますをお聞きください」で締める、連載物のような形式だ。ちなみに『西遊記』は全100回でまとめられている。

文学

西遊記

第50週　第4日目　木曜日

347 人工知能

かつてはSFの定番だった人工知能（AI）も、今や夢物語ではなく、完全に現実となっている。その技術は今も進化し続けているが、そんな人工知能の未来とは？

近い未来度	▶▶▶	3
高性能機械度	▶▶▶	5
社会問題度	▶▶▶	4

人工知能

人工知能が支配する未来はもう間近、なのか？

人工知能とは、人間に代わって知的行動（認識や推論、言語運用、創造など）をコンピュータに行わせる技術のことを指す。このジャンルでは、アルゴリズムという手順と、"知識"というデータを準備して機械にそれをいかに実行させられるか、といったことを研究する。人工知能という言葉は1950年代に登場したが、一般大衆に人工知能の名が轟いたのは、おそらく人工知能がオセロ世界チャンピオンに勝利した1990年代あたりからだろう。2010年代に入ると、ディープラーニングやビッグデータの環境整備、GPUの高性能化などにより、研究が大きく前進。現在もっとも身近な人工知能の応用例は、機械翻訳や画像認識などがある。

今や、圧倒的な人工知能が知識・知能の点で人間を超越し、科学技術の進歩を担う変革＝技術的特異点が、現実味を帯びてきた。それに伴い、社会問題にもなりつつある。そこで、人工知能開発をするリーダー会社の1つ、Google社はAI開発を進める際の7原則というものを発表。①社会的に有益であること、②不公平な偏見を助長しない、③創造もテストも安全に、④人に対して責任をもつ、⑤プライバシーを配慮した設計、⑥高い科学的美徳の基準を支持する、⑦これらの原則に沿った利用ができるように努める。以上がその原則で、さらに害を引き起こす技術、人を傷つける技術、国際的な規範に違反する形で情報を収集・利用する技術、国際法や人権の原則に反する目的を持つ技術は開発しないと定めている。ただこれはGoogleだけの話なので、他社がこのような原則を守るとは限らない。

関連用語

【ディープラーニング】

深層学習。人間や動物の脳神経回路をモデルとしたアルゴリズムを多層構造化した"ディープニューラルネットワーク"を用い、人間の力なしに機械が自動的にデータから特徴を抽出する学習システムのこと。

【ビッグデータ】

一般的なソフトウェアで扱うことが困難なほど巨大かつ、複雑なデータの集合。ただ大きいだけでなく、データの量、データの種類、データの発生頻度・更新頻度が重要な要素となっている。

【Google】

1998年に設立された、インターネット関連サービスに特化した企業。事業としては検索エンジン、オンライン広告、ソフトウェア、ハードウェアなどがある。2014年に人工知能やロボット関連企業を次々買収している。

もしかして参考にしたかも？　ロボット3原則

COLUMN

AI開発7原則の参考にしたかはわからないが、ロボット3原則というものがある。アシモフのSF小説中に示されたもので、①ロボットは人間に危害を加えてはならない、②ロボットは人間に与えられた命令に服従しなければならない、③1項および2項に反しない限り、自己を守らなければならない。というものだ。

348 ダダイズム

芸術は美しい必要があるのか？　それがダダイズムの原点である。第一次世界大戦が人間の愚かさを露呈するなか、それに反発するようにダダイズムは生まれた。

名前が意味不明度	▶▶▶	5
破壊的度	▶▶▶	5
一過性度	▶▶▶	5

意味不明なものに求めた美

時は第一次世界大戦中の1916年。戦争は人の理性や道徳を否定し、それまで信じられてきた常識を無意味にした。伝統的な価値観の破壊……そんな世の中を風刺するように現われた芸術活動が、ダダイズム（または単にダダ）と呼ばれるものである。

ダダイズムは、美しい絵や形などを求めるのではなく、わけのわからないもの、意味不明なもの、偶然できたものなどを作品とした。これまでの芸術の概念や常識を根底から覆す発想である。

たとえば、デュシャンの作品『泉』は、既成品の小便器を横にしただけのものだ。「なぜこれが芸術なのか？」と首をかしげてしまうだろう。しかしデュシャンは、美は意図的に作り出すものではなく、人が見て美しいと感じるものが美であるとした。それはありふれたものだったり、無造作に作ったものだったりするかもしれない。そんな美を求めたのがダダイズムなのである。

このように既成概念を思い切り破壊したダダイズムは、スイスで発祥し、ヨーロッパやアメリカで一大ブームとなった。戦争で人の心がすさんだところに、ピタリとマッチしたのもあるだろう。しかしその人気は長くは続かず、わずか数年でみるみる廃れていく。

それでも、ダダイズムが芸術の世界に投じた一石は大きく、既成概念に捕らわれない新しい価値を作った例として注目されている。もしあなたがこれまでにない作品を作ろうと考えているのなら、それはまさにダダイズムの精神である。

〈『泉』〉

関連用語

【ダダイズム】

ダダの名前の由来は諸説あるが、目についた単語をそのまま名付けた＝「意味のない言葉」とされている。ダダイスムとも呼ばれる。戦争でスイスに逃れてきた人たちがチューリッヒのキャバレー・ヴォルテールに集い、無意味な劇や朗読で夜な夜な盛り上がっていたのが始まりだったという。

【マルセル・デュシャン】

1887～1968年。ダダイズムを代表するアメリカの芸術家。本文で挙げた『泉』のほかに、モナリザの複製画にヒゲを描き加えた作品『L.H.O.O.Q.』なども有名である。

COLUMN
ダダイズムをモチーフとしたウルトラ怪獣

特撮ヒーロー『ウルトラマン』の第28話などに出てくる怪獣ダダは、ダダイズムの概念を元に作られたという。全身白黒の縞模様で奇怪な顔を持つダダは、ダダイズムらしいアートを思わせるデザインだ。また、現われたと思ったら簡単にやられて消えていくなど、その演出もダダイズムの儚い歴史に重なるところがある。

349 ノストラダムス

我が国では「ノストラダムスの大予言」で有名な16世紀のフランス人。彼が遺したいくつもの四行詩は多くの人々を惹きつけ、解釈を巡ってさまざまな論争が巻き起こった。

予言的中度	▶▶▶	4
医者度	▶▶▶	4
後世への影響度	▶▶▶	5

大予言者として祭り上げられた男の半生

ルネサンス期に実在した予言者（占星術師）として現代に伝わるノストラダムス（1503～1566年）。本名はミシェル・ド・ノートルダムといい、ノストラダムスはノートルダムをラテン語風にした、いわばペンネームである。予言者としての活動ばかりがピックアップされがちだが、元々は医者であり、当時流行していたペストを治療するため何度も流行地へ赴くなど、感染する危険を顧みず活動していた。

そんな彼が予言者に転身するのは50歳近くになってからだ。1549年頃から、ノストラダムスは『暦書（アルマナ、またはアルマナック）』と呼ばれる、翌年一年間の予言カレンダーのようなものを出版し始めた。これが大好評で、1557年版からはイタリア語などの翻訳版まで出されるほどの人気となった。この暦書の作成と並行して、彼は"さらに先の未来の予言"に着手し、1555年に『ミシェル・ノストラダムス師の予言集』を出版した。この時点で刊行されたのは4巻で、内容的にも未完成だったにもかかわらず、大反響を巻き起こしたこの著作は、王妃カトリーヌ・ド・メディシスを始めとする有力貴族のなかにも信奉者を得て、代表作となった。

その『予言集』のなかで、「百詩篇集」と名付けられた四行詩がいわゆる「大予言」に相当する。各詩の意味を読み解くのは極めて難解だったが、逆にそれが信奉者にとって好都合だった。つまり、起こった事象に対して予言の解釈を定め、的中したといい張るわけだ。かくしてノストラダムスは、その死後400年以上に亘り、大予言者として祭り上げられることになる。とはいえ、正確な意味が解らない以上、デタラメと決めつけることもできまい。もしかしたら本当に、彼には未来が視えていたのかもしれない。

〈ノストラダムスの肖像〉

魔術 / 西洋 / 人物

宗教

350 アレイスター・クロウリー

20世紀を代表するオカルティストの1人。黄金の夜明け団で魔術を学んだのち、いくつかの魔術書を執筆。悪魔の召喚を試みたり、自ら魔術結社を立ち上げている。

胡散臭い度	▶▶▶	5
周囲に迷惑かけすぎ度	▶▶▶	5
後世で評価された度	▶▶▶	5

ア レ イ ス タ ー ・ ク ロ ウ リ ー

偉大なオカルティストにして魔術師

　クロウリーが生まれたのは1875年、イギリスのウォーリックシア州。父親はビール工場を営んでいたが、クロウリーが小学生のときに亡くなり、彼の元には莫大な遺産が残され、これがのちの活動資金になったといわれている。成長したクロウリーはケンブリッジ大学に入学。在学中に魔術結社"黄金の夜明け団"に加入するが、彼の昇進を巡って団内に軋轢が生じ、やがて内部紛争が起きてしまう。その責任を問われて追放されたのか、あるいは自ら辞めたのかは定かではないが、このあとすぐにクロウリーは黄金の夜明け団を脱退し、妻ローズとともに世界を巡る旅に出た。そしてエジプトを訪れた際、自身の守護天使エイワスと接触し、その言葉を『法の書』として書き記したのだ。旅行を終えて帰ってきたクロウリーは、1907年に魔術結社"銀の星"を結成。1912年にはドイツの秘教団体"東方聖堂騎士団"の指導者と接触し、そのイギリス支部を開設する。さらにイタリアのシチリア島に魔術師の学校的な施設を作るが、麻薬を用いた降霊性魔術儀式を実践した際に若者が死亡。やがて政府から国外退去を命じられた。このあと彼はイギリスへ帰ろうとするが政府に拒否され、各地を転々とする羽目に。1937年にようやく帰国し、その数年後にひっそりと亡くなったという。

　自らを魔術師エリファス・レヴィの生まれ変わり、あるいは黙示録の獣と称したり、怪しげな宗教団体を立ち上げて世を騒がせたことから母国のイギリスでは激しく非難されたクロウリー。しかし、多数の魔術書を執筆し、トート・タロットを考案するなど、オカルティストとしての功績は後世でも高く評価されている。また、コロンゾンやメルクリウスなどを召喚したという逸話もあり、大魔術師と称されることも。よくも悪くも話題に事欠かない人物だけに、現代のフィクション作品でもたびたびその名が見られる。

関連用語

【黄金の夜明け団】
19世紀頃にイギリスで創設された魔術結社。

【エイワス】
クロウリーに『法の書』を書かせた知性体。彼はエイワスを自身の守護天使だといった。

【『法の書』】
クロウリーがエイワスから受け取った言葉を記したもの。象徴的な文章が多く、その内容を理解するのは困難を極める。

【銀の星】
クロウリーが立ち上げた魔術結社。『法の書』を聖典とする。

【東方聖堂騎士団】
20世紀初頭に創設された宗教団体。のちにクロウリーが指導者となる。

【トート・タロット】
クロウリーが考案し、画家フリーダ・ハリスがイラストを描いたタロット。

【コロンゾン】
クロウリーが弟子と協力して呼び出した悪魔。コロンゾンはクロウリーに憑依して弟子を脅したが、これを無視するとその本質を表す名前"拡散"を打ち明けた。

【メルクリウス】
クロウリーが弟子と協力して呼び出したローマ神話の神。商人や旅人の守護神で、ギリシア神話の神ヘルメスと同一神とされる。

〈クロウリーの写真〉

351 血の日曜日事件

1905年1月9日、ロシア帝国の軍隊が労働者の嘆願行進に対し発砲し、多数の死傷者が出てしまった事件。ロシア第一革命の発端となった。

パワーワード度	▶▶▶	4
惨劇度	▶▶▶	4
数が多すぎた度	▶▶▶	5

もっとも多くの血が流れた、血の日曜日

歴史上、「血の日曜日事件」と称される流血事件は結構多く、1920年のダブリンで、イギリス軍とアイルランド間に起きた発砲事件。1939年のポーランドで、ポーランド軍とドイツ系ポーランド人のあいだに起きた戦闘。1965年のアメリカのセルマで、公民権運動中のデモ隊と警官が衝突した事件。1972年の北アイルランドで、デモ行進中の市民がイギリス陸軍に銃撃された事件、などがある。デモでの事件が多いのは、やはり日曜日だからだろう。

さて、1905年ロシアで起きたこの血の日曜日事件だが、そのなかでも死傷者の数は圧倒的に多く、数千人と見積もられている。当時はロシア帝国の時代で、労働者組織を作ったガポン神父が計画し、その労働者たちを集めてサンクトペテルブルクの大通りをデモ行進した。嘆願の内容は、労働者の諸権利の保障、日露戦争の中止、憲法制定会議の招集、自由権の確立など、わりと民衆の素朴な要求だった。当局は軍隊を動員して、このデモを中心街に入れないようにしていたが、行進参加者は6万人と数が多すぎてできなかったため、結局各地で発砲する事態になったという。

元々ロシアの民衆は、ロシア正教会の影響もあって、皇帝崇拝の観念があった。デモも、皇帝ニコライ2世への直訴があれば、情勢は改善すると思ってのことだった。しかし、この事件が発生したことで皇帝崇拝は完全に崩壊。反政府運動、ロシア革命へとつながっていく。

関連用語

【ロシア帝国】
1712～1917年にロシアにあった国家。1721年にツァーリ・ピョートル1世が皇帝宣言したことで帝政となる。国教はロシア正教会。

【サンクトペテルブルク】
バルト海東部、フィンランド湾最東端にあるレニングラード州の都市。ロシア帝国時代の首都。ちなみに1924～1991年まで、ソ連建国の父、レーニンにちなんでレニングラードと改称されていた。

【ロシア正教会】
キリスト教の宗派、東方正教会に属する自立教会の1つ。ロシア正教会はもっとも信徒数が多い。

〈軍隊に銃撃されている
群衆を描いた絵画〉

株価が急落下すると、「暗黒の……」に命名

COLUMN　似たようなワードとしては「暗黒の木曜日」「暗黒の月曜日」が有名。これはどちらも株価が大暴落した日を指し、前者は1929年10月24日に端を発する大暴落で世界恐慌のきっかけになった。後者は1987年10月19日、香港を発端に起きた世界的株価大暴落で、ダウ平均株価の下落率は22.6%にもなっている。

352 アヌビス

オシリスとネフティスの息子。墓地の守護神とされ、ミイラづくりの神でもある。アヌビスの名はギリシア人やローマ人が名付けたもので、エジプトではインプと呼ばれた。

スタイリッシュ度	▶▶▶	5
日本での人気度	▶▶▶	4
できた息子度	▶▶▶	5

アヌビス

不義から産まれた死者にまつわる神

　その信仰は古く、墓地を徘徊するジャッカルやイヌを墓地の守護者＝冥界神とみなしたのが原点のようだ。像や壁画でもアヌビスは黒いイヌのような動物か、黒いイヌのような頭がある人型で、イヌやジャッカルはアヌビスの聖獣とされている。アヌビスには死者を審判の場へ導き、天秤の傾きを確認してオシリスの審判を補佐する役目があり、その姿が描かれた『死者の書』は日本でも有名だ。

　プルタルコスの『イシスとオシリス』によると、アヌビスの父はオシリスだが、母はイシスではなくネフティス。ネフティスはオシリスら4兄妹の末の妹で、兄セトと結婚したものの心はオシリスに向いていた。そして、オシリスを泥酔させたうえでイシスに化け、関係をもって産んだのがアヌビスだという。これがセトがオシリスを殺した理由の1つともいわれるが、そのセトもじつはイシスに気があったという話もある。いずれにせよ、兄妹には昼メロのような愛憎劇があったのだ。セトがオシリスを敵視したため、隠す意味もあってアヌビスは捨てられたが、のちにイシスの養子となって成長し、父を補佐するようになる。セトに殺されたオシリスをミイラにしたのもアヌビスで、特にミイラ職人に信奉された。

　日本でも有名なだけに、アヌビス自体はもちろん、モデルにしたロボットが登場するゲームもあり、アヌビスが登場する作品は比較的多めだ。

〈『死者の書』アヌビス〉

関連用語

【ジャッカル】

オオカミに似たイヌ科の小型種。ここでいうジャッカルは、一般的にキンイロジャッカルだと考えられる。なお、イヌとしては古くから姿がほぼ変わっていないファラオハウンドという犬種があり、アヌビスとよく似ている。

【プルタルコス】

1世紀半ば～2世紀前半頃のギリシア人の歴史家。イシスとオシリスの話をギリシアの神々に置き換えて紹介した。代表作として古代ギリシアやローマにおける著名人の伝記『対比列伝』がある。

【昼メロ】

平日の昼の時間帯にTVでよく放送される「昼のメロドラマ」の略。ターゲット層の視聴者向けに、ドロドロとした愛憎劇が多い傾向がある。

COLUMN

アヌビスとよく似た灰色の神ウプウアウト

古代エジプトのアシュートにウプウアウトという神がいた。"道を切り開く"役割があり、王の軍旗に掲げられた軍神だ。灰色で描かれ、こちらはオオカミとされているが、姿はアヌビスそっくり。"冥界への道を切り開く"として、アヌビスと同様死者を迎える神とみなされたこともあり、アヌビスと混同されることになった。

353 水滸伝（すいこでん）

中国四大奇書の1つ。『忠義水滸伝』とも。『宋史』に残る宋江という実在した盗賊の活躍を元に書かれた口語章回小説。原本と呼べるものが複数本あることも特徴の1つだ。

大河浪漫度	▶▶▶ 5
一	一
ボリュームアップ度	▶▶▶ 5
バージョン数	▶▶▶ 5

朝廷を相手取り、盗賊は民を救う義賊へ

中国の宋代（960〜1279年）を扱った歴史書『宋史』に、こんな記事がある。宋代の末期、皇帝・徽宗は国費を乱用して民を圧迫し、農民暴動をひき起こした。その1つ"宋江の乱"（1121年）は梁山泊の盗賊・宋江が主導していたという。その活躍は代の変わった南宋時代より講談や戯曲にされ、『大宋宣和遺事』としてまとめられた。

これをさらに壮大に膨らませた小説が『水滸伝』である。盗賊団の数は史実の36人から108人に増やされ、彼らは英雄として語られた。ちなみに「水滸」とは「水辺」という意味で、彼らが湖水の広がる梁山泊を根城にしたことから名づけられた。大筋は史実から外れないが、文章としては100回本、115回本、120回本などさまざまなバージョンがあり、どれが"原本"であるかはいい切りがたい。現在広く知られているのは、清の時代に金聖嘆という文学評論家がまとめた70回本である。

宋江らは盗賊団・山賊と書かれることが多いが、民のために戦い、施しを与えたことから"義賊"として扱われることが多い。信義に厚く人望があり、だからこそ多くの賛同者が集ったのだろう。物語の後半は史実どおり彼らの降伏と死が待っている……といいたいが、実は宋江は捕らえられた後に朝廷に帰順し、その後に起きた乱を鎮める功績をあげている。それだけ宋江が有能な人物だったということなのだが、少しばかり意外な結末といえるだろう。

〈『豪傑水滸伝』豹子頭林冲〉

関連用語

【中国四大奇書】
中国を代表する4つの伝奇的な長編小説。『三国志演義』『水滸伝』『西遊記』『金瓶梅』。「明代四大奇書」では後記2つが『西廂記』と『琵琶記』になっている。

【梁山泊】
中国山東省の梁山県南東にある、梁山のふもと。

【水滸伝の作者】
複数説があり、元末期の施耐庵、または彼と羅貫中との共作というのが有力。いずれにせよ明初期（1370年頃）に成立したといわれている。

【義賊】
富める者から盗み、貧しい者へと金品を施す盗賊のこと。

発禁されまくりの四大奇書・金瓶梅

COLUMN 中国四大奇書の1つで、『水滸伝』の一説から生まれた章回小説『金瓶梅』。明の時代に成立、作者は不明で全100回。山東省の豪商・西門慶と潘金蓮という女の密通のエピソードを発端に、西門慶の色と欲にまみれた生活をつづっている。タイトルはそれぞれ関係する女の名から取られた。露骨なまでの性描写から何度も発禁されている。

354 量子コンピュータ

科学・数学

もうコンピュータなしには成立しない現代社会だが、新たな概念のコンピュータとして、量子コンピュータが注目を集めている。何がそんなにすごいのだろうか？

実現度	▶▶▶	4
理屈が難しい度	▶▶▶	4
実用度	▶▶▶	?

量子コンピュータ

もう商用版も出た、噂の高速処理コンピュータ

従来のコンピュータは古典コンピュータと呼ばれているが、情報の基本単位はビットで、"0"か"1"の状態をとり、2進法で演算を行い、電圧のオン・オフで状態を表す。しかし量子コンピュータは、量子力学特有の物理状態を用いて、高速計算を実現する。量子力学には重ね合わせという性質があるが、"0"と"1"という情報に、"0"でもあり"1"でもあるという重ね合わせ状態が加わるのだ。このような状態の情報単位を量子ビット（Qbit）といい、この量子ビットであれば、組み合わせ数の多い計算を並列で高速に行うことができるという。

ただ量子コンピュータのハードウェアはまだまだ研究段階だし、現状の量子コンピュータはエラー（計算途中の誤り）も多いといわれている。そもそも使えたとして、量子コンピュータの計算能力が何に活用できるのかについては依然未開拓。現状一番ピンとくる例としては、量子コンピュータで仮想通貨などの暗号が簡単に解読されかねないので、それを防ぐ量子暗号も開発されている、といったことくらいである。

そんなわけで量子コンピュータは、しばらく未来の話と思われていたが、Googleの量子コンピュータがスーパーコンピュータで1万年かかる計算を200秒で実現したとか、IBMが世界初の商用20Qbit量子コンピューター"IBM Q System One"を開発したとか、昨今でニュースを賑わす機会も増え、無視できないジャンルにはなりつつある。もし実現されるのであれば、人工知能に利用されると、すごいロボットができるかもしれないが、果たして？

関連用語

【重ね合わせ】

確率的にしか記述できない量子力学の世界の基本的な性質。観測するまで、AとB、どちらの状態になるかわからない、AでもありBでもある状態のこと。

【仮想通貨】

実際の通貨のような実態がなく、ネットワーク上で電子的な決済に限定して使われるデジタル通貨。関数などを使って暗号化されており、ブロックチェーンを適用することで真正性を担保している。

【IBM】

1911年に設立されたアメリカのコンピュータ関連製品、サービスを提供する企業。研究機関としても有名で、ATMやバーコード、ハードディスク、DRAMなどを発明している。

敵はシステムを知っている、という暗号界の大原理

COLUMN

暗号の世界では、ケルクホフスの原理＝"暗号方式は秘密であることを必要とせず、敵の手に落ちても不都合がないこと"という鉄則がある。19世紀に提案されたものだが、現代の電子マネー、電子署名などでもこれは適用されており、セキュリティ製品では攻撃者に解析されてもなお安全な製品を作るべきという意味を持つ。

355 シュールレアリスム

ダダイズムの流れを汲んで現われた芸術様式がシュールレアリスム。「現実離れした」や「非現実的な」を意味する「シュール」という言葉の語源にもなっている。

シュール度	▶▶▶	5
作品の奇妙さ	▶▶▶	5
名前が美しい度	▶▶▶	5

無意識の世界に芸術があるとする考え方

　ダダイズムは芸術の既成概念をぶち壊して注目を浴びたが、多くの芸術家はそれだけでは飽き足らず、現実離れした芸術をさらに突き詰めていった。そして1924年、日本語で「超現実主義」と訳されるシュールレアリスムのスタイルが確立する。

　シュールレアリスムの創始者とされるのはフランスの詩人アンドレ・ブルトン。彼は芸術の伝統的な制約から離れ、かつてフロイトが提唱した「無意識の世界」を表現することを重視した。意識が朦朧とした状態で描くオートマティスムや、こすり絵を利用したフロッタージュなどは、シュールレアリスムの代表的な技法である。これらによって、既成の枠組みを飛び出した作品を生み出した。

　もう1つ、現実にあり得ないものをリアルに描くのも特徴である。フニャフニャの置時計を描いたダリの作品『記憶の固執』は、特に有名な作品だ。こうした表現方法は、現在でもイラストや広告などによく用いられており、我々にとって馴染み深いものでもある。

　また、ダリはアメリカで有名になり、ディズニーとコラボしてアニメの制作にも携わった。第二次世界大戦で一度は中断されたものの、2003年にディズニーの甥ロイ・E・ディズニーによって『Destino』という短編アニメとして日の目を見る。シュールレアリスム的な世界と人物を描いた、思わず引き込まれるムービーである。

〈『夏山』〉

関連用語

【アンドレ・ブルトン】
1896〜1966年。シュールレアリスムのリーダーとされる。元はダダイズムに参加する1人だったが、やがて決別して1924年に「シュールレアリスム宣言」を唱える。これがシュールレアリスムの始まりとなった。

【サルバドール・ダリ】
1904〜1989年。シュールレアリスムを代表するスペインの画家。第二次世界大戦中はアメリカに渡り、商業的に大活躍したことで「ドルの亡者」ともいわれた。

【『Destino』】
ダリとディズニーで「無意識を表現する」をテーマに制作開始した作品。セリフは1つもなく、絵と当時の音楽だけでシュールレアリスムの世界が描かれている。

COLUMN

シュールレアリスムとトリックアート

現実にあり得ない絵を描くシュールレアリスムは、トリックアート（だまし絵）の1つでもある。ルネ・マグリットの作品によく出てくる「顔のない人物」は、見ていて混乱を誘うトリックアートなシュールレアリスムだ。ちなみにトリックアートとは、フランス語で「目を騙す」を意味する「トロンプ・ルイユ」が語源である。

哲学・心理・思想

シュールレアリスム

呪い ／ 西洋 ／ アイテム

356 ホープ・ダイヤモンド

古来より、ある種の極めて貴重な宝石には "不幸を呼ぶ呪い" が宿ると考えられてきた。そうした呪われた宝石の代表格がこのホープ・ダイヤモンドだ。

不幸招来度	▶▶▶	4
希少価値度	▶▶▶	5
不思議現象度	▶▶▶	5

持ち主に災いをもたらす青きダイヤモンド

　ホープ・ダイヤモンドは45.52カラットのブルー・ダイヤモンドである。推定価格は250億円。クラリティ（透明度）はVS1で、これは11段階の5段階目でランクはそれなりだが、紫外線を当てると1分間以上、赤く発光するという独自の特徴がある。発光自体は珍しくないが1分以上となるとほかに例がない。このメカニズムは現在でも解明されておらず、ゆえに極めて貴重な宝石の1つとされている。が、そんなことよりも、この宝石を有名にしたのは「呪われた宝石」の伝説が囁かれたことにある。

　ホープ・ダイヤモンドは9世紀、インド南部のコーラルという街を流れる川で、農夫マデアが発見した。その約800年後の17世紀半ば、フランス人タヴェルニエが購入。彼は国王ルイ14世に売却し、ダイヤは王家を象徴する品として「王冠の青」「フランスの青（フレンチ・ブルー）」と呼ばれるようになった。だが、ここからフランスの財政が傾き、それが原因で革命へとつながっていく。ダイヤを継承したルイ15世は天然痘を罹って死亡し、革命後、ルイ16世と王妃アントワネット、その寵臣ランバル公妃は処刑された。こうした悲劇的な王家の末路が、宝石の呪いだと囁かれる由縁になった。

　フランス革命後、ダイヤは窃盗団に盗まれ、幾人かの手を経たのち、ヘンリー・ホープというイギリス人実業家の手に渡る。これがきっかけで「ホープ・ダイヤモンド」と呼ばれるようになった。だが、そのホープ家も19世紀末に破産して手放さざるを得なくなる。その後、ダイヤは短期間で幾人かの手を転々とし（そのなかには宝飾デザイナーのピエール・C・カルティエもいた）、最後にアメリカの宝石商ハリー・ウィンストンが手中に収めた。この間も、不幸を呼ぶ宝石としての噂は囁かれ続けていたが、実際には嘘や脚色された話が大半だったようだ。ウィンストンはしばらく手元に置いていたが1958年、スミソニアン博物館に寄贈し、ダイヤは現在もそこに留まっている。

◀関連用語▶

【45.52カラット】

ホープ・ダイヤモンドは発見されたとき、112カラットあったようだ。それをルイ14世がハート形にカッティングしたため、約70カラットになった。フランスから盗まれたあと、さらにどこかのタイミングで（おそらくは盗品であるとバレないようにするため）さらに削られ、現在の大きさになった。

【噂】

不幸を呼ぶ宝石としての噂にはさまざまなものがあった。よく知られているものでは「マリリン・モンローが非業の死を遂げたのはホープ・ダイヤモンドを身に着けたからだ」「ウィンストンは、ダイヤを手に入れてから何度も交通事故に遭い、最終的には破産した」といったものがあるが、いずれも事実無根である。

第51週　第7日目　日曜日

神智学／西洋／人物

357 エドガー・ケイシー

リーディングで病気の治療法を見つけ、たくさんの人を救った霊能者。過去や未来を透視することもできたらしく、相談に訪れた人は病人に限らなかったという。

稀代の霊能者度	▶▶▶ 5
オカルト界での知名度	▶▶▶ 5
古代文明の理解度	▶▶▶ 4

透視能力を駆使して人々を救う

エドガー・ケイシーは透視能力を用いて多くの人を救い、ニューエイジ思想にも大きな影響を与えたアメリカの霊能者だ。元は保険のセールスマンだったが、原因不明の失声症を患ったことで写真家に転向。病気を治すために催眠療法を行った際、ケイシーの別人格が現れ、病の治療法を教えてもらう。のちに「リーティング」と呼ばれるようになるこの行為で病を克服したケイシーは、自身と同じように病気で苦しむ人々のためにその力を惜しみなく使った。

透視能力を用いたケイシーの活動は20年以上続き、そのあいだにたくさんの人を診ている。病気治療以外の相談も含めると、記録に残されたものだけで14000件以上に及ぶそうだ。また、病人の場合、その大半は当時の医学において不治あるいは難病とされていたが、ケイシーはアカシックレコードから情報を得て、病気の原因や正しい治療法を伝えたという。医学的な知識をもっていなかったにも関わらず、彼は面識もない人の病状を、ときには直接会うこともなく正確に診断し、有効な治療法を授けたというのだ。ちなみに、当初は病気の治療にのみ透視能力を用いていたケイシーだったが、歳をとってからはほかの分野でもその力を活用しており、政治家や科学者、芸術家など、彼に助言をもらった人は多岐にわたる。

ケイシーは輪廻転生説を支持しており、自身の前世はアトランティス人、ペルシアの王、古代ギリシアの化学者だとしている。また、霊的な存在から進化した人類はアトランティス大陸に文明を築き、クリスタルに込めた霊力から莫大なエネルギーを抽出して兵器などに利用していたとも語ったそうだ。アトランティスに関する彼の話は今までになく斬新かつ面白みがあったことから、後世のファンタジー作品にも取り入れられている。

関連用語

【ニューエイジ思想】

1960～1970年代に、アメリカの西海岸を中心に生まれた霊的復興思想のこと。超自然的で精神的な思想で、既存文明や科学、政治などを批判し、真に自由で人間的な生き方を模索することが目的。ヨガや整体術、パワーストーン、輪廻転生信仰などはここから普及していく。

【リーディング】

自身を催眠状態にしてアカシックレコードとつながり、第三者から質問をしてもらうことで情報を引き出す行為。

【アカシックレコード】

この世界のあらゆる情報はどこかに保管されているという神智学の概念から生み出された、物理的には存在しない超規模データバンクのこと。

【アトランティス大陸】

古代ギリシアの哲学者プラトンが著書のなかで語っている伝説の大陸。海神ポセイドンの末裔である王家が支配していたが、地震と洪水の影響で海に沈んだとされる。

〈エドガー・ケイシーの写真〉

358 アナスタシア・ニコラエヴナ

二月革命で失脚した最後のロシア皇帝、ニコライ2世の第4皇女。わずか17歳という若さで、家族・従者とともに銃殺されたが、なぜか後年物議を醸すことになった。

悲劇度	▶▶▶	5
まさかの生存度	▶▶▶	0
創作使われ度	▶▶▶	5

生存説が浮上した、悲劇のうら若き皇女

　1901年6月18日、アナスタシアはニコライ2世とアレクサンドラ皇后の第4皇女として生を受ける。子女のなかではお転婆でひょうきんな性格で人懐っこかったが、美しく成長する姉たちや、皇太子となったアレクセイに比べると、もっとも注目度が低かった。

　1917年にロシア革命が勃発し、臨時政府に迫られてニコライ2世が退位。皇族一家は厳重な監視の下、幽閉生活を送るようになる。しかもボリシェヴィキ（のちのソ連共産党）が権力を握るようになると、幽閉は厳格化。1918年には「特別な目的の家」と呼ばれるイパチェフ館に移送された。過酷で屈辱的な待遇を受けた末、1918年7月17日深夜、一家と従者は地下室に呼び出され、銃殺されてしまった。いかなる政治的反動も引き起こさないため、この事件は徹底的に隠蔽。衣類や貴重品は剥ぎ取られ、遺体は寸断され、硫酸で焼かれ、黒焦げの骨も徹底的に粉砕されて埋められるという始末だった。また、ニコライ2世は処刑されたが、家族は安全な場所に護送したという偽情報も流布されている。

　しかし後年の調査で、肝心の処分地が見つからない、皇帝一家に同情的な警備兵が救出したかもしれない、といった噂などから、なぜかアナスタシア生存説が浮上する。実際、1920年にドイツでアンナ・アンダーソンという女性が、自分はアナスタシアだと主張したなど、物議を醸している。また、アナスタシア生存説の伝説をモチーフにした映画なども創作されている。生前は注目を浴びなかったアナスタシアだが、無残な死を迎えたあとに、こんな形で注目されるとは思わなかっただろう。

　なお現在では、1991年以降の遺骨の発見や、DNA鑑定などにより、皇帝一家全員が殺害されたことが科学的に証明されている。

関連用語

【ニコライ2世】

1868～1918年。ロマノフ朝第14代ロシア皇帝。日露戦争、第一次世界大戦では指導者的な立場だったが、ソリア革命で失脚。一家ともども虐殺された。

【イパチェフ館】

エカテリンブルクにあった、ニコライ2世一家を幽閉するために使用された家。警備兵は約50人配置され、屋根裏部屋の窓や一階の要所には機関銃座も備えられている。1977年に取り壊された。

【アンナ・アンダーソン】

1896～1984年。1920年にドイツのベルリンで自殺未遂者として精神病院に収容され、自分はアナスタシアだと主張。ロシア帝室相手に訴訟を起こすが、真偽の確定が不可能で、訴訟は長期化。彼女の死後、一家の遺骨の発見と、DNA鑑定でようやく否定された。。

〈アナスタシアの写真〉

359 ケツァルコアトル

古代メキシコの神で、一般的には15～16世紀のアステ
カの神として知られる。起源は古く、紀元前2世紀～6世
紀のテオティワカン文明以前からすでに信仰されていた。

時代経過での神性発展度	▶▶▶ 5
信者の勘違いの深刻度	▶▶▶ 5
帰る場をなくした衝撃度	▶▶▶ 4

時代とともに要素が増えていった農耕神

アステカでは人間に学問や文化をもたらした創造神であり、主食
だったトウモロコシの栽培法を伝授した農耕神でもある。雨をよぶ
風の神、明けの明星の象徴、戦いの神でもあった。大抵は翼がある
竜のような姿で描かれるが、擬人化されて帽子や宝石を帯びた人型
で描かれることもある。元々はヘビのような農耕に関わる水神だっ
たと考えられていて、これがテオティワカン文明でケツァルコアト
ル（羽毛があるヘビの意）となった。このテオティワカンが滅びた
のちは新興のトルテカ文明に引き継がれ、祖神として信仰されるな
かで風の神や金星との関連が付加される。さらにアステカの時代に
なると原初神の息子とされ、創造神とみなされるようになったのだ。

さて、ケツァルコアトルにはテスカトリポカという兄弟神がいた。
創造の際に競ったり、テスカトリポカの企みでケツァルコアトルが
追放される神話などがあり、ライバル関係がうかがえる。この追放
神話は、ケツァルコアトルを名乗ったトルテカの王が、生贄の儀式
に反対して追放された事実が元といわれる。メキシコ南東のマヤ文
明にも同様の伝承があり、ケツァルコアト
ルはククマッツ、またはククルカンと呼ば
れ、マヤの創造神話にも関わっている。

ケツァルコアトルはわりと有名で、史上
最大の翼竜ケツァルコアトルスの名でも
知られる。日本ではゲームやマンガのキャ
ラクターとして登場するほか、競走馬の名
前に使われたこともある。

〈ケツァルコアトル〉

関連用語

【テオティワカン文明】
現在のメキシコシティ北
東にある古代都市テオ
ティワカンを中心に栄え
た文明。まだ原因は確定さ
れていないが、7世紀頃か
ら急速に衰退して滅びた。

【トルテカ文明】
テオティワカン文明滅亡
後の7～11、12世紀に
栄えた文明。ケツァルコア
トルを称した王の追放
神話などをもとに、周辺
地域を支配した帝国が
あったと考えられている
が、確証はない。

【アステカ】
12世紀以降にメキシコ
中央高原へ南下してきた
チチメカ族が、1428年
頃に建国した国家。現在
メキシコシティがある位
置に首都テノチティトラ
ンを築いて繁栄したが、
1519年にスペイン人の
遠征隊が現れ、1521年
に滅亡した。

COLUMN

ケツァルコアトルの予言がアステカ滅亡の一端に？

ケツァルコアトルは髭がある白い肌の人間に変身できたともいわれ、また追放される
神話では去る前に自らの復活を予言していた。16世紀にスペイン人の征服者が現れた
時期が予言と一致しており、アステカ人は白人でもあった彼らをケツァルコアトルの
再来と勘違いし、これがのちに滅亡する原因の一端になったともいわれている。

360 封神演義
（ほうしんえんぎ）

中国、明代に成立した長編章回小説。古代の殷周革命を
ベースにした、仙人、妖怪、神を交えた一大歴史ファンタ
ジーといえる。作者は許仲琳と言われているが諸説ある。

日本での知名度	▶▶▶	5
壮大さ	▶▶▶	5
歴史的評価度	▶▶▶	2

歴史の変わり目を神仙入り混じる大バトル化

　日本で『封神演義』といえば、安能務訳の小説（講談社文庫）や、
藤崎竜のコミカライズ（集英社）が有名だ。しかしこれらは原本に
比べるとアレンジが強く、正しく『封神演義』とはいい難い。とは
いえ、今も日本で「完訳」といえる版はないのが現状だ。

　『封神演義』は伝説的に伝わる王朝・殷（紀元前17世紀頃～紀元
前1046年）の最後の王・紂王が国を乱し、新たに立った文王によっ
て討たれ、周王朝が始まるまでを描いた作品だ。これらの歴史をま
とめた『武王伐紂平話』をベースに描かれているにも関わらず、四
大奇書ほどの知名度・評価が得られないのにはいくつか理由がある。
それは史実がほぼ伝説級の古代であるため、作中の史実検証が不十
分であること、そして“ファンタジー色が強すぎる”点だ。

　主人公である姜子牙は実在したといわれる人物である。釣りをし
ていたところを見いだされ、「太公望」の名を与えられた。軍師と
して活躍し、兵書『六韜』を残している。本書では、彼は仙界よ
り人間界に使わされた仙人だ。『封神演義』と
は“人間界の歴史に神や仙人が介入する”物語
なのである。重税、“酒池肉林”、炮烙刑など
を行い、殷の滅亡に一役買った紂王の寵姫・
妲己も、本書では女媧という女神に遣わされ
た九尾の狐だ。ちなみに、彼女が紂王に行わ
せたこれらの行為は、史実にあるとおりだっ
たりする。いっそのこと本当に妖怪だったら
……と思ってしまうのも致し方ない。

〈伏羲氏と女媧氏〉

関連用語

【武王伐紂平話】
平話とは講談の“講史（歴
史物）”のテキストのこと。
日本でいう軍記物のよう
なもの。『武王伐紂平話』
は殷周革命を記している。

【姜子牙】
日本では「太公望」の名
で知られる周の名将。呂
尚とも。周建国後は斉を
治める。出自については
諸説あり、史実でも謎の
多い人物。『封神演義』
では72歳の老人だが、
仙人としては“若輩者”
とされている。

【六韜】
古代中国の兵法書。6巻
からなる。姜子牙によっ
て書かれたといわれてい
るが、実際は魏晋時代の
ものだという。

【炮烙】
油を塗った銅の柱を炭火
で熱し、その上を罪人に
渡らせ、焼き殺す刑。火
あぶり。

COLUMN

半獣半人の創世神　三皇

中国古代神話には三皇と呼ばれる、人の頭にヘビの胴体を持つ“伏羲”とその妻“女媧”、
ウシの頭に人間の体の“新農”という神がいる（組み合わせは諸説ある）。伏羲と女媧
は陰陽思想の元となり、さらに女媧は土をこねて人間を造ったという説もある。新農
は農業の神であるとともに、人に火を与えたため「炎帝」と呼ばれることもある。

361 ニコラ・テスラ

交流電流、蛍光灯、ラジオ、リモコン、電動モーターなど
など、エジソンに負けず劣らずの発明王、ニコラ・テスラ。
しかし彼にはなぜか、オカルトの影がつきまとう。

発明王度	▶▶▶	4
奇怪な言動度	▶▶▶	5
オカルト頻出度	▶▶▶	4

奇行が悪目立ちしすぎた、もう1人の発明王

　ニコラ・テスラは交流送電の発明で、長距離の送電を可能にした
ほか、無線通信やエネルギー伝達の研究などで有名な物理学者であ
り、発明家である。しかし、かなり風変わりな人物としてもよく知
られており、異常な潔癖症だとか、ハトを溺愛しているだとか。「宇
宙人と交信している」、「地球を割ってみせる」、「3、6、9から万
物は生み出される」などなど、不可解な発言が多かったとか。脳を
刺激するために頭部にX線を照射しただとか。変わり者だったと
いうエピソードには事欠かない。

　こうした言動のせいか、彼の発明品にもオカルト寄りのエピソー
ドが頻出する。その代表が「テスラコイル」。これは高周波・高電
圧を発生させる共振変圧器なのだが、地球の磁場から"フリーエネ
ルギー"なる電力を生成し、無線で送電する"世界システム"を構
築するという構想だった。これがなぜかオカルト方面の話題でよく
登場しており、UFOの原動力に使われているだとか、「フィラデル
フィア実験」で船をレーダーに映らなくする実験をしたとか、そん
な話が多い。そのほか、重力エンジン（要するに空飛ぶ円盤の動力）、
ピース・レイ（いわゆるビーム兵器）、人
工地震発生機、霊界通信機などの奇妙な研
究逸話が残っている。

　そんな数々のエピソードゆえ、テスラは
フィクションの世界にもよく登場する。む
しろこちらの方面では、ライバルのトーマ
ス・エジソンよりも有名といっていい。

〈ニコラ・テスラの写真〉

関連用語

【ニコラ・テスラ】

1856～1943年。アメリ
カの電気技師、発明家。も
ともとはエジソンの会社
に作用された社員だった
が、交流送電を提案した
ことで対立し、独立。会
社を設立し、交流の電力
事業を推進した。

【磁束密度】

磁束（磁界の強さと方向
を1本の線の束で表した
もの）の、単位面積当た
りの密度。Bで表すことが
多く、国際単位はテスラ
（T）、またはウェーバ毎平
方メートル（Wb/m2）。

【トーマス・エジソン】

1874～1932年。アメリ
カの発明家、起業家。蓄
音器の商品化で名声を上
げ、電話、電気鉄道、電
灯照明なども商品化。一
般的には発明王の異名で
知られる。自らが採用した
直流送電にこだわり、テ
スラの交流送電との電流
戦争に敗北した。

COLUMN

ライバル・エジソンも霊界通信には熱心だった

晩年に霊界通信の研究をしていたというテスラだが、じつはエジソンのほうも晩年は
霊界方面に興味を示していた。ブラヴァッキー夫人の神智学会に出席していただとか、
霊を捕えて映し出す研究だとか、スピリットフォンなる電気通信装置通信機を研究して
いたといった話がある。発明王が行き着く先は、霊界通信なのだろうか？

362 ポストモダニズム

ポストとは「その次」、モダニズムとは「近代主義」。つまり近代主義の次に来る思想や主義がポストモダニズム、あるいはポストモダンと呼ばれるものである。

最近度	▶▶▶	5
曖昧度	▶▶▶	5
オタク文化と関係ある度	▶▶▶	5

近代から現代への文化の移り変わり

ポストモダニズムという言葉は、おもに建築の分野で使われる。2度の世界大戦を経て、建築の世界では合理的で機能的なモダニズム建築が広まった。しかし1970年代頃になると、そうした思想から脱却しようという流れが活発になる。多様性や装飾性などを重視した新しい方向性……それがポストモダニズムである。

ただ、デザインや特徴はまちまちで、「これがポストモダニズムだ」というような共通性はあまりない。そのため、「近代から現代へ移り変わった文化」という広い意味で、ポストモダンと呼ばれることも多い。時代としては1960年代から1980年代頃。日本が高度成長期からいざなぎ景気へと、急成長を遂げていたときである。

この時代は新しいものが次々と生み出され、人々の暮らしがどんどん豊かになっていった。この頃に広まり始めたアニメや漫画などのサブカルチャーも、ポストモダンの1つである。

アニメという表現方法自体は日本では大正時代からあったが、テレビの普及とともにアニメが身近になったのは、1963年に放送開始した『鉄腕アトム』が最初とされる。その後、1969年に『サザエさん』が始まり、1970年代に入ると『ドラえもん』や『宇宙戦艦ヤマト』など、今日名作と呼ばれる作品が続々と登場した。

こうしてポストモダンの時代を経て現在に至るわけだが、今は文化がさらに多様化して混沌とした時代だ。"古き良き時代"としてポストモダンを振り返るのは、その反動なのかもしれない。

◀ 関 連 用 語 ▶

【モダニズム建築】

1920年頃に隆盛を誇った建築様式。直線的で装飾のない建物が多い。"禁欲的な箱"と揶揄されることもある。

【近代と現代】

近代とは「現代の1つまえの時代」を表わす曖昧な言葉である。日本では明治維新以降を指す場合が多いが、欧州ではルネサンス後期以降やフランス革命以降など解釈はまちまちだ。いずれにしても、そこから第二次世界大戦終戦までを指すのが一般的である。

オタク文化とポストモダン

COLUMN

ポストモダンの名を広めた哲学者ジャン・フランソワ・リオタールによれば、ポストモダンの特徴として「原作と模倣が曖昧になること」が挙げられるという。オリジナル作品に対して二次創作やメディアミックスを得意とするオタク文化は、まさにこのポストモダンの特徴そのものである、と批評家の東浩紀氏は語っている。

363 フリー・メイソンリー

フリー・メイソンという言葉に聞き覚えはあっても、何の組織か知らない人は多い。「陰謀を企む謎の秘密結社」というのが通説だと思われるが、果たしてその実態や如何に。

有名人入会度	▶▶▶	5
独自様式度	▶▶▶	4
社会貢献度	▶▶▶	5

イメージとは真逆 ?!　世界最大の友愛団体

　フリー・メイソン、あるいはフリー・メイソンリーと聞いて、多くの人がイメージするのは「謎めいた秘密結社であり、各国の支配者層に深く浸透し、世界を裏から牛耳っている黒幕」ではないだろうか。たしかに、支配階級の人物や歴史的著名人がフリー・メイソンだったケースは非常に多く、彼らが「組織の意向に従って世界を動かしてきた」と考えるのはある意味ドラマティックだ。だが、実際には陰謀論やあるいはオカルティズムに関わる組織ではない。

　フリー・メイソンリーの成立には諸説あるが、一説によれば、元は中世イギリスにあった石工（メイソン）たちの組合で、シンボルマークが定規とコンパスなのはその名残だそうだ。それが、18世紀頃に石工以外の人々（貴族、紳士、知識人など）が参入し始め、当時主流だった啓蒙思想が内部に浸透して、会員同士で相互扶助する友愛団体へと変貌していく。それは、政治や宗教とは一定の距離を置きつつ、社会貢献を通じて自己を高めようとする組織だった。

　ではなぜ「陰謀を企む怪しげな秘密結社」というイメージが蔓延したのだろうか。それはおそらく、彼ら独自の様式のためだ。彼らは、組織の教義や理念について隠してはいないが、喧伝することもしないので、外部の人間には実態がわかりにくい。さらに、カトリック教会に危険視されてきた長い歴史があり、プロパガンダや歪曲した目で見られ続けたことも少なからぬ影響があるのだろう。

　イギリスから始まったフリー・メイソンリーは、その後ヨーロッパやアメリカに伝播し、今では全世界におよそ600万人の会員が存在する。我が国にもグランドロッジ（支部のようなもの）があり、会員たちはさまざまな形で社会貢献を行っているようだ。

◆ 関 連 用 語 ◆

【フリー・メイソンリー】

フリー・メイソンというのは会員個人を指す単語である。組織そのものを指す場合はフリー・メイソンリーと呼ぶのが正しい。なお、日本グランドロッジでは「メイスン」と表記している。

【著名人】

フリー・メイソンだった著名人は、ジョージ・ワシントンをはじめとする多くの合衆国大統領、アイザック・ニュートン、モーツァルト、ベートーヴェン、哲学者ヴォルテールやモンテスキューなど、大変な数にのぼる。

【シンボルマーク】

定規は誠実、公正、美徳。コンパスは友情、道徳、兄弟愛を表す。Gは God、Geometry、Glory などのイニシャルで、至高の存在を意味している。

【独自様式】

彼らはお互いをブラザー（兄弟）と呼び、彼らだけが判る秘密の合図がある。加入には会員の推挙が必要で、入会の儀式がある。自分がフリー・メイソンであることは公表して構わないが、ほかの会員については教えてはならないなど、いろいろなルールがある。

364 アカシックレコード

アカシックレコードは、この世界のあらゆる情報はどこか
に保管されているという神智学の概念から誕生した、物理
的には存在しない超規模データバンクのことだ。

情報の宝庫度	▶▶▶	5
スピリチュアル度	▶▶▶	5
オカルトの代名詞度	▶▶▶	4

アカシックレコード

あらゆる情報が集う宇宙のインターネット

　神智学では、この世界のあらゆる情報は宇宙のエネルギー構造体
に記憶されると考えられている。その情報が保存された領域こそが
アカシックあるいはアカシックレコードと呼ばれるもので、イメー
ジとしては世界中の本を集めた超巨大な図書館、もっと身近なもの
でいえばインターネットが近いだろう。

　名前の「アカシック」はサンスクリット語の「アーカーシャ」に
由来し、元は古代インドの宗教や思想哲学に見られる五大の「虚空」
を指している。この古代インドの世界観を用いてアカシックレコー
ドの原型を生み出したのが、ブラヴァツキー夫人たちが設立した神
智学だ。彼女は著書『シークレット・ドクトリン』のなかで「生命
の書」と呼ばれるものについて、次のように解説している。「生命
の書は7大天使の子である言葉や霊から創造されたリピカ（書紀）
が記す、アストラル光（エーテル）で構成されたキャンバスであり、
アーカーシャには壮大な画廊が構築され、人類の行動が記録され
る」。非常にスピリチュアルな内容で理解し難いが、哲学者ルドルフ・
シュタイナーは、これを原型としてアカシックレコードという概念
を成立させたそうだ。

　アカシックレコードには、地球で起きたあらゆる事象のほか、個
人の感情や行動まで、文字どおりすべての情報が集積されている。
そのため、アカシックレコードへのアクセスを試みるものは多く、
なかにはそれを成功させた人間も存在した。それがアメリカの霊能
者エドガー・ケイシーであり、彼はリーディングでアカシックレコー
ドから情報を得て、多くの病人たちに治療法を授けたという。こう
いった事例もあってか、日本のゲームやアニメには過去や未来を知
るアイテムとしてアカシックレコードを用いる作品がいくつか存在
する。

■ 関連用語 ■

【神智学】

この世の全宗教、思想、
哲学、科学、芸術などを
1つの真理の下で統合
し、普遍的な真理を導く
というもの。

【五大】

宇宙を構成する地、水、
火、風、空（虚空）の5
つの要素。

【ヘレナ・P・ブラヴァツキー】

1831～1891年。神智学
を提唱した人物。イギリス
の霊媒師ダヴィッド・ダング
ラス・ホームの助手として、
霊媒技術を身につける。
1873年にアメリカに渡
り、神秘主義作家、思想家
として活動し、その2年後
に神智学協会を創設した。

【ルドルフ・シュタイナー】

1861～1925年。オース
トリア出身の神秘思想家
で哲学博士。1902年に神
智学協会の会員となり、
霊的な世界を語るように
なるが、協会幹部との方
向性の違いで脱退。やが
て人智学という独自の世
界観を創始し、人智学協
会を設立した。

【リーディング】

自身を催眠状態にしてア
カシックレコードとつなが
り、第三者から質問をし
てもらうことで情報を引
き出す行為。ケイシーは
医学的な知識は一切もっ
ていなかったが、この方
法で治療法を得て、多く
の病人を治したという。

第53週　第1日目　月曜日　　　　　　　　近代　西洋　人物

365 エーリヒ・ハルトマン

歴史上最多の撃墜数を誇る撃墜王は誰か。紛れもなくそれ
は、ドイル空軍のエーリヒ・ハルトマン（1922 ～
1993 年）である。その数、実に 352 機である。

撃墜機数	▶▶▶ 5
優男度	▶▶▶ 4
一撃離脱	▶▶▶ 5

驚異的な撃墜数を叩き出した黒い悪魔

　ハルトマンは第二次世界大戦における、ドイツ空軍のエースパイ
ロット。1942 年 10 月から 1945 年 5 月までの約 2 年半、825 回
の戦闘機会（総出撃回数は 1405 回）において、352 機も撃墜し
ている。優男な見た目から、味方からは「坊や」と呼ばれていた。
一方、ハルトマンの機体には黒いチューリップの花弁が描かれてい
たので、ソ連側からは「ウクライナの黒い悪魔」と恐れられていた。
ヒトラー・ユーゲントのグライダー訓練の教官となった母親の影響
もあってか、ハルトマンはドイツ空軍に入隊。1942 年 10 月に東
部戦線第 52 戦闘航空団に配属され、11 月にソ連の Ⅱ -2 シュトゥ
ルモヴィークを撃墜して初撃墜を記録した。

　その際の教訓を経て、ハルトマンは自分にふさわしい「観察―決
定―攻撃―離脱」の一撃離脱方法を確立。さらにベテランパイロッ
トの僚機の奥義を観察して技を磨くと、編隊長になった頃には撃
墜数 10 機を超えてエースの仲間入りを果たす。その後順調に撃墜
数をのばし、1943 年 11 月に 148 機をマークして騎士十字章を授
与された。1944 年にはドイツ軍全体として敗色濃厚となっていた
が、ハルトマンのスコアは順調に増加し、8 月には 290 機を撃墜
し、全軍トップに立った。301 機を達成すると、ヒトラーから直々
にダイヤモンド剣付柏葉騎士十字軍を授与されている。ジェット戦
闘機の時代に移行しつつあったが、彼は慣れ親しんだメッサーシュ
ミット Bf109 を愛用し続け、ドイツが連合国に降伏した 1945 年
5 月 8 日の最後の出撃までに、352 機をマークした。

◀ 関 連 用 語 ▶

【ヒトラー・ユーゲント】
1926 年に設立されたナ
チスドイツの党青少年強
化組織。同世代の指導者
から肉体の鍛錬や祖国愛
などを教え込まれた。

【Ⅱ-2 シュトゥルモヴィーク】
ソ連のイリューシン設計
局が開発した、ソ連軍の
対地攻撃機。頑丈な機体
で、「空のコンクリート・
トーチカ」と呼ばれた。

【メッサーシュミット Bf109】
ナチスドイツ空軍の主力
戦闘機。第二次世界大戦
の単座戦闘機の主流であ
る形態を先駆けている。
加速力に優れ、スピード
や機動力もそれなり。

壊し屋、桃太郎、白薔薇などバラエティ豊かなエース

COLUMN　エース・パイロットともなると、いろいろな二つ名がつく。第二次世界大戦に限ると、
ドイツ空軍のオットー・キッテルは「シュトゥルモヴィークの壊し屋」、日本海軍の岩本
徹三は「零戦虎徹」、日本陸軍の穴吹智の「ビルマの桃太郎」、ソ連空軍のリディア・
リトヴァクの「スターリングラードの白薔薇」などがある。

Congratulations!

某ゲームになぞらえるなら、
最後まで諦めない者を勇者と呼ぶ。
つまり、1年に及ぶオタク知識の旅を終えたあなたは、勇者だ。
おめでとう！　そして、おめでとう！

しかし、これで終わりではない。
むしろ始まりだ。
オタク知識はまだまだいろいろな書物、作品に潜んでいる。
毎日少しずつでいいので、教養を深め、
好奇心と妄想力を刺激してほしい。
勇者の新たなる冒険の旅に、神の御加護があらんことを。

［五十音索引］

［ジャンル別五十音索引］

水曜日【文学】

木曜日【科学・数学】

金曜日【哲学・心理・思想】

土曜日【オカルト・不思議】

日曜日【宗教】

参考文献

『新しいヘーゲル』
長谷川宏（著）／講談社現代新書

『アポロドーロス ギリシア神話』
アポロドーロス（著）、高津春繁（訳）／岩波書店

『井伊家のひみつ』
ぴあMOOK

『イヴァン雷帝』
アンリ・トロワイヤ（著）／中央公論新社

『生きている二・二六』
池田俊彦（著）／筑摩書房

『イギリス王室1000年の歴史』
KANZEN

『宇宙の秘密がわかる本』
宇宙科学研究倶楽部（編）／学研

『英仏百年戦争』
佐藤賢一（著）／集英社

『英雄伝説の日本史』
関幸彦（著）／講談社

『エジプトの神々』
池上正太（著）／新紀元社

『エッダ ―古代北欧歌謡集』
谷口幸男（訳）／新潮社

『オウィディウス 変身物語（上）（下）』
オウィディウス（著）、中村善也（訳）／岩波書店

『王書 ―古代ペルシャの神話・伝説―』
フェルドウスィー（作）、岡田恵美子（訳）／岩波書店

『改訂版 ヨーロッパ史における戦争』
マイケル・ハワード（著）／中央公論新社

『神の文化史事典』
松村一男（著）、平藤喜久子（著）、山田仁史（編）／白水社

『ギリシャ神話集』
ヒュギーヌス（著）、松田治（訳）、青山照男（訳）／講談社

『綺想科学論―世界の奇説・怪論・超研究』
南山宏（著）／学習研究社

『ケルト神話 黄金の騎士フィン・マックール』
ローズマリー・サトクリフ（作）、金原瑞人（訳）、久慈美貴（訳）／ほるぷ出版

『ケルトの神話・伝説』
フランク・ディレイニー（著）、鶴岡真弓（訳）／創元社

『ケルトの神話 女神と英雄と妖精と』
井村君江（著）／筑摩書房

『現代語訳 信長公記』
太田牛一（著）／中経出版

『原典訳 アヴェスター』
伊藤義教（訳）／筑摩書房

『"さわり"で味わう 世界の「名著」50』
轡田隆史（著）／三笠書房

『三国志 人物事典』
小出文彦（監）／新紀元社

『史記1～8巻』
司馬遷（著）／筑摩書房

『しずおかの文化新書 湖の雄 井伊氏』
公益財団法人静岡県文化財団

『十字軍大全』

エリザベス・ハラム（著）／東洋書林

『シュメル神話の世界 粘土板に刻まれた最古のロマン』

岡田明子（著）、小林登志子（著）／中央公論新社

『人生に必要な物理 50　知ってる？シリーズ』

ジョアン・ベイカー（編）／和田純夫（監訳）、西田美緒子（訳）／近代科学社

『人生に必要な数学 50　知ってる？シリーズ』

トニー・クリリー（編）、対馬妙・（訳）、野崎昭弘（監）／近代科学社

『新説恐竜学』

平山廉／KANZEN

『新選組 100 話』

鈴木亨（著）／中央公論新社

『新・トンデモ超常現象 60 の真相』

皆神龍太郎（著）、志水一夫（著）、加門正一（著）／楽工社

『人文研究 大阪市立大学文学部紀要』

48 巻 6 号「物語における刀剣のシンボリズム」藤井康生（著）

『新・歴史群像シリーズ①【関ヶ原の戦い】日本史上最大の大会戦』

学研

『図解雑学サルトル』

永野潤（著）／ナツメ社

『図解　天国と地獄（F-FILES No.009）』

草野巧（著）／新紀元社

『図解 日本刀事典―刀・拵から刀工・名刀まで刀剣用語徹底網羅 !!』

歴史群像編集部（編）／学研マーケティング

『図解　北欧神話（F-FILES No.010）』

池上良太（著）／新紀元社

『図説アーサー王物語』

アンドレア・ホプキンズ（著）、山本史郎（訳）／原書房

『図説　イギリスの王室』

石井美樹子（著）／河出書房新社

『図説　イギリスの歴史』

指昭博（著）／河出書房新社

『図説　2・26 事件』

平塚柾緒（著）／河出書房新社

『図説　フランス革命史』

竹中幸史（著）／河出書房新社

『図説　魔女狩り』

黒川正剛（著）／河出書房新社

『無敵艦隊の悲劇　イングランド遠征の果てに』

岩根圀和（著）／彩流社

『「世界の英雄」がよくわかる本』

寺沢精哲（監）／PHP 研究所

『「世界の神々」がよくわかる本』

東ゆみこ（監）、造事務所（著）／PHP 研究所

『「世界の秘密結社」がよくわかる本』

桐生操（監）、レッカ社（編著）／PHP 研究所

『世界の未確認生物＜UMA＞ファイル』

レッカ社（編著）、山口敏太郎（監）／PHP 研究所

『世界不思議大全』

泉保也（著）／学習研究社

『戦争の日本史 11　畿内・近国の戦国合戦』

福島克彦（著）／吉川弘文館

『戦闘技術の歴史 3　近世編』

クリステル・ヨルゲンセン（著）、マイケル・F・パヴコヴィック（著）、ロブ・S・ライス（著）、フレデリック・C・シュネイ（著）、クリス・L・スコット（著）／創元社

『千年の百冊』

小学館

『メソポタミアの神々と空想動物』
アンソニー・グリーン（監）／山川出版社

『八百万の神々——日本の神霊たちのプロフィール（Truth In Fantasy）』
戸部民夫（著）／新紀元社

『仏教の知識百科』
ひろさちや（監）／主婦と生活社

『未確認動物UMA大全』
並木伸一郎（著）／学研パブリッシング

『ムー認定　驚異の超常現象』
ムー編集部（編）、並木伸一郎（著）／学研プラス

『名作うしろ読み プレミアム』
斎藤美奈子（著）、中央公論新社

『やさしくわかる仏像入門』
向吉悠睦（著）、中村佳睦（著）／ナツメ社

『ヨーロッパの傭兵』
鈴木直志（著）／山川出版社

『歴史群像アーカイブ volume4—Filing book 西洋戦史 ギリシア・ローマ編』
学研プラス

『歴史群像シリーズ 47【ナポレオン皇帝編】フランス革命と英雄伝説』
学研

『歴史群像シリーズ 48【ナポレオン戦争編】覇権樹立と帝政の崩壊』
学研

『歴史群像シリーズ 76【源義経】栄光と落魄の英雄伝説』
学研

『歴史群像シリーズ特別編集【決定版】図説・激闘ローマ戦記』
学研プラス

『歴史群像シリーズ特別編集【決定版】図説・源平合戦人物伝』
学研プラス

『ローマ帝国　人物列伝』
本村凌二（著）／祥伝社

その他、多くの書籍やWebサイトを参考にさせていただいております。

【掲載写真に関して】

以下に記す画像・写真は、Wikipedia が定めるパブリックドメインの規定に則り使用しているものが含まれます。これらは著作者の死亡した日の属する年の翌年から起算して、50年または70年を経過したものであるため、日本の著作権法の規定により著作権者の保護期間が満了しており、知的財産権が発生していない、または消滅しているパブリックドメインとなります。ウィキペディア財団の公式見解では、「パブリックドメインにある平面的な作品の忠実な複製はパブリックドメインであり、パブリックドメインでないと主張することは、パブリックドメインの概念そのものへの攻撃に当たる」とされております。また、平面的な美術の著作物を写真によって忠実に複製したものは、撮影者による「著作物」として扱われず「複製物」として扱われます。そのため、使用している写真は「複製物」とされ、絵画同様にパブリックドメインとみなされます。

紀貫之　釈迦が白象になって母の胎内に入る様子　「前賢故実」坂上田村麻呂　「岩戸神楽／起調」天照大神　「源氏物語画帖」若紫　弥勒菩薩半跏思惟像　空海（真如様大師）　「本朝英雄鑑」牛頭天皇　稲田姫　大日如来像　菅原道真像　「和漢百物語」清姫　ソクラテスの胸像　「月百姿」小煇皇子　「義経記五条橋之図」須弥山を描いた絵図　「前賢故実」源頼光　八百屋お七　「天子摂関御影」崇徳院　「怪談百鬼図会」大入道　「美勇水滸傳」里見二郎太郎義成　「アテナイの学堂」プラトン　阿梨帝母（鬼子母神）像　菩薩像　「今昔画図続百鬼」酒顛童子　「百物語」提灯お化けのお岩さん　アリストテレスの胸像　地獄の法廷を描いた中国の仏画　「安德天皇縁起絵図」　「画図百鬼夜行」黒塚　「新形三十六怪撰」はたしとうろう　浮世絵の七福神　楠木正成像　「太平記英勇伝十四」松永弾正久秀　「三国妖狐伝 第一斑 足利忠之れのだん」デカルトの肖像　天岩戸神話の天照大御神　「画図百鬼夜行」河童　パスカルの像　「出雲大社絵図」「天壊夢冥行」邪邪郎 ヒュームの肖像　「伊勢参宮名所図会」　イマヌエル・カントの肖像　伏見稲荷大社　織田信長像　「ガイア」　オルフェレウスの自動機　ヘーゲルの肖像　「北斎漫画」役小角 クロノスとその子ども　安倍晴明像　「関ヶ原合戦図屏風（六曲一隻）」　ゼウス像　マルクスの写真　「主の復活」　アテーナーとポセイドーンの紛争　ニーチェの肖像　キリストの脇腹を槍で刺すロンギヌス　ベルセポネーの略奪　アトランティスが描かれた地図　「最後の晩餐」　アテーナー像の複製品　ムー大陸の位置が示された地図　マグダラのマリアのイコン　ストーンヘンジ　洗礼者ヨハネ　「北斎漫画」股の姐ご　「ピュシスを持つパンドーラー」　「モーゼの十戒」　「月百姿」南屏山昇月　ヘーラクレースと幼いテーレポス　ナスカの地上絵　「洪水」　蜀王劉備　「ピュグマリオンとガラテア」「地獄の図」　アンティキティラ島の機械　聖ゲオルギオスとドラゴン　「通俗三国志之内」関羽　「イーリオスの陥落」　「ロミオとジュリエット」　フロイトの写真　水晶ドクロ　「三ツ目会」諸葛亮　「スノッリのエッダ」の英語訳本挿絵　「オフィーリア」　「大天使ミカエル」　清代の書物の黄巾の乱　オーディン　「ハンプティ・ダンプティ」　ドッペルゲンガー　「ヘントの祭壇画」ガブリエル　トールの戦い　ゲーテの肖像　ユングの写真　シギュンとロキ　「フランケンシュタイン」（1831年改訂版）内表紙　アベルを殺すカイン　ボルターガイスト　ウリエルのモザイク　テュールの腕を喰いちぎるフェンリル　「モルグ街の殺人」挿絵　「地獄の辞典」アスモデ（Asmodee）　第1回十字軍によるアンティオキア攻囲戦　ヨルムンガンドを倒そうとするトール　ドストエフスキーの肖像　ヴェルトハイマーの写真　南東から見た部宅　詩集「ルチーフェロ」　ヴィーグリーズでの戦闘の様子　トルストイの写真　「ヒエロニュムス・フォン・ミュンヒハウゼン」　実験に使用されたとされる駆逐艦「エルドリッジ」　「地獄の辞典」ベルゼブブ　フィン・マックール　「ベリアルの書」（1473年版）挿絵　ジャンヌのミニチュール　チャリオットに乗り戦いに挑むクー・フーリン　「海底二万里」「リリス」　ワイアド公の串刺しの様子　ベーオウルフ　「不思議の国のアリス」挿絵　「地獄の辞典」アスタロト　「アーサー王伝説」イングランド女王メアリー1世像　ロビン・フッド　「七つの大罪と四終」　イヴァン4世の肖像　フェニックス　「シャーロック・ホームズ」挿絵　「サン・バルテルミーの虐殺」　ジークフリートと神々の黄昏」挿絵　「宇宙戦争」アートワーク　黙示録を著すパトモス島のヨハネ　「スペイン無敵艦隊の終焉」ブラダマンテのイラスト　オペラ座の内部写真　イザザ書の第二の写本　グスタフの肖像　ローランの死　「変身」（初版本）表紙　ダビデ像　ドレイクの肖像　ファウスト　クトゥルフの素描　魔女の火刑　ギルガメシュのレリーフ　スペイン風邪の流行　カスパー・ハウザーの肖像　「集史」預言者ムハンマド伝　マリー・アントワネットの肖像　パズズ頭部像　オエニ゠ル・チャールズ・マーシュ（左）とエドワード・ドリンカー・コープ（右）の写真　アウステルリッツの戦いのナポレオン　ダマーヴァンド山に拘束されるザッハーク　「長い首の聖母」　英語「タイムズ」　ビスマルクの写真　シヴァとパールヴァティ　「アポロンとダフネ」　「ヴォイニッチ手稿」ページを展開した彩色画　レーニンの写真　カーリー　ジョージ・オーウェルの写真　「アルジェの女たち」　アグリッパの肖像　マタ・ハリの写真　三十三会議　麒麟　「印象・日の出」　フランシス・グリフィスとエルシー・ライトの写真　ジョン・ディーの肖像　ロンメルの写真　ラー　ワシュカーシュ製粉所の粉塵爆発を記したステレオグラフ　タッセル邸　サン・ジェルマン伯爵の肖像　エリファス・レヴィの肖像　リトルホーニアの写真　オシリスの像　「月百姿」玉兎　「梟」　クロウリーの写真　軍隊に銃撃されている群衆を描いた絵画　「死者の書」アヌビス　「豪傑水滸伝」豹子頭林冲　「夏山」　エドガー・ケイシーの写真　アナスタシアの写真　ケツァルコアトル　伏姫氏と女婿民　ニコラ・テスラの写真

365日で知る現代オタクの教養

365 DAYS
LESSON FOR THE
ENLIGHTENED
OTAKU

		STAFF	
発行日	2020 年 3 月 26 日　初版	企画・編集	株式会社ライブ
			竹之内 大輔／山﨑香弥
編　著	株式会社ライブ	構成	佐泥佐斯乃
発行人	坪井義哉	執筆	松本英明
発行所	株式会社カンゼン		野村昌隆
			遠藤圭子
	〒 101-0021		佐泥佐斯乃
	東京都千代田区外神田 2-7-1 開花ビル		横井 顕
	TEL 03（5295）7723		永住貴紀
	FAX 03（5295）7725		中村仁嗣
	http://www.kanzen.jp/		横井祐介
郵便為替	00150-7-130339	装丁	鈴木成一デザイン室
		カバー写真提供	ゲッティ イメージズ
印刷・製本	株式会社シナノ	本文デザイン	黒川篤史（CROWARTS）
		DTPオペレーション	株式会社ライブ

ISBN 978-4-86255-548-9
Printed in Japan
定価はカバーに表示してあります。

本書に関するご意見、ご感想に関しましては、kanso@kanzen.jp まで E メールにてお寄せください。お待ちしております。